陈致　徐兴无　主编

倪豪士教授
八十华诞庆贺论文集

Festschrift for the Eightieth Birthday of
Professor William H. Nienhauser, Jr.

南京大学出版社

国家"双一流"建设学科"南京大学中国语言文学"资助项目

江苏省 2011 协同创新中心"中国文学与东亚文明"资助项目

图1

图2

图3

图1- 图3　倪豪士教授青年时期

图1

图2

图3

图4

图1- 图4　倪豪士教授伉俪

图1

图2

图3

图4

图5

图6

图7

图1-图7　倪豪士教授近照

图1

图2

图3

图4

图1　20 世纪 80 年代倪豪士教授与南京大学中文系教师合影（左起：叶子铭、倪豪士、陈瘦竹）

图2　20 世纪 80 年代倪豪士教授与南京大学中文系教师合影（左起：钱南扬、倪豪士、陈瘦竹、吴白匋）

图3　倪豪士教授与欧阳桢

图4　倪豪士教授与 Masha Kobzeva

图1

图2

图3

图1 2019年5月23日倪豪士教授在"南京大学－威斯康辛大学麦迪逊分校全面战略合作伙伴关系启动仪式暨《史记》英文版新书发布会"上致辞

图2 2019年5月23日《史记》英文版新书发布会（左起：倪豪士、吕建、瑞贝卡·布兰科、金鑫荣）

图3 2018年4月2日南京大学在威斯康辛大学麦迪逊分校与亚洲语言文化系共同举办"西方汉学视野中的中国语言文学传统"学术研讨会合影

图 1

图 2

图 3

图 4

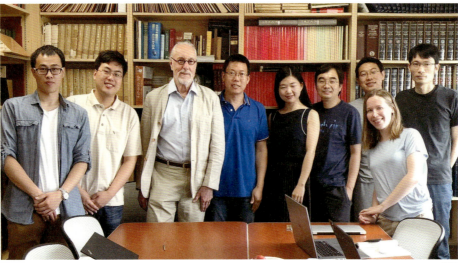

图 5

图 1　2013 年 9 月法国南部《史记》英译工作坊

图 2　2017 年南京大学《史记》英译工作坊

图 3　2018 年南京大学《史记》英译工作坊

图 4　倪豪士教授在《史记》英译工作坊授课

图 5　2018 年麦迪逊《史记》英译工作坊（左起：王吉、苏哲宇、倪豪士、吕辛福、邓琳、孙宝、余建平、Masha Kobzeva、张宗品）

图1

图2

图3

图1- 图3　倪豪士教授与陈致教授等

图1

图2

图3

图4

图5

图6

图1　2012 年访学期间安敏（前排右）于倪豪士教授家中

图2　2015 年 8 月 26 日倪豪士教授与罗宁在成都杜甫草堂

图3　2016 年 5 月 5 日倪豪士教授与吴晨在 VH 办公室

图4　2018 年夏最后一次《史记》英译工作坊后倪豪士教授与孙宝合影

图5　倪豪士教授伉俪与鲁小俊

图6　倪豪士教授伉俪与倪晋波

序

　　倪豪士教授（William H. Nienhauser，Jr.，1943—　　）为美国著名汉学家、威斯康辛大学麦迪逊（University of Wisconsin-Madison）分校荣休讲座教授，著作等身，望重学林。其《史记》研究及翻译影响弥深，于唐传奇、古代小说与诗歌等研究领域尤有贡献，并于2020年荣获第十四届中华图书特殊贡献奖。2023年正值倪豪士教授八秩寿诞，香港浸会大学饶宗颐国学院与南京大学文学院、南京大学出版社合作编辑出版此《倪豪士教授八十华诞庆贺论文集》，庆祝倪教授八十大寿。

　　《倪豪士教授八十华诞庆贺论文集》共收有倪豪士教授门生故旧所撰的二十三篇学术论文，内容上包括了《史记》研究及翻译，唐代诗文与传奇、早期文献、明清经学等方面的研究。本书作者有倪豪士教授的交游同好，如南京大学的张伯伟教授、程章灿教授、徐兴无教授、童岭教授，南京大学出版社的金鑫荣社长，排列在前以示敬重；有倪豪士教授指导的硕博士生，如今已在海内外高校授业解惑、传道穷经，如吕宗力教授、张振军教授等；也有各大高校来威斯康辛大学麦迪逊分校的访问学人，如孙宝教授、鲁小俊教授、罗宁教授等。此书编定出版过程中，特别要感谢饶宗颐国学院的博士后研究员常慧琳博士。在该书的结集、编纂、校订过程中，常博士殚精竭力，承担了大量工作；国学院其他同仁也都参与

图1　2013年9月《史记》英译工作坊，在法国南部傅熊教授的庄园
（左起：吕宗力、Jakob Pöllath、傅熊、陈致、叶翰、倪豪士）

图2　倪豪士教授在宝马跑车中

其中。南京大学出版社李亭女士也是非常尽心尽力，一直把握着出版的时间和进度。威斯康辛大学东亚系的几位学妹，如邹昕、秦赢、刘颖、赵化、陈美亚、马莎、王静、刘倩，也积极联络作者，参与其中。

看着书稿的目录，感觉上仿佛回到了30年前在麦迪逊（陌地生，Madison）读书的年代。令人难忘的是倪豪士教授经常把《史记》翻译的课堂搬到他府上。Judith（倪师母）在家中准备好了各种红酒和啤酒，还有各式各样的美食。我们十几个同事、同学在一起讨论翻译中的各种问题。有时也邀请一些老师或者学生做学术报告，进行各种讨论。记得有一次，麦迪逊那年天气过冷，说好了要去倪府过平安夜，可是受邀学生的车没有一辆启动得起来，都躺平在自家门前了。倪教授亲自开着他那辆著名的小货车（pickup truck），到每个受邀学生的家，把大家都一一接到家里，欢度平安夜。

除了威大东亚系的师生，座上也经常有来访问的外校学者。英文版贺寿文集的许多作者都是倪府的座上客。如我碰到的就有康达维（David R. Knechtges）、夏含夷（Edward L. Shaughnessy）、苏源熙（Haun Saussy）、叶翰（Hans van Ess）、顾史考（Scott Cook）等等。后来课堂移得更远，倪教授的《史记》翻译讨论会，在香港浸会大学、南京大学、南开大学、慕尼黑大学、佛罗里达州立大学，都开过了。2014年，最令人难忘的是在法国南部萨拉特（Salat）附近的乡村，傅熊教授（Bernhard Fuehrer）的庄园开的《史记》翻译研讨会。时吕宗力师兄与我从香港过去参会。我从巴黎戴高乐机场以普通车的价格无意中租到了一辆可敞篷的宝马跑车（BMW Convertible），在法国南部乡间开起来，十分有趣。于是，在傅熊教授的农庄里，我们与会的每个人在讨论完《史记》之后，一个个都在车里留影，体验了一把顾盼自雄的感觉。（见图1、图2）

倪老师在学生中间向以严格著称，同时，又以他特有的幽默，广受学生和同事的爱戴。我和南京大学文学院徐兴无教授商量，乃邀请他的故旧门生等，裒成此编，为先生寿。在此，也非常感谢南京大学出版社社长金鑫荣先生鼎力支持。

图3　2013年9月法国南部《史记》英译工作坊

兴无兄共同邀约作者，一起编定此卷；鑫荣兄指示出版社承担此书的出版，方使该书梓行成为可能。

七月流火，十月为寿。香港浸会大学饶宗颐国学院将邀请教授访学香江，以介眉寿。谨以此小书，恭祝倪豪士教授眉寿绰绰，永保其身。

陈致

香港浸会大学饶宗颐国学院院长

香港珠海学院校长

目 录

同林异条　异苔同岑

——论日本江户时代"《世说》学"特色

张伯伟

南京大学文学院教授、域外汉籍研究所所长。
曾任日本京都大学、韩国外国语大学、台湾大
学、香港科技大学、香港浸会大学客座教授。
著有《中国古代文学批评方法研究》《日本世
说学文献序录》《回向文学研究》等。

　　本文正标题的两句诗，前者出自陆机《答贾长渊》，后者出自郭璞《赠温峤》，借以概括汉文化圈视域中"《世说》学"在东亚三国同中有异、异中有同的现象，并在比较中凸显日本"《世说》学"的特色。与同时代的中国、朝鲜半岛相比，日本江户时代（1603—1868）形成了"《世说》热"，也进而形成了"《世说》学"。为了更好地把握其"《世说》学"特色，首先有必要正确地理解"《世说》热"的形成。

一、江户时代"《世说》热"之形成

　　《世说新语》传入日本的时间很早，尽管确切的时间、途径不可详考，但在日本最早的史书《古事记》（712）、最早的汉诗集《怀风藻》（751）与最早的和歌集《万叶集》（759）中，都可以发现大量使用《世说新语》典故的例证[1]。由此得

1　参见小岛宪之：《上代日本文学と中国文学——出典論を中心をする比較文学的考察》上、中、下，東京：塙書房，1962、1964、1965年。

出推断，在公元八世纪之前，《世说新语》已传入日本，并且在此后继续流传。我们不仅看到文献记载，如空海《性灵集》中《敕赐〈世说〉屏风书毕献表》，而且有实物遗存可见，如唐写本《世说新书》残卷。成书于日本宽平三年（891）的藤原佐世（？—897）《日本国见在书目录》"小说家"最早著录了《世说》，这是一部介于《隋书·经籍志》和《旧唐书·经籍志》之间的目录。更值得注意的是，该书同时著录了两种注本，即《世说问答》二卷和《世说问录》十卷。而在大江匡房（1041—1111）口述、藤原实兼（1085—1112）笔录之《江谈抄》中，还提及另一部注本，即纪长谷雄（845—912）和三善清行（846—918）的《世说一卷私记》。这些都应该是平安时代日本人的《世说》注，可惜除了《世说私记》有片段遗存外，其他都已亡佚。

明代嘉靖丙辰（1556），王世贞将刘义庆《世说新语》与何良俊《语林》合而为一，"盖《世说》之所去，不过十之二；而何氏之所采，则不过十之三耳"[1]，成《世说新语补》，风靡一世。不仅在中国，"《补》一出而学士大夫争佩诵焉"，"盛行于世，一再传，而后海内不复知有临川矣"[2]，而且广泛流传到朝鲜半岛和日本。传入朝鲜半岛的时间和途径皆有明确记载，即万历三十四年（1606）春，朱之蕃以明朝正使身份赴朝鲜颁诏，在三月二十八日将此书作为礼物赠送给担任接待事务的许筠（1569—1618）[3]。由于许筠既爱弇山文章，又腹笥甚富，遂为之注释，成《世说删补注解》一书，并且还编纂了仿"《世说》体"著作《闲情录》。至于此书东传日本的时间和途径，就缺乏如此明确的记载。不过从顺治十八年（1661）颁布"迁海令"施行海禁，到康熙二十三年（1684）颁布"展海令"，此后大陆商船才有重新驶往日本的可能。尽管我们无法彻底排除在明末有将《世

1　王世贞：《世说新语补序》，载《李卓吾批点世说新语补》卷首，日本京都林九兵卫元禄七年（1694）刊本。

2　凌蒙初：《世说新语鼓吹序》，魏同贤、安平秋主编：《凌蒙初全集》第7册，南京：凤凰出版社，2010年，第1页。

3　参见许筠：《丙午纪行》，《惺所覆瓿稿》卷18，《韩国文集丛刊》第74册，汉城：景仁文化社，1991年，第291页。

说新语补》传入日本的可能性，但如果要依赖文献证据的话，日本学者高野辰之在其《江户文学史》中，曾引用《馀毛之砚》（《餘毛の硯》）的记载，元禄二年（1689）诸学士为测试北村季吟的学识，以最新进口书（"新渡の書"）《世说》故事相质问，这也只可能指《世说新语补》。大矢根文次郎据此推断，《世说新语补》传入日本的时间不晚于元禄初[1]。江户时代的"《世说》热""《世说》学"，都是以《世说新语补》为基础的。

　　关于江户时代"《世说》热"的形成，以日本学术界的一般认识来看，会追溯到荻生徂徕（1666—1728）的倡导。最早提及这一看法的是吉川幸次郎，他在1939年发表的《世说新语的文章》中指出《世说新语补》为德川时代儒者必读书，并列举了九种注本，归结为荻生徂徕对此书的爱好[2]。尽管没有作详细阐释，但也堪称一语中的。在德田武的《大东世语》研究中，他对徂徕学与《世说新语》的关系做了较为详赡的阐发[3]。而大矢根文次郎在《江户时代的〈世说新语〉》中又提出了另外四项原因：一是德川家康幕府实行的文教复兴政策，导致了汉文学的复兴和汉籍的输入与翻刻；二是长崎的汉语翻译（"唐通事"）需要语言学习，故取稗史小说为蓝本，《世说》亦为其一；三是《世说新语补》的传入，可以既便利又有趣地理解一千五百年间中国的历代知识；四是《世说新语补》篇幅适中，迎合了日本人快速掌握汉文学的需要[4]。其考索方向虽多于吉川氏，却反而令人有歧路亡羊、汗漫无际之虞。在我看来，以较为切近的眼光审视江户"《世说》热"的形成，可归结为三方面综合的原因：

　　1. 林氏家学的影响。林家之学是江户时代最有影响力的文化代表，林氏从德川家康时代以来，担任历代儒官，主管当时的文教政策，从林罗山（1583—1657）

1　大矢根文次郎：《江户时代における世説新语について》，《学術研究》九号，1960年12月，后收入其著《世説新语の文章と六朝文学》，東京：早稻田大学出版部，1983年，第91—92頁。
2　吉川幸次郎：《世説新语の文章》，《吉川幸次郎全集》第7卷，東京：筑摩書房，1968年，第454頁。
3　参见德田武：《"大东世语"论（その一）—服部南郭における世説新语—》第二节"徂徕学と世説"，早稻田大学東洋文学会《東洋文学研究》第十七号，1969年3月。
4　大矢根文次郎：《江户时代における世説新语について》，《世説新语と六朝文学》，第90—91頁。

到林学斋（1833—1906）共十二代，形成了"林大学头家系"，一如平安时代的大江、菅原等博士家。自第三代开始改为昌平黉学问所大学头，向前追认，林罗山便是第一代大学头。正是自他开始，就与《世说》有了不解之缘。林罗山本人爱好《世说新语》，只是未遑著述，其子林鹅峰（1618—1680）是第二代大学头，他在《世说点本跋》中说："先考常好读《世说》，欲加之训点而未果。"[1] 所谓"训点"，是日本人阅读汉籍时所施加的各种符号，兼有解释和翻译的功能。林罗山的"训点"即著名的"道春点"，虽然未能完成对《世说新语》的训点，但林鹅峰能"嗣承家学"[2]，从宽文十一年（1671）开始，"每月定三夜之课，口授仲龙，欲遂先考之遗志"[3]。林凤冈（1644—1732）为鹅峰次子，也是第三代大学头。《先哲丛谈》谓"其学亦承父祖，通博德识，为一代硕儒"。"元禄中，文教大熙，家读户诵，先是所未有也。"又引陈元赟曰："父子齐名，古来稀也，林家三代秀才相继，可谓日域美谈也。"[4] 林榴冈（1681—1758）是凤冈之子，任第四代大学头，曾在宝历二年（1752）完成《本朝世说》二卷，是日本较早的仿《世说》之著。如果根据京都大学西庄文库所藏抄本，其书序文时间为宝永元年（1704），则动意撰著此书的时间更在此前。可见对《世说》的喜爱、熟读、训点、仿作，就是林家之学的组成部分之一。

林氏是江户时代文化界领袖，他们对《世说》长期的喜好，对社会风气的影响，尤其是对当时知识人择书兴趣的引导，是可想而知的。他们对《世说》一书性质的理解，在此后形成的"《世说》学"特色方面，也起到了重要作用。

2. 京都书商的推动。《世说新语补》在江户时代的风行，也受到书商出版的推波助澜。这尤以京都书商的表现最为突出，核心人物是初代林九兵卫（？—

1　林鹅峰：《鹅峰林学士文集》（下）卷100，日野龍夫：《近世儒家文集集成》第12卷，東京：ぺりかん社，1997年，第412頁。
2　原念斎：《先哲叢談》卷1"林忠"条，江户書林慶元堂、擁万堂梓行，文化十三年（1816）版。日本京都大学图书馆藏，此本有猪饲敬所批语，颇足珍贵。
3　《世说点本跋》，《鹅峰林学士文集》（下）卷100，《近世儒家文集集成》第12卷，第412—413頁。
4　《先哲叢談》卷1"林恕"条。

1711），其名义端，字九成，从学于伊藤仁斋（1627—1705）之门，并与伊藤东涯
（1670—1736）、梅宇（1683—1745）兄弟过从甚密，是元禄、宝永年间（1688—
1711）京都著名儒商。其书店以"文会堂"为名，伊藤东涯曾应其请为撰《文会堂
记》，盖取《论语》"以文会友，以友辅仁"之旨[1]。最早的和刻本《世说新语补》
就是在元禄七年（1694）由林九兵卫梓行，该书以万历十四年（1586）福建建阳
余碧泉刊本为底本刊刻。其时荻生徂徕仅受到门弟子仰慕，绝无广泛影响力[2]，故
林九兵卫之刊行此书，可谓得风气之先。

　　林义端逝世于正德元年（1711），第二代林九兵卫继续其事业，不仅安永八年
（1779）版《校正改刻李卓吾批点世说新语补》仍由林九兵卫刊行[3]，他还与京都
其他书商联合出版了大量《世说》注，先后刊行冈白驹（1692—1767）《世说新语
补觿》（与风月庄左卫门同梓，1749）、桃井源藏（1722—1801）《世说新语补考》
（与林权兵卫、风月庄左卫门同梓，1762）、释大典（1719—1801）《世说钞撮》（与
田原勘兵卫、林权兵卫、风月庄左卫门同梓，1763）、《世说钞撮补》（同前，
1772）、平贺房父（1721—1792）《世说新语补索解》（与风月庄左卫门、田原勘兵
卫、梶川七良兵卫、林权兵卫同梓，1774）、柚木绵山（1722？—1788）《世说新语
补系谱》（与林权兵卫、林伊兵卫、菱屋孙兵卫、须原茂兵卫、须原平左卫门同
梓，1785）等。这种联合出版有时还跨地域进行，如大江德卿等《世说误字误读
订正》便由京都林九兵卫、大坂浅野弥兵卫、江户前川六左卫门三地合刊
（1774）。由于林九兵卫富于组织能力，常联合出版《世说》注并形成传统，所以

1　参见中嶋隆：《林文会堂义端年谱稿》（上），《国文学研究》85号，1985年3月；《林文会堂义端年
谱稿》（下），《国文学研究》86号，1985年6月。

2　德田武教授曾列"徂徕学と世说の对比年表"，于元禄五年（1692）下揭示徂徕因《译文筌蹄》而
文名日高，又在元禄七年下列《世说新语补》和刻本刊行，用来暗示两者间的联系（参见其《"大
东世说"论（その一）—服部南郭における世说新语—》）。案：此时徂徕在江户教授门徒，即以
《译文筌蹄》为讲稿，其影响力似不宜高估。伊藤仁斋读到徂徕《大学定本》《语孟字义》后，极
表钦佩，则在元禄八年。

3　今本未有刊记，唯有卷末户崎允明跋文，其中极力表彰腾龙源公校正该本之业绩，实则隐藏了以
权力运作掠人之美的事件，释大典《世说匡谬序》有所揭露，其书现藏于日本尊经阁。

在天明年间（1781—1789）歇业后[1]，京都其他书肆也还能延续这一出版事业并更加辐射，如桃井源藏《世说新语补考补遗》由京都书肆林权兵卫、柏屋喜兵卫、风月庄左卫门同梓（1791），释大典《世说钞撮集成》由京都武村嘉兵卫、林权兵卫、林伊兵卫、风月庄左卫门书肆和东都须原伊八书肆同梓（1794）。这样的商业活动，也刺激了其他地方的书肆，使《世说》注本的出版和营销形成了一个网络。如文化十三年（1816）刊行之恩田仲任（1743—1813）《世说音释》，虽由尾张（今名古屋）东璧堂书肆梓行，却联合了江户前川六左卫门、大坂松村九兵卫、京都风月庄左卫门、越后屋清太郎、大文字屋卯兵卫、林权兵卫共同发行，此乃三都（京都、大坂、江户）加尾张"相合版"之变形，亦即"尾张板三都卖留"。其后刊行之秦鼎（1761—1831）《世说笺本》，也与此类似[2]。江户时代有关"《世说》学"著作，可知者达七十多种[3]，大多数都曾经刊印，这与出版商的贡献是不可分的。而江户时代书林出版对"《世说》学"著作的热衷，追溯起源，即肇于京都初代林九兵卫。

3. 荻生徂徕的倡导。荻生徂徕在造成江户时代的"《世说》热"方面有很大作用，这一点已经被学术界了解，但徂徕之重视《世说》受到林家之学的启示和影响，以及徂徕如何具体推动"《世说》热"，这些问题尚有考索之必要，试申说如次。

据《先哲丛谈》卷一记载："或曰：物徂徕亦出凤冈门。"猪饲敬所（1761—1845）在文政元年（1818）评点该书，此条之上有眉批云："徂徕不出于凤冈之门。"[4] 这一问题值得辨析。平石直昭《荻生徂徕年谱考》曾引用《蘐园杂话》，

1　井上和雄编、坂本宗子增订《庆长以来书贾集览》（大阪：高尾书店，1916年初版，1970年增订版）一书将林九兵卫书肆营业活动起讫于元禄至安永年间（1688—1781），实则应下延至天明中。

2　参见《尾州板三都卖留书目一览表》，载岸雅裕：《尾张の書林と出版》，东京：青裳堂书店，1999年，第82—87页。

3　参见张伯伟：《日本世说学文献序录》，南京：凤凰出版社，2021年。

4　《先哲丛谈》卷1"林慧"条。

徂徕七岁时读到林鹅峰家对联，心向往之，其后遂入林门，所以在林家《入门帐》中有徂徕之名[1]。《年谱考》又据关西大学附属图书馆泊园文库藏写本《徂徕先生年谱》，徂徕十二岁"正月之末谒弘文院学士林之道受业，今年至来年之腊，听整宇子讲《书经》"[2]。"之道"为林鹅峰字，"整宇"为林凤冈号。由此来看，徂徕受教于林家之学是一项事实。此外，徂徕在《学寮了简书》（约1714）中曾详细介绍昌平黉以林罗山、鹅峰为代表的林家学问、林氏家法，读书科以崇尚博学为第一事，方法以讲释为主，也表明他对林家之学的熟稔和欣赏。安藤东野（1683—1719）曾致徂徕信说："《世说新语》两本奉璧，更见贷一本，幸幸。"[3]东野是徂徕门人，也是"蘐园学派"的"五大人"之一，深受徂徕器重。[4]从上封信中，可以看出师徒二人皆爱读《世说新语》。徂徕又有《示木公达书目》，其中列《世说新语补》，属于"吾党学者必须备坐右，不可缺一种"[5]之一。木下公达（1681—1752）亦为徂徕弟子，这一书目也可以看成是徂徕对后学带有普遍意义的读书指导。该文献本来就附于《足利学校书籍目录》后，题作《徂徕指示书籍目录》（现藏日本内阁文库），也显示了这一方面的意义。

可知徂徕之推动"《世说》热"，是通过教育的途径达成。故诸多前期《世说》注撰者，或徂徕学派，或私淑蘐园，或关系密切，或闻其绪言。而其重心，则在唐音之研习。

以上三方面影响，乃综合发生作用，故当观其会通，不可执一概全。

1　平石直昭：《荻生徂徕年谱考》，東京：平凡社，1984年，第29頁。

2　平石直昭：《荻生徂徕年谱考》，第31頁。案：泊园文库藏写本《徂徕先生年谱》（汉文本）详细记载了徂徕十八岁之前的行踪，其中引用的原始文献资料大多亡佚，故弥足珍贵。

3　《東野道稿》卷下，富士川英郎、松下忠、佐野正巳编：《詩集日本漢詩》第14卷，東京：汲古書院，1989年，第55頁。

4　参见若水俊：《徂徕とその門人の研究》"門人篇"，東京：三一書房，1993年，第97—118頁。

5　島田虔次编：《荻生徂徕全集》第1卷，東京：みすず書房，1973年，第537頁。

二、 江户时代"《世说》学"的特色

作为"《世说》热"的标志之一，就是江户时代出现了众多对《世说》的注释、考订、辑佚、仿作，存世者也有近五十种之多。与同时代的中国、朝鲜半岛相比，也的确值得夸耀。1764年朝鲜通信使赴日，在两国文人笔谈之际，日方的奥田元继（1729—1807）向朝鲜制述官（与正使、副使并称"三使"，专掌文事应对）南玉（1722—?）问道："近世文儒多讲《世说》者，故有《世说考》及《觿》等之书出，而非互无得失。贵邦亦有阐发此书者乎?"这里提及的书名，就是桃井源藏的《世说新语补考》和冈白驹的《世说新语补觿》，奥田曾从学于冈白驹，颇以自雄，故有此问，而南玉对本国的研究状况茫然无知，但为了在外交场合争得面子，竟以炎炎大言对之："弊邦人士专攻经术，如此书多有旧说，不复喜凿求，故无发注者。"[1]他完全忘记了（或许根本不知道）本国的许筠曾撰《世说删补注解》，相较于冈白驹之《觿》（1749）早了一百四十年，丢失了一个满足虚荣心的机会。至于与中国相较而有所夸耀，则见于现代学者，如大矢根文次郎云："《世说》之研究与本家的中国相比，德川时代一方，无论是质或量，都处于遥遥领先的地位。"[2]这样说也并不夸张。综合日本江户时代"《世说》学"著作，其特色有三：

1. 唐话学，这主要是受荻生徂徕的影响所致。所谓"唐话"，并非泛指汉语，而是特指其中的口语、俗话。白樫仲凯在《跋唐话纂要》中说："唐话者，华之俗语也。"[3]《唐话纂要》由冈岛冠山（1674—1728）编纂，同类著作还有《唐译便览》《唐音雅俗语类》《唐语便用》等。冈岛熟稔"唐话"的秘诀在于精读白话小说，同样精通汉语和朝鲜语的雨森芳洲（1668—1755）就曾泄露其秘密："我东人

1　奥田元继：《两好馀话》卷下，明和元年（1764）刊本，日本京都大学附属图书馆藏。案：《世说》
　　一书为时人重视，日本学者也有据以比较学风变迁者，如涩井太室《读书会意》卷中指出："古以
　　经立家，今以《世说》《蒙求》、沧溟尺牍、于麟《唐诗选》、明七才子诗立家。"（关仪一郎编：
　　《日本儒林丛书》第7卷，东京：凤出版，1978年，第53页。）
2　大矢根文次郎：《江户时代における世说新语について》，《世说新语と六朝文学》，第95页。
3　李无未主编：《日本汉语教科书汇刊》第1册，北京：中华书局，2015年，第64页。

欲学唐话，除小说无下手处。"并以冈岛为例说："冈岛援之只有《肉蒲团》一本，朝夕念诵，不顷刻歇。他一生唐话从一本《肉蒲团》中来。"[1]这或许带有夸张，但当时人重视通俗文学（包括小说和戏曲）在"唐话"学习中的重要作用则是确定无疑的。这一途径有其合理性，二十世纪上半叶很多中国人学习英语，也往往以熟读戏剧作品为正路[2]。"唐话学"的兴起最初在长崎，这是当时日本唯一开埠之地，有中国和荷兰的商船往来，出于实用的需求，要培养一批"唐通事"。"唐话学"的兴起，其最初的影响力也以长崎人为主，但它能够由长崎扩散到京阪以及江户地区，从元禄中叶开始，经宝永（1704—1711）、正德（1711—1716）而至享保（1716—1736）初年形成全国性热潮，这与以荻生徂徕为首（包括其友人冈岛冠山、释大潮等人）的倡导和推动密切相关[3]。需要指出的是，"唐话学"虽然重心在俗语，但并不与雅言相对立。荻生徂徕所读中国传统经典，以及明代"七子"的论著，固然多为雅言，但他同样热衷口语俗话。在众多口语教材的序跋中，每每强调这一点。如白樫仲凯《跋唐话纂要》云："盖俗一变则可以至于雅，雅一变则可以至于道，惟在学者之变通如何焉耳。"[4]伊藤长胤《唐译便览序》云："古者辞无雅俗之别。"[5]皆以直截了当之言作结论。而释大潮（1676—1768）《唐音雅俗语类序》则详加阐释云："夫语言之道二：曰雅与俗也……其实二者相须，非知俗则雅不能就，非知雅则俗不能去。二者之于学也，均为之用

1　均见雨森芳洲：《橘窗茶话》卷上，《日本随笔大成》第二期第8册，東京：吉川弘文館，1974年，第365页。

2　比如宋春舫、宋淇父子，前者在法国留学时认为，"要学到最正确、最漂亮的语言，莫过于从戏剧入手"；后者年轻时在其父看来"英文不够好"，所以要他"读英文戏剧名著"。参见宋以朗：《宋家客厅：从钱锺书到张爱玲》，广州：花城出版社，2015年，第31、39页。

3　关于这个问题，日本学者有较为全面的研究，参见石崎又造《近世日本に于ける支那俗语文学史》（东京：清水弘文堂书房，1943年）第54—142页。最近的研究成果，集中体现在中村春作、市来津由彦、田尻祐一郎、前田勉编《統訓読论：東アジア漢文世界の形成》（东京：勉誠出版，2010年）中所收木津祐子《唐通事の「官話」受容——もう一つの「訓読」》、川島优子《白話小説はどう読まれたか—江户时代の音読、和訳、訓読をぐって—》、胜山稔《近代日本における白話小説の翻訳文体について—「三言」の事例を中心に—》等论文。

4　李无未主编：《日本汉语教科书汇刊》第1册，第64页。

5　李无未主编：《日本汉语教科书汇刊》第1册，第69页。

也……雅因俗而成，俗待雅而化，二者未尝偏倚。"[1]《世说新语补》就是这样一部综合了雅言和俗言的著作，经荻生徂徕的大力倡导，时人研治此书，也就在"唐话学"方面开展起来。这里不妨列举几个代表人物：

冈白驹。荻生徂徕与冈岛冠山为友，白驹为冠山门人，在推广唐话方面，冠山殁后，就以白驹称首。他致力于白话小说的训释，有《小说奇言》《小说精言》《小说粹言》（此书与其门人泽田一斋同撰），合为"小说三言"。而白驹由朱子学转治汉人注疏，则受到荻生徂徕的影响。《先哲丛谈》也表彰他"通小说俗语，名声藉甚一时"[2]，故其《世说新语补觿》也尤重口语俗话之训解。

穗积以贯（1692—1769）从学于伊藤东涯，当时，伊藤与徂徕各为东西部学术代表。以贯又与冈岛冠山、冈白驹相交，故亦重视唐话学。《典籍作者便览》曾著录其《文法秘钥》三卷，内容为"经史子集及俗语，以国字解之"[3]。其《世说新语补国字解》五卷，也同样以日本文字译解原文。

服部南郭（1683—1759），荻生徂徕高弟。当时有僧凤泉者，好古文辞，与徂徕门人多有往来，传授"华音"。南郭《送凤泉师序》云："师善华音，就学之则亮亮然舌转，而亦不自知其非华人。"[4]南郭有《世说》学著作多种，其中也包含了从"唐话"角度注释者。

安藤东野，上文提及，安藤作为徂徕门下高弟，也热衷于《世说》一书。他同时也喜好小说戏曲，荻生徂徕《送野生之洛序》称："藤生也者，学诸崎人石吴峰氏者也……其学大氐主《水浒》《西游》《西厢》《明月》之类耳……其究也，必归乎协今古、一雅嗲。"[5]这里所说的"石吴峰"，就是石原鼎庵（1657—1698），曾

1　李无未主编：《日本汉语教科书汇刊》第1册，第221页。

2　《先哲丛谈》卷7"冈龙洲"条。

3　杉野恒：《典籍作者便览》，文化九年（1812）序，森铣三、中岛理寿编：《近世著述目录集成》，东京：勉诚社，1978年，第108页。

4　《南郭先生文集》初编卷6，《近世儒家文集集成》第7卷，东京：ぺりかん社，1985年，第60页。

5　《徂徕集》卷10，富士川英郎、松下忠、佐野正巳编：《詩集日本漢詩》第3册，東京：汲古書院，1986年，第97页。

从学于明代渡日僧澄一道亮和东皋心越。

太宰春台（1680—1747），他曾与安藤东野同学于中野㧑谦（1667—1720）之门，受"唐音学"。春台也是徂徕高弟之一，他虽然没有《世说》著作流传，但其评点《世说》的只言片语，却保存在释文雄的著作和鹿鸣堂藏本《世说新语补》中[1]。

释文雄（1700—1763），著有《世说新语补鸡肋》，其中保存了徂徕、春台有关《世说补》的注释遗说。文雄为太宰春台弟子，据《续日本高僧传》卷四《文雄传》记载："（太宰）纯善华音，尝忧和读害文义，诱以华音，雄就而学。"其后"讲俗典，辨音韵以授门生"，将此看成是"护法"行为。后人赞曰："雄公从事音韵之学，多所发挥，可谓浇代护法大士也。"[2]

释大典，从释大潮习华音。有"《世说》学"著作多种，如《世说钞撮》《世说钞撮补》《世说钞撮集成》《世说匡谬》《世说人氏世系图》，并校订《世说新语补》。

平贺房父，亦从释大潮习华音，有《世说新语补索解》。

以上诸人，都与长崎的"唐话学"诸师有着渊源关系，又多属于蘐园学派中的人物。他们的《世说》注著作，其特征皆重在语辞解释。即使仅仅以这些著作来看，也不难发现当时的"《世说》学"所拥有的"唐话学"特色。

如果相较于朝鲜半岛，后者对待明清白话小说的态度迥异。就汉语学习而言，朝鲜半岛从高丽时代开始，就有了自己编纂的汉语教材，著名者如《老乞大》。进入朝鲜时代，这一传统也始终延续，如《朴通事》《训世评话》等，皆为风行一时的汉语教材。《朴通事》中有一段对话提及买书，一问"买什么文书去"，答曰"买《赵太祖飞龙记》《唐三藏西游记》去"；又问"买时买《四书》《六

1　参见稻田笃信：《和刻本"世说新语補"の書入三種》，二松学舍大学编《日本漢文学研究》第八号（2013年）。李由中译：《和刻本〈世说新语补〉的三种手批本》，载张伯伟编：《域外汉籍研究集刊》第十四辑，北京：中华书局，2016年。

2　《大日本仏教全书》第104册，東京：仏書刊行会，1917年，第67—68页。

经》也好，既读孔圣之书，必达周公之理，要怎么那一等平话"，答曰"《西游记》热闹，闷时节好看有"[1]。平话小说的功能主要在"解闷"，即便有时借用小说戏曲的文体学习汉语，也必须以儒家伦理为核心[2]。从燕山君时代（1495—1505）就大量购入中国小说，在肃宗朝（1675—1720）也曾将《三国演义》"印出广布，家户诵读"[3]，至英祖朝（1725—1776）对通俗小说的热爱更是蔚然成风，不分朝野男女。宫中也藏有不少小说，如《型世言》《东汉演义》《忠义水浒志》《列国志》《后水浒传》《续水浒传》《续英烈传》《三国志（演义）》《西汉演义》《大明英烈传》《玉娇梨》《拍案惊奇》等都已译成谚文[4]，供宫中女性阅读。但无论阅读者身份如何，他们都是藉以作为娱乐消遣之用。到了正祖时代（1777—1800），因"新进人"文章多涉明清稗官小品文体，"甚纤靡浮薄，专尚明清间怪套"[5]，"噍杀浮轻，专是小品"[6]，因此严禁从中国购入，已购入者也要从书架剔除。正祖十一年（1787）下令，到中国的"三使臣"（指正使、副使、书状官）或译官等皆不得私自购买"涉于左道不经、异端妖诞之说及杂术方书……如有潜贸之事，即其地摘发烧火状闻，犯者置之重辟"[7]；又云："予于小说一不披览，内藏杂

1　崔世珍：《朴通事谚解》卷下，汉城：亚细亚文化社，1973年，第292—293页。案：关于朝鲜时代的汉语教材的介绍，参见小仓进平著、河野六郎補注：《增訂補注朝鮮語学史》第五章第四節，東京：刀江書院，1964年，第580—604页。

2　较为典型的例证如朝鲜成宗朝李边"纂集古今名贤节妇事实，译以汉语，名曰《训世评话》"（《成宗实录》四年癸巳六月壬申条）；又赤玉峰道人据丘浚《伍伦全备记》改作的戏曲《新编劝化风俗南北雅曲伍伦全备记》，此为中国人所编，据柳馨远《磻溪随录》卷10云："按今汉学所试《老乞大》《朴通事》等，皆俚俗驱俗之语，不足讲习。宜使精熟汉语者，别撮经史语录以及物名度数，凡闲杂人事无害于义者，条集如《朴通事》例为一书。又以《五伦全备记》（其中续添供笑条可删者删之）使之诵习可也。"汉城：东国文化社，1958年，第203页。

3　安鼎福：《星湖僿说类选》卷9上，汉城：明文堂，1982年，第278页。

4　正祖时期编纂的《大畜观书目》就显示了当时王室的藏书状况，其中著录了大量通俗小说，可以略窥其盛。张伯伟编：《朝鲜时代书目丛刊》第2册，北京：中华书局，2004年，第765—811页。

5　正祖：《日得录》二，《弘斋全书》卷162，《韩国文集丛刊》第267册，汉城：景仁文化社，2001年，第174页。

6　《正祖实录》二十一年十一月丙子，《朝鲜王朝实录》第47册，汉城：韩国国史编纂委员会，1955—1958年版，第53页。

7　《正祖实录》十一年十月甲辰，《朝鲜王朝实录》第45册，第673页。

书，皆已去之。"[1]可知其所谓"杂书"，主要即指小说。这就从国家文化政策的层面，以政治原因贬斥了通俗小说的地位，所以绝无专以明清白话小说为教材之事。而日本之以中国的小说或小说体为教材，从江户时代一直延续到后来的明治、大正年间。早稻田大学图书馆藏官话教材如《官话纂》《闹里闹》（两种）《琼浦佳话》《小孩儿》《养儿子》等，京都大学文学研究科藏作为琉球官话教材的白话小说《人中画》四卷（含《风流配》《自作孽》《狭路逢》《终有报》《寒彻骨》五篇并附《白姓》）[2]，都是这一风气下的产物。直到二十世纪前期的汉语教育，教材中还选入了五四以后新文学作家的短篇白话小说[3]。

2. 历史学，这主要来自林家之学的影响。林家对《世说》一书的爱赏，始于第一代大学头林罗山，至第四代大学头林榴冈，撰有《本朝世说》，是江户时代较早仿《世说》之著。上文讨论日本"《世说》热"的形成，认为仅仅追溯到荻生徂徕的影响是不够的，应该进而追溯到林家之学。在此要强调指出，这一"考镜源流"工作的意义，不只是为了更准确地揭示历史真相，也是为了更好地阐明日本"《世说》学"的特色。林家之学对于《世说》一书性质的认识，主要是从历史学角度着眼的。林鹅峰讲释《世说》，就是认为该书具有"正史多本之者，汉魏亦有补史之阙者"的意义，至于刘孝标注更是"非寻常解释之比，而可为博识之助者也"[4]。这多少也代表了林罗山对此书的认识。所以，林榴冈仿"《世说》体"而撰《本朝世说》，也是以史学著作自命的。关修龄（1726—1801）序其书，即谓刘义庆书"盖得《春秋》笔削之法"，而榴冈乃"深于临川氏者"，故能"绳其武而

1　《正祖实录》十五年十一月戊寅，《朝鲜王朝实录》第46册，第258页。

2　参见木津佑子：《琉球写本"人中画"四卷付"白姓"》，東京：臨川書店，2013年。

3　比如1929年东京外国语学校汉语部的神谷衡平和宫越健太郎编辑的两种汉语教科书——《现代中华国语读本》《中国现代短篇小说选》中，就选入了鲁迅、胡适、郭沫若、王鲁彦、凌叔华等人的作品。

4　《世说点本跋》，《鹅峰林学士文集》卷100，《近世儒家文集集成》第12册，第412页。

相驰逐"[1]。《本朝世说》共分十门，对于《世说》门类颇有损益，其内容断自保元（1156—1159）以前，是因为此后的历史"君明则臣暗，臣明则君暗，而君臣两全殆希也"，其总根源即在"文学之衰"[2]，而文学的宗旨俱在"周公、孔子之教"[3]。《恶逆》篇所载多为无道之君，或"频造诸恶，不修一善"，或"所行多粗厉者"[4]，皆援以为历史教训，故其书用意乃在悯时忧世。因为以史书自命，故内容亦多本史籍。全书共一百二十九则，大多出自其祖父林鹅峰所撰《本朝通鉴》（四十则）、《续本朝通鉴》（七十七则）[5]，由此亦可见其家学渊源。

尽管关修龄在《本朝世说序》中称"我邦有《说》，盖自先生始矣"[6]，将首创之功归于林榴冈，但实际上日本第一部仿《世说》是服部南郭的《大东世语》。南郭当然是荻生徂徕的高足，但《大东世语》却是一部与林家之学的关系更为密切的著作。林鹅峰的长子林梅洞（憼，1643—1666），自幼聪慧，博览群书。林鹅峰奉命修撰《本朝通鉴》，梅洞也参与其事，史馆编修之暇，留心搜集日本中古以来艺苑轶事，纂为《史馆茗话》，其书仅成四十二则而人亡。英年早逝，令鹅峰深悲，乃在其身后数月续成全书一百则，故此书实为林家父子合作。《大东世语》多有采自《史馆茗话》者，清田绚（1719—1785）在《艺苑谱》中将两书相提并论云："《大东世语》于《史馆茗话》多取用之，彩色之美在《世语》，而古色蔚然、一时之情宛然在《茗话》，俱奇珍也。"[7] 又林榴冈《本朝世说》自序中所谓"我国虽褊小，神德之所在、礼典之所备、人物之所高，何必耻中华乎？宜哉称之为

1　关修龄：《本朝世说序》，"旧浅草文库"本卷首，张伯伟编著：《日本世说新语注释集成》第14册，南京：凤凰出版社，2019年，第126—127页。

2　林榴冈：《本朝世说序》，张伯伟编著：《日本世说新语注释集成》第14册，第18页。

3　林榴冈：《本朝世说·文学》，张伯伟编著：《日本世说新语注释集成》第14册，第49—50页。

4　林榴冈：《本朝世说·恶逆》，张伯伟编著：《日本世说新语注释集成》第14册，第110、114页。

5　参见本间洋一：《"本朝世说"の基础的研究と本文》，《同志社女子大学学术研究年报》第56卷（2005年12月）。

6　张伯伟编著：《日本世说新语注释集成》第14册，第126—127页。

7　清田绚：《艺苑谱》，赵钟业编：《日本诗话丛编》第3卷，汉城：太学社，1992年版，第484页。案：原文为日语。

君子国者也"[1]云云，与《大东世语》之欲与中国相颉颃之作意亦可互证，而二书同样有取于林梅洞之《史馆茗话》，也是其偏于史学之一证[2]。

日本的"《世说》学"特色，其注《世说》多体现"唐话学"传统，而其仿《世说》则多取"历史学"途径，我们不妨再以角田简（1784—1855）的《近世丛语》和《续近世丛语》为例。角田此书乃上承《大东世语》，其《凡例》"附记"历数明清及江户仿《世说》之著，致慨于《世语》之"于近世佳事也未有辑录成书者……岂非一大欠事哉"[3]，故其书断自"元和建橐"，即德川秀忠（1579—1632）为幕府将军以来，直至当世"既往之人"，以弥补《世语》仅以中古为限之憾。佐藤坦（1772—1859）也指出："昭代史书犹未全备，则如斯编者，或可以资修史之用，岂特羽翼之云已乎？"[4]大凡修史，最重史识，本书宗旨，即其《凡例》所称"全为揄扬近世人文"。既以"揄扬"为主，所记者便多为"平居所钦慕博学有道者，奇伟磊落者，渊清玉洁者，逸韵飘荡者，奇行玩世者，及高僧、贤妇、孝子"[5]，而像"《假谲》《汰侈》《谗险》"等，最足害人心术，假令有其人，一概不存而可"[6]。续编之作，宗旨一贯，故川田兴（1806—1859）称其书"皆足以有补于世纲民彝"[7]，西岛长孙（1780—1852）视此书"亦史之一体"[8]。其书《德行》篇记载僧卓荣与义奴市兵卫事迹，特加案语云："我邦纂修国史，则二子者可入于《特行传》。"[9]全书案语仅此一条，强调的也正是其书与史学的关系，尤堪注意。大田才次郎之《新世说》成书已在明治年间，但遵循的也依然是服部南郭、角田简的叙述路径。虽然以日语撰述，但在石川鸿斋（1833—1918）看来，

1　林榴冈：《本朝世说序》，《日本世说新语注释集成》第14册，第12—13页。

2　《本朝世说》取自《史馆茗话》者十一则，其中亦有与《续本朝通鉴》相重合者。

3　《近世丛语·凡例》，《日本世说新语注释集成》第15册，第33页。

4　《近世丛语序》，《日本世说新语注释集成》第15册，第20—21页。

5　《近世丛语序》，《日本世说新语注释集成》第15册，第26页。

6　《近世丛语·凡例》，《日本世说新语注释集成》第15册，第29页。

7　《续近世丛语序》，《日本世说新语注释集成》第15册，第370页。

8　《续近世丛语跋》，《日本世说新语注释集成》第15册，第741页。

9　《续近世丛语·德行》，《日本世说新语注释集成》第15册，第386页。

也是"学欧九纪传，杂之以邦语者"[1]，延续了其史学传统。

　　林鹅峰评论刘义庆《世说新语》，认为"正史多本之者，汉魏亦有补史之阙者"，所以属于史部著作。这与中国传统的史学观颇为不合。《世说新语》在《隋书·经籍志》中著录于子部"小说家"。唐代刘知几《史通》首次将"偏记小说"分为十类，其"四曰琐言"，《世说新语》属之，特色即在于"多载当时辨对，流俗嘲谑"，若是"升之记录，用为雅言"，也就是将之与史书混为一谈的话，必然"无益风规，有伤名教"[2]。而唐修《晋书》，恰恰多采《世说》，也就是林鹅峰所说的"正史多本之者"，但在中国得到的却是负面的评价。刘知幾说"皇朝新撰《晋史》，多采以为书"，是"征彼虚誉，定为实录"，"虽取说于小人，终见嗤于君子"[3]。又说："皇家撰《晋史》，多取此书……以此书事，奚其厚颜。"[4]《旧唐书》在谈到修撰《晋书》的史官时说，他们"多是文咏之士，好采诡谬碎事……由是颇为学者所讥"[5]。直到《四库全书总目》，也还是这样评价《晋书》："其所载者，大抵宏奖风流，以资谈柄，取刘义庆《世说新语》与刘孝标所注一一互勘，几于全部收入。是直稗官之体，安得目曰史传乎？"[6]这些意见足以代表中国传统的史学观念。然而日本的史学观念却不同于此。从公元八世纪到十世纪，日本史

1　石川鸿斋：《新世語跋》，《新世語》卷末，東京：有則軒，明治廿五年（1892），第2頁。

2　浦起龙：《史通通释》卷10"内篇·杂述"，上海：上海古籍出版社，2009年，第253—255页。

3　浦起龙：《史通通释》卷5"内篇·采撰"，第108页。

4　浦起龙：《史通通释》卷17"外篇·杂说中"，第450—451页。案：刘知几的意见显然是偏颇的，宋祁、欧阳修之修《新唐书》，司马光之修《资治通鉴》，都采及野史小说。司马光《答范梦得》说："实录、正史未必皆可据，野史、小说未必皆无凭，在高鉴择之。"（《传家集》卷63）其修《通鉴》，就以"遍阅旧史，旁采小说"（司马光：《进书表》，《资治通鉴》，北京：中华书局，1956年，第9607页）为基础。吴缜《新唐书纠谬序》中举该书"其失有八"，"五曰多采小说而不精择"（王东、左宏阁：《新唐书纠谬校证》，成都：四川大学出版社，2014年，第151—153页）。二十世纪的中国学者对此已有不同于传统的认识，如陈寅恪强调"以小说证史"，认为其中往往包含了"通性之真实"（《唐代政治史述论稿》中篇《政治革命及党派分野》，上海：上海古籍出版社，1997年，第82页）；钱锺书也指出："夫稗史小说、野语街谈，即未可凭以考信人事，亦每足据以觇人情而征人心。"（《钱锺书集·管锥编》一，北京：生活·读书·新知三联书店，2007年，第443页）

5　刘昫等：《旧唐书》卷66《房玄龄传》，北京：中华书局，1975年，第2463页。

6　永瑢等：《四库全书总目》卷45《晋书》提要，北京：中华书局，1965年，第405页。

书以"六国史"为代表，一方面是政府主导的敕撰国史，另一方面也一律为编年体。而从十一世纪开始，就出现了一种以"物语"或"镜"为名的史书，其特点是采用小说的手法写作历史，因而被现代学者称作"故事历史"[1]。也正是在这个时代，紫式部（973?—1014?）在其《源氏物语》中就借源氏之君之口嘲笑说："正史的《日本纪》，不过只是略述其一端而已，还不如这些物语记叙得详尽委宛呢。"又说："（物语）都是事出有据，绝少完全虚构的。"[2]所以，他们的观念中，不存在"稗官之体"与"史传"的对立，二者反而是可以"互补"的。以仿《世说》而言，如"旧浅草文库"本《本朝世说》卷首所列《援用书目》中，就有《菅家文草》《本朝文粹》《平治物语》《万叶集》等文集、物语、和歌等，尽管其实际所出多本于其祖父的《本朝通鉴》和《续本朝通鉴》，但两种"通鉴"的史源也包括上述书在内。又如《大东世语》，据服部南郭自述，"《世语》节选自《三镜》（指《大镜》《水镜》《增镜》）、《江谈（抄）》《十训抄》《今昔（物语集）》《宇治拾遗（物语）》《徒然草》"[3]等，而据方寸庵漆锅（1699—1776）《大东世语考》所列，尚有《三代实录》《续日本后纪》《文德实录》《日本后纪》《荣华物语》《古事谈》《东鉴》《北条九代记》《续古事谈》《古今著闻集》《本朝文粹》《平家物语》《源平盛衰记》《元亨释书》《沙石集》《袋草子》《无名抄》《本朝蒙求》《本朝语园》《太平记》《井蛙抄》《拾芥抄》等[4]，很多都属于"故事历史"。以这样的史学观念为基础，他们将《世说新语》看成是史书，并且以修史的眼光从事仿《世说》之作，也就不足为怪了。至于朝鲜半岛的史学观念，比较接近于中国而远离于日本，但在纪传体和编年体之间，由于受到朱熹《资治通鉴纲目》的影响，所以更偏重后者。像《世说新语》或《世说新语补》之类的书，无论是王室书目如《奎章

1　参见坂本太郎：《日本的修史与史学》第二章"故事历史与宗教史观的时代"，沈仁安、林铁森译，北京：北京大学出版社，1991年，第41—103页。

2　紫式部：《源氏物语》第二十五帖"萤"，林文月译，第2册，南京：译林出版社，2011年，第202页。

3　汤浅常山：《文会杂记》卷1之下，江户后期写本，日本九州大学图书馆藏。

4　方寸庵漆锅：《大东世语考》，写本，日本早稻田大学图书馆藏。

总目》《宝文阁册目录》之归于"子部说家类",或是私家书目如洪爽周(1774—1842)《洪氏读书录》之归于"小说家",皆无与于史部。相形之下,日本"《世说》学"的"历史学"传统也就堪称一大特色了。

3. 文章学,这与"唐话学"传统有关,而大力倡导于皆川淇园(1734—1807)。言语与文学关系密切,这在《世说新语》中尤为突出。刘勰在谈到东晋文学时说:"因谈余气,流成文体。"[1]《世说》一书,即为代表,故黄伯思推许此书"皆清言林囿"[2],刘应登说"晋人乐旷多奇情,故其言语文章别是一色,《世说》可睹矣"[3],王世懋亦云"晋人之谈,所谓言之近意,而临川此书,抑亦书之近言者也"[4],在在强调言语与文学之关系。江户时代兴起的"唐话学",虽意在口语,但也同时兼顾文章。雨森芳洲说:"书莫善于直读,否则字义之精粗、词路之逆顺,何由乎得知?"[5]冈岛冠山编成《唐话纂要》,其友人序跋再三强调者也在于此,如藤原安治称赞冈岛"一开口,则铮铮然成于金玉之声;一下笔,则绵绵乎联于锦绣之句"[6]。高希朴仲说:"唐话为要,不止晓常言以通两情,其读书作文,固有大关系。"[7]白樫仲凯也告诫读者将此书"朝夕手之口之,则不惟一舌官之业而已,亦临文之际,珠玉满纸、锦绣夺目焉"[8]。在这样的背景下注《世说》、仿《世说》,当然也就会重视"文章学"的意义。

在江户文坛热衷《世说》的大潮中,有一个另类的声音微弱而顽强,这就是中井履轩(1732—1817)对此书的批判。其《世说新语雕题》二十卷全面检讨《世说》之谬:一则为内容之不当,二则为文章之不佳,三则为分类之不妥,四则为

1　刘勰:《文心雕龙·时序》,周勋初:《文心雕龙解析》(下),南京:凤凰出版社,2015年,第694页。

2　黄伯思:《东观馀论》卷下《跋世说新语后》,《宋本东观馀论》,北京:中华书局,1988年,第216页。

3　《世说新语序目》,余嘉锡:《世说新语笺疏》,北京:中华书局,1983年,第931页。

4　《世说新语序》,《世说新语补》卷首,日本元禄七年(1694)林九兵卫梓本。

5　《橘窗茶话》卷下,《日本随笔大成》第二期第8册,第404页。案:所谓"直读",就是与"训读"相对的用唐音直接阅读的方式,这是荻生徂徕大力提倡的。

6　《唐话纂要序》,《日本汉语教科书汇刊》第1册,第3页。

7　《唐话纂要序》,《日本汉语教科书汇刊》第1册,第5页。

8　《跋唐话纂要》,《日本汉语教科书汇刊》第1册,第64页。

注释之不惬，五则为评语之不确。就文章而言，如《言语中》“道壹道人”章“已而会雪下，未甚寒”批曰：“‘已而’两字是冗语，乃却害于文。‘未甚寒’亦冗语，并当削去。”[1] 又《文学下》“桓宣武北征”章“唤袁倚马前”上批曰：“‘倚马前’不成语，亦文之拙处。”[2] 又《夙惠》“孙齐由、齐庄二人”章批曰：“叙事无章。”[3] 又《栖逸》“康僧渊在豫章”章“清流激于堂宇”上批曰：“堂宇亦难‘激’者，是文之疏处。”[4] 而履轩对《世说》之批判，实针对当下文坛。如《自新》“周处年少时”章批曰：“‘三害’叙事较之本传，退何啻三舍，世人贵《世说》如金科，何居？”[5] 就是针对徂徕提倡《世说》文章而言。又《假谲》“王文度弟阿智，恶乃不翅”章批曰：“‘不翅’两字似错用，然当时俗语自如此作竭后耳，于《世说》无可怪也。但今人蹈袭，好作若语，乃为不可耳。”[6] 实亦暗讽徂徕等人。考《徂徕集》中文字，“不翅”一词屡见不鲜，若“不翅家君之幸也”[7]，“今雨之叹，想不翅足下欤”[8]，“其时民间亦识字，不翅星官”[9] 等等，这也从反面证明，徂徕之提倡《世说》文章，不只是口陈标榜，也在身体力行，故响应者众多。中井履轩的批判之声，毕竟还是被淹没于流行的热浪中。

以荻生徂徕为代表的蘐园学派又称古文辞派，其在中国的样板就是李攀龙、王世贞等“后七子”人物，因此，荻生徂徕对于王世贞的文章自然迷恋，其中也就包括了经其删补的《世说新语补》。冈井孝先（1702—1765）、大冢孝绰（1719—1792）合编《世说逸》，虽然动机起因于当时“弇州之学盛行海内，遂使

1　《日本世说新语注释集成》第6册，第419页。

2　《日本世说新语注释集成》第6册，第537页。

3　《日本世说新语注释集成》第7册，第193页。

4　《日本世说新语注释集成》第7册，第286页。案：中井履轩为学极度自信，故其《雕题》自以为是处不少，或不明语源，或不解文义，或不通俗语，或不谙避讳，遂以致误。

5　《日本世说新语注释集成》第7册，第240页。

6　《日本世说新语注释集成》第7册，第551页。

7　《同斋越先生八十寿序》，《徂徕集》卷9，《诗集日本漢诗》第3卷，第88页。

8　《复爽鸠子方》，《徂徕集》卷22，《诗集日本漢诗》第3卷，第231页。

9　《与竹春庵》，《徂徕集》卷27，《诗集日本漢诗》第3卷，第287页。

人不得目见临川之旧，而海舶所赍至《古世说》最罕矣"的现状，但在付出恢复刘义庆《世说》的努力之后，也还是感叹王氏所删皆"平易冗长，无足取者，益信王氏之精选"[1]，一遵荻生徂徕古文辞派的观念。较早注意《世说》文章之美的注本，是释文雄《世说新语补鸡肋》，其"乾卷"属通论，共二十目，其中"十佳境""十一山水""十二雪月""十三松竹""十四杨柳"都与文章描写直接相关，但仅类编字词，未作阐发。野村公台（1717—1784）《世说新语补笔解》已开始由字词发展到"句解"，平贺房父《世说新语补索解》开始注重"文理"，到皆川淇园《世说启微》就特别注重从"文章学"角度注释此书。其门人牛尾介之曾引用淇园口说云："《世说》之一书，直以言语为文章，晋人之口气存焉，而从前注家，专矜浩博，旁生支叶，如其文章，舍而不讲，是以世之读者，徒醉梦其言辨之华与其气韵之高，而不能推文理、审语势，求其意味之深远。"[2]淇园认为，不辨字义不能作文，字义既通，文理始晰，故其《世说启微》亦在解释字义的基础上，着重上下文句意之贯通。如《言语中》"道壹"章"未甚寒"下云："此三字为曰'乃先集其惨淡'言。"下句"乃先集其惨淡"下云："'先集维霰'，《诗·小雅》句，道人之语放其音响，即前所以其言'整饰音辞'耳。"[3]又《文学中》"孙子荆"章"未知文生于情，情生于文"下云："上情孙，下情王，诡换法。"[4]又各章宗旨若不明显，则亦阐释其义，如《排调》"顾长康"章"布帆无恙"下云："'无恙'二字，盖以暗讥其物爱之而不肯给也，是以特为言之，以示其重之如人物之意，以为谑耳。"[5]又"顾长康"章"渐至佳境"下云："不言味美处，而谓为佳境，即是排调。"[6]淇园擅长作诗，亦熟悉唐诗，故其注释往往揭示唐诗与《世说》之关系，如《言语中》"王安期"章"当尔时云云"下云："尔时谓其言之之时也，形神

1　冈井孝先：《世说逸序》，《日本世说新语注释集成》第2册，第9—10页。

2　《世说讲义序》，《日本世说新语注释集成》第12册，第278页。

3　《日本世说新语注释集成》第8册，第33页。

4　《日本世说新语注释集成》第8册，第43页。

5　《日本世说新语注释集成》第8册，第147页。

6　《日本世说新语注释集成》第8册，第148页。

俱往，以其北望言。又按王龙标'闺中少妇不知愁'，全篇旨趣，全自此来。"[1]
又"王子敬云"章"若秋冬之际尤难为怀"下云："李白诗'霜落荆门江树空'一
句，妙领得此语旨者。"[2]凡此阐发《世说》文章之妙，皆作具体指陈，不堕
空言。

　　淇园门人田中大壮（1785—1830）著《世说讲义》十卷，杉山信良云："《世
说》由来可谓有注，而不可谓有解，故曰《世说》之有解，自此书始矣。"[3]所谓
"解"，就是注重释义，尤其是从"文章学"角度释义。杉林修《世说讲义序》亦
称："《世说》之作意在于文章也，非止为讲理也。"故田中大壮之书，"每章必首
标四字以示大意，而文字之呼唤，前后之照应，妙中肯綮，则所伏之微义跃如，
辞中理亦不掩矣"。以这样的眼光来看此前的注释评论，日本学者如冈白驹、桃井
白鹿、释大典等著，皆"不务解其辞，而注于所援之事迹典故，要此弃本骛末之
缪见，实可笑也"[4]；至于中国学者如刘孝标、张文柱之注，刘辰翁、李卓吾之
评，"亦唯隔靴搔痒，隔膜眠影，曷尝得暏真妙之境乎"[5]。而田中之注，重视文
章的结构、文脉、句法、用字等，与乃师淇园学术一脉相承。

　　上文曾云，日本"《世说》学"特色，"唐话学"传统多体现在注《世说》，而
"历史学"途径则多为仿《世说》所取，至于"文章学"的思路，在注《世说》和
仿《世说》的著作中皆有践行。以服部南郭《大东世语》为例，此书的史源有日文
有汉文，但在写入本书时，皆经服部氏的翻译或改撰，其文体风格一循《世说》
之旧，以合"情协令旨，言中韶音"[6]之意。词汇如"将无""田舍翁""风流""雅

1　《日本世说新语注释集成》第8册，第26页。

2　《日本世说新语注释集成》第8册，第32页。

3　《世说讲义·附言》，《日本世说新语注释集成》第12册，第283页。

4　《日本世说新语注释集成》第12册，第269—271页。

5　加贺三宅邦：《世说讲义序》，《日本世说新语注释集成》第12册，第281页。

6　服部南郭：《大东世语自序》，《日本世说新语注释集成》第14册，第183页。

情", 句式如"诗用千里, 意已萧条; 至云万里, 更自遥遥"[1], "虽有百术, 不如一清"[2], 形容如"此公俗情未脱"[3], "纪齐名体制如宫宅半旧, 帷帘小敝, 寒月独夜, 思妇弹筝其中; 江以言如白沙如雪, 落花满庭, 出舞陵王; 江匡衡如壮夫攒赤甲、策骏马, 方出关门"[4]等, 皆极有《世说》风格。

关于《世说》的"文章学"意义, 中国传统文学批评中并非无人提及, 但其言说方式往往点到即止。即便如明人多用排比, 也是一种印象式描述, 如王世贞云:"《世说》之所长, 或造微于单辞, 或征巧于只行; 或因美以见风, 或因刺以通赞。往往使人短咏而跃然, 长思而未馨。"[5]又王思任云:"本一俗语, 经之即文; 本一浅语, 经之即蓄; 本一嫩语, 经之即辣。盖其牙室利灵, 笔颠老秀, 得晋人之意于言前, 而因得晋人之言于舌外。"[6]诸家评点, 亦大致如此。直到晚清刘熙载写《艺概》, 将《世说新语》与《庄》《列》、佛书并列为"文章蹊径"[7], 也仍然是抽象的概括。大抵中国文学批评往往是对"利根人"而言, 表现的是文学圈中人的机警颖悟, 自然也就抛弃絮叨冗赘, 更无心追求系统化(除了诗法类著作)。在这样的批评传统中,"《世说》学"无法形成日本式的"文章学"特色。而随着大学的发展和文学教育的普及, 学生辈早已无法在古人"以资闲谈"的妙论中"相视而笑, 莫逆于心"(借用《庄子·大宗师》语), 日本《世说》注的具体细致、不厌其烦的讲述方式, 也许更适合今天的课堂教学。

再比较一下朝鲜半岛的情况, 对《世说》"文章学"的关注, 呈现为一种既早熟而又早夭的现象。《世说》在朝鲜半岛受到人们的好评, 这与许筠的提倡和实践有密切关系, 其提倡和实践主要落实在"文章学"。他评价王世贞的《世说新语

---

1 《大东世语·言语》,《日本世说新语注释集成》第14册, 第205页。

2 《大东世语·政事》,《日本世说新语注释集成》第14册, 第218页。

3 《大东世语·方正》,《日本世说新语注释集成》第14册, 第242页。

4 《大东世语·品藻》,《日本世说新语注释集成》第14册, 第277页。

5 《世说新语补序》,《校正改刻世说新语补》卷首, 日本安永己亥(1779)刻本。

6 《世说新语序》,《王季重十种·杂序》, 杭州: 浙江古籍出版社, 2010年, 第5页。

7 刘熙载:《艺概》卷1,《刘熙载文集》, 南京: 江苏古籍出版社, 2000年, 第61页。

补》，乃"合二书而雌黄之，以语晦而捐刘之十二三，以说冗而斥何之十七八，超然以自得为宗，删二书而为一家言者……益知二氏之为偏驳，而王氏之为独造也"[1]，就是从文章角度着眼的。后人亦承其说，如宋浚吉（1606—1672）《答闵持叔》云："《世说新语》文字可爱。"[2]申绰（1760—1828）《上伯氏》亦云："闲时或看《世说新语》……其情到之处，佳丽如画。留意于文者，必于此润笔，然后方成其全才。"[3]但也同样由于许筠，其思想和行为在当时颇为"出格"，竟死于非命，后人在否定其为人、文章的同时，也连带损害了《世说》的影响力。如李敏求（1589—1670）《答吴三宰论选西坰集简约兼示覆瓿稿书》云："所示《覆瓿稿》者……尺牍时时出射雕手，令人轩轾解权。而专取《世说》《语林》及明人词翰隽永以为生活……使其平日少加操检，不为悖乱之归，得伦于恒人下中，则所著述岂不足传世久远也哉？"[4]《覆瓿稿》是许筠的文集，这段话赞美其文章渊源自"《世说》《语林》及明人词翰"，足以不朽，但其为人放荡不拘，导致"悖乱之归"，批评之余尚抱惋惜。后人更有责难王世贞等人文章，如徐宗泰（1652—1719）《读弇山集》云："彼弇山数子，既不出先秦之际，又不出两京时，乃生于千数百年之下……考其归，则机轴精神不出宋人范围，尤好用晋、宋人《世说》纤美语，又何其不伦也。"[5]申靖夏（1681—1716）《答柳默守》云："皇明济南、弇山诸名公之一生尽力于为文者，亦未见其可好。或窃取《世说》之语脉，掇拾《左》《国》之句字，荒杂无伦，浮夸不实。"[6]再进一步，就连《世说》本身也遭到了否定，如李德懋（1741—1793）《童规》云："韩山子曰：'士大夫家子弟，不

1　《世说删补注解序》，《惺所覆瓿稿》卷40，《韩国文集丛刊》第74册，汉城：景仁文化社，1991年，第173—174页。

2　宋浚吉：《同春堂集》卷13，《韩国文集丛刊》第107册，汉城：景仁文化社，1993年，第65页。

3　申绰：《石泉遗稿》卷3，《韩国文集丛刊》第279册，汉城：景仁文化社，2001年，第557页。

4　李敏求：《东州集》卷1，《韩国文集丛刊》第94册，汉城：景仁文化社，1992年，第272页。

5　徐宗泰：《读弇山集》，《晚静堂集》卷11，《韩国文集丛刊》第163册，汉城：景仁文化社，1996年，第235—236页。

6　申靖夏：《答柳默守》，《恕庵集》卷8，《韩国文集丛刊》第197册，汉城：景仁文化社，1997年，第315—316页。

宜使读《世说》,未得其隽永,先习其简傲。'善哉斯言!"[1]加上朝鲜正祖时代的"文体反正",贬斥明清稗官小品,所以《世说》的"文章学",无论理论上或实践上,都不便于在朝鲜时代得到充分的发展。

三、结语

　　事物之间的"同"和"异"从来就不是截然两立,而是交错其中,所以对事物的观察,可以"自其同者视之",也可以"自其异者视之"(借用《庄子·德充符》语)。总体看来,在探索异质文化的关系时,人们往往易见其异而不见其同;而在考察同质文化的关系时,又往往易见其同而不见其异。东亚汉文化圈以中国为核心,汉籍最初也都是从中国出发向周边传播,这是一项既在的历史实况。十八、十九世纪的西欧文化对人类历史产生了很大影响,成为新的世界核心,从而演变为衡量历史发展和文化价值的标准。以往的研究,也因此而形成了四种基本模式[2]:一是"中国中心观",即把周边的文化仅仅看成是中国文化在四裔的延伸和再现,构成了一个明显的等级制网络,这是中国人的习惯性思路。二是"影响研究",这是十九世纪法国比较文学研究所提倡的方法,在实际运用中往往落实为"接受者"如何在自觉的或非自觉的状态下,将自身的文化业绩奉献给"发送者"。丹麦学者勃兰兑斯(Gerog Brandes)的《十九世纪文学主流》是一部影响巨大的名著,在比较丹麦文学和德国文学作家的关系时,就举例说明前者"一旦拿得出可以称之为'我的'的真正伟大的作品,而且如果它被世人所承认",那就将"把所赢得的桂冠送给"后者[3],援用的就是这种模式。"中国中心观"遇上法国

1　李德懋:《青庄馆全书》卷31,《韩国文集丛刊》第257册,汉城:景仁文化社,2000年,第533页。案:其引文实出于明人薛冈《天爵堂笔馀》卷1(沈乃文主编:《明别集丛刊》第五辑,合肥:黄山书社,2016年),惟赵吉士《寄园寄所寄》卷6引此语作"韩山子",康熙三十五年刻本。

2　参见张伯伟:《东亚文明研究的模式及反思》,《丝路文化研究》第四辑,北京:商务印书馆,2019年。

3　勃兰兑斯:《十九世纪文学主流》第2分册《德国的浪漫派》,刘半九译,北京:人民文学出版社,1981年,第4页。

的"影响研究",两者一拍即合,成为东亚比较文学研究中最常见的主题和方法。三是"挑战—回应",这是英国历史学家汤因比(Arnold J. Toynbee)在其《历史研究》中提出的模式,西方汉学家或东方学家往往惯用这一理论,它实际上还是以欧洲文明为中心。四是"内在发展论",这在本质上属于"民族主义"的理论立场,是以一个放大了的"自我"为中心,而无视文化的交流与融合。现当代韩国学者的研究中,那些强调"内在发展论"的论著皆为此类。[1]上述种种,都是应该予以改善的不良模式。

马克思、恩格斯早在一百七十多年前就作了这样的展望:"各民族的精神产品成了公共的财产。民族的片面性和局限性日益成为不可能,于是由许多种民族的和地方的文学形成了一种世界的文学。"[2]这里用到的"文学"一词即德语的"Literatur",泛指科学、艺术、哲学、政治等方面的著作,并不专指文学作品,而更接近于学术。自二十世纪八十年代以来,整个世界的主潮是"全球化",并且愈演愈烈。这虽然是以经济活动为主,但势必对人的生活和意识产生极大的影响,也使得"世界的文学"日益成为可能。在学术上对这一潮流作出反应,最敏锐的领域体现在历史学,这就是"全球史"(Global History)的兴起。全球史写作与过去的世界史相比,最重要的是有两点新共识:一是在意识上破除了欧洲中心观念,二是改变了以民族国家历史为叙述主体,将各国、各地区历史机械叠加而成的写法,易之以"文明"亦即"文化共同体"或曰"文化圈"为研究单元,揭示其联系和交往。在很遥远的地方可以发现其"同",而在一个文明单位之内又要能捕捉其"异",是多样与主潮的统一。所以,即便是以某个地区或国家为

1　在韩国学术界,一些有识之士已经对此作出反思和批判,参见白乐晴:《全球化时代的文学与人》,金正浩、郑仁甲译,北京:中国文学出版社,1998年;白永瑞、陈光兴编:《白乐晴·分断体制·民族文学》,李旭渊翻译校订,台北:联经出版事业公司,2010年;崔元植:《文学的回归》,崔一译,延吉:延边大学出版社,2012年。

2　马克思、恩格斯:《共产党宣言》,中共中央马克思、恩格斯、列宁、斯大林著作编译局编译,北京:人民出版社,2017年,第31页。

具体研究对象，也力求避免"民族的片面性和局限性"。一如柯娇燕（Pamela Kyle Crossley）所说："全球史学家正是以其方法而不是史实，区别于那些研究地区史或国别史的学者。"[1]然而在文学研究领域中，对这一时代趋势的反应却显得迟钝而滞后，我指的主要不是观念而是实践。以文学史著作为例，1983年开始分卷出版的前苏联高尔基世界文学研究所编纂的洋洋八卷十六巨册的《世界文学史》，尽管编者自豪地宣称，唯心主义文学史家"多半不再能撰述这样的著作"，并且强调将避免"西方中心主义"或"东方中心主义"的倾向；尽管编者也意识到，"把世界文学史理解为各民族文学的简单的、机械的总和显然是不能接受的，那么力求尽量广泛地包罗世界各民族文学在作为语言艺术的文学的整个发展史上的贡献，就具有原则性的、理论的和方法的意义"[2]，然而在实际写作上，呈现的依然是国别文学史的叠加。正所谓"盖非知之难，能之难也"（借用陆机《文赋》语）。以文化圈为范围的文学史写作也类似，日本学者藤井省三的《华语圈文学史》虽然出版于2011年[3]，但令人遗憾的是，其学术思路布满了陈陈相因之迹，分别描述中国的大陆、香港和台湾地区的文学现象，以及村上春树作品的翻译，仅仅将若干史实并列叠加，完全没有分析其内在联系。再以国别文学史为例，出版于2001年的梅维恒（Victor H. Mair）主编《哥伦比亚中国文学史》[4]，在其书的最后三章，分别讨论了朝鲜、日本和越南对中国文学的接受，较之于过去的研究视野显然有所扩大，对于中国文学与周边国家地区文学的关系也有一定程度的显示，但仍然未能将其综合为一个有机整体。这种将各地历史加以罗列（无论其简

1　柯娇燕：《什么是全球史》，刘文明译，北京：北京大学出版社，2009年，第2页。
2　高尔基世界文学研究所编纂：《世界文学史》第1卷上册"全书引言"，上海：上海文艺出版社，2013年，第1、3—4页。
3　藤井省三：《中国語圏文学史》，東京：東京大学出版会，2011年；本书中译本为南京：南京大学出版社，2014年版。
4　中译本见梅维恒（Victor H. Mair）主编：《哥伦比亚中国文学史》，北京：新星出版社，2016年版。

单或繁复）的写作方法，有意无意间遵循的还是十九世纪以来的世界史模式。虽然是新书，走的却是老路。在英语世界中真正有所努力和改善的，可以2020年出版的两部新书为代表，其宗旨是以"汉文化圈"（Sinosphere）为研究单元，着眼于"再省察"（Reexamining）与"再思考"（Rethinking），它们有可能代表了未来的方向[1]。在文学领域中成绩较大的是文献出版，以欧美为例，2001年出版的艾布拉姆斯（M. H. Abrams）主编的《诺顿英国文学选集》第七版，与此前各版的最大区别，就是编者心目中的"英国文学"概念，反映的是"文学史国家"的概念，是超越了民族国家范围的"英语文学"[2]。而法国索邦学术出版社自1990开始编纂的"法国及法语文学数据库（从中世纪到20世纪）"，其所谓"法语文学"，指的是法国之外的撒哈拉以南的非洲地区、印度洋地区的二十五个国家和一百多个少数族裔的作品，也就是"法语语系"（francophone）文学，该数据库将之与法国文学合为一体，已经包含了约14000个文本[3]。至于在东亚地区，尤其是在中国，近二十年来域外汉籍的文献出版也正如火如荼，这些都为未来的以文化圈为单元的文学研究构建了必要的资料基础。

　　也正因为这样，我反复提倡并实践"作为方法的汉文化圈"[4]，强调将汉文化圈当作一个整体，将历史上的汉字文献当作一个整体，并且注重不同语境下相同

1　Cf. Nanxiu Qian（钱南秀）, Richard J. Smith（司马富）and Bowei Zhang（张伯伟）eds., *Reexamining the Sinosphere: Cultural Transmissions and Transformations in East Asia*, New York: Cambria Press, 2020; Nanxiu Qian（钱南秀）, Richard J. Smith（司马富）and Bowei Zhang（张伯伟）eds., *Rethinking the Sinosphere: Poetics, Aesthetics, and Identity Formation*, New York: Cambria Press, 2020.

2　M. H. Abrams, General Editor, *The Norton Anthology of English Literature*, Seventh Edition, New York: W. W. Norton & Company Inc., 2001, pp. xxxi–xxxv.

3　*Grand corpus des littératures française et francophone du Moyen Âge au xxe siècle*, Classiques Garnier publie. 可参见以下网页的介绍：https://classiques-garnier.com/grand-corpus-des-litteratures-moyen-age-xxe-s.html

4　参见张伯伟：《作为方法的汉文化圈》，《中国文化》第30期（2009年秋季号）；《作为方法的汉文化圈》，北京：中华书局，2011年；《再谈作为方法的汉文化圈》，《文学遗产》2014年第2期；《东亚汉文学研究的方法与实践》，北京：中华书局，2017年。

文献的不同意义，注重汉文化圈内各个地域、阶层、性别、时段中的人们思想与感受的统一性和多样性。我期待运用这样的观念和方法，既能消减文化帝国主义的膨胀欲，又能打开民族主义的封闭圈。本文以汉文化圈为视域考察"《世说》学"在东亚的"同"和"异"，就是试图以具体而微的个案剖析，展示一个可能的以文明为单元的文学史研究的新方向。

二〇一九年八月二十日初稿
二〇二〇年十月二十二日改毕

《东阳夜怪录》笺证

程章灿

现任南京大学古典文献研究所所长，文学院教
授、博士研究生导师。2008年受聘教育部长江
学者特聘教授。曾任南京大学图书馆馆长。兼
任全国古籍整理出版规划领导小组成员。

前记

2023年，美国威斯康辛大学麦迪逊分校荣休讲座教授倪豪士（William H. Nienhauser, Jr.）先生欣逢八旬初度。倪豪士教授学识渊博，著作宏富，于《史记》研究、唐代文学尤其唐代传奇研究，皆用功深湛，论著译作传诵海内外，名闻遐迩，2020年曾荣获第十四届中华图书特殊贡献奖。余与倪教授相识逾三十年，素来敬佩其为学之勤勉，又喜读其唐传奇诸论著，今略仿周绍良先生《唐传奇笺证》之体例[1]，为《东阳夜怪录》作笺证一篇，以庆贺倪教授八十之寿，并致景仰之意。2023年3月26日，程章灿志。

《东阳夜怪录》最早见载于宋李昉等编《太平广记》卷四九〇，长达四千多字，故一卷仅录此一篇。《太平广记》有"杂传记"一类，各传主角身份五花八门，卷四九〇为"杂传记七"，其上一卷为"杂传记六"，收录《周秦行记》《冥音

---

[1] 周绍良：《唐传奇笺证》，北京：人民文学出版社，2000年。按：本篇笺证体例大体仿周氏笺证之例，惟引录原文段落皆顶格，字体加粗，以求醒目。

录》两篇，其主角为鬼怪之类；其下一卷为"杂传记八"，收录《谢小娥传》《杨娟传》《非烟传》三篇，其主角为侠女与娼妓。《东阳夜怪录》则为动物故事，描写雪夜情境，叙事生动，其中角色塑造，栩栩如生，赋诗对话，风格诙谐，妙趣横生，其审美效果颇类今日之动画片。此录个性鲜明，实为唐传奇中之翘楚，汪辟疆先生校录《唐人小说》，其下卷曾将此篇录附《玄怪录》"元无有"篇之后，并有评述云："牛氏书（《玄怪录》）既盛行于元和、长庆之间，承其风者，如李复言、张读诸人，并有造述。至《广记》所收无名氏之《东阳夜怪录》，或即推本此文，而肆其波澜。即景抒情，虽极奇辟，冗而寡味矣。今录存于此，俾诵此篇者，得省览焉。"[1] 汪先生虽谓其"冗而寡味"，不喜其篇幅冗长，仍称赞其为"奇辟"之篇。钱锺书先生于此篇颇为留意，其早年著《谈艺录》，晚年撰《管锥编》，皆曾提及此篇。[2]

由篇题分析，《东阳夜怪录》实涵括"东阳""夜""怪"三方面。"东阳"代表地点，涵括长安周边相关之地名；"夜"代表时间，兼指夜雪之环境；"怪"则代表故事之主角，包括橐驼、牛、驴、狗、猫、鸡、刺猬等，秀才成自虚反而成了陪衬和串联的角色。42年前，王梦鸥先生曾撰《东阳夜怪录注》，侧重注释篇中语词名物，兼及少数典故。[3] 其后，黄永年先生又撰《〈东阳夜怪录〉王梦鸥注匡谬补阙》[4]，对王文有所订补，尤长于史事故典之匡补。拜读前贤论著，深受启发，然诸贤所论犹有未尽之义，今仿周绍良《唐传奇笺证》之例，试补为笺证如下，偏重史事背景，兼及前贤未及之语词。凡王、黄二先生已注者，不再赘述。

1　汪辟疆：《唐人小说》，上海：上海古籍出版社，1978年，第237页。
2　钱锺书：《谈艺录》，北京：三联书店，2007年，第127页。又，钱锺书：《管锥编》第2册，北京：中华书局，1986年，第838—839页。
3　王梦鸥：《东阳夜怪录注》，静宜文理学院中国古典小说研究中心主编：《中国古典小说研究专集2》，台北：联经出版公司，1980年，第89—108页。
4　黄永年：《〈东阳夜怪录〉王梦鸥注匡谬补阙》，原载陕西师范大学古籍整理研究所：《古代文献研究集林》第2集，西安：陕西师范大学出版社，1992年，第140—158页；后收入黄永年：《黄永年文史论文集》第3册《文献钩沉》，北京：中华书局，2015年，第406—423页。

《东阳夜怪录》(以下简称《录》)[1]曰：前进士王洙字学源，其先琅琊人，元和十三年春擢第。

　　洙泗为儒学发源之地，王洙字学源，寓有此意。其本籍山东琅琊（今山东临沂），琅琊王氏是六朝一等士族，入唐，门地虽不及前代，然犹是高门。王梦鸥文（以下简称王文）引李肇《国史补》，证唐人得第前谓之进士，得第后谓之"前进士"，此处称王洙为"前进士"，是其擢第后之称呼，后文称成自虚为"进士"，则是未第之时。

　　洙于元和十三年擢第，据《旧唐书》卷一六五《柳公绰传》记："子仲郢……仲郢字谕蒙，元和十三年进士擢第，释褐秘书省校书郎。"[2]《旧唐书》卷一七二《李石传》："李石字中玉，陇西人，……元和十三年进士擢第。"[3]可见柳仲郢、李石二人皆为王洙之同年。《新唐书》卷四四《选举志》记："（元和）十三年，权知礼部侍郎庾承宣奏复考功别头试。"[4]可见此年吏部侍郎为庾承宣，亦王洙、李石诸人之座主。"庾承宣主文后六七年，方授金紫，时门生李石先于内庭恩赐矣。承宣拜命之初，石以所服紫袍金鱼拜献座主。"[5]其年下第之士，据《太平广记》可知，至少有章孝标、张庾二人。《太平广记》卷一八一"章孝标"条（出《云溪友议》）记："章孝标元和十三年下第，时辈多为诗以刺主司，独章为《归燕诗》，留献侍郎庾承宣。承宣得时（诗），展转吟讽，诚恨遗才，仍候秋期，必当荐引。庾果重典礼曹，孝标来年擢第。群议以为二十八字而致大科。"[6]然其他下第举子似对其多有怨言，为诗刺之。同书卷三四五则记"张庾举进士，元和十三年居长

1　此处文本据李昉等：《太平广记》卷490"东阳夜怪录"条，北京：中华书局，1979年，第4023—4029页。校以陶宗仪：《说郛》，《景印文渊阁四库全书》第876—882册，台北：台湾商务印书馆，2008年。
2　刘昫等：《旧唐书》卷165《柳公绰传》，北京：中华书局，1975年，第4305页。
3　刘昫等：《旧唐书》卷172《李石传》，第4483页。
4　欧阳修、宋祁：《新唐书》卷44《选举志》，北京：中华书局，1975年，第1165页。
5　李昉等：《太平广记》卷181"庾承宣"条，第1347—1348页。
6　李昉等：《太平广记》卷181"章孝标"条，第1345页。

安升道里南街，十一月八日夜，仆夫他宿，独庚在月下，忽闻异香满院"，遂遇怪物，张庚不为怪物所惑，终于"明年进士上第"[1]。由本段引用多段故事来看，元和十三年铨试可谓多事之年。

《录》曰：尝居邹鲁间名山习业。

唐代士子习业，或借住于僧寺道观，或隐居于名山之间。王文引严耕望《唐人多读书山寺》文，证明"此亦当时常事"。今按仅《太平广记》一书所记，即不乏其例。如卷二七《唐若山》："相国李绅，字公垂，常习业于华山山斋。"[2]同书卷一九八《符载》："唐符载，字厚之，蜀郡人。有奇才，始与杨衡、宋济栖青城山习业。杨衡擢第，宋济先死无成，唯载以王霸自许，耻于常调。"[3]卷四五八《嵩山客》更有"元和初，嵩山有五六客，皆寄山习业者也"[4]之记载。华山、青城山、嵩山，皆唐代之名山也。

邹鲁间名山，以泰山最为有名，然作者不直言泰山，则当别有所指。窃以为此所谓"邹鲁间名山"，殆指峄山。《唐六典》卷三："名山则有三崤、少室、砥柱、蒙山、峄山，嵩、岱二岳在焉。"[5]清岳濬等撰《山东通志》卷三十五之一下录有明人朱颐琢《登峄山》诗，其中有句云："邹鲁名山大峄雄，芙蓉如削插晴空。"[6]可以为证。王维《偶然作六首》之五："客舍有儒生，昂藏出邹鲁。读书三十年，腰间无尺组。被服圣人教，一生自穷苦。"[7]前叙王洙之名字、里籍，此叙其读书之处，皆意在突出其为邹鲁儒生之身份。

《录》曰：洙自云，前四年时，因随籍入贡，暮次荥阳逆旅。

1　李昉等：《太平广记》卷345"张庚"条，第2730—2731页。

2　李昉等：《太平广记》卷27"唐若山"条，第177页。

3　李昉等：《太平广记》卷198"符载"条，第1489页。

4　李昉等：《太平广记》卷458"嵩山客"条，第3745页。

5　李林甫等撰、陈仲夫点校：《唐六典》，北京：中华书局，1992年，第65页。

6　岳濬等监修，杜诏等编纂：《山东通志》卷35之1下，《景印文渊阁四库全书》第541册，台北：台湾商务印书馆，2008年，第263a页。

7　王维：《偶然作六首》之五，《全唐诗》卷125，上海：上海古籍出版社，1986年缩印康熙扬州诗局本，第289页。

王洙随籍入贡，即由其所在州解送礼部。由山东琅琊入长安应试，荥阳为必经之地。王维《早入荥阳界》诗云："泛舟入荥泽，兹邑乃雄藩。河曲闾阎隘，川中烟火繁。因人见风俗，入境闻方言。秋野田畴盛，朝光市井喧。渔商波上客，鸡犬岸旁村。前路白云外，孤帆安可论。"[1]可以略见唐代荥阳概况。白居易亦有《宿荥阳》一诗："生长在荥阳，少小辞乡曲。迢迢四十载，复到荥阳宿。去时十一二，今年五十六。追思儿戏时，宛然犹在目。旧居失处所，故里无宗族。岂唯变市朝，兼亦迁陵谷。独有溱洧水，无情依旧绿。"[2]此是生长荥阳之人再宿荥阳之感，与王洙自有不同。杜荀鹤《行次荥阳却寄诸弟》："难把归书说远情，奉亲多阙拙为兄。早知寸禄荣家晚，悔不深山共汝耕。枕上算程关月落，帽前搜景岳云生。如今已作长安计，只得辛勤取一名。"[3]杜荀鹤多次应试，多次下第，集中多有应试长安道上及下第之诗。此诗所写，即其作为长安道行客宿荥阳旅次之感，王洙随籍入贡，其心情略同。

《录》曰：值彭城客秀才成自虚者，以家事不得就举，言旋故里。遇洙，因话辛勤往复之意。自虚字致本，语及人间目睹之异。

据《旧唐书》卷三八《地理志一》："天宝元年，改徐州为彭城郡。乾元元年，复为徐州。"[4]下辖有彭城县。其地与琅琊相近。王、成二人皆属乡贡秀才，故里相近，逆旅相逢，二人虽有一进一退之异，仍有投缘往复之意。

成自虚之名，殆子虚、乌有、亡是公之类，皆幻设之人物。明胡应麟撰《少室山房笔丛》卷三六："至唐人乃作意好奇，假小说以寄笔端，如《毛颖》《南柯》之类尚可，若《东阳夜怪录》称成自虚，《玄怪录》元无有，皆但可付之一笑，其文气亦卑下亡足论。"[5]按《元无有》见《太平广记》卷三六九。[6]按：成自虚，字致

1 王维：《早入荥阳界》，《全唐诗》卷125，第288页。

2 白居易：《白居易集》卷21《格诗歌行杂体》，顾学颉点校，北京：中华书局，1979年，第469页。

3 杜荀鹤：《行次荥阳却寄诸弟》，《全唐诗》卷692，第1749页。

4 刘昫等：《旧唐书》卷38《地理志一》，第1448页。

5 胡应麟：《少室山房笔丛》卷36《二酉缀遗中》，上海：上海书店出版社，2001年，第371页。

6 李昉等：《太平广记》卷369"元无有"条，第2937—2938页。

本，意谓此人之名虽属假托，而读者须得意忘言，循名求实，致其本旨也。

《录》曰：是岁，自虚十有一月八日东还（乃元和八年也）。翼日，到渭南县，方属阴曀，不知时之早晚。

自兹以下之奇遇故事，皆由成自虚讲述。成自虚所述其奇遇故事，据此篇原注，则发生于元和八年十一月八日。前引《太平广记》卷三四五"张庚"记张庚遇怪故事，就发生在元和十三年十一月八日夜，其年、月、日皆与此《录》相同，巧合耶？可怪耶？

成自虚既下第，遂由长安东还彭城，次日抵达渭南。此可推知当时由长安东还之行程速度。《太平广记》卷一二八"李文敏"："其子渐大，令习明经，甚聪俊，诣京赴举下第，乃如华州，及渭南县东，马惊走不可制。"[1]此亦下第之人行次渭南之故事。同书卷四四四《陈岩》记陈岩居长安永崇里，"后一日，遂至渭南"[2]，亦可证长安与渭南仅一日之行程。唐传奇中叙近于长安之事，往往以渭南当之，此《录》及《陈岩》皆其例也。

《录》曰：县宰黎谓留饮数巡，自虚恃所乘壮，乃命僮仆辎重，悉令先于赤水店俟宿，聊踟蹰焉。东出县郭门，则阴风刮地，飞雪雾天，行未数里，迨将昏黑。自虚僮仆既悉令前去，道上又行人已绝，无可问程，至是不知所届矣。路出东阳驿南，寻赤水谷口道，去驿不三四里，有下坞。林月依微，略辨佛庙。自虚启扉，投身突入，雪势愈甚。自虚窃意佛宇之居，有住僧，将求委焉。则策马入，其后才认北横数间空屋，寂无灯烛。

此段所记之渭南县宰黎谓，盖亦假设之人物，而其中所涉地名，则一一可以征实。王、黄二先生文已详加注释，此不赘。《资治通鉴》卷一五六中大通六年八月甲寅"（宇文）泰备仪卫迎帝，谒见于东阳驿"句下，胡三省注引《水经注》："渭水过长安城北，又东过新丰，东合西阳水，又东合东阳水。二水并南出广乡

1　李昉等：《太平广记》卷128"李文敏"条，第908页。
2　李昉等：《太平广记》卷444"陈岩"条，第3633页。

原。"[1]自虚既与僮仆相期于赤水店会宿，遂东出县郭，又路出东阳驿，南寻赤水谷口道，则其道一路向东南可知。

《录》曰：久之倾听，微似有人喘息声，遽系马于西面柱，连问："院主和尚，今夜慈悲相救。"徐闻人应："老病僧智高在此。适僮仆已使出村教化，无从以致火烛。雪若是，复当深夜，客何为者？自何而来？四绝亲邻，何以取济？今夕脱不恶其病秽，且此相就，则免暴露，兼撤所藉刍槁分用，委质可矣。"

院主本指寺院住持，如《太平广记》卷六九"慈恩塔院女仙"："唐太和二年，长安城南韦曲慈恩寺塔院，月夕，忽见一美妇人，从三四青衣来，绕佛塔言笑，甚有风味。回顾侍婢曰：'白院主，借笔砚来。'乃于北廊柱上题诗。"[2]亦借用为对僧人之尊称，如此录。

"出村教化"，即出村乞讨之意。王文已注。此义项亦见于《太平广记》，如《太平广记》卷一一六《僧绍明》（出《儆戒录》）："伪蜀大慈寺赐紫慈昭大师绍明，主持文殊阁，常教化钱物，称供养菩萨圣像，积有星岁，所获太半入己。后染病，恒见火烧顶至足，周而复始，不胜其苦，悔过忏谢，唱施衣，竟不获免。"[3]"教化钱物"即乞讨钱物之意。

《录》曰：自虚他计既穷，闻此内亦颇喜。乃问："高公生缘何乡？何故栖此？又俗姓云何？既接恩容，当还审其出处。"曰："贫道俗姓安（以本身肉鞍之故也），生在碛西，本因舍力，随缘来诣中国。到此未几，房院疏芜。秀才卒降，无以供待，不垂见怪为幸。"自虚如此问答，颇忘前倦。乃谓高公曰："方知探宝化城（"城"原作"成"，据明钞本改），如来非妄立喻，[4]今高公是我导师矣。高公本宗，固有如是降伏其心之教。"

1　司马光编著，胡三省音注：《资治通鉴》卷156，北京：中华书局，1956年，第4852页。
2　李昉等：《太平广记》卷69"慈恩塔院女仙"条，第432页。
3　李昉等：《太平广记》卷116"僧绍明"条，第814页。
4　《唐人小说》此二句作"方知探宝化成如来，非妄立喻"，似未可从。见汪辟疆：《唐人小说》，第238页。

此写成自虚与僧智高对答，足见唐代士人日常交接之情形。所谓僧智高，实为双峰骆驼，其姓安，因"生在碛西"，而西域有所谓安国，故假托安姓。王文皆已注释，以见其谐隐双关之妙。舍力，盖唐时俗语，意谓受雇出力干活。《太平广记》卷二四《张殖》中，张殖谓其师姜玄辨"至德中于九龙观舍力焚香数岁"[1]，卷一二八《尼妙寂》中，尼妙寂"褐衣上元，舍力瓦棺寺，日持箕帚，洒扫阁下"[2]。骆驼负重行走，往返于碛西与中国之间，故自称舍力。

《录》曰：俄则沓沓然，若数人联步而至者。遂闻云："极好雪！师丈在否？"高公未应间，闻一人云："曹长先行。"或曰："朱八丈合先行。"又闻人曰："路甚宽，曹长不合苦让，偕行可也。"自虚窃谓人多，私心益壮。有顷，即似悉造座隅矣。内一人谓曰[3]："师丈此有宿客乎？"高公对曰："适有客来诣宿耳。"自虚昏昏然，莫审其形质，唯最前一人，俯檐映雪，仿佛若见着皂裘者，背及肋有搭白补处。其人先发问自虚云："客何故踽踽（丘圭反）[4]然犯雪，昏夜至此？"自虚则具以实告。其人因请自虚姓名，对曰："进士成自虚。"自虚亦从而语曰："暗中不可悉揖清扬，他日无以为子孙之旧，请各称其官及名氏。"便闻一人云："前河阴转运巡官、试左骁卫胄曹参军卢倚马。"次一人云："桃林客，副轻车将军朱中正。"次一人曰："去文，姓敬。"次一人曰："锐金，姓奚。"此时则似周坐矣。

此段写牛、驴、狗、鸡四兽一一登场，自我介绍，皆用拆字格式。朱八者，即朱氏而行八，"朱"字去"八"，则为"牛"。所谓朱八者，即牛也。以"朱八"隐指牛，亦故作狡狯。"中正""桃林客""轻车将军""曹长""奚锐金"等，王、黄二文已注。"卢倚马"者，'马''卢'相倚而为'驴'，此六朝以来相传之拆字法也。《太平广记》卷二五三《徐之才》（出《启颜录》）："北齐徐之才……又尝宴宾客，

1　李昉等：《太平广记》卷24"张殖"条，第161页。

2　李昉等：《太平广记》卷128"尼妙寂"条，第907页。

3　此句原作"内谓一人曰"，据《说郛》卷114改，见陶宗仪：《说郛》，《景印文渊阁四库全书》第882册，第550b页。

4　"踽"字后注音，《说郛》卷114作："音禹。"见陶宗仪：《说郛》，《景印文渊阁四库全书》第882册，第550c页。

时卢元明在座，……之才即嘲元明姓卢字：'安亡为虐，在丘为虚。生男成虏，配马成驴。'"[1]《朝野佥载》记卢献与狄仁杰互嘲，狄嘲卢曰："足下配马乃作驴。"[2]可见"卢倚马"之说在唐代流传颇广。此录承用之。敬去文，谓"敬"字去除右边反"文"，惟余"苟"，通作"狗"，此一拆字格亦沿自六朝。《南史》卷三〇《何敬容传》谓何敬容"拙于草隶，浅于学术"，"其署名'敬'字，则大作'苟'，小为'文'，'容'字大为'父'，小为'口'。陆倕戏之曰：'公家'苟'既奇大，'父'亦不小。'敬容遂不能答。"[3]陆氏戏语中之"苟"即指"狗"。唐《桂苑丛谈》"沙弥辩诗意"条记乾符末有客寓止广陵开元寺，寺僧怠慢，客怒，取笔题门而去。词曰："龟龙东去海，时日隐西斜。敬文今不在，碎石入流沙。"沙弥解释诗意曰："龟龙去矣，有合字；时（時）日隐也，有寺字也；敬文不在，苟字也；碎石入沙，卒字也。此不逊之言，辱我曹矣。'僧人大悟，追前人，杳无踪由。"[4]可见唐人好袭用此一拆字格。

《录》曰：初因成公应举，倚马旁及论文。倚马曰："某儿童时，即闻人咏师丈《聚雪为山》诗，今犹记得。今夜景象，宛在目中，师丈有之乎？"高公曰："其词谓何？试言之。"倚马曰："所记云：'谁家扫雪满庭前，万壑千峰在一拳。吾心不觉侵衣冷，曾向此中居几年。'"自虚茫然如失，口咕眸眙，尤所不测。高公乃曰："雪山是吾家山，往年偶见小儿聚雪，屹有峰峦之状，西望故国，怅然因作是诗。曹长大聪明，如何记得贫道旧时恶句？[5]不因曹长诚念在口，实亦遗忘。"

　　四兽因成自虚应举，遂及吟诗论文。卢倚马先吟安智高《聚雪为山》诗，有奉承居停主人之意，且以为诵己诗作铺垫。安诗及此录其他各首诗，皆收录于

1　李昉等：《太平广记》卷253"徐之才"条，第1967页。
2　张鷟：《朝野佥载》，《唐宋史料笔记丛刊：隋唐嘉话·朝野佥载》合刊本卷6，赵守俨点校，北京：中华书局，1979年，第133页。
3　李延寿：《南史》卷30《何敬容传》，北京：中华书局，1975年，第796页。
4　佚名：《桂苑丛谈》"沙弥辩诗意"条，《景印文渊阁四库全书》第1042册，台北：台湾商务印书馆，2008年，第655a页。
5　如，《说郛》卷114作"凭"，见陶宗仪：《说郛》，《景印文渊阁四库全书》第882册，第550d页。

《全唐诗》卷八六七，总题为"东阳夜怪诗"。[1]南宋洪迈编《万首唐人绝句》，亦将《东阳夜怪录》诸诗收录，清人王士禛对此举颇不以为然，以致评其书"舛讹淆乱""更为不根"[2]。

《录》曰：倚马曰："师丈骋逸步于遐荒，脱尘机（机当为羁）于维絷，巍巍道德，可为首出侪流，如小子之徒，望尘奔走，曷（"曷"当为"褐"，用毛色而讥之。）敢窥其高远哉！倚马今春以公事到城，受性顽钝，阙下桂玉，煎迫不堪，旦夕羁（"羁"当为"饥"）旅，虽勤劳夙夜，料入况微。负荷非轻，常惧刑责，近蒙本院转一虚衔（谓空驱作替驴），意在苦求脱免。昨晚出长乐城下宿[3]，自悲尘中劳役，慨然有山鹿野麋之志，因寄同侣，成两篇恶诗。对诸作者，辄欲口占，去就未敢。"

"长乐城"应作"长乐坡"，亦即长乐坂。王、黄二先生已及。可知长乐坡是进出长安城之要道，唐人常于长乐坡上迎送进出长安之人，《白居易》有《长乐坡送人赋得愁字》，诗云："行人南北分征路，流水东西接御沟。终日坡前恨离别，谩名长乐是长愁。"[4]

《录》曰：自虚曰："今夕何夕，得闻佳句？"倚马又谦曰："不揆荒浅，况师丈文宗在此，敢呈丑拙邪！"自虚苦请曰："愿闻！愿闻！"倚马因朗吟其诗曰："长安城东洛阳道，车轮不息尘浩浩。争利贪前竞着鞭，相逢尽是尘中老。（其一）日晚长川不计程，离群独步不能鸣。赖有青青河畔草，春来犹得慰（"慰"当作"喂"。）羁（"羁"当作"饥"。[5]）情。"合座咸曰："大高作！"倚马谦曰："拙恶！拙恶！"

1　《全唐诗》卷867，第2123页。

2　王士禛：《古夫于亭杂录》卷3"192万首唐人绝句"，赵伯陶点校，北京：中华书局，1988年，第77页。

3　城，《说郛》卷114作"坡"，见陶宗仪：《说郛》，《景印文渊阁四库全书》第882册，第551a页。

4　白居易：《白居易集》卷18《律诗》，第399页。

5　"慰""羁"二字注，《说郛》卷114无，见陶宗仪：《说郛》，《景印文渊阁四库全书》第882册，第551b页。

卢倚马二绝非赋离别之愁，乃慨叹世人苦争名利与自身之孤苦辛劳。除了"慰（喂）""羁（饥）"同音双关，"前"谐音"钱"，"着鞭""不能鸣""青草"亦隐喻卢倚马之身份。南朝宋袁淑撰《驴山公九锡文》，历数驴之功、智、明、相、能[1]，此二诗皆未及，作者当未谙袁氏游戏之文。

卢倚马朗吟其所作七绝二首，唐传奇中写到朗吟诗句一节者甚多。如《太平广记》卷四三六《卢从事》中之黑驹，自称"阿马"，向其主人卢传素"骧首朗吟"五绝一篇："既食丈人粟，又饱丈人刍。今日相偿了，永离三恶途。"吟毕，"遂奋迅数遍，嘶鸣龁草如初"。[2]

《录》曰：中正谓高公曰："比闻朔漠之士，吟讽师丈佳句绝多。今此是颍川，况侧聆卢曹长所念，开洗昏鄙，意爽神清。新制的多，满座渴咏，岂不能见示三两首，以沃群瞩？"高公请俟他日。中正又曰："眷彼名公悉至，何惜兔园[3]，雅论高谈，抑一时之盛事。今去市肆若远[4]，夜艾兴余，杯箸固不可求，炮炙无由而致，宾主礼阙，惭忝空多，吾辈方以观心朵颐（谓龁草之性与师丈同），而诸公通宵无以充腹，赧然何补？"高公曰："吾闻嘉话可以忘乎饥渴，祇如八郎，力济生人，动循轨辙，攻城犒士，为己所长，但以十二因缘，皆从觖（明抄本"觖"作"触"）起，茫茫苦海，烦恼随生。何地而可见菩提（"提"当作"蹄"），何门而得离火宅（亦用事讥之）？"中正对曰："以愚所谓覆辙相寻，轮回恶道，先后报应，事甚分明，引领修行，义归于此。"高公大笑，乃曰："释氏尚其清净，道成则为正觉（"觉"当为"角"），觉则佛也，如八郎向来之谈，深得之矣。"倚马大笑。

安智高戏谑朱中正，语中多用谐音，如"提"与"蹄"、"觉"与"角"皆谐音

1　严可均校辑：《全上古三代秦汉三国六朝文·全宋文》卷44《袁淑》，北京：中华书局，1958年，第2681a页。

2　李昉等：《太平广记》卷436"卢从事"条，第3541页。

3　惜，《说郛》卷114作"谢"，见陶宗仪：《说郛》，《景印文渊阁四库全书》第882册，第551b页。

4　若，文渊阁《四库全书》本《太平广记》卷490作"苦"，《景印文渊阁四库全书》第1046册，台北：台湾商务印书馆，2008年，第566c页。

双关。"动循轨辙"影射牛车,"攻城犄士"影射田单火牛阵、弦高以牛犒师。王文皆已注。

《录》曰:自虚又曰:"适来朱将军再三有请和尚新制,在小生下情,实愿观宝。和尚岂以自虚远客,非我法中而见鄙之乎?且和尚器识非凡,岸谷深峻,必当格韵才思,贯绝一时,妍妙清新,摆落俗态,岂终秘咳唾之余思,不吟一两篇,以开耳目乎?"高公曰:"深荷秀才苦请,事则难于固违。况老僧残疾衰羸,习读久废,章句之道,本非所长,却是朱八无端挑抉吾短,然于病中偶有两篇自述,匠石能听之乎?"曰:"愿闻。"其诗曰:"拥褐藏名无定踪,流沙千里度衰容。传得南宗心地后,此身应便老双峰。""为有阎浮珍重因,远离西国赴咸秦。自从无力休行道,且作头陀不系身。"又闻满座称好声。

以上数段,述卢倚马、安智高、成自虚相与酬对,言语冗杂,然亦可见唐代士人言语交际之情状。成、卢撩拨不置,安智高又诵自述诗二篇,其中"西国""流沙"隐喻其来历,"拥褐""双峰""不系"隐喻其形象。《太平广记》卷四三六有专写骆驼故事五篇,可以参观。其中《知水脉》一篇有云:"敦煌西,渡流沙,往外国,济沙千余里。"[1]尤与安智高诗可相印证。

《录》曰:移时不定,去文忽于座内云:"昔王子猷访戴安道于山阴,雪夜皎然,及门而返,遂传何必见戴之论,当时皆重逸兴,今成君可谓以文会友,下视袁安、蒋诩。吾少年时颇负俊气,性好鹰鹯,曾于此时畋游驰骋。吾故林在长安之巽维,御宿川之东峙(此处地名苟家觜也)。咏雪有献曹州房一篇,不觉诗狂所攻,辄污泥高鉴耳。"

敬去文因雪夜而联想及于王子猷、袁安、蒋诩故事,王文已注。御宿川,黄文已详。《长安志》引扬雄《羽猎赋序》曰:"武帝开上林,东南至御宿川。"孟康注曰:"为诸离宫别观禁御,不得使人往来游观止宿其中,故曰御宿川。"[2]敬去

1　李昉等:《太平广记》卷436"骆驼",第3545—3546页。

2　宋敏求:《长安志》卷11,《景印文渊阁四库全书》第587册,台北:台湾商务印书馆,2008年,第154页。

文自称少年时曾为猎犬，驰骋其中，"苟家甥"亦谐音双关影射。

钱锺书先生云："按此篇中双关影射语多加自注，'曹州房'独未，窃疑亦指犬；卷一九四《昆仑奴》（出《传奇》）：'一品宅有猛犬，……其猛如虎，即曹州孟海之犬也'，'房'如'长房''次房'之'房'，同族之异裔者。"[1]今按：《元和姓纂》卷二韦氏下有大雍州房、小雍州房[2]，《新唐书》卷七二下《宰相世系表》清河崔氏下有青州房[3]，曹州房盖援引此例而为词。

《录》曰：因吟诗曰："爱此飘飘六出公，轻琼洽絮舞长空。当时正逐秦丞相，腾踯川原喜北风。"献诗讫，曹州房颇甚赏仆此诗，因难云："呼雪为公，得无检束乎？"余遂征古人尚有呼竹为君，后贤以为名论，用以证之。曹州房结舌，莫知所对。

前引黄先生文云："'爱此'者，今世俗犹谓'落雪狗欢喜'，盖唐人已有此说，故敬去文之诗句如此。"[4]唐人有张打油作《雪诗》云："江山一笼统，井上黑窟窿。黄狗身上白，白狗身上肿。"[5]此亦可证狗之爱雪。

称雪为"六出公"，钱锺书先生云："敬去文不引'天公''雷公'为答，殆以'此公'必得'此君'解围耳。刘禹锡《送僧方及南谒柳员外》：'山果属狙公'，自注：'按'狙公'宜斥赋芋者，而《赵绝书》有'媛公'，张衡赋《南都》有'媛公长啸'之句，繇是而言，谓媛为'公'旧矣'；剧类去文之自解，……卢仝《萧宅二三子赠答诗》中'石兄''竹弟''石公''井公'，叠出频见，去文似未之或知也。"[6]所谓"此君"，即呼竹为此君，典出《世说新语·任诞》王子猷种竹事，王

1　钱锺书：《管锥编》第2册，第839页。

2　林宝：《元和姓纂（附四校记）》卷2，岑仲勉校记，郁贤皓、陶敏整理，孙望审订，北京：中华书局，1994年，第157—158页。

3　欧阳修、宋祁：《新唐书》卷72下《宰相世系二下》，第2770页。

4　黄永年：《〈东阳夜怪录〉王梦鸥注匡谬补阙》，《黄永年文史论文集》第3册《文献钩沉》，第413页。

5　杨慎撰，张士佩编：《升庵集》卷56，《景印文渊阁四库全书》第1270册"覆窠俳体打油钉铰"条，台北：台湾商务印书馆，2008年，第498a页。

6　钱锺书：《管锥编》第2册，第839页。

文已详。

《录》曰：然曹州房素非知诗者，乌大尝谓吾曰："难得臭味同。"斯言不妄，今涉彼远官，参东州军事（事见《古今注》），相去数千，苗十（以五五之数，故第十）气候哑咤，凭恃群亲，索人承事。鲁无君子者，斯焉取诸。"锐金曰："安敢当。不见苗生几日？"曰："涉旬矣。然则苗子何在？"去文曰："亦应非远。知吾辈会于此，计合解来。"

　　唐人习惯以行第相称，乌大、苗十皆其例。原注"以五五之数，故第十"，不详所指。乌大，王文未详，黄文考为一黑猿，东川有令猴骑犬作参军戏者，故曰"难得臭味同"。苗十即下文出现之苗生、苗子，亦即苗介立。

《录》曰：居无几，苗生遽至。去文伪为喜意，拊背曰："适我愿兮。"去文遂引苗生与自虚相揖，自虚先称名氏，苗生曰："介立，姓苗。"宾主相谕之词颇甚稠沓，锐金居其侧，曰："此时则苦吟之矣。诸公皆在，老奚诗病又发，如何？如何？"自虚曰："向者承奚生眷与之分非浅，何为尚吝瑰宝，大失所望？"

　　苗生既到，锐金颇为激动，自称"老奚"，可见其兴奋，自虚称其"奚生"，则彬彬有礼。称"适我愿兮"出自《诗经·郑风·野有蔓草》，黄文已注，敬去文为示风雅，故此赋诗言志。钱锺书先生以为："猫名'苗介立'者，草书'貓'字'豸'傍近草书'介'字也。"[1]按：覆检草书字典，"貓"字"豸"傍实近草书"介立"二字，其上半近'立'，其下半近'介'，若只近'介'字，则猫名中"立"字便无着落。钱先生又引樊增祥《樊山诗集》三刻卷八《蒲州道中阅题壁诗戏书其后》："敬文苗立总能诗，涂遍蒲东及绛西"，并谓此"正用《夜怪录》中狗、猫赋诗事"。[2]樊增祥缩减"敬去文""苗介立"之名，以求适用于七言句式，若易以流行俗语言之，即所谓"阿猫阿狗总能诗"。

《录》曰：锐金退而逡巡，曰："敢不贻广席一噱乎！"[3]辄念三篇近诗云："舞镜

1　钱锺书：《管锥编》第2册，第840页。
2　钱锺书：《管锥编》第2册，第840页。
3　乎，《说郛》卷114作"耳"，见陶宗仪：《说郛》，《景印文渊阁四库全书》第882册，第552d页。

争鸾彩,临场定鹘拳。正思仙仗日,翘首御楼前。""养斗形如木,迎春质似泥。信如风雨在,何惮迹卑栖。""为脱田文难,常怀纪涓恩。欲知疏野态,霜晓叫荒村。"锐金吟讫,暗中亦大闻称赏声。

老奚念诗三篇,皆为五绝。第一首赋鸡之得宠,文能如鸾舞镜,武能如鹘挥拳。第二首写斗鸡之勇,呆如木鸡之典出自《庄子·达生》记纪渻子为王养斗鸡,以"望之如木鸡"者为"德全",第三首写鸡之司晨,田文即孟尝君,用《史记》卷七五《孟尝君列传》"鸡鸣狗盗"之典。[1]以上诸事,王、黄文已出。自奚锐金言,此三绝自是自述之作,而就外人言,则可视为咏鸡之诗。故《御定佩文斋咏物诗选》卷四六六录此三篇,作者题为"唐奚锐金"[2],一若唐代真有奚氏其人者。南朝宋袁淑曾作《鸡九锡文》[3],文中颇铺排鸡之典实,惟司晨一事为此录所袭用。

《录》曰:高公曰:"诸贤勿以武士见待朱将军,此公甚精名理,又善属文,而乃犹无所言,皮里臧否吾辈[4],抑将不可。况成君远客,一夕之聚,空门所谓"多生有缘,宿鸟同树"者也,得不因此当异时之谈端哉?"中正起曰:"师丈此言,乃与中正树荆棘耳。苟众情疑阻,敢不唯命是听。然卢探手作事[5],自贻伊戚,如何?"高公曰:"请诸贤静听。"

空门所谓"多生有缘,宿鸟同树",钱锺书先生云:"按隋译《佛本行集经·剃发染衣品》第二二下太子命车匿去,不说偈曰:'譬如大树众鸟群,各从诸方来共宿,后日别飞各自去,众生虽别亦复然。'《法苑珠林》卷六五引《五无返复经》有妇丧夫不哭,梵志怪而问之,妇说喻言:'譬如飞鸟,暮宿高林,同止共宿,伺明早起,各自飞去,行求饮食,有缘即合,无缘即离。我等夫妇,亦复如是。'常

1　司马迁:《史记》卷75《孟尝君列传》,北京:中华书局,2013年,第2849页。

2　张玉书等编:《御定佩文斋咏物诗选》卷466鸡类,《景印文渊阁四库全书》第1434册,台北:台湾商务印书馆,2008年,第610页上。

3　严可均校辑:《全上古三代秦汉三国六朝文·全宋文》卷44《袁淑》,第2681a页。

4　里,《说郛》卷114作"底",见陶宗仪:《说郛》,《景印文渊阁四库全书》第882册,第552d页。

5　卢,《唐人小说》作"虑"。见汪辟疆:《唐人小说》,第242页。

谚'夫妻本是同林鸟，大限来时各自飞'，当出于此。"[1]

《录》曰：中正诗曰："乱鲁负虚名，游秦感宁生。候惊丞相喘，用识葛卢鸣。黍稷滋农兴，轩车乏道情。近来筋力退，一志在归耕。"高公叹曰："朱八文华若此，未离散秩，引驾者又何人哉！屈甚，屈甚！"

朱中正诗前四句句句用典，王文已注。"游秦感宁生"一句，混同百里奚饭牛车下而遇秦穆公（缪公）与宁戚饭牛车下得遇齐桓公二事，王文推测："此处以'齐'为'秦'，抄者之误乎？"[2]窃以为也可能是作者误记。

《录》曰：倚马曰："扶风二兄偶有所系（意属自虚所乘），吾家龟兹苍文毙甚，乐喧厌静，好事挥霍，兴在结束，勇于前驱（谓般轻货首队头驴），此会不至，恨可知也。"去文谓介立曰："胃家兄弟，居处匪遥，'莫往莫来'，安用尚志。诗云：'朋友攸摄'，而使'尚有遐心'，必须折简见招。鄙意颇成其美。"介立曰："某本欲访胃大去，方以论文兴酬，不觉迟迟耳。敬君命予，今且请诸公不起。介立略到胃家即回，不然便拉胃氏昆季同至，可乎？"皆曰："诺。"介立乃去。

"轻货"一词，两《唐书》中常见，黄文考证云："此所谓'轻货'者，即诸郡所进锦、镜、铜器、绫罗、真珠、象牙、名瓷、酒器等物，皆以租米折易，由水陆转运进上，以此等物不若租米之重累，遂曰'轻货'。"[3]《太平广记》卷二八六《胡媚儿》亦"有度支两税纲自扬子院部轻货数十车至"[4]，此类轻货经由陆运，故须驴队搬运。所谓"吾家龟兹苍文"，殆指来自龟兹之驴，其身苍文。"胃家兄弟""胃氏昆季"，指刺猬兄弟两只。

"莫往莫来""朋友攸摄""尚有遐心"三语，皆出自《诗经》。王文注出后二

1　钱锺书：《管锥编》第2册，第840页。
2　王梦鸥：《东阳夜怪录注》，第101页。
3　黄永年：《〈东阳夜怪录〉王梦鸥注匡谬补阙》，第416—417页。
4　李昉等：《太平广记》卷286"胡媚儿"条，第2278页。

语，而漏注"莫往莫来"之出处。[1] 敬去文三次连用《诗经》成语，有意炫学。

《录》曰：无何，去文于众前，窃是非介立曰："蠢兹为人，甚有爪距，颇闻洁廉，善主仓库。其如蜡姑之丑，难以掩于物论何？"殊不知介立与胃氏相携而来，及门，瞥闻其说。介立攘袂大怒，曰："天生苗介立，斗伯比之直下[2]，得姓于楚远祖棼皇，茹分二十族，[3] 祀典配享，至于礼经（谓《郊特牲》八蜡，迎虎迎猫也）。奈何一敬去文，盘瓠之余，长细无别，非人伦所齿。只合驯狎稚子，狞守酒旗，謟伺妖狐，窃脂媚灶，安敢言人之长短？我若不呈薄艺，敬子谓我咸秩无文，使诸人异目藐我。[4] 今对师丈念一篇恶诗，且看如何？诗曰：'为惭食肉主恩深，日宴蟠蜿卧锦衾。且学志人知白黑，那将好爵动吾心。'"自虚颇甚佳叹。

敬去文在背后訾议苗介立，引起一场猫狗口角。苗姓起源，黄文引《左传》等文献，已有详考。按：唐人苗晦为其弟苗素撰墓志铭，云："苗氏先祖，自帝颛顼之后，与楚同姓。昔若敖氏生斗伯比，伯比生子文及子良。子文为楚令尹，令尹自此始也。子良为楚司马，生子越椒，越椒一名伯棼，亦为令尹。越椒生贲皇，贲皇后奔晋，晋人与之苗。苗，晋邑也，子孙因以为氏焉。"[5] 此述苗氏得姓由来，与苗介立所述及宋邓名世《古今姓氏书辨证》卷十所载皆同。贲皇，即棼皇。故苗介立自称"斗伯比之直下"。黄文谓"直下""是唐人习用词语，嫡系大宗之谓"。[6]

又"猫"字已见于《诗经》《礼记·郊特牲》，王、黄文已出注。宋陆佃撰《埤雅》卷四："鼠善害苗，而猫能捕鼠，去苗之害，故猫之字从苗。《诗》曰：'有猫

1　参看王梦鸥：《东阳夜怪录注》，第102页。按："莫往莫来"出自《诗经·邶风·终风》，见高亨：《诗经今注》，上海：上海古籍出版社，1980年，第40页。

2　直，《说郛》卷114作"胄"，见陶宗仪：《说郛》，《景印文渊阁四库全书》第882册，第553c页。

3　茹，中华本、《说郛》本、《唐人小说》本属上句读，误。黄永年先生文考"茹"为"牵连分衍"之意，见黄永年：《〈东阳夜怪录〉王梦鸥注匡谬补阙》，第418页。

4　藐，《说郛》卷114作"视"，见陶宗仪：《说郛》，《景印文渊阁四库全书》第882册，第553c页。

5　周绍良主编：《唐代墓志汇编》下册，上海：上海古籍出版社，1992年，第2424页。

6　黄永年：《〈东阳夜怪录〉王梦鸥注匡谬补阙》，第418页。

有虎。'猫食田鼠，虎食田豕，故《诗》以誉韩乐，而《记》曰'迎猫为其食田鼠也，迎虎为其食田豕也。'"[1]故"猫"以"苗"为姓，而苗介立亦引经据典，自我标榜，以傲视"盘瓠之余"的敬去文。其诗前二句，自述猫之生活，与崔祐甫《奏猫鼠议》所谓"猫受人畜养，弃职不修，亦何异于法吏不勤触邪、疆吏不勤扞敌"[2]之语可以互证。后二句则比附"志人"，盖附会其名"介立"二字之意。

《录》曰：去文曰："卿不详本末，厚加矫诬。我实春秋向戌之后[3]，卿以为我盘瓠裔，如辰阳比房，于吾殊所乖阔。"中正深以两家献酬未绝为病，乃曰："吾愿作宜僚以释二忿，可乎？昔我逢丑父，实与向家、芬皇春秋时屡同盟会，今座上有名客，二子何乃互毁祖宗。语中忽有绽露，是取笑于成公齿冷也。且尽吟咏，固请息喧。"于是介立即引胃氏昆仲与自虚相见，初襜襜然若自色。[4]

狗猫相争，牛为双方释忿。敬去文否认狗为盘瓠之后。盘瓠者，本高辛氏所畜犬，后为南蛮之长。盘瓠、辰阳、向戌等，王文已详。宜僚亦春秋时人，善于排纷解忿。《庄子·徐无鬼》："市南宜僚弄丸而两家之难解。"[5]王文误以班勇字且僚当之，大误，黄文已订正之。[6]此诸人皆先秦人物，小说家假托门第者也。

《录》曰：二人来前，长曰胃藏瓠，次曰藏立，自虚亦称姓名。藏瓠又巡座。云："令兄令弟。"[7]介立乃于广众延誉胃氏昆弟："潜踪草野，行著及于名族，上参列宿，亲密内达肝胆。况秦之八水，实贯天府，故林二十族，多是咸京。闻弟新有题旧业诗，时称甚美，如何得闻乎？"

胃藏瓠、胃藏立兄弟，指刺猬两只，即下文所叙"咫尺又有盛饷田浆破瓠

---

1 陆佃：《埤雅》，《景印文渊阁四库全书》第222册，台北：台湾商务印书馆，2008年，第90页。

2 李昉等：《文苑英华》卷770《议》，北京：中华书局，1966年，第4052页。

3 戌，《唐人小说》作"戌"，见汪辟疆：《唐人小说》，第243页。按，十二生肖中，戌狗相配，似当作"戌"。

4 自，《说郛》卷114作"白"，见陶宗仪：《说郛》，《景印文渊阁四库全书》第882册，第553d页。

5 郭庆藩撰，王孝鱼点校：《庄子集释》卷8《徐无鬼》，北京：中华书局，1961年，第850页。

6 黄永年：《〈东阳夜怪录〉王梦鸥注匡谬补阙》，第419—420页。

7 藏瓠又巡座云令兄令弟，《说郛》卷114无此十字，见陶宗仪：《说郛》，《景印文渊阁四库全书》第882册，第553d页。

一，次有牧童所弃破笠一，自虚因蹴之，果获二刺猬，蠕然而动"。可见"立"即"笠"。王文已注。苗介立为胃氏兄弟延誉，夸赞其家世一段文字，为四六骈文，唐代碑志文中叙家族所出，亦多用此类文体。此处"故林二十族"与上文苗介立自称苗姓下分二十族，皆是套语虚指，不必认真。

《录》曰：藏弧对曰："小子谬厕宾筵，作者云集，欲出口吻，先增惭怍。今不得已，尘污诸贤耳目。诗曰：'鸟鼠是家川，周王昔猎贤。一从离子卯（鼠兔皆变为猬也），应见海桑田。'"介立称好："弟他日必负重名，公道若存，斯文不朽。"藏弧敛躬谢曰："藏弧幽蛰所宜，幸陪群彦，兄揄扬太过，小子谬当重言，若负芒刺。"座客皆笑。

　　家川即家山，蝟、渭同音，二蝟遂自托其旧家在渭水。旧说以为渭水出自鸟鼠穴。《尚书·禹贡》："导渭自鸟鼠同穴。"传曰："鸟鼠共为雌雄，同穴处此山，遂名山曰鸟鼠，渭水出焉。"[1] 周王猎贤，指周文王于渭滨得姜子牙事，典出《史记·齐太公世家》，[2] 黄文已注。此二句皆用"渭""蝟"谐音。"一从离子卯"，王、黄二文皆无说。原注以为子卯指鼠兔，"鼠兔皆变为猬"，似无根据。《仪礼·士丧礼》："朝夕哭，不辟子卯。"注："子卯，桀纣亡日，凶事不辟，吉事阙焉。"[3] 按此句下疏，桀亡于乙卯日，纣亡于甲子日，合称子卯。藏弧诗后二句似谓自夏商以来，已见沧海桑田，改朝换代。

《录》曰：时自虚方传诸客佳什，不暇自念己文，但曰："诸公清才绮靡，皆是目牛游刃。"中正将谓有讥，潜然遁去。高公求之，不得，曰："朱八不告而退，何也？"倚马对曰："朱八世与炮氏为仇，恶闻发硎之说而去耳。"自虚谢不敏。

　　绮靡，常见于六朝文论。《文心雕龙·时序》云："应傅三张之徒，孙挚成公之

1　孔颖达：《尚书正义》卷6《禹贡》，北京：中华书局，2009年影印嘉庆刊本《十三经注疏》，第320b 页。

2　司马迁：《史记》卷32，第1782页。

3　贾公彦：《仪礼注疏》卷37《士丧礼》，2009年影印嘉庆刊本《十三经注疏》，第2473a 页。

属，并结藻清英，流韵绮靡。"[1]其中包括成公绥，与成自虚同姓，《夜怪录》或遂因此连类而及之。"炮氏"，《说郛》卷一一四作"庖氏"，是。"庖氏""目牛""游刃""发硎"等，皆典出《庄子·养生主》，王文已注。朱中正以为成自虚以庖丁解牛之事相讥，故不告而潜遁。

《录》曰：此时去文独与自虚论诘，语自虚曰："凡人行藏卷舒，君子尚其达节；摇尾求食，猛虎所以见几。或为知己吠鸣，不可以主人无德而废斯义也。去文不才，有两篇《言志》奉呈。"诗曰："事君同乐义同忧，那校糟糠满志休。不是守株空待兔，终当逐鹿出林丘。""少年尝负饥鹰用，内顾曾无宠鹤心。秋草殷除思去宇，平原毛血兴从禽。"

敬去文七绝《言志》诗两首，皆自占身份，其吟诗之前数语，"摇尾求食""为知己吠鸣"云云，亦暗寓身份。前篇用"守株""逐鹿"，自比猎犬，后篇自称有鹰犬之用，无宠鹤之心，末句颇似杜甫《画鹰》之结联："何当击凡鸟，毛血洒平芜。"[2]

《录》曰：自虚赏激无限，全忘一夕之苦。方欲自夸旧制，忽闻远寺撞钟，则比膊鐋然声尽矣，注目略无所睹。但觉风雪透窗，臊秽扑鼻，虽窣飒如有动者，而厉声呼问，绝无由答。自虚心神恍惚，未敢遽前扪搎，退寻所系之马，宛在屋之西隅，鞍鞯被雪，马则龁草而立。迟疑间，晓色已将辨物矣。乃于屋壁之北，有橐驼一，贴腹跪足，儳耳嗣口。

唐传奇中，钟声多为故事情节转折之关键。如《太平广记》卷九九《灵隐寺》写一沙门山行，"因迷失道，日将禺中，忽闻钟声，寻向而进"，乃得佛寺[3]；卷三八四《刘溉》（出《宣室志》）写窦生梦入幽冥，"闻击钟声极震响，因悸而寤"[4]。此节写远寺撞钟，标志夜尽，也标志这一幻设之境的结束。成自虚的嗅觉

1　刘勰著，范文澜注：《文心雕龙注》卷9，北京：人民文学出版社，1998年，第674页。
2　杜甫著，杨伦笺注：《杜诗镜铨》，上海：上海古籍出版社，1980年，第6页。
3　李昉等：《太平广记》卷99"灵隐寺"条，第660页。
4　李昉等：《太平广记》卷384"刘溉"条，第3062页。

和视觉逐步恢复正常，晓色辨物，遂使各怪皆显现真面目。

《录》曰：自虚觉夜来之异，得以遍求之。室外北轩下，俄又见一瘁瘠乌驴，连脊有磨破三处，白毛茁然将满。举视屋之北拱，微若振迅有物，乃见一老鸡蹲焉[1]。前及设像佛宇塌座之北，东西有隙地数十步，牖下皆有彩画处，土人曾以麦穞之长者[2]，积于其间，见一大驳猫儿眠于上，咫尺又有盛饷田浆破瓠一[3]，次有牧童所弃破笠一，自虚因蹴之，果获二刺猬，蠕然而动。自虚周求四顾，悄未有人，又不胜一夕之冻乏[4]，乃揽辔振雪，上马而去。绕出村之北[5]，道左经柴栏旧圃，睹一牛踏雪龁草，次此不百余步，阖村悉辇粪幸此蕴崇。自虚过其下，群犬喧吠，中有一犬，毛悉齐裸，其状甚异，睥睨自虚。

　　夜中不辨，但闻其声，不见其人。此节写晓色中辨物之过程，橐驼、乌驴、老鸡、驳猫、刺猬、牛、犬，依次现形，其见自虚，虽不复发言，而皆似曾相识者。《天中记》卷二十六"学作贵人"："到溉掌吏部尚书，时何敬容以令参选事有不允，溉辄相执。敬容谓人曰：'到溉尚有余臭，遂学作贵人。'初，溉祖彦之初以担粪自给，故世以为讥云。"又云："到洽一日门（问）刘孝绰：'吾甚欲买东邻地以益宅，而其主难之，奈何？'绰曰：'但多辇粪于其旁以苦之。'洽怒，竟因事害之，劾免之。"[6]前事出自《南史·到溉传》[7]，后事未详所出。蕴崇即堆积之义。《左传》隐公六年："为国家者，见恶如农夫之务去草正，芟夷蕴崇之，绝其本根。"[8]所谓"阖村悉辇粪幸此蕴崇"，即粪土堆积如山之意，形容其偏鄙之地。此处"幸"颇难解，王文疑为"萃"之讹，甚是。

1　焉，《说郛》卷114作"刀"，见陶宗仪：《说郛》，《景印文渊阁四库全书》第882册，第554d页。

2　穞，《说郛》卷114作"戮"，见陶宗仪：《说郛》，《景印文渊阁四库全书》第882册，第554d页。

3　又，《说郛》卷114作"内"，见陶宗仪：《说郛》，《景印文渊阁四库全书》第882册，第554d页。

4　乏，《说郛》卷114作"之"，见陶宗仪：《说郛》，《景印文渊阁四库全书》第882册，第554d页。

5　绕，原本及《说郛》卷114（见陶宗仪：《说郛》，《景印文渊阁四库全书》第882册，第554d页）作"周"，据明钞本改。

6　陈耀文：《天中记》卷26，扬州：广陵书社，2007年，第858b页。

7　李延寿：《南史》卷25《到溉传》，第679页。

8　杨伯峻：《春秋左传注》，北京：中华书局，2016年，第54页。

《录》曰：自虚驱马久之，值一叟，辟荆扉，晨兴开径雪。自虚驻马讯焉。对曰："此故友右军彭特进庄也。郎君昨宵何止？行李间有似迷途者。"自虚语及夜来之见，叟倚簪惊讶曰："极差，极差。昨晚天气风雪，庄家先有一病橐驼，虑其为所毙，遂覆之佛宇之北。念佛社屋下，有数日前河阴官脚过，有乏驴一头，不任前去。某哀其残命未舍，以粟斛易留之，亦不羁绊。彼栏中瘠牛，皆庄家所畜。适闻此说，不知何缘如此作怪。"[1]

"差"是唐时俗语，意为奇怪。皇甫枚《三水小牍》："保母忽惊叫仆地，色如死灰，既起，不顾而走入宅，遥闻大叱曰：'夫人，差事！宿客乃张直方之徒也。'"[2]此处"极差"，即"好生奇怪"之意。黄文以为，"'差'者'差错'之'差'，'极差'者，今'全不是这回事'之谓"[3]，其说似非是。

《录》曰：自虚曰："昨夜已失鞍驮，今冻馁且甚，事有不可卒话者，大略如斯，难于悉述。"遂策马奔去，至赤水店，见僮仆，方讶其主之相失，始忙于求访。自虚慨然，如丧魂者数日。

《论语》常有孔门师生共坐各言其志的场面，如《公冶长篇》"颜渊季路侍"章，就有孔子、子路、颜渊三人"各言尔志"的场面；又如《先进篇》"子路曾皙冉有公西华侍坐"章。[4]《太平广记》中亦颇多围绕一主角而各言其志之故事，可名之为"各言其志"母题。此类故事主题既有儒家之思想渊源，其风格亦有学究之色彩。《东阳夜怪录》即其一，《元无有》亦其例。宝应某年仲春之夜，雨过天晴，斜月方出，元无有于扬州郊野月下，窥见四人，声称"今夕如秋，风月若此，吾辈岂不为一言，以展平生之事也"。天明人去，元无有寻之，所谓四人者，乃故杵、灯台、水桶、破铛四物也。[5]《元无有》与《东阳夜怪录》结构略同，惟行文

1　作，《说郛》卷114作"放"，见陶宗仪：《说郛》，《景印文渊阁四库全书》第882册，第555b页。

2　参看江蓝生、曹广顺：《唐五代语言词典》，上海：上海教育出版社，1997年，第50—51页，"差事"条。

3　黄永年：《〈东阳夜怪录〉王梦鸥注匡谬补阙》，第422页。

4　杨伯峻：《论语译注》，中华书局，1980年，第52、118—119页。

5　李昉等：《太平广记》卷369"元无有"条，第2937—2938页。

有简约烦冗之别，汪辟疆先生将《东阳夜怪录》附于《元无有》之后，良有以也。

《太平广记》卷四一五《草木十·木怪》收录《贾秘》一篇。"顺宗时，书生贾秘，自睢阳之长安，行至古洛城边，见绿野中有数人环饮，自歌自舞，秘因诣之，数人欣然齐起，揖秘同席。秘既见七人，皆儒服，俱有礼"，原来此数人即七树精，"其一曰松，二曰柳，三曰槐，四曰桑，五曰枣，六曰栗，七曰樗，今各言其志，君幸听而秘之"[1]。很明显，此篇亦属于"各言其志"母题。

《太平广记》卷四三四又有《宁茵》（出《传奇》），与《录》尤为相似。故事叙大中年间，秀才宁茵假一大僚庄南山下，月夜有叩关称桃林斑特处士相访，形质瑰玮，言词廓落，自称"某田野之士，力耕之徒，向畎亩而辛勤，与农夫而齐类。巢居侧近，睹风月皎洁，闻君吟咏，故来奉谒"，并历数与牛相关之史事。继而又有南山班寅将军来谒。茵为置酒，曰："无多言，各请赋诗一章。"茵曰："晓读云水静，夜吟山月高。焉能履虎尾，岂用学牛刀。"寅继之曰："但得居林啸，焉能当路蹲。渡河何所适，终是怯刘琨。"特曰："无非悲宁戚，终是怯庖丁。若遇龚为守，蹄涔向北溟。"茵览之曰："大是奇才。"寅怒，拂衣而起，乃长揖而去，特亦怒，遂告辞。及明视其门外，唯虎迹牛踪而已。茵方悟，寻之，数百步人家，废庄内有一老牛卧而犹带酒气，虎即入山矣。茵后更不居此，而归京矣。[2]此篇结构写一秀才遇二兽，各自赋诗争雄，与《东阳夜怪录》颇为相似。牛赋诗自称"终是怯庖丁"，与《东阳夜怪录》尤其不谋而合。

1　李昉等：《太平广记》卷415"贾秘"条，第3382—3384页。
2　李昉等：《太平广记》卷434"宁茵"条，第3525—3527页。

《楚辞》"三五"考

—— 一个古史概念的思想史图景

徐兴无

南京大学文学院教授、人文社科高级研究院院
长。著有《刘向评传》《经纬成文——汉代经
学的思想与制度》《龙凤呈祥——中国文化的
特征、结构和精神》《中国早期经典的形成与
文化自觉》等。

一、"三五"岐说

"三五"之称两见于《楚辞》。屈原《九章·抽思》:"望三五以为像兮,指彭
咸以为仪。"又刘向《九叹·思古》:"背三五之典刑兮,绝《洪范》之辟纪。"王
逸《楚辞章句》注《九章》曰:"三王五伯,可修法也;先贤清白,我式之也。"[1]
注《九叹》曰:"言君施行,背三皇五帝之常典,绝去《洪范》之法纪,任意妄
为,故失道也。"[2] 则以屈子之"三五"为"三王五伯";刘向之"三五"为"三皇
五帝"。然后世注家,于此混而不辨,解说屈子《九章》之"三五",亦依违于王
逸两说之间。如朱熹《楚辞集注》曰:"三五,一作前圣。""谓三皇、五帝,或曰
三王、五伯也。"[3] 汪瑗《楚辞集解》曰:"三皇五帝也。"[4] 王夫之《楚辞通释》

1　洪兴祖:《楚辞补注》,白化文、许德楠、李如鸾等点校,北京:中华书局,1983年,第138页。

2　洪兴祖:《楚辞补注》,第307页。

3　朱熹:《楚辞集注》卷4,李庆甲校点,上海:上海古籍出版社,1979年,第86页。

4　汪瑗:《楚辞集解》,董洪利点校,北京:北京古籍出版社,1994年,第187页。

曰："旧说以为三王五伯。仪,法也。言己所陈者,稽王伯之成轨,尽彭咸之忠节。"[1] 蒋骥《山带阁注楚辞》曰："三五,三皇五帝也。像,形模也,仪,法也。责于君者,以三皇五帝为模;矢于己者,以彭咸死谏为法。"[2] 现代注本亦承诸说,并无考论,如马茂元《楚辞选》曰："'三五',三王和五霸。一说,指三皇、五帝。"[3] 金开诚、董洪利、高路明《屈原集校注》曰:"三五:指三王五霸……一说……是指三皇五帝。"[4]

王逸两说之外,又有"三王五帝"说。如林云铭《楚辞灯》释《九章·抽思》曰:"以三王五帝之至德为君之范,以彭咸之死谏为己之式。""其所以渎陈不已者,欲君成其所为善,得其所为名,上比五帝三王,即己不幸而为彭咸,亦不敢惜也。"[5] 继而戴震《屈原赋注》亦云:"三五,谓五帝三王,便文倒举耳。"[6] 现代注本王泗原《楚辞校释》主其说并稍加考论,其释《九章·抽思》曰:"三,夏商周三王。五,五帝,司马迁以为黄帝,颛顼,喾,尧,舜。"又释刘向《九叹·思古》曰:"三五,五帝及夏商周三王。王注以为三皇五帝,可见其时已有三皇之说。而刘向时只有五帝三王。"[7]

按照注家之理,三说之中,当有一说最接近屈子的本意。此外,通过屈子的古史观和圣王谱系,亦可考察屈子的思想特征。昔王国维作《屈子之文学精神》,即据此评判屈子思想中的北方特征。他认为屈子"虽南方之贵族,亦常奉北方之思想焉。观屈子之文,可以徵之。其所称之圣王,则有若高辛、尧、舜、禹、汤、少康、武丁、文、武……皆北方学者之所常称道,而于南方学者所称黄帝、广成

1　王夫之:《楚辞通释》卷4《九章》,《船山全书》第14册,长沙:岳麓书社,2011年,第316页。

2　蒋骥:《山带阁注楚辞》卷4,上海:上海古籍出版社,1958年,第123页。

3　屈原著,马茂元选注:《楚辞选》,北京:人民文学出版社,1958年,第142页。

4　金开诚、董洪利、高路明:《屈原集校注》,北京:中华书局,1996年,第519页。

5　林云铭:《楚辞灯》卷3,彭丹华点校,上海,华东师范大学出版社,2012年,第101、104页。

6　戴震:《屈原赋注》,孙晓磊点校,上海:上海古籍出版社,2018年,第83页。

7　王泗原:《楚辞校释》,北京:中华书局,2014年,第175、443页。

等不一及焉。"[1] 近时有常森所著《屈原及楚辞学论考》于第三章"屈作之历史视野"中专辟"'三后'或'三五':人君之楷式"一节，继王国维之后再加考论推阐。[2] 其中以"人君典范"为标准，跳脱楚史观念的拘囿，梳理了屈子辞赋中举贤授能，堪为典范的前王谱系，计有尧、舜、禹、汤、文王（武王）等，其他如高辛（帝喾）、颛顼、齐桓、秦穆、晋文等皆未被赋予典范意义。[3] 因为《离骚》将"三后"与尧舜并提，概称之为"前王"，故"三后"当不包括尧舜，而是指禹、汤、文、武。[4] 常氏既定"三后"为"三王"，则"三五"所言古史观念，不可能为"三皇五帝"。常氏甚至认为刘向《九叹》之"三五"亦与屈子之意相承一致，但为王逸与后人所误解。至于"三王五伯"之说，常氏仍以"典范"作为考察屈子古史观念的准绳，衡量屈子心中的前王。在梳理文献的基础上指出战国有关"五霸"的观念甚多歧说，屈赋中唯提及齐桓、秦穆、晋文，皆为君臣遇合之例，未至人君典范地位，故推定"五"当是"包括尧舜等圣帝明王的五帝"[5]。常氏所考，既有屈赋文字之互证，又有先秦文献之疏证，定"三王"为禹、汤、文武，拟"五帝"为尧舜诸圣王，结论周密精详且多闻阙疑。

但是，学界的诸多考论似乎忽略了"三五"的词性。"三五"二字是一个简称，不仅见诸《楚辞》，而且见诸其他先秦两汉的文献之中，清代惠栋《周易述》中列有"三五"一条，可见大概。[6] 既是简称，则"三五"的内容就不限于古史观念，也可指代其他事物。比如《周易·系辞上》曰："参伍以变，错综其数。"[7]

1　王国维：《王国维遗书》第3册，上海：上海古籍书店，1983年，第636—637页。

2　常森：《屈原及楚辞学论考》，北京：北京大学出版社，2016年，第181—204页。

3　常森：《屈原及楚辞学论考》，第184—185页。

4　常森：《屈原及楚辞学论考》，第195页。

5　常森：《屈原及楚辞学论考》，第200页。

6　惠栋：《周易述》卷23《易微言下》"三五"，郑万耕点校，北京：中华书局，2007年，第501—502页。

7　孔颖达：《周易正义》卷7《系辞上》，阮元校刻：《十三经注疏（清嘉庆刊本）》第1册，北京：中华书局，2009年，第167b页。

《系辞下》曰："三与五，同功而异位。"[1] 此指爻数。《史记·天官书》曰："为天数者，必通三五。"司马贞《索隐》曰："三谓三辰，五谓五星。"[2] 此指日月星辰。而古人之所以视屈子、刘向所云之"三五"为古代圣王谱系的代称，不仅基于他们作品中的文义和思想逻辑，而且基于"三五"一词在很多先秦两汉文献中都是上古圣王谱系的指代，这对他们理解《楚辞》中出现的"三五"这个简称起到了指引与规范的作用。值得我们注意的是，即使他们将"三五"理解为上古的圣王谱系，但也绝非帝王和朝代的缩简，而是一个全景式的复杂世界观的缩简，因为他们能够用"三五"二字将很多事物都综合到一起，或者说，在不同时代语境中产生的自然、历史、文化观念都可以被浓缩、压缩到一个简称之中，就像数学中的代数一样。淮南王刘安是史书记载中第一位作《离骚传》的人[3]，归属于他名义下的思想著作《淮南子》中是如此阐述"三五"的，其《泰族训》曰：

　　昔者，五帝三王之莅政施教，必用参五。何谓参五？仰取象于天，俯取度于地，中取法于人，乃立明堂之朝，行明堂之令，以调阴阳之气，以和四时之节，以辟疾病之灾。俯视地理，以制度量，察陵陆水泽肥墩高下之宜，立事生财，以除饥寒之患。中考乎人德，以制礼乐，行仁义之道，以治人伦而除暴乱之祸。乃澄列金木水火土之性，故立父子之亲而成家；别清浊五音六律相生之数，以立君臣之义而成国；察四时季孟之序，以立长幼之礼而成官；此之谓参。制君臣之义，父子之亲，夫妇之辨，长幼之序，朋友之际，此

1　孔颖达：《周易正义》卷7《系辞下》，阮元校刻：《十三经注疏（清嘉庆刊本）》第1册，第188a页。

2　司马迁撰，裴骃集解，司马贞索隐，张守节正义：《史记》卷27《天官书》，中华书局编辑部点校，北京：中华书局，1982年，第1351页。

3　班固撰，颜师古注：《淮南衡山济北王传》，《汉书》卷44，中华书局编辑部点校，北京：中华书局，1962年，第2145页："初，安入朝，献所作《内篇》，新出，上（武帝）爱秘之。使为《离骚传》，旦受诏，日食时上。"

之谓五。[1]

在这段论述中，世界的似乎一切都包含在"三五"的框架之中，而这个结构的价值又是通过"五帝三王"来实现的，其中的内涵极为丰富，可谓包括宇宙，总览人物。再如《汉书·律历志》中记载了刘向之子刘歆《三统历》的观念：

> 太极运三辰五星于上，而元气转三统五行于下。其于人，皇极统三德五事。[2]

刘歆律历学中的"三五"，是包括"三辰五星"、"三统五行"和"三德五事"的系统，天道的运行与历史的演进以及政治的施行相一致。稍晚于王逸的东汉人应劭也表达了一个世界观式的"三五"概念。其《风俗通义·皇霸》曰：

> 《尚书大传》说："遂人为遂皇，伏羲为戏皇，神农为农皇也。遂人以火纪，火，太阳也，阳尊，故托遂皇于天；伏羲以人事纪，故托戏皇于人；盖天非人不因，人非天不成也。神农以地纪，悉地力，种槃蔬，故托农皇于地；天地人之道备，而三五之运兴矣。"[3]

又曰：

> 盖三统者，天地人之始，道之大纲也；五行者，品物之宗也；道以三

1　刘安编，刘文典撰：《淮南鸿烈集解》卷20《泰族训》，冯逸、乔华点校，北京：中华书局，1989年，第671—672页。

2　班固撰，颜师古注：《汉书》卷21上《律历志上》，第985页。

3　应劭：《风俗通义校注》卷1《皇霸》，王利器校注，北京：中华书局，1980年，第3页。王利器注引《尚书大传略说下》，见《风俗通义校注》卷1《皇霸》，第6—7页。

兴，德以五成。故三皇五帝，三王五伯。至道不远，三五复反；譬若循连镖，顺鼎耳，穷则反本，终则复始也。[1]

应劭的观点根据汉代经学著作《尚书大传》并加以发挥，按照这样的逻辑，"三五"是人类历史的周期规律，也是宇宙运行、万物生成的周而复始的过程。因此，"三五"这个简称其实是一个概念，后人对《楚辞》中"三五"二字的理解，绝不停留于计数皇帝王霸等历史朝代谱系，而是表达整个天人之道的法则，甚至也可以据此推测屈子"三五"概念的真正义涵。我们考察屈子、刘安、刘向、王逸等人的"三五"概念，应当首先进入他们共同的历史语境和思想逻辑。

在这样的语境中，如果我们还想进一步考论《楚辞》中"三五"概念指代的古史观念和圣王谱系，就很难再将是否接近屈子的本意作为解释、考据的目标，只能将"三五"作为一个出发点，考知不同的古史观念及其发生的语境，分析他们解释《楚辞》"三五"的意图，并由此反思如何探求所谓作者的本意。

二、 解释的意图

（一）"三王五伯"与君臣知遇

王逸注《九章·抽思》"三五"为"三王五伯"，其用意当思屈子处战国之际，虽遭谗被逐，仍反复致意，冀其君王效法霸业，强振楚国，恰如王夫之所云，欲楚王"稽王伯之成轨"。王逸亦以屈子所云之"三""三后"即禹、汤、文武，其《离骚叙》称道屈子：

屈原执履忠贞而被谗衰，忧心烦乱，不知所诉，乃作《离骚经》。离，别也。骚，愁也。经，径也。言己放逐离别，中心愁思，犹依道径，以风谏君也。故上述唐、虞、三后之制，下序桀、纣、羿、浇之败，冀君觉悟，反于正

---

1 应劭：《风俗通义校注》，第20页。

道而还已也。……依《诗》取兴，引类譬谕……其词温而雅，其义皎而朗。[1]

毋庸置疑，王逸对《离骚》文本加以梳理，也认为屈子之古史观念即是尧、舜、禹、汤、文武的圣王谱系，这与"三王五帝"的观念比较接近，也是战国秦汉间比较流行的古史观念和圣王谱系（下详）。王逸既以《离骚》为经，当亦以其中所言古代圣王，即是屈子心中的人君典范。然此处解释"三五"为"三王五伯"的意图，在于说解屈子的愤懑之情，而非说解屈子的古史观念或圣王谱系，其《离骚后叙》云：

> 周室衰微，战国并争，道德陵迟，谲诈萌生。于是杨、墨、邹、孟、孙、韩之徒，各以所知著造传记，或以述古，或以明世。而屈原履忠被谮，忧悲愁思，独依诗人之义而作《离骚》，上以讽谏，下以自慰。遭时暗乱，不见省纳，不胜愤懑，遂复作《九歌》以下凡二十五篇。[2]

王逸以屈子生于战国乱世，虽依诗人之义作《离骚》，但又作《九歌》以下诸诗抒发愤懑。《离骚》冀君觉悟，故"其词温而雅"，合乎诗人讽谏之义，然而《九歌》以下则为不见省纳的怨悱之辞，较之《离骚》，有如变风变雅。此等怨悱之中，多有感叹君臣知遇之事，其中既有三王时的伊尹、吕望之辈，但亦不乏春秋五霸时代的人物。《离骚》曰："甯戚之讴歌兮，齐桓闻以该辅。"[3] 太史公《屈原贾生列传》亦曰："《离骚》……上称帝喾，下道齐桓，中述汤武，以刺世事。"[4] 而《九章·惜往日》中，则连举百里奚、甯戚、伍子胥、介子推之事，涉及与秦缪、齐桓、夫差、晋文公君臣知遇之事："闻百里之为虏兮，伊尹烹于庖厨。吕望屠于朝

1　洪兴祖：《楚辞补注》，第2—3页。
2　洪兴祖：《楚辞补注》，第48页。
3　洪兴祖：《楚辞补注》，第38页。
4　司马迁撰，裴骃集解，司马贞索隐，张守节正义：《史记》卷84《屈原贾生列传》，第2482页。

歌兮，甯戚歌而饭牛。不逢汤武与桓缪兮，世孰云而知之。吴信谗而弗味兮，子
胥死而后忧。介子忠而立枯兮，文君寤而追求。"[1] 故无论三王还是五伯的成败，
皆由能否知人任贤、君臣知遇而决定，此亦为人君典范之事。王逸以此章"言己
初见信任，楚国几治于矣。而怀王不知君子小人之情状，以忠为邪，以僭为信，
卒见放逐，无以自明也。"[2] 又以《抽思》一章，"言己所以多忧者，以君信谗而自
圣，眩于名实，昧于施报，己虽忠直，无所赴愬，故反复其词，以泄忧思也。"[3]
王逸原屈子之意，在于反复申诉，冀楚王能悟此王霸之理，以"三王五伯"知人
任贤为楷模，而己则不惜以彭咸死谏为忠节。总之，王逸之解《抽思》，是综合了
《九章》文意并想象屈子处境的理解，既"知人论世"，又"以意逆志"。

　　其实，这不仅是王逸的解释意图，也是《楚辞》的拟作者们以及编者刘向的
理解倾向。王逸所作《九思》之《叙》曰："自屈原终没之后，忠臣介士游览学者
读《离骚》《九章》之文，莫不怆然，心为悲感，高其节行，妙其丽雅。至刘向、
王褒之徒，咸嘉其义，作赋骋辞，以赞其志。"[4] 赞即阐明之义，扬雄《方言》第
十三曰："赞，解也。"[5] 故后人拟写楚辞，亦是对屈赋的一种解释。从这些汉代楚
辞作家的拟作中可见，君臣知遇是贯穿其中、不断演绎的主旋律之一。《离骚》中
多涉三代以上史事，五霸之事仅涉齐桓遇甯戚一则，而《九章》等作品中所言春
秋事迹，又多见于宋玉《九辩》、东方朔《七谏》、严忌《哀时命》、王褒《九
怀》、刘向《九叹》、王逸《九思》之中，甚至还增加了晏子（《哀时命》）、申包
胥（《九辨》《七谏》《九叹》）、和氏（荆和）（《七谏》《九怀》《九叹》）、师旷
（《九叹》）、钟子期与伯牙（《七谏》《九叹》）、仲尼（《九思》）、邹衍（《九
思》）、韩信（《九叹》）等春秋至秦汉的人事。因此，在解释经典文本时，不仅要

1　洪兴祖：《楚辞补注》，第151页。
2　洪兴祖：《楚辞补注》，第153页。
3　洪兴祖：《楚辞补注》，第141页。
4　洪兴祖：《楚辞补注》，第314页。按，洪兴祖注此《叙》"恐其子延寿之徒为之尔。"
5　周祖谟：《方言校笺》，北京：中华书局，1993年，第83页。

注意分析文本中体现的思想和语境，还要考虑解释者的理解与意图，而思想史往往更多的是按照他们的理解构建的。

（二）"三皇五帝"与古史观念

倘若脱离《抽思》的语境和王逸的解释意图，仅仅从古史观念讨论"三五"这个概念，王逸又何尝不知道由皇、帝、王、伯构成的古史观念和圣王谱系？

战国时代的道家、法家等学派认为，人类历史是一个道德递衰的过程。《庄子·天运》《吕氏春秋·贵公》《用众》《孝行览》等文献中已经提出"三皇五帝"的概念，托古推隆理想政治或德行功业。《庄子·胠箧》提及"至德之世"的诸多帝氏，有容成氏、大庭氏、伯皇氏、中央氏、栗氏、骊畜氏、轩辕氏、赫胥氏、尊卢氏、祝融氏、伏羲氏、神农氏等。《淮南子·缪称训》提及"泰古二皇"，又有伏戏、女娲（《冥览训》）、神农（《氾论训》）之名。《管子·兵法》曰："明一者皇，察道者帝，通德者王，谋得兵胜者霸。"[1]《商君书·更法》曰："伏羲、神农教而不诛，黄帝、尧、舜诛而不怒。及至文、武，各当时而立法，因事而制礼。"[2]《淮南子·本经训》曰："帝者体太一，王者法阴阳，霸者则四时，君者用六律。"[3]《泰族训》曰："同气者帝，同义者王，同力者霸。"[4]《史记·秦始皇本纪》载秦始皇群臣议尊号，以秦统一之功"自上古以来未尝有，五帝所不及。臣等谨与博士议曰：'古有天皇，有地皇，有泰皇，泰皇最贵。'"[5]早期儒家虽不称道皇帝王霸的古史观念，但亦视尧舜、三王、五霸的历史进程为一个仁义递衰的过程。故《孟子·告子章句下》曰："五霸者，三王之罪人也。"[6]《尽心章句上》

1　黎翔凤撰，梁运华整理：《管子校注》卷6，北京：中华书局，2004年，第316—317页。

2　蒋礼鸿：《商君书锥指》卷1，北京：中华书局，1986年，第4页。

3　刘安编，刘文典撰：《淮南鸿烈集解》卷8《本经训》，第258页。

4　刘安编，刘文典撰：《淮南鸿烈集解》卷20《泰族训》，第679页。

5　司马迁撰，裴骃集解，司马贞索隐，张守节正义：《史记》卷6《秦始皇本纪》，第236页。

6　孙奭：《孟子注疏》卷12下《告子章句下》，阮元校刻：《十三经注疏（清嘉庆刊本）》第5册，北京：中华书局，2009年，第6004a页。

曰："尧舜性之也,汤武身之也,五霸假之也。"[1]《荀子·王霸》曰："故用国者,义立而王,信立而霸,权谋立而亡。"[2]汉代《公羊春秋》兴,董仲舒遂以儒家的宗法礼制结构将古史观念整合进儒家的话语体系之中,三王、五帝、九皇构成亲疏之杀的宗法谱系。《春秋繁露·三代改制质文》曰："远者号尊而地小,近者号卑而地大,亲疏之义也。""圣王生则称天子,崩迁则存为三王,绌灭则为五帝,下至附庸,绌为九皇,下极其为民。"[3]

汉代的经说与谶纬之中已有"三皇"的定名,但有分歧,说明处于不断地建构之中。比如应劭《风俗通·皇霸》"三皇"引《春秋运斗枢》曰:"伏羲、女娲、神农,是三皇也。"[4]引《礼号谥记》曰:"伏戏、祝融、神农。"引《含文嘉》曰:"伏戏、燧人、神农。"引《尚书大传说》:"遂人为遂皇,伏羲为戏皇,神农为农皇也。"[5]亦有持"二皇"之说者,如张衡《东京赋》曰:"狭三王之趦趄,轶五帝之长驱。踵二皇之遐武。"[6]作为东汉经学定论、由班固撰写的白虎观经学会议文献《白虎通·号》并存两说,曰:"三皇者,何谓也?谓伏羲、神农、燧人也。或曰:伏羲、神农、祝融也。"[7]东汉形成的"三皇五帝"观念也吸收了战国时代皇帝王霸的古今递衰史观。东汉桓谭《新论》曰:"夫上古称三皇、五帝,而次有三王、五伯,此天下君之冠首也。故言三皇以道理,而五帝用德化;三王由仁义,五伯以权智。"[8]《白虎通·号》引谶纬《钩命决》曰:"三皇步,五帝趋。三王

1 孙奭:《孟子注疏》卷13下《尽心章句上》,阮元校刻:《十三经注疏(清嘉庆刊本)》第5册,第6025b页。
2 王先谦:《荀子集解》卷7《王霸篇》,沈啸寰、王星贤点校,北京:中华书局,1988年,第202页。
3 董仲舒著,苏舆撰:《春秋繁露义证》卷7《三代改制质文》,钟哲点校,北京:中华书局,1992年,第200、202页。
4 应劭:《风俗通义校注》,第2页。
5 应劭:《风俗通义校注》,第3页。
6 萧统编,李善注:《文选》卷3《赋乙·京都中》,上海:上海古籍出版社,1986年,第128—129页。
7 班固撰,陈立疏证:《白虎通疏证》卷2《号》,吴则虞点校,北京:中华书局,1994年,第49页。
8 司马迁撰,裴骃集解,司马贞索隐,张守节正义:《史记》卷5《秦本纪》张守节《正义》引,第204页。

驰，五霸鹜。"[1]《风俗通·三皇》引《春秋运斗枢》曰："三皇垂拱无为，设言而民不违。"[2]

至于五帝之名，《大戴礼》中《五帝德》与《帝系》皆列黄帝、颛顼、帝喾、帝尧、帝舜。《白虎通·号》和应劭《风俗通·五帝》并取此说。张守节《史记正义》称太史公依《世本》《大戴礼》作《五帝本纪》。[3]此五帝实按宗法礼制建构，即皆为黄帝子孙的谱系。战国时代，又有与五方位天帝配称的五帝，即《吕氏春秋·十二纪》《礼记·月令》等文献中所列太皞、炎帝、黄帝、少皞、颛顼。分别配以木、火、土、金、水五德。顾颉刚指出，这一五帝体系中多出少皞，实为刘歆按照五德终始说的造作并对相关文献作了改窜。[4]但考诸文献，《楚辞·远游》中所遇天帝有轩辕、太皓、西皇、炎神、颛顼，合于《十二纪》《月令》中的五方位帝结构。[5]《淮南子·时则训》所列天帝为太皞、赤帝、黄帝、少皞、颛顼，亦同于此。此外，《史记·封禅书》载秦立時祭方位帝，战国时秦、齐、赵、燕曾有自立西帝、东帝、中帝、北帝之举（《战国策·燕策》《史记·秦本纪》《田敬仲完世家》《苏秦列传》）。因此，按照宇宙结构和五德终始建构的五方位帝体系渊源有自，不应出自刘歆改窜。我曾将两套五帝谱系分别称之为"宗法圣统"与"天道圣统"，指出这两套圣统在东汉也有融合杂糅之势。[6]

《白虎通》所云"三皇五帝"当是东汉的正统古史观念。班固《东都赋》颂扬光武中兴曰："体元立制，继天而作。系唐统，接汉绪。茂育群生，恢复疆宇。勋兼乎在昔，事勤乎三五。"李善注曰："《史记》，楚子西曰：'孔丘述三、五之

---

1 班固撰，陈立疏证：《白虎通疏证》，第759页。

2 应劭：《风俗通义校注》，第3页。

3 司马迁撰，裴骃集解，司马贞索隐，张守节正义：《史记》卷1《五帝本纪》，第1页。

4 顾颉刚：《中国上古史研究讲义》，北京：中华书局，1988年，第44、155—198页。

5 胡小石先生《〈远游〉疏证》曰："此篇十之五、六皆离合《离骚》文句而成。其余则或采之《九歌》《天问》《九章》《大人赋》《七谏》《哀时命》《山海经》及老、庄、淮南诸书……疑伪讬当出汉武之世。"胡小石：《胡小石论文集》，上海：上海古籍出版社，1982年，第93页。

6 徐兴无：《谶纬文献与汉代文化构建》第四章"谶纬文献中的天道圣统"，北京：中华书局，2003年，第149—217页。

法，明周、召之业。'《春秋元命苞》曰：'伏羲、女娲、神农为三皇。'《史记·五帝本纪》曰：'黄帝、颛顼、帝喾、帝尧、帝舜也。'"[1] 李贤注《后汉书·班固传》亦作"三皇五帝"。[2] 二李之所以注解"三五"为"三皇五帝"，是因为东汉经学、谶纬构建、确立的古史观念已成为后世的正统观念。这个观念不仅为唐代李善、李贤继承，而且他们想象班固亦当如此。事实上，《东都赋》也是这样歌颂光武的功德，以其兼包皇德、帝功与王业：

> 且夫建武之元，天地革命，四海之内，更造夫妇，肇有父子，君臣初建，人伦寔始，斯乃虑羲氏之所以基皇德也。分州土，立市朝，作舟车，造器械，斯轩辕氏之所以开帝功也。龚行天罚，应天顺民，斯乃汤武之所以昭王业也。[3]

《后汉书·文苑传》载王逸"顺帝时，为侍中"[4]，故而王逸也应受此正统史观影响，其释刘向"背三五之典刑兮，绝《洪范》之辟纪"一句，恰恰是从古代圣王与经典的角度加以说解，唯以"三五"为"三皇五帝"，才符合他的古史观念。

　　总之，王逸于"三五"作两解，一出于他对屈子处境的揣度，一出于他的古史观念，解说的意图不同，故说法有异，但二者并不矛盾。

三、经典与解释

（一）"五帝三王"与儒家的史观

　　上引王泗原《楚辞校释》考论"三五"曰："王注以为三皇五帝，可见其时已

1　萧统编，李善注：《文选》卷1《赋甲·京都上》，第30页。
2　范晔撰，李贤等注：《后汉书》卷40下《班彪列传下》，中华书局编辑部点校，北京：中华书局，1965年，第1361—1362页。
3　范晔撰，李贤等注：《后汉书》卷40下《班彪列传下》，第1360—1361页。
4　范晔撰，李贤等注：《后汉书》卷80上《文苑列传上》，第2618页。

有三皇之说。而刘向时只有五帝三王。"这一论断揭示了观念的时代性，富有启发价值。"王注以为"一句，上文已作考论，兹就"刘向时只有五帝三王"一言再加考察。

作为古史观念的"三五"之称，又见于《史记·孔子世家》，太史公记叙楚昭王将以书社地七百里封孔子。楚令尹子西曰："今孔丘述三五之法，明周召之业。"[1]按，"三五之法"，后世刊本有作"三王之法"，梁玉绳《史记志疑》曰：

> 金陵本作"述三五之法"。附案：《文选》班固《东都赋》"事勤乎三、五"，刘琨《劝进表》"三、五以降"，王融《曲水诗序》"迈三、五而不追"，袁宏《三国名臣序赞》"三、五迭隆"，及李康《运命论》"仲尼见忌于子西"，李善注并引《史》作"三、五之法"，则今本讹也。[2]

又泷川资言《史记会注考证》卷四十七曰："三五，三皇五帝也。张文虎曰：宋本'三五'，各本误'三王'。"[3]王叔岷《史记斠证》卷四十七曰："按，古钞本、枫山本亦作'三五'。案《孔子集语》引此作'今孔子述三王之法'。丘之作子，避圣讳也。宋本如景祐本南宋补版、黄善夫本'三五'亦并作'三王'。"[4]

上述考释可能有两种结论：其一，太史公原文当为"三王之法"。孔子从未论及"三皇五帝"，而是多言尧舜与三代，所谓"祖述尧舜，宪章文武"[5]。且梁玉绳等所举，皆是后于《史记》的文献，这些文献所云"三五"一词不一定出于《史记》，或亦出于《楚辞》。其二，太史公原文确作"三五之法"，则他心目中的"三五"当是《史记》中的古史观念，即"五帝"与"三王"。前文所引太史公述屈子

1　司马迁撰，裴骃集解，司马贞索隐，张守节正义：《史记》卷47《孔子世家》，第1932页。
2　梁玉绳：《史记志疑》卷25《孔子世家》，贺次君点校，北京：中华书局，1981年，第1131页。
3　司马迁著，泷川资言撰：《史记会注考证》第6卷，卷47，太原：北岳文艺出版社，1999年，第62页。
4　王叔岷：《史记斠证》卷47《孔子世家》，北京：中华书局，2007年，第1770页。
5　孔颖达：《礼记正义》卷53《中庸》，阮元校刻：《十三经注疏（清嘉庆刊本）》第3册，第3547b页。

《离骚》"上称帝喾，下道齐桓，中述汤武，以刺世事"诸语亦符合这一谱系。战国秦汉间诸子亦多持此说，如《庄子·秋水》曰："五帝之所连，三王之所争。"[1]陆贾《新语·明诫》曰："比德于五帝三王。"[2]《淮南子·览冥训》曰："弃捐五帝之恩刑，推蹶三王之法籍。"[3]说明这是其间流行的古史观念。特别值得注意的是：汉家自高祖至文景，诏令天下，从不标举帝王圣统，至武帝朝，始多此类话语。《汉书·武帝纪》载元光元年五月诏贤良曰："何行而可以章先帝之洪业休德，上参尧舜，下配三王！"[4]元朔元年冬十一月诏曰："夫本仁祖义，褒德禄贤，劝善刑暴，五帝三王所繇昌也。"[5]六年夏六月诏曰："朕闻五帝不相复礼，三代不同法，所繇殊路而建德一也。"[6]此后宣帝黄龙元年二月诏令有"欲配三王之隆"[7]，元帝永光元年三月诏令有"五帝三王任贤使能，以登至平"[8]，永光二年二月诏令有"唐虞象刑而民不犯，殷周法行而奸轨服"[9]。可见"五帝三王"已成为西汉的正统观念。再如前文所论，太史公根据儒家《世本》《大戴礼》之类作《五帝本纪》与《夏本纪》《殷本纪》《周本纪》，《大戴礼·五帝德》载孔子曰："五帝用记，三王用度。"[10]此或为太史公叙述楚人言孔子"述三五之法，明周召之业"的依据。但无论何种结论，有一点可以确定，即在太史公的时代，汉人的正观古史观念和圣王谱系不是"三皇五帝"而是"五帝三王"，而这一观念和谱系又具有儒家经典与思想传统的根据。

　　《史记》之后提出"三五"观念者为刘向，其内容虽不能于《九叹》文字中直

1　郭庆藩：《庄子集释》卷6，王孝鱼点校，北京：中华书局，2012年，第564页。

2　陆贾撰：《新语校注》卷下《明诫》，王利器校注，北京：中华书局，1986年，第152页。

3　刘安编，刘文典撰：《淮南鸿烈集解》卷6《览冥训》，第210页。

4　班固撰，颜师古注：《汉书》卷6《武帝纪》，第161页。

5　班固撰，颜师古注：《汉书》卷6《武帝纪》，第166页。

6　班固撰，颜师古注：《汉书》卷6《武帝纪》，第173页。

7　班固撰，颜师古注：《汉书》卷8《宣帝纪》，第273页。

8　班固撰，颜师古注：《汉书》卷9《元帝纪》，第287页。

9　班固撰，颜师古注：《汉书》卷9《元帝纪》，第288页。

10　王聘珍：《大戴礼记解诂》卷7《五帝德》，王文锦校，北京：中华书局，1983年，第119页。

接探知，但可旁求于其他文字。《汉书·楚元王传》载刘向上疏谏成帝营昌陵，中言：

> 陛下仁慈笃美甚厚，聪明疏达盖世，宜弘汉家之德，崇刘氏之美，光昭五帝、三王，而顾与暴秦乱君竞为奢侈，比方丘陇，说愚夫之目，隆一时之观，违贤知之心，亡万世之安，臣窃为陛下羞之。唯陛下上览明圣黄帝、尧、舜、禹、汤、文、武、周公、仲尼之制，下观贤知穆公、延陵、樗里、张释之之意。[1]

此段谏言中概举"五帝"、"三王"，具道黄帝、尧、舜、禹、汤、文王事迹，皆在《史记》五帝、三王《本纪》之列。

（二）经学与《楚辞》阐释

刘向的"三五"观念不仅合乎儒家思想，且《九叹》感伤屈原，多化用六经文字。如《离世》"兆出名曰正则兮，卦发字曰灵均"[2]，以《易经》解说屈子命名；《怨思》"合五岳与八灵兮"，用《尚书·舜典》巡狩五岳之意[3]；《惜贤》"孰契契而委栋兮"，用《小雅·大东》"契契寤叹"之意[4]；《愍命》"三苗之徒以放逐兮"，用《尚书·尧典》之文[5]。而《思古》所言"背三五之典型兮，绝《洪范》之辟纪"，"典型"一词取义于《诗经·大雅·荡》："虽无老成人，尚有典刑。"郑玄《笺》曰："常事故法。"[6] 与王逸注"常典"义相通近。又刘向于经学，精通《洪范》，而《洪范》自云天帝以洪范九畴赐大禹，殷亡之后，由箕子向武王陈说其

1　班固撰，颜师古注：《汉书》卷36《楚元王传》，第1956—1957页。
2　洪兴祖：《楚辞补注》，第286页。
3　洪兴祖：《楚辞补注》，第292页。
4　洪兴祖：《楚辞补注》，第298页。
5　洪兴祖：《楚辞补注》，第303页。
6　孔颖达：《毛诗正义》卷18—1《大雅·荡》，阮元校刻：《十三经注疏（清嘉庆刊本）》第1册，第1193b页。

义，是一部贯穿夏商周三代的大法。《楚元王传·赞》曰："刘氏《洪范论》发明《大传》，著天人之应。"[1]故刘向《洪范》之学多阐说天人感应，灾异祸福，以警讯人君。其说多载于《汉书·五行志》，其曰："刘向治《榖梁春秋》，数其祸福，传以《洪范》，与仲舒错。"[2]故王逸注曰："绝去《洪范》之法纪，任意妄为，故失道也。"亦深得刘向之意。《楚辞》中所录汉人作品化用六经文字的现象，始见于武帝时文学侍从东方朔《七谏·谬谏》中"鹿鸣求其友"一句，取义于《小雅·鹿鸣》[3]；此后又有王褒《九怀·思忠》"静女歌兮微晨"一句，取义于《邶风·静女》[4]；《思忠》"寤辟摽兮永思"一句，取义于《邶风·柏舟》[5]。这一现象说明汉代经学对《楚辞》创作产生了影响。王褒与刘向均为宣帝的文学侍从，《汉书·严朱吾丘主父徐严终王贾传》载"宣帝时修武帝故事，讲论六艺群书，博尽奇异之好，征能为《楚辞》九江被公，召见诵读，益召高材刘向、张子侨、华龙、柳褒等待诏金马门"[6]。后益州刺史王襄使王褒作雅乐《中和》《乐职》《宣布诗》，"选好事者令依《鹿鸣》之声习而歌之"[7]，"上乃征褒"[8]。刘向、王褒等既习诵《楚辞》，又讲论六艺，创作雅乐，他们的楚辞创作必然融入经学的思想与理解。所以，刘向的"三五"观念，可视为本着儒家经学思想对《九章》"三五"观念所作的解释——将其解释为一个符合经学的观念。刘向对《楚辞》的编定以及他的楚辞创作倾向，确立了汉代的《楚辞》阐释传统，王逸的《章句》正是继承这一传统，故其《离骚后叙》曰："《离骚》之文，依托《五经》以立义焉。"[9]《楚辞》也在这样的阐释语境中进入了经典化的过程。

1　洪兴祖：《楚辞补注》，第1972页。
2　班固撰，颜师古注：《汉书》卷27上《五行志上》，第1317页。
3　洪兴祖：《楚辞补注》，第254页。
4　洪兴祖：《楚辞补注》，第276页。
5　洪兴祖：《楚辞补注》，第277页。
6　班固撰，颜师古注：《汉书》卷64下《严朱吾丘主父徐严终王贾传下》，第2821页。
7　班固撰，颜师古注：《汉书》卷64下《严朱吾丘主父徐严终王贾传下》，第2821页。
8　班固撰，颜师古注：《汉书》卷64下《严朱吾丘主父徐严终王贾传下》，第2822页。
9　洪兴祖：《楚辞补注》，第49页。

四、结论

通过对《楚辞》中"三五"概念的考察，我们可以从不同时代、不同解释意图当中梳理出不同的思想观念。这些不同语境中的观念围绕一个文本中的概念构成了一幅思想史的图景，同时也构成了一个对话的空间场域，可能这些解释不一定都能符合作者的本意，但是离开这个图景，我们也不可能理解作者的本意，因为后世对文本的理解，以及文本对后世的塑造，恰恰是这个图景的产物而非所谓本意的产物，而这样的图景才是经典阐释应该拓展的世界。

中国中世纪儒教与佛教的钞本文化

童 岭

南京大学文学博士，日本京都大学留学，现为
南京大学文学院教授、博士生导师、副院长。
兼任中国魏晋南北朝史学会理事、江苏省古代
文学学会秘书长。

本文初稿原载湛如主编，陈金华、纪赟副主编
《佛教写本文化研究：新材料与新视野》（新
加坡：World Scholastic Publishers，2021年）。
现增订后收录《倪豪士教授八十华诞庆贺论文
集》，特别感谢徐兴无教授协助获取京都藤井
有邻馆《显扬圣教论》图片，也感谢陈致教授
对拙文增订过程中的指正。

一、 儒学抑或经学? 中世钞本的出发点

中国的中世纪，如果笼统地找一个在中国学术内部的同义词，就是魏晋南北朝隋唐（或者：六朝隋唐）。在这样一个大时代中，时代划分呈现出比较微妙的状态，可谓是一个大分裂时代（魏晋南北朝约400年），加上一个大统一时代（隋唐约300年）。在这约700年的时间里面，中国学术与之前的秦汉、之后的两宋相比，都存在着巨大的差别。

中国中世纪是一个"钞本时代"[1]，四部典籍加上佛道二教大抵如此。本文的核心词之一"佛教"不会引起太多误解；而"儒教"一词在中国中世纪，或者说在本文中的指向有无随意性？笔者于2018年8月受陈金华教授与高奕睿教授邀请，在英国剑桥大学参加 Buddhist Manuscript Cultures: Production and Preservation of Buddhist Manuscripts in Central and East Asia（August 30—31, 2018；Cambridge, UK）学术会议，并做了题为"The Manuscript Culture of Confucianism and Buddhism in the Medieval China"[2] 的演讲。这篇演讲稿里面，笔者也采用了儒教（Confucianism）。只是英文拙稿中并未说明选择"儒教"这一词汇的理由，故而本文先在此略加陈述如下：

第一，严格意义上看，周秦时代"儒学"与"经学"是内涵与外延互有重合、但不相同的两个学术概念（对此，章太炎先生《国故论衡》里面《原经》《原儒》两篇有极好的阐发），而且与近代学者尤其是皮锡瑞、梁启超等人用儒学专指经学是不一样的[3]。

第二，落实到中国中世纪，如宋文帝元嘉十五年（438），设儒学、玄学、史学、文学四馆。历代学者的关注点多在"文学"特立一科。约三十二年之后，宋明帝泰始六年（470），设总明观，又分儒、道、文、史、阴阳五部。这两次中世纪重要的皇家学术划分，都没有"经学"的字样，胡小石先生认为这里的儒学就是经学[4]。如果我们细究，元嘉十五年主持"儒学馆"的学者雷次宗，本身就是著名的

1　童岭：《"钞""写"有别论——六朝书籍文化史识小录一种》，《汉学研究》2011年3月第29卷第1期，第257—280页。按照笔者该文的观点，对于存世儒教经典的中世纪残卷，可能用"钞本"描述之更加贴切；而对于存世佛教经典的中世纪残卷，则可能用"写本"描述之更为稳妥。

2　这篇英文讲稿发表于 *Production and Preservation of Buddhist Manuscripts in Central and East Asia*, edited by Ru ZHAN, Jinhua CHEN and JI Yun, Singapore: World Scholastic Publishers, 2021.

3　2020年12月6日，楼劲先生在南京大学高研院演讲《魏晋以来儒学的发展及相关问题》，尤其指出：梁启超、皮锡瑞等，实际是用"今文经学"的概念替代了"经学"的概念，又进一步用"经学"替代了"儒学"。而如刘师培兼顾今古文，就与前者持论不同。

4　胡小石：《南京在中国文学史上的地位》，《胡小石论文集》，上海：上海古籍出版社，1982年，第141页。胡小石先生在儒学后面括号注明"经学"。

经学家，在南朝有"雷郑之称"[1]，对《三礼》《毛诗》[2]都有精深的研究。让这样的经学家主持儒学馆，本身就证明在中国中世纪两个概念某种程度上是等同的。因此，本文所使用的"儒学"与"经学"也类似于雷次宗的情况，是互通的[3]。

第三，以上主要以南朝为例。到了北周天和四年（569），权臣宇文护第一次举行儒释道"三教论争"，一直到建德三年（574），一共举行了八次（见《周书·武帝纪上》）。降及隋唐，融合三教的思想已是皇室与士大夫的一种共通性特征，如新出唐代三教论争文献、日藏写本《三教不齐论》[4]。因此，当我们讨论中国中世纪"佛教"时，与之对举，"儒教"无疑是比"经学"更妥帖的词汇。

准此，我们继续讨论中国中世纪的学术。其实，历代学者面临的最大问题之一就是资料的缺乏。作为新史料的"佚籍"，其重要意义，并不是到了上个世纪现代学术规范兴起之后才得到学界的重视。其实，就在中世纪本身，佚籍的出现也会引起皇室、士大夫等阶层的高度重视。如《南齐书·文惠太子传》云：

> 时襄阳有盗发古冢者，相传云是楚王冢，大获宝物玉屐、玉屏风、竹简书、青丝编。简广数分，长二尺，皮节如新。盗以把火自照，后人有得十余简，以示抚军王僧虔，僧虔云是科斗书《考工记》，《周官》所阙文也。是时州遣按验，颇得遗物，故有同异之论。[5]

---

1 皮锡瑞著，周予同注释：《经学历史》，北京：中华书局，2004年，第118页。

2 李延寿：《南史》卷75《隐逸传》，北京：中华书局，1975年，第1867—1868页。又见魏源：《毛诗传授考》，《魏源全集·诗古微》，长沙：岳麓书社，1989年，第153页。

3 这并不是笔者本文的特殊用法，实际上还有不少学者如此使用。如王仲荦，他是章太炎弟子。王仲荦在《魏晋南北朝史》一书第十一章《魏晋南北朝的经学、史学与文学艺术》中，也是直接使用了"儒学思想"一词指代经学的内涵。上海：上海人民出版社，1979年，第875—876页。

4 藤井淳编：《最澄·空海将来〈三教不齐论〉の研究》，国书刊行会，2016年。这份日藏钞本《三教不齐论》作者是唐代的姚噐，村田みお对姚噐的职官等有考证，参见第209—230页。

5 萧子显：《南齐书》卷21《文惠太子传》，北京：中华书局，1972年，第398页。案，此事又见于《南史》卷22《王僧虔传》，第602页。

王僧虔是琅琊王氏的贵族，活跃于宋齐两代。关于在南齐永明年间出土的这份古"竹简书"之形制，直到清代民国，如金鹗（《求古录礼说》卷十）、王国维（《简牍检署考》）等亦多有讨论。简牍相对于六朝人已是"佚籍"，而"佚籍"也是一个推演的概念。这里首先要看看六朝人自己的典籍储备、分布又如何呢？

相较于南朝，北朝的皇室与士大夫对典籍的企求则更加明显（尤其是北魏孝文帝迁都之后）。志在"采遗书于天下"的孝文帝，派出使者向江南王朝求书。《南齐书·王融传》云：

> 虏使遣求书，朝议欲不与。[1]

"虏"即"魏虏"。对此求书之事，王融力排众议，认为应该借书给北魏。齐武帝萧赜（姚振宗《隋书经籍志考证》误以为此事发生在齐明帝建武年间[2]）虽然认可王融的上疏，但最终没有借书给北魏。关于这一事件的前后经纬及其书籍史的重要意义，请参吉川忠夫《北魏孝文帝借书考》一文[3]。此不赘述。如果我们深究北魏一代的典籍存佚情况，近代目录学大家汪辟疆弟子朱祖延著有《北魏佚书考》一书[4]，他对北魏一代书籍的辑佚，其来源除了日本《佚存丛书》所收《乐书要录》等少数海外文献之外，大都在域内传统史料中，在当时条件下殊为不易。

要而言之，在中国中世纪的钞本时代中，有些典籍可能自从它诞生之日就深藏秘书省或其他皇室藏书机构，只有极少数人有幸一睹，随后散佚；又有些典籍则显现出强大的"生命力"，不仅在中国的南北朝以及随后的隋唐帝国，而且在东

1　萧子显：《南齐书》卷47《王融传》，第818页。

2　姚振宗《隋书经籍志考证》引《通志·校雠略》："古人亡书有记，故本所记而求之。魏人求书有阙目录一卷。"并加案语云："此一卷，因借书而流传江左，时当齐明帝建武中。"《二十五史补编》本，北京：中华书局，1955年，第5428页。

3　吉川忠夫撰、童岭译：《北魏孝文帝借书考》，刘跃进、徐兴无主编，孙少华、童岭副主编：《大夏与北魏文化史论丛》，南京：凤凰出版社，2020年，第213—228页。

4　朱祖延：《北魏佚书考》，郑州：中州古籍出版社，1985年。关于此书的辑佚来源，请参考书后《征引书目》。

亚范畴内广为流传。进入刻本时代之后，以两宋为分水岭，钞本文献大多在本土散佚。王谟《汉魏遗书钞序》云：

> 天下事物，莫不有聚有散，顾由聚而之散也易，散而复聚也则难，而书籍尤甚。[1]

包括王谟此书在内，清儒的考证学兴起后，虽然在经史子集四部范围内做了大量的辑佚工作，成绩斐然，如马国翰《玉函山房辑佚书》、黄奭《汉学堂经解》、任大椿《小学钩沉》、严可均《全上古三代秦汉三国六朝文》等等。然而在六朝[2]隋唐的文史领域，依旧有很多问题限于文献而无法展开讨论。

就"辑佚"一学而言，自宋代即有之，如王应麟《玉海》等，及清朝为大盛。笔者在《六朝隋唐汉籍旧钞本研究》[3]中，做一个最简单的划分，现转引如下：

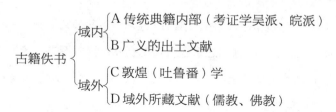

其中"D 域外所藏文献"是近十年来，国际学界用力最多的学术热点之一。沧海桑田，九州禹域之内，很多重要资料都已失传，却在日本这方异域土壤得以保存。特别是木版印刷术开始之后，中国本土的六朝隋唐汉籍旧钞本逐渐散佚。[4] 早在宋太宗时代，日本僧人奝然带来的郑氏注《孝经》一卷以及任希古《孝经新

1　王谟：《汉魏遗书钞》，京都：京都中文出版社，1981年影印版，第3页。
2　本文所提及之"六朝"，大多情况下指广义之"六朝"（包含南北），非如目前东亚学界通用狭义之"六朝"（与"北朝"并举）。关于广义与狭义的六朝之分，请参兴膳宏：《"六朝"という時代》，《古典中国からの眺め》，東京：研文出版，2003年，第28—36页。
3　童岭：《六朝隋唐汉籍旧钞本研究》，北京：中华书局，2017年，第2—3页。
4　池田温编：《中国古代写本識語集録》，東京：大藏出版社，1990年，第3页。

义》一卷，就已经让宋代士大夫大吃一惊。清代中后期，日本遗存典籍除上文所提《论语义疏》之外，如太宰春台校订的《古文孝经孔传》，山井鼎撰、物观补遗的《七经孟子考文》等日本汉学家著作陆续地进入中国学界，给清儒带来不小的冲击，也被收入了《四库全书》。

而在中国中世纪的大部分时间里面，虽然早期交杂着简牍的使用，如王国维《简牍检署考》所云："至简牍之用，始于何时，讫于何代则无界限可言。"[1]大致可以推测，简牍在晋末逐渐被废止使用，完全废止大概要到南北朝之末。故而，儒教与佛教书籍在中世纪最重要的文化载体，还是钞本。

根据马衡《中国书籍制度变迁之研究》一文的分析考证，把中国书写材料分为以下三个时期：（一）竹木：自有书契以来迄于三、四世纪；（二）缣帛：自前五、六世纪迄于五、六世纪；（三）纸：自二世纪迄于今日。[2]马衡的这种三分法，得到了学界的基本认可。[3]中国中世纪的钞本文化的物质载体，主要是上述的（二）与（三）。

以笔者工作与生活的南京为例。《隋书·经籍志》著录的大部分书籍都来自平陈之后的建康城。建康城在陈朝之末有大量的孤本、异本图书，这为隋唐学术的大发展提供了最基本的典籍支持。如当时江南藏书分为官方藏书与私人藏书两种。前者主要是由秘书省保存、掌管；而建康存放图书的建制则一仿汉代，有天禄、石渠、兰台、石室等等。私人藏书如沈约，《梁书》本传称他："聚书至二万卷，京师莫比。"[4]两万卷的私人藏书，这个量很难有人超过。不过，一万卷或者几千卷的藏书量还是大有人在，如王僧孺、任昉、张缅等等文士。这些藏书中

1　王国维：《简牍检署考》，《王国维遗书》第六册，上海：上海书店出版社，1983年，第104页。
2　马衡：《中国书籍制度变迁之研究》，《凡将斋金石丛稿》卷7《书籍制度》，北京：中华书局，1977年，第263—264页。
3　钱存训《书于竹帛》一书基本赞同马衡的分类法，并有云："简牍使用的时间较上述的年代更长；而缣帛的使用，其时期更早。因之竹帛掺杂使用的时期，约达一千余年；帛纸共存约500年；而简牍与纸并行约300年。"钱存训：《书于竹帛：中国古代的文字记录》第五章，上海：上海书店出版社，2002年，第72页。
4　姚思廉：《梁书》卷13《沈约传》，北京：中华书局，1973年，第242页。

间，不仅仅有儒教典籍，也有佛教经典。

二、 从新发现《论语义疏》钞本到南朝义疏

　　2020年9月26日，《朝日新闻》、《读卖新闻》、NHK等报道，日本庆应义塾大学公布了新发现日藏六至七世纪初的《论语义疏》（推定为隋代钞本），可能是这一义疏体儒教典籍的最早钞本。以下是《乡党篇》的钞本残叶：

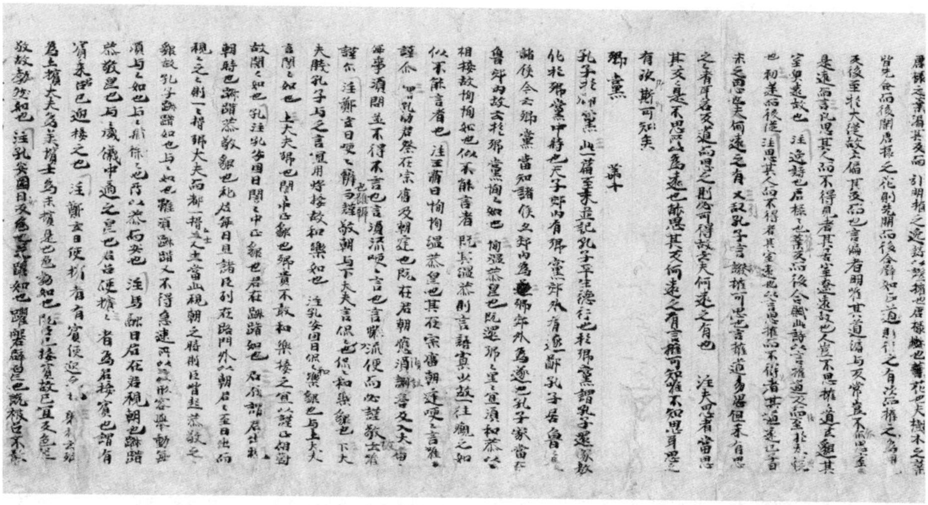

图1　庆应义塾大学"古代中世日本人の読書"特展公布图像

　　据云，该写本共由20页残纸装帧成一轴，骑缝之间有"藤"字印章。残卷内容为《子罕篇》与《乡党篇》。从公布的钞本影像来看，义疏文紧接经文之后，用红色"＝"旁注，且与通行本《论语义疏》有文字差异[1]。

　　提及义疏，中国儒教经学史领域，自从魏晋以来，受到逐渐隆盛的佛教影响，佛经解释之际的讨论形式也被儒教经典解释吸纳。如《论语义疏》卷三《公

1　如"恂恂如也"后皇侃义疏"恂恂，温恭貌"（高尚榘点校：《论语义疏》，北京：中华书局，2013年，第233页）。从图像来看，庆应义塾大学公布的钞本作"恂，温恭皃也"。

冶长第五》云："文章者，六籍也。六籍是圣人之筌蹄，亦无关于鱼兔也。"[1] 这样的用语与用意，不仅仅与玄学有关，亦与佛教存在联系。我们如果展阅《隋书·经籍志》，会发现大量"某某义""某某义疏""某某讲疏""某某文句"的经学文献，作为"经注"或"经传"解释的媒介，展开了接近经文原义的、形式活泼的讨论。六朝至隋唐之间，对经注和经传进行烦琐注释的学问勃兴起来。这样对注的注，称为"义"或"疏"，这种学问被称为"义疏学"。而《隋书·经籍志》中大量的义疏学著作，均已亡佚。

　　早年中国学术界关于义疏学的几大名文，诸如梁启超《佛学研究十八篇》[2]、戴君仁《经疏的衍成》[3]、牟润孙《论儒释两家之讲经与义疏》[4]、张恒寿《六朝儒经注疏中之佛学影响》[5]等等，我们今日以学术史的态度回顾，固然这些民国学者以极强的旧学功底勾勒出义疏学的一些重要特质，至今仍然常读常新，但瑕不掩瑜，他们最大的问题在于其所依赖的基本史料，除了如《丛书集成初编》所收版本并不佳的《论语义疏》外，主要都是从六朝史书、类书中辑佚——也就是说，构成他们论文最核心的一级史料——"义疏学史料"是非常欠缺的。

　　在早期中日汉籍学术史上有重要意义的《京都帝国大学文学部景印旧钞本》，其第二集中，收有《讲周易疏论家义记残卷》一种，此残卷原藏奈良兴福寺。狩野直喜《旧钞本讲周易疏论家义记残卷跋》有云：

　　　　旧钞本《讲周易疏论家义记》《经典释文·礼记释文》残卷，奈良兴福寺
　　所藏。相传二书东大寺旧物。天禄宽弘间，兴福寺有僧真兴者，淹通释典，

1　上揭高尚榘点校本，第110页。
2　梁启超：《佛学研究十八篇》，上海：上海古籍出版社，2001年。
3　戴君仁：《经疏的衍成》，《戴静山先生全集》，台北：戴静山先生遗著编辑委员会，1980年，第93—117页。
4　牟润孙：《论儒释两家之讲经与义疏》，《注史斋丛稿》（上册），北京：中华书局，2009年。
5　张恒寿：《六朝儒经注疏中之佛学影响》，《中国社会与思想文化》，北京：人民出版社，1989年。

尤通因明。著《四种相违义断略记》一卷、《因明纂要略记》一卷。后人合编题曰《因明相违断纂私记》。一时风行，纸价为贵。偶东大寺僧某欲写之，即出所藏旧钞二书，裁割卷子，颠倒表里，装作一册迻录其上。是以《释文》每叶两边失一、二行[1]。

考狩野直喜跋文可知，此《讲周易疏论家义记》以及《经典释文·礼记释文》残卷本藏兴福寺，并且在此残卷的背面钞录着《四种相违义断略记》的一部分和《因明纂要略记》全文。在狩野直喜调查此残卷之前，这份档案作为"四种相违义断略记"已经于1910年被定为日本"国宝"。

笔者《六朝后期江南义疏体〈易〉学谰论》[2]一文曾经分析：关于此《讲周易疏论家义记》之钞录内容，目前的残卷存有《释干》《释噬嗑》《释贲》《释咸》《释恒》《释遯》《释暌》《释蹇》《释解》共九卦释文。此书题名之由来，缘于在《释咸》首页题有"讲周易疏论家义记释咸第十"十二字，然而撰者与总卷数皆难考。九卦之中，钞录详略情况也很不一致。《释干》一卦特别详细，而其余八卦皆似节录，并非全貌。据藤原高男统计，此残卷共有158条类似佛经的科段条目[3]。具体来说，《释干》的"爻辞""彖传""象传""文言传"就占94条，约三分之二之多。其余《释噬嗑》3条，《释贲》2条，《释咸》17条，《释恒》18条，《释遯》1条，《释暌》3条，《释蹇》8条，《释解》4条，共150条。此外尚含有王弼注、韩康伯注、《周易略例》若干条。

此残卷中大体含三种意见：义疏体"疏家""论家"及此残卷之编者，正好形

1　狩野直喜著，狩野直祯、吉川幸次郎校字：《君山文》卷3，1959年自印本。

2　童岭：《六朝后期江南义疏体〈易〉学谰论——以日藏汉籍旧钞本〈讲周易疏论家义记〉残卷为中心》，文载台湾"中央研究院"史语所编《历史语言研究所集刊》第八十一本第二分，2010年6月刊，第411—465页。后又收录童岭：《六朝隋唐汉籍旧钞本研究》，第125—180页。

3　藤原高男：《講周易疏論家義記における易學の性格》，《漢魏文化》创刊号，1960年6月，第42—63頁。

成了一个类似黑格尔所谓正、反、合的辩证说理[1]谱系。编者往往举"疏家"之义以为靶，援"论家"之义以申己说，这对于理解南朝义疏体经学的具体论说形式大有裨益。

三、《显扬圣教论》与《弘决外典钞》

儒教历史发展的分期，与佛教发展的分期并不完全吻合。以本文的"中世纪"为例，其实涉及了佛教的初期翻译时代、格义时代（魏晋南北朝）到华严等诸宗百花齐放的时代（隋唐）。再从空间轴上看，汉传（汉译）佛教从中国推广到东亚，恰恰也就是在隋唐时代。这个时代的文献载体，无论是儒教的还是佛教的，都是以钞本为主。

笼统而言，魏晋南北朝至隋唐，是佛教在中国帝王、士大夫、庶民各个阶层逐渐得到恢宏壮大发展的重要时期。以南京为例，东吴时代称为建邺，建邺的第一座佛寺，是孙权赤乌十年（247），由康僧会创建的建初寺，在秦淮河的北岸，建初寺所在的区域因为该寺庙之缘故还被命名为佛陀里。不过，翻译佛经的事业，应该早于建造寺庙的事业。再以六朝故都南京为例，东汉三国时代来到这里的僧侣多为天竺、中亚以及西域的胡僧。他们带来了大量梵文经卷——毋庸置疑就是写本形态的佛经。有的是从海路，有的是从陆路（主要是经敦煌进入蜀地再顺流而下）。汉献帝之世，大月支国的僧人支谦为避乱来到建邺，被孙权拜为博士，译出佛经三十六部四十八卷。严格意义上来说，支谦是优婆塞（upaasaka，居士）而不是出家的僧侣。

对于短暂的"流星王朝"——隋的佛教事业，日本佛教学者镰田茂雄充满感慨地认为："在中国佛教史上，不但确立中国独白的佛教，甚至超越印度佛教，当

1　黑格尔：《逻辑学》，杨一之译，北京：商务印书馆，1966年；又黑格尔：《小逻辑》，贺麟译，北京：商务印书馆，1980年。其实传统中国思想中也有类似的三分思想，参庞朴：《儒家辩证法研究·三分》，北京：中华书局，1984年，第101—117页。

是公元六〇〇年前后，也就是从南北朝末叶到隋的时代。"[1]进入到波澜壮阔的唐代，佛教典籍以钞本形式在大唐疆域内外广为传播，体现出佛教，尤其是汉传佛教作为"世界宗教"的重要特质。2010年，日本奈良国立博物馆"大遣唐使展"特别展出了东京三井纪念美术馆和京都国立博物馆的两份唐代《法华经》写本（均为上元二年写成，但写手不同），这是"长安宫廷写经"的精品，具体来说，是在唐高宗咸亨二年（671）至仪凤二年（677），由门下省、秘书省及弘文馆的写手完成，流布域内与域外（敦煌也有《法华经》的精品出土）。同样在奈良的那次特展中，还有宫内厅所藏的《法华义疏》卷三与卷四写本，写于飞鸟时代，有可能是圣德太子的亲笔。[2]

就笔者而言，最近一次观摩中国中世纪佛经写本是在2019年12月，徐兴无教授和笔者作为南京大学的代表参加京都大学人文科学研究所的"纬书与汉代经书学"国际学术研讨会。会后参观藤井有邻馆藏品，由徐兴无教授申请、笔者摄影了李盛铎旧藏唐贞观二十二年（648）《显扬圣教论》卷五之写本。

《显扬圣教论》是印度无著菩萨所造、玄奘大师翻译。是唐代法相唯识宗的最重要经典之一。然而需要注意的是，李盛铎的藏品主要来自敦煌吐鲁番，并不是日本从唐代以来保持、传承的旧物。即便如此，也还有值得留意之处，即藤井有邻馆这份写本的誊写年代是648年，而还原到初唐历史，贞观十九年（645）唐太宗出兵征讨高句丽，他盛情邀请玄奘大师随军同行，遇到婉拒[3]。而《显扬圣教论》就是由玄奘大师在后一年、贞观二十年（646）于长安弘福寺译成，也就是两年之后这份写本就在唐帝国的西域出现。这从另一个侧面说明了佛教钞本传播的速度与广度。

---

1 镰田茂雄：《中国佛教史·第一卷》，关世谦译，高雄：佛光出版社，1985年，第22页。

2 奈良国立博物馆编：《平城迁都1300年纪念 大遣唐使展》，2010年。上举《法华经》与《法华义疏》在该图录的编号：71、72、92。

3 拙作《炎凤朔龙记——大唐帝国与东亚的中世》第三章《天可汗》，北京：商务印书馆，2014年，第75页。

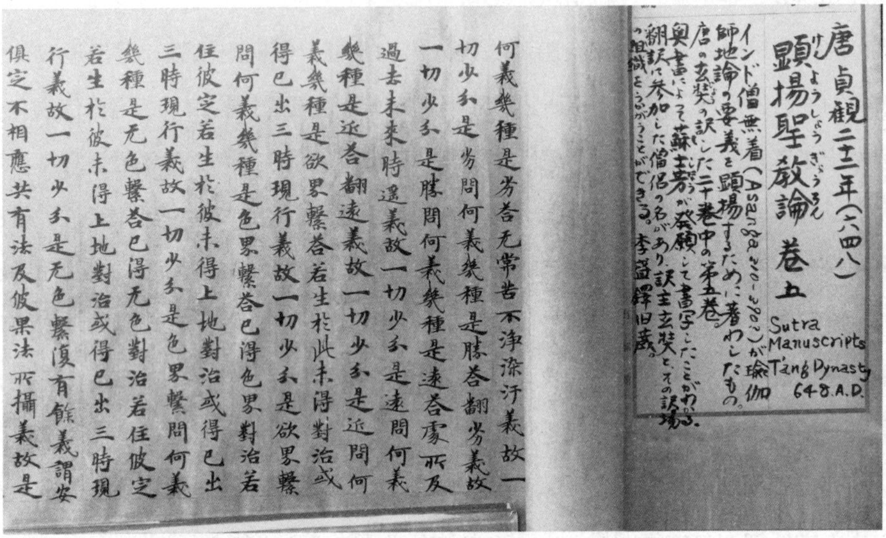

图2　京都藤井有邻馆藏《显扬圣教论》卷五唐写本

　　从东亚视野来看，在佛教汉籍目录的具体方面，据《唐大和上东征传》，鉴真大师带去了如下经典：

　　《大方广佛华严经》八十卷

　　《大佛名经》十六卷

　　金字《大品经》一部

　　金字《大集经》一部

　　南本《涅盘经》一部四十卷

　　《四分律》一部六十卷

　　法励师《四分疏》五本各十卷

　　光统律师《四分疏》百廿纸

　　《镜中记》二本

　　智周师《菩萨戒疏》五卷

灵溪释子《菩萨戒律》二卷

《天台止观法门》计四十卷

《玄义》《文句》各十卷

《四教义》十二卷

《次第禅门》十一卷

《行法华忏法》一卷

《小止观》一卷

《六妙门》一卷

《明了论》一卷

定宾律师《饰宗义记》九卷

《补释宗义记》一卷

《戒疏》二本各一卷

观音寺亮律师《义记》二本十卷

终南山宣律师《含注戒本》一卷及疏

怀道律师《戒本疏》四卷

《行事抄》五本

《羯磨疏》等二本

怀素律师《戒本疏》四卷

大觉律师《批记》十四卷

《音训》二本

《比丘尼传》二本四卷

玄奘法师《西域记》一本十二卷

终南山宣律师《关中创开戒坛图经》一卷

法铣律师《尼戒本》一卷及疏二卷

合四十八部

……

王右军真迹行书一帖

小王真迹三帖

天竺朱和等杂体书五十帖[1]

这些汉籍文物，《唐大和上东征传》说"皆进内里"，而现今日本奈良的正仓院正藏有王右军《丧乱帖》。2006年，上海博物馆和东京国立博物馆联合展出了"中日书法珍品展"，《丧乱帖》正在其中。据富田淳《关于日本现存〈丧乱帖〉〈孔侍中帖〉〈妹至帖〉》一文考证，《丧乱帖》大致即是吉备真备回国时所带[2]，而与吉备真备同船的正是鉴真大师。所以现今这一份珍贵的王羲之真迹《丧乱帖》有可能即为鉴真大师当年带去的"王右军真迹行书一帖"。而2013年1月8日，日本NHK更是爆出日本国内发现了王羲之双钩唐摹本《大报帖》的重磅新闻，这几年来不断有针对它的研究问世。

鉴真大师是由中国带佛典去日本，也有日本留学僧从中国带佛典回日本。如开篇谈到的《三教不齐论》，就是由入唐的最澄、空海带回日本的唐代佛教钞本文献。

埃德温·赖肖尔（Edwin Oldfather Reischauer）认为到了公元九世纪末，日本的主要任务是如何修正和吸收以前三个世纪以来"狂热"导入的汉文明。对于日本来说，其"时代课题"已经不再是继续输入先进文明，而是如何将它与本国国情同化。这一论断非常精辟。[3] 在隋唐帝国与东亚世界三教融合的大背景下，我们审视日本所藏旧钞本汉籍，其中有一类数量庞大但对其研究相对不足的，即日本

1　圆开：《唐大和上东征传》，汪向荣校注，北京：中华书局，2000年，第87—88页。

2　富田淳：《关于日本现存〈丧乱帖〉〈孔侍中帖〉〈妹至帖〉》，文载《中日古代书法珍品特集》，东京国立博物馆、上海博物馆、朝日新闻社编，2006年影印版。

3　Edwin Oldfather Reischauer, *Ennin's Travel in T'ang China*, New York: Ronald Press Company, 1955.日译本：《円仁　唐代中国への旅》（田村完誓訳），東京：講談社学術文庫，1999年，第100頁。

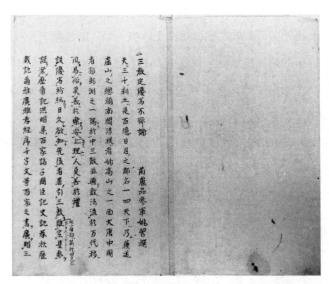

图3　《最澄·空海將來〈三教不齊論〉の研究》影印图像

的佛教典籍。彼得·科尼基（Peter Kornicki）对此展开过综述[1]。然而，通常这一类文献只被佛教学研究者甚至仅仅是日本佛教学研究所关注。

比如，与隋唐天台宗有密切关系的《弘决外典钞》。此书是日本饱学经史且精于诗文创作的具平亲王（964—1008）所作，是平安后期日本中上层知识人关注汉籍（包含儒家文献与佛典）的一个整体体现。《弘决外典钞序》云：

余窃见天台章疏，智者大师已说三种之止观，深显一乘之妙理。

智者大师智顗是天台宗的创立者。湛然《（摩诃）止观辅行传弘决》正是对智顗《摩诃止观》二十卷的注释之书，他推崇智顗之书为"终极究竟之极说"[2]。

1　Peter Kornicki, *The Book in Japan: A Cultural History from the Beginnings to the Nineteenth Century*, Honolulu: University of Hawai'i Press, 2001, pp. 78-87.

2　冈部和雄、田中良昭编：《中国佛教研究入门》，辛如意译，新北：法鼓文化"中国佛学研究所汉传佛教译丛（1）"，2013年，第235页。

因为湛然自身的学术构造，所以他对佛典之外的儒家文献也多有引用，进而日本具平亲王的《弘决外典钞》就是某种意义上"次一级"的注释书：对湛然《止观辅行传弘决》所钞录的儒家典籍的字义、音义进行注释的书。其体裁是大字钞录湛然原文，双行小注则引中国典籍来补充、训诂、充实之。而这些典籍，很多是目前已经亡佚掉的珍贵文献。

《弘决外典钞》的旧钞本系统目前主要有四种：1. 身延文库藏古钞本零本；2. 身延文库藏钞本二册；3. 金泽文库藏弘安七年写本；4. 天理图书馆藏平安末期写本。校勘本则有昭和三年德富苏峰校本[1]。其中第3金泽文库的影印本，笔者在京都大学图书馆翻阅过，附上书影两帧：

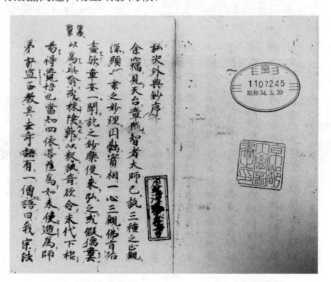

图4 京都大学藏《弘决外典钞·序》书影 童岭摄

从《弘决外典钞》卷一之前的"年代略记"，可以推断它钞录的时间。在"唐高祖神尧皇帝姓李名渊"下的小注，有云"天宝十二年者，唐兴百三十六年也"。

1　尾崎康：《弘决外典钞引书考并索引》，《松元芳夫先生古稀记念论集》，东京：斯道文库论集，1964年，第300页。又，河野贵美子：《具平亲王〈弘决外典钞〉的方法》，吉原浩人、王勇编：《海を渡る天台文化》，东京：勉诚出版，2008年，第49—80页。其中，河野贵美子认为身延文库藏钞本二册的时间是16世纪左右。

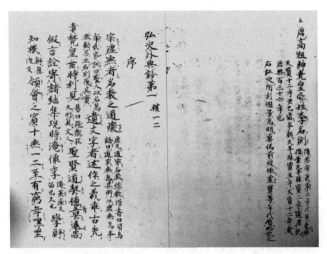

图5　京都大学藏《弘决外典钞》年代略记末及卷一书影　童岭摄

众所周知，天宝三载到天宝十五载，中土年号称"载"而不用"年"，这里"天宝十二年"（753）是东亚佛教钞本文化交流的一个差异性细节。另外，仔细看"唐高祖"三字上有一小字"土"，代表了儒教思想中的五德历运。

《弘决外典钞》卷一有云：

> 陈凡五主，第四宣帝，是文帝太子伯宗。初，思谓智者曰："吾久羡南衡，恨法无所付，汝可传灯设化，莫作最后断种人也。汝于陈国有缘，宜往利益。"既奉严训，乃共法喜等二十七人同至陈都。仪同沈君理请住瓦官，开《法华经》题。

文中的"思"，即"思禅师"。《弘决外典钞》的随文注，在"沈君理"后注云："案，《开元令》开府仪同三司从第一品之官。"可谓是用唐代的制度典籍注释了六朝的官职。另外，在"瓦官"后注云："案，《灵应传》瓦官寺在润州江陵县也。"这里同样是用了唐代的地理划分来解释六朝瓦官寺的所在地。也就是说，注释文字是为了当时人的理解而撰写。

　　而为了当时的东亚知识圈之人（主要是日本）能够理解什么是"天台"，《弘决外典钞》卷一也有极其精要的解释：

　　　　天者，颠也。元气未分，混而为一。两仪既判，清而为天，浊而为地。此本俗名，且依俗释。台者，星名，其地分野应天三台，故以名焉。

其中，释"天"字之处，可以在其他佛典检核到类似文句。所以作者也云"此本俗名，且依俗释"。对于"三台"，小注引用《史记·天官书》做出了解释。

　　为了继续探讨儒教与佛教钞本之关系，我们举出《弘决外典钞》几个与儒教典籍有关的例子，第二卷正文"所以作乐调八音，改人邪志，全其正性，移风易俗"句下注文曰：

　　　　《孝经述议》曰，移取昔之善风，以代今之恶俗也。

这段《弘决外典钞》的正文部分，当为钞自《止观辅行传弘决》卷四之三，彼处湛然有云：

　　　　自古有乐不出八音。土曰埙，今童子犹吹之。匏曰笙，皮曰鼓，竹曰管，丝曰弦，石曰磬，金曰钟，木曰柷。所以作乐调八音，改人邪志，全其正性，移风易俗。今之乐者并郑卫之声，增狂逸坏正性，是故须诃。[1]

我们对比两处正文，"八音"的叙述系谱，显然从湛然开始就应出自《周礼·春官》篇。前文已经提及，湛然在出家前是一位儒者，所以必然对于儒家经典《周

1　《止观辅行传弘决》卷第四之三，《大正藏》第46册，编号1912，第270页，上栏第4—9行。

礼》谙熟于心。具平亲王在这段正文前，钞录"今童子犹吹之"句下小注则引用到了郭璞的《尔雅注》，可谓非常精当。在注释"移风易俗"句时，则同样精当地引用到了义疏学佚籍《孝经述议》[1]。对于刘炫所处的隋代而言，"今"恐特有所指（尤其是隋灭北齐、平陈之前）[2]，但刘炫《孝经述议》在民间讲习广为流传之后，"今"则当为泛指。同时，根据"移风易俗"文意来推测，笔者估计这段《孝经述议》的佚文，当出自《孝经》的《广要道章第十二》之义疏文字，因为该章经文有云："移风易俗，莫善于乐。"[3]孔颖达《正义》则指出其典出子夏《诗序》。

保罗·L·史万森（David W. Chappell）说过："作为东亚佛教的第一个主要流派，天台标志着中国哲学的分水岭。后来的佛教思想，都通过其相关于天台之位置来自我界定。"[4]这是从哲学思想"形而上"的层面对中国中古天台宗的一个精准定位；而笔者更关注的是，在具体文本阐释"形而下"的层面上，至少在"外典"的汲取方面，天台宗文献可否也称为是一个"分水岭"？至少芮沃寿（Arthur Wright）敏锐地注意到："其（天台宗）调和的基本方法——一种历史的相对主义，可追溯至周朝的古典哲学。"[5]虽然芮沃寿只是概论性地提了一句，但不得不说他的观察是十分细致的，因为他的大判断和我们对天台宗外典与义疏学关系的

---

1 林秀一著，童岭译，徐兴无校：《隋刘炫〈孝经述议〉研究解题》，载童岭编：《秦汉魏晋南北朝经籍考》，上海：中西书局，2017年，第256—290页。

2 芮沃寿（Arthur F.Wright）在《隋代史》一书中对隋代前期的文化事业有考论。Arthur F. Wright, *The Sui Dynasty, the Unification of China, A.D. 581—617,* New York：Alfred A. Knopf, 1978. 又可参日译本布目潮渢、中川努沢：《隋代史》第五章《文化的指導權の復活》，京都：法律文化社，1982年。该章中对"二刘"刘焯、刘炫的经学事业有详细的论述。

3 李隆基注，邢昺疏：《孝经注疏》卷6，邓洪波整理，钱逊审定，北京：北京大学出版社，1999年，第42—43页。

4 保罗·L·史万森著，史文、罗同兵译：《天台哲学的基础：二谛论在中国佛教中的成熟》，上海：上海古籍出版社，2009年，序第1页。关于天台宗的历史书写，又可参陈金华教授的英文著作 *Making and Remaking History: A Study of Tiantai Sectarian Historiography*（《创造与再造历史：天台宗历史编纂研究》），Studia Philologica Buddhica 14, The International Institute for Buddhist Studies（东京国际佛教研究会），1999。

5 芮沃寿（Arthur Wright）：《中国历史中的佛教》，常蕾译，北京：北京大学出版社，2009年，第60页。关于唐代儒释交流的研究，又可参久保田亮遠：《支那儒道仏交涉史》第十四章《唐代における儒佛二教の關係》，東京：大東出版社，1943年，第194—211頁。

分析，有非常相近之处。

宋僧赞宁在《僧史略》中有谓：

> 魔障相陵，必须御侮，御侮之术，莫若知彼敌情。敌情者，西竺则韦陀，东夏则经籍矣。故祇洹寺中有四韦陀院，又有书院，大千世界内所有不同文书并集其中，佛俱许读之，为符外道，而不许依其见也。[1]

可见佛教思想中，对于"外学"，以及附载"外学"的"外典"，最初是以"敌情"视之。东夏经籍，无疑是指以儒家文献为主的典籍，中古时代因为其儒家阐释方式的特殊性，义疏学风行一时，所以佛教的"外典"包含大量义疏学典籍，也是属于情理之中。

以上，只是提纲挈领勾勒了中国中世纪儒教与佛教的钞本文化，尤其是儒教与佛教两者之间"你中有我，我中有你"的联系，在钞本佚籍领域尤其明显。就存世的日藏中国中世纪钞本抑或是敦煌钞本来看，佛经的总量无疑是远大于儒教佚籍的——至少目前是这样。

如果将视野拉大，在公元2—4世纪的欧洲，经历了卷轴装到册叶装的转变过程[2]。开启欧洲这一转变的，主要还是在《圣经》领域，也恰恰是宗教因素影响到了书写文化。这与中国的儒教与佛教之互动，也有某种程度的类似性。

唐王朝是中国中世纪的黄金时代（Golden Age）[3]。S. A. M. Adshead 甚至认

1　赞宁：《僧史略》，金陵刻经处木刻本。

2　L. D. 雷诺兹（L. D. Reynolds）、N. G. 威尔逊（N. G. Wilson）：《抄工与学者：希腊、拉丁文献传播史》，苏杰译，北京：北京大学出版社，2015年，第34—37页。

3　Charles Benn, *China's Golden Age: Everyday Life in the Tang Dynasty*, Oxford：Oxford University Press, 2004. 又，拙作《隋唐时代东亚文明圈五期说刍议》，《周秦汉唐文化研究》第七辑，西安：三秦出版社，2009年，第170—181页。关于典籍的流传，在第四与第五期中尤其需要引起注意。而涉及朝鲜半岛典籍的情况，请参冯立君：《唐朝与东亚》第二章《唐代东亚的汉字文化圈》，北京：社会科学文献出版社，2019年，第91—131页。

为唐玄宗时代的中国已经取得了类似21世纪初美国在世界上的地位。[1]其观点可备一说。唐代中国除了具有纵横四海的武勋外，还体现在它的世界包容性及其东亚文明（儒教典籍、汉传佛教典籍等）的传播性上——以及东亚文明圈内其他国家（日本）利用汉字对唐代儒教、佛教钞本进行的钞录、改写与重新编纂等行为。那个时代，大量中土文人与新罗、渤海、日本的使节往返唱和；首都长安洛阳有络绎不绝的中亚、西亚人；当然，还有当垆的胡姬[2]令后世多少风流士子神往。我们不能忽视，所有这些令人眼花缭乱的黄金时代的诸面相，背后的文化甚至文明的文字载体，几乎都是钞本。针对这一话题的个案探讨，笔者已有著作《六朝隋唐汉籍旧钞本研究》和编著《秦汉魏晋南北朝经籍考》，其中不少内容涉及这一领域，而针对中古儒教与佛教钞本文化的关系，笔者将在今后进一步深入考察。

1　S. A. M. Adshead, *T'ang China: The Rise of the East in World History*, New York: Palgrave Macmillan, 2004, p. x.

2　石田幹之助:《當墟の胡姬》,《長安の春》, 東京: 講談社学術文庫, 1979年, 第54頁。

出版与外译：优秀传统经典的出版路径研究
——以百年来《史记》的出版与传播为例

金鑫荣

南京大学出版社社长，博士，教授，博士生导师。先后荣获第五届中国出版政府奖·优秀出版人物、第十三届"韬奋出版奖"、"2018 年中国十大出版人物"、中宣部"文化名家暨四个一批人才"、国家新闻出版广电总局"全国新闻出版行业领军人才"等荣誉称号。兼任中国大学出版协会副理事长、华东地区大学出版协会理事长、中国版权协会常务理事，江苏出版协会副会长、南京艺术学院客座教授。

博大精深的中华优秀文化是我们民族的瑰宝，是建立中华民族凝聚力和自信心的基础，更是中华文明卓立于世界民族之林的核心要素。经典自诞生起，就一直在出版与传播的交替发展进程中。从先秦思想到魏晋玄学，自唐诗宋词到明清小说，不论是官方还是民间，经典的出版不绝于途，代表性巨著如《永乐大典》和《四库全书》。近现代以来，经典的出版因为时代的变幻和思想的更迭，遭遇"冰火两重天"。即便如此，经典的出版依然没有中断。特别是改革开放以来，传统经典的出版焕发出勃勃生机。一大批经过整理、点校的传统经典典籍得以出版问世，如《全宋诗》《全宋词》《全清词》《册府元龟》等。

传统经典浩如烟海，如何筛选厘定，做好其出版、外译工作，为中外读者正确解读中华文化打开一条文化的通道，应该是我们出版界思考的问题。事实上，与西方经典近现代以来"西风东渐"的趋势相比，中国传统经典的出版固然接续进行，但外译的经典作品寥若晨星。因此，在弘扬中华优秀传统文化的过程中，出版界如何在传统经典的出版与外译工作中理清思路、拟定方案，对于经典的再生与重构、出版与外译，具有十分重要的意义。

以《史记》的出版为例。《史记》作为中国第一部纪传体通史，曾被鲁迅誉为"史家之绝唱，无韵之离骚"，无疑是中国历史上最伟大的著作之一。因影响之深、受众之广，《史记》的出版活动始终十分活跃：现存最早的《史记》写本被认为出自六朝，至北宋初年已有刻印《史记》的记载，而今日通行的将三家注与正文合为一编的做法也被认为始于北宋，且有南宋刻本传世。[1]随着近现代出版技术的发展，进入20世纪之后，《史记》的出版进入繁盛期。

回顾百年以来的《史记》出版，其类型大致可分为影印旧籍、整理点校、全注全译本、名家选本等数种形式，全面呈现《史记》的出版样貌。此外，从上个世纪前半叶开始，不断有著名的汉学家、学者开展《史记》的外译工程，陆续将《史记》译成英、法、俄、日等多种语言出版，对于中华经典的学术外译具有启示和借鉴意义。

一、《史记》的旧籍影印

旧籍影印是近现代以来古籍出版的一种常见形式，也是原始地展现古籍内容的一种最便捷的方式。旧籍影印不是单纯的复制，也要下一番遴选、厘定、校刻的功夫，只有这样的影印本才能为后人所珍视。据贺次君《史记书录》，其所亲见的存世《史记》版本即有64种。[2]这些古本提供了《史记》的历史流传样态，不少精校精刻本更凝聚了前人的研究成果，对于研究者而言尤具珍贵价值。然而时日

1　有关历代《史记》的版本情况，详参贺次君：《史记书录》，北京：商务印书馆，1958年；张玉春：
　　《〈史记〉版本研究》，北京：商务印书馆，2001年。

2　贺次君：《史记书录》，第4页。

久远，所存不广，甚至已成宇内孤本，访求实难，是以有出版者访得古本后据之影印以行世。此类举措如实地反映了文献原貌，不仅嘉惠学林，而且普通读者也可择良本而读，获得阅读快乐的同时欣赏到古本的精美。略举有代表性的数例如下。

1. 1918年，罗振玉刻《古写本史记残卷》，将藏于日本石山寺的六朝写本残卷影印出版。

2. 被视为《史记》善本也是流传最广的武英殿刻《二十四史》本（殿本）多次被影印出版，流传较广者有商务印书馆（1916年版、1927年版）、开明书店（1935年版）、世界书局（1935年版）等。

3. 1930—1937年，在张元济的主持下，商务印书馆完成百衲本《二十四史》的出版，其中《史记》据南宋黄善夫本影印，黄本即目前所存最早的三家注合刻本，影印时据涵芬楼所藏69卷本，配以日本上杉隆宪藏本，从而补齐130卷之完帙。此后商务印书馆《缩印百衲本二十四史》（1957年版）及国家图书馆出版社《百衲本史记》（2014年版）均据此影印。

二、《史记》的整理点校

整理点校是古籍整理的另一种方式，以现代的句读标点对古籍做字义的释读。与旧籍影印相比，整理点校是对古籍的一次意义重构、现代释读的形式再造，对出版者提出了新的要求。优秀的整理点校本可以成为另一种古籍经典。1930年商务印书馆"万有文库"据殿本排印《史记》，全20册，1932年商务印书馆"国学基本丛书"将20册合为4册，称"简编本"。1936年，上海中华书局《四部备要》本《史记》亦据殿本排印。此二种排印本均对正文做简单点断。1924年，上海群学社出版了由许啸天标点的铅印本，已用新式标点。然而以新式标点进行点校分段而影响最大的则是顾颉刚、徐文珊点校的白文本《史记》，1936年由北平研究院出版。此后顾颉刚继续致力于《史记》及三家注的整理工作。1959年，由顾颉刚点校、贺次君参与标点、宋云彬校订的点校本《史记》由中华书局出版，这也是点校本二十四史系列首部面世的书籍，1982年发行了第2版，此本多次重印，长期以来一直被视作读者的最佳选择。2013年，由赵生群主持的修订精装本《史记》正式出版，2014年又推出修订平装本，修订工作全面吸取了前人的研究成果并参考，对原来的点校本进行校改订正，并撰写400余条校勘记，使其更趋完善。

三、《史记》的全注全译本

所谓全注全译即对古籍原文的全文注释、全文翻译。《史记》虽然是一部伟大的纪传体史学著作，但其文学成就彪炳千秋。《史记》的叙述语言既有历史的现场感，又具有生动的文学语言特色，这对注释和翻译都提出了新的要求。全注全译是当代《史记》出版传播的新形式，对广大青少年和普通读者更深入地理解《史记》具有良好的普及作用。

注释方面，较具规模的有韩兆琦编著《史记笺证》，全书五百余万字，江西人民出版社2004年版，2009年修订，2017年第2版。而以《史记今注》为题的书有数种，如马持盈（台湾商务印书馆1979年版），夏松凉、李敏（南京大学出版社2010年版），张大可（凤凰出版社2013年版）等。以现代文翻译《史记》的作品也为数众多，其中较有影响的有台湾60位教授合译《白话史记》（台北河洛图书1979年初版，联经1985年修订版；岳麓书社1987年版；新世界出版社2007年版等），吴树平、刘起釪等《全注全译史记》（天津古籍出版社1995年版），后更名《文白对照全译史记》（新世界出版社2009年版）。

四、《史记》的名家选注选译本

全本《史记》体量较大，为方便阅读，向来不乏选篇讲解之举。近百年来，选择其中部分篇目进行注释或今译，也是出版的热点，这其中尤其值得注意的是名家选注选译本，略举数例如下。

1. 胡怀琛、庄适、叶绍钧选注《史记》，列入王云五、朱经农主编"学生国学丛书"，1927年商务印书馆初版，其后又再版多次。国家图书馆出版社2014年出版的《〈史记〉研究文献辑刊》第十二册影印收入。2014年经卢福咸校订，由崇文书局列入"民国国学文库"再版。

2. 秦同培选辑《史记评注读本》，1924年上海世界书局出版。国家图书馆出版社2014年出版的《〈史记〉研究文献辑刊》第十一册影印收入，2016年陈睿整理、赵望秦审定的整理本由陕西师范大学出版社总社出版。经过对《史记评注读本》的修订，1936年世界书局出版了秦同培注译、宋晶如增订的《广注语译〈史记〉精华》。以此二书为基础进一步修订后，2007年天津人民出版社出版了秦同培注释、宋晶如校订的《白话〈史记〉读本》。

3. 1953年起，王伯祥开始选注《史记》的工作，至1955年8月完成，其时正值司马迁诞生2100周年。王伯祥本人学养深厚，本书如其所言，"在于试向一般爱好文艺的读者介绍这部祖国文学遗产的名著，同时提供一个便于诵读的本子。因此，只选了描写生动而故事性较强的记叙文二十篇"[1]。因此《史记选》兼具学术专业性与文学可读性，也深受欢迎。1957年，人民文学出版了此书，为"中国古典文学读本丛书"之一种，繁体竖排。1982年发行第2版，改为繁体横排，其后又多次印刷，并发行简体横排版本。1980年，民族出版社还出版了蒙文本，由奥尔黑勒根据1957年版本译出。

4. 1956年，人民文学出版社出版《史记选注》，选注者王利器、张友鸾、陈迩冬、黄肃秋、顾学颉、严敦易，均为造诣深厚的文史专家。

5. 20世纪60年代，为适应高等学校历史专业的史学名著选读课程需要，郑天挺开始规划主编《中国史学名著选》，至20世纪90年代陆续完成全部6种选本的出版，《史记选》为其中一种，由来新夏主编，1990年中华书局出版，繁体竖排。

---

1 王伯祥：《史记选》，北京：人民文学出版社，1957年，第14页。

2009年中华书局重版，改为简体横排。

　　6. 韩兆琦译注《史记》，选取了本纪5篇，世家2篇，列传9篇，再加上《太史公自序》，共17篇文章，2007年中华书局出版。

　　7. 另有一些专门针对某类读者对《史记》进行重新演绎的书籍也常有出版。如1956年上海文化出版社出版的《史记故事选》，就是由瞿蜕园编译，选取了《史记》中有代表性的人物故事22篇，以现代语言加以介绍，书前内容提要称此书将《史记》"译成浅显易懂的白话文，便于文化程度较低的读者阅读"。同样，图书市场上还有许多专门针对少年儿童而编选的史记故事书籍。

五、《史记》的外译

　　中国典籍的外译大多始于洋务运动之后。经历梁启超所言的"三千年来未有之变局"的士大夫们，开始睁眼看世界，翻译海外的著作，以严复、林纾为代表；同时，海外的一些汉学家也开始译述中国的经典。而对于海外汉学家或是想要了解中国历史文化的外国读者而言，作为中国最重要的典籍之一，《史记》无疑是必读的图书之一。为克服语言障碍，对《史记》进行译介也就必不可少。

　　这方面有中国学者的努力，比如杨宪益、戴乃迭夫妇，选择部分篇目译成《史记选》(*Selections from Records of the Historian*)，1979年外文出版社出版，2001年外文出版社又出版汉英对照本，在他们的译本的基础上，新世界出版社2002年出版由凌受举今译的对照本，2007年外文出版社出版了由安平秋校译的汉英对照本。

　　当然，更多的译介行为还需要各国本国的汉学家来进行。[1]

1　有关海外翻译《史记》的情况，已有诸多学者进行过论述，除下文具体征引文献之外，尚可参考如下材料：倪豪士：《〈史记〉翻译回顾》，罗琳编译，《国外社会科学》1994年第3期；李秀英：《〈史记〉在西方：译介与研究》，《外语教学与研究》2006年第4期；高凤平：《从传播到传真的接力与博弈：〈史记〉外文译本述评》，《渭南师范学院学报》2016年第18期；张新科、李红：《〈史记〉在国外的传播与研究》，《博览群书》2015年第12期；吴原元：《走进他者的汉学世界：美国的中国研究及其学术史探研》，上海：上海人民出版社，2016年。

　　日文版：深受中华文化影响的韩国与日本等国，对于《史记》的接受程度向来很高，翻译的数量也相当可观。有学者统计，自20世纪60年代至20世纪末，全本或节选翻译的韩文版《史记》有20余种，而日本自15世纪以来译本已超百种。[1]另外，传统学者汉文阅读与写作均没有障碍，是以有些著作虽然并非翻译，但对于《史记》研究而言具有极重要的意义。例如泷川龟太郎（泷川资言）《史记会注考证》，1932—1934年由日本东方文化学院东京研究所出版，此书被认为是关于《史记》校注的集大成之作，此后在日本又多次出版，在中国也曾被多次影印或整理出版，如文学古籍刊行社1955年版，台北中新书局1978年版，上海古籍出版社1986、2015年版（整理本），新世界出版社2009年版等。池田四郎次郎遇车祸身亡后，其子池田英雄将其遗著《史记补注》加以校订，1972年由明德出版社出版。

　　英文版：美国学者对《史记》的翻译较著名的有两次。最早是华兹生的《史记选译》（*Records of the Grand Historian of China, Translated from the Shih chi of Ssu-ma Ch'ien*），1961年由纽约哥伦比亚大学出版社出版了上、下两部。华兹生的翻译工作始于20世纪50年代，译者在日本完成了这项工作，以泷川龟太郎《史记会注考证》为底本。因为该书的定位为普及性读物，《史记》更多地被当作文学经典而非历史文献来看待，所以翻译时追求流畅易懂，虽然也相应地牺牲了专业性，但对于美国乃至英语世界的读者而言，此书影响仍然深远。1969年纽约哥伦比亚大学出版社又出版了华兹生的《史记选》（*Records of the Historian: Chapters from the Shih chi of Ssu-ma Ch'ien*），在选录前者部分内容的基础上加入了新译的5卷。1993年，哥伦比亚大学出版社与香港中文大学出版社联合出版了《史记：中国太史公的记载》的修订版，同时又联合推出华兹生新译的《史记：秦朝》（*Records of the Grand Historian:Qin Dynasty*）。

1　《史记》的韩译本，参见诸海星：《近四十年来韩国〈史记〉研究综述（1971—2010）》，《唐都学刊》2011年第5期。《史记》的日译本，参见藤田胜久：《〈史记〉在日本的传承与研究》，孙文阅译，收入张新科、俞樟华等：《史记研究史及史记研究家》，北京：商务印书馆，2015年。

　　另一项《史记》翻译工程是由威斯康辛大学麦迪逊分校的倪豪士教授所主持的《史记》全译工作。这一备受瞩目的工作始于20世纪80年代末90年代初，目前仍在进行之中，已由美国印第安纳大学出版社出版了7卷，分别为一、二、五（上）、七、八、九、十。此次翻译以中华书局点校本《史记》为主要底本，且广泛寻求与各国专家的合作，翻译时进行了文本考订，也提供了现有的翻译与研究成果作为参考，其目的是要提供一个完整的忠实于原文且有详细注释的译本。

　　法文版：在欧洲，法国著名的汉学家沙畹（édourad Chavannes）曾有志于翻译《史记》，并于1895—1905年间出版了法译本的1—5卷，其后翻译工作停滞，仅完成3篇译文的初稿，在其去世多年后这部分初稿被整理出来，作为第6卷与前5卷一起由阿德里安·迈松纳夫出版社出版为《史记》(Les mémoires historiques de Se-ma Ts'ien, Paris：Adrien Maisonneuve, 1967-1969)。此后，巴黎友丰书局的潘立辉主持将诸家所译的法语《史记》内容汇辑为全本《史记》法文版，其中包括沙畹的五卷本、法国高等研究院学术导师康德谟译的《荆燕世家》和《齐悼惠王世家》，以及汉学家雅克·班岜诺教授续译的列传部分等。2015年，《史记》法文版全套共九卷由巴黎友丰书局出版。[1]

　　丹麦文版：丹麦奥胡斯大学古诺·斯万教授译成丹麦文《史记》，2007年由奥胡斯大学出版社出版。[2]

　　俄文版：20世纪50年代，苏联的学者越特金立志用俄语全文译注《史记》，1972、1975年分别出版了其与他人合作完成的第一卷和第二卷，其后越特金继续翻译，至1995年去世前出版至卷六。其子在莫斯科大学亚非学院汉语教研室主任高辟天的帮助下，最终于2010年完成第九卷的出版，从而完成了首个欧洲语言加以译注的全本《史记》。[3]

1　沈大力：《法国汉学家倾力译〈史记〉》，《光明日报》2015年08月15日。
2　张纯：《丹麦文〈史记〉的翻译者——古诺·斯万先生》，《云南师范大学学报（对外汉语教学与研究版）》2008年第2期。
3　柳若梅：《〈史记〉在俄罗斯的收藏与翻译》，《广东社会科学》2014年第3期。

其他如德国、英国，也先后有多种《史记》的选译本面世，如1994年英国牛津大学出版社出版了雷蒙·道森译注的《史记》（*Sima Qian: Historical Records*），这是"世界经典丛书"之一种。

六、《史记》的出版历史和出版形式的突出特点

从以上《史记》的出版历史和出版形式，我们可以总结出中华典籍出版与外译传播方式的一些特点：

1. 出版与研究的相辅相成

影印旧籍，无论是六朝写本或是宋刻本这样极其珍稀的古本，还是如殿本这样经过后人精心校理的刻本，影印本不仅可以如实复原古书的面貌，也可以为进一步的研究提供可供参考的底本。值得一提的是，因年代较早，民国时期的一些出版物，包括以上列举的一些影印本，后来也作为底本被影印出版，这侧面反映出影印工作的价值。同时，虽然《史记》的整理点校工作还有不断完善的可能，但这种可能性离不开包括影印本在内的新的工作底本的发现，同时也必然需要参考前人的校注成果，而出版正是使这些成果得以进入研究者视野的关键。此外，既有的各种《史记》版本或是后人研究成果，也需要借由出版行为进入公众视野。

由此可见，中华优秀典籍的影印与整理出版非常重要，是一项惠及后人的基础性工作，尤其要将学术界最新的研究成果融入典籍的出版之中。这不仅是专业古籍出版社的工作范畴，背靠、依托大学母体，并且具有雄厚传统文化、文献出版实力的大学出版社，也应该积极加入优秀典籍出版的行列当中。

2. 专业性与普及性的同步推进

《史记》的价值绝不仅限于学术界，也不会局限在中国或是汉文化圈内，而是属于全体中华民族，甚至属于全世界的。所以《史记》的普及读本，包括选本、今注、今译等也是出版的重点之一。中华文化博大精深，专业性与普及性应该兼

顾并行，通过这些更符合当前普通读者需求的读本，激发他们的阅读热情，增强他们对于历史与文化的热爱，中华优秀传统文化才能更好地得到传承与发展。

3. 经典的外译工程：底本遴选须至精，语言力求信达雅

各语种翻译出版的《史记》版本，为海外读者了解中华文化提供了更多可能。《史记》的翻译出版给我们一个启示：经典的翻译首先要选择一流的底本，择其精者而用之；翻译也不是简单的语言转换，而是要精准地传达经典的本意。从以上的叙述可知，各个语种《史记》的译者本人就是著名的汉学家、翻译家，他们既有良好的中国文化修养，又有中西兼具的学术造诣。通过他们精到的译介，精准的传达，中国的文化经典才能成为人类文化的共同经典。

4. 经典的数字化出版

以上罗列的各种形式《史记》版本，对于经典的专业研究者具有重要的参考价值；但对于一般读者来说，这样的梳理显得枝蔓，不得要领。为此，可以借助数字化工程，将诸多《史记》文本包括各家注解文字，甚至不同语言的翻译都纳入《史记》数据库的建构之中，并提供各种检索路径以及数据分析，为相关研究提供便利乃至揭示可能的研究方向。哈佛大学的《中国历代人物传记资料库》（CBDB）就是数字人文出版的一个经典工程。"传统经典＋互联网"融合出版，也应该成为新时代中华优秀经典的出版方式。

西汉山阳（昌邑）地区经学初探

吕宗力

中国社会科学院研究生院历史系硕士
（1981），美国威斯康辛大学麦迪逊校区东亚
系博士（1995）。历任中国社会科学院历史研
究所战国秦汉研究室副研究员、副主任，香港
科技大学人文学部教授、署理主任，人文与社
会科学学院文化研究中心主任、副院长，哈尔
滨工业大学（深圳）人文与社会科学学院院
长。现为香港中文大学（深圳）道扬书院院
长，香港科技大学人文学部荣休教授，南京大
学特任教授。

南昌海昏侯刘贺墓出土竹简约5000支，从初步清理和保护情况看，竹简的内容包括《悼亡赋》《论语》《易经》《礼记》《孝经》《医书》《六博棋谱》等文献。[1]这一发现引起学界的浓厚兴趣：这份书单中的儒家经典，反映的是刘贺个人的经学教育和阅读兴趣呢，还是西汉梁、山阳（昌邑）地区的经学传统和氛围？

一、西汉昌邑国（山阳国、山阳郡）的辖域

西汉昌邑国的辖域，秦属砀郡。秦平六国之后，以故魏地置砀郡，治睢阳

---

[1] 杨军、王楚宁、徐长青：《西汉海昏侯刘贺墓出土〈论语·知道〉简初探》，《文物》2016年第12期，第72页。

（今河南商丘南），辖境相当于今河南开封、通许以东，永城以北，山东曹县、嘉祥以南和安徽亳州、砀山等地。[1]这一地区当时交通便利、物产丰富，兵家必争，在秦末、楚汉、西汉初的政治、军事、文化生活中地位颇重要。作为魏、楚旧地，这一带六国遗民众多，反秦气氛浓烈。陈胜、吴广起义，就发生在砀郡的属县砀县（治今河南永城芒山镇）大泽乡。秦汉之交声名显赫的张耳、彭越、申屠嘉等，都来自砀郡。刘邦出生、起事于泗川郡沛县丰邑，砀郡的芒砀山却是刘邦早期反秦的主要基地。正如王子今所指出，砀郡兵是刘邦军的主力。西汉初论功行赏，"从起砀"及其属县的从龙功臣达16人，甚至超过"从起沛"的14人。[2]

秦二世二年（前208）九月，楚怀王任命刘邦为砀郡长，封武安侯，将砀郡兵，"遣沛公西略地，收陈王、项梁散卒"。三年二月，刘邦军团从砀县北上至昌邑（治今山东巨野南。秦始置县，属砀郡）[3]，与当地武装大豪彭越合作，"因与俱攻秦军，战不利"[4]。刘邦军团继续西进，两个月后，入关灭秦。楚汉相争时期，留在昌邑一带扩张势力的彭越"下昌邑旁二十余城，得谷十余万斛"，向刘邦输送战略物资，袭击项羽粮道，成为刘邦的重要盟友。汉五年（前202）一月，刘邦、韩信、刘贾、彭越、英布等各路联军围困久战疲惫的楚军于垓下（今安徽灵璧县南），击杀项羽。二月，刘邦以原砀郡地加上原东郡之"济阴地"，置为梁

---

1 马孟龙引述谭其骧先生的考证，指出："秦之砀郡西界在大梁，西南界在柘、苦二县北，南界至《汉志》沛郡之谯、芒一线，东界与《汉志》山阳郡东界相当，而无泗水以东地；北以济水为界，而无济水南之定陶、成武。"见马孟龙：《西汉梁国封域变迁研究（附济阴郡）》，《史学月刊》2013年第5期，第30页。

2 王子今：《芒砀山泽与汉王朝的建国史》，《中州学刊》2008年第1期，第179页。未计入"从起丰"者。

3 参见史为乐主编：《中国历史地名大辞典》，北京：中国社会科学出版社，2005年，第1533页；及周振鹤引王先谦《补注》引全祖望说，周振鹤编著：《汉书地理志汇释》，合肥：安徽教育出版社，2006年，第151—152页。

4 有关刘邦西行攻打昌邑的时间和过程的辩证，见尤佳、周斌、吴照魁：《〈史记〉刘邦击秦史实辨正》，《晋阳学刊》2011年第1期，第144页。

国，封彭越为梁王，都定陶（今山东菏泽定陶区）。[1]

作为西汉初的异姓王，彭越封王六年后以"反形已具"，被诛灭三族，枭首示众。此后先后获封梁王的有高祖第五子刘恢，吕后之弟吕产，文帝第四子刘揖、次子刘武（梁孝王）。梁孝王时迁都睢阳。景帝前元三年（前154），吴、楚等七国叛乱，梁国位居战略要冲，阻塞叛军的西进通道。梁孝王坚守睢阳，太尉周亚夫则派军队驻守昌邑，"深壁而守"，暗中断敌粮道。三个月之后，叛军溃败。梁孝王立了大功，梁国得到了原属楚国的大片土地。至景帝中六年，梁国北界拓展至章县，东界拓展至湖陵、朸秋一线，[2]拥有四十余座城市，是西汉时期梁国封域的极盛阶段。梁孝王在位二十四年，梁国成为西汉最富庶强盛的诸侯王国。

中元六年（前144），梁孝王病逝，景帝立即拆分梁国为梁、济川、济东、山阳、济阴五王国，分封梁孝王五子。其中的山阳国封给梁孝王第四子刘定，都昌邑。九年，山阳哀王刘定卒，无子，国除，置山阳郡，治昌邑。武帝天汉四年（前97）改山阳郡为昌邑国，封第五子刘髆为王，都昌邑。后元元年（前88）刘髆去世，谥号哀。昭帝始元元年（前86），刘髆长子刘贺嗣位昌邑王。元平元年（前74）昭帝薨，霍光等迎立刘贺继嗣昭帝。刘贺在位二十七日被废，昌邑国除，改置山阳郡，仍治昌邑。元帝竟宁元年（前33），复为山阳国，徙封济阳王刘康为山阳王；成帝河平四年（前25），徙封刘康为定陶王，山阳国复为山阳郡，治昌邑。据《汉书·地理志》，西汉后期山阳郡治昌邑，属县二十三，包括昌邑、南平阳、成武、湖陵、东缗、方与、橐、巨野、单父、薄、都关、城都（侯国）、黄（侯国）、爰戚（侯国）、郜成（侯国）、中乡（侯国）、平乐（侯国）、郑（侯国）、瑕

1　马孟龙参考张家山汉简《二年律令·秩律》，修正谭其骧、周振鹤的看法，认为彭越梁国的封域范
　　围是：北界约在谷城、廪丘、离狐一线，与汉之东郡接壤；西界约在平丘、雍丘一线，与汉之河南
　　郡接壤；西南界约在睢阳、襄邑一线，与汉之淮阳郡接壤；东南界约在建平、敬丘、砀一线，与楚
　　国沛郡接壤；东界约在方与、下邑一线，与楚国薛郡接壤。彭越的梁国辖境应以秦之砀郡为基础，
　　另增东郡之"济阴地"，而泗水以东及"东平地"属楚国，非彭越所有。参见马孟龙：《西汉梁国
　　封域变迁研究（附济阴郡）》，第32页。
2　马孟龙：《西汉梁国封域变迁研究（附济阴郡）》，第34页。

丘（侯国）、甾乡（侯国）、栗乡（侯国）、曲乡（侯国）、西阳（侯国）。[1]西汉时期的山阳国、昌邑国、山阳郡，其辖域屡有变迁，属县或削或增，有待进一步考证。[2]《汉书·地理志》所列山阳郡的辖域，则是本文所关注的西汉山阳（昌邑）地区。

二、 山阳（昌邑）地区的经学名家与经学风尚

王葆玹将西汉官方的学术政策划分为三个时期：一，汉初至武帝建元五年（前206—136），尊崇黄老，兼容百家；二，自建元五年至成帝时期，尊崇五经[3]，兼容诸子，将诸子书纳入辅助五经的传记范围，而在传记中以儒家著作为主流；三，自成帝至王莽时期，取消传记博士，只保留五经博士，从而形成"罢黜百家，独尊儒术"的局面。[4]汉初承秦制，置博士官，吸纳诸子、儒经、数术、方伎等专家，参与议政、制礼、典守书籍等，文帝时达七十余人，其中有诸子学的专书博士和专治儒家一经的博士。[5]

武帝建元五年，为了"广道术之路"（《汉书·夏侯胜传》），增置《诗》《书》《易》《礼》《春秋》五经七家博士：《诗》齐、鲁、韩，《书》欧阳，《礼》后[6]，《易》杨（田），《春秋》公羊。宣帝时更增置为五经十二家：《诗》齐、鲁、韩，《书》欧阳、大夏侯、小夏侯，《易》施、孟、梁丘，《礼》后，《春秋》公

1　《汉书·地理志》所记西汉郡国辖域、属县，以平帝元始二年（公元2年）的行政区划为基础。见班固撰，颜师古注：《汉书》卷28上《地理志》，北京：中华书局，1962年，第1570页。

2　周振鹤引王先谦《补注》，指出山阳郡属县还有鄐县，成武、都关则不属之；又引陈直，指出居延汉简所记昌邑国戍卒的籍贯，与《地理志》所记颇有出入，如樊、邡、东郡、西郡。（周振鹤编著：《汉书地理志汇释》，第151—157页。）马孟龙《西汉梁国封域变迁研究（附济阴郡）》，以单父、成武、己氏、下邑、襄邑属山阳郡。（第35页）

3　五经的文献形态之出现当然在孔子甚至儒家形成之前。汉武帝立五经博士之后，儒家逐渐垄断对五经的诠释。

4　王葆玹：《西汉经学源流》，台北：东大图书公司，2008年，第136页。

5　张汉东：《秦汉博士官的设置及其演变》，《史学集刊》1984年第1期，第7页。

6　后指后苍，昭宣时博士。故张汉东推测武帝时期的《礼》博士应为高堂生。（张汉东：《秦汉博士官的设置及其演变》，第10页。）

羊、穀梁。[1]元帝时又增《易》京氏。平帝、新莽时，又立《乐经》，置六经三十博士，除原有今文诸家，又增《左氏春秋》《毛诗》《逸礼》《古文尚书》《周官》等古文经学博士。至于成帝后取消传记博士，只保留五经博士之说是否成立，仍可讨论。

源自儒学的经学，在西汉中后期逐渐成为官方支持的学术主流。山阳（昌邑）地区，水源充足，物阜民丰，地理位置优越，在秦、西汉的政治、军事、经济生活中，据有重要地位。梁孝王时期的梁国，也是人文荟萃之地。所以武帝以后，这一地区的经学发展和传播，亦颇可观。

（一）《易》

"汉兴，言《易》自淄川田生"（《汉书·儒林传》），田生指齐人田何，孔子《易》学的六传弟子。入汉，田何徙杜陵，传授《易》学，四大弟子中，有一位名叫丁宽。

> 丁宽字子襄，梁人也。初梁项生从田何受《易》，时宽为项生从者，读《易》精敏，材过项生，遂事何。学成，何谢宽。宽东归，何谓门人曰："《易》以东矣。"宽至雒阳，复从周王孙受古义，号《周氏传》。景帝时，宽为梁孝王将军距吴楚，号丁将军，作《易说》三万言，训故举大谊而已，今《小章句》是也。宽授同郡砀田王孙。王孙授施雠、孟喜、梁丘贺。繇是《易》有施、孟、梁丘之学。[2]

丁宽的弟子砀人田王孙是《汉书》记载的第一位《易》学博士。田王孙所授弟子

1　或说宣帝时《礼》有大戴、小戴、庆氏，《春秋》有穀梁家与公羊家的严、颜之学，故应为十五家。（黄开国：《论汉代经学博士制度及其建置变化》，《人文杂志》1993年第1期，第80页注释2。）张汉东则认为《礼》大戴、小戴，《公羊》严、颜之学，至东汉建武时才立于学官。（张汉东：《秦汉博士官的设置及其演变》，第10—11页。）

2　班固撰，颜师古注：《汉书》卷88《儒林·丁宽传》，第3597—3598页。

施雠、孟喜、梁丘贺，后来发展出《易》施、孟、梁丘之学，宣帝时立于学官，西汉中期以后非常流行。

汉初的梁国辖域广阔，丁宽究竟是哪里人呢？据《汉书·外戚传下》，哀帝生母定陶丁姬，是丁宽的后人，"家在山阳瑕丘，父至庐江太守。始定陶恭王先为山阳王，而丁氏内其女为姬"[1]。所以，丁宽很可能原籍瑕丘。

施、孟、梁丘属官方支持的今文经学系统。西汉民间流传的古文费氏《易》学，属古文经学系统，创自费直。费直，字长翁，西汉初东莱（治今山东莱州）人，官至单父（治今山东单县）令，亦属于梁国辖域。

（二）《尚书》

西汉朝廷为加强对分封的同姓诸侯王的控制，在诸侯王国设有太傅[2]，秩二千石，负有教育和监督诸侯王之责。"自汉初以来，诸侯王太傅任职者中就有相当多的学者。文帝时的梁王太傅贾谊，文景时的楚王太傅韦孟、申公，胶西王刘卬太傅李解（老子之后），景帝时清河王太傅辕固生，常山王太傅韩婴等都是学有专长的学者。昭、宣以后的诸侯王太傅绝大多数都是儒家学者，《汉书·儒林传》里记载了十多位硕学名儒出任诸侯王太傅。"[3]武帝天汉四年，封宠姬李夫人之子刘髆为昌邑王，"以少子爱，上为选师，（夏侯）始昌为太傅"[4]。

夏侯始昌，鲁（治今山东曲阜）人，"通《五经》，以《齐诗》《尚书》教授。自董仲舒、韩婴死后，武帝得始昌，甚重之"[5]。"西汉经师多攻一经。若申公兼通《诗》《春秋》，已经是难能可贵的事，夏侯始昌'通《五经》'更是绝无仅有。"[6]

1　班固撰，颜师古注：《汉书》卷97《外戚下·定陶丁姬传》，第4002页。
2　成帝时去"太"，称"傅"或"王傅"。
3　韩仲秋：《论汉代皇族教育》，《兰台世界》2012年11月下旬，第50页。
4　班固撰，颜师古注：《汉书》卷75《夏侯始昌传》，第3154页。
5　班固撰，颜师古注：《汉书》卷75《夏侯始昌传》，第3154页。
6　孙筱：《两汉经学与社会》，北京：中国社会科学出版社，2002年，第195页。

"绝无仅有"的说法可能有些夸张，[1]但在西汉经师中确属凤毛麟角。

西汉的《尚书》学，传自伏生。伏生，济南（治今山东邹平韩店镇）人，秦博士，入汉，在齐鲁一带教授《尚书》，受业者众。传其学者，有济南张生、欧阳生，于是汉初《尚书》学有张、欧阳两支。张生等作《尚书大传》，夏侯都尉从张生受《尚书》，以传族子始昌。始昌以《尚书》及《洪范五行传》传族子夏侯胜，胜传从兄子建。由是今文《尚书》有大小夏侯之学，也是当时的显学，宣帝时皆立学官。（《汉书·儒林传》）

夏侯始昌身兼《齐诗》《尚书》两经宗师，在西汉中期经学界拥有很高的地位和影响力。他任职昌邑王太傅期间，除了以《诗》《书》教育并监督昌邑王，必然也会在昌邑地区的经学教育和传播中有所作为。

夏侯始昌《尚书》学传人夏侯胜，"少孤，好学，从始昌受《尚书》及《洪范五行传》，说灾异。后事蕳卿，又从欧阳氏问。为学精孰，所问非一师也。善说《礼》服"。昭帝时征为博士、光禄大夫。昭帝崩，第二代昌邑王刘贺嗣立才十余日，霍光和张安世就密谋废黜。夏侯胜虽未与密谋，却据《洪范五行传》经义，推测"下人有伐上者"，警告刘贺小心行事："天久阴而不雨，臣下有谋上者，陛下出欲何之？"刘贺认为荒诞无稽，"谓胜为祅言，缚以属吏"[2]。直言谏诤固然是光禄大夫的职责所在，但当时朝廷上霍光集团权重势大，夏侯胜对刘贺的警告，是否也有顾及师傅夏侯始昌曾任昌邑王太傅情分的考量？

元帝时，山阳有张无故，字子儒，从夏侯建弟子张山拊学小夏侯《尚书》。"无故善修章句，为广陵太傅，守小夏侯说文。"[3]

（三）《诗》

西汉《诗》学有鲁、齐、韩三家，皆立于学官。其中的《鲁诗》始自鲁人申公

1　史称"通五经"的西汉经师，还包括董仲舒及其弟子兰陵人褚大（《汉书·倪宽传》）、琅邪人王吉（《汉书·儒林传》）、楚人龚舍（《汉书·龚舍传》）等。

2　班固撰，颜师古注：《汉书》卷75《夏侯胜传》，第3155页。

3　班固撰，颜师古注：《汉书》卷88《儒林·张山拊传》，第3605页。

（培），《齐诗》始自齐人辕固生，《韩诗》始自燕人韩婴。在山阳（昌邑）地区，三家《诗》学皆有传承。

1.《鲁诗》

申公"少与楚元王交俱事齐人浮丘伯受《诗》。汉兴，高祖过鲁，申公以弟子从师入见于鲁南宫"[1]。浮丘伯从荀子学《诗》和《穀梁春秋》。吕后元年（前187），浮丘伯在长安，"（楚）元王遣子郢客与申公俱卒业"[2]，完成《诗》和《穀梁春秋》的学习。申公在鲁地教授《诗》和《穀梁春秋》，谨守经文，就经解经，他所传述的《诗》学号称《鲁诗》。"弟子自远方至受业者千余人"[3]，知名者有王臧、赵绾、孔安国、周霸、夏宽、鲁赐、缪生、徐偃、阙门庆忌、江公、许生、徐公等，绝大多数是鲁人，而来自山阳的"瑕丘江公尽能传之，徒众最盛"。[4]

江公，生卒年不详（约与董仲舒、公孙弘同时），山阳瑕丘（治今山东兖州东北）人。其孙宣帝时为《鲁诗》博士，亦号江公，所以史籍中瑕丘江公亦称大江公，以示区别。武帝置五经博士，《鲁诗》立于学官，征大江公为博士。大江公《鲁诗》学的主要传人是韦贤（约前148—前67）。韦贤，鲁国邹（治今山东邹城东南）人，兼通《诗》《礼》《尚书》，号邹鲁大儒。昭帝时征为博士，授昭帝《鲁诗》，宣帝时官至丞相。[5]

大江公的孙子江公继承家学，通《鲁诗》和《穀梁春秋》，宣帝时征为博士。大江公的同门徐公和许生有一位弟子王式，东平新桃（治今山东东平）人，昭帝

1 班固撰，颜师古注：《汉书》卷88《儒林·申公传》，第3608页。
2 班固撰，颜师古注：《汉书》卷36《楚元王传》，第1922页。系年据刘汝霖：《汉晋学术编年（卷上）》，上海：华东师范大学出版社，2010年，第27页。
3 班固撰，颜师古注：《汉书》卷88《儒林·申公传》，第3608页。《史记·儒林列传》作"弟子自远方至受业者百余人"。见司马迁撰，裴骃集解，司马贞索隐，张守节正义：《史记》卷121《儒林列传》，北京：中华书局，1959年，第3121页。
4 班固撰，颜师古注：《汉书》卷88《儒林·申公传》，第3608页。
5 韦贤幼子韦玄成（前36卒），习《鲁诗》，宣帝时曾参与石渠阁会议，论辩《五经》异同。元帝时玄成任太子太傅，教授太子（后来的哀帝），亦官至丞相。

时被任命为昌邑王师，教授刘贺《鲁诗》。[1]

刘贺被废黜后，随行长安的昌邑国旧臣二百余人，"坐在国时不举奏王罪过，令汉朝不闻知，又不能辅道，陷王大恶，皆下狱诛"，只有中尉王吉、郎中令龚遂曾多次谏诤，有上书为证，得减死，髡为城旦。[2]王式亦系狱当死。审讯官员责问他，身为王师，为什么未见他的谏书？王式对曰：

> "臣以《诗》三百五篇朝夕授王，至于忠臣孝子之篇，未尝不为王反复诵之也；至于危亡失道之君，未尝不流涕为王深陈之也。臣以三百五篇谏，是以亡谏书。"使者以闻，亦得减死论。[3]

王式脱罪归乡以后，因所授弟子出色，宣帝征为《鲁诗》博士，却引起博士江公的嫉恨：

> 博士江公世为《鲁诗》宗，至江公著《孝经说》，心嫉式，谓歌吹诸生曰："歌《骊驹》。"式曰："闻之于师：客歌《骊驹》，主人歌《客毋庸归》。今日诸君为主人，日尚早，未可也。"江翁曰："经何以言之？"式曰："在《曲礼》。"江翁曰："何狗曲也！"式耻之，阳醉逿坠。式客罢，让诸生曰："我本不欲来，诸生强劝我，竟为竖子所辱！"遂谢病免归，终于家。[4]

随王式学习《鲁诗》的知名弟子，包括山阳人张长安、东平人唐长宾，沛人褚少

1　汉制王国未见有王师的设置，史称王式为昌邑王师，未知何据。温乐平、叶秋菊推测，师即少傅，西汉中期王国少傅一职改称为"师"。见温乐平、叶秋菊：《西汉昌邑王国职官制度研究》，《江西社会科学》2017年第5期，第165页。但西汉王国职官，也未见有少傅的设置。待考。

2　班固撰，颜师古注：《汉书》卷72《王吉传》，第3062页。

3　班固撰，颜师古注：《汉书》卷88《儒林·王式传》，第3610页。

4　班固撰，颜师古注：《汉书》卷88《儒林·王式传》，第3610页。

孙、薛广德，皆为博士。自此《鲁诗》有张、唐、褚氏之学。张长安曾参与石渠阁论辩，官至淮阳中尉。其兄子游卿为谏大夫，以《鲁诗》授元帝。

2. 《齐诗》

辕固生，齐人，景帝时以治《齐诗》为博士。"诸齐以《诗》显贵，皆固之弟子也。昌邑太傅夏侯始昌最明。"[1]（《汉书·儒林传》）夏侯始昌并非齐人，却是辕固生弟子中唯一留名青史的。昌邑哀王刘髆从夏侯始昌学习《齐诗》。但在学术上真正继承夏侯始昌《齐诗》衣钵的，是东海郯（治今山东郯城）人后苍。后苍自己后来也成为经学宗师[2]，昭帝时已征为五经博士，后升少府。传习其《齐诗》学的，有来自东海郡（治今山东郯城）的翼奉、萧望之、匡衡，都成为西汉后期声名显赫的经学家和政治家。

3. 《韩诗》

文帝时，燕（都蓟县，今北京西南）人韩婴以治《韩诗》为博士。山阳（昌邑）地区的《韩诗》学者，始自王吉。

王吉，字子阳，琅邪皋虞（治今山东即墨东北）人。史称"吉兼通《五经》，能为驺氏《春秋》，以《诗》《论语》教授，好梁丘贺说《易》"[3]，是经学家中的通才。王吉的《韩诗》学自韩婴的再传弟子蔡谊。昭帝时，"以郡吏举孝廉为郎，补若卢右丞，迁云阳令。举贤良为昌邑中尉"[4]。王国中尉，秩二千石，由中央委派，典领军队，维持治安。刘贺在昌邑国好游猎、动作亡节，王吉屡引《韩诗》谏诤。刘贺虽然敷衍不改，"犹知敬礼吉，乃下令曰：'寡人造行不能无惰，中尉甚忠，数辅吾过。使谒者千秋赐中尉牛肉五百斤，酒五石，脯五束'"。刘贺嗣立帝位，王吉切谏刘贺"政事一听之（霍光），大王垂拱南面而已"，未获采纳。刘贺

1　班固撰，颜师古注：《汉书》卷88《儒林·辕固生传》，第3612页。

2　后苍也是西汉的《礼》学宗师。见下文。

3　班固撰，颜师古注：《汉书》卷72《王吉传》，第3066页。

4　班固撰，颜师古注：《汉书》卷72《王吉传》，第3058页。

被废黜，昌邑旧臣多受牵连，王吉"以忠直数谏正得减死，髡为城旦"[1]，宣帝即位后，王吉"起家复为益州刺史，病去官，复征为博士、谏大夫"，亦屡引经义谏诤宣帝。[2]

王吉之后，山阳有张就，成为王吉《韩诗》学同门食子公的再传弟子。

（四）《礼》

相传西周礼制兴盛之时，有礼仪三百，威仪三千。东周礼崩乐坏，"礼固自孔子时而其经不具，及至秦焚书，书散亡益多，于今独有《士礼》，高堂生能言之"[3]。

高堂生，字伯，鲁人。所传《士礼》十七篇，即今之《仪礼》。汉初，高堂生在鲁地教授《士礼》，"而瑕丘萧奋以《礼》至淮阳太守"[4]。

萧奋以授东海兰陵（治今山东兰陵）人孟卿（《易》学经师孟喜的父亲）。从夏侯始昌学《齐诗》的后苍，成为萧、孟《礼》学的主要传人，说《礼》数万言，号曰《后氏曲台记》，授沛闻人通汉、梁戴德、戴圣、沛庆普。至宣帝时《礼》有大戴、小戴、庆氏之学。

（五）《穀梁春秋》

《春秋》三传，《左氏春秋》在西汉初已有传授和学习，景帝时河间国还设置了《左氏春秋》博士："汉兴，北平侯张苍及梁太傅贾谊、京兆尹张敞、太中大夫刘公子皆修《春秋左氏传》。谊为《左氏传》训故，授赵人贯公，为河间献王博士。"[5]但《左氏春秋》属古文经学，直至平帝、王莽时期，才立于中央学官。董仲舒、胡毋生以精通《公羊春秋》，景帝时征为博士。武帝置五经博士，《春秋》唯

1　班固撰，颜师古注：《汉书》卷72《王吉传》，第3061—3062页。

2　赵东栓指出，王吉在谏诤昌邑王、汉宣帝的上疏中，屡引《韩诗》《论语》《礼》《春秋》《尚书》经义为说。（赵东栓：《西汉儒家学者王吉及其经学活动考述》，《龙岩学院学报》2007年第5期，第2—4页。）

3　司马迁撰，裴骃集解，司马贞索隐，张守节正义：《史记》卷121《儒林列传》，第3126页。

4　另有鲁人徐生，擅长仪式仪容，任礼官大夫，子孙相传。萧奋《礼》学传自何人，待定。

5　班固撰，颜师古注：《汉书》卷88《儒林·房凤传》，第3620页。

公羊学立于学官。《鲁诗》当时已立学官，博士大江公师承申公，首先将《穀梁春秋》书于竹帛，形成文本。为什么《穀梁春秋》在武帝时未能立于学官呢？据说与大江公的口才不好有关："武帝时，江公与董仲舒并。仲舒通《五经》，能持论，善属文。江公讷于口，上使与仲舒议，不如仲舒。而丞相公孙弘本为《公羊》学，比辑其议，卒用董生。于是上因尊《公羊》家，诏太子受《公羊春秋》，由是《公羊》大兴。"[1]想深一层，《公羊春秋》释史简略，重阐释《春秋》的"微言大义"，再经董仲舒"大一统""天人感应"等具齐学色彩论述的发挥，公孙弘的推崇，对汉武帝的吸引力，当然远胜学风平实的鲁学《穀梁春秋》了。

也许出于逆反心理或不同的思想倾向，卫太子刘据在学习《公羊春秋》的同时，私下"又从瑕丘江公受《穀梁》"[2]。但征和二年（前91），巫蛊之乱发生，刘据自杀。《穀梁》之学日渐寝微。幸好大江公有两位鲁人弟子荣广和皓星公，坚持《穀梁》学的传承。"广尽能传其《诗》《春秋》，高材捷敏，与《公羊》大师睦孟等论，数困之，故好学者颇复受《穀梁》。沛蔡千秋少君、梁周庆幼君、丁姓子孙皆从广受。千秋又事皓星公，为学最笃。"[3]《穀梁》之学遂不得绝。

刘贺被废黜后，刘据之孙刘询嗣立，即宣帝。刘询在民间时，听说其曾祖武帝好《公羊》，祖父卫太子好《穀梁》，就独自诵习《穀梁》。嗣位之后，更大力提拔《穀梁》学者，立《穀梁》博士于学官，甚至召《五经》名儒大议殿中，评《穀梁》《公羊》同异，贬斥《公羊》。[4]"由是《穀梁》之学大盛。（周）庆、（丁）姓皆为博士。"[5]大江公的孙子江公也因通《鲁诗》和《穀梁春秋》，征为博士。刘向曾从博士江公学习《穀梁春秋》。

1　班固撰，颜师古注：《汉书》卷88《儒林·瑕丘江公传》，第3617页。刘汝霖系此事于武帝元朔六年（前123），见刘汝霖：《汉晋学术编年（卷上）》，页91。
2　班固撰，颜师古注：《汉书》卷63《武五子传·庚太子据》，第2741页。
3　班固撰，颜师古注：《汉书》卷88《儒林·瑕丘江公传》，第3617—3618页。
4　汤其领：《〈穀梁春秋〉归属管窥》，《许昌师专学报》1987年第4期，第55—56页。
5　班固撰，颜师古注：《汉书》卷88《儒林·瑕丘江公传》，第3618页。

（六）《论语》和《孝经》

《论语》在汉代不列五经，未立学官，但《论语》学确实是汉代经学的一个重要内容，有《鲁论》《齐论》《古论》三家。《汉书·艺文志·六艺略》著录有《论语》相关著述十二家、二百二十九篇，其中古《论语》二十一篇，出孔子壁中，《子张》分两篇；齐《论语》二十二篇，多《问王》《知道》两篇，章句也多于鲁《论语》；鲁《论语》二十篇，《传》十九篇。

> 《论语》者，孔子应答弟子时人及弟子相与言而接闻于夫子之语也。当时弟子各有所记。夫子既卒，门人相与辑而论纂，故谓之《论语》。汉兴，有齐、鲁之说。传《齐论》者，昌邑中尉王吉、少府宋畸、御史大夫贡禹、尚书令五鹿充宗、胶东庸生，唯王阳名家。[1]传《鲁论语》者，常山都尉龚奋、长信少府夏侯胜、丞相韦贤、鲁扶卿、前将军萧望之、安昌侯张禹，皆名家。张氏最后而行于世。[2]

《齐论》诸家中，"兼通《五经》，能为驺氏《春秋》，以《诗》《论语》教授，好梁丘贺说《易》"的昌邑中尉王吉，最为知名。

值得注意的是，南昌海昏侯墓出土的竹简中有《论语·知道》篇，很可能就是久佚的《齐论》。[3]这为昌邑国时期当地《齐论》的流传，提供了重要的物证。

《孝经》在西汉也不列五经，未立学官。《汉书·艺文志·六艺略》著录有《孝经》著述十一家、五十九篇，并叙述《孝经》的传承脉络："汉兴，长孙氏、博士江翁、少府后仓、谏大夫翼奉、安昌侯张禹传之，各自名家。"[4]博士江翁，即宣帝

1　王吉字子阳，"王阳"即王吉。
2　班固撰，颜师古注：《汉书》卷30《艺文志》，第1717页。
3　杨军、王楚宁、徐长青：《西汉海昏侯刘贺墓出土〈论语·知道〉简初探》，第72页。
4　班固撰，颜师古注：《汉书》卷30《艺文志》，第1719页。

时在中央教授《鲁诗》和《穀梁春秋》的瑕丘博士江公。他也著有《孝经说》。刘贺即帝位二十余日，霍光集团联合上官太后，在未央宫向刘贺宣布废黜诏令，刘贺即席引述《孝经》辩解说："闻天子有争臣七人，虽无道不失天下。"霍光回应："皇太后诏废，安得天子！"强以武力"解脱其玺组，奉上太后，扶王下殿，出金马门。"[1]霍光不通经术，不能以经义压服刘贺。刘贺是学过《孝经》的，应景的经义脱口而出，在历史上留下了一段能令人会心一笑的插曲。

（七）其他

以上列举的都是见诸史籍，出身于或曾仕宦山阳（昌邑）地区的经学名家。观察西汉时期该地区的经学风尚，当然不仅限于以上名家。

刘贺从帝位遭废黜，随他入长安的二百多名前昌邑国官员被拘捕下狱，多被诛杀。而昌邑中尉王吉、郎中令龚遂则因"忠直数谏正得减死，髡为城旦"。宣帝即位后，龚遂起复，在渤海太守任上表现出色。

龚遂字少卿，山阳南平阳人，

> 以明经为官，至昌邑郎中令，事王贺。贺动作多不正，遂为人忠厚，刚毅有大节，内谏争于王，外责傅相，引经义，陈祸福，至于涕泣，蹇蹇亡已。面刺王过，王至掩耳起走，曰："郎中令善愧人。"及国中皆畏惮焉。[2]

龚遂是山阳本地人，以经学入仕，所习何经、所从何师，不详。他以循吏著称，未闻其经学上的造诣或教育经历。但在政治实践中"引经义，陈祸福"，可知他在经学上受过良好训练。从《汉书·五行志》《武五子传》《龚遂传》的叙述可知，刘贺遇妖怪灾异之兆常咨询龚遂，龚遂也屡以《诗》和《洪范五行传》的经义劝谏刘

1　班固撰，颜师古注：《汉书》卷68《霍光传》，第2946页。
2　班固撰，颜师古注：《汉书》卷89《循吏·龚遂传》，第3637页。

贺，推测龚遂的经学背景与夏侯始昌所传《齐诗》《尚书》学有交集。

龚遂发现刘贺“久与驺奴宰人游戏饮食，赏赐亡度”，入谏：“臣请选郎通经术有行义者与王起居，坐则诵《诗》《书》，立则习礼容，宜有益。”[1]刘贺同意后，龚遂选派郎中张安等十人朝夕陪侍刘贺。没几天，刘贺就厌烦了，把这些通《诗》《书》、习礼容的侍从都赶跑了。

陈汤（？—约前6），字子公，山阳瑕丘人。元帝时名将，曾以西域副都尉身份，与西域都护甘延寿矫制发兵，诛杀匈奴郅支单于。史称“少好书，博达善属文”。[2]按《汉书》书例，“好书”指好读经子之书、经术之书。

西汉末年，山阳郡有儒生曹竟，字子期，“去官不仕于莽。莽死，汉更始征竟以为丞相，封侯，欲视致贤人，销寇贼。竟不受侯爵。会赤眉入长安，欲降竟，竟手剑格死”[3]。这是一位用生命实践经义的儒者。

三、余论

（一）齐鲁经学对山阳（昌邑）的影响

卢云从文化地理的视角，指出一个帝国的政治中心在都城所在的区域，它的主要职能是有效地实现对全国各地区的控制。而文化重心，应该是在全国文化最为发达的地区，即教育水平最高、文化成果最多、文化更新最迅速的地区，它常常代表着该时代文化发展的方向，是最重要的文化传播源地，所出各类文化人才最盛；它的主要职能是向政权提供文化与人才上的支持。在西汉，政治中心在关中，即都城长安所在的区域。文化重心在关东的齐（胶东）鲁（鲁西）及其周围地区。从经学发展的态势看，汉初的五经大师多为齐鲁人，《汉书·儒林传》所载儒士，籍贯可考者193人，其中以鲁国、琅邪、东海居前三位，齐郡、泰山、山阳也

---

1 班固撰，颜师古注：《汉书》卷89《循吏·龚遂传》，第3637—3638页。

2 班固撰，颜师古注：《汉书》卷70《陈汤传》，第3007页。

3 班固撰，颜师古注：《汉书》卷72《鲍宣传》，第3096页。

有较高的数字。[1]

孙顺华也指出，汉初直到汉武帝时被尊为师法的说经有6家来自齐鲁，占总数的75％。由于地缘关系，经学大师多就近招收门徒，或者说同籍门徒近水楼台先得月，拜师求学相对容易，所以门徒中与大师同籍者多，异籍者少。至宣帝时被立学官者增至12家，其中9家出自齐鲁，依然占总数的75％。宣帝以后，出身儒家的士人官僚大批进入最高统治集团，由于齐鲁和儒学的特殊关系，齐鲁籍丞相比例大大增加，显示出独尊儒术政策下齐鲁的人才资源优势。[2]

山阳（昌邑）地区与鲁地相邻，经学传承更容易受到齐鲁的影响。例如仕宦山阳（昌邑）地区的名儒费直、夏侯始昌、王式、王吉，都来自齐鲁。山阳（昌邑）本地的经学名家，如丁宽、萧奋、大江公，也都师从田何、高堂生、申公等齐鲁经学宗师。

（二）"齐学"还是"鲁学"？

西汉官方支持的今文经学，以齐学和鲁学为主流。齐学擅长的是《齐诗》《尚书》《周易》和《公羊春秋》，而以《公羊春秋》为主。鲁学传习《鲁诗》《穀梁春秋》和《礼经》，《礼》学是其专长。[3]此外有燕地流行的《韩诗》。

山阳（昌邑）地区的经学风尚，除了民间流传的古文费氏《易》和王吉的《韩诗》，也是以齐学和鲁学为主流。第一代昌邑王刘髆的师傅夏侯始昌是鲁人，经学传承为齐学的《诗》和《尚书》，但也兼通鲁学的《礼》。第二代昌邑王刘贺的老师王式传授的是《鲁诗》，昌邑中尉王吉兼通《韩诗》《齐论》和属于齐学的《邹

1　参阅卢云：《区域控制与历史发展——论秦汉时期的政治中心、文化重心及其相互关系》，《福建论坛（文史哲版）》1987年第4期，第20页。齐鲁应指故齐地、故鲁地。卢云将山阳纳入齐鲁文化区，是因为他这里所说的"齐鲁"实际上指"齐鲁周宋"。（卢云：《汉晋文化地理》，西安：陕西人民教育出版社，1991年，第5页。）山阳（昌邑）地区在战国时期属宋国，后被魏国并吞。秦统一后，改置砀郡，汉初属梁国。笔者以为宜视作齐鲁周边地区。

2　孙顺华：《西汉"独尊儒术"政策下齐鲁的人才资源优势》，《孔子研究》2006年第5期，第99—102页。

3　王葆玹：《西汉经学源流》，第93页。

氏春秋》。南昌海昏侯墓出土的经学文献,《论语》《易经》属于齐学,《礼记》《孝经》应属鲁学。王式所习,看来是兼学齐、鲁而偏爱齐学,毕竟这也是武帝、昭帝时期的经学风尚。但出身于山阳(昌邑)地区的经学大师似乎更偏重鲁学。这是因为他们都来自瑕丘。

瑕丘,即春秋时期鲁国的负瑕邑,离曲阜很近,从地缘到文化传统,都应该属于鲁文化区。如果说昌邑曾是山阳(昌邑)地区性的政治中心,瑕丘就可以说是地区性的文化重心。秦置瑕丘县,属薛郡,西汉初属梁国。汉武帝元朔三年(前126),封鲁恭王子刘政为瑕丘侯,置为侯国,后改为县,属山阳郡,但其经学仍宗鲁学。除了丁宽治《易》属齐学之外,萧奋治《礼》,大江公、博士江公治《鲁诗》《穀梁春秋》,都属于鲁学系统。

从家学到官学：论清代四川科举与经学之衍变

陈　致　蔡佳茵

陈致，1985年北京大学历史系学士，1988年南京大学中文系硕士，1999年美国威斯康辛大学东亚系博士。先后任教新加坡国立大学、威斯康辛大学、香港浸会大学、澳门大学、北京师范大学-香港浸会大学联合国际学院、香港珠海学院。现任香港珠海学院校长；香港浸会大学讲座教授、饶宗颐国学院院长。主要从事《诗经》、出土文献、古史与明清学术史方面的研究，在欧美陆港台等地顶级学术刊物及出版社出版文章著作数十种。

蔡佳茵，中山大学中国语言文学系学士及硕士。2020年获香港浸会大学中国语言文学系博士。现任教于香港浸会大学语文中心。研究方向为近代中国的文学与教育转型。

本文初稿题为《晚清四川的科举世家与经学传统》，首次发表于"中央研究院"中国文哲研究所经学组举办之"四川经学"第一次学术会议（2006年7月14日）。

一、绪论

清代中叶以降，汉学大兴，朴学大师辈出。经学的嬗变也波及代表官学的科举，科场中随之涌现出引汉学考据入制艺的写作手法。笔者曾撰《嘉兴李氏的经学研究——从一个世家经学群体的出现来看乾嘉时期的学术转型》一文，详细地论述了顾炎武、阎若璩、江永、戴震等考据学者对汉学进入科举所产生的影响，以及乾嘉时期汉学家所起的作用。由于考据训诂能够点缀制艺，助成功名，反过来促进了汉学的普及。[1] 然而我们不能过分夸大考据学风对科举的影响。笔者在《从刘显曾、刘师苍朱卷看仪征刘氏的先世、科举与学术》一文中，又具体分析将汉学考据的方法运用到制义中的局限。归根结底，科举以帖括之学与义理之学为命脉，汉学的影响只是限于一定范围之内，并未根本改变制义的传统[2]。

与此同时，清代考据学的发展及其对科举的影响也关乎地域分别。论乾嘉汉学之盛，莫过于江苏、浙江、安徽。与之相应，引汉学考据入制艺的写作手法最早出现于东南三省。主导三省以外各省学术主流的仍是宋学，科场上流行的也是帖括之学与义理之学。换言之，汉学素养之于科举乃是锦上添花，而非大经大法——举子深谙帖括与义理已足以考获功名，因而朴学在各省的发展路径并不相同，汉宋兴替或对话的轨迹各具特色。在其间扮演关键角色的往往是经学与科举世家，因其世代积累，科名鼎盛，巩固扩展了汉学传统，如笔者曾经讨论的嘉兴李氏与仪征刘氏，皆属此类。身居高位的汉学家也常常引领风潮，因其借官学推扬鼓荡，考据之学渐渐扩散。最典型的例子就是阮元督粤，一改广东学风，造就

1　陈致：《嘉兴李氏的经学研究——从一个世家经学群体的出现来看乾嘉时期的学术转型》，初稿发表于2005年6月25日台湾"中央研究院"中国文哲研究所经学组主办的"浙江学者的经学研究"第一次学术研讨会，收入陈致：《诗书礼乐中的传统：陈致自选集》，上海：上海人民出版社，2012。

2　陈致：《从刘显曾、刘师苍朱卷看仪征刘氏的先世、科举与学术》，《南京晓庄学院学报》2006年第3期，第66—78页。

大量汉学，以及科举人才[1]。不过，以往学界更为关注汉学在学术"先进"省份的发展，对于汉学在"后进"省份的遭际则着墨不多。本文关注清代的学术"后进"省份四川，进一步析论科举与经学一体两面之关系，借助朱卷、方志、课艺等资料勾勒四川科举与经学如何与清代学术主流汉学隔绝，又如何融入其中的衍变历程。承接笔者以往的研究，文章先概述引汉学考据入制艺的内在与外在限制，指出举子弋获功名并不一定要精研汉学，宋学占据主流的省份也不乏科名鼎甲。进而着眼于清代四川，概论巴蜀之地由于饱经战乱、地处偏僻，经学水平与科举成就几乎叨陪末座，直至清末才异军突起。随后以经学世家为视角详论清代四川学术与科举之关系，虽然其学风隔绝于全国主流，但是足以维持蜀地文风于不坠。最后以尊经书院析论清后期四川学术与科举之关系，考察张之洞督学四川时如何凭借官学提倡训诂考据，使得举子能够追随考场之风尚，蜀地的学术宗尚亦随之嬗变。

二、 引汉学考据入制艺的内在与外在限制

清代科举，承明余制，无根本性的变化，而明代在科目上亦沿唐宋之旧，惟稍变其试士之法。从洪武年间开始，明太祖朱元璋与刘基等，定下以《大学》《论语》《孟子》《中庸》四子书及《易》《书》《诗》《春秋》《礼记》五经命题试士。四书用朱子《大学》《中庸》章句、《论语》《孟子》集注及《四书或问》，并结以己意。正如《明史·选举二》所称："试士之法，专取《四子书》及《易》《书》《诗》《春秋》《礼记》五经命题试士。盖太祖与刘基所定。"[2]明代制度，入府州县学的县府院试，皆以《四书》义、本经义、论、策各一篇。国子监入学试经义、《四书》义各一道，判语一条。此规制则又沿袭元代。元仁宗皇庆二年（1313）特重儒学，

---

1 Steven Bradley Miles, *The Sea of Learning: Mobility and Identity in Nineteenth-Century Guang-zhou*, Cambridge: MA.: Harvard University Asia Center, Harvard University Press, 2006.

2 张廷玉等：《明史》卷70《选举二》，北京：中华书局，1974年，第1693页。

议行科举，先以宋儒二程、朱熹、司马光、张栻、吕祖谦及元儒许衡从祀孔庙，嗣规定用程朱传注为经学之本。孙星衍云："有元皇庆时……用宋注之外，兼用古注疏。至明永乐间，胡广等《四书五经大全》出，而经学遂微，自后掇科之士，率皆剿说雷同，习为应学之业。汉唐传注，从是束之高阁。"[1] 孙星衍所谓"胡广等《四书五经大全》出，而经学遂微"，乃由于自明永乐至清初，《语》《孟》《学》《庸》四书，专用朱子所注，汉唐以下其他注疏皆可弃而弗观；五经则《易》用程、朱，《诗》用《集传》，《书》用蔡沈（朱熹门人，1167—1230）《集传》，《春秋》用胡安国（1074—1138）《传》，《礼记》用陈澔（1260—1341）《集说》[2]，而其他经传注疏多束之高阁。

此一规制，到清代中期以后，才潜移默化地发生了一些变化。乾隆中期，民间兴起的汉学考据之学，直接影响了代表官学的科举。但考据学风对科举的影响并未根本改变科举制义的传统，而限于一定范围之内，以汉学考据的方法运用到制义中有其局限。

局限首先源自科举制义的目标与功能本身。科举自宋代以来考试经疑、经义，明代以后专试经义，自来是以"阐发理道为宗"[3]。方苞云："制义之兴，七百余年，所以久而不废者，盖以诸经之精蕴，汇涵于四子之书，俾学者童而习之，日以义理浸灌其心，庶几学识可以渐开，而心术群归于正也。"[4] 所以除了用于策士衡文以外，科举制义的另外一个重要目标是"日以义理浸灌其心"，达到教化人伦，敦睦社会的目的。此求其用也，与经学本身辨章学术、考镜源流的求古人古典之真的目的相关而不同。考据之学属于后者，运用到制义之中，考据之学虽能补苴制义之不足——如阎若璩、江永等指摘明末启、祯及清初制艺名家所犯

1　孙星衍：《平津馆文稿》卷下《诂经精舍题名碑记》，杨学为主编：《中国考试史文献集成》第6
　　卷，北京：高等教育出版社，2003年，第155页。

2　赵尔巽等：《清史稿》卷108《选举三》，北京：中华书局，1976年，第3148页。

3　《钦定四书文·提要》，《钦定四库全书总目》卷190，第20页上，《景印文渊阁本四库全书》第5
　　册，台北：台湾商务印书馆，1983年，第102页。

4　方苞：《钦定四书文·奏折》，第1页上、下，《景印文渊阁本四库全书》，第1451册，第2页。

的对经典理解的错误[1]，但毕竟不能完全以考据的学术理路及方法运用到制艺中。

其次，科举考试的行文程式，自明初以迄清末，已成定制。每篇由破题、承题、起讲（小讲）、入手（入题、领题、落题、领上）、分股（分起二股、中二股、后二股、束二股）、收结（结语、落下）组成。起二股之后，又有一二或三四散句出题（点题），每股之间又有过接，若后二股言已尽意，则束二小股可略。每部分的句数、句型也都有一定的规定。甚至每一部分的句数、用词往往也形成一定传统和规制。如顺治二年即定："头场破题用'也''焉''矣'，承题用'夫''盖''甚''矣''乎''欤'，起讲用'意谓''若曰''以为''今夫'，小结用'盖'，大结用'抑''大抵''嗟夫'等字，七篇相同。"[2]而就内容而言，八比文本为代圣贤立言，自来以程朱为本。清初又强调："说书以宋儒传注为宗，行文以典实纯正为尚，其有剽窃异端邪说，矜奇立异者，不得取录。"[3]此等规范对于考据训诂文字之入制义自然形成阻隔。当然，也并非无隙可乘。清初所强调的规范就是针对晚明制义中的偏左趋向而作。晚明受王学的影响，隆庆以后，多用释老之言[4]，万历丁丑进士杨起元始开以禅语入制义之渐[5]。这已经偏离了科举制义的常轨。乾

1 江永尝言弘治庚戌状元钱福（鹤滩）制艺中不辨"深衣"与"帷裳"之异（梁章钜：《制义丛话》卷4，陈居渊校点，上海：上海书店出版社，2001年，第59页）；钱福关于《乡党》的题文甚多，江永著《乡党图考》，于乡党相关的制度考辨甚精，尤其是衣服、车制等尤能发明古义。江永论"上摈""趋进""过位""立门"之礼，辨方朴山（楘如）、王己山（步青）、汪琬（尧峰）、任钧台（启运）、曹寅谷、陈人文、汪武曹（份）、蒋拭之（季眉）、郑大进（1707—1782）之非（梁章钜：《制义丛话》卷13，陈居渊校点，第268—272页）。阎若璩据《周礼》及汉唐传注责艾南英论"九职"之非（梁章钜：《制义丛话》卷7，陈居渊校点，第106—107页）；责黄淳耀误读"曲肱而枕"的"枕"字（梁章钜：《制义丛话》卷7，第110页）；金声误读"见而民莫不敬"的"见"字等（梁章钜：《制义丛话》卷7，陈居渊校点，第116页）；推许汤显祖"父为大夫"八句题，谓足与传注相辅而行（梁章钜：《制义丛话》卷5，陈居渊校点，第74页）。

2 沈云龙主编：《钦定大清会典事例（嘉庆朝）》卷276《礼部·贡举·缮卷条规》，台湾：文海出版社，1991年，第1989—1990页。

3 沈云龙主编：《钦定大清会典事例（嘉庆朝）》卷310《礼部·学校·厘正文体》，第3667页。

4 顾炎武著，黄汝成集释：《日知录》卷18《破题用庄子》，湖南：岳麓书社，1994年，第659—660页。

5 梁章钜：《制义丛话》卷5，第72页。

嘉之际，受汉学考据之风的影响，制义中出现以下几种新的趋向，一曰：多援引秦汉字书、汉唐传注，以音训字诂解试题经文；二曰：试题中凡涉典章制度，务求深论明辨，所援据者又多清儒的论著或成说；三曰：多援引历代时文中鲜用之僻书奇字。这是笔者阅读《清代朱卷集成》中乾嘉道咸时期乡会试朱卷并研析梁章钜《制义丛话》所得出的结论。

再有，除科举目的和规制的限制以外，笔者阅读清代朱卷、地方志和其他相关文献，更察觉到在清代科举发展史上，乾嘉之后的汉学考据之学对制义的影响还存在地域的限制。众所周知，清代乾嘉考据之学崛起的地方，恰恰是清代科举人才最为繁盛的东南苏浙皖三省。一时朴学大师除屈指可数的几个人以外，几乎为此三省所囊括。朴学风潮所及，北方波荡山东、山西、河南、直隶；南方则流溢至湖广与闽粤。然而，影响归影响，在考据之学最盛的乾嘉之际，主导三省以外各省学术主流的仍是宋学。这是科举制度本身所决定的。其实，即使在东南三省，由于科举的关系，宋学虽然受到标榜门户的汉学家如江藩的批评，却并未因汉学的兴起而式微。相反，乾嘉之际的朴学家及领导学术风气的人物，都未轻弃宋学，如朱筠、朱珪、钱大昕、纪昀、段玉裁、王念孙、王引之、阮元、孙星衍等都纷纷强调宋学对于选拔人才、辅翼世教的重要性。钱大昕、纪昀、阮元、江藩及此后的汉学人物对宋学虽有讥议，然所讥者是奉宋儒一家之学，专就义理言经义，而于汉唐诸书置而弗观，他们对宋学本身讲贯义理及其他方面的贡献并不否认。所以考据学家往往在言论中汉宋并重，除了即其用而言（选拔人才与辅翼世教），也每每就其体而论。就其体而论，或说训诂考据赖汉学，讲贯义理靠宋学，或者强调宋学中亦有考据，朱子兼擅义理与考据。最抑宋扬汉的刘师培，也说宋学以理说经、以事说经、以数说经[1]，且亦推许之。其抑宋的方法是说宋儒所讲的

---

[1]　刘认为宋学于道学虽阐发甚详，然宋学非道学所能该。刘于朱熹虽多微词，又认为治朱学者，既崇义，兼崇考据。而不论宋学之义理与考据，本皆源自汉学。见刘师培：《国学发微》，第42—45页，《刘申叔遗书》，南京：江苏古籍出版社1997年景印民国25年宁武南氏本，第498—499页；《汉宋学术异同论》，《刘申叔遗书》，第541—547页。

义理多半皆从汉儒那里来。

故乾嘉之后的考据学家在谈论宋学时是分体用源流的。这一方面是因程朱之学运用于举制之中，乃由国家颁为功令，是其不敢不推崇；另一方面，程朱之学之于世教文风，乃有督导与辅翼作用，是其不能不推崇。以高级官员为例，除馆阁中朱筠、纪昀、钱大昕、秦蕙田、卢文弨、王鸣盛、阮元等人以外，其他翰林、学使、地方官员大都是以宋学为旨尚的。馆阁中如汪廷珍、姚鼐虽然也对汉学考据之风心向往之，然本身治学又颇异其趣[1]。以姚鼐为代表的桐城派诸子在学术上宗宋，其在科举上影响所及，足与朴学分庭抗礼[2]。只是在学术上更偏向于文学，对经典的理解更注重文气和义法。

如此一来，我们又不能不看到引汉学考据入制艺有其外在的地域限制。乾嘉朴学风气虽兴盛，其影响所及亦不可过论之，在全国多数省份，学术与科举依然宗尚宋学。梁启超（1873—1929）在《论中国学术思想变迁之大势》中已论及此点。他以为乾嘉学风的兴起，始自戴震，戴震犹明之王守仁，"乾、嘉间休宁以外之学术，皆附庸也"。此后又说："虽然，其学实仅盛于江左。江左之外，各省学子，虽往往传习，然不能成家。其稍有系统之可言者，则孔巽轩（广森）以其学衍于山东，继起者有郝恂九（懿行）、桂未谷（馥），皆卓然成一家言。侯言模（康）以其学衍于岭南，阮芸台（元）督粤，创学海堂，辑刻《皇清经解》，于是其学风大播于吾粤。道、咸以降，江、浙衰而粤转盛。虽然，名家者无一焉。"[3]

---

1 汪廷珍自取斋名曰"实事求是"，然又"素讲宋学，深疾汉学迂诞"。（徐珂编撰：《清稗类钞》第2册，《考试类》，北京：中华书局，1984年，第667页。）姚鼐以宋学为宗，然据刘师培所说，亦慕戴震之学，欲执贽门下，为戴震所拒。其事亦不知真伪。刘师培：《近儒学术系统论》，《左庵外集》卷9，第5页；《刘申叔遗书》，第1534页。

2 方苞以古文及制义名家受知于清高宗，及其同族方维甸（1758—1815）、方东树（1772—1851）、同里姚范（1702—1771）、姚鼐（1731—1815）、姚莹（1785—1853）、刘开（1787—1824）等都宗宋学，或巍科登第，或以制艺名家。参见陈致：《从刘显曾、刘师苍朱卷看仪征刘氏的先世、科举与学术》，第75—76页。

3 梁启超著，夏晓虹导读：《论中国学术思想变迁之大势》，上海：上海古籍出版社，2001年，第122页。

梁启超以地理论略清代学术，分清学为吴、皖、扬州与浙东，乃承章太炎《清儒》篇分吴、皖、常州、浙东等地域论清代学术之说[1]。结合清代学术发展的实际，这一思路颇具阐释力。乾嘉时期及此后，每一省确实有其本身的学术传统与地方特色。而这些学术传统和地方特色往往取决于各区域的社会、文化、制度和历史条件。一个地方的学术风气与治学的旨趣方法的形成，当然是多方面的因素造成的。就其内在的、历史的和精神层面的因素来说，积学累世的知识家族对于一个地方的学术特色的形成与发展都有相当重要的作用。对以经学衡文策士的科举社会而言，科举世家与经学世家几成二而一的事物，若叶之于枝，毛之于皮。就其外在的和制度层面的因素来说，诚如梁启超所言，阮元之类高官同样深具影响力，足以扭转一地的学术风气。借助官学的倡导，汉学之类新学说得以落地生根，吸引大量人才投入其中。以往的论述，更多关注上述因素如何影响引领风潮的东南三省的学术发展。实则在相对落后的省份，家学与官学同样是推动经学和科举发展的关键。饱经战乱、偏居西南的清代四川就为我们提供了这样的例证：学术之赓续先是主要依赖科举世家的家学传承，又凭借官学之引导，促成学风之转变。不过在进入具体分析之前，有必要先对清代四川科举与经学的发展历程及两者的关系稍作梳理。

三、 清代四川科举与经学之概观

对于经学而言，科举制度是影响其兴衰的至为关键的因素。梁章钜《制义丛话》尝引述清初学者冉觐祖（蟫庵，1637—1718，康熙辛未科进士）之言："高明之人，多厌时艺为无用而欲废之者。余谓今之人无不读经书者，率以为时艺之资也，不为时艺则不读经书矣。是知时艺为经书之饩羊也。顾可废哉？"梁章钜评论道："此言虽浅而殊有关系，制义之不可废，科名中人类能言之，然从无此论之深

1　李纪祥：《〈清史·儒林传〉纂修之学术史反思——由〈国朝汉学师承记〉到〈清代学术概论〉》，彭林编：《清代经学与文化》，北京：北京大学出版社，2005年，第279—293页。

切著明者"[1]。诚哉斯言，唐宋以降，经学与科举相伴而存续。自唐代设明经科，经学始为科举之附庸。到宋代策士，专试经疑经义，则经学乃从科举之附庸，蔚为大国。有元皇庆延佑之后，又衍为宗主。在明清两代制义规制、程式之下，士人固然首要需洞悉宋学义理，全面的经学素养也不可或缺。若着眼于个别举子，研经的积累与科场的表现未必能够一一对应，但是若将眼光扩展到家族或地域，经学传统与科举成就在整体上正是息息相关的。前述嘉兴李氏与仪征刘氏皆是显著的例子，至于东南三省经学之繁盛与科举之昌明，更是尽人皆知。

　　就清代四川而言，其科举与经学亦相辅相成。四川虽然僻处西南，自古文风昌盛，学术发达，"蜀自文翁启化，蔚为大邦，生其间者，魁儒硕学，铧铧含章之彦，历汉唐宋明二千年，若扬（雄）、马（司马相如），若汉经师，若张（栻）、魏（了翁），若陈（寿）、常（璩）、王（称）、李（焘），若（陈）子昂、（李）太白、苏氏、虞（集）、杨（慎），及李阳冰、文与可（同）辈，史固不绝书也"[2]。自有科举以来，四川士子亦表现不俗。宋代眉山苏氏、绵竹张氏（张浚、张栻父子等）科名鼎盛，众所周知。明代川籍进士数量在各省之仍居中游[3]。相形之下，清代四川的科举与经学皆可谓衰落。

　　此处先略述清代四川士人在科场的表现。进士的数量可以作为重要的指标[4]。有清一代川籍进士共758名，占全国总数26849名的2.8%，在十八行省中位列十三，仅高于湖南、云南、广西、甘肃四省，约为江苏省的四分之一[5]。若区分时段，清初可谓衰落至极点。据《蜀故》记载，明代科举，自景泰二年辛未科之

1　梁章钜：《制义丛话》卷1，第22页。

2　戴纶喆：《四川儒林文苑传·引首》，四川大学古籍整理研究所编：《儒藏·史部·儒林史传》第79册，成都：四川大学出版社2008年影印民国十一年（1922）刻本，第787页。

3　沈登苗：《明清全国进士与人才的时空分布及其相互关系》，《中国文化研究》总第26卷（1999年），第60页。

4　此处参考沈登苗的统计，沈登苗：《论清代历科进士及历朝巍科人物的省级分布》，《杭州学刊》2018年1期，第60页。

5　巍科人物是指会试中的会元（第一名），殿试中的状元（一甲第一名）、榜眼（一甲第二名）、探花（一甲第三名）、传胪（二甲第一名），即会试第一名、殿试前四名的合称，每科共5人。

后，每科四川出进士20名左右，而自清顺治之后，每科只有川籍进士数人[1]。例如康熙朝前后60年，川籍进士仅58人，只占全国总数4088的1.4%。此后伴随经济文化的发展，川籍进士人数持续增加，占全国进士的比例在乾隆朝上升为2.9%（159/5384），于道光朝为3.5%（108/3069），至光绪朝进一步达到4.4%（181/4090）。即便如此，清代四川举子在会试中整体表现依然远逊于其他省份。

如果以巍科人物为指标，可以提供进一步的证明。殿试的名次更能体现各省举子的真正实力。清代四川一共考取状元1名，榜眼1名，探花1名，传胪1名，即光绪乙未年（1895）的骆成骧（状元），顺治辛丑年（1661）的李仙根（榜眼），道光戊戌年（1838年）的江国霖（探花），以及光绪戊戌年（1898）的李稷勋（传胪）[2]，巍科人物总数在十八行省中仅多于极其偏远的贵州、云南、甘肃，不及江苏（169名）、浙江（125名）等科举大省的零头。即使是进士总数量稍逊一筹的湖南（715名），在此一指标上也超越四川，达到20人（其中光绪朝12人）。清代四川巍科人物中三人都涌现于清朝后期，可见直至彼时，蜀地文化发展才达到一定的水准。

与之相应，清代四川经学研究也颇为低落。不少学者都指出，清代学术成就超越前代，但集清代经学研究之大成的《皇清经解》《皇清经解续编》均未收蜀人著作。清末四川学者戴纶喆曾感慨："国朝文教昌明，超越古初，经列圣培养以来，涵濡渐被，遍于垓埏。独四川于岳（岳钟琪）、杨（杨遇春）、张（广泗）、曾（璧光）诸公铭勋异域，着绩封疆外，曾无一人达于国史、以列诸儒林文苑者。"[3]在经学大盛的清代，四川几乎未能孕育具有全国性影响的学者，直到清朝末年才出现廖平这样的经学大师。

虽然整体成就未能与他省争胜，四川本地经学研究依然不绝如缕。大体而

1　彭遵泗：《蜀故》卷8，扬州：广陵古籍刻印社1990年据清道光甲午（1834）序刊本影印，第40—44页。

2　四川省地方志编纂委员会编：《四川省志教育志》上册，北京：方志出版社，2000年，第88页。

3　戴纶喆：《四川儒林文苑传·引首》，第787—788页。

言，与东南诸省不同，清代四川的经学围绕着科举和宋儒经义这两大主题，官私书院也始终以讲习帖括文和宋儒学术为主。黄开国统计《四川通志》著录之经学家及其著作，《易经》类共14部，《尚书》类4部，《诗经》类5部，三礼类11部，《春秋》类9部，《四书》类22部。据此总结晚清以前四川学术的特征：一曰通《易经》者居多，二曰研四书、宗程朱者居多，三曰经史并重。其中比重最高的《四书》类著述，大多为讲义、读本，针对科举应试而作。因此黄开国认为："在张之洞督学四川之前，四川的学术界基本还是处于宗奉程朱理学的阶段，远远落后于全国的学术发展。"并引清代蜀人张祥龄《翰林庶吉士陈君墓志铭》所言为证："川省僻处西南，国朝以来，不知所谓汉学。"以及廖宗泽的《六译先生行述》所说："先是，文襄（张之洞）未来时，蜀士除时文外，不知读书，至毕生不见《史》《汉》。"廖平作为一代经学大师，早年接受的教育纯属宋学，至尊经书院求学后，才知文字训诂的汉学[1]。

　　与科举之表现相应，清代四川经学也呈现出逐渐恢复之态势。杨世文依据四川省志、各府县志，统计出清代四川经学家285位，经学著作共计685部。前期92年，著述约占8％，人数约占12％；中期85年，著述约占17％，人数约占2％；后期91年，著述约占75％，人数约占66％。特别是同治、光绪、宣统三朝，经学家约占半数，著作占据总数的六成[2]。其中声名最著者，无疑是廖平，其同辈中亦名家群起，不仅承续清代经学新潮，更发展出独树一帜的学术宗尚，"廖平治《公羊》《穀梁》《春秋》，戴光治《书》，胡从简治《礼》，刘子雄、岳森通诸经，皆有师法，能不为阮元《经解》所囿，号曰'蜀学'"[3]。

　　对于清代四川科举与经学之衰落，以往学者亦有洞察。戴纶喆曾如是解释其成因：

1　黄开国：《元明清的巴蜀学术》，《中华文化论坛》2000年第3期，第56页。
2　杨世文：《清代四川经学考述》，《西华大学学报（哲学社会科学版）》2010年第2期，第42页。
3　钱基博：《近百年湖南学风》，长沙：岳麓书社，2010年，第52页。

良以蜀当献贼之乱，子遗无几，文献已荡如矣。嗣后吴藩煽逆，科举较迟，而其时隐逸之征，经学之选，博学鸿词之科，际其盛者亦最后。仅一许如龙赴试，而卒不遇，文运举可知也。乾嘉以降，士气非不振兴，而又以金川、西藏日构兵戎，教匪盐枭相继掸乱，蓬莊岩穴之中，复何暇撄大府怀乎？况其地距京师数千里，声华之盛，汲引之宏，生既不能与齐鲁吴越诸行省相埒，比其没也，尘编蠹简，几觖收藏，郡县志乘，率多简略，又鲜有明于义法者勒之志传，以表襮而恢奇之。[1]

据其所述，长年战乱是清代四川文教衰落的根本原因。明末张献忠扰蜀，将巴蜀文化教育摧残殆尽。清初吴三桂叛清，四川又成为主战场之一。乾隆年间的大、小金川之役，嘉庆年间的白莲教起事，也对四川经济文化造成破坏。其中又以明清易代之际的动荡破坏最烈，四川人口由明末的500万人左右骤减至清初的50万人左右[2]。清初休养生息，自顺治十六年（1659）开始大举向四川迁入湖广等十一省的移民，总数达百万人之多[3]。中期以后，除不断的移民外，太平之世加上摊丁入亩等农业政策，才使四川人口增长速度惊人：乾隆三十六年（1771）人口是307万人，嘉庆二十四（1819）年人口陡增至2566.5万，到光绪二十四年（1896）剧增至8474.9万[4]。人口的增长与经济、社会发展相辅相成，而文化的恢复，更需要几代人的赓续涵育。职之之故，清代前中期，川籍士子考中进士及巍科人物的数目远逊其他省份，也未见声名卓著的经学家。直到清末，川人在会试中的斩获方才引人瞩目，经学研究方显发达之迹象。

1　戴纶喆：《四川儒林文苑传》，第788页。
2　李世平：《四川人口史》，成都：四川大学出版社，1987年，第6页，第155页。
3　孙晓芬：《清代前期的移民填四川》，成都：四川大学出版社，1993年，第4—6页，第26—28页。
4　李世平、程贤敏主编：《近代四川人口》，成都：成都出版社，1993年，第32—33页。

四、清代四川的科举世家

在文化教育备受摧残的清代四川，学术之赓续很大程度上依赖家学的传承，科名也往往集中于各地的世家。《清代朱卷集成》所收四川乡试朱卷，可以作为重要的参照。笔者阅读整理了91份四川举子朱卷（考生的生年、籍里、原籍、先世科名等资料详见附表），发现91位举子之中，履历所载先世及族人无科名举人以上者仅18名，仅占总数的20％。根据何炳棣的经典研究，明代全国范围内平民出身的进士约占总数50％，清代则减至37.2％；祖父三代有生员以上功名者，则由明代的50％，升至清代的62.8％[1]。四川乡试朱卷较之清代进士登科录及会试、乡试同年齿录，样本有限，并集中在清代中后期，但根据上述有限的资料也可以约略看出，在清代四川，科举世家基本把持了上升通道，绝大多数川籍士人凭借家学渊源获取功名。

由于明末清初的战乱，四川的科举世家不少为移民。张杰曾分析《清代朱卷集成》91份四川乡试朱卷，履历中有46人祖籍为其他省份，占总数50％以上。在会试朱卷中，有29份为四川籍贯，其中有10人祖籍为外省，占总数30％以上[2]。在诸多移民家族中，成都府成都县的向日贞家族所存史料最丰。从其侄玄孙道光二十九年（1849）举人向熙敏的朱卷履历可知[3]，清初入川始祖向明辟以平农民军入蜀，后渐渐成为科举世家。向氏科第人物主要是在康熙年间日贞的兄弟、堂兄弟中间，和嘉庆、道光年间向熙敏的兄弟、堂兄弟中间。日贞的哥哥日昇，康熙丙子科举人。堂兄弟廷赓（熙敏高祖），康熙丙子第9名举人，又举博学鸿词科，以老辞。廷赓的弟弟廷飓，康熙甲午（1694）科举人。熙敏的胞兄熙敏，嘉庆己卯（1799）举人，道光乙未（1835）恩科会试荐卷，大挑二等。堂兄弟中如大成是道光戊子（1828）解元，尧阶是道光己酉（1849）与熙敏同榜举人，珂鸣为道光癸卯

1　何炳棣著：《明清社会史论》，徐泓译，台北：联经出版公司，2013年，第 xviii—xix。

2　张杰：《清代科举家族》，北京：社会科学文献出版社，2003年，第253页。

3　《道光二十九年己酉科四川乡试中式第十三名举人向熙敏朱卷》，顾廷龙主编：《清代朱卷集成》第331册，台北：成文出版社，1992年，第257—272页。

（1843）举人，熙南为道光庚子（1840）恩科举人，甲辰恩科会试未中，钦赐翰林院检讨。熙敏侄庆基是道光丙午举人，覆试四川第一名，丁未会试荐卷未中。向氏一族主要聚居成都府成都、新都、新繁三县。光绪二十四年（1898）戊戌进士向步瀛，亦是其族人。向氏科举人物众多与向日贞有很大的关系。日贞早慧，康熙戊子（1708）乡试解元，癸巳（1713）三甲42名进士，仕至广东道监察御史，康熙六十年（1721）、雍正元年（1723）两任会试同考官。向氏诗礼传家，族人著作不少，日贞学术著作有《程墨大小题文》《向太史文稿》《渝水诗钞》[1]，一是词章，一是制艺。堂兄弟廷赓著书尤多，有《易图贯述》1卷、《周礼详解》1卷、《伦风》16卷、《医述》4卷，其他诗文集多种[2]。向熙敏朱卷保存其首场《四书》艺一篇，颇能显示其家学。该场考题为"惠则足以使人"（《论语·阳货》），熙敏制艺首二股分别用《易经》《尚书》（取《古文尚书》）为例证，后二股分别用《诗经》（取毛诗郑笺）、《礼记》为例证，足见其研经有素。一股一经的写法既发挥其优长，又颇为别致，被房批誉为"取裁经义，独树一帜"。

　　清代承平之际，也有因游宦等原因落户四川的家庭成为科举世家，最突出的是彭水县李氏家族。朱卷集成所收李铭熙为同治丁卯（1867）科带补壬戌（1862）恩科乡试中式第153名举人，光绪庚寅（1890）三甲第28名进士，后仕至户部尚书等职[3]。履历记载其太高祖光墺原籍为福建泉州府安溪县，康熙癸巳（1714）恩科举人，初为彭水知县，继任酉阳知州，谢政后寄居彭水之太平场，因以为家。履历又提及铭熙太高伯祖为光地。由此可知彭水李氏为康雍干时期福建数一数二科举世家安溪李氏之流脉。清代朱彭寿《旧典备征》曾记录安溪李氏有两支"五子登科"，足见其家族科名之盛：一支为李日埕子光墺（康熙六十年辛丑

1　李朝正：《清代四川进士征略》，成都：四川大学出版社，1986年，第52—53页。

2　李玉宣等修：《同治重修成都府志》卷6《本传》，第6页；卷9《经籍》，第14页，《中国地方志集成·四川府州县志》第2册，成都：巴蜀书社，1990年，第241页，第397页。

3　《同治六年丁卯科带补同治元年壬戌恩科四川乡试中式第一百五十三名举人李铭熙朱卷》，顾廷龙主编：《清代朱卷集成》第332册，第35—53页。

科进士）、光型（雍正十一年癸丑科进士）、光北（康熙四十七年戊子科举人）、光壎、光袁（雍正十年壬子科举人）；另一支为李钟侨子清载（雍正八年庚戌科进士）、清芳（乾隆元年丙辰科进士）、清江（雍正元年癸卯恩科举人）、清恺（雍正十三年乙卯科举人）、清时（乾隆七年壬戌科进士）。光壎之从兄、钟侨之伯父李光地则是康熙九年（1670）进士，官拜文渊阁大学士，为理学名臣。李光地之子、三个孙子，以及曾孙也均中举[1]。安溪李氏在科场上的成就与家族学术承传息息相关。李光地不仅是清初理学大师，也是制艺名家，位极人臣，学问广博，可以想见其学风对子侄影响深远。据《同治增修酉阳直隶州总志》记载，光壎"少承家学，研究六经，旁及阴阳律吕、孙吴韬略、金石医卜之书"[2]。李铭熙乡试朱卷之本房二场原荐批亦称许其经学功底："《易》源流洞悉，《书》议论英伟，《诗》风华掩映，《春秋》断制谨严，《礼》诠发切实。"

　　虽然遭遇战乱，清代四川依然有大量本省科举世家薪火相传。嘉庆戊寅（1818）恩科四川乡试中式32名举人陈韶，就出自涪州科第世家[3]。从《同治重修涪州志》来看，一门叔父群从兄弟，得举人进士科名者，指不胜屈，称得上是涪州第一科举家族[4]。除表中所列外，其兄煦、昉，皆进士，弟锟嘉庆辛酉举人，甲戌会试挑取宗学教习，丁丑大挑一等，堂兄永图为乾隆戊申恩科举人，嘉庆壬戌进士，伊言为嘉庆辛酉解元，乙丑进士，保咸为丁卯举人。其他族人中式者，不能备载。一门高第，足可侪于江浙望族。其所以如此，主要与家族教育有关。《同治重修涪州志》载韶父陈廷璠，庚子举人，在韶祖于宣归田时，廷璠的两位弟弟相继谢世，廷璠教育季弟廷达成进士，又教育自己的儿子，两人中进士，一领乡

1　刘一彬：《闽台交融的考试纽带：清代福建乡试研究》，厦门：厦门大学出版社，2016年，第124—126页。
2　王麟飞等修：《同治增修酉阳直隶州总志》卷16，第48册，清同治三年刻本，第645页。
3　《嘉庆二十三年戊寅恩科四川乡试中式第三十二名举人陈韶朱卷》，顾廷龙主编：《清代朱卷集成》第331册，第169—189页。
4　吕绍衣等纂：《同治重修涪州志》，《中国地方志集成·四川府县志》第46册，成都：巴蜀书社，1990年，第516—531页。

荐[1]。其堂兄永图解组后，以经术造士，门下登甲乙科者甚多[2]。

双流刘氏家族亦是显著的例子。有清一代，双流出进士四人，刘濖、刘桂文、宋沛霖、陈凤楼[3]，其中刘氏一族就占其半数。刘氏科名得益于其家学渊源。刘沅尤其声名卓著，为乾隆壬子（1892）科举人，后绝意仕进，著书立说，所著有《易》《书》《诗》《三礼》《春秋》恒解，暨《四书恒解》《孝经直解》《古本大学质言》《史存》等书十一部，一百四十三卷[4]。又居乡讲学，弟子众多，世称"槐轩学派"。嘉庆丙辰（1796）科进士刘濖为刘沅的伯兄，为学与刘沅志趣不同。王培荀云：

> 刘方皋（濖），温江籍，居双流县。九岁入古场，题为《竞渡》，起云：水底之人呼不起，身中之人何太喜。学使吴白华大加赏识，曰：此子必为名士，拔第一。入泮，吴寿庭学使决其必达。嘉庆丙辰，果成进士，入词林，改刑曹。才极敏捷，下笔如风，千言立就。……任广西郁林州刺史。乃弟止唐（沅），理学湛深，著有《五经恒解》《大洞经注》诸书，不下十余种。淡于仕宦，部铨知县不就。昆仲志趣不同如是。[5]

刘沅诸子大多功名显赫。长子崧云，咸丰二年壬子中式举人。次子楛文，亦潜修不出。三子梧文，咸丰辛酉（1861）拔贡，同治庚午（1870）举人，礼部小京官，教授生徒，以《大学》正心修身为主，多所造就。四子桂文，同治甲子（1864）举人，光绪辛丑（1901）进士，入翰林。五子栋文，顺庆训导。六子桢

1　吕绍衣等纂：《同治重修涪州志》，《中国地方志集成·四川府县志》第46册，第536页。
2　吕绍衣等纂：《同治重修涪州志》，《中国地方志集成·四川府县志》第46册，第539页。
3　陈国生、罗文、赵筱青：《清代四川进士的地域分布及其规律》，《中国历史地理论丛》1994年第2期，第214页。
4　四川总督锡良：《奏为故绅学行可风，恳恩宣付史馆立传，以励儒修恭折》，刘沅辑注：《四书恒解》，光绪十年豫诚堂刊本。
5　王培荀：《听雨楼随笔》，济南：山东大学出版社，1992年，第499—500页。

文，由训导改捐中书。七子檍文、八子果文，皆早卒[1]。刘咸荥（1857—1949）为桂文子，四十岁拔贡，主双流桂馨书院。咸焌为举人，咸耀、咸爔皆生员[2]。同族中，刘濖、刘沅的侄曾孙刘鸿典，道光己酉（1849）科拔贡，其选拔朱卷保留在《清代朱卷集成》中。据朱卷履历所载，鸿典少年时即曾受刘沅教诲。鸿典生于嘉庆癸酉（1813），道光己酉拔贡时，年36，已亲炙止唐先生15年，学养深厚[3]。朱卷颇能显示其经学功底。头场之四书文《春秋无义战》取《左传》思路，大宗师加批云："包括全部，左氏眼光，直射下文，此为识见高超，魄力雄浑。"会考总批又称赞其五经文"说经则许慎无双，足夺大春之席"，虽是套语，也足证其博通群经。

　　或许由于四川科考竞争不若他省激烈，本省科举世家有时也借助过继等方式，吸纳外省姻亲子弟，以期在川获取功名。如道光八年戊子（1828）科四川乡试中式24名举人、丙申（1836）科三甲第70名进士敖右贤，朱卷履历记载其原姓朱，原籍为浙江嘉兴府海盐县[4]。《同治荣昌县志》则提及右贤过继给荣昌县世家舅氏敖信臣，因以为氏[5]。敖氏本荣昌望族，在明清两代科名鹊起。朱卷记录右贤祖父时怀，乾隆丁酉（1777）拔贡，朝考一等，历任广西修仁县知县，养利州知州。据县志，咸丰庚戌（1851）、癸丑（1853）两科敖家还出了两个进士册贤（右贤从弟）与彤臣（右贤族叔），如果算上右贤的话，就是道咸两朝，敖氏一门三进士，在清代的四川，实不多见。右贤本宗海盐朱氏本就是科甲鼎盛，自乾隆初年至清末，其族人如以诚（1737），族叔朱方增（1741）、炎（1766）、鸿绪

1　殷鲁等修：《双流县志》卷3《乡贤》，第7页上，民国10年刊，第372页。

2　《国史馆本传》，刘沅辑注：《四书恒解》，北京：北京道德学社，1916年版，卷前附。

3　《道光二十九年己酉科四川乡试选拔贡刘鸿典朱卷》，顾廷龙主编：《清代朱卷集成》第407册，第120页。

4　《道光八年戊子科四川乡试中式第二十四名举人敖右贤朱卷》，顾廷龙主编：《清代朱卷集成》第331册，第191页。

5　文康原本、施学煌续修、敖册贤续纂：《同治荣昌县志》，《中国地方志集成·四川府县志》第46册，成都：巴蜀书社，1990年，第121页，第154页，第184页。

（1775）、瑞椿（1793）、毓文（1823），以及朱兰馨、朱丙寿皆中式[1]，其族兄朱昌颐（1826）更是道光丙戌科状元及第。右贤入川，使浙江、四川的两个科第世家合流。

　　科举世家的维系有赖于其家族世学的传统。明清的中式举人，铨选往往是教谕训导之类的监学视教的职务，自然而然地承担了知识传承的职能，而在此知识传承过程中，一切自然以科举应试为核心，经学也自然是制义的附庸。清代四川的特殊性在于，1875年张之洞提督四川学政而创尊经书院之前，崛起于江左的考据学风对川省学术和科举未产生广泛和深入的影响。家族中所传授的多性理之学与帖括之文，二者本就是一体两面。

　　前举成都向氏家族的向日贞、向廷赓就是家族的重要知识传授者。其他见于朱卷的还有新都温永恕[2]。永恕于同治癸酉（1873）中举以后，设帐成都，四川高第人物，很多出其门下，与锦江书院的院长李惺时名相埒，有"小锦江"之名。所著有《春秋经传节录》《南华经浅注》《来瞿塘先生目录评语》《陈卧子史记读钞》《古文读钞》《时文读钞》[3]，这些著作应该都是为课塾而作。此外还有叙州府宜宾县彭厚源[4]，据其朱卷履历，彭氏家族中举人贡生甚多，贡生多为外县教谕、训导，其堂兄彭厚禄就是厚源受业师，其他族人中业儒者亦多教授乡里或传授家人子弟。叙州举人韩乾学之朱卷也透露出其家学渊源[5]。父亲韩志定为丁卯（1867）科举人，历掌敷文、鹅山、川南书院，及门腾达甚多，文风为之一变。胞兄乾修，

1　《光绪戊子科浙江乡试第13房中式第三十六名举人朱彭寿朱卷》，顾廷龙主编：《清代朱卷集成》第276册，第211—227页。

2　《同治十二年癸酉科四川乡试中式第六十名举人温永恕朱卷》，顾廷龙主编：《清代朱卷集成》第332册，第103—110页。

3　陈习删等修：《民国新都县志》，《中国地方志集成·四川府县志》第11册，成都：巴蜀书社，1990年，第817页。

4　《光绪二年丙子科四川乡试中式第六十二名举人彭厚源朱卷》，顾廷龙主编：《清代朱卷集成》第332册，第219—247页。

5　《光绪十七年辛卯科四川乡试中式第五名举人韩乾学朱卷》，顾廷龙主编：《清代朱卷集成》第333册，第203—226页。

丁卯、庚午（1870）、乙亥（1875）历科荐卷，惟遭际不偶，屡荐不售。另外一个兄长乾枢，也是中式举人，历掌邑敷文、顺德、龙冈书院。从朱卷来看，其家庭教育应该说是成功的[1]。

需要强调的是，虽然四川科举世家与清代学术主流相隔绝，其经学著作颇为逊色，但是如果局限在蜀地来看，则毫无疑问代表了最高水准。虽然川籍士子在会试上斩获不多，但是就乡试这一层级而言，竞争则局限于省内。据前引诸多朱卷批语，这些世家子弟得益于家学，除却精深四书，也都谙熟五经，其制艺也就更为平衡完善，给乡试考官留下博学多闻、见多识广的印象，得到认可。可见上述科举世家的经学传承足以使得其子弟弋获功名，保障家族在省内的政治、经济和文化优势。

五、官学与清末四川经学及科举的转型

在清代四川，学术的传承不仅依赖家学，官学也扮演了一定的角色。清康熙四十三年（1704），四川按察使刘德芳于成都创建锦江书院，后列为省级书院。锦江书院旨在为科场造就人才，虽然培养出李调元等学者，但是未能为川省引入时新学术风气。正如最后一任院长伍肇龄所云："国朝初，建锦江书院，大抵惟科举是务，虽曰习经，涉猎而已，未有专业。教者即欲以古学倡，其如规模之未具何。"[2]

直到张之洞督学四川，创建尊经书院，官学方才异军突起，改变了四川的学术宗尚。张之洞以经术古学为士子倡，本是鉴于川省士子专骛帖括，不修经古，

1　除了朱卷以外，四川府州县志中保留了更多这些地方师儒的资料，很多师儒皆有经学著作，然著作内容当然是为课读子弟，为科举考试服务的。第二节提及黄开国所论《四书》类著述皆属此类。此外如成都人芮樨所著的《批点五经》《四书讲义》都是课塾之余所撰的课本，于学术本身没有太大的关系，而纯粹为应对考试而作。见李玉宣等修：《同治新修成都府志》，《中国地方志集成·四川府县志》，成都：巴蜀书社，1990年，第2册，第241页《本传》，第397页《经籍》。

2　伍肇龄：《尊经书院课艺二集序》，赵所生，薛正兴主编：《中国历代书院志》第16册，南京：江苏教育出版社，1995年，第443页。

遑论通经致用。正如丁宝桢云："尊经书院之设，盖有见于当时之读书者，至老而卒无只字之获解。"[1]就此而言，制义与经古看似离为二事。然而，由于乾嘉之际汉学考据对制义产生的影响，骛经古本身也就是骛制义，特别是对第二场五经义来说。笔者查阅清代中期以后朱卷中的房批，见第二场五经义房荐的批文大量出现"谙于六书""训诂精塙""许郑家法"等文字，相较此前考官评语喜用如"镕经铸史""经术渊懿"等空泛字眼，或以"酣畅""高华"等语品评文辞，已颇异旨趣。而四川乡试朱卷上的二场房荐批文，光绪以前的基本上是仍依旧惯，这一方面说明川省生员尚不擅运用训诂考据于制艺中，另一方面也说明川省的同考官（多由邻近知县充任），亦不知或不喜考据之学。

故而尊经书院的建立，并非完全为经古之学，也并非一以汉学考据为旨尚。光绪四年（1878）和十年（1884）两任山长的王闿运在课读书院时就说："今愿与诸生先通文理，然后说经；理通而经通。"丁宝桢云："旨哉斯言，汉儒借章句以求古圣之义理，义理明而章句之学愈显；后人背义理以求显著之章句，义理晦而章句之病益深。吾尝怪今世之解经者，如行路然。日履康庄，而故欲辟荆榛，以自矜为坦途也。"[2]直是反对汉学家的立场。时当同光之际，汉学与宋学的问题虽扰攘百年，在读书人中间并没有定于一尊的希望。学者们尊汉尊宋，或因其体，或缘其用，或溯其源，或追其流，皆各言其是。尊经书院固为提倡经古之学而设，此其体也；但更重要的目的是为顺应科举风气的变化，培植选拔川省人才，此其用也。伍肇龄又曾任尊经书院第五任山长，云："同治甲戌，官绅协谋，别建尊经讲舍（事详《尊经书院记》），始专考经义，兼习古文词，十余年来登进者，历科转盛。风会所趋，人人皆知读书之有益矣。"[3]

据张之洞《四川省城尊经书院记》，可知其设想之尊经书院教学理念："凡学之根柢必在经史，读群书之根柢在通经，读史之根柢亦在通经，通经之根柢在通

1　丁宝桢：《尊经书院初集序》，赵所生、薛正兴主编：《中国历代书院志》第16册，第1页。

2　丁宝桢：《尊经书院初集序》，赵所生、薛正兴主编：《中国历代书院志》第16册，第1页。

3　伍肇龄：《尊经书院课艺二集序》，第443页。

小学。""入院者人给五经一、《释文》一、《史记》一、《文选》一、《史记合评》一，……更有《国语》《国策》《两汉》《三国》《说文》（必须兼检字）、《历代帝王年表》《简明目录》。"[1]实际教学基本与之相应，经学大师廖平为尊经书院高才生，据其所言，所课为经、史、小学、辞章，尤重通经[2]。具体的教学成果，可以见之于书院课艺之佳作，收入《蜀秀集》（1879）、《尊经书院初集》（1884）、《尊经书院二集》（1891）等。以《蜀秀集》为例，书中收入廖平就学时大量作品，如《荥波既猪解》《士冠礼以挚见于乡大夫乡先生解》《月令毋出九门解》《廛无夫里之布解》《尔雅舍人注考》《六书说》《史记列孔子于世家论》《两汉驭匈奴论》《五代疆域论》，足见其接受严格的文字训诂、典章考证，以及史论的训练。

同治以后，四川进士中额不断增长，其中肄业尊经者甚多[3]。可证上述训练效果显著。从这一点来看，尊经书院之设，其直接而显著的成绩，是为川省培养了更多能够弋获高第的人才，而经学本身实是尊经的副产品。李滋然、廖平、宋育仁、邵从熄（1904）以及光绪乙未（1895）科状元骆成骧、杨锐、傅增湘、蒲殿俊等人皆由尊经肄业。无论是对于来自显赫世家的举子，还是家境贫寒的士人如廖平，官学提供的训练足以补足家学、私学的传承，使得其不再囿于性理之学与帖括之文，领会并掌握清代经学之丰厚遗产，从而使得川省学风汇入全国主流。

若要证明这一点，朱卷可作为最直接的证据。惜乎上述诸人的朱卷大多不存，唯有光绪十五年己丑（1889）科会试廖平朱卷收入集成，但仅存履历和科份页，未留下文章。不过依据同科段友兰朱卷、曾广钧朱卷、周朝槐朱卷可以得知此科试题。其中《四书》艺三篇，题目分别出自《论语·卫灵公》《中庸》《孟子·滕文公》：

1　张之洞：《四川省城尊经书院记》，张之洞著，吕幼樵校补、张新民审补：《书目答问校补》，贵阳：贵州人民出版社，2004年，第420—421页。

2　廖幼平编：《廖季平年谱》，成都：巴蜀书社，1985，第13页。

3　陈国生、罗文、赵筱青：《清代四川进士的地域分布及其规律》，《中国历史地理论丛》1994年第2期，第199—214页。

　　　子曰：行夏之时，乘殷之辂，服周之冕，乐则韶舞。[1]

　　　取人以身，修身以道。[2]

　　　曰：子不通功易事，以羡补不足，则农有余粟，女有余布。子如通之，则梓匠轮舆皆得食于子。[3]

　　《五经》艺五篇，题目分别出自《易经·系辞下》《尚书·舜典》《诗经·鲁颂》《春秋·昭公十二年》《礼记·月令》：

　　　爻也者，效此者也；象也者，像此者也。[4]

　　　帝曰：咨！汝二十有二人。[5]

　　　眉寿保鲁，居常与许。[6]

　　　春，齐高偃帅师，纳北燕伯于阳。[7]

　　　是月也，命野虞无伐桑柘。鸣鸠拂其羽，戴胜降于桑。具曲植籧筐。[8]

　　虽然廖平之答卷不存，但从房荐批文可以推想其制艺写作思路：

　　　第一场首艺择精语详，文之有经籍光者。次取径深微。三亦力扫恒蹊，言文而指弥远。诗不俗。第二场《易》义熟于六书通假之例，说一经而全经

1　何晏注，邢昺疏：《论语注疏》卷15《卫灵公》，阮元校刻：《十三经注疏》，北京：中华书局，1982年，第2517b页。

2　郑玄注，孔颖达等正义：《礼记正义》卷52《中庸》，阮元校刻：《十三经注疏》，第1629b页。

3　赵岐注，孙奭疏：《孟子注疏》卷6《滕文公章句下》，阮元校刻：《十三经注疏》，第2711c页。

4　孔颖达等正义：《周易正义》卷8《系辞下》，阮元校刻：《十三经注疏》，第86a页。

5　孔安国传，孔颖达等正义：《尚书正义》卷3《舜典》，阮元校刻：《十三经注疏》，第132a页。

6　毛公传，郑玄笺，孔颖达等正义：《毛诗正义》卷22《鲁颂·闷宫》，阮元校刻：《十三经注疏》，第617c页。

7　杜预注，孔颖达等正义：《春秋左传正义》卷45《昭公十二年》，阮元校刻：《十三经注疏》，第2061b页。

8　郑玄注，孔颖达等正义：《礼记正义》卷15《月令》，阮元校刻：《十三经注疏》，第1363c页。

皆通，六经亦皆通。是善读书人语。《书》说二十二人，创前人所未有，按之经传皆通，见地墒实庶几不磨。《诗》"常""许"本无墒据，善说不妨解颐，其推阐形容譬况之词，皆有心得。《春秋》"'阳'在""'生'刊灭阙"之说，本不可通，此独不护传文，通人之论非专己守残者所解。礼亦以文从字顺求之，深明周秦以上经传属文之例，小儒见之未免咋舌。第三场五策包举经籍，合炉而冶之，想见矮屋中端坐扣腹，出古今百家，叱咤进退之状。视琐屑钞掫者，奚翅霄壤。合观前二场，益知作者于先圣微言大义，谨守而详述之，尤了然于历代治乱因革之故，理人驭世之经，言之凿凿，非毋弗群书、学有师法者不办。[1]

上述评论显示廖平充分发挥其娴熟经籍的优势，在第二场《五经》艺之外，于第一场、第三场都大量援引五经，使得四书文"有经籍光"，五策"包举经籍"，显得饱读诗书，学有师法。对于《五经》艺，廖平更是本色当行：易义文体现其小学功底，运用六书通假解经之法，援引其他经籍字例，以音训字诂解试题经文；书经文依据《古文尚书》之经传，针对"二十有二人"创发新说；诗经文重点在于阐释"居常与许"之众说纷纭的"常""许"二字（地名）内涵，再度借重小学功力，从事史地考证；《春秋》文据何休之《春秋公羊解诂》（"公"误为"伯"，"子"误为"于"，"阳"在，"生"刊灭阙），将"伯于阳"校读为"公子阳生"，流露出今文经学立场；礼经文依然侧重说字解经，对于经传的措辞规律烂熟于心。

除却廖平的写作思路，考官的评品标准此处也显露无遗。笔者在刘师曾、刘显曾朱卷研究中曾经首次提出，清代嘉庆以后，汉学考据之风入科举制义的现象，蔡长林也因此观察到，以考据之法行汉学之说的取士标准，在晚清时期相当普遍。而且二、三场经、策，其重要性已不下于《四书》文[2]。考官花费大量笔墨

1　《光绪十五年己丑科会试中式第三十二名贡士廖平朱卷》，顾廷龙主编：《清代朱卷集成》第62册，第213—218页。

2　蔡长林：《论常州学派的学术渊源——以钱穆〈中国近三百年学术史〉的评论为起点》，《中国文哲研究集刊》2006年第28期，第178页。

称许廖平之《五经》艺，而非《四书》艺，足以证明此点。除此之外，《会试朱
卷》提要亦言及廖平之经义，可作为补证：

> 己丑会试朱卷也，虽属八股经义之作，而独抒己见，自铸伟词，非流俗
> 可比，宜阅卷诸臣，均叹为宿儒经师也。……按此卷共文八篇、诗一章，其
> 文题多属《五经》，……均有关经传考据之大题，惟平深通《六艺》，据典引
> 经，发前人所未发，虽于八股中，于古代典制，考证綦详，洵杰作也。而五考官
> 中，于平经学，皆备极称许，推为宿儒。又批其经、策淹通，洞明古训。[1]

此处之概述透露出廖平之作不仅长于文字、音韵、训诂、校勘，对于典章制
度也务求深论明辨。而五位主考官对廖平之经学素养、考据功力皆极推重，足见
当时考场之风气。换言之，廖平的制艺充分体现出乾嘉时期汉学考据之风影响下
新趋向，只不过其应试时已是光绪朝，引汉学考据入制艺早已成为常见的写作手
法之一。

由此可知，引汉学考据入制艺先出现于东南三省，随后渐渐扩散至全国，四
川士人则直至光绪朝才因尊经书院之训练，掌握这一手法。让我们再看看道光二
十九年己酉（1849）科四川乡试中式2名举人聂铃乡试朱卷的同考官韩树屏
房批[2]：

> 麟彬鱼雅，鹄峙鸿骞，鹈膏淬而剑光腾，鸢徽抚而琴材辨。惟驰纵乎经
> 史，斯彪炳乎词章。诗握蛇珠，灿心花而响逸。经抽虹钥，摅胸竹以辞新。
> 希文学富万言，江都才优三策。闱中击节，共识纯青；榜后知名，益孚雅
> 素。生锦屏望族，图鼎兴宗。教秉鲤庭，标棣华之五萼，功深萤简，试棘院

1 　佚名：《会试朱卷一卷（六译馆丛书本）》，《续修四库全书总目提要（稿本）》第36册，济南：齐
　　鲁书社，1996年，第257页。
2 　《道光二十九年己酉科四川乡试中式第二名举人聂铃朱卷》，顾廷龙主编：《清代朱卷集成》第331
　　册，第245—254页。

者九秋。季弟已贡树分香，乃兄复榜花撷艳。此日蟾宫高捷，元音亚第一之名；明年雁塔新题，国士擅无双之誉。跂予鹤望，励尔鹏程。[1]

时隔五十年，两者之间风格迥异。道光朝四川乡试中，无论是考生还是考官，着眼之处皆在于声气与词章，而非训诂与考据。故笔者以为经书院之训练，使得四川举子得以掌握早已成为治学以及制艺基础的汉学考据，并能够追随考场之风尚，廖平就是最典范的例证。就效果而言，尊经书院引领的官学，不仅提高了四川士人中式的概率，也连带扭转了蜀地的学术风气，因此才有廖平之震炫时人耳目的经学三变，才有清末民初"蜀学"的辉煌。

六、余论

在明清两代，经学与科举相辅相成。就其大概而言，科举以经学为学术根基，经学嬗变常常影响科举制艺的宗尚；科举为国家功令，其宗尚引得士子趋之若鹜，反过来促成某些学说的推广。譬如明代后期王学兴盛，会合三教，引发子学与禅语入制义，也进一步推尊了阳明心学[2]；清中后期乾嘉考据学大兴，促成汉学入制艺的写作手法，又进而扩大了汉学的影响。具体到某一地域、某一家族，如果顺应经学研究的新动向，往往不仅能够经师辈出，也足以在科场上独占鳌头。清代东南三省汉学昌明，科甲鼎盛，就是最显著的例证。

问题在于，此前的研究多关注上述学术发达的省份，在学术"后进"省份，科举与经学呈现何种联系？与前述文风兴盛之地有何共同之处？又有何差异？本文以清代四川为例，回答上述问题。就整体而言，在饱经战乱、地处偏僻的蜀地，经学积淀与科举成就同样相辅相成：清中前期四川文化衰落、经学不彰，科举表现也远逊于其他省份，清后期川籍举子科场表现突出，巴蜀经学也开始独树

1　《道光二十九年己酉科四川乡试中式第二名举人聂钤朱卷》，顾廷龙主编：《清代朱卷集成》第331册，第254页。

2　陈致：《晚明子学与制义考》，初刊于《诸子学刊》第1期，上海：上海古籍出版社，2007年，第383—420页，后收入陈致：《诗书礼乐中的传统：陈致自选集》。

一帜。具体说来，清代四川与东南三省类似，学术传统依赖家学的传承，但是由于屡经战乱，积学累世的知识家族在蜀地地位尤其显赫，既赓续经学传统，又很大程度垄断了科举功名。虽然这些经学世家谨守宋学门户，不识汉学新潮，学术水准有限，但其经学训练已足以保证子弟在乡试层面弋获功名，维持家族的地位。到清代后期，张之洞复兴官学，设尊经书院推广考据训诂之学，提倡通经致用，方才一新四川学术风气，较之阮元创建诂经精舍、学海堂的成绩，实在不遑多让。在官学的提倡之下，一方面，大批四川学子得以掌握引汉学考据入制义的写作手法，从而屡屡在科场上特别是会试中取得考官的青睐。另一方面，他们也经由汉学考据融入全国学术主流，迅速创造出别具一格的"蜀学"，使得四川一跃而成学术重镇。总而言之，在清末四川，科举与经学发展的重心呈现出从家学到官学的转移，官学的提倡补足了家学的传承，最终促成了文化的复兴。

附录：《清代朱卷集成》川籍考生（未全）朱卷履历一览表

序号	姓名、生辰	科第	原籍	占籍	先世及族人
1	陈韶[1] 乾隆甲寅年十月初六日吉时生	嘉庆戊寅（1818）恩科四川乡试中式第32名举人		四川重庆府涪州监生，民籍	太高祖陈计长，明天启丁卯举人，长沙府知府。高祖命世，顺治甲午拔贡，丁酉副榜，庚子经魁。曾祖陈崚，康熙辛卯副榜，甲午举人。祖陈于宣，雍正乙卯举人，历任湖南永定、会同、绥宁知县。父陈廷璠，乾隆丁酉拔贡，庚子举人，嘉庆辛酉大挑一等，分发广西，历任荔浦、藤县知县。兄煦、昉，皆进士，弟锟嘉庆辛酉举人甲戌会试挑取宗学教习，丁丑大挑一等。堂兄永图，乾隆戊申恩科举人，嘉庆壬戌进士，伊言，嘉庆辛酉解元，乙丑进士，保咸，丁卯举人。其他族人中式者，不能备载。

---

[1]　《嘉庆二十三年戊寅恩科四川乡试中式第三十二名举人陈韶朱卷》，顾廷龙主编：《清代朱卷集成》第331册，第169—189页。

续 表

序号	姓名、生辰	科第	原籍	占籍	先世及族人
2	何盛斯[1] 嘉庆辛酉四月十三日吉时生	道光八年戊子（1828）科顺天乡试中式第56名		四川潼川府中江县拔贡生，民籍	履历中先世及族人无科名举人以上者。
3	敖右贤[2] 嘉庆己巳二月初七日丑时生	道光八年戊子（1828）科四川乡试中式第24名举人。丙申（1836）科三甲第70名进士	原籍浙江嘉兴府海盐县	四川重庆府荣昌县附生	祖时忭，乾隆丁酉拔贡，朝考一等，历任广西修仁县知县，养利州知州。原姓朱，族叔朱方增，族兄朱昌颐。
4	邹容彦[3] 嘉庆甲子六月二十八日吉时生	道光十九年己亥（1839）四川乡试中式第3名举人。乙酉科乡试副榜12名	原籍江西抚州府宜黄县谭坊	四川泸州	父邹逊万，由江西入川。堂伯叔，丁丑进士。堂兄弟桂林，己卯举人；光第，癸酉举人；佶，辛卯举人；嗣文，甲午举人；光钺，戊寅恩科举人；虞，甲子举人；纲，壬辰举人。
5	戴轮[4] 嘉庆丁卯十二月十一日吉时生	道光二十四年甲辰（1844）恩科四川乡试中式第51名举人	原籍湖北黄州府麻城县	四川资州内江县学廪生	始祖必忠由麻城入蜀。一世祖惟樑复由楚入蜀。族堂祖纩，乾隆壬戌进士，任成都提塘，升授台湾镇标城守参将。
6	向熙敏[5]	道光二十九年己酉（1849）四川乡试中式第13名举人	湖广黄州府广济县	四川成都府成都县	入川一世祖，向明辟。有生员功名，由军功落籍四川。高祖廷赓，康熙丙子科第九名举人，历任邛州巴州学正桐梓县教谕，鄂西林相国保荐，召见太和殿，诏问三次，条陈时事，授湖南巴陵知县，举博学鸿词科，以老辞，著有《易图》《史咏企苏》《周礼详解》等。胞叔高祖向廷飏，康熙甲午科举人，伯

1 《道光八年戊子科顺天乡试中式第五十六名举人何盛斯》，顾廷龙主编：《清代朱卷集成》第95册，第189—239页。

2 《道光八年戊子科四川乡试中式第二十四名举人敖右贤朱卷》，顾廷龙主编：《清代朱卷集成》第331册，第191—194页。

3 《道光十九年己亥四川乡试中式第三名举人邹容彦朱卷》，顾廷龙主编：《清代朱卷集成》第331册，第197—217页。

4 《道光二十四年甲辰恩科四川乡试中式第五十一名举人戴轮朱卷》，顾廷龙主编：《清代朱卷集成》第331册，页219—242。

5 《道光二十九年己酉科四川乡试中式第十三名举人向熙敏朱卷》，顾廷龙主编：《清代朱卷集成》第331册，第257—272页。

续　表

序号	姓名、生辰	科第	原籍	占籍	先世及族人
					叔高祖日昇，康熙丙子科举人，日贞，康熙戊子解元，癸巳恩科进士，雍正元年癸卯恩科会试同考官，督学江西。胞伯叔祖大溟，乾隆庚子科举人。胞兄弟熙敬，嘉庆己卯科举人道光乙未恩科会试荐卷大挑二等。堂兄弟大成，道光戊子解元；尧阶，同榜举人，珂鸣，道光癸卯科举人；熙南，道光庚子恩科举人，甲辰恩科会试钦赐翰林院检讨。胞侄庆基，道光丙午科举人，覆试四川第一名，丁未会试荐卷。
7	聂铃[1] 嘉庆丙子年三月二十二日吉时生	道光二十九年己酉（1849）科四川乡试中式第2名举人		四川叙州府屏山县优廪生	见42聂培荫[2]朱卷履历。
8	聂鍊[3] 道光丙戌十二月二十五日吉时生	道光二十九年己酉（1849）科四川乡试选拔第一		四川叙州府屏山县优廪生	见42聂培荫[4]朱卷履历。
9	刘鸿典[5] 嘉庆癸酉十二月二十七日吉时生	道光二十九年己酉（1849）科四川乡试选拔贡	湖北麻城孝感乡[6]	四川直隶眉州优廪生，民籍。世居眉州龙安里，侨寓成都省城南门淳化街	始祖朝弼，明正、嘉间为避乱离，举家迁蜀。初居眉州南郊。五世祖坤，有学行，通经史，尤邃于《易》，避明末清初之乱，徙居温江[7]。叔高祖汝钦（1730—1789），精于《易》，洞彻性理[8]。

1　《道光二十九年己酉科四川乡试中式第二名举人聂铃朱卷》，顾廷龙主编：《清代朱卷集成》第331册，第245—254页。

2　《光绪十七年辛卯科四川乡试中式第二名举人聂培荫朱卷》，顾廷龙主编：《清代朱卷集成》第333册，第67—93页。

3　《道光二十九年己酉科四川乡试中式第二名举人聂铃选拔第一名聂鍊朱卷》，顾廷龙主编：《清代朱卷集成》第331册，页245—254页。

4　《光绪十七年辛卯科四川乡试中式第二名举人聂培荫朱卷》，顾廷龙主编：《清代朱卷集成》第333册，第67—93页。

5　《道光二十九年己酉科四川乡试选拔贡刘鸿典朱卷》，顾廷龙主编：《清代朱卷集成》第407册，第117—141页。

6　李豫川：《近代四川道教名人刘沅》，《中国道教》1998年第2期，第52页。

7　李豫川：《近代四川道教名人刘沅》，《中国道教》1998年第2期，第52页。

8　李刚兴：《刘沅》，贾顺先、戴大禄主编：《四川思想家》，成都：巴蜀书社，1988年，第475页。

续　表

序号	姓名、生辰	科第	原籍	占籍	先世及族人
					叔曾祖澋，乾隆甲寅恩科举人，丙辰进士，钦点翰林院庶吉士，改刑部主政，出任广西直隶郁林州知州。堂叔祖廷广。从堂叔祖杞文、柜文、楷文、械文，皆庠生；崧云，太学生。 其业师中，有叔曾祖止唐老夫子沅，乾隆己酉拔贡，壬子科举人，铨选湖北天门县知县，奏授国子监典簿，著有《四子》《易》《书》《诗》《春秋》《三礼》恒解，《孝经直解》《史存》等书，典亲炙十有五年。[1]
10	张申五[2]	见咸丰五年乙卯（1855）科四川乡试中式第54名举人	始迁祖彦广初由湖北麻城宦蜀入籍巴县	成都府温江县廪膳生，民籍	始迁祖彦广，初由湖北麻城宦蜀，入籍巴县。十三世祖张本明，洪武癸酉举人，兵部员外郎。十三世叔祖清，宣德庚戌进士，浙江布政使。十三世叔祖缙，正德戊辰进士，贵州巡抚。十三世叔祖政，景泰进士。十二世叔祖祯叔，成化己丑进士，宁夏巡抚。十一世祖师价，明嘉靖庚戌进士，崇祀乡贤祠，载郡志，历御史，河南布政使。十一世叔祖师齐，明辛未进士，两广巡抚。十一世叔祖师佖，明举人。十世叔祖似渠，明辛未进士。六世祖玉吉，从军平蜀，授叙州府知府，康熙十三年从定云南，授蒙化府知府，统辖屯务，敕授振威将军。 高祖宪文，康熙戊子举人，江南六合县知县。 从堂伯叔祖能厚，乾隆己亥经魁，原任甘肃华亭县知县。 从堂叔祖能载，为本生祖。

1　《道光二十九年己酉科四川乡试选拔贡刘鸿典朱卷》，顾廷龙主编：《清代朱卷集成》第407册，第120页。

2　《咸丰五年乙卯科四川乡试中式第五十四名举人张申五朱卷》，顾廷龙主编：《清代朱卷集成》第331册，第275—282页。

续　表

序号	姓名、生辰	科第	原籍	占籍	先世及族人
11	韦灿[1] 道光己丑年十月初十日吉时生	咸丰九年己未（1859）恩科四川乡试中式第21名举人	原籍湖北黄州府麻城县	重庆府南川县增广生，民籍	嫡堂叔曾祖洪瓒，乾隆己酉恩科举人。从堂伯杰生，癸酉科拔贡，戊寅恩科顺天副榜，甲午科四川经魁，丙申恩科进士。
12	冉正常[2] 道光丙戌年六月二十五日生	同治三年甲子（1864）科带补咸丰十一年辛酉（1861）科乡试中式第5名举人	始祖明富由西阳迁岳池由岳池迁渝	重庆府学优廪膳生，巴县民籍	堂伯祖宗裕，壬子举人。堂伯广燏，壬辰进士，山西屯留县知县。
13	秦代馨[3] 道光甲辰三月初一日生	同治六年丁卯（1867）科选准优贡第2名，壬戌（1862）恩科乡试中式第53名举人	始祖广达康熙丙子由粤迁合，原籍广西桂林府临桂县	＝重庆府合州学优贡生，巴县民籍	履历中先世及族人无科名举人以上者。
14	傅鼎[4] 道光丙午年十一月廿七日生	同治六年丁卯（1867）科带补壬戌（1862）恩科乡试中式第82名举人	祖辅仁德清县庠生经学传家	成都府成都县监生，改归原籍浙江湖州府德清县	胞兄云龙，兵部郎中，武选司兼车驾司行走。
15	赵敬熙[5] 道光壬午年六月二十四日生	见同治六年丁卯（1867）科顺天乡试中式第28名举人		叙州府学廪贡生，宜宾县民籍	见35赵增瑀朱卷履历。敬熙为增瑀胞伯。

1　《咸丰九年己未恩科四川乡试中式第二十一名举人韦灿朱卷》，顾廷龙主编：《清代朱卷集成》第331册，第285—305页。
2　《同治三年甲子科带补咸丰十一年辛酉科四川乡试中式第五名举人冉正常朱卷》，顾廷龙主编：《清代朱卷集成》第331册，第307—327页。
3　《同治六年丁卯科带补同治元年壬戌恩科四川乡试中式第五十三名举人秦代馨朱卷》，顾廷龙主编：《清代朱卷集成》第331册，第329—385页。
4　《同治六年丁卯科带补同治元年壬戌恩科四川乡试中式第八十二名举人傅鼎朱卷》，顾廷龙主编：《清代朱卷集成》第331册，第387—403页。
5　《同治六年丁卯科顺天乡试中式第二十八名赵敬熙、同治六年丁卯科带补同治元年壬戌恩科四川乡试中式第八十一名举人赵最熙、同治九年庚午科四川乡试中式第十四名举人赵昉熙合刊朱卷》，顾廷龙主编：《清代朱卷集成》第354册，第173—235页。

续　表

序号	姓名、生辰	科第	原籍	占籍	先世及族人
16	赵晸熙 1 道光己亥年四月二十一日生	同治六年丁卯（1867）科带补壬戌（1862）恩科乡试中式第81名举人			见35赵增瑀朱卷履历。晸熙为增瑀堂伯。
17	项作孚 2 道光丁酉年正月二十六日生	同治六年丁卯（1867）科带补壬戌（1862）恩科乡试中式第95名举人	原籍武昌府大冶县	顺庆府南充县廪生，民籍	履历中先世及族人无科名举人以上者。
18	杨晫 3 道光辛卯年九月二十六日生	同治六年丁卯（1867）科带补壬戌（1862）恩科乡试中式第109名举人		重庆府涪州附贡生，民籍，世居南沱镇万树园	履历中先世及族人无科名举人以上者。
19	李济川 4 道光辛巳年八月十四年生	同治六年丁卯（1867）科带补壬戌（1862）恩科乡试中式第113名举人	原籍湖广麻城县，世居孝感乡	忠州直隶州酆都岁贡生，民籍	始祖祖兴，自楚入蜀，居酆都县。太高祖黻枢，康熙己卯举人，原任广安州学正，敕授文林郎。高祖如瑄，康熙辛酉拔贡。祖跻泰，岁贡生。 族伯叔存周，嘉庆辛未进士，原任安徽舒城县知县。

1　《同治六年丁卯科顺天乡试中式第二十八名赵敬熙、同治六年丁卯科带补同治元年壬戌恩科四川乡试中式八十一名举人赵晸熙、同治九年庚午科四川乡试中式第十四名举人赵昉熙合刊朱卷》，顾廷龙主编：《清代朱卷集成》第354册，第173—235页。

2　《同治六年丁卯科带补同治元年壬戌恩科四川乡试中式第九十五名举人项作孚朱卷》，顾廷龙主编：《清代朱卷集成》第331册，第405—412页。

3　《同治三年甲子科带补咸丰十一年辛酉科四川乡试中式第一百零九名举人杨晫朱卷》，顾廷龙主编：《清代朱卷集成》第332册，第1—21页。

4　《同治三年甲子科带补咸丰十一年辛酉科四川乡试中式第一百一十三名举人李济川朱卷》，顾廷龙主编：《清代朱卷集成》第332册，第23—33页。

续　表

序号	姓名、生辰	科第	原籍	占籍	先世及族人
20	李铭熙[1] 道光己酉年二月初三日生	同治丁卯（1867）科带补壬戌（1862）恩科乡试中式第153名举人	原籍福建泉州府安溪县	四川直隶酉阳州彭水县附生，民籍	太高祖光壕，康熙癸巳举人。始令彭水县，升任酉阳州，谢政后寄居彭水之太平场，因家焉。太高伯祖光地，康熙戊戌翰林，仕至文渊阁大学士。高祖钟汇，乾隆乙酉拔贡。
21	赵昉熙[2] 道光辛丑年十一月二十二日生	同治九年庚午（1870）科四川乡试中式第14名举人			见35赵增瑀朱卷履历。昉熙为增瑀堂伯。
22	吴祖椿[3] 道光壬寅年十二月初二日生	同治癸酉（1873）中式第28名举人	原籍浙江湖州府归安县	四川成都府华阳县廪贡生，民籍	十世祖世济，万历壬子举人，安徽太和县知县，升六安州知州，崇祀名宦祠。
23	温永恕[4] 道光戊子年二月十一日生	同治癸酉（1873）中式第60名举人	原籍江西赣州府	成都府新都县恩贡生	堂叔祖玉声，庚午科举人；玉润，癸酉科举人。胞叔德懿，乙酉选拔本科举人；舜臣，乙卯举人。堂叔伯兄弟德基，戊午举人；永亮，己酉选拔丁卯举人。 温氏家人习武，堂曾伯叔祖光蜀，庚寅恩科武举；光超，庚申恩科武解元[5]，光绪丁酉科顺天乡试中式举人。温兴全，及光绪壬寅补行辛丑科举人。温致，也是族人子弟[6]。

1　《同治六年丁卯科带补同治元年壬戌恩科四川乡试中式第一百五十三名举人李铭熙朱卷》，顾廷龙主编：《清代朱卷集成》第332册，第35—53页。

2　《同治六年丁卯科顺天乡试中式第二十八名赵敬熙、同治六年丁卯科带补同治元年壬戌恩科四川乡试中式第八十一名举人赵聂熙、同治九年庚午科四川乡试中式第十四名举人赵昉熙合刊朱卷》，顾廷龙主编：《清代朱卷集成》第354册，第173—235页。

3　《同治十二年癸酉科四川乡试中式二十八名举人吴祖椿朱卷》，顾廷龙主编：《清代朱卷集成》第332册，第55—100页。

4　《同治十二年癸酉科四川乡试中式六十名举人温永恕朱卷》，顾廷龙主编：《清代朱卷集成》第332册，第103—110页。

5　陈习删等修：《民国新都县志》，《中国地方志集成·四川府县志》第11册，1990年，第771页。

6　陈习删等修：《民国新都县志》，《中国地方志集成·四川府县志》第11册，1990年，第762—763页。

续　表

序号	姓名、生辰	科第	原籍	占籍	先世及族人
24	范运鸿 1 道光己亥年八月二十一日生	光绪元年乙亥（1875）恩科中式第 9 名举人	原籍湖南直隶郴州宜章县，二世祖贵寿明成化时由闽迁楚，高祖瑞嵩由楚迁蜀	四川叙州府隆昌县廪膳生，民籍	父泰衡，字百崇，号宗山，道光甲午举人，甲辰大挑二等，以教谕衔管万县训导事，诰封朝议大夫户部主事加三级，前翰林院庶吉士。晋封中宪大夫，道衔，安徽凤阳府知府。著有《读周易、尚书、大学、中庸记》。胞叔泰亨，号云吉，道光己酉选拔刑部七品小京官，安徽司主事，陕西司员外郎，秋审处坐办，江西吉安府知府奏办两江粮台。从叔泰阶，甲子举人，任温江县训导。族伯叔泰元，丁卯科举人，任浙江盐大使。胞兄运鹏，咸丰壬子举人，丙辰进士，翰林院庶吉士，武英殿协修，户部湖广司主事，贵州司员外郎，福建司郎中，军机处行走，方略馆协修，记名御史道衔，安徽凤阳府知府，大计保荐卓异，甲子科顺天乡试同考官，癸酉科江南乡试内监试官。
25	张如翰 2 咸丰己未年十一月二十七日吉时生	光绪元年乙亥（1875）恩科四川乡试中式第45名举人	原籍江南桐城宋南渡迁湖广麻城县	叙州府南溪县学附生，民籍	十三世祖庆明，恩贡生始入蜀。十世祖冲明，举人，任工部主事，敕授奉直大夫。八世胞伯祖翘明，举人。堂伯叔高祖懋中，乾隆乙酉科举人。从堂伯叔曾祖希祖，乾隆庚寅恩科举人。祖蓄德，恩贡生，候选州判，壬午乙酉戊子荐卷，甲午堂备。从堂伯叔祖用德，同治丁卯科带补壬戌恩科举人；琛德，邑廪膳生，辛亥科房荐；昕德，邑增广生，庚午癸酉科房荐。从堂伯叔学询，邑廪膳生，丁卯房荐；学定，恩贡生，候选州判，辛亥房荐；学铭，咸丰己未恩科举人，同治戊辰

1　《光绪元年乙亥恩科四川乡试中式第九名举人范运鸿朱卷》，顾廷龙主编：《清代朱卷集成》第332册，第113—133页。

2　《光绪元年乙亥恩科四川乡试中式第四十五名举人张如翰朱卷》，顾廷龙主编：《清代朱卷集成》第332册，第135—151页。

续　表

序号	姓名、生辰	科第	原籍	占籍	先世及族人
					挑取国史馆誊录，辛未大挑二等，即选教谕；学飏，邑廪膳生，癸酉房荐。再从堂伯叔学振、学崑、学峰、学昶、学本，从堂兄弟问熙，皆领房荐。再从堂兄弟问镐，同治庚午科举人。族叔祖伯叔兄弟士晋，丁酉科举人；启海，丙午科举人；启辰，壬子科进士，云南宣威州知州；汝霖，己未恩科举人，户部郎中；鑾彦，本科同榜举人。
26	简世珍 1 道光二十年月初八日吉时生	光绪二年丙子（1876）科四川乡试中式第7名举人	湖广原籍	叙州府学廪生，富顺县民籍	一世祖文信，由荆州府邑都县，迁居重庆府巴县。 堂族兄弟吉魁，同治丁卯带补壬戌恩科举人。
27	廖学游 2 道光丁亥年十一月十九日吉时生	光绪二年丙子（1876）科四川乡试中式第18名举人	原籍福建省龙岩州	叙州府学增广生，富顺县民籍	高祖永珂，由闽入湖广，继迁蜀资州内江县三元井，继又迁富顺县。堂伯叔曾祖元璋，甲子科经魁。堂伯叔祖寅，己亥恩科举人。胞伯叔煜明，道光乙酉科拔进士，吏部注册改州判，寻改教谕，课徒登乡会榜者数人。堂伯叔登本，甲辰举人；修明，辛亥恩科举人，云南广南府知府；抡元，丙子举人；光汉，丁卯举人，宗室教习，候选知县；明备，己未恩科举人；魁元，乙酉武举，家修，庠生，丁卯荐卷。堂兄弟世清，乙卯科举人；坤培，翰林院编修，贵州大主考，提督贵州学政；正华，癸酉举人；鸿逵，癸卯举人；崇贵，丁卯举人；正笏，丁酉举人；均庚，午科举人，联奎，癸卯举人；炳烈，本科同榜举人。堂姪镜明，己未恩科举人，联捷进士，户部主事；抡卿，庚午科举人；焕堂，丁酉科拔贡，主讲双流县书院；铸伊，戊午科举人；玉湘，本科同榜举人。

<hr>

1　《光绪二年丙子科四川乡试中式第七名举人简世珍朱卷》，顾廷龙主编：《清代朱卷集成》第332
　　册，第153—160页。

2　《光绪二年丙子科四川乡试中式第十八名举人廖学游朱卷》，顾廷龙主编：《清代朱卷集成》第332
　　册，第163—176页。

续　表

序号	姓名、生辰	科第	原籍	占籍	先世及族人
28	张政和[1]　咸丰辛亥年又八月二十四日吉时生	光绪二年丙子（1876）科四川乡试中式第39名举人		四川直隶酉阳州彭水县廪膳生，民籍	始祖志荣，明万历时，由江西吉安府迁湖南湘乡县。高祖发亮，乾隆时始定居蜀之彭水。
29	卢鸿遇[2]　咸丰丁巳年十二月二十日吉时生	光绪二年丙子（1876）科四川乡试中式第48名举人	原籍福建省龙岩州	四川叙州府廪膳生，富顺县民籍	十六世族叔照，辛巳恩科举人，泰辉戊子科举人。十八世祖慎徽，甲午科举人；耕心，己丑科进士，礼部主事。族叔太高祖志修，丁卯举人。十八世祖球，始基蜀。堂兄弟治平，甲子庚午两鹰房荐。
30	彭厚源[3]　道光己酉年正月二十七日吉时生	光绪二年丙子（1876）科四川乡试中式第62名举人	原籍江西南昌府迁湖北麻城县	叙州府宜宾县附生，民籍	始祖善，明洪武初从傅友德征蜀殉难始入蜀。十一世祖珣，康熙甲子科举人。堂伯叔高祖家栋，壬子举人；家馥，乾隆庚寅恩科举人，辛丑大挑二等，庚申辛酉浙闱乡试同考官。堂伯叔曾祖运适，乾隆戊子科经魁；运章，嘉庆辛酉科拔贡，甲子副榜，丁酉举人，丁丑大挑一等；运谦，嘉庆己卯副榜，钦取八旗官学汉教习；运恕，邑增生，乙卯拟取解元，戊子拟取优贡，乙卯戊午壬辰甲午历科乡试鼎荐；运衡，嘉庆己卯科举人，道光乙未科大挑一等；运伦，嘉庆己卯科，优贡候选布政司经历，道光丙戌科钦取八旗官学汉教习第一，随补正白旗教习。堂伯叔祖国玉，道光丁酉科拔贡，候选直隶州分州；原圭，道光己未庚子癸卯历科顺天乡试荐卷，己亥科考取腾录；国器，道光辛卯科举人；国勋，嘉庆乙卯科举人；宗岱，寄籍贵筑县，嘉庆戊寅恩举人，道光壬午恩科进士，翰

1　《光绪二年丙子科四川乡试中式第三十九名举人张政和朱卷》，顾廷龙主编：《清代朱卷集成》第332册，第179—199页。

2　《光绪二年丙子科四川乡试中式第四十八名举人卢鸿遇朱卷》，顾廷龙主编：《清代朱卷集成》第332册，第201—216页。

3　《光绪二年丙子科四川乡试中式第六十二名举人彭厚源朱卷》，顾廷龙主编：《清代朱卷集成》第332册，第219—247页。

续　表

序号	姓名、生辰	科第	原籍	占籍	先世及族人
					林院庶吉士。堂伯叔淳郁，丁卯举人；顺秩，咸丰辛亥恩科贵州举人。堂侄履德，乙亥举人。族伯叔兄弟爔，乙亥恩科举人；焕基，乙亥恩科举人；策勋，乙亥恩科举人；元瑾，同科举人；宏诰，同科举人；莅臣，同科举人。
31	余郁盛[1] 道光甲辰年十一月十二日吉时生	癸酉科选拔一名，会考一等第二十八名，朝考一等第二名，保和殿复试二等第十一名，光绪二年丙子（1876）科四川乡试中式第77名举人	原籍湖北黄州府麻城县	叙州府宜宾县拔贡生	始祖宗武，原籍麻城。二世祖道正，廪生，由麻城迁汉阳府黄陂县。曾祖文河，由楚迁蜀。族伯叔祖本芳，嘉庆辛酉科举人；炳修，己未科副榜，甲子带补辛酉科恩赐举人。胞伯治和，辛亥恩科举人；治铭，邑庠生，辛亥科荐卷。父治芳，甲子丁卯科荐卷。
32	宋育仁[2] 咸丰戊午年十一月廿三日吉时生	光绪五年己卯（1879）科四川乡试中式第44名举人		叙州府富顺县廪膳生，民籍	始祖应举，由黔入蜀，太高祖天玺之父。父时儒，字子君，号味农，布理问衔，升用知县，原任浙江镇海县县丞，缀学抱志，以国学生屡赴乡试不得第，始援例出仕，著有《味农未定诗草》二卷。叔父时珺，同知衔候选州同。嫡堂伯叔时昭，甲午科举人，国子监学正衔，平武县训导。
33	曾培[3] 咸丰壬子年三月二十日吉时生	光绪五年己卯（1879）科四川乡试中式第45名举人	原籍贵州兴义府贞丰州	成都府成都县附生，民籍	胞伯承忠，辛亥举人。

1　《光绪二年丙子科四川乡试中式第七十七名举人余郁盛朱卷》，顾廷龙主编：《清代朱卷集成》第332册，第249—287页。

2　《光绪五年己卯科四川乡试中式第四十四名举人宋育仁朱卷》，顾廷龙主编：《清代朱卷集成》第332册，第289—338页。

3　《光绪五年己卯科四川乡试中式第四十五名举人曾培朱卷》，顾廷龙主编：《清代朱卷集成》第332册，第341—346页。

续 表

序号	姓名、生辰	科第	原籍	占籍	先世及族人
34	白玉书[1] 咸丰辛酉年六月初七日吉时生	光绪五年己卯（1879）科四川乡试中式第69名举人	原籍洪雅县	成都府新津县附生，民籍	履历中先世及族人无科名举人以上者。
35	赵增瑀[2] 同治癸亥年九月十五日吉时生	光绪八年壬午（1882）科四川乡试中式第12名举人	原籍浙江宁波府鄞县	叙州府宜宾县附生，民籍	始祖晋卿，明浙江宁波府鄞县举人，任成都府别驾，为入蜀之始。五世祖玮？，康熙乙酉科举人，丙戌科联捷进士，江南高淯县知县，庚子科江南乡试同考官，著有《琴鹤堂文集》。高祖钟淯，乾隆癸卯科举人，乙卯科大挑一等。曾祖湖，辛酉科拔贡，癸酉科举人。祖述经，邑庠生，乙未丁酉丙午房荐。六世伯叔祖士元，乾隆癸酉科拔贡，壬午科举人；士恺，乾隆戊申科举人。太高伯叔祖城，郡廪生，乾隆乙酉科亚元，甲寅科浙江乡试同考官；坲，戊午科举人。高叔祖钟山，辛酉科兄弟同榜举人。从堂高叔祖钟辰，邑增生，乾隆己酉科副榜，辛酉科兄弟同榜举人，戊子科河南乡试同考官。胞叔祖树宜，道光丁酉科拔贡，朝考一等，丙午科顺天乡试举人，己酉科顺天乡试内收；树人，道光壬辰恩科叔侄同科举人；树谷，道光庚子恩科举人，辛丑乙巳会试房荐，甲辰科会试挑取誊录。嫡堂叔祖树棻，道光甲辰恩科举人，癸丑科大挑二等，庚午科云南乡试同考官；树鼎，咸丰壬子科举人。从堂伯叔祖树桐，道光辛卯科举人，甲辰科大挑一等，己酉河南乡试同考官；树吉，道光己酉拔贡，本科举人，庚

1　《光绪五年己卯科四川乡试中式第六十九名举人白玉书朱卷》，顾廷龙主编：《清代朱卷集成》第332册，第349—371页。

2　《光绪八年壬午科四川乡试中式第十二名举人赵增瑀朱卷》，顾廷龙主编：《清代朱卷集成》第332册，第373—401页。

续　表

序号	姓名、生辰	科第	原籍	占籍	先世及族人
					戌科联捷进士，朝考一等第五名，翰林院庶吉士，散馆授职编修，咸丰戊午科顺天乡试同考官，同治壬戌科会试同考官，乙丑科会试外监。胞伯叔敬熙，同治丁卯科顺天乡试叔侄兄弟同科副榜，戊辰考取八旗官学汉教习，同治癸酉科云南乡试受卷官，光绪丙子科乡试外收掌官；晸熙，同治丁卯科带补壬戌恩科叔侄兄弟同科举人，辛未会试房荐；昉熙，同治庚午科举人，辛未考取宗室官学汉教习，充左翼教习，光绪丁丑考取国子监学正学录。嫡堂伯叔亮熙，咸丰乙卯科举人，庚申恩科进士，光绪丙子科顺天乡试同考官；昌熙，光绪乙亥恩科举人。再从堂伯叔多熙，咸丰戊午科举人，己未会试房荐；敏熙，同治丁卯科带补壬戌恩科叔侄兄弟同科举人，庚辰大挑一等。从堂兄弟增荣，同治癸酉科举人，甲戌科联捷进士，朝考一等第二名，翰林院庶吉士，散馆授职编修，武英殿协修纂修总纂，提调国史馆协修。再从堂兄弟增绂，本科兄弟同榜举人。族兄弟增杰光绪己卯科举人。
36	陈崇哲 1 咸丰癸丑年六月二十八日生	光绪八年壬午（1882）科考选四川优贡第2名	原籍福建龙岩州	叙州府富顺县廪生，民籍	十世祖世，由龙岩迁四川资州。高祖宏泽，由资迁富顺。 从堂兄弟崇效，辛酉科拔贡，丙子科举人。主讲江阳书院。 族繁，只载本支。

1　《光绪八年壬午科考选四川优贡第二名陈崇哲选拔优行贡卷》，顾廷龙主编：《清代朱卷集成》第380册，第213—275页。

续　表

序号	姓名、生辰	科第	原籍	占籍	先世及族人
37	余堃[1] 咸丰己未九月初九日吉时生	乙酉选拔第一名，会考一等一名，丙戌考取八旗官学汉教习，光绪十一年乙酉（1885）科四川乡试中式第97名举人。保和殿覆试钦定一等第十五名。		保宁府巴州拔贡生，民籍，八旗官学汉教习	父焕文，咸丰壬子科举人，庚申恩科进士，钦点礼部仪制司主事，奏办汉南军务，历掌本州宕梁、云屏书院、绥定府汉章、龙山书院。胞兄艮，本科举人。
38	张继善[2] 咸丰辛酉年十月二十二日吉时生	光绪十四年戊子（1888）科四川乡试中式第86名举人	原籍湖南郴州府	直隶州忠州梁山县附生，民籍	始祖应齐，康熙时自楚入川。履历中先世及族人无科名举人以上者。
39	廖平[3] 原名登廷，字季平，号煦陔，行四。咸丰壬子年二月初九日生	己卯乡试中式第24名，光绪十五年己丑（1889）科会试中式第32名	原籍湖北麻城县，明初入邑籍	四川直隶州资州井研县优廩生，民籍	高祖乐行，字宣猷，邑庠生。曾祖永昭，字显扬。祖正传。父复槐，字诚意。母氏雷，讳源公女，内阁侍读学士山东、山西、湖北按察使司讳畅曾侄孙女，乾隆丙戌进士、翰林院编修、武英殿纂修讳翀霄姪孙女，乾隆己丑进士、翰林院编修讳轮侄女，汝秀、汝杰之姊。 族繁，不及备载。
40	龚业钜[4] 同治甲子十二月二十九日吉时生	光绪十五年己丑（1889）科四川乡试中式第38名举人	原籍江西吉安府泰和县迁楚北	直隶酉阳州彭水县优廩生，民籍	始祖龚尚，由坪州佐迁居于彭水。父基亨，丙子科举人，癸未会试房荐，前主讲摩云书院六年，著有诗文稿待梓。族伯叔应阁，辛酉举人。族兄弟泽培，戊子科举人；洪德，本科举人。

1　《光绪十一年乙酉科四川乡试中式第九十七名举人余堃朱卷》，顾廷龙主编：《清代朱卷集成》第333册，第3—8页。

2　《光绪十四年戊子科四川乡试中式第八十六名举人张继善朱卷》，顾廷龙主编：《清代朱卷集成》第333册，第11—31页。

3　《光绪十五年己丑科会试中式第三十二名贡士廖平朱卷》，顾廷龙主编：《清代朱卷集成》第62册，第213—218页。

4　《光绪十五年己丑科四川乡试中式第三十八名举人龚业钜朱卷》，顾廷龙主编：《清代朱卷集成》第333册，第33—42页。

续　表

序号	姓名、生辰	科第	原籍	占籍	先世及族人
41	凌开运 1 同治甲子五月十二日吉时生	光绪十七年辛卯（1891）科四川乡试中式第1名解元	原籍湖南省永州府祁阳县	夔州府学云阳县廪生，民籍	始祖雯，由楚入蜀梁山再迁渠县，其子仲伦，为开运太高祖，由渠入云，族始繁衍。
42	聂培荫 2 同治辛未六月二十五日吉时生	光绪十七年辛卯（1891）四川乡试中式第2名举人	江西抚州府金溪县	四川叙州府屏山县	始祖聂世缙，明生员，康熙初，由滇迁入四川屏山。胞伯叔祖汝佶，嘉庆癸酉科举人，道光甲辰科大挑二等，同治戊辰重游泮水。嫡堂伯叔鋆，更名光銮，道光癸卯科经魁，甲辰科联捷进士。亲堂伯叔钤，道光己酉亚元，光绪庚寅兄弟重游泮水，链道光己酉选拔同治癸酉举人。族伯叔光谦，道光乙酉选拔朝考一等，钧云南永善道光丁酉选拔朝考一等一名。亲堂兄弟培新，光绪戊子兄弟同科举人；培树，光绪乙亥恩科副魁，壬午堂备，丙子己卯乙酉己丑房荐；培湖，光绪戊子兄弟同科云南解元，己丑会试房荐。亲堂侄炳麐，光绪乙酉科选拔朝考二等二名。
43	蓝光第 3 同治乙丑八月十九日吉时生	光绪十七年辛卯（1891）科四川乡试中式第3名举人		四川直隶资州资阳县增广生，民籍	族伯叔祖、族伯叔、族兄弟玉章，丁酉举人。瑾章，癸卯举人，戊辰进士。玉全，乙未恩赐举人。熙和，丁卯恩赐举人。果成，恩赐举人。耀枢，丁丑进士。嫡堂兄光策，戊子举人，己丑庚寅会试堂备，宗室教习。
44	陈秉文 4 咸丰辛酉六月十五日吉时生	光绪十七年辛卯（1891）科四川乡试中式第4名举人	原籍湖广黄州府麻城县	重庆府江北厅学附生，民籍	始祖守忠，明进士，任山西介休县知县。二世祖金印，明举人任江津县教谕。

1　《光绪十七年辛卯科四川乡试中式第一名解元凌开运朱卷》，顾廷龙主编：《清代朱卷集成》第333册，第45—65页。

2　《光绪十七年辛卯科四川乡试中式第二名举人聂培荫朱卷》，顾廷龙主编：《清代朱卷集成》第333册，第67—93页。

3　《光绪十七年辛卯科四川乡试中式第三名举人蓝光第朱卷》，顾廷龙主编：《清代朱卷集成》第333册，第95—177页。

4　《光绪十七年辛卯科四川乡试中式第四名举人陈秉文朱卷》，顾廷龙主编：《清代朱卷集成》第333册，第95—201页。

续　表

序号	姓名、生辰	科第	原籍	占籍	先世及族人
45	韩乾学 1 道光庚戌十月二十九日吉时生	光绪十七年辛卯（1891）科四川乡试中式第5名举人		叙州府宜宾县学廪生，民籍	八世祖铨，明御史，迁毕节道，奉命巡川，殁于王事。七世祖学修，明举人，官筠连知县，清入关不仕，遂家于叙。父志定，丁卯父子同榜举人，历掌敷文、鹞山、川南书院，及门腾达甚多，文风为之一变。胞兄干修，丁卯庚午乙亥历科荐卷；干枢，丁卯父子同榜举人，大挑直隶知县，历掌邑敷文、顺德、龙冈书院，及门腾达甚多。堂兄弟肇霖，丙子举人。
46	林秉钧 2 道光己酉二月二十五日吉时生	光绪十七年辛卯（1891）科四川乡试中式第9名举人		新都县附生，民籍	堂伯叔良远，癸酉举人，殿元，乙亥恩科武举。
47	陆慎言 3 同治壬戌七月二十八日吉时生	光绪十七年辛卯（1891）科四川乡试中式第10名举人	原籍江苏苏州府常熟县	成都府华阳县廪膳生，民籍	族叔祖文轩，乾隆丁卯举人。
48	邱交泰 4 咸丰己未冬月吉日吉时生	光绪十七年辛卯（1891）科四川乡试中式第11名举人		叙州府隆昌县学增生，民籍	族兄弟镇茵，辛亥恩科经魁，大挑一等。
49	邓兴仁 5 咸丰癸丑九月二十二日吉时生	光绪十七年辛卯（1891）科四川乡试中式第12名举人	广东	四川直隶资州仁寿县廪生，民籍	高祖仁达由粤入蜀。履历中先世及族人无科名举人以上者。

1　《光绪十七年辛卯科四川乡试中式第五名举人韩乾学朱卷》，顾廷龙主编：《清代朱卷集成》第333册，第203—226页。

2　《光绪十七年辛卯科四川乡试中式第九名举人林秉钧朱卷》，顾廷龙主编：《清代朱卷集成》第333册，第229—249页。

3　《光绪十七年辛卯科四川乡试中式第十名举人陆慎言朱卷》，顾廷龙主编：《清代朱卷集成》第333册，第251—292页。

4　《光绪十七年辛卯科四川乡试中式第十一名举人邱交泰朱卷》，顾廷龙主编：《清代朱卷集成》第333册，第295—315页。

5　《光绪十七年辛卯科四川乡试中式第十二名举人邓兴仁朱卷》，顾廷龙主编：《清代朱卷集成》第333册，第317—337页。

续　表

序号	姓名、生辰	科第	原籍	占籍	先世及族人
50	蒋光鲁 1 道光乙巳九月 初九日吉时生	光绪十七年辛卯（1891）科四川乡试中式第13名举人	江西	四川直隶资州仁寿县岁贡生，民籍	曾祖兆晖由江西迁四川仁寿县。族曾祖国昭，举人。族兄弟梧冈，戊子举人。
51	彭士霖 2	光绪十七年辛卯（1891）科四川乡试中式第15名举人		重庆府綦江县廪贡生，民籍	始祖天命，巴邑岁贡生，顺治初徙居綦邑。父学皆，甲子带补辛酉科举人，丙子恩科进士，签分直隶知县。堂兄弟士俊，甲子带补辛酉科举人。族伯叔兄弟厚源，举人；履德，进士。
52	邓昶 3 咸丰辛亥四月 二十八日吉时生	光绪十七年辛卯（1891）科四川乡试中式第17名举人	原籍湖南永州府祁阳县	绵州直隶州候选训导、孝廉方正、优廪生，民籍	始祖玉吉，康熙初，由祁阳，迁四川达州，继迁绵州。族兄弟兴仁、子敏、代聪皆本科同榜举人。
53	谢如宾 4 同治壬戌年正 月十九日生	光绪十七年辛卯（1891）科四川乡试中式第18名举人	原籍福建龙岩州上坪适中驿	重庆府巴县学廪生，民籍	始祖澄源公，由河南固始县入闽，居汀州府上杭古田。岩坪始祖万十二郎，自上杭县移龙岩州上坪。堂太高祖兆申，明天启丁卯科举人，知绩溪县。堂高曾伯叔曾祖世芳，乾隆庚辰科武举，庚子武进士；廷宪，庚子科举人；天吉，庚子科举人；廷宾，乙卯科举人；廷瑚，乙卯科举人；仪一，丙午科举人，河南灵宝知县，浙江宁波府知府；亨衢，壬子科举人；大锡，庚申恩科举人；其仁，癸酉科举人；治章，丙子科武举；世翼，乙酉科武举，元斌，己卯科武举；步云，宁德县教谕，辛酉科钦赐国子监学正；永清，己酉科武举；国器，癸卯科武举；廷经，嘉庆癸酉拔贡，戊寅恩科举

1　《光绪十七年辛卯科四川乡试中式第十三名举人蒋光鲁朱卷》，顾廷龙主编：《清代朱卷集成》第
　　333册，第339—366页。
2　《光绪十七年辛卯科四川乡试中式第十五名举人彭士霖朱卷》，顾廷龙主编：《清代朱卷集成》第
　　333册，第369—389页。
3　《光绪十七年辛卯科四川乡试中式第十七名举人邓昶朱卷》，顾廷龙主编：《清代朱卷集成》第333
　　册，第391—409页。
4　《光绪十七年辛卯科四川乡试中式第十八名举人谢如宾朱卷》，顾廷龙主编：《清代朱卷集成》第
　　334册，第3—25页。

续　表

序号	姓名、生辰	科第	原籍	占籍	先世及族人
					人，丙戌科进士，即用知县；文程，丁卯科举人；谦亨，丙子科举人；天翎，己卯科举人；朝栋，庚子科举人；芳里，乙卯科举人；芳润，辛酉进士，即用知县；廷纲，辛巳举人；廷瑜，甲辰举人；超元，壬午亚魁；学元，壬辰举人；甸华，辛巳举人；馨，乙酉拔贡，己亥举人；禄申，辛卯武举；元锡，咸丰丁卯副魁。 族伯叔曾祖廷荣，道光甲午顺天举人，辛丑恩科进士；廷猷，四川乙酉科举人。嫡堂高曾祖伯叔祖天桴，乾隆辛卯科举人，钦赐翰林院检讨；元龙，乾隆庚寅恩科举人。堂伯叔祖元模，嘉庆庚子举人。堂伯叔朝桢，咸丰辛亥恩科举人；联桂，己未举人；燮荣，同治庚午举人；泮荣，光绪乙亥恩科举人；若潮，同治癸酉拔贡，光绪丙子举人，丁丑进士，翰林院庶吉士；作邦，乙卯科举人。 父恒春，太学生，由闽入蜀。 嫡堂伯叔等皆为布衣。
54	周炳熚[1] 同治丙寅八月二十六日生	光绪十七年辛卯（1891）科四川乡试中式第19名举人		成都府成都县附生，民籍	履历中先世及族人无科名举人以上者。
55	周凤翔[2] 咸丰十一年七月十三日生	光绪十七年辛卯（1891）科四川乡试中式第20名举人		直隶眉州彭山县优廪生，民籍	履历中先世及族人无科名举人以上者。

1　《光绪十七年辛卯科四川乡试中式第十九名举人周炳熚朱卷》，顾廷龙主编：《清代朱卷集成》第334册，第27—47页。

2　《光绪十七年辛卯科四川乡试中式第二十名举人周凤翔朱卷》，顾廷龙主编：《清代朱卷集成》第334册，第49—71页。

续　表

序号	姓名、生辰	科第	原籍	占籍	先世及族人
56	张肇文 1 道光己酉年八月二十一日生	光绪十七年辛卯（1891）科四川乡试中式第21名举人		嘉定府乐山县拔贡生，朝考候选教谕，民籍	履历中先世及族人无科名举人以上者。
57	尹廷璧 2 道光丙申十一月二十二日生	光绪十七年辛卯（1891）科四川乡试中式第23名举人	原籍麻城孝感乡	保宁府广元县拔贡生，民籍	始祖世昌，明进士宦蜀，子仲祥仕广元，落业磁窑铺，为三山汶水黄洋分支之始。 先世除生员外无科名举人以上者。
58	王秉乾 3 咸丰壬子年九月十三日生	光绪十七年辛卯（1891）科四川乡试中式第24名举人	祖籍陕西同州府蒲城县	保宁府广元县廪生，民籍	履历中先世及族人无科名举人以上者。
59	杨汝舟 4 咸丰辛酉四月吉日生	光绪十七年辛卯（1891）科四川乡试中式第25名举人		成都府崇宁县附生，民籍	祖崇旭，屡试冠军。同堂伯叔树生，丁丑进士，任松潘守备。另有贡监生若干名。同堂伯叔兄弟滨，庚辰进士；大本，丙子武举；定国，千总；盛隆，守备；仁炳，巡检。先世无多功名。
60	周访畴 5 咸丰丙辰十一月二十六日生	光绪十七年辛卯（1891）科四川乡试中式第27名举人		嘉定府威远县廪生，民籍	其族繁，有贡监生多名，先世无多功名。

1　《光绪十七年辛卯科四川乡试中式第二十一名举人张肇文朱卷》，顾廷龙主编：《清代朱卷集成》第334册，第85—123页。

2　《光绪十七年辛卯科四川乡试中式第二十三名举人尹廷璧朱卷》，顾廷龙主编：《清代朱卷集成》第334册，第125—145页。

3　《光绪十七年辛卯科四川乡试中式第二十四名举人王秉乾朱卷》，顾廷龙主编：《清代朱卷集成》第334册，第147—167页。

4　《光绪十七年辛卯科四川乡试中式第二十五名举人杨汝舟朱卷》，顾廷龙主编：《清代朱卷集成》第334册，第169—191页。

5　《光绪十七年辛卯科四川乡试中式第二十七名举人周访畴朱卷》，顾廷龙主编：《清代朱卷集成》第334册，第193—215页。

续　表

序号	姓名、生辰	科第	原籍	占籍	先世及族人
61	萧德骢[1] 同治甲子六月十九日生。	光绪十七年辛卯（1891）四川乡试中式第28名举人。	楚地父和昶由资阳迁入峨眉县。	四川叙州府富顺县府学附生，民籍，同知衔	四世祖以上世居隆昌，五世祖启荣迁居富顺。 父世本，咸丰戊午科举人，景山官学教习，癸亥恩科进士，翰林院庶吉士，乙丑散馆，改授刑部广西司主事，历任知县、知州，天津府、广平府、正定府知府。胞伯世楷，道光庚子恩科举人，癸丑大挑二等。堂兄弟博施，壬子举人。族兄弟铨，本科同榜举人；岳崧，本科同榜举人。
	萧德骅 同治丙寅九月十八日生。	光绪十七年辛卯（1891）四川乡试中式第95名举人。		叙州府富顺县附贡生，民籍，国史馆誊录	
62	屈达冠[2] 道光甲辰九月十二日生	光绪十七年辛卯（1891）科四川乡试中式第38名举人	原籍湖广麻城	泸州廪生，试用训导	始祖胜稳，明末迁遵义还蜀者。先世除生员外无名举人以上者。族人贡监生甚多。堂侄光烛，进士，官江西知县；为龙，举人，官教谕。
63	瓜尔佳氏全福[3] 同治庚午年正月十九日生	光绪十七年辛卯（1891）科四川乡试中式第44名举人		成都驻防正白旗蒙古附生，旗籍	履历中先世及族人无科名举人以上者。
64	吴嘉谟[4] 咸丰辛酉八月初六日生	光绪十七年辛卯（1891）科四川乡试中式第49名举人	原籍山东	直隶资州井研县拔贡生，民籍，候选教谕	明始祖正常，祖籍山东，明初由垫江县迁居井研县。 胞伯锡昌，字书田，廪生。同治丁卯、癸酉，光绪元年乙亥恩科，历科堂荐卷。年四十六卒，计校勘书一千四百余卷，手录书一百二十余卷，著有《中星考》一卷，附表一卷，图一卷，《十三经源流图说》一卷，《广益斋经说》二卷，《史评》二卷，《文集》二卷，《杂俎》

1　《光绪十七年辛卯科四川乡试中式第二十八名举人萧德骢、第九十五名萧德骅合刊朱卷》，顾廷龙主编：《清代朱卷集成》第334册，第217—261页。

2　《光绪十七年辛卯科四川乡试中式第二十八名举人屈达冠朱卷》，顾廷龙主编：《清代朱卷集成》第334册，第263—291页。

3　《光绪十七年辛卯科四川乡试中式第四十四名举人全福朱卷》，顾廷龙主编：《清代朱卷集成》第334册，第293—317页。

4　《光绪十七年辛卯科四川乡试中式第四十九名举人吴嘉谟朱卷》，顾廷龙主编：《清代朱卷集成》第334册，第319—341页。

续　表

序号	姓名、生辰	科第	原籍	占籍	先世及族人
					若干卷，《延陵塾课》三集，俱家藏待梓。胞叔季昌，光绪壬午科举人，丙戌科考，取宗室官学汉教习，丙戌会试荐卷，己丑恩科会试堂备额遗。从弟嘉训，廪生，年二十一岁卒，著有《三江通考》一卷，《广广益斋经说》一卷，《史学》一卷，《蜀汉职官考》一卷。
65	李士麟[1] 咸丰庚申二月二十日生	光绪十七年辛卯（1891）科四川乡试中式第53名举人	原籍江西抚州府临川县	潼川府遂宁县学优增生，民籍	七世祖元昭，由江西入蜀，居合州太和场。六世祖如绣，迁金子沱。曾祖文定，始迁遂宁。父毓兰，恩贡生，咸丰戊午科同治甲子科本省乡试房荐，云南直隶州州判，保升知州知府衔，任镇南州知州。从堂兄英华，武庠生，咸丰壬子经魁，选兵部差官，同治壬戌进士，钦点御前侍卫。毓麟，光绪丙子叔姪同榜举人。族叔姪兄弟谨仪，道光丙午经魁；昂，中江县己卯科举人。
66	叶文桢[2] 咸丰甲寅七月二十六日生	光绪十七年辛卯（1891）科四川乡试中式第54名举人	原籍广东惠州府龙川县	成都府学附生，新都县民籍	始祖容，康熙间由粤入蜀。先世无科名举人以上者。
67	谭重伦[3] 咸丰辛酉年十月十九日生	光绪十七年辛卯（1891）科四川乡试中式第55名举人		嘉定府乐山县优廪生，民籍	族叔祖秀，乙酉武解元，朝考卫千总。族伯叔嘉猷，辛酉举人。
68	马慎修[4] 道光辛丑十二月初六日生	光绪十七年辛卯（1891）四川乡试中式第58名举人	楚地始祖廓敬明季由楚入蜀	四川重庆府永川县廪膳生，保举训导，民籍	二世祖寅龙，避张献忠入黔。三世祖秀山，张献忠平，返蜀。胞兄懋修，甲子科举人，贵州开州知州。

1　《光绪十七年辛卯科四川乡试中式第五十三名举人李士麟朱卷》，顾廷龙主编：《清代朱卷集成》第334册，第343—365页。

2　《光绪十七年辛卯科四川乡试中式第五十四名举人叶文桢朱卷》，顾廷龙主编：《清代朱卷集成》第334册，第367—387页。

3　《光绪十七年辛卯科四川乡试中式第五十五名举人谭重伦朱卷》，顾廷龙主编：《清代朱卷集成》第334册，第389—413页。

4　《光绪十七年辛卯科四川乡试中式第五十八名举人马慎修朱卷》，顾廷龙主编：《清代朱卷集成》第335册，第3—25页。

续　表

序号	姓名、生辰	科第	原籍	占籍	先世及族人
69	蒲明发[1] 咸丰丙辰十一月初五日生	光绪十七年辛卯（1891）四川乡试中式第60名举人	原籍湖广麻城县	顺庆府南充县廪膳生，民籍	族伯叔祖文甲，戊子举人，辛酉进士。钦点内阁中书，实录馆分校，方略馆纂修，协办，侍读；预麟，丁卯举人，戊辰进士，钦点主事，签分刑部；春铭，甲戌钦点主事，签分刑部；斯敏，庚午举人；合成，甲子举人。族兄弟秉坤，戊子举人；瑞森，壬午举人；绍衣，举人。胞弟恒发，学宪朱考取经古优等，调尊经书院肄业。
70	倪文炳[2] 咸丰丙辰十一月初九日生	光绪十七年辛卯（1891）四川乡试中式第62名举人	原籍浙江湖州府归安县菱湖镇	成都府成都县附生，民籍	二世祖思泉明季避倭寇徙居射村北星田。三世祖凤云迁居菱湖镇。曾伯叔祖宗海，归安庠生，游历驻藏大臣、广西广东巡抚、四川直隶总督、江西江苏巡抚幕。
71	李作楫[3] 同治甲子九月十四日生	光绪十七年辛卯（1891）四川乡试中式第63名举人		成都府郫县附生，民籍	同堂叔高祖熠，丙午武举，丁未进士，贵州平远营都司升贵州协镇。堂伯叔父义得，甲辰进士，保宁府教授。宗羲，道光二十四年甲辰举人，二十五年乙巳二甲第二十五名中式进士，两江总督。同堂兄弟莹，己卯举人；为城，甲戌钦点二等侍卫；成勋，丙子钦点二等侍卫。胞兄作桢，己卯举人，庚辰进士，刑部主事，广东澄海县正堂；作枢，成都府学廪生，己卯戊子荐卷，己丑堂备。
72	徐品元[4] 同治丁卯八月十五日生	光绪十七年辛卯（1891）四川乡试中式第64名举人		重庆府学附生，荣昌县民籍	祖含和，附贡生，注选州判，道光庚子癸卯荐卷，丙午堂备。族祖子来，癸卯举人。父廷魁，邑武生。族叔锡珂，己卯副榜。族兄弟成章，本科同榜举人。

1　《光绪十七年辛卯科四川乡试中式第六十名举人蒲明发朱卷》，顾廷龙主编：《清代朱卷集成》第335册，第27—51页。

2　《光绪十七年辛卯科四川乡试中式第六十二名举人倪文炳朱卷》，顾廷龙主编：《清代朱卷集成》第335册，第53—75页。

3　《光绪十七年辛卯科四川乡试中式第六十三名举人李作楫卷》，顾廷龙主编：《清代朱卷集成》第335册，第77—99页。

4　《光绪十七年辛卯四川乡试中式第六十四名举人徐品元朱卷》，顾廷龙主编：《清代朱卷集成》第335册，第101—128页。

续　表

序号	姓名、生辰	科第	原籍	占籍	先世及族人
73	蔡旅平[1] 道光戊申十月初十日生	光绪十七年辛卯（1891）四川乡试中式第65名举人		成都府郫县廪生，民籍	履历中先世及族人无科名举人以上者。
74	汪世杰[2] 同治乙丑年十月二十八日生	光绪十七年辛卯（1891）四川乡试中式第66名举人		嘉定府犍为县廪生，民籍	履历中先世及族人无科名举人以上者。
75	陈倬[3] 同治甲子九月十三日生	光绪十七年辛卯（1891）四川乡试中式第68名举人	原籍湖南永州祁阳县	重庆府江北厅附生，民籍	父世芳，甲子科带补辛酉科举人，刑部广西司主事，庚午科贵州乡试受卷官特授八寨厅同知，剿贼阵亡。族兄弟秉文，本科经魁；鸿宾，武进士；钟英，武举。侄英，派名延祚，丙戌岁试同榜入泮，戊子科房荐。
76	和鸣盛[4] 咸丰戊午九月十二日生	光绪十七年辛卯（1891）四川乡试中式第69名举人	楚地 父和昶由资阳迁入峨眉县	四川嘉定府峨眉县	三世祖和致中，庠生，康熙年间由楚入蜀，卜居资阳县。 履历中先世及族人无科名举人以上者。
77	刘彝[5] 道光二十三年癸卯二月初八日生	光绪十七年辛卯（1891）四川乡试中式第70名举人	原籍湖北黄州府麻城县	重庆府江北厅附生，民籍	族人廷飏，癸卯举人，南宁知县。

1　《光绪十七年辛卯四川乡试中式第六十五名举人蔡旅平朱卷》，顾廷龙主编：《清代朱卷集成》第335册，第131—151页。

2　《光绪十七年辛卯四川乡试中式第六十六名举人汪世杰朱卷》，顾廷龙主编：《清代朱卷集成》第335册，第153—175页。

3　《光绪十七年辛卯四川乡试中式第六十八名举人陈倬朱卷》，顾廷龙主编：《清代朱卷集成》第335册，第177—202页。

4　《光绪十七年辛卯科四川乡试中式第六十九名举人和鸣盛朱卷》，顾廷龙主编：《清代朱卷集成》第335册，第205—227页。

5　《光绪十七年辛卯四川乡试中式第七十名举人刘彝朱卷》，顾廷龙主编：《清代朱卷集成》第335册，第229—251页。

续　表

序号	姓名、生辰	科第	原籍	占籍	先世及族人
78	冉寿祺 1 派名广煜 道光庚子三月 初九日生	光绪十七年辛卯（1891）四川乡试中式第71名举人		四川重庆府定远县学增生，民籍	五世祖相品，自酉阳州彭水县柏木沱迁居定远县北东朗山，插业，名其地曰冉家沟。 从堂伯高祖奇鏻，前任大兴知县；奇镳，徽州府知府；奇钊，寿州知州；奇镛，宁海州知州。
79	吕焕文 2 同治壬戌正月 初二日生	光绪十七年辛卯（1891）四川乡试中式第72名举人	原籍湖北	四川成都府郫县学附生，民籍	始祖广由楚入蜀。嫡从堂伯叔祖声䙡，丁酉武魁。胞伯叔祖凤鸣，己酉武魁。
80	邓代聪 3 道光戊戌九月 初一日生	光绪十七年辛卯（1891）四川乡试中式第91名举人	原籍湖南绍阳县	绥定府大竹县岁贡生，民籍	履历中先世及族人无科名举人以上者。
81	章道吉 4 道光庚戌五月 初六日生	光绪十七年辛卯（1891）四川乡试中式第93名举人	原籍江西南昌府南昌县竹林村	成都府简州廪膳生，民籍	履历中先世及族人无科名举人以上者。
82	张如轩 5 道光丙午八月 十七日生	光绪十七年辛卯（1891）四川乡试中式第97名举人	原籍湖北麻城县	重庆涪州廪膳生，民籍	始祖茂宏，原籍麻城孝感乡，清初迁蜀，居涪陵三窍湾。 族兄弟伯贞，乙酉科副榜；镇东，丁卯科武举；映璧，丙子科举人。

1　《光绪十七年辛卯四川乡试中式第七十一名举人冉寿祺朱卷》，顾廷龙主编：《清代朱卷集成》第
　　335册，第253—275页。
2　《光绪十七年辛卯科四川乡试中式七十二名举人和鸣盛朱卷》，顾廷龙主编：《清代朱卷集成》第
　　335册，第277—299页。
3　《光绪十七年辛卯四川乡试中式第九十一名举人邓代聪朱卷》，顾廷龙主编：《清代朱卷集成》第
　　335册，第301—323页。
4　《光绪十七年辛卯四川乡试中式第九十三名举人章道吉朱卷》，顾廷龙主编：《清代朱卷集成》第
　　335册，第325—347页。
5　《光绪十七年辛卯四川乡试中式第九十七名举人张如轩朱卷》，顾廷龙主编：《清代朱卷集成》第
　　335册，第349—371页。

续　表

序号	姓名、生辰	科第	原籍	占籍	先世及族人
83	王树人[1] 咸丰乙卯年十一月十九日吉时生	光绪十九年癸巳恩科（1893）四川乡试中式第48名举人	原籍浙江钱塘	四川嘉定府洪雅县岁贡生，民籍。注选训导	始祖仁仲，元翰林学士，隐居入蜀。堂曾祖澐，雍正进士，历任毕节、大定、枣强知县；玉鑑，康熙举人；开商，康熙举人；之柄，举人，剑州学正。堂侄藩，广西泗城知府。廷佐，同榜举人。
84	汪世芳[2] 道光乙巳年十二月二十四日吉时生	光绪十九年癸巳恩科（1893）四川乡试中式第60名举人	原籍湖南永州	四川重庆府巴县拔、副贡，民籍。朝考二等。历任阆中训导、犍为训导	太高祖成珍，由湖入蜀。履历中先世及族人无科名举人以上者。
85	孙培吉[3] 1871年生	光绪十九年癸巳恩科（1893）四川乡试中式第81名举人	原籍浙江绍兴府山阴县	四川成都府成都县附贡生，民籍。	曾祖文，自浙入蜀。祖治，道光丁酉举人，戊戌进士。四胞祖姑，适丁未进士，翰林院编修，现掌教锦江、尊经两书院院长伍公肇龄印。从伯叔定钧，本科同榜举人。
86	彭心汉[4] 咸丰壬子年正月十七日吉时生	光绪十九年癸巳恩科（1893）四川乡试中式第93名举人	原籍湖北麻城县	四川叙州府宜宾县优附生，民籍	始祖彭善，洪武初从傅友德征滇蜀殉难。由是迁蜀。其八世祖瑞与毓嵩八世祖瑄为同胞兄弟。十四世族伯叔高祖家栋，壬子举人。高伯叔祖国器，道光辛卯科举人；国勋，嘉庆乙卯科举人；宗岱，嘉庆戊寅恩科举人，道光壬午恩科进士翰林院庶吉士；国玉，道光丁酉科拔贡。曾伯叔祖纯郁，更名淳郁，同治丁卯带补壬戌恩科举人；毓嵩，戊子副榜，时任洪雅县教谕；顺秩，咸丰辛亥恩科贵州举人。堂伯叔祖厚源，丙子举人，考授国子监

1　《光绪十九年癸巳恩科四川乡试中式四十八名举人王树人朱卷》，顾廷龙主编：《清代朱卷集成》第335册，第373—397页。

2　《光绪十九年癸巳恩科四川乡试中式第六十名举人汪世芳朱卷》，顾廷龙主编：《清代朱卷集成》第336册，第3—30页。

3　《光绪十九年癸巳恩科四川乡试中式第八十一名举人孙培吉朱卷》，顾廷龙主编：《清代朱卷集成》第336册，第33—53页。

4　《光绪十九年癸巳恩科四川乡试中式第九十三名举人彭心汉朱卷》，顾廷龙主编：《清代朱卷集成》第336册，第55—66页。

续　表

序号	姓名、生辰	科第	原籍	占籍	先世及族人
					学正分发广东候补州判；厚堂，光绪元年制科诏举贤良方正，赏六品顶戴。堂伯叔履德，乙亥恩科举人，庚辰进士。
87	彭毓嵩[1] 咸丰壬子年正月十七日吉时生	光绪十四年戊子（1888）四川乡试中式第6名副榜 光绪二十年甲午（1894）四川乡试中式第36名举人	原籍江西南昌县，迁湖北麻城县	四川叙州府宜宾县优廪膳生，民籍 见李滋然陕西凤翔县知县彭公父子合传[2]	始祖彭善，洪武初从傅友德征滇蜀殉难。由是迁蜀。曾祖家馥，乾隆庚寅举人，辛丑大挑二等，庚申辛酉浙闱乡试同考官。堂伯或叔宗岱，寄籍贵州贵筑县，嘉庆戊寅恩科举人，道光壬午恩科进士。堂侄厚源见表。
88	李作枢[3] 咸丰戊午八月十六日生	光绪二十年甲午（1894）四川乡试中式第99名举人		成都府学廪生，郫县民籍	同堂叔高祖熠，丙午武举，丁未进士，贵州平远营都司升贵州协镇。堂伯叔父义得，甲辰进士，保宁府教授。宗羲，道光二十四年甲辰举人，二十五年乙巳二甲第二十五名中式进士，两江总督。同堂兄弟莹，己卯举人；为城，甲戌钦点二等侍卫；成勋，丙子钦点二等侍卫。胞兄作桢，己卯举人，庚辰进士，刑部主事，广东澄海县正堂。胞弟作楫，辛卯举人，广东候补盐运大使。
89	胡登崧[4] 同治甲子三月初十日生	光绪二十年甲午（1894）四川乡试中式第105名举人		成都府学附生，成都县民籍	曾伯祖文斗，迁居宁远府，已入籍。族伯叔鉴，己酉经魁，花翎，补用道，原任贵州松桃厅同知。族兄弟镛，辛酉拔贡，癸酉举人，兵部主事，截取直隶州直隶候补知州。胞兄登岱，岁科五试经古优等，戊子癸巳乡试房荐。父肇祺，安徽宁国府太平县知县。

1　《光绪十四年戊子科四川乡试中式第六名副榜彭毓嵩卷》，顾廷龙主编：《清代朱卷集成》第368册，第311—343页。《光绪二十年甲午（1894）科四川乡试中式第三十六名举人彭毓嵩朱卷》，顾廷龙主编：《清代朱卷集成》第336册，第69—104页。

2　汤化培修，李鼎禧撰：《长寿县志》卷11，台北：成文出版社，民国十七年石印本，1976年景印，第39页上—第43页下。

3　《光绪二十年甲午四川乡试中式第九十九名举人李作枢朱卷》，顾廷龙主编：《清代朱卷集成》第336册，第107—118页。

4　《光绪二十年甲午四川乡试中式第一百零五名举人胡登崧朱卷》，顾廷龙主编：《清代朱卷集成》第336册，第121—149页。

续　表

序号	姓名、生辰	科第	原籍	占籍	先世及族人
90	万学先[1] 同治五年九月廿九日生	光绪二十三年丁酉（1897）四川乡试中式第5名举人		潼川府三台县副榜，候选教谕，民籍	太高祖钟，康熙丙子举人。高祖嵩高，康熙戊子举人。父国亨，庠生，保举知州。族人未载。
91	陈完[2] 1871年生	光绪二十三年丁酉（1897）四川乡试中式第6名举人		成都府华阳县学附生，习《公羊》《春秋》《孝经》《今文尚书》	始祖赟，江西吉安府泰和县籍，迁兴宁；玑，由兴宁移家广东嘉应州长乐县；锦元，雍正三年，由长乐迁居成都府华阳县。伯父席珍以军功显。族繁，仅录本支。

1　《光绪二十三年丁酉四川乡试中式第五名举人万学先朱卷》，顾廷龙主编：《清代朱卷集成》第336册，第151—169页。

2　《光绪二十三年丁酉四川乡试中式第六名举人陈完朱卷》，顾廷龙主编：《清代朱卷集成》第336册，第171—245页。

中国古典诗赋美女描写三面观

张 茇

本名张振军，河南中牟人。北大中文系硕士，美国威斯康辛大学东亚系博士，圣·劳伦斯大学世界语言文化传媒系教授、亚洲研究主任。近著有英文版《佛教与中国中古志怪》（2014）、英译《幽明录》（2018）及《唐宋传奇集》（2020）等。

"兰有秀兮菊有芳，怀佳人兮不能忘。"[1]——汉武帝刘彻《秋风辞》

美女描写是中国古典诗赋中明丽而精彩的重要部分：有静态刻画，也有动态描绘；有实写，也有虚写；不一而足。本文拟从三个不同的侧面，对古典诗赋中的美女描写做一个整体考察。管窥蠡测，失当处在所难免。敬请方家不吝赐教。

一、雕琼镂玉：美女之静态刻画

《诗经·卫风·硕人》似乎是最早细腻描绘美女的篇什，其词曰：

> 手如柔荑，肤如凝脂，领如蝤蛴，齿如瓠犀，螓首蛾眉。巧笑倩兮，美目盼兮。[2]

---

[1] 张元济编：《四部丛刊初编》卷84，上海涵芬楼藏汲古阁刊本，第4页。

[2] 毛亨传，郑玄笺，孔颖达注：《毛诗正义》卷5，《武英殿十三经注疏》本，第8页。

在这里，诗人着重描写美女的纤手雪肤、蛾眉皓齿、美目巧笑，而许多词语成为后世文人描写美女的常用词汇。下面是一些例证举要。

蛾眉明眸

眉联娟以蛾扬兮，朱唇的其若丹。[1]（宋玉《神女赋》）

美人卷珠帘，深坐颦蛾眉。[2]（李白《怨情》）

依旧桃花面，频低柳叶眉。[3]（韦庄《女冠子·昨夜夜半》）

远山眉黛长，细柳腰肢袅。[4]（晏几道《生查子》）

翠眉开、娇横远岫，绿鬓亸、浓染春烟。[5]（柳永《玉蝴蝶》）

有美一人，清扬婉兮。[6]（《诗经·郑风·野有蔓草》）

明眸善睐，靥辅承权。[7]（曹植《洛神赋》）

丹唇皓齿

眉联娟以蛾扬兮，朱唇的其若丹。[8]（宋玉《神女赋》）

腰如束素，齿如含贝。[9]（宋玉《登徒子好色赋》）

丹唇外朗，皓齿内鲜。[10]（曹植《洛神赋》）

1　萧统编，李善注：《文选》卷19，上海：上海古籍出版社，1986年，第888页。

2　中华书局编辑部点校：《全唐诗》卷184，北京：中华书局，1999年，第1882页。

3　龙榆生辑：《唐宋名家词选》，上海：上海古籍出版社，2012年，第1页。

4　晏殊、晏几道：《二晏词笺注》，张草纫笺注，上海：上海古籍出版社，2008年，第347页。

5　柳永：《乐章集》，高建中点校，上海：上海古籍出版社，1989年，第83页。

6　毛亨传，郑玄笺，孔颖达注：《毛诗正义》卷7，《武英殿十三经注疏》本，第42页。

7　张元济编：《曹子建集》卷3，《四部丛刊初编》本，集部，第11页。

8　萧统编，李善注：《文选》卷19，第888页。

9　萧统编，李善注：《文选》卷19，第893页。

10　曹植：《曹子建集》卷3，《四部丛刊初编》本，集部，第11页。

　　　　樱桃樊素口，杨柳小蛮腰。[1]（孟棨《本事诗》）

　　　　檀口点樱桃，粉鼻儿倚琼瑶。[2]（王实甫《西厢记》）

　　　　凤眼半弯藏琥珀，朱唇一颗点樱桃。[3]（施耐庵《水浒传》）

纤手皓腕

　　　　纤纤擢素手，札札弄机杼。[4]（《古诗十九首》）

　　　　指如削葱根，口如含朱丹。[5]（《孔雀东南飞》）

　　　　攘袖见素手，皓腕约金环。[6]（曹植《美女篇》）

　　　　纤手制新奇，刺作可怜仪。[7]（沈约《领边绣》）

　　　　垆边人似月，皓腕凝双雪。[8]（韦庄《菩萨蛮》）

　　　　十指露、春笋纤长。[9]（苏轼《满庭芳》）

而后诗赋中涉及的人体部位有所增益，包括蛮腰、酥胸、金莲细步、月貌花容，
等等。请看下面的例子：

细腰

　　　　搦纤腰而互折，嬛倾倚兮低昂。[10]（张衡《舞赋》）

1　孟棨：《本事诗》，《钦定四库全书》本，第14页。

2　王实甫：《西厢记》，王季思校注，上海：上海古籍出版社，1981年，第39页。

3　施耐庵：《水浒传》第八十一回，北京：人民文学出版社，1997年，第1046页。

4　余冠英编：《汉魏六朝诗选》，北京：人民文学出版社，1978年，第63页。

5　余冠英编：《汉魏六朝诗选》，第45页。

6　曹植：《曹子建诗注》，黄节注，叶菊生校订，北京：人民文学出版社，1957年，第77页。

7　徐陵编，吴兆宜注：《玉台新咏笺注》，穆克宏点校，上册，北京：中华书局，1985年，第192页。

8　龙榆生辑：《唐宋名家词选》，第21页。

9　唐圭璋编：《全宋词》，北京：中华书局，1965年，第278页。

10　欧阳询：《艺文类聚（上）》卷43，上海：上海古籍出版社，1965年，第770页。

腰纤蔑楚媛，体轻非赵姬。[1]（江洪《咏舞女》）

樱桃樊素口，杨柳小蛮腰。[2]（孟棨《本事诗》）

隔户杨柳弱袅袅，恰似十五女儿腰。[3]（杜甫《绝句漫兴》）

落魄江湖载酒行，楚腰纤细掌中轻。[4]（杜牧《遣怀》）

远山眉黛长，细柳腰肢袅。[5]（晏几道《生查子》）

淡白梨花面，轻盈杨柳腰。[6]（王实甫《北西厢记》）

酥胸

一只横钗坠髻丛。静眠珍簟起来慵。绣罗红嫩抹酥胸。[7]（毛熙震《浣溪沙》）

雪胸鸾镜里，琪树凤楼前。[8]（温庭筠《女冠子》）

冰肌藏玉骨，衫领露酥胸。[9]（吴承恩《西游记》）

隐约兰胸，菽发初匀，脂凝暗香。[10]（朱彝尊《沁园春·乳》）

金莲细步

纤纤作细步，精妙世无双。[11]（《孔雀东南飞》）

1　徐陵编，吴兆宜注：《玉台新咏笺注》，上册，第203页。
2　孟棨：《本事诗》，《钦定四库全书》本，第14页。
3　杜甫著，仇兆鳌注：《杜诗详注》卷9，北京：中华书局，1979年，第792页。
4　中华书局编辑部点校：《全唐诗》卷524，第5998页。
5　晏殊、晏几道：《二晏词笺注》，第347页。
6　王实甫：《北西厢记》，北京：中华书局，1958年，第20页。
7　中华书局编辑部点校：《全唐诗》卷895，第10115页。
8　刘学锴：《温庭筠全集校注》卷10，北京：中华书局，2007年，第1000页。
9　吴承恩：《西游记》，北京：华夏出版社，1994年，第239页。
10　陈乃乾编辑：《清名家词》第3册，上海：开明书店，1937年，第101页。
11　余冠英编：《汉魏六朝诗选》，第45页。

修袖缭绕而满庭，罗袜蹑蹀而容与。[1]（张衡《南都赋》）

铀尺裁量才四分，纤纤玉笋裹轻云。[2]（杜牧《咏袜诗》）

明眸剪水玉为肌，凤鞋弓小金莲衬。[3]（卢炳《烘堂词·踏莎行》）

涂香莫惜莲承步。长愁罗袜凌波去。[4]（苏轼《菩萨蛮·咏足》）

露来玉指纤纤软，行处金莲步步娇。[5]（施耐庵《水浒传》）

花容月貌

秀色掩今古，荷花羞玉颜。[6]（李白《西施》）

云想衣裳花想容，春风拂槛露华浓。（李白《清平调》）

一枝红艳露凝香，云雨巫山枉断肠。[7]（李白《清平调》）

玉容寂寞泪阑干，梨花一枝春带雨。[8]（白居易《长恨歌》）

苏家小女名简简，芙蓉花腮柳叶眼。[9]（白居易《简简吟》）

俏丽若三春之桃，清素若九秋之菊。[10]（曹雪芹《红楼梦》）

二、传神写意：美女之动态描绘

以上描写，都是静态的。娴静似乎也是古代美人的特点。所以古人以"静若处子，动若脱兔"来形容军队未战时像处女那样沉静，一开战就像奔逃的兔子那

1　欧阳询：《艺文类聚（上）》卷61，上海：上海古籍出版社，1965年，第1102页。
2　中华书局编辑部点校：《全唐诗》卷524，第5997页。
3　唐圭璋编：《全宋词》，北京：中华书局，1965年，第2162页。
4　唐圭璋编：《全宋词》，第321页。
5　施耐庵著：《水浒传》第八十一回，北京：人民文学出版社，1997年，第1046页。
6　中华书局编辑部点校：《全唐诗》卷181，第1845页。
7　中华书局编辑部点校：《全唐诗》卷27，第391页。
8　中华书局编辑部点校：《全唐诗》卷435，第4819页。
9　中华书局编辑部点校：《全唐诗》卷435，第4822页。
10　曹雪芹、高鹗：《红楼梦》第六十八回，北京：人民文学出版社，2005年，第939页。

样迅捷。(《孙子·九地》:"是故始如处女,敌人开户;后如脱兔,敌不及拒。"[1])

那么动态的美人应该是什么样子?曹植在《洛神赋》中这样描绘神女宓妃:

> 翩若惊鸿,婉若游龙,荣曜秋菊,华茂春松。仿佛兮若轻云之蔽月,飘飖兮若流风之回雪。远而望之,皎若太阳升朝霞;迫而察之,灼若芙蓉出渌波。[2]

这里既有静态也有动态的描写。而"惊鸿""游龙"最为引人注目。尤其是前者,此后就成了动态美女的代称。

但神女不是人间美人,动态的人间美女应该是什么样子?曹雪芹描写林黛玉"娴静时如娇花照水,行动处似弱柳扶风。"虽有行动,却是一副娇弱无力的样子。这似乎更符合古人对女人的审美要求——娇羞、阴柔之美。请看下面例证:

慵懒贵妇

> 小山重叠金明灭,鬓云欲度香腮雪。懒起画蛾眉,弄妆梳洗迟。照花前后镜,花面交相映。新帖绣罗襦,双双金鹧鸪。[3](温庭筠《菩萨蛮》)

> 一只横钗坠髻丛。静眠珍簟起来慵。绣罗红嫩抹酥胸。羞敛细蛾魂暗断,困迷无语思犹浓。小屏香霭碧山重。[4](毛熙震《浣溪沙》)

1　陈曦译注:《孙子兵法》,北京:中华书局,2012年,第215页。
2　萧统撰,李善等注:《文选》卷19,第19页。
3　李谊注释:《花间集注释》,成都:四川文艺出版社,1986年,第4页。
4　中华书局编辑部点校:《全唐诗》卷895,第10115页。

浴后美妃

　　春寒赐浴华清池，温泉水滑洗凝脂。侍儿扶起娇无力，始是新承恩泽时。云鬓花颜金步摇，芙蓉帐暖度春宵。[1]（白居易《长恨歌》）

窈窕淑女

　　娉娉袅袅十三余，豆蔻梢头二月初。春风十里扬州路，卷上珠帘总不如。[2]（杜牧《赠别二首》）

娇羞少女

　　斗草阶前初见，穿针楼上曾逢。罗裙香露玉钗风。靓妆眉沁绿，羞脸粉生红。[3]（晏几道《临江仙》）

　　蹴罢秋千，起来慵整纤纤手。露浓花瘦。薄汗轻衣透。　　见有人来，袜刬金钩溜。和羞走。倚门回首。却把青梅嗅。[4]（李清照《点绛唇》）

　　记得那时相见。胆战。鬓乱四肢柔，泥人无语不抬头。羞么羞。羞么羞。[5]（顾敻《荷叶杯》）

　　金鞭珠弹嬉春日。门户初相识。未能羞涩但娇痴。却立风前散发衬凝脂。　　近来瞥见都无语。但觉双眉聚。不知何日始工愁。记取那回花下一

─────────────

1　中华书局编辑部点校：《全唐诗》卷435，第4818页。
2　中华书局编辑部点校：《全唐诗》卷523，第5988页。
3　晏殊、晏几道：《增订注释晏殊晏几道词》，朱德才主编，北京：文化艺术出版社，1999年，第74页。
4　胡云翼编：《宋词选》，上海：上海古籍出版社，1978年，第184页。
5　赵崇祚编：《花间集》，上海：世界书局，1943年，第42页。

低头。[1]（王国维《虞美人》）

孤独少妇

红藕香残玉簟秋。轻解罗裳，独上兰舟。云中谁寄锦书来，雁字回时，月满西楼。[2]（李清照《一剪梅》）

东篱把酒黄昏后，有暗香盈袖。莫道不消魂，帘卷西风，人比黄花瘦。[3]（李清照《醉花阴》）

痴情女子

落日出前门，瞻瞩见子度。冶容多姿鬓，芳香已盈路。宿昔不梳头，丝发披两肩。婉伸郎膝上，何处不可怜。[4]（《子夜歌》）

花明月暗笼轻雾。今宵好向郎边去。划袜步香阶。手提金缕鞋。　　画堂南畔见。一向偎人颤。奴为出来难。教君恣意怜。[5]（李煜《菩萨蛮》）

含笑美人

侬是嶔崎可笑人。不妨开口笑时频。有人一笑座生春。　　歌欲颦时还浅笑，醉逢笑处却轻颦。宜颦宜笑越精神。[6]（辛弃疾《浣溪沙·赠子文侍人

1　王国维：《王国维词集》，陈永正导读、注评，上海：上海古籍出版社，2013年，第92页。
2　胡云翼编：《宋词选》，上海：上海古籍出版社，1978年，第186页。
3　胡云翼编：《宋词选》，第187页。
4　余冠英编：《汉魏六朝诗选》，第203页。
5　李璟、李煜：《南唐二主词笺注》，王仲闻校，北京：中华书局，2013年，第89页。
6　辛弃疾：《稼轩集》卷1，徐汉明编校，武汉：长江文艺出版社，1990年，第1页。

名笑笑》）

远山眉黛长，细柳腰肢袅。妆罢立春风，一笑千金少。　　归去凤城时，说与青楼道。遍看颍川花，不似师师好。[1]（晏几道《生查子》）

奔走娼女

娼家美女郁金香，飞来飞去公子傍。的的珠帘白日映，娥娥玉颜红粉妆。[2]（刘希夷《公子行》）

莲步娇娃

凤眼半弯藏琥珀，朱唇一颗点樱桃。露来玉指纤纤软，行处金莲步步娇。[3]（施耐庵《水浒传》）

三、避实就虚：美女之烘托反衬

上述美人描画，无论静态的还是动态的，均属实写。除此之外，还有虚写，主要手法是烘托与反衬。

服饰衬托

汉乐府《陌上桑》是较早的运用虚写的例子。它并不直接描写美人之美艳娇贵，而是通过服饰描写来实现这一目的：

罗敷喜蚕桑，采桑城南隅。青丝为笼系，桂枝为笼钩。头上倭堕髻，耳

1　晏殊、晏几道：《增订注释晏殊晏几道词》，第102页。
2　中华书局编辑部点校：《全唐诗》卷82，第885页。
3　施耐庵：《水浒传》第八十一回，第1046页。

中明月珠。缃绮为下裙，紫绮为上襦。[1]

类似的例子还有：

胡姬年十五，春日独当垆。长裙连理带，广袖合欢襦。头上蓝田玉，耳后大秦珠。两鬟何窈窕，一世良所无。[2]（《羽林郎》）

足下蹑丝履，头上玳瑁光。腰若流纨素，耳著明月珰。[3]（古诗《孔雀东南飞》）

美女妖且闲，采桑歧路间。柔条纷冉冉，叶落何翩翩。攘袖见素手，皓腕约金环。头上金爵钗，腰佩翠琅玕。明珠交玉体，珊瑚间木难。罗衣何飘飘，轻裾随风还。[4]（曹植《美女篇》）

对比反衬

美人之美也可通过对比来认可：

夫何神女之姣丽兮，含阴阳之渥饰。披华藻之可好兮，若翡翠之奋翼。其象无双，其美无极；毛嫱鄣袂，不足程式；西施掩面，比之无色。[5]（宋玉《神女赋》）

回眸一笑百媚生，六宫粉黛无颜色。[6]（白居易《长恨歌》）

---

1 余冠英编：《汉魏六朝诗选》，第27页。
2 余冠英编：《汉魏六朝诗选》，第21页。
3 余冠英编：《汉魏六朝诗选》，第45页。
4 曹植：《曹子建诗注》，第77页。
5 萧统编，李善注：《文选》卷19，上海：上海古籍出版社，1986年，第888页。
6 中华书局编辑部点校：《全唐诗》，卷435，第4818页。

与美人之完美范型对比也异曲同工。如宋玉对东邻女的称道：

> 东家之子，增之一分则太长，减之一分则太短；著粉则太白，施朱则太赤。[1]（宋玉《登徒子好色赋》）
>
> 秾不短，纤不长。[2]（宋玉《神女赋》）
>
> 东邻美女实名倡，绝代容华无比方。浓纤得中非短长，红素天生谁饰妆。[3]（王琚《美女篇》）

人物烘托

服饰衬托之外，还有通过周遭众人之反应来烘托美人之美。例如：

> 行者见罗敷，下担捋髭须。少年见罗敷，脱帽著帩头。耕者忘其犁，锄者忘其锄。来归相怨怒，但坐观罗敷。[4]（《陌上桑》）
>
> 顾盼遗光彩，长啸气若兰。行徒用息驾，休者以忘餐。[5]（曹植《美女篇》）

美人之美甚至可以倾国倾城：

> 北方有佳人。绝世而独立。一顾倾人城。再顾倾人国。[6]（李延年《李延年歌》）

非独倾城倾国，美人还可以美得沉鱼落雁：

---

1 王友怀，魏全锡主编：《昭明文选注析》，西安：三秦出版社，2000年，第197—198页。
2 萧统编：《文选》卷19，第887页。
3 中华书局编辑部点校：《全唐诗》卷98，第1061页。
4 余冠英编：《汉魏六朝诗选》，第27页。
5 曹植：《曹子建诗注》，第77页。
6 徐陵编，穆克宏点校：《玉台新咏笺注》，上册，第22页。

越女（西施）颜如花，越王闻浣纱。国微不自宠，献作吴宫娃。……鸟惊入松网，鱼畏沉荷花。[1]（宋之问《浣纱篇赠陆上人》）

环境烘托

有美景托美人者，如：

春水碧于天，画船听雨眠。垆边人似月，皓腕凝双雪。[2]（韦庄《菩萨蛮》）

记得小苹初见，两重心字罗衣。琵琶弦上说相思。当时明月在，曾照彩云归。[3]（晏几道《临江仙》）

而更多的则是以美景烘托忧伤：

美人卷珠帘，深坐颦蛾眉。[4]（李白《怨情》）

残月出门时，美人和泪辞。[5]（韦庄《菩萨蛮》）

绝代有佳人，幽居在空谷。自云良家子，零落依草木。……摘花不插发，采柏动盈掬。天寒翠袖薄，日暮倚修竹。[6]（杜甫《佳人》）

梦后楼台高锁，酒醒帘幕低垂。去年春恨却来时。落花人独立，微雨燕双飞。[7]（晏几道《临江仙》）

谁念西风独自凉。萧萧黄叶闭疏窗。沉思往事立残阳。[8]（纳兰性德《浣溪沙》）

---

1 中华书局编辑部点校：《全唐诗》卷51，第619页。
2 龙榆生辑：《唐宋名家词选》，第16页。
3 龙榆生辑：《唐宋名家词选》，第119页。
4 中华书局编辑部点校：《全唐诗》卷184，第1882页。
5 龙榆生辑：《唐宋名家词选》，第20页。
6 杜甫著，仇兆鳌注：《杜诗详注》卷7，第553页。
7 龙榆生辑：《唐宋名家词选》，第119页。
8 纳兰性德：《饮水词集》，谢秋萍编，上海：大光书局，1935年，第14页。

在美景烘托之下，美人的美丽得到更充分地展现，悲伤与哀愁得到淋漓尽致地抒发。

（二〇二一年一月十一日初稿于纽约波茨坦临河轩

二〇二二年三月二十三日修改）

区区其间，灿然可观

——论《史记·魏其武安侯列传》中的"籍福"及宾客群像

曲景毅　方一然

曲景毅，北京大学与美国威斯康辛大学联合培养博士，现任新加坡南洋理工大学中文系长聘副教授、系主任、博士生导师，主要研究领域为汉唐文史与西方汉学。

方一然，新加坡南洋理工大学中文系研究生，研究方向为古代文学。

《魏其武安侯列传》是《史记》的名篇，是对"外戚专权"现象的最早记载。传中描写汉代魏其侯窦婴与武安侯田蚡两个家族的矛盾斗争，人物故事纷繁复杂。前人评点此文，以为篇中叙事纷繁却不失条理者，恰在于以"宾客"作线索、串联全文[1]。其中，清人吴见思所评最为精妙："他只用宾客作主，窦太后、王太后，两两相照，组织成文。而中间后插入梁王、淮南王、条侯、高遂……籍福……许多人，提花蹙锦，灿然可观，是固史公一篇佳文字也。"[2]吴见思所谓"灿然可观"，固然是指太史公叙事笔法之妙，然而又未尝不可指传中的宾

1　"凌约言曰：魏其灌夫皆聚宾客以树党，武安亦折节天下士，三人徒以宾客相倾，而卒无赖于宾客，岂所宝者之非贤欤！太史公三传联络，微旨见矣。"见李光缙增补，凌稚隆辑校：《史记评林》第6册卷107《魏其武安侯列传》，天津：天津古籍出版社，1998年，第213页。又李景星："传以魏其、武安为经，以灌夫为纬，……以宾客为线索，……分合联络，错综周密。"（李景星著：《四史评议》，韩兆琦、俞樟华校点，长沙：岳麓书社，1986年，第98页。）

2　吴见思：《史记论文》，吴见思、李景星著：《史记论文·史记评议》，陆永品点校整理，上海：上海古籍出版社，2008年，第64页。

客——其安身立命于窦、田贵戚之间，行事言语，必有"可观"之处。只是历代有关此传的研究，仍大多集中于窦婴、田蚡与灌夫三人，鲜有真正瞩目于其间宾客者[1]。

《魏其武安侯列传》中论及姓名的宾客有两位，一为窦婴客梁人高遂，一为田蚡客籍福。此二人皆是《史记》中"闪现型"的人物，相较之下，高遂于传中仅一次出场[2]，史公寥寥数笔，对其的刻画又远不如籍福精彩。籍福，在传中虽仅三次出场，然太史公下笔有神，惊鸿一瞥之间，仍能使后世读者得窥其性格品行。本文拟以籍福为中心，探讨《魏其武安侯列传》中的宾客群像，分析其"可观"之处并管窥汉初游士风气。

一、 籍福无双丞相客：三番登场、掩捭三边

"委曲调停，三边掩捭"[3]，是清人汤谐在评述《魏其武安侯列传》时对籍福留下的评语。此"三边"，指的自然是窦、田、灌三位主角。籍福虽出场不多，太史公下笔却始终借之紧系其他三人，使籍福成为三人几次矛盾冲突间的喘息。除此之外，笔者发现，在《史记·季布栾布列传》中还有一处"籍福"相关文字，颇可作为《魏其武安侯列传》中籍福行事之注脚：

> 季布弟季心，气盖关中，遇人恭谨，为任侠，方数千里，士皆争为之死。尝杀人，亡之吴，从袁丝匿。长事袁丝，弟畜灌夫、籍福之属。[4]

1　据笔者所见，仅有一篇论文简略提及此传中的宾客高遂，却无一言涉及籍福：谢芳：《〈史记〉食客研究》，硕士学位论文，南宁：广西民族大学中国古代文学专业，2012年。

2　高遂仅出场于魏其数争太子不能得而自引谢病时。高遂谏言魏其"自引谢病"乃是"自明扬主上之过，有如两宫螫将军，则妻子毋类矣"，故而劝其朝请如故，魏其遂听之。

3　司马迁著，汤谐编纂：《史记半解》，韦爱萍整理，北京：商务印书馆，2013年，第316页。

4　司马迁撰，裴骃集解，司马贞索隐，张守节正义：《史记》卷100《季布栾布列传》，点校本二十四史修订本，北京：中华书局，2013年，第3308页。

据此，笔者以为至少可推知有关籍福的两点信息。其一，季心曾"弟畜灌夫、籍福之属"，则籍福应与灌夫有故，为旧相识。其二，籍福所相与的人物，如季心、灌夫，抑或有袁盎等，皆是豪气干云、任侠重义之属，则籍福相与交游，性格品质中也应当有相似之处。以下，笔者依照籍福的三次出场顺序，采用文本细读回归原典的方式以品析籍福其人。

（一）婉谏武安，贺吊魏其

籍福首次出场，正是武安侯新贵擅宠之时：

> 武安侯新欲用事为相，卑下宾客，进名士家居者贵之，欲以倾魏其诸将相。建元元年，丞相绾病免，上议置丞相、太尉。[1]

依照《史记斠证》对于"新欲用事为相"的解读[2]，此时的武安侯田蚡仰承新宠、步步攀升，已有为相野心，而建元元年丞相绾之病免[3]，则恰好给予了武安举任相位的绝佳历史时机。

籍福，大概率作为田蚡"卑下宾客"中的一个，依武安所愿，本应助其"倾魏其诸将相"。然而，籍福非但未迎合其意，反是婉言相谏，以劝缓田蚡汲汲营营的为相态势：

> 籍福说武安侯曰："魏其贵久矣，天下士素归之。今将军初兴，未如魏其，即上以将军为丞相，必让魏其。魏其为丞相，将军必为太尉。太尉、丞

1　司马迁撰，裴骃集解，司马贞索隐，张守节正义：《史记》卷107《魏其武安侯列传》，第3439页。

2　"案'新欲用事为相，'犹言'新欲为相'耳。'用、事、为，'三字叠义。"（王叔岷：《史记斠证》卷107《魏其武安侯列传》，北京：中华书局，2007年，第2931页。）

3　按：丞相卫绾之病免，亦与田蚡之贵幸有关。依据前文，建陵侯卫绾为丞相乃是景帝所举。及孝景崩、武帝立，王太后称制，田蚡以太后弟封侯，此时大权恰好旁落王氏外戚手中。以武安之骄纵狂放，卫绾之病免或许正是一种时移境迁后的自保之举。

相尊等耳，又有让贤名。"[1]

籍福的谏言，既可见其了然于当时朝堂之局势，亦可见其深谙武安重名之心理。首先，"天下士素归"魏其一句，恰可与武安"进名士家居者"迫切相呼应，点出魏其此时之权势未衰。籍福从其宾客身份出发，以切身所感，规劝武安不可操之过急。其后，籍福又抓住武安看重尊卑名分的心理，特别点出"太尉、丞相尊等"，以安抚其暂居太尉之位。籍福的计策，虽未满足田蚡一时的为相野心，却也可称双管齐下：一来得让贤之美名，二来为日后为相铺路。笔者以为，若没有籍福之冷语"降温"，仅凭武安"新欲为相"之急功近利，则恐怕难得圣意，其"微言太后风上"的结果也未尝不会适得其反。田蚡日后为相，籍福可谓功不可没。

　　籍福在此一环节中做的第二件事，是贺吊魏其：

　　　　籍福贺魏其侯，因吊曰："君侯资性喜善疾恶，方今善人誉君侯，故至丞相；然君侯且疾恶，恶人众，亦且毁君侯。君侯能兼容，则幸久；不能，今以毁去矣。"魏其不听。[2]

籍福以武安宾客而贺吊魏其，此举本身即值得玩味。依照常理，籍福为武安门客，其指点迷津、出谋划策的对象当限于武安；纵使是奉武安之命以贺魏其，如此对窦婴诚心相劝、谋筹良策，倘若令武安得知，势必造成其不快。那么如何理解籍福之行为？笔者以为答案或许可从此传中屡述宾客聚散往来于田、窦二人的描写中窥探一二。前人即曾历述汉初权贵与宾客之间的关系，以为"这种随其主人权势兴衰而决定聚散的现象，表明这种'客'和'宾客'同其所投靠的主子之间，并无固定的从属关系，故可以聚散无常和来去自由"，而宾客"之所以投靠一

1　司马迁撰，裴骃集解，司马贞索隐，张守节正义：《史记》卷107《魏其武安侯列传》，第3439页。
2　司马迁撰，裴骃集解，司马贞索隐，张守节正义：《史记》卷107《魏其武安侯列传》，第3439页。

定的主人，目的在于求得政治上的出路"[1]。由此，籍福贺吊魏其之举，则可当作为自己筹谋后路来看待。而籍福之心理，大概可反映出此传中的一类宾客：此辈皆深明权贵势位之易变，因此不愿交恶一人，只往来其间、周旋献策，以保全自身、谋求出路。

此外，籍福"吊"魏其之言，亦不可轻易忽视。其一，籍福评魏其之品性为人，可谓切中肯綮。所谓"喜善疾恶"，恰与魏其之任侠暗合[2]。其二，籍福谏魏其"兼容"善恶，可谓深刻洞悉了魏其性格可能酿成的后果，其中"恶人众，亦且毁君侯"及"不能，今以毁去矣"两句，更是一语成谶，预示了魏其"乃有蜚语为恶言闻上"的结局。可以说，如若魏其能听籍福之言，则其后种种故事或皆有所不同。李晚芳以为"（窦婴）惜不听籍福之说，果来众毁，以嫉恶罢相"[3]，将魏其之不听籍福视作其一生憾恨处，而"果来"二字亦深以籍福之说为然，称道其善察人心、料事如神。王世贞《读魏其侯传》诗中有"当时籍福解，远胜灌夫怜"[4]，更是将籍福比及灌夫，以为窦、灌相交，实远不如昔日窦婴能相知、相惜籍福。

籍福之首次出场，一谏武安，一吊魏其，即充分展示了其观览大局、洞悉人心的能力。而此节叙事，武安听之与魏其不听亦两相对照，借籍福之口预叙二人之后一位极人臣、一果来众毁的境况。太史公书写田、窦二人对待宾客之文字，写田蚡多言其欲用宾客"以倾魏其"，写窦婴却还有"喜宾客"之语。然窦婴"喜

1　高敏：《秦汉史论集》，郑州：中州书画社，1982年，第298页。

2　《史记·外戚世家》云："窦太后从昆弟子窦婴，任侠自喜。"（司马迁撰，裴骃集解，司马贞索隐，张守节正义：《史记》卷49《外戚世家》，第2395页。）

3　司马迁原著，李晚芳编纂：《读史管见》，赵前明、凌朝栋整理，北京：商务印书馆，2016年，第193—194页。

4　王世贞：《弇州续稿》卷12，《四库全书》第1282册《集部·别集类》，上海：上海古籍出版社，1987年，影印文渊阁四库全书本，第150页。

宾客"却有一籍福而不能听[1]，则窦婴之"喜"与田蚡之"用"并无二致，太史公如此行文，更见微旨。

（二）请田遭怒，谩自相谢

籍福第二次出场，田、窦二人已时移势易，田蚡尊为汉相，而窦婴却以侯爵家居：

> 丞相尝使籍福请魏其城南田。魏其大望曰："老仆虽弃，将军虽贵，宁可以势夺乎！"不许。灌夫闻，怒，骂籍福。籍福恶两人有郤，乃谩自好谢丞相曰："魏其老且死，易忍，且待之。"已而武安闻魏其、灌夫实怒不予田，亦怒曰："魏其子尝杀人，蚡活之。蚡事魏其无所不可，何爱数顷田？且灌夫何与也？吾不敢复求田。"武安由此大怨灌夫、魏其。[2]

此节中，籍福受田蚡委派向魏其请田。魏其不知时变，失势却不肯自下，故"愤激时冲口而'将军'武安"[3]，不称之为"丞相"，其怨恨、不许田尚且情有可原。然"请田"事上，灌夫与籍福之先后反应却更耐人寻味。

先看灌夫。"灌夫闻，怒，骂籍福。"太史公特写骂籍福而非骂武安，则灌夫所怒的对象，似乎是怒籍福更甚于怒武安。以灌夫之刚直使气，前文以服请丞相饮酒时已与田蚡有郤，"请田"一事如此"迁怒"宾客，实在令人难以理解。再看籍福。籍福"无端"遭骂，非但未马上据实以报田蚡，反而是"恶两人有郤"，并

1　有学者以"善于听取意见"评价窦婴，论据为争太子之时，窦婴曾听取高遂之谏而"朝请如故"（谢芳：《〈史记〉食客研究》，第54页）。然笔者以为，不容忽视的是，在窦婴听取高遂谏言之前，亦曾有"诸宾客辩士说之"，皆莫能请动窦婴。其间固然有宾客能力参差不等的因素，然纵观全传，窦婴屡历窘厄，只有灌夫相与为翼，除高遂、籍福外实无宾客献策相助，自然亦未得多见窦婴纳谏之貌。由此，窦婴是否"善听谏言"，笔者持保留意见，其"喜宾客"一节读来，稍觉讽刺意味。
2　司马迁撰，裴骃集解，司马贞索隐，张守节正义：《史记》卷107《魏其武安侯列传》，第3445—3446页。
3　钱锺书：《管锥编》第1册，北京：三联书店，2019年，第557页。

"谩自好谢丞相"，这实在不像一位倚势"请田"的宾客所应有的行为。籍福所
"恶两人有郤"者，一般以为是此传的传主田、窦二人，然笔者以为，依循《季布
栾布列传》中所记载的籍福与灌夫有故，则此二人当为田、灌。由此，"请田"事
中灌夫与籍福之反应才可理会，而籍福之形象才愈见清晰。从灌夫的角度来看，
其所怒自然是籍福昔日相交，今日却因趋势附利而归随武安。而对籍福而言，其
虽为田蚡宾客，请田触怒窦、灌，却仍不愿灌夫与田蚡有郤，故而不惜欺瞒田蚡
以为窦、灌二人掩饰。且不论籍福归于武安门下，是看重其势位之高而可谋求出
路，还是趋炎附势以作威作福，其以宾客身份欺瞒丞相，欲以一己之力遏制窦、
田、灌三人之矛盾，其任侠重义可见一斑。至于其"谩自好谢"之后，武安已"闻
魏其、灌夫实怒不予田"，并由此"大怨"窦、灌，籍福所为，成效甚微，笔者将
在后文着重讨论。

宾客居三人间调停之事，史公在后文亦有所记：

> 元光四年春，丞相言灌夫家在颍川，横甚，民苦之。请案。上曰："此丞
> 相事，何请。"灌夫亦持丞相阴事，为奸利，受淮南王金与语言。宾客居间，
> 遂止，俱解。[1]

此恰在"请田"之后，田、灌二人欲互持阴事以相告发。此次矛盾，则成功由宾客
化解。此"宾客"是否有籍福在内已难获知，然太史公既书以"宾客"，大概是有
如籍福一类之人，居间委屈调停。且只言"宾客"，未特地言明何人宾客，大概亦
如前所述，乃是周旋其间、来去颇为自由的游士群体。而此次田灌的矛盾，亦更
甚于"请田"，则宾客能解而化之，亦足见其中不乏胆识谋略过人之辈。

（三）甘冒不韪，代灌而谢

籍福最后一次出场，是在此传最耳熟能详的"灌夫骂座"一节：

---

[1] 司马迁撰，裴骃集解，司马贞索隐，张守节正义：《史记》卷107《魏其武安侯列传》，第3446页。

　　夏，丞相取燕王女为夫人，有太后诏，召列侯宗室皆往贺。魏其侯过灌
夫，欲与俱。……坐乃起更衣，稍稍去。魏其侯去，麾灌夫出。武安遂怒曰：
"此吾骄灌夫罪。"乃令骑留灌夫。灌夫欲出不得。籍福起为谢，案灌夫项令
谢。夫愈怒，不肯谢。武安乃麾骑缚夫置传舍，召长史曰："今日召宗室，有
诏。"劾灌夫骂坐不敬，系居室。[1]

灌夫使酒骂座，酿成祸乱，当其与魏其欲出而不得之时，挺身而出者唯有籍福一
人。且看当时情景：当日召集，乃为宗室燕饮，有太后诏命，籍福当以丞相客的
身份位列席间。就在灌夫以一句"今日斩头陷匈，何知程李乎"而语惊四座之
际，在场的列侯宗室，以及可能有如籍福一般以宾客身份而列席者，皆"坐乃起
更衣，稍稍去"，欲在闹剧走向不可挽回之前远离是非中心。这是一般朝臣仕宦明
哲保身之举，合乎情理。然众人皆去，只有籍福一人，不仅未去，还"起为谢"，
并"案灌夫项令谢"，行止之大胆冲动，可谓毫不亚于灌夫。以籍福当日的身份而
言，他实在没有代灌夫而谢之立场及必要。同时，籍福"起为谢"，相助灌夫，则
无形之中已将自己放在了丞相的对立面，难免不令武安难堪。权衡利弊，籍福仍
义无反顾，除了是欲大事化小了结此事外，亦是顾惜与灌夫故交，甘冒大不韪以
救其脱身。而所憾恨处，则在于灌夫丝毫未解籍福心意，见籍福代己而谢、案项
令谢，反是"愈怒，不肯谢"，终是辜负故交而令己身陷囹圄。

　　此节中，太史公还有笔墨论及其余宾客：

　　魏其侯大愧，为资使宾客请，莫能解。[2]

此在武安"遣吏分曹逐捕诸灌氏支属"之后。宾客之"以资"，与籍福之"无资"

1　司马迁撰，裴骃集解，司马贞索隐，张守节正义：《史记》卷107《魏其武安侯列传》，第3446页。
2　司马迁撰，裴骃集解，司马贞索隐，张守节正义：《史记》卷107《魏其武安侯列传》，第3447页。

形成对比，而宾客之"请，莫能解"，与籍福之"不请而解"亦是一番对照。且宾客之"莫能解"，有几分是真不能解，又有几分是实莫敢解？相较之下，籍福之重情重义、胆识过人，不仅非其余宾客所能比，亦非灌夫所能及。笔者以为，籍福之挺身以救灌夫，纵杯水车薪，仍颇有先秦侠士之遗风，不愧吴见思所言之"灿然可观"。

二、以籍福为中心论传中宾客形象

上文论述了《魏其武安侯列传》中籍福之形象品性，并兼而涉猎了传中部分宾客的一些特点。然而籍福之"可观"，历历可数，却在《汉书》中为班固"不屑一顾"。《窦田灌韩传》中，班固特在司马迁之论赞基础上，为籍福添笔曰："然婴不知时变，夫亡术而不逊，蚡负贵而骄溢。凶德参会，待时而发，藉福区区其间，恶能救斯败哉！"[1] "区区其间"，恰是班固对籍福，乃至传中宾客的历史定位。以下，笔者先把籍福置于传中的宾客群体间，对汉初的游士风气与养士之风作一整体性考察[2]，再着重籍福与众"不同"之处，探讨其作为宾客纵然"可观"却依旧"区区其间"的缘由。

（一）天下之士，养客渐衰：汉初宾客游士风气

据笔者所见，现有的研究似乎还未有人梳理此传中的"宾客"描写，笔者统计共有13处，今逐一列出以便探讨：

---

1   班固撰，颜师古注：《汉书》卷52《窦田灌韩传》，北京：中华书局，1962年，第2406—2407页。
     按：《汉书》以"籍"为"藉"。
2   "宾客"与"游士"意涵不尽相同。然依下文表格可见，针对《魏其武安侯列传》中的"宾客"描写文字，司马迁时以宾客游士相连，时以宾客辩士同指，亦有使用"士""吏士""名士""食客"等词。故此文暂时将这些词语的辨义放在一边，所使用的"宾客"与"游士"皆指择主而存、受主人礼遇的"士"阶级群体。

《魏其武安侯列传》中的"宾客"描写

序号	《魏其武安侯列传》"宾客"书写原文
1	（魏其）喜宾客。
2	诸游士宾客争归魏其侯。
3	魏其谢病，屏居蓝田南山之下数月，诸宾客辨士说之，莫能来。
4	孝景崩，即日太子立，称制，所振抚多有田蚡宾客计策。
5	武安侯新欲用事为相，卑下宾客，进名士家居者贵之，欲以倾魏其诸将相。
6	魏其贵久矣，天下士素归之。
7	（武安侯）以王太后故，亲幸，数言事多效，天下吏士趋势利者，皆去魏其归武安。
8	以武安侯蚡为丞相，……天下士郡诸侯愈益附武安。
9	魏其失窦太后，益疏不用，无势，诸客稍稍自引而怠傲。
10	（灌夫）家累数千万，食客日数十百人。陂池田园，宗族宾客为权利，横于颍川。
11	灌夫家居虽富，然失势，卿相侍中宾客益衰。
12	宾客居间，遂止，俱解。
13	魏其侯大愧，为资使宾客请，莫能解。

　　首先，以叙事作用而论，宾客之往来无疑是魏其与武安权势兴衰的侧面反映。对宾客聚散无常的描写，有学者以为可体现司马迁对世态炎凉、人情冷暖的感慨[1]。"宾客"的叙事作用前人多有评议，本文不再赘述。但传中之"宾客"文字，笔者以为尚有值得关注之处，恰可借此一窥汉初之游士风气。以下，先从司马迁之三次以"天下"写"士"谈起。

　　行文以"天下士"或"天下之士"，笔者考察全部《史记》原文，多为司马迁描写先秦或楚汉之际的游士宾客时使用[2]。又大致可分两种情况。其一，是借以描绘"天下"的游士群体，如"览天下诸侯宾客，言齐能致天下贤士也"[3]，"孟尝君舍业厚遇之，以故倾天下之士"[4]，"天下士复往归公子"[5]。其二，是以"天下

1　参见赵建军：《〈史记〉中门客的叙事功能》，《阴山学刊》2019年第6期，第14页。

2　司马迁以"天下士"书写先秦及楚汉之际的宾客游士，据笔者粗略统计，《史记》中凡二十余次。

3　司马迁撰，裴骃集解，司马贞索隐，张守节正义：《史记》卷74《孟子荀卿列传》，第2852页。

4　司马迁撰，裴骃集解，司马贞索隐，张守节正义：《史记》卷75《孟尝君列传》，第2862页。

5　司马迁撰，裴骃集解，司马贞索隐，张守节正义：《史记》卷77《魏公子列传》，第2895页。

士"形容某一特定人物，如"此天下辩士（指侯公），所居倾国"[1]，"张仪，天下贤士，吾怠弗如也"[2]，"魏有张禄先生，天下辩士也。……燕客蔡泽，天下雄俊弘辩智士也"[3]。两种用法，书写游士群体以"天下"，着重体现的应是游士之流动性，即：可以在四海之内的宽大舞台上自择其主、不受约束；宾客之主势倾朝野，足以揽天下之士；先秦时期，得士者得天下，失士者失天下的社会共识。而书写某一特定人物以安"天下"，着重体现的应是其辩才，有足以无双天下、倾覆天下之能力。查屏球在论及战国时代与汉武时代的士人区别时，亦以"天下游士"来称呼战国士人，特与汉武时期的"一主之臣"相区分[4]。

那么，如何理解《魏其武安侯列传》中，景帝、武帝时期，司马迁仍三次以"天下"写"士"呢？笔者以为不妨作两解。其一，即是以"天下士"之云集写窦、田、灌三人权势之大。而司马迁之笔法亦见于此"天下"二字：先秦之际，各诸侯国的贵族君主大兴求士之风，揽天下士以争雄；及至汉代，尽管汉初仍存在诸多异姓与同姓诸侯王权势过大，揽宾客以自用的情况，但随着景帝时晁错的削藩建议、武帝时主父偃的力主推恩，天子高度集权之下，宾客游走天下已失去政治背景的支持。此番境况，窦、田、灌三人以朝臣之身，却仍敢招揽"天下士"为己用！魏其最终因"有蜚语为恶言闻上"而遭弃市，此"蜚语"固然有田蚡以巧言陷害的因素，然自司马迁书其"天下士素归之"看来，魏其"私门养士"之结局早有预见。由此，魏其之"不知时变"，不仅是不知其与武安之此消彼长、权势交替，亦是其不知世局已变——先秦时期"以士倾天下"之风已不容于汉代天子的集权统治。

1　司马迁撰，裴骃集解，司马贞索隐，张守节正义：《史记》卷7《项羽本纪》，第419页。

2　司马迁撰，裴骃集解，司马贞索隐，张守节正义：《史记》卷70《张仪列传》，第2772页。

3　司马迁撰，裴骃集解，司马贞索隐，张守节正义：《史记》卷79《范雎蔡泽列传》，第2917，2934页。

4　"与前期战国时代相比，（汉武时代）士人精神发生了根本性变化：……（士人）由天下游士变为一主之臣，失去了自由意识"。查屏球所论"士"之概念自然远超于本文"宾客游士"的范畴，然在论及不同时期的士人特点时，笔者以为亦不妨袭用。参见查屏球：《从游士到儒士——汉唐士风与文风论稿》，上海：复旦大学出版社，2005年，第27—29页。

　　其二，此传"宾客"描写中的三处"天下士"，亦恰恰反映了士人精神自"天下游士"向"一主之臣"转变的过程。现有的研究以汉代作为士人精神转变的分水岭，认为汉武时期的士人相比先秦已逐渐失去其自由意识及对命运的自主性的掌控[1]。然而，在《魏其武安侯列传》中可以得见，此种转变尚未完全。天下之游士宾客或"争归魏其"，或"去魏其而归武安"，尽管其"择主"的标准已经从宾主之间的信义约束和两相倾慕，逐渐趋向于"趋势利"及"为权利"所体现的有利可图和追求仕途出路，然而在汉初，这些宾客仍可以相对自由地择主而"游"，且如上文所议，客与主之间也不存在固定的从属关系。此外，这群宾客群体中不乏如籍福一般充满自主精神之人，不拘于个人的身份及地位，积极地以自身力量为他人谋利解难。由此，我们可以借由《魏其武安侯列传》中的"宾客"描写，管窥士人精神在武帝时代由"天下士"逐渐嬗变。

　　尽管《魏其武安侯列传》中以"宾客"串联全文，司马迁却未有一言提及这群宾客游士的结局。对结局的"不书"其实亦是宾客去向的一种体现——即私门养客的衰落及严禁，窦婴与灌夫的下场恰是其中之最好注脚[2]。而本传"宾客"书写为我们展现的，恰可说是入汉以来，私门养客以失败而告终的最后一次大胆尝试。

　　（二）区区其间，灿然可观：论籍福之后世接受

　　置身于此传的整个宾客群体中，籍福无疑是其中最突出，也是最独特的存在。作为《史记》中一位"闪现型"的门客，尽管其归附于田蚡，大概亦是出于追名逐利、渴求仕途之目的，然而，诚如前文所论，其深具大局意识、擅于剖析人心及秉持任侠重义的特点，仍使籍福其人在浩瀚史册中倏忽而过时，留下了不可磨灭的光彩。

1　查屏球：《从游士到儒士——汉唐士风与文风论稿》，第27—31页。

2　有关武帝时期将私门养客视作与叛逆同罪，以及窦婴因此而论弃市，前人已有论述，参见陈曦：《窦婴之死与汉武帝尊儒——〈史记·魏其武安侯列传〉探微》，《管子学刊》2009年第2期，第107—108页。

　　当然，不得不承认，人物品性之光彩归光彩，籍福于传中之所作所为，没有抵挡住历史车轮的滚滚而过。反思籍福的几次出场，其贺吊魏其却未被听信，其"请田"事欺瞒武安亦未能成功，而其"骂座"闹剧为灌夫解围更是杯水车薪。班固所谓"区区其间"四字，恰精准描述了籍福一类宾客的历史定位——即意有所为，却无足轻重。

　　《史记》中所载如籍福一类"区区其间"的宾客不在少数。如《淮阴侯列传》中三劝韩信而不得，最终"详狂为巫"的蒯通[1]；如《鲁仲连邹阳列传》中遗书燕将，却适得其反使燕将自杀的鲁仲连[2]。此类游士宾客分布于历史长河中，笔者拟细察其计谋收效甚微之缘由，却发现实难一概而论。就籍福而言，其"区区其间"之外因，其一或可归结于汉初武帝集权下，宾客游士本就已不受重用，其二或可归结于外戚朝臣权力斗争下，针锋相对、不留余地，给予宾客筹谋良策的发挥空间也相对减少。此外，籍福之"失策"亦有其内因。纵观籍福后两次出场时的"任侠"之举，无一不是冲动有余、冷静不足，情义有余、智谋不足。武安既有"吏皆为耳目"，则"请田"事又岂是籍福"谩自好谢"得以瞒过？更遑论"使酒骂座"时，纵然灌夫随籍福赔罪，以当时情境，武安又岂会因区区谢过而就此罢手？由此，籍福之徒劳无功亦在情理之中。此类宾客的"失策"缘由虽难尽论，但《史记》在书写此类人物时，借宾客之"难有所为"所体现出的历史必然性及不可抗性，通过对比个体与历史境况所表现出的个人力量之渺小，笔者以为具有浓厚的悲剧意识。

　　最后，讨论一下后世以"籍福事"入诗的创作，这些作品主要集中于明清两代，与班固"区区其间"的评价形成一种对应关系。代表作除前引王世贞《读魏其侯传》之"当时籍福解，远胜灌夫怜"外，尚有黄淳耀《岁暮闲居十首·其七》

1　司马迁撰，裴骃集解，司马贞索隐，张守节正义：《史记》卷92《淮阴侯列传》，第3183页。

2　司马迁撰，裴骃集解，司马贞索隐，张守节正义：《史记》卷83《鲁仲连邹阳列传》，第2988—2992页。

之"排难衹今无籍福，论交自昔长袁丝"[1]，郑孝胥之《叕庵招集积水潭》"袁丝籍福今俱老，安能随俗矜枉尺"[2]。籍福在《史记》中与袁盎交集甚微，然这些作品却大多将其与袁盎、灌夫等相携而论，以凸显其任侠品性。"籍福解""排难衹今"等语更未免言过其实，夸耀籍福以排难解纷为己任，欲以一己之力化解窦、田、灌之矛盾。最重要的是，这些作品无一例外，皆跳脱出籍福"区区其间""难有作为"的历史事实，而放大其个人品性之光彩所在，以彰显对其人其事的向往与认同。籍福到底是《史记》中一小人物，对其后世接受的考察亦难免囿于其声名而导致可观览文本之不足。然而我们仍可发现，籍福的后世接受与鲁仲连之类的人物在后世的接受有着惊人的相似之处，即此类宾客"难有所为"或"料事不中"的尴尬皆在后人的接受中逐渐淡化，而其"可观"之处却灿然生辉、历久弥新。限于篇幅，对于此类宾客游士之后世接受问题，有待来日。

1　黄淳耀：《陶菴全集》卷14，《四库全书》第1297册《集部·别集类》，上海：上海古籍出版社，1987年，影印文渊阁四库全书本，第802页。
2　郑孝胥：《海藏楼诗集》，黄坤、杨晓波校点，上海：上海古籍出版社，2003年，第216页。

传统之外的求实与传采

——倪豪士英译唐传奇的两个面向

刘颖　何李

刘颖，1985年生，四川仁寿人，威斯康辛大学
麦迪逊分校东亚语言文学系硕士，中国民用航
空飞行学院外国语学院副教授。主要研究方向
为典籍翻译、英语教学。
何李，1982年生，四川泸州人，华东师范大学
中文系博士，厦门理工学院外国语学院教授。
主要研究方向为古代文学。

一、引言

自1919年亚瑟·韦利（Arthur Waley）翻译《李娃传》和《莺莺传》始，国内外众多有名的汉文学译者如爱德华兹（Evangeline D. Edwards）、王际真、杨宪益夫妇、颜惠庆、王德篪、鲍吾刚（Wolfgang Bauer）、海陶玮（James R. Hightower）、杜德桥（Glen Dudbridge）、张心沧、马幼垣、高辛勇（Karl. S. Y. Kao）、倪豪士（William H. Nienhauser, Jr.）、宇文所安（Stephen Owen）等，都相继为唐传奇的外译做出了贡献。

倪豪士教授以翻译《史记》闻名中外，但他对唐传奇的钻研早于《史记》。从20世纪70年代末始译唐传奇到2020年再次修改自己的译文，他对唐传奇的译读持续了40余年。受波恩大学霍布里（Peter Olbricht）影响，他在阐释中国古代文学

时一直关注史学和文学两个面向[1]。经过对其他译本的梳理，他发现已有的唐传奇翻译缺乏学术性，一是因为有的译文太过自由，二是因为大部分译者参照的底本不详。他认为"西方汉学界最需要的是一本像王梦鸥《唐人小说校释》那样有详尽注解的唐传奇英译本"[2]。倪豪士指出，大多数中国典籍的英译都是对普通读者有用的翻译，而不是为了学者的翻译，而做翻译的往往是外文系的学者，但他们对原著内容的理解又不够深入[3]。在他看来，与各代中国人偏重反复阅读经典中的一小部分不同，汉学者恰好处于中国人阅读文本习惯的传统之外，他们所提到的未获关注之处，刚好可以弥补中国学者忽略的地方[4]。他认为，如果不能正确、清楚、有效地理解作者的措辞，便不能处理语调、方言、风格和寓意等诸多语言层面，这样的翻译就存在文化缺失[5]。因此，他翻译唐传奇的方法与《史记》如出一辙，也是基于新批评和传统文献学的文本细读法，即立足文本，深挖细节，力求译文准确、有据。不过，唐传奇毕竟是文学作品，而文学翻译要解决的一个重要问题是语言效果，包括"信息、语音系统、词的多义性以及话语的互文性等层面"[6]。从创作意图和形式特征来看，唐传奇"叙述宛转、文辞华艳"，以及作者"有意为小说"，在故事中有所寄托。当这些特点体现在唐传奇的翻译中时，译者既要对文字中反映的真实信息进行求实，又有义务让目标读者欣赏源语文学的艺术魅力。虽然倪豪士曾坦言他的翻译目标不是优美，但他也希望在忠实的基础上尽可能"有文学成分"或"文体优美"[7]。

1　李俐：《翻译与学术：倪豪士〈史记〉英译研究》，博士学位论文，香港：香港中文大学翻译系，2019年，第54页。

2　徐公持：《一生一世的赏心悦乐事——美国学者倪豪士教授专访》，《文学遗产》2002年第1期，第128页，第126—130页。

3　魏泓：《历史的机缘与承诺——美国著名汉学家倪豪士〈史记〉翻译专访》，《外语教学理论与实践》2018年第3期，第88页。

4　钟彩钧、黄锦珠：《专访美国汉学家倪豪士先生》，《中国文哲研究通讯》（台北）1991年第1卷第3期，第122页。

5　William H. Nienhauser, Jr., "Diction, Dictionaries, and the Translation of Classical Chinese Poetry," *T'oung Pao*, vol.64, no.1（January 1978）, p. 48.

6　张道振：《放纵式忠实与翻译效果的测量》，《外语学刊》2020年第5期，第102页。

7　魏泓：《历史的机缘与承诺》，第86页。

18世纪以来，中西方文化秩序影响了翻译过程与翻译文本的接受，符合忠实概念的中国文学经典一直很难走出国门[1]。倪豪士翻译唐传奇时吸收了前人翻译的成果，同时采用细读精研的翻译法。他的译文向作者、原文及源语文化倾斜，因此诚信度很高。这或许将让他的译文在目标语文化接受过程中面临挑战，但他却坚持尊重作品原有的语言特征和文化特质。本文以倪豪士在不同时期翻译的十篇唐传奇为研究对象，对其文本意义的求实和文笔的传采进行分析。

二、 倪豪士的唐传奇观和相关英译概述

在他数十年的研读中，倪教授对唐传奇的范围划分形成了自己的观点，他翻译的唐传奇译文在各版本中也呈现出不同程度的修改。早在1976年，他在《韩愈〈毛颖传〉中的寓意解读》一文中，首次、完整地翻译了韩愈的寓言《毛颖传》[2]，但他在此时并未将其称为唐传奇，该译作在收入梅维恒1994年编译的《哥伦比亚中国古典文学选集》时也没有被归为"小说"（Fiction），而是被归为"散文"（Prose）[3]。1978年，在马幼垣和刘绍铭组织编译的（《中国传统短篇小说选》）中，倪豪士第一次在真正意义上翻译了三篇唐传奇，分别为《冯燕传》《任氏传》和《枕中记》[4]。1985年，他在高辛勇组织编译的《中国文言志怪小说》中

1　吕世生：《中国"走出去"翻译的困境与重视概念的历史局限性》，《外语教学》2017年第5期，第90页。

2　William H. Nienahauser, Jr., "An Allegorical Reading of Han Yu's 'Mao-Ying Chuan' (Biography of Fur Point)", *Oriens Extremus*, vol. 23, no. 2 (1976), pp. 153-174.

3　Translated by William H. Nienhauser, Jr., "The Biography of Fur Point," in Victor H. Mair ed., *The Columbia Anthology of Traditional Chinese Literature*, New York: Columbia University Press, 1994, pp. 747-750.

4　Translated by William H. Nienhauser, Jr., "Feng Yen," in Y. W. Ma and Joseph S.M. Lau eds., *Traditional Chinese Stories: Themes and Variations*, Boston: Cheng & Tsui Company, 1986, pp. 50-51. Translated by William H. Nienhauser, Jr., "Miss Jen," in Y. W. Ma and Joseph S.M. Lau eds., *Traditional Chinese Stories: Themes and Variations*, pp. 339-345. Translated by William H. Nienhauser, Jr., "The World Inside a Pillow," in Y. W. Ma and Joseph S.M. Lau eds., *Traditional Chinese Stories: Themes and Variations*, pp. 435-438.

翻译了《李赤传》[1]。1994年,《哥伦比亚中国古代文学选集》中收录了他翻译的
《南柯太守传》[2]。同年,他在《唐人载籍中之女性性事及性别双重标准初探》一
文中翻译了《河间传》,后被收入刘绍铭与闵福德2000年编选的《含英咀华
集》[3],他在同一篇文章中还修改翻译了《李赤传》,但此时,他自己尚没有确切
地将这两篇称为"唐传奇"(Tang tale),而是用narrative、story、tale指代[4]。
1998年,他在《唐传奇中的创造和故事讲述:沈亚之的传奇作品》中翻译了《异
梦录》《秦梦记》,修改翻译了《冯燕传》。在这个阶段,他通过考察沈亚之的作
品,认为传奇是指"文章很长"并揭示出情节的复杂性的"有意识之创造"的故
事[5]。2001年,倪豪士在撰写《哥伦比亚中国文学史》的"唐传奇"一章中指出,
唐代短篇小说除了唐传奇外还包括志怪(records of anomalies)、轶事
(anecdotes)和寓言(allegorical stories)三类,而第一类志怪中有不少容易被认
为是传奇的篇目,如《郭元振》。此时,他早已从鲁迅、张友鹤、李宗为、汪辟疆
等人编注的唐传奇集中意识到中国学者对传奇和志怪有不同的划分标准,但他仍
然坚持"最好的传奇文应该是在780年至820年间写成的,兼具艺术和政治色彩,

1　Translated by William H. Nienhauser, Jr., "Biography of 'Red' Li," in Karl S. Y. Kao ed.,
　　*Classical Chinese Tales of the Supernatural and the Fantastic: Selections from the Third to the
　　Tenth Century*, Bloomington: Indiana University Press, 1985, pp. 190-192.

2　Translated by William H. Nienhauser, Jr., "An Account of the Governor of the Southern Branch,"
　　in Victor H. Mair ed., *The Columbia Anthology of Traditional Chinese Literature*, New York: Co-
　　lumbia University Press, 1994, pp. 861-871.

3　Translated by William H. Nienhauser, "Liu Zongyuan (773-819), Mid-River," in John Minford
　　and Joseph S. M. Lau eds., *Classical Chinese Literature, An Anthology of Translations*, vol. 1,
　　New York and Hong Kong: Columbia University Press and The Chinese University Press, 2000,
　　pp. 1072-76.

4　William H. Nienhauser, Jr., "Female Sexuality and the Double Standard in Tang Narratives: A
　　Preliminary Survey," in Eva Hung ed., *Paradoxes of Traditional Chinese Literature*, Hong
　　Kong: The Chinese University Press, 1994, pp. 1-20.

5　William H. Nienhauser, Jr., "Creativity and Storytelling in the Ch'uan-ch'i: Shen Ya-chih's T'ang
　　Tales," *Chinese Literature: Essays, Articles, Reviews* (*CLEAR*), vol. 20 (1998), pp. 68.

文笔精炼优美，情节曲折细致，人物鲜活生动"[1]。同时，他也指出唐传奇的起源是中国传统的传记，具有史传的结构和风格[2]。按照这个标准，倪教授在2010年《唐代传奇导读》第一册中担任了项目导师兼译者的身份，组织编译了六篇长篇传奇文，其中他修改翻译了早期的《南柯太守传》[3]。但在此之后，他对唐传奇的划分标准有所放宽。他于2016年出版的《唐代传奇导读》第二册收入了《河间传》和《下邳侯革华传》[4]。这些寓言在构思和技巧上接近传奇小说，又兼具古文的笔法和风格。即使他深知这些故事既不同于"标准传奇故事"的叙事，也不属于传奇主题中的任一类，但他认为其以新颖的创作表达了作者的政治失意，是有意识的创造。他的译本还选择了以往被划为佛道轶事或志怪的篇目，他希望它们能成为唐传奇世界的一部分，开阔当代人阅读唐传奇的视野[5]。他在译本中也再次修改了《冯燕传》《河间传》《秦梦记》的早期译文[6]。2020年，由梅维恒和张振军编译的《唐宋传奇集》收入了倪译的《枕中记》《任氏传》《南柯太守传》《异梦录》《秦梦记》五篇[7]，这些译文较之前又做出了少许改动。

　　倪豪士的译本和研究证明了他多年来不断探究唐传奇的范畴，以及审视自己译文、超越自我的精神。为方便讨论，笔者在本文中将这十篇小说皆称为唐传奇。

1　William H. Nienhauser, Jr., "T'ang Tales," in Victor H. Mair ed., *The Columbia History of Chinese Literature*, New York: Columbia University Press, 2001, p. 594.

2　William H. Nienhauser, Jr., "T'ang Tales," in Victor H. Mair ed., *The Columbia History of Chinese Literature*, p. 580.

3　Translated by William H. Nienhauser, Jr., "An Account of the Governor of the Southern Branch," in William H. Nienhauser, Jr. ed., *Tang Dynasty Tales: A Guided Reader*, Singapore: World Scientific, 2010, pp. 131-187.

4　参照这个标准，《李赤传》和《毛颖传》也可看作传奇了。

5　William H. Nienhauser, Jr., *Tang Dynasty Tales: A Guided Reader*, vol. 2, Singapore: World Scientific, 2016, p. xviii-xix.

6　William H. Nienhauser, Jr., *Tang Dynasty Tales: A Guided Reader*, vol. 2, pp. 163-254.

7　参见 Victor H. Mair and Zhenjun Zhang, eds., *Anthology of Tang and Song Tales: The Tang Song Chuanqi Ji of Lu Xun*, Singapore: World Scientific, 2020, pp. 43-51; 52-70; 164-193; 338-343; 344-357.

三、 唐传奇的拟史与译文的求实

中国文学深受历史著作的影响，史学家求真求全的观念影响了小说家，后者"常出于史学修养的本能，追求历史背景、社会环境甚至是史实的真实性"[1]，把超自然或传闻纳入真实的历史中。西方汉学者也认可传奇的框架结构和语言受到史传的影响。唐朝的故事作者最不愿意承认他们的作品是幻想的，"异"事件被要求有真实发生过的保证[2]，因此叙述者会在故事结尾插入说明性话语，为真实的叙述做担保。故事作者"为了提高故事的真实性和可靠的消息来源，连获得信息的具体日期和情况也会给出确切的细节，以帮助读者验证故事的可信度"[3]。有的传奇还被史书或具有史书性质的著作收录，被当作真实的历史文献。

倪豪士曾在文中提到，理解中唐时期唐传奇的关键在于读懂《史记》[4]。他发表的《南柯太守传的语言、用典和言外意义》一文就是受到了史传的影响。他强调从字、词、句等基础言语层面入手，开掘多层次的文本内涵，整理自己的感悟与发现[5]。在翻译过程中，他对传奇体例的命名、对文字的探赜索隐，以及对作者议论的分析，无一不体现了求真求实的态度。

（一） 篇名中"传""记"的区分

《史记》和《汉书》是史传叙事的典范，唐传奇的命名颇受史传叙事的影响[6]。从标题中多含"传""记""录""志"等字就看得出来，"传"突出人物的行为，"记"突出事件的经过。许多译者对篇名中的"传""记"等并不在意，经常省略不译。

1　李剑国：《从现实生活到小说意象：民俗如何在唐人小说中呈现——熊明新著〈唐人小说与民俗意象研究〉评介》，《辽东学院学报（社会科学版）》2016年第4期，第138页。

2　小南一郎：《唐代传奇小说论》，童岭译，伊藤令子校，北京：北京大学出版社，2015年，第9页。

3　Y. W. Ma, "Fact and Fantasy in T'ang Tales," *Chinese Literature: Essays, Articles, Reviews* (*CLEAR*), vol. 2, no.2（July 1980）, p. 178.

4　参见李俪：《翻译与学术：倪豪士〈史记〉英译研究》，第59页。

5　参见李俪：《翻译与学术：倪豪士〈史记〉英译研究》，第109页。

6　江守义：《唐传奇叙事》，合肥：安徽人民出版社，2006年，第90页。

表1 篇名的英译

枕中记	Record Within a Pillow（2020）
秦梦记	A Record of Dream of Qin
任氏传	The Tale of Miss Ren（2020）
南柯太守传	An Account of the Governor of the Southern Branch
河间传	An Account of Mid-rivers
冯燕传	An Account of Feng Yan
下邳侯革华传	The Biography of Ge Hua, Marquis of Xiapi
李赤传	Biography of "Red" Li
毛颖传	The Biography of Fur Point
异梦录	Registering a Strange Dream

　　而倪豪士不仅将其译出，还在翻译"传""记"时有明显的区别（见表1）[1]。"记"都译为 record，但是"传"有 account、tale 和 biography 三种译法。《毛颖传》和《下邳侯革华传》虽然篇幅很短，但确是典型的摹拟史传笔法，和《史记》中的人物传记体例相似，记录了人物的一生。华滋生翻译《史记》中的"列传"时使用的就是 biography 一词。倪教授把这里的"传"译为 biography，能够体现纪传体的特点。而《南柯太守传》《冯燕传》《河间传》这类传奇的语言经过更多润色，又在结尾常言这个故事是由某某所见或听闻，因此译者用 account 来翻译"传"，表达对相关传闻的记录，更倾向于通过事件展示人物个性[2]。有趣的是，《任氏传》语言生动，而且也言明了故事的来源和传播经过，显得煞有其事。但译者却使用 tale 来译"传"，这也许是因为文章在开头第一句便说"任氏，女妖也"，这便揭示了任氏作为狐妖的虚构性，作者又在文末指出故事源于"征其异说"。因此，译者用 tale 来表示这个故事是"作意好奇"的产物。

1　这个区别在他编写《哥伦比亚中国文学史》的"唐传奇"章节时还没有出现。
2　笔者认为《李赤传》也应属于这一类，应译为"An Account of 'Red' Li"。

（二）文本内容的求实

倪豪士对语境中的一般词、文化词、专有名词的翻译尽可能地忠于历史文化，同时将异文严格对比，选出最接近原文的异文。虽然这些词语的意译、省译或误译对理解情节大意影响甚微，但倪豪士却看重每个文字背后的历史和意蕴，对其进行细读与翻译。

1. 词的语境意义

求实不等于字面的忠实，而是根据具体的语境来确定词语的含义。比如《任氏传》中任氏冒充自己"某兄弟名系教坊"，很多译者将"兄弟"译为 brother，但倪教授译为 sister。实际上兄弟有姊妹义，古代教坊歌舞妓相互间均可以兄弟相称。唐崔令钦《教坊记》记载"坊中诸女，以气类相似，约为香火兄弟"[1]。文中写郑六和韦崟骑行于"长安陌"，倪教授将"陌"译为 streets[2]。文中的"陌"能驴马偕行，是唐人对皇城里通衢的称呼，而非"阡陌"[3]。再如，韦崟私慕任氏美貌，找到她时"引出就明而观之"。"引"有"带领"和"拉"两种意思，倪教授先译为"led her out into the light to get a better look"[4]。后将 led 改为 pulled[5]，更能表现出韦崟迫不及待的心理。

《河间传》描写河间听到男子咳嗽立即"跣走出"，倪教授初译为"ran out without her shoes"[6]，但后来改为"ran out in her stocking feet"（穿着长袜跑出

1　刘进：《唐代传奇词汇研究》，博士学位论文，成都：四川大学中文系，2003年，第84页。

2　Translated by William H. Nienhauser, Jr., "Miss Jen," in Y. W. Ma and Joseph S. M. Lau eds., *Traditional Chinese Stories: Themes and Variations*, p. 339；区别于宇文所安的译文"lanes"，参见 Stephen Owen ed. & trans., *An Anthology of Chinese Literature, Beginnings to 1911*, New York & London: W.W. Norton and Company, 1996, p. 518.

3　刘进：《唐代传奇词汇研究》，第65页。

4　Translated by William H. Nienhauser, Jr., "Miss Jen," in Y. W. Ma and Joseph S. M. Lau eds., *Traditional Chinese Stories: Themes and Variations*, p. 341.

5　Vitor H. Mair, *Anthology of Tang and Song Tales*, p. 57.

6　Translated by William H. Nienhauser, "Liu Zongyuan（773-819）, Mid-River," p. 1074. 与1994年同。

去）[1]。"褐"也是唐传奇中的常见词，《毛颖传》中将兔子形容为"衣褐之徒"，倪教授译为"one dressed in coarse clothes"，后有译者误译为"who are clothed in brown"[2]。"褐"一指植物纤维做的粗布衣，通"葛"；二指用细兽毛做的衣，春秋战国在少数民族区盛行；三指泛指粗加工的短衣[3]。"衣褐"常形容古人古朴或穷蹙的生活，这里用兔子作喻，意思是穿着粗布衣或毳衣。唐传奇中还有"释褐秘校""衣短褐"等。"褐"指平民衣物，"释褐"指由平民入仕，都与颜色无甚关系。

寓言式的传奇中多使用双关，译者需要同时理解谜面和谜底。《下邳侯革华传》这篇拟人的俳谐之作是皮靴的假传，和《毛颖传》为毛笔作传一样，在游戏笔墨的表象下寄托了作者的不平感慨。它的谐音双关和语义双关数量比《毛颖传》更多，倪教授干脆翻译了两个版本，一个按照人物传记的字面意思翻译，另一个拆字揭迷道出文字的寓意，一句一注，十分不易。譬如革华父亲鞷"因引重至太行山，力不任事，遂死于辗辕下"，"辗辕"既可指山路难行的"辗辕关"，又可形容"道路环曲"[4]，因此寓意可解读为"老牛负重死于崎岖的山路"。但译者通过拆解法指出"辗"还指古代车裂的酷刑，"辕"可指车前驾牲畜的两根直木，他将"死于辗辕下"的谜底译为"he was torn asunder within the shafts of his cart"更能体现老牛因为负重所导致的肢解。[5]

2. 词的文化意义

唐传奇是唐代社会文化的百科全书，很多涉及艺术、宗教、民俗等文化的著作中也大量涉及唐人小说。倪教授的学术性翻译有着天然的跨学科属性。通过细

1　William H. Nienhauser, Jr., *Tang Dynasty Tales: A Guided Reader*, vol. 2, p. 236.

2　Elling Eide, "Another Go at the Mao Ying chuan," *T'ang Studies*, no.8-9（1990-1991）, p. 109.

3　黄金贵：《古代文化词语考论》，杭州：浙江大学出版社，2001年，第60—61页。

4　罗竹风：《汉语大词典》第9卷，上海：上海辞书出版社，2008年，第1335页。

5　在"华父鞷，生五年，袭先祖爵禄，仕至上轻车都尉"一句中，"袭先祖爵禄"的两处译文相同，都译为 he succeeded his ancestor in noble rank and emolument（Nienhauser, vol. 2, p. 207）但笔者认为这句也用了双关，"爵禄"谐音"嚼辘"（嚼子和轱辘），意思是这头牛被继续套上嚼子拉车，或可译为 he succeeded his ancestor's bits and wheels。

心阅读倪教授的译文，读者可以发现译者对唐代生活细节的考证，从而在阅读中获得真实感。

《任氏传》描写韦崟为一睹任氏美貌，在出门前自己先"汲水澡颈，巾首膏唇"。"膏唇"二字，宇文所安译为"applied his lip balm"[1]，张心沧译为"daubed his lips"[2]，都不准确。《莺莺传》中有"口脂五寸，致耀首膏唇之饰"，因此"膏"即"口脂"。口脂又有两个意思，一指胭脂膏子做的口红，即《莺莺传》中的意思；二指唇膏，用来防冻。杜甫《腊日》诗有"口脂面药承恩泽"。但《任氏传》故事发生的时间明确是"夏六月"，不需要用唇膏防冻，所以韦崟涂的应是口红。从倪教授的译文"daubed some color to his lips"中，读者可以看到唐代男子涂口红的习惯。文章末尾写一干被贬的官员"浮颍涉淮，方舟沿流，昼宴夜话，各征其异说"。其中，各译本对"方舟沿流"有不同的理解。有的译为"floated... in a boat"[3]，或者"Our double boat carried along by the current"[4]，或者"out boats sped on"[5]。"方舟"出自《尔雅·释水》"大夫方舟"，郭璞注"并两船"。自晋朝始，方舟就可以作为游览观胜的工具，指"并船"，即古代的双体船[6]。宇文所安的译文体现了"方舟"的意思。但在这句话中"方舟"是动宾结构，与"沿流"形成并列，倪教授译为"we lashed out boats together and flowed with the current"，意义更准确。

有的汉语文化词在目标语中没有对应的词语，但译者仍尽量寻找意思相近的英文。《异梦录》中描写邢凤在豪宅中梦到一位喜欢作诗的古代女子，请求观览，于是美女"坐西床"授诗。这里的"床"是类似榻的坐具，而非寝具。唐代的坐床

1　Stephen Owen ed. & trans., *An Anthology of Chinese Literature, Beginnings to 1911*, p. 521.

2　H. C. Chang, *Chinese Literature*, vol.3, New York: Columbia University, 1984, p. 49.

3　杨宪益、戴乃迭译：《唐代传奇选》，北京：外文出版社，2010年，第39页。

4　Stephen Owen ed. & trans., *An Anthology of Chinese Literature, Beginnings to 1911*, p. 526.

5　H. C. Chang, *Chinese Literature*, vol.3, p. 56.

6　黄金贵：《古代文化词语考论》，第48页。

与坐榻近似[1]，大多用在厅堂待客，是一种十分讲究的家具。倪教授把"床"译为
divan，该词表示一种坐卧皆可的长沙发椅，区别于"bed"和"couch"。《冯燕传》
中描写张婴因被怀疑杀妻将被处以死刑的时候，有几十个"持朴"的司法官小吏
押解。"朴"通"扑"，即棰杖，是一种打人的用具[2]。倪豪士三次改动"朴"的译
文，分别译为："pole"（1978年）、"stave"（1998年）、"cudgel"（2016年）。
"Pole"是"杆；竿；柱"，"stave"是"梯级；（椅脚间的）横木条，横档"，而
"cudgel"是"（粗短的）棍棒"[3]，更贴近"棰杖"的功能。

　　值得注意的是，倪豪士某些较为巧妙的文字处理经常隐藏在他对并列短语的
连续翻译之中，需要读者细细咀嚼才能体会。如《南柯太守传》淳于棼大婚当晚
的物资，"羔雁币帛，威容仪度，妓乐丝竹，肴膳灯烛，车骑礼物之用"。译者是
这样翻译的：

> the gifts of lambs, geese, money, and silk were awe-inspiring and
> grandiose, the <u>female singers</u> and musicians, wines and savory foods, lamps
> and candles, carriages and riding horses [4]

　　值得考虑的是其中的"妓乐丝竹"。各中文底本中均为"妓"字，但除了
倪把"妓"字译为"female singers"，早先的译者无一例外地省略或改译了这
个字。杨宪益、王德箴等进行了省略，有的改译为"lovely maidens"[5]和

1　李斌成等编：《隋唐五代社会生活史》，北京：中国社会科学出版社，1998年，第138页。

2　"朴"通"扑"作"打人的用具"之意参见罗竹风：《汉语大词典》第4卷，上海：上海辞书出版
　　社，2008年，第726页；而"扑"作棰、杖的用法参见罗竹风：《汉语大词典》第6卷，第337页。

3　凯西·鲁尼英文原版主编，宫齐总译审、总编审，林书武、李中和总译校：《ENCARTA英汉双解
　　大词典》，广州：世界图书出版广东有限公司，2012年，第461、1494、1881页。

4　William H. Nienhauser, Jr., *Tang Dynasty Tales: A Guided Reader*, p. 138.

5　Ch'u Chai and Winberg Chai, *A Treasure of Chinese Literature: A New Prose Anthology Inclu-
　　ding Fiction and Drama*, New York: Van Rees Press, p. 109.

"captivating girls" [1]。他们是否认为在皇室婚礼这样的正式场合中出现妓女不太雅观？如果只是为了烘托婚礼阵容，对普通读者来说这些文字只需要译出大意即可。不过紧接这段话，文章描写了各种名号的仙姑，这些仙女"风态妖丽"，语言轻佻，出场就对淳于棼进行了一番调戏，她们的身份引起了倪教授的注意，他对此在注释中提到，这些宫廷婚礼上出现的女子实际上是道家修女，在唐代的风月场从事世界上最古老的交易，在故事提到的那些男女相遇的节日中尤其活跃 [2]。那么，她们和上文"妓乐丝竹"中的"妓"其实都是妓女，只不过在唐代，"妓"不仅可以称专业娼妓，也可以指音乐歌舞、绳竿球马等女艺人 [3]。将"妓乐丝竹"中的"妓"译出，能够让读者留意到唐代的官妓文化。

3. 专有名词

唐传奇中有众多真实的人名、地理、官职等名称，增加了故事的可信度。以沈既济的两篇传奇为例，作者尤工史笔，《枕中记》被《国史补》誉为有良史才，文中的专有名词让故事显得有据可依，并非谬传。文中提到"会吐蕃悉抹逻及烛龙莽布支攻陷瓜沙"，对于其中两个人名的翻译，王际真和王德箴分别笼统地译为"the Turfan and Chulung hordes" [4] 和 "Hsinalo and Lungmangpu" [5]。2010年，倪译团队在倪译《枕中记》的基础上进行重译 [6]，称"烛龙"是唐管辖的地名，同时也是姓，译为 "Stagra [Konlog] (Ximoluo) and Cogro Manpoci

1　Translated by Christopher Levenson from Wolfgang Bauer's and Herbert Franke's German version of the original Chinese, *The Golden Casket: Chinese Novellas of Two Millennia*, New work: Harcourt Brace & World Inc., 1964, p. 96.

2　See the notes by William H. Nienhauser, Jr., "An Account of the Governor of the Southern Branch," in Victor H. Mair ed., *The Columbia Anthology of Traditional Chinese Literature*, p. 861.

3　高世瑜：《唐代的官妓》，《史学月刊》1987年第5期，第25页。

4　Chi-Chen Wang trans., *Traditional Chinese Tales*, New York: Columbia University Press, 1944, p. 21.

5　Elizabeth Te-Chen Wang, *Ladies of the Tang*, Taipei: Heritage Press, 1961, p. 230.

6　Translated by Bruce J. Knickerbocker, "Record within a Pillow", in William H. Nienhauser, Jr., *Tang Dynasty Tales: A Guided Reader*, p. 73-129.

（Zhulong Mangbuzhi）"。

倪教授在翻译官职名称时也参照了翻译《史记》时的主要工具书《中国古代官职词典》（*A Dictionary of Official Titles in Imperial China*）。对比《任氏传》中的官职名翻译（表2），倪译的措辞更加严谨，意思更清楚，读者从中可以看到唐代职官的大致职责。另外，左拾遗和右拾遗分属中书省和门下省，这一点从倪译中可明显看出，而且 Censor 比 Reminder 更像一个职位。同样，对于《枕中记》中的数种官职名（如表3），译者团队丝毫不敢怠慢，并在注释里清楚地解释了职责和品级。

表2　《任氏传》官职英译对比举例

	倪豪士	宇文所安 [1]
总监使	Superintendent of imperial grounds	supervisor-general
殿中侍御史	Censor in the Bureau of State Affairs of the Censorate	Palace Censor
既济自左拾遗	Censor in the Department of the Chancellery	Reminder of the Left
金吾将军裴冀	General of the palace guards	General
右拾遗陆淳	Censor of the Department of the Secretariat	Reminder of the Right

表3　《枕中记》官职英译对比举例

	倪豪士（1978年）	倪译团队（2010年）
制诰	director of decrees	Drafter in Charge of Imperial Edicts and Proclamations
京兆尹	mayor of the capital	Metropolitan Governor of Jingzhao
河西道节度使	regional commander of the Hexi Circuit	Military Governor of Hexi circuit
吏部侍郎	second minister of the ministry of Personnel	Vice Director in the Board of Civil Office
户部尚书	head of the ministry of Finance	Minister of the Ministry of Revenue
常侍	counselor to the emperor	Policy Adviser

1　Stephen Owen ed. & trans., *An Anthology of Chinese Literature, Beginnings to 1911*, pp. 518–526.

	倪豪士（1978年）	倪译团队（2010年）
考功员外	auxiliary secretary in the Bureau of Scrutiny in the Ministry of Personnel	Auxiliary Secretary in the Bureau of Evaluations
左襄	Vice-president of the Department of State Affairs	Rectifier of Omissions

4. 接近原文的异文

倪豪士在翻译《史记》时以翻译的方式进行文本批评和传递史迁原意，遇到异文时不是要修改，而是要再现。他在翻译唐传奇时同样注重异文的存在。

表4　《南柯太守传》"夕"字异文的处理

	1994年	2016年
是夕，羔雁币帛……无不咸备。	That evening	That evening
师徒大获，竟夕而还。	when night fell	when the night was spent
数夕还答。生验书本意	In a few days	After a few nights
其夕，王与夫人饯于国南。	That night	That night
累夕/日达郡。	After a few days	After a few nights

比如《南柯太守传》中的"累夕"在有的底本中为"累日"。"夕"是夜晚的意思。倪教授后来将该处异文与其余几处"夕"联系起来，指出作者也许有意反复强调 night，暗示淳于梦已经进入到地下的世界。表4表明，他在修改的译文中将事件发生的时间设定为 "是夕""竟夕""数夕""其夕""累夕"，而且将"竟夕"狩猎的意思从"当夜晚降临（他们才回去）"改为"通宵达旦后（他们才回去）"，突出夜间的活动。译文的修改不仅体现了译者对版本的选择，还体现了译者对作者措辞的领悟。

（三）作者态度的求实

在倪豪士翻译的唐传奇中，有七篇的结尾都有作者的议论。这些议论往往反映作者对事件的态度。《冯燕传》篇末写道："余尚太史言，而又好叙谊事。其宾党耳目之所闻见，而谓余道元和中外郎刘元鼎语余以冯燕事，得传焉。淫惑之心，有甚水火，可不畏哉！然而冯燕杀不谊，白不辜，真古豪矣。"倪教授认为许多现代读者对冯燕的行为不理解，造成了他们对这两句议论的误解。比如爱德华兹对此释义为：

"这就是我记录的故事，但愿我写的是有益的东西！那个冯燕乱杀无辜还不用受罚，真的是老一类的恶霸！唉！难道一颗放荡的心不比水火更让人害怕吗？"[1]

倪教授指出爱德华兹的理解与作者的原意不符，认为原文是一篇以史传文学的笔法歌颂豪侠的作品。倪教授在三次译文中对"淫惑之心"有反复修改。最早的译文"An immoral and treacherous mind"[2]没有明确表示"淫惑之心"是谁，但是他在1994年的文章中确认了"淫惑之心"应为张婴之妻所有，译为"A licentious，deluding mind"，"令人堕落的——放荡的、迷惑的意识——即是淫惑之心。由此处我们看到对这个类型的女子，最强烈的批判与警示"[3]。1998年和2016年的译文改为"A licentious，seductive mind"[4]，并再次确认了是张婴之妻。但也有学者认为沈亚之并没有青眼冯燕的全部作为，而是以欲扬先抑的手法描写冯燕。如李剑国所言，"'义'是唐人判断一个人是否为'侠'之最关键因素，因此，我们也就容易理解有'淫惑之心'而招致'水火'般祸殃的冯燕能被视为'真古豪'的原因了"[5]。

倪教授产生这样推断的原因应当有两个，一是他从唐代文学史的角度出发，以女性为红颜祸水的传统认知为依据，寻找这个阶段对女性的共同评价，"那就是它们都相信女性及其情欲是充满着本有的危险性的"[6]。所以他把文中"使人熟其

---

1 E. D. Edwards, *Chinese Prose Literature of the T'ang Period*, London：Probsthain, 1937, vol.1, p. 44. 中文由笔者翻译。

2 Translated by William H. Nienhauser, Jr., "Feng Yen," in Y. W. Ma and Joseph S.M. Lau eds., *Traditional Chinese Stories: Themes and Variations*, p. 51.

3 William H. Nienhauser, Jr., "Female Sexuality and the Double Standard in Tang Narratives: A Preliminary Survey", p. 12.

4 William H. Nienhauser, Jr., "Creativity and Storytelling in the Ch'uan-ch'i", p. 57；*Tang Dynasty Tales：A Guided Reader*, vol. 2, p. 165.

5 李剑国主编：《唐宋传奇品读辞典》上册，北京：新世界出版社，2007年，第393—394页。

6 倪豪士：《传记与小说——唐代文学比较论集》，北京：中华书局，2007年，第57页。

意"理解为"她清楚地使冯燕知道她的情意",然后冯燕才和她发生关系。由此他判断"这名妇人品行不端,从她立于户旁,以厚颜无耻的凝视勾引冯燕之举止上便可看出……也暗示该妇人的道德感薄弱"[1];二是将沈亚之对"豪"的态度等同于司马迁对"豪"的态度。文章第一句"冯燕者,魏豪人",倪将"豪"译为"stalwart",这个词在倪译的《史记》中作名词时大多是对英勇豪爽之人的赞美,是一个积极的词语。比如,项羽称樊哙为"壮士",司马迁称季布"壮士",都译为"stalwart"。而且倪教授还从冯燕"搏杀不平,遂沉匿田间。官捎急,遂亡滑"联想到《史记》对张良的记载:"良与客狙击秦始皇博浪沙中,误中副车。秦皇帝大怒,大索天下,求贼甚急,为张良故也。良乃更名姓,亡匿下邳……居下邳,为任侠。"他拿冯燕比张良,有意无意间拔高了冯燕的形象。文中写"余尚太史言,而又好叙余事",倪教授指出"沈亚之在这里似乎是指司马迁对史书中加入一章关于侠的理由,这一决定让后来的许多学者都难以接受,正如他们可能不都接受免除冯燕的死刑一样"[2]。因此,倪教授积极为沈亚之对冯燕的肯定做辩护,表明其撰文如太史公《史记》之叙游侠一样,旨在赞美古豪冯燕的义举。这体现了倪教授对司马迁史学观的继承。

四、 唐传奇的创作与译文的传采

唐传奇的创作意图主要是为了显露作者的才华文采,是一种审美活动[3],其锤炼的文学性语言克服了六朝志怪平直朴拙的缺点,使整个叙事也充满了诗意。倪教授选译的唐传奇都是颇负盛名的才子所作,文笔优美,可读性强。基于文本细读,倪教授对其中的纪实与虚构元素了然于胸,自然在翻译中也会留意作者的创作意识和文学素养。他在注重选词准确的同时尽量体现文字的美感和意趣。

1　倪豪士:《传记与小说——唐代文学比较论集》,第54页。
2　William H. Nienahauser, *Tang Dynasty Tales: A Guided Reader*, vol. 2, pp. 177-178.
3　李宗为:《唐人传奇》,北京:中华书局,2003年,第13页。

（一）语义的调整

读者通过比较前后期的译文，可以发现译者对文字的揣摩。比如在《秦梦记》"梨花寒食夜，深闭翠微宫"诗句中，倪教授将"翠微宫"先译为"The Palace of Jasper Infinitesimal"，后改为"The Palace of Endless Greenery"。前一种是以字字译出的方式将"翠微"二字拆开理解。"翠微"在中文里既可以指"青翠掩映的山腰深处，泛指青山"，也可形容"山光水色青翠缥缈"[1]。唐诗有"却顾所来径，苍苍横翠微"。唐代有翠微宫，唐代宗题曰"秋日凝翠岭"，也是言山色之美。虽然沈亚之并未在文中点明"翠微"的具体所指，但译者选择改变译文，体现宫殿掩映在无尽的苍翠中，更富有诗意。

有时译者通过调整动词的语义以显化人物的心理意象。如《冯燕传》描写冯燕看到"户旁妇人，翳袖而望者，色甚冶"。译者最开始将"翳袖而望"忠实地译为"watching him even as she veiled herself with her sleeve"，后改为"watching him, her face partly hidden by her long sleeve"。"翳袖"的意思是用袖子遮挡住脸，第二种译文更符合逻辑，应是译者联系了上下文改为了"半遮面"，才能让冯燕看到她的姿色。下文写"燕指巾令其妻取，妻即刀授燕，燕熟视，断其妻颈，遂巾而去"，译者早期译为：

Yen pointed to his kerchief, asking the woman to get it, but she handed him the sword instead. Yen looked at her for a long time, then slit her throat, put on his kerchief, and left.（1978年）

后修改为：

Yan indicated to Ying's wife to fetch his head-scarf, but the woman quickly

---

1　罗竹风：《汉语大词典》第9卷，上海：上海辞书出版社，2008年，第663页。

handed the sword to Yan. Yan <u>stared at</u> her for a long time, then slit her throat, <u>tied on</u> his head-scarf, and left.（2016年）

译者在第一种译文中把"即刀"理解为"递刀"，修改后的译文突显了"即"字，理解为"立即"，这与倪教授认为她有"淫惑之心"一致。但实际上"即"在这里应作动词，意思是"寻求"[1]，译者不经意的误译增加了场面的戏剧性；又把"熟视"改译为"stared at"，突出了短暂而深刻的凝视中冯燕内心的冲突和决定；"巾"是动词，译者把"put on his kerchief"改为"tied on his head-scarf"，表现出冯燕杀人后还系好头巾方离开的从容。

（二）修辞的呈现

《枕中记》中，卢生为朝廷立下汗马功劳，皇帝夸赞他"出拥藩翰"。"藩翰"的原意是藩篱，引申为边界，比喻捍卫王室的重臣[2]。译者没有直接译为"you are an important official who guarded the royal family"，而是连用了两个明喻，译为"you have screened us like a hedge, upheld us like a buttress"，体现了词语的本义。《南柯太守传》中有许多骈散交融的语句，译者在忠实的同时也尽量保留对仗和辞藻。例如，淳于棼打猎的地方"山阜峻秀，川泽广远，林树丰茂"，译为"mountains and hills steep and lofty, streams and marshes far and wide, forests of trees in abundance and luxuriance"。

寓言式的唐传奇使用了高超的措辞技巧，体现了很强的文学性，展现了作者的机智和幽默。《毛颖传》中的猲因得罪韩卢、宋鹊被"醢其家"，"醢"是古代的一种酷刑，把人杀死后剁成肉酱，倪豪士译为"tore his family to ribbons"，乍看以为是误译，但实际上"his family"就是一窝兔子，所以译者其实是暗用头韵和辅韵的修辞，幽默地表达"tore rabbits to ribbons"。文章记录毛颖善随人意，"正

1　罗竹风：《汉语大词典》第2卷，第529页。
2　罗竹风：《汉语大词典》第9卷，第608页。

直、邪曲、巧拙，一随其人"，这些品格同时也是双关书法的不同笔画，译者巧妙地译为 "uprightness or crookedness[1], skill or clumsiness"。

如前文所述，倪教授在翻译官职名词时可谓无不忠实，但在特殊语境中也会变通。比较以下两处：

> 复追为中书令。(《枕中记》)
>
> 累拜中书令。(《毛颖传》)

同样翻译"中书令"这个官职，倪教授在第一句中译之为 "President of the Department of the Secretariat"，表达更正式，但在第二句中译为 "Officer Fit for Composition"。因为《毛颖传》中有"吾常谓中书君，君今不中书邪"这句话中，译者不得不同时考虑"中书君"这一官名的本义和言外之意。因此译者突出毛笔的书写功能，将这句话译为 "I have called you 'Fit for Composition.' Can it be that you are now 'Not Fit? '" 来传达原文的双关。

（三）互文联想

译者关注文本的用典，也在自己译文之间开启了互文（intertextuality），这是倪译经典中特有的现象。基于对史书和诗文的了解，倪豪士会将原文中无论是否有意用典的地方逐一译出，希望读者也能察觉文学作品中相似的表达，以进行联想阅读。

1. 原文引发的译文互文

《任氏传》描写任氏"回眸去扇，光彩艳丽如初"，倪教授在文集中将"回眸"译为 "glanced around at him"。但他在文章《三探〈李娃传〉》中对文学用典

---

[1]　译者1976年将"斜曲"译为 deflection"，仅有偏斜的意思，后改译为"crookedness"，既指字迹歪曲，也指人的品行不正。

更为留意，译为"turned to gaze at him"[1]。gaze 的意思是"a long fixed look"。译者由"回眸"联想到《李娃传》的"回眸凝睇"和《长恨歌》的"回眸一笑百媚生"。他察觉到文学作品中的"回眸"似乎总和凝望有关，因此在翻译时特意译出了 gaze 这个词，将上面两处分别译为"turned her eyes to gaze steadily at him"和"As she turned to gaze with one smile a hundred charms were born"。

《南柯太守传》写淳于棼"任酒使气，不守细行"，译者译为：

> He was fond of drinking and given to impulse, paying little attention to the finer points of convention.

他同时在2010年译文的注释中提到《旧唐书·郭元振传》中有平行的文字"任侠使气，不以细物介意"，在翻译时也保留了"given to impulse"和"paying little attention to"这两个短语，译为"He lived by the codes of the knights-errant and was given to impulse, paying little attention to his duties and troubles in his thoughts"。

2. 译文引发的文本联想

作为有影响力的译者和团队，他们使用的表达到了一定数量后，可视为语篇自身的特征。倪豪士在翻译唐传奇时常提及《史记》，其团队英译的《史记》在世界的影响力又相当可观，因此译本语言同样能够引起文学的互动。倪教授的唐传奇译文中使用的表达所产生的具体语境也能够引发读者的联想。

比如，《南柯太守传》译文对淳于棼"使酒忤帅"一句是这样处理的：

1　William H. Nienhauser, Jr., "A Third Look at 'Li Wa Zhuan'," *Tang Studies*, vol. 25（2007）, p. 105. 其余译者对"回眸"的翻译有"turned her eyes to him"（Owen, p. 520）,　"turned around"（Ch'ai Chu, p. 91；杨宪益, p. 27；H. C. Chang, p. 47；Te-Chen Wang, p. 210）,　"turned to him and looked into his eyes"（Bauer, p. 71）。

He drank too much, so that he gave rein to his passions and offended his commander.

"give rein to something" 表示 "对……放任"，这个短语在倪教授团队英译的《史记》中出现频率很高，熟悉译文的读者不难将 "give rein" 的行为与史传中一些毫无约束的行为联系起来，增加了译文的互文意义：

The reason for one to be noble enough to possess the world is that he can give full rein to his wishes and let his desires run wild.（《秦始皇本纪》）

Nevertheless, assuming the feudal lordship at the age of thirteen, he united the world, gave rein to his passion and desires, and supported and nourished his clan.（《秦始皇本纪》）

Thus he is able to give the broadest rein to his unbridled desires at his own will and none will dare oppose him.（《李斯列传》）

Your Majesty can recline peacefully on a high pillow, giving free rein to your desires and favoring whatever you enjoy.（《李斯列传》）[1]

五、 求实对传采的作用

史笔要求忠实，诗笔着重文采，二者有时难以兼得。在对比不同译者以及倪教授不同时期的译本时，尤其看得出后者为权衡忠实和文采所做出的考虑。可以确定的是，倪教授的译文总体更注重文字意义的求实，但也正因如此，他的译文更能呈现原文的记叙细节和语言风格。

---

[1] William H. Nienhauser, Jr. ed., *The Grand Scribe's Records*, vol.1, Bloomington: Indiana University Press, 2020, pp. 160, 174, 350. 四句话的原文分别是 "凡所为贵有天下者，得肆意极欲"，"然以诸侯十三，并兼天下，极情纵欲，养育宗亲"，"故能荦然独行恣睢之心而莫之敢逆"，"陛下则高枕，肆志宠乐矣"。

《枕中记》中描写卢生位高权重期间"时望清重，群情翕习"，这八个字结构对称，文辞雅正，倪教授及团队先后有三种译文来翻译这句话：

His contemporaries viewed him as pure and dignified; the people loved his bearing and majesty.（1978年）

His renown at that time was pure and honorable; and many wished to closely associate［with him］.（2010年）

His contemporaries viewed him as pure and dignified; the people loved him almost unanimously.（2020年）

三种译文分别对应的是"翕习"的三种意思，一是威盛貌，二是会聚，三是翕然，即协调、一致貌[1]。三种理解似乎都能说得通，其中第一种译文在"威盛"外增加了"高贵的举止"（bearing），使得结构非常对称，也很好地反映了原文的骈文特色。卞孝萱和李剑国注解是第二种，各为"亲近，归附"[2]、"拥戴，依附"[3]。但倪教授在2020年重译时却选择了第三种意思，可见为这个词斟酌再三后舍弃了他早年的选择。

但是，译者求实的习惯让他在翻译时愈发注重保留原文丰富的细节，尤其是动词和名词。比较杨宪益与倪豪士各自翻译的两则唐传奇（不包含注释等副文本）中的形符，即文本中的所有词（见表5），可以发现倪教授的译文字数较之前都有所增加，且远超杨宪益，比如《任氏传》2020年的译文比杨译多了七百余字，《南柯太守传》2010年的译文比其多了一千三百余字：

1　罗竹风：《汉语大词典》，第9卷，第653页。

2　卞孝萱、周群主编：《唐宋传奇经典》，上海：上海书店出版社，1999年，第16页。

3　李剑国主编：《唐宋传奇品读辞典》，第181页。

表5　利用 AntConc 统计译文的形符数

	杨宪益	倪豪士	倪豪士
《任氏传》	3587	4236（1978年）	4311（2020年）
《南柯太守传》	3979	5028（1978年）	5310（2010年）

以淳于棼醒来后的行为描写为例。原文写道"遂命仆夫荷斤斧，断拥肿，折查枿，寻穴究源"，四个动宾短语体现了叙事的紧凑和语言的锤炼。两位译者先后译为：

...so the servants were ordered to fetch an axe and cut through the tree trunk and branches to find where the hollow ended.（杨译）

Subsequently they ordered servants to take axes to the knotted roots and newly sprouted secondary trunks and locate the mouth of the opening.（倪译，1994年）

In the end they ordered servants to shoulder axes, cut through the knotted roots, break off the newly sprouted secondary branches, locate the mouth of the holes, and explore them to their ends.（倪译，2010年）

杨译将断、折两个动作合二为一，仅把拥肿、查枿笼统地译为树的枝干，没有过多留意语言的表达。倪教授经过细读这段文字，联想到了柳宗元笔下"遂命仆人……斫榛莽，焚茅茷，穷山之高而止"[1]，于是后来翻译时便保留了每个词的含义。

倪教授的在求实的过程中也注重书面语的使用，符合唐传奇作者通常为知识分子的写作风格。下面句子画线部分的重译也突显了这一点：

---

[1] 他在《〈南柯太守传〉、〈永州八记〉与唐传奇及古文运动的关系》一文中，逐句对比了《南柯太守传》和《永州八记》中类似的文字，找到了"文法、内容、用词风格和比喻的类似点"。参阅倪豪士：《传记与小说——唐代文学比较论集》，第86页。

生左右传车者传呼甚严，行者亦争辟于左右。（《南柯太守传》）

To the left and right of him were <u>runners</u> who called out orders very sternly so that passersby on either side <u>struggled</u> to give way.（1994年）

To the left and right of him <u>those who attended his carriage</u> called out orders very sternly and passersby on either side <u>strove</u> to give way.（2010年）

生有平生酒徒周弁者，亦趋其中。《南柯太守传》

Chou Pien, a lifelong drinking companion of Ch'un-yu, was among them.（1994年）

Zhou Bian, a lifelong drinking companion of Chunyu, <u>hastened</u> to be among them.（2010年）

第一个例子中，用从句做后置定语表达"传车者"的职务"attended his carriage"比 runner 更具体，strive 也比 struggle 更加正式。第二例子在改译时也增加了正式用语 hasten 表达"趋"。

"且公少豪侈，多获佳丽"（《任氏传》）

"You've had <u>courage and wealth</u> since youth, and have taken <u>many</u> beauties…"（1978年）

"You've been <u>living an unbridled and extravagant life</u> since youth, and have taken <u>numerous</u> beauties…"（2020年）

这是任氏对韦崟说的话，虽然她是狐妖，但言谈不落俗，第二种译文改用动宾短语体现"豪侈"。而 numerous 比 many 更书面一些。

六、结语

作为中国文学"传统之外"的汉学家，倪豪士对唐传奇的精读细研并不亚于国内译者。他对译文的把控体现了译者的主动和自信，对细节的留意体现了学术的精湛和严谨。他对译文的每一个字是否体现原意都深思熟虑，在翻译时参考了多种权威的注解本和不同语言的译本，还通过研读相关论著提升和佐证自己的译文。他的译文精确、忠诚地保留了原著风貌，体现了对传奇文艺术价值的尊重和认同。他译文的目标读者以学者和东亚系师生为主，读者通过阅读他的翻译以及自我重译，能够进一步理解文本文化内涵和文章风格。同时，他的传奇文翻译具有流动性特征，基于各个文集的编者要求满足不同文化层次的读者，译者对字句的精益求精让其译文值得反复阅读。

美国翻译家葛浩文曾批评中国小说翻译把虚构作品当成社会学文献，事实相对于想象更加受到重视[1]。这是对译者在翻译时仅注重原文的社会历史价值这一行为的质疑，即译者更多是记录信息，而非表达文学。不过，对于中国古代文学作品而言，有众多的作者集史才和文才于一身，文史兼通，在创作中明言暗言、正言反言，影射实事、寄托感慨。若非译者提前吃透每个文字的原意、典故和语境，要想以文悟史、以文证史，并透过作品的辞藻探索作者的手法和寓意，实非易事。唐代传奇的创作在拟史和虚构之间，而倪教授在翻译过程中所践行的求实与传采，共同体现了唐代传奇的旨趣。自1976年翻译第一篇唐文以来，倪豪士始终恪守深度忠实的原则，弘扬了唐传奇的源语文化和文本价值，促进了唐传奇在英语世界的进一步经典化。

---

1 Howard Goldblatt, "Of Silk Purses and Sow's Ears: Features and Prospects of Contemporary," *Translation Review*, vol.59, no.1 (2000): p. 22.

杜甫歌行体咏物诗的艺术特色

赵 化

美国威斯康辛大学麦迪逊校区亚洲语言文化
系博士，师从倪豪士教授。现任教于对外经济
贸易大学人文与国际传播学院，从事古典文学
和比较文学研究，近年专注研究杜甫及其诗歌
的海外传播，曾发表《变异的"诗圣"与"诗
史"》等论文。

关于杜甫的咏物诗，学者曾有过统计，一共有将近200首[1]，而这些咏物之作
中以五律为最多，其次为五古和歌行体。考其五律咏物诗，虽然前人曾称道"神
理俱足，情韵遥深"[2]，但是大体风格不出盛唐咏物的即物达情之作。也就是说盛
唐在杜甫之前，咏物诗的创作在数量上已有李白这样的大手笔，在艺术风格上也
有李白、王维这样的成熟之作，甚至《国秀集》中几位不太知名的诗人的咏物之
作也堪称含蓄隽永、寄托遥深。杜甫的咏物诗之所以具有划时代的意义，除了融
赋比兴于一体外，最重要的原因是众体兼备，钟惺曾评价："于诸物有赞美者，有

---

1 关于杜甫咏物诗的数量，学者统计的依据有宽严之分，据兰甲云统计为270首，见兰甲云：《简论
  唐代咏物诗发展轨迹》，《中国文学研究》1995年第2期，第68页。据丁庆勇统计有204首，见丁庆
  勇：《物微意不浅，感动一沉吟——杜甫咏物诗研究》，硕士学位论文，武汉：华中师范大学中国
  古代文学专业，2008年，第3页。据于志鹏统计有103首，见于志鹏：《杜甫咏物诗情感内涵试
  论》，《华北电力大学学报（社会科学版）》2015年第1期，第104页。而白松涛统计为163首，见白
  松涛：《近四十年杜甫咏物诗研究述评》，《天水师范学院学报》2021年第4期，第45页。笔者在参
  考了他们的研究成果后，认为杜甫的咏物诗有将近200首。

2 朱庭珍：《筱园诗话》，郭绍虞编选、富寿荪校点：《清诗话续编（下）》，上海：上海古籍出版
  社，1983年，第2404页。

悲悯者，有痛惜者，有怀思者，有慰藉者，有嗔怪者，有嘲笑者，有劝戒者，有计议者，……蠢者灵，细者巨，恒者奇，嘿者辩。咏物至此，神佛圣贤！帝王豪杰具此，难着手矣。"[1] 这里钟惺的赞誉虽然是围绕题材、情感的丰富，然而杜甫咏物诗的丰富还体现在运用各种不同的诗歌体裁来表现所赋之物。除了律体以外，杜甫作诗最擅用歌行体，这在咏物诗中亦有表现。杜甫七言歌行咏物诗虽然在数量上大大少于五律，一共只有35首，但是在艺术成就上却有很高的地位。比如那些咏物名篇《高都护骢马行》《古柏行》《朱凤行》《天育骠图歌》等。

前辈学者曾经在文章中探讨过杜甫的咏物诗，在《简论唐代咏物诗发展轨迹》一文中，兰甲云统计了杜甫的咏物诗数量，并且将其置于唐代咏物诗发展演进的大背景中探讨，挖掘了杜甫咏物题材丰富、体裁多样的特点，并且指出杜甫擅于抓住眼前实物的主要特征，使形象鲜明生动，但惜其未加展开[2]。比较细致地分析杜甫咏物诗的文章是李定广的《论中国古代咏物诗的演进逻辑》，其中专门讨论了杜甫咏物诗的艺术特色和成就，认为杜甫乃中国诗歌史上咏物诗由"赋体"变为"比兴体"的一个关键诗人，其最大创新是将两体结合起来，乃为确论[3]。然而，这篇文章主要针对杜甫的五律体咏物诗展开议论，有些结论在很大程度上忽略了杜甫的歌行体咏物诗的特质，比如认为"老杜咏物诸篇只是略有议论痕迹"[4]，似有偏颇之嫌。陈岚的《杜诗体物艺术新探》也论及杜甫的咏物诗，认为老杜在分析物理和突出所咏之物的个性上独辟蹊径，超越了盛唐诸家[5]。另外有一篇硕士论文，《物微意不浅，感动一沉吟——杜甫咏物诗研究》[6] 虽是专论，但是并没有将歌行体咏物诗分章专论，忽略了这些诗作的艺术风格和特色。因

1　杜甫著，仇兆鳌注：《苦竹》，《杜诗详注》卷7，引钟惺语，北京：中华书局，1979年，第614页。
2　兰甲云：《简论唐代咏物诗发展轨迹》，第70页。
3　李定广：《论中国古代咏物诗的演进逻辑》，《中山大学学报（社会科学版）》2015年第4期，第24页。
4　李定广：《论中国古代咏物诗的演进逻辑》，第27页。
5　陈岚：《杜诗体物艺术新探》，《北京大学学报（哲学社会科学版）》2004年第3期，第109—110页。
6　丁庆勇：《物微意不浅，感动一沉吟——杜甫咏物诗研究》。

此，目前国内学界尚无关于杜甫歌行体咏物诗的专论，本人遂不揣疏漏，忝论其诗，以求教于方家。

一、直用赋法

杜甫的歌行体咏物诗长于直接详细描述事物，敷陈故事，用赋法。关于杜诗和赋的关系已经有不少学者曾撰文论述[1]，其中对于杜甫的纪行体五古和排律深受赋体影响的观点确为真知灼见。但是若考查杜甫的歌行体诗的写作，我们就不能把"赋体"局限为一种文体，即汉赋。杜甫的诗作，特别是排律的创作确实有很鲜明的汉赋的影响印记，然而就歌行体诗来讲，源于诗六义且作为一种修辞手法的"赋"恐怕才是其最直接的渊源。郑玄最早对于诗之六义的"赋"给出了解释："赋之言铺，直铺陈今之政教善恶。"[2]显然郑玄认为赋的作用是直接而详细地表达政治得失的意见。挚虞在《文章流别论》中发展了郑玄对于"铺"（详细叙述）的认识，而进一步说明"赋"有"假象尽辞，敷陈其志"的特征，把赋的作用扩大到了对于主体之志的表达上。刘勰则更进一步："赋者，铺也；铺采摛文，体物写志也。"[3]认为赋是在观物兴感的基础之上通过描摹物态来达到述志咏怀的目的，其实也就是挚虞的"假象尽辞"，不过更加突出了赋的咏物特性。钟嵘在《诗品序》则对诗中的赋法下了明确的定义："直书其事，寓言写物，赋也。"[4]强调了赋与比兴不同的特点是直接。这种观点的影响流及南宋，朱熹说："赋者，敷陈其事而直言之。"[5]

综上可观，在唐以前的文学理论家对于"赋"的特性是有着具体而精到的理

1　霍松林：《纪行诸赋的启迪，五言古风的开拓——杜诗杂论之一》，《文学遗产》2006年第4期，第74—79页；余恕诚：《杜甫与唐代诗人创作对赋体的参用》，《文学遗产》2011年第1期，第495—7页；彭燕：《论汉赋对杜甫创作的影响》，《中国文学研究》2017年第1期，第40—44页。

2　郑玄注，贾公彦疏，彭林整理：《周礼注疏》卷26，上海：上海古籍出版社，2010年，第880页。

3　刘勰：《文心雕龙校注》卷2《诠赋第八》，杨明照校注拾遗，北京：中华书局，1959年，第50页。

4　钟嵘：《诗品序》，《诗品译注》，周振甫译注，北京：中华书局，1998年，第19页。

5　朱熹：《诗集传》卷1《葛覃》，赵长征点校，北京：中华书局，2017年，第4页。

解和论述的。尽管不同批评家对于赋有不同的认识，但是在"直接"和"详细"这两个基本特性上，这些评论家的意见是大体统一的。杜甫作为一个自觉吸收前代诗歌创作经验的大诗人，在他的诗歌创作，特别是歌行体诗的创作中体现了对于"赋"这种修辞手段的娴熟运用，这点与律体咏物诗和五古咏物诗有很大不同。律体咏物和五古咏物诗往往咏一类事物，如《蒹葭》《促织》《白小》《猿》《鸥》《萤火》《栀子》《丁香》《病柏》等，故只需画形写神，将所寄托之情意孕于物体之自然特质，不需交代来历，更不需敷衍故事。杜甫在歌行体中所咏对象大都是具体的某物，比如《高都护骢马行》《李鄠县丈人胡马行》，在题目上就能看出所咏乃是专属于一人的特定的马，前者咏战场上得胜归来的战马，后者咏帮助李丈人避开兵灾战火的胡马，两首诗除了描摹马的形象，更重要的是叙写了马的经历。而其他咏马诗也不例外，《骢马行》咏的是邓公御赐骏马，《瘦马行》虽写一匹被抛弃的战马，但是诗中"东郊瘦马使我伤""细看六印带官字，众道三军遗路旁"也交代了特定的地点和故事。再看其他歌行体咏物诗，如《古柏行》《石笋行》《石犀行》《杜鹃行》《朱凤行》《白凫行》等甚至《秋雨叹》三首，都是咏叹有背景有故事的某物。《古柏行》写武侯庙前的古柏，诗中着意交代了此古柏的来历，"孔明庙前有老柏，柯如青铜根如石"，"君臣已与时际会，树木犹为人爱惜"。《石笋行》《石犀行》所咏乃蜀地古迹，更是其来有自。石笋乃是卿相之墓的表石，杜甫用诗的一半篇幅交代了这对石笋的来历和背后的传说，可见其铺陈之功。石犀则是蜀地用以镇水患的厌胜之法，诗同样在开篇即写了石犀的来历和作用，"君不见秦时蜀太守，刻石立作三犀牛。自古虽有厌胜法，天生江水向东流。蜀人矜夸一千载，汛溢不近张仪楼。今年灌口损户口，此事或恐为神羞"。而《杜鹃行》《朱凤行》和《白凫行》更是有寓言故事作背景，四首都是寓言式的咏物诗。《杜鹃行》都是借望帝故事讽喻时事、托物兴情，《朱凤行》借凤鸟爱护百鸟体现了杜甫的仁爱之心，《白凫行》以化为白凫似老翁的黄鹄自比，写其不愿同流合污的高洁之志。就连赋写秋雨《秋雨叹》也不是泛泛咏雨，杜甫在《秋雨叹》写到

"禾头生耳黍穗黑，农夫田妇无消息。城中斗米换衾裯，相许宁论两相值"，他写的是天宝十三载（754）那场长达六十多天的雨造成的灾害和对杨国忠"雨虽多，不害稼也"的粉饰太平的痛心疾首，这与杜甫诸多律体吟咏雨之自然特质不同。其他如《荆南兵马使太常卿赵公大食刀歌》《桃竹杖引赠章留后》《王兵马使二角鹰》，还有杜甫的多首题书画歌行都是吟咏特定的具体的某物，其背后也多有故事。正因为这些歌行体咏物诗所咏乃具体的有背景有故事的某物，内容量远比用律体所咏的一般事物为大，所以才用长于敷陈叙写刻画的赋法，因此选择了歌行体这一不受偶对、声韵拘束，较易根据内容变换句式发挥感情的体裁。这体现了杜甫在选用文体时自觉的区分意识。

除了敷衍故事外，杜甫歌行体咏物诗往往对所咏之物的体貌有详尽的正面描写，而律体咏物诗相对更弃形写神。很典型的例子是《瘦马行》和《病马》，同样是写穷途末路的马匹，前者用"皮干剥落杂泥滓，毛暗萧条连雪霜"和"见人惨淡若哀诉，失主错莫无晶光。天寒远放雁为伴，日暮不收乌啄疮"这样的正面描述写其形，在惨淡的体貌特征下透出对这匹被抛弃的战马的怜惜。这样的写法不仅细致地刻画了瘦马的体态形貌，而且使人产生了所咏之物如在目前的效果。而《病马》中却没有任何这样的细节刻画，对于马的病痛只"岁晚病伤心"这样一笔带过，其体物重在写其情其神，甚至可以说杜甫咏的并非眼前哪一匹病马，而是以这一类事物自比。再比如杜甫在律诗中咏《蒹葭》《江梅》这些植物，往往采取比的手法，用"暂时花戴雪""雪树元同色"来弃形写神，即使像《栀子》这类诗有对物体形貌的直接描写，但"红取风霜实，青看雨露柯"的描绘也相当写意。写动物如《猿》《鸥》《鹦鹉》《鸡》《麂》等也抓住主要的特征，重在品格精神，而很少细致刻画形貌。反观杜甫的歌行体咏物诗中写动物的如马、鹰，写植物的如古柏、海棕，无不对所咏之物的外形有精致地描绘。这种反差正说明了歌行体这种体裁较之五言律体容量扩大、易于发挥，因此可以采用赋的表现手法，用大量的诗句直写物态、描摹形貌。

　　除了"赋"这种修辞手段，杜甫的歌行体咏物诗的艺术风格确实也体现了汉魏以来赋体的影响。霍松林先生曾在文章中指出："杜甫的诗歌创作受惠于赋者不止一端，一个重要方面是：汉魏六朝赋是杜甫撷取、提炼奇辞丽藻的渊薮之一。"[1]尽管霍先生并没有具体考察杜甫在诗作中采用汉魏六朝赋的辞藻情况，但是这个发现是极为准确的。杜甫歌行体咏物诗由于铺叙描写的需要，在辞藻的运用上的确多有借鉴汉魏六朝赋。这方面最典型的例子是《骢马行》，这首歌行在描述邓公之马的神骏时连用汉魏六朝赋中的辞藻，仇兆鳌《杜诗详注》就引用了颜延年赋注"雄姿"、束晢赋注"顾影"、《西京赋》注"隅目"、《西都赋》注"青荧"、颜延年赋注"夹镜"、《海赋》注"碨磊"、《赭白马赋》注"且刷幽燕"、应瑒《愍骥赋》注"良骥"[2]，在这首12联的歌行中8处引用了赋中的表达，可见杜甫在作品中援引前朝之赋的频繁。再如《古柏行》也有5处引用前代赋作，仇注引用杜笃《首阳山赋》注"落落"、沈约《高松赋》注"得地"、陆机《豪士赋序》注"烈风"、《天台山赋》注"实神明之所扶持"、《文木赋》注"文章"[3]。而杜甫所作律体咏物诗运用赋的辞藻频率相对要低得多，比如秦州咏物组诗，17首诗中只有《归燕》《促织》和《萤火》三首各自用到了一个赋的词汇，其他的篇章均不见赋的影子。考察歌行体咏物诗这些借用的辞藻就会发现它们大多数是用来描写杜甫诗中所咏之物的，有的描摹形状，有的铺写动态。刘熙载《艺概》曾说："诗为赋心，赋为诗体。诗言持，赋言铺，持约而铺博也。"[4]点出了诗和赋两者在语言表达上各自的特点。然而，对于喜欢创造、屡屡求变的杜甫来说，运用歌行体这种相对易于发挥的体裁将赋的铺张的语言特点运用到诗的创作中正好可以显示出他非同凡响的大手笔。

　　杜甫歌行体咏物还往往大胆运用想象和夸张，与律体咏物诗和五古咏物诗相

1　霍松林：《纪行诸赋的启迪，五言古风的开拓——杜诗杂论之一》，第75页。
2　杜甫著，仇兆鳌整注：《杜诗详注》卷4《骢马行》，第256—258页。
3　杜甫著，仇兆鳌整注：《杜诗详注》卷15《古柏行》，第1359—1360页。
4　刘熙载：《艺概》卷3《赋概》，上海：上海古籍出版社，1978年，第86页。

对含蓄平实不同。有的学者把这归纳为杜甫歌行体的"尚奇"审美取向，指出杜甫歌行体咏物诗往往侧重写那些富有猎奇色彩的人事物[1]。然而，相比起李白的咏物诗写大鹏这类想象中的事物，杜甫歌行体所咏大多是一些现实生活中存在的，也许这当中有些事物确有与众不同之处，但与其说是事物本身不凡，不如说是杜甫在描写这些事物时，用了想象和夸张这种赋体尤其是汉大赋常用的手法来极力体现它们的传奇色彩。虽然杜诗的创作在这方面并不像汉大赋那样专务虚夸，但是在描写形容上不求征实却是确实的。比如写马之神骏，在《骢马行》中杜甫就运用了想象和夸张的手法：

> 邓公马癖人共知，初得花骢大宛种。凤昔传闻思一见，牵来左右神皆竦。雄姿逸态何嶵崒，顾影骄嘶自矜宠。隔目青荧夹镜悬，肉骏碨礌连钱动。朝来少试华轩下，未觉千金满高价。赤汗微生白雪毛，银鞍却覆香罗帕。卿家旧赐公取之，天厩真龙此其亚。昼洗须腾泾渭深，夕趋可刷幽并夜。吾闻良骥老始成，此马数年人更惊。岂有四蹄疾于鸟，不与八骏俱先鸣。时俗造次那得致，云雾晦冥方降精。近闻下诏喧都邑，肯使骐驎地上行。[2]

首先在刻画这匹骢马的形貌时，杜甫用了"隔目青荧夹镜悬，肉骏碨礌连钱动"，说它的眼睛发出的青光就像有明镜悬挂在左右，而身上的肉鬃突起像连串的钱币在抖动。这种形容显然是借用了夸张的手法。其次在写马的神骏时杜甫说它"四蹄疾于鸟"，用以形容李邓公的马之神速，更说它"昼洗须腾泾渭深，夕趋可刷幽并夜"，泾渭在陕西，而幽并在河北、辽宁一带，这种想象和夸张的结合很好地表现出此马可日奔千里的不同凡俗，比《房兵曹胡马》中的"风入四蹄轻"更具体

1　辛晓娟：《杜甫歌行中的"尚奇"特质——兼论从汉乐府到中唐诸家的尚奇传统》，《西南民族大学学报（人文社会科学版）》2014年第2期，第201—203页。

2　杜甫著，仇兆鳌注：《杜诗详注》卷4《骢马行》，北京：中华书局，1979年，第256—258页。

有力度。再如《秋雨叹》三首其二：

> 阑风伏雨秋纷纷，四海八荒同一云。去马来牛不复辨，浊泾清渭何当
> 分？禾头生耳黍穗黑，农夫田父无消息。城中斗米换衾裯，相许宁论两
> 相直？[1]

起二联极写雨势之大，先用四海八荒云雨相从，后用牛马不辨、泾渭不分这种奇景来夸张地描写。其想象别出心裁、笔力驰骋纵横，难怪《杜诗镜铨》引蒋云："暗影昏昏世界，是一篇《愁霖赋》。"[2] 同样是写大雨，杜甫用五古写成的《大雨》在描写雨势之盛时只写了"三日无行人，二江声怒号"[3] 这样的实景，比之《秋雨叹》中的奇景大为不如。如果说《骢马行》和《秋雨叹》所咏之物还确有其与众不同之处，杜甫只是加以夸张，那么《桃竹杖引赠章留后》中的桃竹杖可谓平平无奇，但是因乃章彝所赠被杜甫写成了可化龙而去的神杖。其诗云：

> 江心蟠石生桃竹，苍波喷浸尺度足。斩根削皮如紫玉，江妃水仙惜不
> 得。梓潼使君开一束，满堂宾客皆叹息。怜我老病赠两茎，出入爪甲铿有
> 声。老夫复欲东南征，乘涛鼓枻白帝城。路幽必为鬼神夺，拔剑或与蛟龙
> 争。重为告曰：杖兮杖兮，尔之生也甚正直，慎勿见水踊跃学变化为龙。使
> 我不得尔之扶持，灭迹于君山湖上之青峰。噫！风尘澒洞兮豺虎咬人，忽失双
> 杖兮吾将曷从？[4]

这篇歌行头四联写桃竹杖的珍贵以及章留后赠杖的缘由。这几联描绘桃竹杖的珍

1 杜甫著，仇兆鳌注：《杜诗详注》卷3《秋雨叹》，第217页。
2 杜甫著，杨伦笺注：《杜诗镜铨》卷2，上海：上海古籍出版社，1998年，第82页。
3 杜甫著，仇兆鳌注：《杜诗详注》卷11《大雨》，第908页。
4 杜甫著，仇兆鳌注：《杜诗详注》卷12《桃竹杖引赠章留后》，第1062—1063页。

贵，写桃竹杖的来源、宾客的态度和桃竹杖的形貌都用了夸张的手法。第五、六两联更是笔势开阔、想象奇绝，写杜甫持杖而行的途中必有鬼神来抢夺此杖，从侧面亦写出桃竹杖之不同凡响。《杜诗说》云："一竹杖耳，说得如此珍贵，便增其诗多少斤两。"[1]可见老杜化腐朽为神奇之功。最后几联，杜甫甚至运用了汉大赋中虚设对话的表现方式，告诫桃竹杖不要变化为龙，弃自己而去，这种含蓄地规谏章彝不要作乱的手法可谓千古奇绝。难怪《杜诗镜铨》评价此诗"字字腾掷跳跃，亦是有意出奇"[2]，《唐宋诗醇》也说此诗"奇变酷似太白，老杜真乃无所不有"[3]。除了以上三首诗作外，其它歌行体咏物名作如《沙苑行》《古柏行》《天育骠图歌》和《荆南兵马使太常卿赵公大食刀歌》等无不运用大胆的想象和夸张，将所咏之物写得富有传奇色彩。

综上可见，杜甫在歌行体咏物诗中直用赋法，在辞藻的选择、铺叙的运用、想象夸张的手法几个方面都有所体现。可以说赋法乃这些歌行体咏物诗最基本的艺术手段，是老杜歌行体诗歌的一大特色。将之用于咏物，则显示出了敷陈始终、描写细致和想象离奇等特点，在艺术风格上与杜甫的律体咏物诗和五古咏物诗形成了很大的反差。

二、 兴寄鲜明

"兴寄"乃陈子昂在《〈修竹篇〉序》中提出的一个重要诗学观念，他说："仆尝暇时观齐、梁间诗，彩丽竞繁，而兴寄都绝，每以永叹。"[4]这里陈子昂所批判的乃是齐梁诗风的纤弱柔靡，全无寄托。自此，作诗者终于有人举起了理论旗帜，在创作实践中自觉地体现风骨兴寄。咏物诗虽是"小小体也"，但是历代评论

---

1 杜甫著，仇兆鳌：《杜诗详注》卷12《桃竹杖引赠章留后》，第1064页黄生注。
2 杜甫著，杨伦笺注：《杜诗镜铨》卷10，第481页。
3 爱新觉罗·弘历编：《唐宋诗醇》卷11，北京：中国文学出版社，2000年，第278页。
4 陈子昂：《陈子昂集》卷1《诗赋·修竹篇并序》，徐鹏校点，中华书局上海编辑所编辑，北京：中华书局，1960年，第15页。

家都称咏物一体不易作。比如方南堂云："咏物题极难，初唐如李巨山多至数百首，但有赋体，绝无比兴，痴肥重浊，止增厌恶。惟子美咏物绝佳，如咏鹰、咏马诸作，有写生家所不到。"[1]那么杜甫的咏物诗作之所以迥异于李峤而达到一个极高的境界，在于他的诗中不只描摹物象，还重比兴。薛雪《一瓢诗话》也说："咏物以托物寄兴为上。"[2]所重也是兴寄。袁枚则把这层意思说得更加直白："咏物诗无寄托，便是儿童猜谜"[3]。既然咏物诗务求兴寄，而杜甫又是个中高手，那么杜甫的咏物诗作是如何体现这个特色的呢？

杜甫的咏物诗以五律为主，虽然也重兴寄，但是与歌行体以议论为宗的鲜明风格迥然有别。律体咏物诗和一些五古咏物诗虽然也掺杂议论，然而正如有的学者指出的只是"略有议论痕迹"[4]，并不像杜甫的歌行体咏物诗一样立论直接、讽喻昭彰，这点在"行"体咏物诗中表现得尤为明显。明代胡应麟曾评价杜甫的咏物诗"格则瘦劲太过，意则寄寓太深"[5]，所谓寄寓太深也就是专务比兴，辞意幽微不显。但是这样的评语其实只适用于杜甫的五律体咏物诗，比如《萤火》《孤雁》《白小》《鸥》《花鸭》等。因为五律体篇幅有限，又受偶对、声韵所限，难于展开所赋之意，而且五言律体本就讲究含蓄玲珑的审美风格，所以才会使人有难以索解的困惑。杜甫的五古咏物诗虽然也往往有与时事相关的议论，但是主要还是用"比"的方法语带双关，用物的特性来比喻人事。比如寓居成都时期所写的病枯系列咏物诗，大多是全篇摹写一物，写实中兼有比喻，以病柏喻倾颓时事，感叹国家危难之时君子废斥在外，而小人恣意于内；以枯棕比喻百姓被剥削的病苦；以枯柟喻不受重用的栋梁之材。只有《病橘》一首篇末杜甫加以议论时事。与五律咏物诗的寄意幽微和五古咏物诗擅用比法的特点不同，真正细读杜甫的歌

---

1 方贞观：《辍锻录》，道光十四年广陵聚好斋刊本，第6页下—第7页上。

2 薛雪：《一瓢诗话》，杜维沫校注，北京：人民文学出版社，1979年，第136页。

3 袁枚：《随园诗话》卷2，顾学颉校点，北京：人民文学出版社，1982年，第58页。

4 李定广：《论中国古代咏物诗的演进逻辑》，第27页。

5 胡应麟：《诗薮》内编卷4，上海：上海古籍出版社，1958年，第72页。

行体咏物之作就会发现其实这些作品的兴寄大都非常直白鲜明。最典型的例子就是《石笋行》和《石犀行》两篇，其中的议论之辞占了一半篇幅。浦起龙在《读杜心解》中说："《石笋》以无实擅名立论，《石犀》以厌胜不正立论。……'石笋''石犀'，亦复何罪？特文章家假象立言耳。"[1]可见，这两篇咏物歌行的诗眼乃在议论，而且议论得相当直接，一点不见"寄寓太深"的隐晦之语。另外，《杜鹃行》也讽喻之意明显：

> 君不见昔日蜀天子，化为杜鹃似老乌。寄巢生子不自啄，群鸟至今为哺雏。虽同君臣有旧礼，骨肉满眼身羁孤。业工窜伏深树里，四月五月偏号呼。其声哀痛口流血，所诉何事常区区。尔岂摧残始发愤，羞带羽翮伤形愚。苍天变化谁料得，万事反覆何所无。万事反覆何所无，岂忆当殿群臣趋。[2]

此诗分三段，开头四句叹蜀帝化杜鹃之悲，中间八句悯杜鹃形声之哀惨，结尾四句致感慨悲痛之意，含有感叹唐玄宗失去帝位的寓意。诗中不仅夹叙夹议，说"虽同君臣有旧礼，骨肉满眼身羁孤"，而且歌行末尾还深化这一主题"尔岂摧残始发愤，羞带羽翮伤形愚。苍天变化谁料得，万事反复何所无。万事反复何所无，岂忆当殿群臣驱"，用整句的重复来强调玄宗处境的身不由己和今夕的巨大差异，议论不可谓不深刻鲜明，直指要害。所以洪迈《容斋随笔》云："明皇为辅国劫迁西内，肃宗不复定省，子美作《杜鹃行》以伤之。"[3]

　　杜甫的歌行体咏物诗还有一种兴寄，全篇托物起兴，寄意深远。虽然并不像前面所举这三首大张议论，但是卒章显志，也鲜明地点出了诗的题旨所在。比如《白丝行》：

1　浦起龙：《读杜心解》卷2《石笋行 石犀行》，北京：中华书局，1961年，第271—272页。
2　杜甫著，仇兆鳌整注：《杜诗详注》卷10《杜鹃行》，第837—838页。
3　杜甫著，仇兆鳌整注：《杜诗详注》卷10《杜鹃行》，第838页。

　　缲丝须长不须白，越罗蜀锦金粟尺。象床玉手乱殷红，万草千花动凝碧。已悲素质随时染，裂下鸣机色相射。美人细意熨贴平，裁缝灭尽针线迹。春天衣着为君舞，蛱蝶飞来黄鹂语。落絮游丝亦有情，随风照日宜轻举。香汗轻尘污颜色，开新合故置何许。君不见才士汲引难，恐惧弃捐忍羁旅。[1]

　　起句"缲丝须长不须白"就有议论之势，然后这首歌行用了中间一整段描写白丝织成后为了形成漂亮的锦缎而被人任意染色裁剪，直到最后两句直道出恐被弃置不用的诗人本意，所以仇兆鳌评价此诗："见缲丝而托兴，正意在篇末。"[2]与此相似的还有《古柏行》：

　　孔明庙前有老柏，柯如青铜根如石。霜皮溜雨四十围，黛色参天二千尺。君臣已与时际会，树木犹为人爱惜。云来气接巫峡长，月出寒通雪山白。忆昨路绕锦亭东，先主武侯同閟宫。崔嵬枝干郊原古，窈窕丹青户牖空。落落盘踞虽得地，冥冥孤高多烈风。扶持自是神明力，正直元因造化功。大厦如倾要梁栋，万牛回首丘山重。不露文章世已惊，未辞剪伐谁能送？苦心岂免容蝼蚁，香叶终经宿鸾凤。志士幽人莫怨嗟：古来材大难为用。[3]

　　此首歌行前四句先写古柏的来历和其高耸入云的形貌，后四句夹议夹叙点出了君臣寄遇合时，以古柏象征孔明之才，而后杜甫又通过对古柏的赞誉，表现了诗人对诸葛亮的崇敬之情，对于当时的君臣相济、相知表达了羡慕，同时暗含自己不得朝廷重用的悲叹。在这里，古柏的高大坚强，雄劲飞动，古朴厚重，正是诗人

1　杜甫著，仇兆鳌注：《杜诗详注》卷2《白丝行》，第144—145页。
2　杜甫著，仇兆鳌注：《杜诗详注》卷2《白丝行》，第144页。
3　杜甫著，仇兆鳌注：《杜诗详注》卷15《古柏行》，第1358—1360页。

敬仰的武侯的品格，也是诗人对自己才华的肯定。而后四联则在曲尽体物之妙的基础上直抒胸臆，将古柏与自己紧紧连在一起，句句写古柏，又句句写自己，淋漓尽致地抒发了诗人材大难用的愤慨。再如《天育骠图歌》也是这种兴寄的典型例子。杜甫咏马往往自况，如前所分析的《高都护骢马行》《骢马行》《瘦马行》等，无不以马的遭际影射自己。尤其是年轻时的杜甫，昂藏自负，往往以马的神骏比喻自己的才华。这首写于天宝末年的《天育骠图歌》亦是如此：

> 吾闻天子之马走千里，今之画图无乃是？是何意态雄且杰，骏尾萧梢朔风起。毛为绿缥两耳黄，眼有紫焰双瞳方。矫然龙性合变化，卓立天骨森开张。伊昔太仆张景顺，监牧攻驹阅清峻。遂令大奴字天育，别养骥子怜神骏。当时四十万匹马，张公叹其材尽下。故独写真传世人，见之座右久更新。年多物化空形影，呜呼健步无由骋。如今岂无骐骥与骅骝？时无王良伯乐死即休！[1]

这时杜甫已然经历了"朝扣富儿门，暮随肥马尘。残杯与冷炙，到处潜悲辛"（《奉赠韦左丞丈二十二韵》）的干谒生涯，他深刻体会到自己无处施展才华的悲哀。因此，在赋写所画之千里马的"矫矫龙性"和"卓然天骨"以及画此马的原因后，不自觉地发出了"如今岂无骐骥与骅骝？时无王良伯乐死即休"的控诉。这种议论鲜明而又富有力度，以昔时"故独写真传世人"的马的荣耀对比今日无伯乐的悲哀，直接道出了杜甫多年怀才不遇的心酸和悲叹。

杜甫的那些律体咏物诗和五古咏物诗多是以比兴幽微见长，往往融议论与描写为一体，委婉含蓄、耐人寻味，而这种直接以议论点题的写法可以说是杜甫歌行体咏物诗的特色。杜甫歌行体咏物诗这种以议论见长的兴寄不仅区别于杜甫的其他体裁的咏物诗，而且在盛唐诸家中也独树一帜。咏物诗自齐梁大盛，而"文

---

[1] 杜甫著，仇兆鳌注：《杜诗详注》卷4《天育骠图歌》，第253—255页。

贵形似，窥情风景之上，钻貌草木之中"[1]，这种以描摹物态为上的诗风一直延续到初唐李峤，用王夫之的话说就是"至盛唐以后，始有即物达情之作"[2]。盛唐咏物诗的即物达情从《国秀集》所选咏物诗中就可略窥风貌，比如李邕的《咏云》、康庭芝的《咏月》和万楚的《咏帘》，这些咏物诗皆是情景交融的佳作。诗人所寄之意蕴含在对物的描写中，描摹不以形似为要，而以神似为纲。抓住了事物的本质特征，就简去繁、含蓄隽永。这是比南朝的"体物"更高妙的境界，与杜甫和盛唐诸家那些律体咏物诗风格大同小异。而李白、王维等盛唐诗人的咏物诗也基本继承了陈子昂所提倡的托物兴寄的传统，但是杜甫的咏物诗超越他的盛唐前辈的特点就在于能够在体物之外融入深刻的讽喻，这种讽喻不仅仅关乎作者一己的情怀，还往往关乎时事。尤其是歌行体咏物诗中鲜明的议论更是让杜甫在盛唐咏物诸家中脱颖而出，自成一体。而这也成为中唐白居易的新题乐府中以咏物讽刺时事的议论风格的先导，并为晚唐咏物诗变为以议论见长奠定了基础。虽然在杜甫之后，歌行体咏物诗所擅者不多，但晚唐咏物诗大家罗隐的"论体"咏物的风格[3]，就是对杜甫在歌行体咏物中大胆运用议论的最好的继承。

三、结构变化复杂

　　与歌行体咏物诗长于描摹有故事背景的具体某物相适应的是其结构的变化复杂。葛晓音先生曾经撰文指出七言歌行"诗情的发展往往呈现出诗行或诗节的层递式推进"[4]，与五古的纵向叙述节奏和五排的横向铺陈节奏都不相同。这点在杜甫的歌行体咏物诗中尤为突出。歌行体咏物诗的语言特点是相对直白通透的，不复五言律体咏物诗的含蓄深长，然而与此相反的是其成篇结构复杂多变，比律体咏物诗的简短隽永和五古咏物诗的线性结构更为繁复。歌行体咏物诗往往通篇夹

1　刘勰：《文心雕龙校注》卷10《物色第四十六》，第294页。
2　王夫之：《姜斋诗话》，王夫之等撰：《清诗话》上册，上海：上海古籍出版社，1963年，第22页。
3　关于"论体咏物诗"的探讨，详见李定广：《论中国古代咏物诗的演进逻辑》，第26—29页。
4　葛晓音：《杜甫长篇七言"歌""行"诗的抒情节奏与辨体》，《文学遗产》2017年第1期，第63页。

叙夹议,叙议环环相扣而又回还往复,层见叠出;诗意逐层推进,往往伴随着诗韵的变化;咏物的形象也不单只于摹写形状和托物寄情,往往穿插所咏之物的来历和相关的人物。

为了加强感情,杜甫的歌行体咏物诗在铺叙时很少采用线性结构,往往伴随多层内容,各层之间层意或有重复并辅以韵脚的转换。这种结构特征很好地体现了歌行体诗歌长于抒情咏叹的特点,诗中所寄寓的情感内涵随着层意的变化和复沓而逐步加深。杜甫的歌行体咏物诗大多伴有韵脚的转变,每次转变往往标志着层意的变化,尤其是那些咏物歌行长篇更是如此。比如《沙苑行》:

> 君不见,左辅白沙如白水,缭以周墙百余里。龙媒昔是渥洼生,汗血今称献于此。苑中骓牝三千匹,丰草青青寒不死。食之豪健西域无,每岁攻驹冠边鄙。王有虎臣司苑门,入门天厩皆云屯。骕骦一骨独当御,春秋二时归至尊。内外马数将盈亿,伏枥在坰空大存。逸群绝足信殊杰,倜傥权奇难具论。累累坳阜藏奔突,往往坡陀纵超越。角壮翻腾麋鹿游,浮深簸荡鼋鼍窟。泉出巨鱼长比人,丹砂作尾黄金鳞。岂知异物同精气,虽未成龙亦有神。[1]

此诗分四段,前二段各四句,后二段各两句。首段叙苑中水草,见良马所由产;次段从厩中多马,描述骕骦之特异;三段极状宝马在沙苑飞扬之态;末段借鱼形马,与上龙媒相呼应。与层意转换相应的是韵脚的变化,首段押纸韵,次段真元通押,三段曷月通押,末段回到真韵。除了韵脚的转换,此诗各段之间的层意俱有勾连,无论是"食之豪健西域无,每岁攻驹冠边鄙"还是"逸群绝足信殊杰,倜傥权奇难具论"以至三段中对于宝马在沙苑飞扬之态的描述都围绕着赞颂马的神骏而来,最后以"岂知异物同精气,虽未成龙亦有神"作结,通篇从不同角度表

---

[1] 杜甫著,仇兆鳌注:《杜诗详注》卷3《沙苑行》,北京:中华书局,1979年,第229—231页。

现宝马奇绝，笔势酣畅，热爱之情跃然纸上。如果说杜甫的行题咏物诗的结构还只是稍显复杂，那么歌题咏物诗在布局谋篇上就更加纵横跳跃，尤其是杜甫创作了一批书画鉴赏的特殊类型的咏物诗，大多以"××歌"为题，[1]比如《奉先刘少府新画山水障歌》：

> 堂上不合生枫树，怪底江山起烟雾！闻君扫却《赤县图》，乘兴遣画沧洲趣。画师亦无数，好手不可遇。对此融心神，知君重毫素。岂但祁岳与郑虔，笔迹远过杨契丹。得非玄圃裂，无乃萧湘翻？悄然坐我天姥下，耳边已似闻清猿。反思前夜风雨急，乃是蒲城鬼神入。元气淋漓障犹湿，真宰上诉天应泣。野亭春还杂花远，渔翁暝踏孤舟立。沧浪水深青溟阔，欹岸侧岛秋毫末。不见湘妃鼓瑟时，至今斑竹临江活。刘侯天机精，爱画入骨髓。自有两儿郎，挥洒亦莫比。大儿聪明到，能添老树巅崖里。小儿心孔开，貌得山僧及童子。若耶溪，云门寺。吾独胡为在泥滓？青鞋布袜从此始。[2]

这首歌行长篇分为三段，起结各四句自成两段，中间二十八句为一大段。不仅每段之间伴有转韵，而且整体结构充分体现了前后呼应、虚实相生的特点。首段以奇警之句开篇，既写了山水障画的景致和意趣，又赞刘单绘画技巧的高超，而其中"沧洲趣"三字又为后文埋下伏笔。中段首先展开赞美之意，以同时代的画家祁岳、郑虔和隋代的杨契丹衬托刘单画技，与上文形成第一次呼应。而后一层从"得非玄圃裂"开始到"至今斑竹临江活"都在写山水障画的神妙，这与此诗开头两句形成第二次呼应。在这一层中杜甫由虚到实，再由实到虚，从不同侧面描绘了此画的山水景致。首四句都是虚写而非实录，其中客观自然的联想和奇幻景

1　据葛晓音先生统计，杜甫创作的歌行体咏物诗当中，凡是以赞美图画书法为题材的都以"某某歌"为篇名，一共有9首之多。详述见葛晓音：《论杜甫的新题乐府》，《社会科学战线》1996年第1期，第198页。

2　杜甫著，仇兆鳌注：《杜诗详注》卷4《奉先刘少府新画山水障歌》，第275—278页。

物的假设错杂而下，时而潇湘、天姥、蒲城，时而玄圃、鬼神、真宰，赞刘单山水巧夺化工。其中天姥为杜甫旧游之地，又与第一段的"沧州趣"相照应。而后杜甫转写山水障中景物，亭花、岸岛，属山；渔舟、沧溟，属水，山水相映成趣。诗到此本可不再描绘此画，然而杜甫却再次由实返虚，用湘妃典故写画中之竹，虚中带实，笔意不凡。最后一段杜甫抛开画中情景，又复赞刘单的技艺超卓，与前段相呼应。更为奇绝的是诗的最后两句，笔意一宕，转写自己观画后产生了遁迹江湖之志，不仅再次呼应了首段的"沧州趣"而且也从侧面写出了刘单山水画之生动感人。整首诗的呼应层见叠出，反复中富于变化，将对画的赞美和江海之志穿插写出，虚实结合，具有非常典型的歌行体的咏叹的特征。

除了层意的复沓推进、韵脚的转换外，杜甫歌行体咏物诗因以物比人，还往往巧妙地穿插所咏之物有关的人物。通常杜甫五律和五古的咏物诗，只以"比"法暗喻人事，而歌行体咏物诗却经常通篇穿插人物，直写人的事迹，与描摹物的神貌相得益彰。比如《王兵马使二角鹰》：

> 悲台萧瑟石巃嵸，哀壑权枒浩呼汹。中有万里之长江，回风滔日孤光动。角鹰倒翻壮士臂，将军玉帐轩翠气。二鹰猛脑绦徐坠，目如愁胡视天地。杉鸡竹兔不自惜，溪虎野羊俱辟易。韝上锋棱十二翮，将军勇锐与之敌。将军树勋起安西，昆仑虞泉入马蹄。白羽曾肉三狻猊，敢决岂不与之齐。荆南芮公得将军，亦如角鹰下朔云。恶鸟飞飞啄金屋，安得尔辈开其群，驱出六合枭鸾分。[1]

此诗开篇以江山之奇景起兴，悲风呼号、江水喷薄、日色凄惨无不烘托出肃杀的气氛，杜甫借以绘角鹰之神。次段正面写角鹰的俊勇，由角鹰猛然发怒的形态和气势引出王兵马的勇锐，指出这两者足堪匹配。三段转叙将军，写其建立功勋威

1　杜甫著，仇兆鳌注：《杜诗详注》卷18《王兵马使二角鹰》，第1584—1586页。

名遍西北、用白羽射杀狮子，从人物的角度呼应了角鹰与王兵马的神似。最后一段杜甫宕开笔墨，写荆南节度使、芮国公卫伯玉得到王兵马直如王兵马得到角鹰一样，能够驱逐恶鸟、定国安邦。这段虽是再次以鹰喻人，但是引入时事，加深了此诗的深度。难怪《杜臆》评价此诗："通篇将王兵马配角鹰发挥，而穿插巧妙，忽出忽入，莫知端倪，而各极形容。"[1] 再比如《荆南兵马使太常卿赵公大食刀歌》：

> 太常楼船声嗷嘈，问兵刮寇趋下牢。牧出令奔飞百艘，猛蛟突兽纷腾逃。白帝寒城驻锦袍，玄冬示我胡国刀。壮士短衣头虎毛，凭轩拔鞘天为高。翻风转日木怒号，冰翼雪澹伤哀猱。镮错碧罂鸊鹈膏，锟铻已莹虚秋涛，鬼物撇捩辞坑壕。苍水使者扪赤绦，龙伯国人罢钓鳌。芮公回首颜色劳，分阃救世用贤豪。赵公玉立高歌起，揽环结佩相终始，万岁持之护天子。得君乱丝与君理，蜀江如线针如水。荆岑弹丸心未已，贼臣恶子休干纪。魑魅魍魉徒为耳，妖腰乱领敢欣喜。用之不高亦不庳，不似长剑须天倚。吁嗟光禄英雄弭，大食宝刀聊可比。丹青宛转麒麟里，光芒六合无泥滓。[2]

诗末"吁嗟光禄英雄弭，大食宝刀聊可比"可谓题眼，杜甫意在通过描写大食宝刀的不凡来衬托赵兵马使的英雄气概。这首诗以人事起笔，写出唐朝军队兴兵荡寇摧枯拉朽的气势，与《王兵马使二角鹰》相类，开篇就把诗的氛围推向高潮。紧接着杜甫侧面描写了宝刀的不凡，用壮士舞刀的气势和造成的影响不仅赞美了作为神器的刀，更着意突出了使刀之人的英勇无匹。然而诗人却没有止步于此，直接用大量笔墨写了在乱世中赵公作为一员猛将宝刀不离身，因而对贼寇起到了

1　王嗣奭：《杜臆》卷6，上海：上海古籍出版社，1983年，第226页。
2　杜甫著，仇兆鳌注：《杜诗详注》卷18《荆南兵马使太常卿赵公大食刀歌》，第1581—1584页。

巨大的震慑作用。这才产生了结尾对于赵兵马使建立不世功勋的期待。同样以物喻人，此诗比之《王兵马使二角鹰》更为直白地凸显了人物的事迹。

从这些歌行体咏物长篇来看，由于咏叹的节奏、篇幅不受限制，韵律上相对自由随意，诗人可以在布局谋篇时比之律体和五古咏物诗有更多的发挥余地。歌行体咏物诗这种在结构上的特色明显区别于律体咏物诗，与同样韵律相对自由的五古咏物诗也不尽相同。前者由于篇幅所限很难展开多层复杂的内容，结构往往先描摹形态后寄托寓意。后者虽然容量扩大，但由于五古本身的特质结构也往往按部就班，缺少腾挪变化[1]。这样层进叠出、经纬交织、错综复杂的结构不是其他诗歌体式所能涵盖的，往往需要歌行这种易于长篇抒写情貌的诗体才能相宜，也只有如杜甫这样的伟大诗人才能够驾驭。

四、结语

综上所述，杜甫的歌行体咏物诗在体物上表现出直用赋法的特色，不仅娴熟运用了"赋"的修辞手段，而且吸收了汉魏六朝赋的辞藻和写作方法；而在被历代诗评家誉为咏物正体的兴寄方面又凸显出议论直白鲜明、托讽时事的特征。与这两者相适应的是杜甫歌行体咏物诗结构上的复杂变化、层进叠出。

杜甫的咏物诗众体兼备，其中歌行一体最能凸显杜甫咏物的与众不同。盛唐咏物之作鲜有歌行体，除了杜甫，只有擅长乐府歌行的李白曾有一定数量的创作。李白的歌行体咏物诗一共7首，不但在数量上远远不能和杜甫相比，并且其中真正的长篇七言歌行不过《雉朝飞》和《天马歌》两首，其余皆是短篇。而且李白的歌行体咏物诗中有一些是拟古之作，为古琴曲或乐府旧题，除了上面提到的两首外还有《鸣雁行》。而杜甫的歌行体咏物诗与他的歌行体诗歌一致，皆为自拟新题的乐府，其中以"××歌"或"××行"为题目的占绝大多数，并且在题材内容

1　关于杜甫五古纵向线性的叙述节奏的推进方式，具体论述参见葛晓音：《从五古的叙述节奏看杜甫"诗中有文"的创变》，《岭南学报》复刊第5辑，上海：上海古籍出版社，2016年，第241页。

上有一个大致的区分。纯然咏物的诗歌多命名为"××行,"比如《高都护骢马行》《古柏行》《白丝行》《杜鹃行》等,除此之外,歌行体咏物诗中还有相当多的题书画诗,这类特殊的咏物诗多命名为"××歌",比如《天育骠图歌》《李潮八分小篆歌》《奉先刘少府新画山水障歌》《姜楚公画角鹰歌》等[1]。在思想内容上,李白的咏物诗歌多以自身遭际入诗,抒发一己情怀,然而杜甫的歌行体咏物诗的题材却丰富多样,除了以物自喻以外,还多议论时事和赏鉴书画之作,又或者两者兼而有之[2]。

　　纵观唐代的咏物诗创作,歌行体乃是小宗。然而,杜甫为何要不厌其烦地用歌行体来创作咏物诗作,尤其是他偏爱的咏马、咏鹰诗? 究其原因,不外乎歌行体易于表现长篇的题材,对那些有故事有来历的吟咏对象能够采用赋法铺叙其事,而长于咏叹抒情的特点又使歌行体咏物诗便于诗人直抒胸臆,其不受韵脚对偶的限制可以更充分更直接地表达情感。考其影响,那些议论时事之作启发了中唐以白居易为首的新题乐府[3],在歌行体咏物诗的创作上有极大的影响。

1　关于行体咏物诗与歌体咏物诗在题材内容上的区别,详见葛晓音:《论杜甫的新题乐府》,第198页。

2　《古柏行》就将自喻和议论时事融为一体,而《天育骠图歌》《姜楚公画角鹰歌》等既是题画诗,又以鹰、马自喻。

3　白居易所作新题乐府中就有很多七言歌行体咏物诗,比如《红线毯》忧蚕桑之费、《官牛》讽刺执政者、《紫毫笔》讽谏官失职等。具体论述见陈才智:《杜甫对白居易的影响——以咏物诗为中心》,《杜甫研究学刊》2017年第2期,第44—47页;刘维治:《白居易咏物诗创作背景、类型及寓意》,《沈阳师范学院学报(社会科学版)》1997年第1期,第11—14页。

都城的无限可能：唐代长安的公共空间与叙事构建

吴　晨

西安人，复旦大学中文系汉语言文学专业学
士、中国古典文献学硕士，威斯康辛大学麦迪
逊分校东亚语言文学系博士。现为哥伦比亚大
学东亚语言文化系中文项目组高级讲师。

　　唐长安城作为唐王朝的都城，是政治、经济、文化的中心，人们从各地慕名前来，拓展人脉，获取资源，积累财富，建立功名；每个角落都上演着异彩纷呈的故事，每个瞬间都充满了难以预期的机遇。不论是热闹喧阗的东西两市，人群熙攘的曲江池畔，还是香客如织的佛寺道观，这些活跃的公共空间里都蕴含着无限可能，因三教九流的汇聚和碰撞而形成了多元互动的舞台，构建了更错杂繁复的人际网络，也往往为人的命运发展带来意想不到的转折[1]。在叙事作品中，长安城的这种公共性也常被用来推进情节发展，比如下面这则故事中，书生裴航爱上少女云英，为讨其祖母欢心，遍访宝物玉杵臼而未果，而最终于长安街头获得了重要信息：

　　　　及至京国，殊不以举事为意，但于坊曲闹市喧衢，而高声访其玉杵臼，

1　所谓"公共空间"的概念，最初来自西方学者对资本主义社会都市历史的讨论，指一切面向公众开放的社会空间，街道、市场、公园等都是典型的公共空间。本文将此概念置于中古中国都市史的背景之下讨论，保留了公共空间中"公共生活"（communal life）和"人群交互"（human exchange）的现代属性，除了强调空间本身的公开可及性之外，也侧重讨论公共空间中的人如何在公众视野下或以公众的身份呈现自我。

曾无影响。或遇朋友，若不相识。众言为狂人。数月余日，或遇一货玉老翁
曰："近得虢州药铺卞老书，云有玉杵臼货之。郎君恳求如此，此君吾当为
书导达。"航愧荷珍重，果获杵臼。[1]

故事的转机发生在"闹市喧衢"，隐藏其中的机遇为裴航打开了局面，这才有了之
后的情节发展。正因为此，"闹市喧衢"这样的公共空间成了唐小说作者们十分青
睐的故事背景，常见的故事套路包括：主人公遭逢困境时，常在公共空间中得遇
贵人；故事陷入僵局时，新引入的公共空间也往往带来情节的突破等等。下文将
以两市、曲江、寺观等长安城的公共空间为例，分别进行讨论。

一、藏龙卧虎的东西两市

唐长安作为当时的国际大都市，商机满溢，交易频繁，吸引着中外客商。为
了方便开展商业活动，同时更有效地进行管理，长安城专设东西两市，各与皇城
等距，以朱雀大街为中轴线对称，优越的地理位置使得官方与民间的商业往来都
更加便捷。虽然中央政府后期也曾开设更多市场，但这些市场或者很快被废止，
或者功能上受到很大局限；而东西两市则直至王朝末期，始终都是交易活动的主
要场所。两市内部四条主街呈"井"字交错，市场的规模都很可观，四周的街道
也十分宽阔，这表明都城的设计者预见到了两市的繁忙与周边拥堵的车马人
流[2]。同时，东西两市不同的地理位置也决定了二者不同的分工和特色。东市被高
门大族的豪宅环绕，而西市则因远离东城的权贵而较少受到官方的管控，因此吸

---

[1]　见李昉等：《太平广记》卷50《裴航》，北京：中华书局，1961年，第314页。

[2]　据两市遗址的考古报告，东市南北长约1000米，东西924米，主街宽30米，四面围墙各有两扇大门
　　面街而开；西市遗址南北长1031米，东西927米，主街宽16米，南北两侧街宽117米，西侧街宽97
　　米。细节见中国科学院考古研究所西安唐城发掘队（马德志执笔）：《唐代长安城考古纪略》，《考
　　古》1963年第11期，第595—611页。

引了更多普通商贩[1]，西市的众多胡商也为其增添了不少异域风情[2]。

两市各具特色，但同样繁荣。各色人等汇聚于此，交换货物，也交换信息，这里是人们相遇的地方，也是信息集散的地方。唐小说中一个常见的情节是，当主人公急切寻人时，往往能在东西两市中发现他们寻觅的对象。《任氏传》中，郑生在得知任氏的狐妖身份之后，依然对其念念不忘，任氏却设法躲避，故事自此陷入僵局，直到郑生前往西市：

> 经十许日，郑子游，入西市衣肆，瞥然见之，襄女奴从。郑子遽呼之，任氏侧身周旋于稠人中以避焉。郑子连呼前迫，方背立，以扇障其后曰："公知之，何相近焉？"郑子曰："虽知之，何患？"对曰："事可愧耻，难施面目。"郑子曰："勤想如是，忍相弃乎？"对曰："安敢弃也？惧公之见恶耳。"郑子发誓，词旨益切。任氏乃回眸去扇，光彩艳丽如初。[3]

人来人往的西市不仅促成了这对情侣的重逢，稠密的人流也成了任氏羞愧之下的藏身之所，为二人的直接对质提供了一层缓冲。任氏最终的妥协在众目睽睽的西市也是合理之举，毕竟此时奋力拒斥会引起更多的关注甚至舆论哗然。有了第一步的妥协，才有接下来二人的和好如初。

在同样著名的"破镜重圆"故事中，两市的地位更加突出：

1　可参看宋敏求《长安志》对两市特色的评论："东市隋曰都会市……市内货财二百二十行，四面立邸。四方珍奇皆所积集，……公卿以下民止多在朱雀街东，第宅所占勋贵。由是商贾所凑多归西市，西市有口焉，止号行。自此之外，繁杂稍劣于西市矣。……西市隋曰利人市，……市内店肆如东市之制……浮寄流寓不可胜计。"见宋敏求：《长安志》，中华书局编辑部编：《宋元方志丛刊》第一辑，北京：中华书局，1990年，第118页下、第128页上。

2　关于西市内西域商铺的介绍，见向达：《唐代长安与西域文明》，重庆：重庆出版社，2009年，第24—30页。

3　见李昉等：《太平广记》卷452《任氏》，第3693页。

> 陈太子舍人徐德言之妻，后主叔宝之妹，封乐昌公主，才色冠绝。时陈政方乱，德言知不相保，谓其妻曰："以君之才容，国亡必入权豪之家，斯永绝矣。傥情缘未断，犹冀相见，宜有以信之。"乃破一镜，人执其半，约曰："他日必以正月望日卖于都市，我当在，即以是日访之。"及陈亡，其妻果入越公杨素之家，宠嬖殊厚。德言流离辛苦，仅能至京，遂以正月望日访于都市。有苍头卖半镜者，大高其价，人皆笑之。德言直引至其居，设食，具言其故，出半镜以合之，仍题诗曰……陈氏得诗，涕泣不食。素知之，怆然改容，即召德言，还其妻，仍厚遗之。闻者无不感叹。[1]

文中虽未明言徐德言前往的是东市还是西市，但鉴于杨素宅位于西市东南对角的延康坊，且稀缺奇诡的货物多见于西市出售，很可能乐昌公主是托人在西市贩卖铜镜。不论东市西市，它们的重要地位通过夫妇二人在乱前的约定都可见一斑，更在乱后二人为团圆而努力的过程中得到了印证。市场似乎并未过多受到政治动乱的影响，相反，人们对生活必需品的追求保证了市场的稳定繁荣。故此，徐德言夫妇筹划乱后预案时，很自然地将两市定为了沟通的场所。事情发展也确如他们预计的一般，二人得以破镜重圆。

在其他一些故事中，主人公并未主动寻人，只是随意在街市漫步，却也能偶遇贵人。例如下文中穷困潦倒的杜子春：

> 杜子春者，盖周隋间人。少落拓，不事家产。然以志气闲旷，纵酒闲游，资产荡尽。投于亲故，皆以不事事见弃。方冬，衣破腹空，徒行长安中。日晚未食，彷徨不知所往，于东市西门，饥寒之色可掬，仰天长吁。有一老人策杖于前，问曰："君子何叹？"春言其心，且愤其亲戚之疏薄也。感激之气，发于颜色。老人曰："几缗则丰用？"子春曰："三五万则可以活矣。"老

1　见孟棨：《本事诗》，上海：古典文学出版社，1957年，第5页。

人曰："未也。"更言之："十万。"曰："未也。"乃言百万，亦曰："未也。"曰："三百万。"乃曰："可矣。"于是袖出一缗曰："给子今夕，明日午时，候子于西市波斯邸，慎无后期。"及时子春往，老人果与钱三百万，不告姓名而去。[1]

杜子春穷困落魄之时，亲眷故友都拒绝援助，偶然在东市西门遇到的一位老人却慷慨解囊。故事中的老人原是神仙，为试杜子春得道成仙的潜力而故意诱导他。后来杜子春的人生高潮跌宕，一切都从二人初识开始。这场"偶遇"也许是老人刻意设置的圈套，二人初遇的地点在东市，而交付钱款的地点在西市。这样的安排当非偶然，从老人的角度来说，进行物质和欲望的考验，没有哪里比商贾云集、汲汲牟利的两市更合适了；从杜子春的角度来说，他日晚未食，走投无路，也需要在闹市碰碰运气。如上文所说，东市位于权贵聚居之地，因此老人出现在东市并出手如此阔绰就显得不那么突兀了。相比之下，老人在西市波斯邸与杜子春碰头并资助以巨款也并非随意为之。西市更具异域风情，而波斯商人在唐小说中常被塑造为富有且忠诚的形象，他们的胡人身份使得他们与众不同的行为方式，甚至是与中国传统习俗相违背的理念，都被容许和接纳。老人对于杜子春这样一个陌生人不计回报的巨额赞助在波斯胡邸进行，也会显得更为低调，不易令人起疑。最后，二人的几次会面都在公共空间进行，而不是任何私人领域，一方面有助于隐藏老人的真实身份，另一方面光天化日之下进行的交接也更能打消杜子春的疑虑，让他放心大胆地接受恩惠。

与杜子春一样，另一个故事的主人公卫庭训同样在东市获得了属于他的机会：

卫庭训，河南人，累举不第。天宝初，乃以琴酒为事，凡饮皆敬酬之。

1　李昉等：《太平广记》卷16《杜子春》，第109页。

> 恒游东市，遇友人饮于酒肆。一日，偶值一举人，相得甚欢，乃邀与之饮。庭训复酹，此人昏然而醉。庭训曰："君未饮，何醉也？"曰："吾非人，乃华原梓桐神也。昨日从酒肆过，已醉君之酒，故今日访君，适醉者亦感君之志。今当归庙，他日有所不及，宜相访也。"言讫而去。后旬日，乃访之。至庙，神已令二使迎庭训入庙。庭训欲拜，神曰："某年少，请为弟。"神遂拜庭训为兄。为设酒食歌舞，既夕而归。[1]

故事里的东市魅力十足，不仅吸引凡人，神灵也毫无招架之力。卫庭训在东市遇到的其实是华原梓桐神，华原位于长安以北80公里处，这位梓桐神从华原来至长安，在东市酒肆昏然而醉。这次不经意的偶遇，使卫庭训收获了超越人神的兄弟关系，他的这位梓桐神兄弟，为感其敬酬之恩，帮助累举不第的他在后来的仕途中青云直上。二人在东市酒肆的这次偶遇，成了卫庭训一生的重要转折点，也是整个叙事的关键情节。梓桐神无疑是卫庭训的贵人，而卧虎藏龙的东市则是他的福地。

东西两市不仅为人们制造相遇相识的机会，也帮助人们扩散名声，使其为大众所知。《霍小玉传》中小玉的悲惨经历正是在西市得到传播的：

> 虽生之书题竟绝，而玉之想望不移。赂遗亲知，使通消息，寻求既切，资用屡空。往往私令侍婢潜卖箧中服玩之物，多托于西市寄附铺侯景先家货卖。曾令侍婢浣沙，将紫玉钗一只，诣景先家货之。路逢内作老玉工，见浣沙所执，前来认之曰："此钗吾所作也。昔岁霍王小女，将欲上鬟，令我作此，酬我万钱，我尝不忘。汝是何人？从何而得？"浣沙曰："我小娘子即霍王女也。家事破散，失身于人。夫婿昨向东都，更无消息。悒怏成疾，今欲二年。令我卖此，赂遗于人，使求音信。"玉工凄然下泣……遂引至延先公主

1　李昉等：《太平广记》卷302《卫庭训》，第2395—2396页。

宅，具言前事。公主亦为之悲叹良久，给钱十二万焉。[1]

霍小玉与书生李益的爱情故事最初只是在私人范围内发生发展，即使在被李益抛弃以后，小玉也并未将这段经历公之于众，直到她托侍女去西市变卖首饰被玉工认出旧物，这段始乱终弃的故事方才进入公众视域。典当发钗竟遇上最初打造这支发钗的工匠，而工匠也偏一眼认出，这层层的巧合实属难得，而西市正是成就种种奇迹的地方——无论是技艺超群的匠人还是慧眼识珠的行家，无论是公主的新宠还是王公的旧奴都在此交易和交流，他们锐利的目光和灵敏的嗅觉让彼此的身份豁然开朗，也让曾经的秘密昭彰于世。截至此刻，剧情的发展已经突破私人领域，也不再受控于李益和霍小玉这两位当事人了。老玉工将事情汇报给了延先公主，而公主出于悲悯又帮助进一步扩散了这个故事。自此，霍小玉令人唏嘘的遭遇流布京师，引发了更大范围的同情，其中就有所谓黄衫豪士自告奋勇替小玉鸣不平，并设计让李霍重逢，最终决定了故事的不同走向。

    两市车马喧阗的公共空间也是提升个人知名度的绝佳场所。初唐诗人陈子昂居长安十年而默默无闻，于是处心积虑地自编自演了一场大戏，将东市变成了自己扬名立万的舞台：

    陈子昂，蜀射洪人。十年居京师，不为人知。时东市有卖胡琴者，其价百万。日有豪贵传视，无辨者。子昂突出于众，谓左右："可辇千缗市之。"众咸惊问曰："何用之？"答曰："余善此乐。"或有好事者曰："可得一闻乎？"答曰："余居宣阳里，"指其第处，"并具有酒，明日专候。不唯众君子荣顾，且各宜邀召闻名者齐赴，乃幸遇也。"来晨，集者凡百余人，皆当时重誉之士。子昂大张谦席，具珍羞。食毕，起捧胡琴。当前语曰："蜀人陈子

---

1   李昉等：《太平广记》卷487《霍小玉传》，第4008—4009页。

昂有文百轴，驰走京毂，碌碌尘土，不为人所知。此乐贱工之役，岂愚留心哉?”遂举而弃之。异文轴两案，遍赠会者。会既散，一日之内，声华溢都。[1]

十年的经历让自视甚高的陈子昂明白，自己缺的是一个展示自我的舞台，而东市正是一个制造公众效应的理想之地。然而，东市的公共空间只能提供一个平台，至于如何引起轰动、一炮走红，全靠自己精心筹划。价值百万的神秘胡琴本身就足够吸引眼球，这也是陈子昂借它成事的原因。这里的“好事者”也值得一提，唐小说中不乏这样的“好事者”，他们或是关心人物命运，或是参与记录轶事，或是起到推进事情发展的重要作用，比如这则故事中提议让陈子昂演奏胡琴的那位。他的请求当然正中陈子昂下怀，而值得注意的是，陈子昂豪掷百万购琴是在东市，而真正的“表演”却在私邸。首先，胡琴只是一个托辞，他实际想展示的并非琴艺，而是堆积在家里的文集；其次，作为主人，他可以盛情款待来宾，打造个人形象并赢得好感；第三，东市热闹非凡，在东市展示琴艺或文才可能很快就会被嘈杂之声湮没，观众的注意力也很容易被其他事物吸引。相反，当他把私宅转化为另一个公共空间之后，他既是这空间的主人，又是这里最闪亮的中心，事情的发展也终于达到了他预期的最佳效果[2]。

东西两市对京城生活的影响在《李娃传》中有着更突出和生动的展现。在被歌妓李娃诓骗并抛弃之后，郑生病入膏肓，被弃于西市凶肆；病愈后，他学会了哀歌的演唱技巧，技冠长安，他的天赋很快为他赢得了名声，以及来自东市凶肆的高薪聘书：

1　李昉等:《太平广记》卷179《陈子昂》，第1331页。

2　冯瑞（Linda Rui Feng）将此类外放型的展示称为“天才的剧场化”（the theatricality of talent），认为长安的公共领域化身为即兴的舞台，与其所吸引的大批的旁观者一起，不仅改变了文学生产和传播途径，也重塑了那些满怀抱负的文学天才们看待自己与彼此的方式。参见 Linda Rui Feng, *City of Marvel and Transformation: Chang'an and Narratives of Experience in Tang Dynasty China*, Honolulu: University of Hawai'i Press, 2015, p. 88.

初，二肆之佣凶器者，互争胜负。其东肆车舆皆奇丽，殆不敌，唯哀挽劣焉。其东肆长知生妙绝，乃酿钱二万索顾焉。其党耆旧，共较其所能者，阴教生新声，而相赞和。累旬，人莫知之。其二肆长相谓曰："我欲各阅所佣之器于天门街，以较优劣。不胜者，罚直五万，以备酒馔之用，可乎？"二肆许诺，乃邀立符契，署以保证，然后阅之。士女大和会，聚至数万。于是里胥告于贼曹，贼曹闻于京尹。四方之士，尽赴趋焉，巷无居人。自旦阅之，及亭午，历举辇舆威仪之具，西肆皆不胜，师有惭色。乃置层榻于南隅，有长髯者，拥铎而进，翊卫数人。于是奋髯扬眉，扼腕顿颡而登，乃歌《白马》之词。恃其凤胜，顾眄左右，旁若无人。齐声赞扬之，自以为独步一时，不可得而屈也。有顷，东肆长于北隅上设连榻，有乌巾少年，左右五六人，秉翣而至，即生也。整衣服，俯仰甚徐，申喉发调，容若不胜，乃歌《薤露》之章。举声清越，响振林木。曲度未终，闻者歔欷掩泣。西肆长为众所诮，益惭耻，密置所输之直于前，乃潜遁焉。四座愕眙，莫之测也。[1]

《李娃传》之所以能成为众多唐小说中的巅峰之作，不仅在于它跌宕起伏的情节，而且在于作者如何巧妙地利用长安里坊空间来构建叙事。文中对于某些具体空间的文学性记录具有史料般的意义，比如这里对东西两市和天门街的描写，既增加了故事的真实性和逻辑性，也为现代读者展现了唐代长安都市生活更生动细腻的一面[2]。郑生参与的这场挽歌竞赛在天门街举行[3]，吸引了数万观众，也引起了不小的轰动，观众当中恰巧就有人认出了他：

1　李昉等：《太平广记》卷484《李娃传》，第3988页。

2　西市周边的考古发现已印证了两市内部及附近凶肆的存在，见宿白：《隋唐长安城和洛阳城》，《考古》1978年第6期，第417—418页。

3　天门街常被作为艺术的竞技场，《乐府杂录》也曾记载东西两边的竞技演奏，同样观者如堵。文见中国戏曲研究院编：《中国古典戏曲论著集成》第1册，北京：中国戏剧出版社，1959年，第50页。

适遇生之父在京师，与同列者易服章，窃往观焉。有老竖，即生乳母婿
也，见生之举措辞气，将认之而未敢，乃泫然流涕。生父惊而诘之，因告
曰："歌者之貌，酷似郎之亡子。"父曰："吾子以多财为盗所害，奚至是
耶？"言讫，亦泣。及归，竖间驰往，访于同党曰："向歌者谁，若斯之妙
欤？"皆曰："某氏之子。"征其名，且易之矣。竖凛然大惊，徐往，迫而察
之。生见竖，色动回翔，将匿于众中。竖遂持其袂曰："岂非某乎？"相持而
泣，遂载以归。[1]

一方面，如果竞赛不是东西两市凶肆之间的较量，也不是在天门街举行，那么郑
生恐怕会一直默默无闻，也将不再有后文的父子重聚，更无李娃悔过的情节了。
另一方面，就故事的源头来说，有学者认为《李娃传》系作者白行简改编自九世
纪初期流行民间、由街头艺人表演的说唱故事《一枝花》[2]。因此，可以说《李
娃传》有着与生俱来的民间性与大众艺术性。可以相信，公共空间内举行的两市
凶肆的挽歌竞赛为这部作品最初的表演者提供了关键性的启发和第一手的
资料。

二、都城盛赏，唯有曲江

如果说东西两市是唐都长安最大的商业空间，那么曲江则是最受欢迎的休闲
游乐场所。曲江景区围绕曲江池建造，曲江池兴于秦汉，原为一片天然池沼，汉
武帝时因其水流曲折而命名为"曲江"。隋代修建大兴城，曲江被纳入城廓之中，
改称芙蓉池。唐代大规模营建曲江，因地势开凿，建成南北长、东西窄，池形曲

1　李昉等：《太平广记》卷484《李娃传》，第3988—3989页。
2　参见张政烺：《一枝花话》，《"中央研究院"历史语言研究所集刊》1949年第20卷下，第85—89
　　页；Glen Dudbridge, *The Tale of Li Wa: Study and Critical Edition of a Chinese Story from the
　　Ninth Century*, London: Ithaca Press, 1983, pp. 20-26；妹尾达彦：《唐代后半期の長安と伝奇小
　　説——'李娃伝'の分析を中心にして—》，《論集中国社会・制度・文化史の諸問題：日野開三
　　郎博士頌寿記念》，福岡：中国书店，1987年，第482页。

折、水域千亩的京华胜地[1]。景区自然风光秀美，建筑景观精巧，包括曲江池、芙蓉园、杏园、慈恩寺，乃至周围的乐游原，吸引着长安的居民和外地的游客[2]。同时，它也是及第进士们欢庆的场所，不论是王公贵胄还是文人墨客，抑或平民百姓都聚集于此，或宴饮，或游乐，车马侍从，花色人影，彼此发生有趣的碰撞，形成了与别处不同的风景线[3]。

　　每逢春日，人们便不约而同来曲江踏春赏景，春暖花开的曲江池畔因此也成了士子与女郎理想的邂逅之所，比如下面这个发生在上巳节的故事：

> 　　华州柳参军，名族之子。寡欲早孤，无兄弟。罢官，于长安闲游。上巳日，曲江见一车子，饰以金碧，半立浅水之中。后帘徐褰，见掺手如玉，指画令摘芙蕖。女之容色绝代，斜睨柳生良久。[4]

这里的开篇几乎是陈词滥调：一位年轻士子受到了致命的诱惑。然而，作者并不像传统故事那样对潜在的危险做出警示，而是将两人的邂逅描写得颇具优雅情调。曲江的公共休闲空间让陌生人相遇相识，半没车轮的浅水又平添一份浪漫气氛。这则故事因此也在初始阶段就更具画面感，更引人入胜。

　　因为曲江景区"四望宽敞"[5]，这里似乎也比其他地方更容易发现藏匿难寻的人：

1　参考程大昌《雍录》记载，见程大昌：《雍录》卷6，中华书局编辑部编：《宋元方志丛刊》第一辑，第458页下。现代学者估计，曲江池面积大约为七十万平方米。见陕西省文物管理委员会：《唐长安城地基初步探测》，《考古学报》1958年第3期，第82页。

2　参看康骈：《剧谈录》卷下，北京：中华书局，1991年，津逮秘书本，第135—136页。

3　参看王定保：《唐摭言》卷3，上海：古典文学出版社，1957年，第28—29页。

4　李昉等：《太平广记》卷342《华州参军》，第2713页。

5　见韦述撰：《两京新记辑校》卷2，辛德勇辑校，西安：三秦出版社，2006年，第21页。

> 姬隐崔生家二岁。因花时，驾小车而游曲江，为一品家人潜志认，遂白一品。[1]

《昆仑奴》故事中的关键人物红绡妓逃走后私嫁崔生，两年而不为人知，故事似乎陷入了僵局，而"花时"前来曲江踏春的她却被轻而易举地发现了。曲江的开放空间增加了人们被辨识的概率，也自此将故事推向高潮。

而曲江不仅是平民百姓喜爱的赏景去处，也备受达官显贵的青睐。这里的相遇有时候充满了意外，甚至尴尬：

> 裴休廉察宣城，未离京，值曲江池荷花盛发，同省阁名士游赏。自慈恩寺，各屏左右，随以小仆。步至紫云楼，见数人坐于水滨，裴与朝士憩其旁。中有黄衣半酣，轩昂自若，指诸人笑语轻脱。裴意稍不平，揖而问之："吾贤所任何官？"率尔对曰："喏，郎不敢，新授宣州广德令。"反问裴曰："押衙所任何职？"裴效之曰："喏，郎不敢，新授宣州观察使。"于是狼狈而走，同座亦皆奔散。朝士抚掌大笑。不数日，布于京华。后于铨司访之，云："有广德令请换罗江矣。"宣皇在藩邸闻是说，与诸王每为戏谈。其后龙飞，裴入相。因书麻制，回谓枢近曰："喏，郎不敢，新授中书门下平章事矣。"[2]

这则趣事发生在"曲江池荷花盛发"的时节，游人众多，其中也混杂着各色官僚，很多人彼此之间并不认识。当他们在曲江偶遇时，他们的身份是多重的：官员、市民，以及陌生人。作为陌生人，他们可以暂时跳出职位等级的限制，以更自在随意的方式行事，面向大众的休闲娱乐空间让衙署以外的他们得以暂时放松自己。然而，长安毕竟是帝国之都，过度的放松和疏忽可能会带来麻烦，因为无

---

[1] 李昉等：《太平广记》卷194《昆仑奴》，第1453—1454页。
[2] 李昉等：《太平广记》卷251《裴休》，第1951页。

从知道擦肩而过的是谁，又会无意中得罪了谁。故事中这位低级官员怎么也想不到自己傲慢对待的那个人竟是自己的直系上司，以至于不得不申请调换职位以避免今后的尴尬。裴休恐怕也很难料到这样一件小事会传到未来的皇帝耳朵里，他将任命自己为宰相，且在多年之后依然记得这个笑话，并不失时机地打趣自己。曲江的公共空间不仅为两位级别不同的官员提供了互动的机会，也因为其他游客的在场而加速了这段趣闻的传播。二人富于戏剧性的对话不仅让普通人发噱，宣宗皇帝戏谑的引用更为最初的故事带来了新的高光时刻，甚至给了它第二次生命。于是，我们看到一段诞生于市民公共空间的轶事一路上达天听，最终又回到民间，在此过程中，原有的情节被新的叙事所补充，成了一个更丰满的故事，而曲江是孕育整个叙事的源头。

如前文介绍，曲江不仅是一个休闲景区，也是新科进士庆祝及第的场所。春风得意的进士们汇聚在曲江池畔大摆宴席[1]，有时候皇帝本人也会御驾光临，以示对这些成功者的嘉奖鼓励。在如是背景下读《李娃传》中的这段情节会别有一番意味：

> 至其室，父责曰："志行若此，污辱吾门。何施面目，复相见也。"乃徒行出，至曲江西杏园东，去其衣服，以马鞭鞭之数百。生不胜其苦而毙，父弃之而去。[2]

见到儿子以后，郑生的父亲并没有因为父子团圆而欣喜，也没有出手助他摆脱困境，相反，他对儿子的堕落感到无比失望，认为家族蒙受了羞辱，因此决定对儿子严施惩戒。值得玩味的是，虽然他们已经"至其室"，然而郑父的做法是将儿子专程带到曲江杏园才展开体罚。慈恩寺与杏园一带可以说是曲江最热闹的景区之

---

1 王定保：《唐摭言》卷3，第28页。
2 李昉等：《太平广记》卷484《李娃传》，第3989页。

一，可以想见郑父大展淫威之时，围观者必不在少数；而郑生曾在凶肆竞演哀歌的经历又使他有着极大的曝光率，很有可能围观者中就有当时的观众，甚至有郑生显赫背景和悲惨遭遇的知情人。比这些尴尬局面更具讽刺意味的是，上文提到曲江是新科进士的欢庆之所，而郑生自己原本也是读书上进、求取功名的举子中的一员，原本也有机会意气风发地参与曲江的宴席，如今却不仅断送了自己的前程，也玷污了家族的名誉。此时此刻，在曲江杏园旁，成功与失败的悬殊落差对他造成了加倍的羞辱。

不论郑父选择在曲江进行体罚的初衷为何，这样在公共空间对儿子的公开羞辱必定有着非同一般的效果。一方面，郑生惨遭鞭笞，可能会引起观者的同情，并进一步传播他的遭遇。另一方面，郑生蒙受的是肉体和精神的双重打击，他的人生将更加举步维艰。事实上，在这次打击之后，他原先的雇主因为他的病弱不堪而抛弃了他，以至于他只能乞讨为生。这也为后来李娃在街上发现他，内疚赎罪，进而修复二人关系而埋下了伏笔。

三、 超越宗教的佛寺道观

相比休闲娱乐为主的曲江，长安寺观的功能和角色更为多元。为了满足人们对更丰富的文化生活的需求，许多寺院对其格局进行了改造。有些佛寺为备考的举子提供住宿，有些举办戏剧和杂技表演，还有些精心打造人工景观吸引来客。种种举措都将原本神圣的宗教空间改造成了更具活力也更世俗化的公共空间。这里人群往来，鱼龙混杂，有人在此成就显赫的名望，也有不法分子捕捉到了可乘之机。

晚唐风云人物牛僧孺初至长安时名不见经传，不过他的天赋很快被当时的文坛巨擘——韩愈和皇甫湜发现，二人对他大力提携：

僧孺因谋所居，二公沈然良久，乃曰："可于客户税一庙院。"僧孺如所教，造门致谢。二公又诲之曰："某日可游青龙寺，薄暮而归。"二公联镳至彼，因大署其门曰："韩愈、皇甫湜同访几官不遇。"翌日，辇毂名士咸观焉。奇章之名，由是赫然矣。[1]

与同样一夜成名的陈子昂不同，牛僧孺不是自造声势，而是有贵人相助。韩愈和皇甫湜建议他住在客户坊，客户坊的居民多是外地租户，人口构成复杂，因此本身就是一个充满流动性的活跃空间，信息流传速度更快。而二公提出"税一庙院"的建议更可谓深思熟虑：自中唐以来，许多举子都喜欢租住在寺庙，一起探讨学业，赋诗作文；不少科举失利的举子还选择留在寺庙中度过夏天，继续备考[2]。韩愈和皇甫湜的大名在这群举子中应当是如雷贯耳的，他们在牛僧孺门上留下的字条也就成了一张响当当的广告牌，将名人效应发挥到了极致，甚至比二人亲临现场更有影响力——因为到访只能是短暂的停留，而白纸黑字的视觉效果可以在人来人往的寺庙空间中维持更久，时刻提醒众人他们对牛僧孺的器重和抬举；同时随着消息的扩散，张贴在门上的字条也会向闻风而来的人确认传闻的真实性，从而促进消息的进一步传播，牛僧孺的"奇章之名，由是赫然"也就在情理之中了。

　　不过，以上故事固然令人兴奋，但学者考证，真正提拔牛僧孺的其实是韦执谊，然而韦执谊并没有通过什么精心设计的方案来帮他打造名声[3]。换言之，整个故事都是虚构的。故事的作者，或者故事的第一位叙述者，巧妙地利用唐代寺庙众所周知的功能——作为宅院、与举子的关联、其公共空间的特征等——虚构了一则叙事。故事的三位主人公，韩愈、皇甫湜和牛僧孺都是著名的文人，他们的名

1　李昉等：《太平广记》卷180《牛僧孺》，第1342页。

2　参看钱易《南部新书》关于"夏课"的记载：钱易撰：《南部新书》，黄寿成点校，北京：中华书局，2002年，第21—22页。也可参看荣新江：《隋唐长安：性别、记忆及其他》，上海：复旦大学出版社，2010年，第79—82页中的讨论。

3　参见朱玉麒：《隋唐文学人物与长安坊里空间》，荣新江主编：《唐研究》第9卷，北京：北京大学出版社，2003年，第90页。

人效应和公共空间的传播效应共同为故事带来了戏剧性。即使读者不完全相信事情曾真实发生，基于他们对长安都市生活的了解，也能够顺利接受这个合理且动人的叙事版本。

同样的讨论也适用于下面这则关于元稹与白居易的故事：

> 长安慈恩寺浮图，起开元至大和之岁，举子前名登游题纪者众矣。文宗朝，元稹、白居易、刘禹锡唱和千百首，传于京师，诵者称美。凡所至寺观台阁林亭，或歌或咏之处，向来名公诗板，潜自撤之，盖有媿于数公之咏也。会元、白因传香于慈恩寺塔下，忽睹章先辈八元所留之句。命僧拂去埃尘，二公移时吟味，尽日不厌。悉令除去诸家之诗，惟留章公一首而已。乐天曰："不谓严维出此弟子。"由是二公竟不为之，诗流自慈恩息笔矣。[1]

与牛僧孺的故事一样，这里的故事虽则有趣，却也并无历史依据[2]。但不论是年代误记还是完全出于杜撰，它所构建的情形却都合乎情理。首先，当时文人登游题诗十分普遍，人们将诗歌题写在寺庙、客栈、酒馆、驿站、官署等的墙上、石头上、树上，或者专门的诗板上；这些诗歌从而成了所谓的"书面纪念"（written mementos），不仅提升了景点的文化价值，还使得它更为人所知[3]。这里的诗歌有着很强的空间关联性，受到它所题写的空间的定义。以慈恩寺为例，这是曲江一带的热门景点，而慈恩寺塔以其罕见的高度和塔顶所见的绝佳景致而闻名遐迩，

---

1 何光远：《宋重雕足本鉴诫录》卷7《四公会》，上海：上海科学技术文献出版社，2004年，第53—54页。

2 卞孝萱考证，在文宗大和年间（827—835），元稹和白居易从未同时出现在长安过，因此二人同登慈恩寺塔并共赏章八元诗也是杜撰的。见卞孝萱：《元稹年谱》，济南：齐鲁书社，1980年，第497—499页。

3 参见美国学者蔡九迪的讨论：Judith T. Zeitlin, "Disappearing Verses: Writing on Walls and Anxieties of Loss," in Judith T. Zeitlin and Lydia H. Liu, eds., *Writing and Materiality in China: Essays in Honor of Patrick Hanan*, Cambridge, MA & London: Harvard University Press, 2003, p. 74.

也是擅长诗文的游客观览后热衷题诗留名的地方[1]。

　　其次，因为景区空间面对大众开放，所以题写的诗作都会进入公众的视域，兼具双重功能——它们既是物质遗迹也是文化遗产，不仅拥有空间的维度，也具备时间的维度。它们在特定的位置展览着，成为空间的一部分；同时向后来者展示着先时作者的情况，成为后来者观赏体验的一部分。这些诗歌也常常吸引着后来的诗人摩拳擦掌，在同样的空间甚至同样位置进行回应、反驳、续写，搭建无尽的诗歌链条。最初的公共景点因而转化成了一个诗歌的竞技场，参与竞技的人可能从未有机会谋面，但他们依靠共享的空间与彼此交流互动，而留下的诗歌都会被后来的读者赏读、比较、重新评估。这一系列鉴赏活动的结果可能是空间在物质层面的变化——诗板是可以移动的，因此诗板的陈列摆放也是不断更新的，故事中的元稹和白居易有着替换诗板的实力，也有着撤走诗板的权力。元白的名望、他们对章八元诗的极高评价，以及二人因敬仰章诗而放弃自己作诗的谦逊姿态给后来人造成了很大压力，也阻遏了接下来的慈恩诗流。然而，这则叙事却持续流传；慈恩寺塔的知名度和题诗传统的影响力都为故事铺下了坚实的基础，人们即使明知故事是虚构的，也依旧能够接纳它、欣赏它。

　　除了高雅的文学创作，长安的寺庙也提供了热闹的娱乐活动，尤其是节庆期间。下面的故事中，书生崔炜是一位出身显赫、天资聪颖的年轻学子，他不善经营家产，但崇尚豪侠：

　　　　不数年，财业殚尽，多栖止佛舍。时中元日，番禺人多陈设珍异于佛庙，集百戏于开元寺。炜因窥之，见乞食老姬，因蹶而覆人之酒瓮，当垆者

1　这类诗歌的早期形式被称为"题壁诗"，可追溯至六朝时期。唐代见证了所谓题壁诗的发展繁荣。据美国学者倪健（Christopher Nugent）统计，《全唐诗》中有超过一千首诗歌从题目看来最初是题写于非纸张卷轴的其他表面之上的。见 Christopher M. B. Nugent, *Manifest in Words, Written on Paper: Producing and Circulating Poetry in Tang Dynasty China*, Cambridge, MA & London: Harvard University Press, 2010, pp. 201-202.

殴之。计其直仅一缗耳，炜怜之，脱衣为偿其所直。妪不谢而去。异日又来告炜曰："谢子为脱吾难。吾善灸赘疣。今有越井冈艾少许奉子，每遇疣赘，只一炷耳，不独愈苦，兼获美艳。"炜笑而受之，妪倏亦不见。[1]

故事中的许多人，包括外国人，都在开元寺庆祝中元佳节。中唐时期，民间艺术表演日益活跃[2]，有些寺院的表演由寺院赞助人或普通市民出资，而有些寺院则自己培训演员[3]，寺院的演出场地往往人满为患[4]。故事中老妇人"蹶而覆人之酒瓮"也侧面说明了戏场极度拥挤、穿行不便的情况。观众们肆无忌惮地饮酒，甚至被冒犯时会毫不犹豫地大打出手，完全不考虑会搅扰寺院的神圣和清静。原本庄严的宗教空间已然化为一方喧闹的市民娱乐场所，这里的寺庙与集市、公园以及其他各种世俗的公共空间几无二致。故事接着讲述了崔炜如何利用老妪所授的艾叶救助众人，并得到了厚报。他后来的一系列经历都起源于他在寺庙所发的善心，是寺庙的百戏演出将他和后来得知是神仙所化的老妪联系在了一起，成为整个故事的基石。

寺院的节日表演在《任氏传》中也有所体现。任氏拒绝了韦崟之后，承诺帮助他猎寻美人，韦崟很快在千福寺发现了理想的对象：

崟曰："昨者寒食，与二三子游于千福寺，见刁将军缅张乐于殿堂。有善吹笙者，年二八，双鬟垂耳，娇姿艳绝。当识之乎？"任氏曰："此宠奴也。

1　李昉等：《太平广记》卷34《崔炜》，第216页。

2　《南部新书》载："长安戏场，多集于慈恩；小者在青龙，其次荐福、永寿。"参看钱易撰：《南部新书》卷5，第67页。

3　释道宣《续高僧传·慧胄传》载："寺足净人无可役者，乃选取二十头，令学鼓舞，每至节日设乐像前。"收入大藏经刊行会编：《大正新修大藏经》第50册，卷29，台北：新文丰出版社，1983年，第697页下。

4　李冗《独异志》载："长安戏场中，日集数千人观之。"见李冗：《独异志》卷1，北京：中华书局，1983年，第8页。

　　　其母即妾之内姊也，求之可也。"鋆拜于席下，任氏许之。[1]

这一片段印证了寺庙不仅是进行宗教崇拜的场所，而且提供娱乐活动，节庆期间更是如此。风流公子哥儿韦鋆之所以在寒食节前往千福寺，很可能正是因为节日期间寺中会有歌舞表演，便于猎艳。虽然这不是《任氏传》的核心情节，但读者依然可以看到寺院空间如何在小说中得到展现，包括它如何成为寻求艳遇的地点。

　　佛寺不仅热衷于提供娱乐表演，还致力于美化寺院环境，植树种花、建造人工景观以吸引更多游客。许多寺院都有自己的花园和苗圃[2]。长安人尤尚牡丹，不惜投入大量的金钱和精力[3]。寺院也不甘落后，每到花开时节，游人们就蜂拥入寺赏花，盛开的牡丹无形中将人们牵扯在一起。在《霍小玉传》中，这也是重要情节：

　　　时已三月，人多春游，生与同辈五六人诣崇敬寺玩牡丹花。步于西廊，递吟诗句。有京兆韦夏卿者，生之密友，时亦同行。谓生曰："风光甚丽，草木荣华。伤哉郑卿，衔冤空室。足下终能弃置，寔是忍人。丈夫之心，不宜如此。足下宜为思之。"叹让之际，忽有一豪士，衣轻黄纻衫，挟朱弹，丰神隽美，衣服轻华，唯有一剪头胡雏从后，潜行而听之。俄而前揖生曰："公非李十郎者乎？某族本山东，姻连外戚，虽乏文藻，心尝乐贤。仰公声华，常思觏止，今日幸会，得睹清扬。某之敝居，去此不远，亦有声乐，足以娱情。

1　李昉等：《太平广记》卷452《任氏》，第3695页。

2　参看荣新江：《隋唐长安的寺观与环境》，《唐研究》第15卷，北京：北京大学出版社，2009年，第15—18页。

3　李肇《唐国史补》曾记录详情："京城贵游，尚牡丹三十余年矣。每春暮车马若狂，以不耽玩为耻。执金吾铺官围外寺观种以求利，一本有直数万者。"见李肇：《唐国史补》卷中，李肇、赵璘：《唐国史补·因话录》，上海：上海古籍出版社，1979年，第45页。

妖姬八九人，骏马十数匹，唯公所欲，但愿一过。"生之侪辈，共聆斯语，更
相叹美。因与豪士策马同行，疾转数坊，遂至胜业。生以近郑之所止，意不
欲过，便托事故，欲回马首。豪士曰："敝居咫尺，忍相弃乎?"乃挽挟其
马，牵引而行。迁延之间，已及郑曲。生神情恍惚，鞭马欲回。豪士遽命奴
仆数人，抱持而进，疾走推入车门。[1]

李益并非独自前往崇敬寺赏花，而是与同辈五六人一起。当他身处小圈子之中，
其身份并不为外人所知，直到密友韦夏卿提及他与霍小玉的情史。如前文所述，
自从小玉在西市典当紫玉钗泄露身份以来，李霍二人之事已广为人知，不仅李益
的朋友深知其情，在一旁潜听的黄衫豪士也能够在听到只言片语之后立刻晓悟。
可以想见，彼时李益大概已经因其薄情而广受诟病，黄衫豪士在得知李益身份后
也立刻打定主意为小玉打抱不平。他能够听到韦夏卿与李益的私语，说明他们之
间的距离不远，而保持如此近的距离而不引起李益与朋友们的怀疑，可见崇敬寺
的人流密度之大。当他向李益等人做自我介绍并发出邀请后，后者爽快答应，似
乎陌生人在寺院如此这般的偶遇、相识、相交都非常自然。黄衫豪士依赖寺院赏
花的场合实施计划，他的掩体就是人流如织的公共空间。李霍之事满城风雨，纵
有许多人为小玉惋惜，皆无缘插手——韦夏卿之辈虽满心同情，却缺乏匡扶正义
的勇气，而黄衫豪士空有一腔热血，却没有接近负心人的机会。盛发的牡丹将人
们吸引到寺院的公共空间之中，让陌生人有了互相了解背景的机缘，也为小说作
者提供了上佳的叙事材料。

　　不仅佛寺热衷于培育花植，道观也不甘落后。唐昌观的玉蕊花就与崇敬寺的
牡丹花一样享有盛名：

　　　　长安安业唐昌观，旧有玉蕊花。其花每发，若琼林瑶树。唐元和中，春

1　李昉等：《太平广记》卷487《霍小玉传》，第4009—4010页。

物方盛，车马寻玩者相继。忽一日，有女子年可十七八，衣绿绣衣，垂双鬟，无簪珥之饰，容色婉娩，迥出于众。从以二女冠，三小仆，皆丱髻黄衫，端丽无比。既而下马，以白角扇障面，直造花所，异香芬馥，闻于数十步外。观者疑出自宫掖，莫敢逼而视之。伫立良久，令女仆取花数枝而出。将乘马，顾谓黄衫者曰："曩有玉峰之期，自此行矣。"时观者如堵，咸觉烟飞鹤唳，景物辉焕。举辔百余步，有轻风拥尘，随之而去。须臾尘灭，望之已在半空，方悟神仙之游。余香不散者经月余。时严休复、元稹、刘禹锡、白居易具作《玉蕊院真人降》诗。[1]

唐昌观玉蕊花开，不仅凡人来赏，还引得神仙下凡。许多人见证了这奇幻的时刻，或者自以为亲眼得见，更多的人只是听到了转述。作者按照惯例，特别提到了仙人离去后经久不散的余香，以强调故事的真实性。不过，鉴于多数人只是远观，很可能所谓神秘女仙只是一位容貌华艳的贵族女子。同样，很难说故事的最初叙述者是否有夸大所见的嫌疑，或者对于道教的狂热信仰促使他们虚构了这一故事以抬高道观的名望。不论如何，道观的公共性在这里都十分重要，拥挤的赏花情境中，大众的喧嚷可能会混淆是非，对同一个叙事的再三重复可能驱使将信将疑的人们产生认同，而事件的公开性也进一步增加了其可信度——对于不在场的人们来说，得知许多人都亲眼目睹了整个事件，这本身就是相信它的一个正当理由。

　　故事的另一个特别之处在于诸多文人政要的参与。他们纷纷应景作诗，然而并无证据表明事情发生时他们都在现场，他们可能跟其他从众者一样，只是听闻并相信了传说。然而，他们的诗歌都被附录在故事后面，成为故事的一部分，进一步证明着故事的真实性，甚至进入了文学史[2]。道观空间中的互动交流不仅创

1　李昉等：《太平广记》卷69《玉蕊院女仙》，第427页。
2　所有诗作均收录于《全唐诗》。

造了叙事，也启发了诗作，二者相辅相成，共同说服读者相信最初发生的奇迹。

　　然而另一方面，正因为寺观空间的公共性，三教九流的人都可进入，于是也有心怀不轨的人混迹其间：

　　　　唐懿宗用文理天下，海内晏清，多变服私游寺观。民间有奸猾者，闻大安国寺，有江淮进奏官寄吴绫千匹在院，于是暗集其群，就内选一人肖上之状者，衣上私行之服，多以龙脑诸香薰裛，引二三小仆，潜入寄绫之院。其时有丐者一二人至，假服者遗之而去。逡巡，诸色丐求之人，接迹而至，给之不暇。假服者谓院僧曰："院中有何物？可借之。" 僧未诺间，小仆掷眼向僧。僧惊骇曰："柜内有人寄绫千匹，唯命是听。"于是启柜，罄而给之。小仆谓僧曰："来日早，于朝门相觅，可奉引入内，所酬不轻。"假服者遂跨卫而去。僧自是经日访于内门，杳无所见，方知群丐并是奸人之党焉。[1]

寺院的动态空间是一把双刃剑。一方面，它丰富了人们的日常生活，而另一方面，它也可能是作奸犯科的温床。如同曲江一样，长安的寺观也是下至平民百姓上至王公贵族，甚至皇帝本人都会亲临的场所。唐懿宗"变服私游寺观"的嗜好显然广为民间所知，寺院的僧人正是明白这样的可能性才会误将奸人当作皇帝，而向僧人投递眼色的小仆也正是摸透了人们畏惧权威、取悦上级的心理才能完美地策划这场诈骗。另外，行骗者做足了功课——不光熟谙皇帝微服私访的把戏，还知道他私服的款式，他们甚至获悉了安国寺内存放着进奏丝绸的内情。丝绸价值不菲，在当时也是货币的替代品，因此很容易成为奸人觊觎的目标。整个行骗过程也经过了精心的设计：骗子们是团伙作案，各有分工，仆人、乞丐以及"皇帝"本人通过严丝合缝的配合顺利赢得了僧人的信任。故事表明，出入寺庙的人包括但不限于僧侣、皇帝、官员、普通市民、乞丐等，在行骗的不同环节中，这些

1　李昉等：《太平广记》卷238《大安寺》，第1835页。

角色都是必要的，骗子们也正是利用了寺庙空间鱼龙混杂的属性来谋划骗局的。通过这个故事，读者可以看到长安公共空间的另一个侧面。

四、结语

通过本文引述的有关唐长安东西两市、曲江、寺观等空间在文学中的表现，我们可以看出其公共性十分明显。这些公共空间不限于经济条件，也不囿于社会阶层，任何人都有权进入，因此在物质空间的基础上建立了在别处少见的错综复杂的人际网络。形形色色的人们在其中探寻信息、打造声名，也获得机缘、谋划巧局，自然而然形成了信息量巨大、起伏感极强的故事背景，也为唐小说作者施展巧思提供了便利。小说的进展因而无需依靠刻意虚构或者强行操作来完成，而是凭借这些公共空间自带的复杂性和包容性就能水到渠成，同时提升了故事的真实感和逻辑性。对人物的性格的描绘则在公共空间的背景下展示出了更丰富的层次，三教九流的邂逅碰撞也更能激活人物的多种面向。当然，小说中对于具体空间的文学性记录本身也具有珍贵的史料意义，为现代读者展现了唐长安都市生活中诸多生动细腻的细节，让今人在欣赏叙事本身的魅力之外，也能够窥见唐代市民生活之一斑。

《陈丞相世家》英译后记

曹卫国

复旦大学中国文学学士，美国威斯康辛大学中国文学博士。目前任教于美国华盛顿州立大学。研究兴趣主要包括史记研究与英译，中国小说研究与英译。出版作品包括：《史记·文帝本纪》《鲁周公世家》《楚世家》《陈丞相世家》《樗里子甘茂列传》注释与英译；唐传奇《红线传》《开河记》《补江总白猿传》注释与英译；明代文言小说《芙蓉屏记》注释与英译。

一、序言

自从二十世纪八十年代末以来，倪豪士老师和他带领的团队已经在《史记》英译和研究领域取得了显著成果。迄今史记英译已经出版了七卷半（其中第五卷为上卷），共翻译了史记一百三十篇中的九十二篇，而英译工作还在继续进行。需要特别指出的是，倪豪士的翻译工程是一项国际工程，他的翻译团队包括了来自美国、中国、德国、法国、俄国、意大利、澳大利亚的老中青三代共四十余人。以三十余年的时间，凝聚了四十余位中外学者的功力，翻译一部中国历史上的经典作品，堪称当代汉学史上的一大奇观。

国内此前关注比较多的是华兹生的史记英译本，可喜的是，近几年来对倪豪士团队英译本的讨论逐渐增多[1]。华兹生注重史记的文学性，他的英译文笔流畅

---

[1] 比较重要的研究论文有，李俐：《翻译与学术：倪豪士〈史记〉英译研究》，博士学位论文，香港：香港中文大学，2019年。

优美，可读性强，适合于普通读者。然而，由于华兹生很少对《史记》做注释，他的译本缺少一定的学术价值。打个比方，近年来国内出版了相当多的《史记》白话翻译，这些白话翻译让普通读者能了解《史记》，对《史记》的普及做了很大贡献。然而，如果一个学者想对史记做更深入的学术研究，就得参考一些学术价值较高的史记注释本，比如韩兆琦的《史记笺证》，王叔岷的《史记斠证》、泷川龟太郎的《史记会注考证》等等。所以，从某种程度上讲，华译本和倪译本的区别就像白话译本和注释本的区别。

华译本对中国文化走出去，让英语世界的读者了解《史记》做出了很大贡献，而倪译本则以其对《史记》仔细的研读、详尽的注释而具有极高的学术价值。有的学者称倪豪士团队的翻译是"深度翻译"或者"学术化翻译"。笔者以为，不如称作"带有深度学术注释的翻译"或者"带有深度学术研究的翻译"更为恰当。倪译本对《史记》的深度学术研究主要体现在以下几个方面：

（一）英译本的每卷都有长篇序言，相当于一篇史记研究的专论。

（二）英译的正文下面都有详尽的注释。以《高祖本纪》为例，倪豪士共做了615个注释，而在篇首"高祖，沛丰邑中阳里人，姓刘氏，字季。父曰太公，母曰刘媪。其先刘媪尝息大泽之陂，梦与神遇"这一小段文字的英译下面，倪豪士做了6个注释，长达几近三页。注文的长度是原文的几十倍！

（三）每篇译文都附有"译者后记"，阐述译者对本篇的看法。"译者后记"可长可短，而长一点的就相当于一篇小论文。仍以《高祖本纪》为例，倪豪士写了长达九页的"译者后记"，不仅从史学的角度，而且从文学的角度对此篇本纪做了仔细分析，提出了很多精辟的观点。

正是因为在史记的深度研究方面花费了大量的心血，所以倪豪士团队的翻译工程历时三十余年，至今尚未完成。如果倪豪士团队目标只在于做一部不带注释的全译本，则翻译工程可能十年之内就完成了。

需要指出的是：倪豪士团队的深度学术性注释在西方汉学界是有历史渊源

的。二十世纪初，法国汉学大师沙畹（Edouard Chavannes）做《史记》的法文翻译时，就写了长篇序言，并做了大量注释。二十世纪中期德效骞（Homer Dubs）翻译了《汉书》的本纪。有评论说："三行的原文就有四十二行的注释。" 这使"德效骞和他的合作伙伴花费了七年时间才翻译注解十二帝王本纪中的五卷"。而华兹生由于基本不做注释，他能够在五年内就翻译了《史记》的六十五卷[1]。据说，当初华兹生在决定翻译《史记》之后，曾经跟哈佛教授柯立夫（Francis Cleaves）有过一段对话，当时柯立夫问他打算用多少年完成这项工作，年轻气盛的华兹生不假思索地回答："三年。"柯立夫听了以后很生气，并大声对他说："如果你说的是三十年，我差不多可以接受。"[2]从中也可以看出，因为华兹生求快，所以他放弃了学术性注释。 这也使得他的英译本在学术价值上难以与沙畹之类的汉学大师相提并论。

与国内的《史记》注释本相比，倪豪士团队的深度注释毫不逊色，有些地方甚至有过之而无不及。原因在于，倪豪士团队在做英译时，已经参考了大量的《史记》注释本，如上面提到的《史记笺证》等等，并吸取了他们的观点和看法。另外，倪豪士团队还仔细研究了传统学者对史记的注释批评，如凌稚隆的《史记评林》、梁玉绳的《史记志疑》、张文虎的《校刊史记集解索隐正义札记》等等。更重要的是，倪豪士团队的注释还包含了大量西方学者对《史记》以及中国古代历史文化的看法与研究成果，这在国内的《史记》注释本中一般是见不到的。

现阶段国内对倪豪士团队英译本的研究尚处于初始阶段。大多数论者都是英语专业或者翻译专业，他们喜欢从翻译学的角度探讨《史记》英译。但是很少有中文专业或者历史专业的学者，对倪译本在《史记》学术研究方面的贡献做相关的介绍和讨论。许多论者称赞倪豪士团队的英译本帮助西方读者更好地了解《史记》。殊不知，倪豪士团队英译本的深度学术研究对《史记》学本身做出了巨大贡

1　吴原元：《略述〈史记〉在美国的两次译介及其影响》，《兰州学刊》2011年第01期，第162页。
2　顾钧：《华兹生与史记》，《读书》2016年第3期，第58页。

献，因此，他们的研究成果不但可以帮助西方读者，也可以帮助中国读者更好地了解《史记》。

　　然而，要深入了解倪豪士团队的英译本是有相当难度的。英语专业的人有较强的英语阅读能力，但是对《史记》学的方方面面可能缺乏全面的了解；而历史专业的人对《史记》了解很多，但阅读英语可能比较吃力。如果能取其精华，将倪豪士团队英译本在《史记》研究方面的真知灼见翻译成中文，那将是当代《史记》学的一大盛事。古人云："他山之石，可以攻玉。"中国学者也能从西方的汉学研究中学到不少东西呀。

　　笔者自九十年代中期加入倪豪士老师的翻译团队。蒙老师赏识，分派我做《孝文本纪》的翻译，于2003年出版。接着又翻译了《鲁周公世家》和《楚世家》，于2006年出版。在翻译《史记》期间，老师严谨的治学风格，使我受益良多。借此机会向老师致谢！

　　2021年笔者完成了《陈丞相世家》的翻译，即将由印第安纳大学出版社和南京大学出版社联合出版。本文基本上是从《陈丞相世家》的"翻译后记"整理发展而来的。

二、 陈平在汉代开国功臣中的地位

　　张大可在其《陈丞相世家》简论中指出：司马迁为汉初五功臣做世家，其序列为萧何、曹参、张良、陈平、周勃。按照《高祖功臣侯者年表》中的封侯户数，张大可把这五位功臣分为三等：曹参和张良为第一等，皆万户侯（曹参：一万零六百户；张良：一万户）；周勃、萧何为第二等，八千户侯；而陈平与灌婴、樊哙并列，为第三等，五千户侯[1]。

　　在这里需要指出的是，上面所列的户数只是汉初封侯时的原始户数。然而，张大可忽略了此后侯国户数的两个重大变更。据《萧相国世家》，在前202年，萧

---

[1]　张大可：《史记全本新注》，西安：三秦出版社，2018年，第1268页。

何的封邑增加了两千户；到了前196年，他的封邑又增加了五千户[1]。由此，萧何的封邑达到了一万五千户。另一方面，陈平的户数增加了六次，到了吕后时代，他的封邑竟然拥有三万户[2]！这种情况显示出陈平的权势在一直不断地增长，以致最终他从第三等跃升到第一等。另外还需要指出的是，在这五大功臣中，陈平的仕途相当独特，因为只有他一个人能历经汉初四位君主（高祖，惠帝，吕后，文帝）而自始至终安享荣华富贵，可谓汉初首屈一指的四朝元老。与陈平坦荡的仕途相比，其他四大功臣在他们的政治生涯后期都或多或少地受到了挫折：萧何曾身陷囹圄[3]；张良在吕后时代基本上退出了政治舞台而去学道求仙；曹参成为相国以后，不理政事，夜以继日地饮酒[4]；周勃最惨：他被控谋反，差一点就身首异处[5]。而另一方面，陈平始终飞黄腾达，并且在其寿终正寝时达到了权力顶峰：他"专为一丞相"[6]。起初，丞相分为左丞相和右丞相。但周勃辞去右丞相职位之后，陈平成了唯一的丞相。难怪太史公在其篇末发出了这样的感叹："岂不善始善终哉！"[7]

三、 陈平早年生活中的三个小故事

本章的一个显著特点是：与其他四位功臣的"世家"不同，司马迁对陈平早年生活的描述跟他在《高祖本纪》中对刘邦早年生活的描述惊人地相似。对此，倪豪士老师已经注意到了这一点，在倪豪士《高祖本纪》译者后记中，他写道："（与其他四位功臣的传记相比，）陈平的传记与高祖的传记更加相似，首先描写了他的俊美，然后写了一个轶事，讲述他如何避免家庭农事。然后又说到他如何

1　司马迁：《史记》卷53《萧相国世家》，北京：中华书局，1959年，1982年重印，第2017页。
2　司马迁：《史记》卷97《郦生陆贾列传》，第2700页。
3　司马迁：《史记》卷53《萧相国世家》，第2018页。
4　司马迁：《史记》卷54《曹相国世家》，第2029页。
5　司马迁：《史记》卷57《绛侯周勃世家》，第2072页。
6　司马迁：《史记》卷56《陈丞相世家》，第2062页。
7　司马迁：《史记》卷56《陈丞相世家》，第2063页。

穷困潦倒。他的婚姻由一个女人安排，而这个女人可以预见他的远大前程。随后提到他当了小官，并且做得很好。"[1]

第一个故事描述了陈平跟他的嫂子的冲突。有人问陈平：你这样贫穷，靠吃什么长得这样白白胖胖？陈平的嫂子因为痛恨陈平不从事家庭生产活动，就回答说：他只是吃糠罢了。这个故事存在一个问题。虽然陈平的嫂子讲这句话意在羞辱陈平，但是她为什么要这样回答呢？很奇怪，一个人怎么能靠吃糠长胖呢？华兹生显然意识到这里面有问题，所以他做了一个注解说："这就是说，他长胖了，不是靠他吃什么，而是因为他不干活。"[2]可奇怪的是，司马迁写到，当陈平的大哥听到这句话以后，就把妻子赶出了家门。仅仅因为嫂子的这样一句气话，怎么会产生休妻这样一个严重的后果呢？

如果我们再看下文，就知道后来周勃等人曾经指控陈平"盗其嫂"[3]。韩兆琦在其《史记笺证》中指出，颜师古认为盗嫂就是与其嫂私通，但是郭嵩焘认为盗嫂跟受金（也就是陈平后来在刘邦军中收受贿赂）是同一类事，谓盗窃其嫂之资财[4]。笔者以为"盗嫂"跟"偷汉子"的用法接近。偷的本意是偷盗，但是偷汉子并不是指偷别人的东西，而是跟别人通奸。如果陈平确实跟其嫂通奸，那就很好解释为什么他的大哥要休妻了。可能大哥早已知道他们俩的不正当关系，可是家丑不宜外扬，所以一直隐忍着不说，现在正好可以趁这个机会找个借口把妻子赶走。

凌稚隆在其《史记评林》中引用了明代学者许应元的观点："太史公下'其嫂嫉平'数句，盖先为其无盗嫂事地也。"[5]也就是说，既然嫂子痛恨陈平，她就不

1　William H. Nienhauser, ed. *The Grand Scribe's Records*, Volume 2, Bloomington: Indiana University Press, 2002, p. 95. 原文为英文。

2　Burton Watson, trans. *Records of the Grand Historian: Han dynasty I*, New York: Columbia University Press, 1993, p. 115.

3　司马迁：《史记》卷56《陈丞相世家》，第2054页。

4　韩兆琦：《史记笺证》，南昌：江西人民出版社，2004年，第3542页。

5　凌稚隆：《史记评林》卷56《陈丞相世家》，明万历时期吴兴凌氏刊本，第1页。

可能跟陈平私通。这个观点是站不住脚的。陈平有可能强行跟其嫂发生关系，也有可能始乱终弃，这两种情况都可能导致嫂子对陈平的深仇大恨。

跟陈平一样，刘邦在其早年生活中也跟他的大嫂有矛盾。刘邦贫寒的时候，常常跟他的狐群狗党去大嫂家吃白食。大嫂最后受够了，有一次刘邦等人再次出现的时候，她就假装菜羹都已经吃光了。为了这件事刘邦一直"怨其嫂"[1]。

在这个故事里，司马迁指出陈平年轻的时候"不视家生产"。同样，刘邦也是"不事家人生产作业"[2]。司马迁有可能是想通过这个故事隐含对陈平以及刘邦的批判，陈平像是一个流氓，不务正业，在性生活方面不检点。刘邦身上同样也沾染了流氓习气，不爱干活，却"好酒及色"[3]。陈平与刘邦是一丘之貉。这也可能是后来陈平受到刘邦重用的原因之一，他们本就臭味相投。

陈平年轻时代的第二个故事讲了他是怎么娶妻的。为了尽快发家致富，陈平想娶张负的孙女为妻。这个女人虽然是富家之女，可是在此之前她已经嫁了五次，每次结婚以后她的丈夫都很快死去，所以"人莫敢娶"[4]。张负的儿子极力反对这门婚姻，然而张负却硬要把孙女嫁给他，因为她能预见到陈平将来前程远大。

跟陈平一样，刘邦也娶了一个富家之女。虽然女子的母亲反对这门婚事，可是女子的父亲却一定要把女儿（也就是后来的吕后）嫁给刘邦，因为他也预料到刘邦是一个"潜力股"[5]。

值得注意的是：这两个故事都带有一定的神奇色彩。根据中国传统信仰，陈平的妻子有克夫命，她克死了她的五个丈夫。而陈平竟然能娶了这样一个女人而化祸为福，说明陈平拥有某种神奇的力量。汉代后期有一个类似的故事。汉宣帝

1　司马迁：《史记》卷50《楚元王世家》，第1987页。
2　司马迁：《史记》卷8《高祖本纪》，第342页。
3　司马迁：《史记》卷8《高祖本纪》，第343页。
4　司马迁：《史记》卷56《陈丞相世家》，第2051页。
5　司马迁：《史记》卷8《高祖本纪》，第344页。

的王皇后也有克夫命，在未嫁之前，曾经克死了好几个她的未婚夫。而她入宫以后，汉宣帝的两位前任皇后相继死去，最后她俨然成了中宫皇后[1]。

在刘邦结婚的故事里，吕后的父亲具有相面的神奇力量。他"少好相人，相人多矣，无如季相"[2]。所以他不顾妻子的反对，毅然决然地把女儿嫁给了刘邦。在陈平的故事里，张负也仔细观察了陈平的容颜，而被他的俊美所震撼，所以她说"人固有好美如陈平而长贫贱乎"？由此可见，陈平之所以能娶到妻子，他的容貌发挥了很大作用。在两个故事里，男方都被世人视作"垃圾股"，而在女方的家人中，总有一人慧眼识英雄，成就了这段婚姻。

陈平年轻时代的第三个故事是陈平分肉。里中人在祭祀之后，让陈平分祭肉。陈平分肉分得非常公平，得到了大家的一致好评。这时候，陈平发出了感叹："嗟乎，使平得宰天下，亦如是肉矣！"[3]也就是说，假如将来让我治理天下，我也会公平地分配财富，就像我现在分肉一样。司马迁显然认为这是陈平人生中的一个重大事件，所以他在篇末做总评的时候，又提到了这件事，并评论道："其意固已远矣。"[4]陈平在这个时候已经展现了他的远大抱负。

《史记》里有好几个故事述说了英雄人物在其早年草莽时代就已经表达了他们的雄心壮志。当项羽看到秦始皇时，他说："彼可取而代也。"[5]表达了他想当皇帝的野心。刘邦见到秦始皇的时候，则喟然叹道："嗟乎，大丈夫当如此也！"[6]陈胜在跟一群普通的雇农耕作的时候，也叹息说："嗟乎，燕雀安知鸿鹄之志哉！"[7]通过记录陈平分肉时的感叹，司马迁把陈平与刘邦、项羽、陈胜放在了同一组里。他是不是在暗示陈平其实也是一个觊觎帝位的大野心家？

1　班固：《汉书》，北京：中华书局，1962年，卷97上，第3969页。
2　司马迁：《史记》卷8《高祖本纪》，第344页。
3　司马迁：《史记》卷56《陈丞相世家》，第2052页。
4　司马迁：《史记》卷56《陈丞相世家》，第2062页。
5　司马迁：《史记》卷7《项羽本纪》，第296页。
6　司马迁：《史记》卷8《高祖本纪》，第344页。
7　司马迁：《史记》卷48《陈涉世家》，第1949页。

具有讽刺意味的是：当陈平在刘邦军中做了大官以后，他受到指控的一大罪状，就是对待诸将不公平。他接受诸将的贿赂，"金多者得善处，金少者得恶处"[1]。从这件事可以看到，陈平一旦发迹，就把他早先在分肉时立下的诺言忘在了九霄云外。这是陈平性格的一大缺陷，也是陈平最终只能成为人臣，而不能成为人主的重要原因。

总的来说，司马迁在篇首记录了三个陈平早年的生活趣事。这三个故事跟刘邦早年的生活故事有很多相似之处。也许司马迁在暗示刘邦跟陈平特殊的微妙关系。与别的功臣相比，刘邦对陈平更亲（这一点下文还要讨论）。另外，司马迁用第一个故事暗示陈平好色，第二个故事暗示陈平贪财，第三个故事则暗示了陈平对权势的渴望。金钱、美色、权势构成了陈平人生追求的三部曲。

四、美色

本章的一个特点是司马迁多达四次用"美"这个字来描绘陈平的容貌，这在《史记》的人物刻画中是绝无仅有的。在《高祖本纪》中，司马迁也用"美"字描绘高祖的容貌，说他"美须髯"[2]。这又一次把刘邦和陈平的关系拉近了。另外一个美男子是张苍，他被称为"美士"，而且"身长大"[3]。而陈平则是"为人长大美色"[4]。陈平和张苍其实是老乡，都是阳武县人。有意思的是，根据司马迁的记载，这两个人都担任过丞相，而且他们在性生活方面都放荡不羁。陈平在年轻时跟他的大嫂有不正当的关系，而他在吕后时代担任丞相期间，"日饮醇酒，戏妇女"[5]。就像陈平一样，张苍晚年显贵之后，也沉溺于淫乱的性生活之中。"妻妾

1　司马迁：《史记》卷56《陈丞相世家》，第2054页。

2　司马迁：《史记》卷8《高祖本纪》，第342页。

3　司马迁：《史记》卷96《张丞相列传》，第2675页。

4　司马迁：《史记》卷56《陈丞相世家》，第2051页。

5　司马迁：《史记》卷56《陈丞相世家》，第2060页。韩兆琦（《史记笺证》，第3558页）评论此事说："刘氏与吕氏之矛盾日益尖锐，陈平欲躲避矛盾，乃故意为此态，可谓谋身有道。"虽然陈平有可能"自污"以求明哲保身，但鉴于之前他与大嫂之间的不正当关系，他可能确实耽于美色，否则他完全可以采取其他手段以达到自污的目的。

以百数，尝孕者不复幸。"[1]

起初张苍刚加入刘邦军中时，坐法当斩。可就在他脱了衣服，引颈受戮的这一刻，王陵注意到了他高大的身躯和肥白的肌肤，就请求刘邦刀下留人。"苍坐法当斩，解衣伏质，身长大，肥白如瓠，时王陵见而怪其美士，乃言沛公，赦勿斩。"[2]很奇怪，为什么张苍仅仅因为他的颜值高，就被赦免了死罪？从古到今没有一个注家试图解答这个问题。笔者个人以为，这可能意味着刘邦对美男子有一种特殊的关爱或者"性趣"，这一点在下文将继续探讨。

跟张苍一样，陈平早年也有一次大难不死。司马迁说道，当陈平从项羽军中逃离，要渡过黄河时，舡公看到他是一个"美丈夫"，就不停地打量他，想要杀人劫财。陈平就像张苍一样，也脱光了衣服，假装是为了帮助舡公撑船。舡公发觉他身上没有什么值钱的东西，也就饶了他一命。

虽然看起来陈平的美色差一点让他丢了性命，但是也可能正是他的美色救了他一命。表面上看，陈平脱光衣服只是为了让舡公看到自己身上没有什么贵重物品，但陈平也可能试图用自己俊美的裸体来"征服"舡公。史公这段文字妙处在于留下了许多空白，听凭读者自由诠释。

陈平来到刘邦军中之后，周勃等人指控他，又一次提到了"美"字："平虽美丈夫，如冠玉耳，其中未必有也。"[3]这是司马迁第四次用"美"字来形容陈平。从这段话来看，周勃等人根本就觉得陈平之所以得到刘邦的赏识，是靠他的美色，而不是他的才干。所以他们把他比作"冠玉"，外表好看，内里空虚。相当于俗语里说的"绣花枕头一包草"。

司马迁写到，陈平与刘邦初次见面之后，刘邦当天就"拜平为都尉，使为参

1　司马迁：《史记》卷96《张丞相列传》，第2682页。

2　司马迁：《史记》卷96《张丞相列传》，第2675页。记得二十余年前倪老师在中国文学课上，要求我们学生将这段话翻译成英文，作为课堂测验。我当时虽然翻译得不怎么样，却对这段文字产生了兴趣。在此再一次向倪老师的谆谆教诲致谢！

3　司马迁：《史记》卷56《陈丞相世家》，第2054页。

乘，典护军"。陈平凭什么就得到了刘邦如此的青睐，竟使得刘邦要跟他形影不离，同坐一辆马车？当时诸将哗然大怒，而刘邦却"愈益幸平"[1]。韩信是靠他征服天下的宏论赢得了刘邦的重用，那陈平呢？陈平和刘邦初次见面的时候，难道他也有什么精妙的说辞？对此，司马迁避而不谈，他只是说：刘邦跟陈平谈了话，他就高兴了。到底说了什么，我们不得而知。史公此处行文相当狡狯，他留下一片空白让读者猜测那一天陈平和刘邦之间到底发生了什么。也许司马迁通过"美""裸身""幸"这些词语在跟读者说悄悄话：刘邦被陈平迷得神魂颠倒，陈平是靠他的美色得到了刘邦的宠幸。[2]

此后周勃等人控告陈平接受诸将的贿赂。刘邦质问陈平，陈平答道："臣裸身来，不受金无以为资。"程馀庆评论道："应'裸身刺船'。"[3]也就是说，此前司马迁曾说到陈平渡河遇险，用了"裸身"这个词，而此处陈平回应刘邦的质问，"裸身"这个词又用了一次。耐人寻味的是，在整部《史记》，司马迁只为美男子陈平保留了"裸身"一词。

如果刘邦对美男子没有特殊的感情，那陈平再美也不会让刘邦动心。可是我们有充分的证据证实刘邦其实是个双性恋。韩献博（Bret Hinsch）在他的《断袖的激情：中国的男同性恋传统》一书中指出：西汉的十位皇帝都是"公开的双性恋"。《史记》与《汉书》都记载了他们的男宠[4]。在《佞幸列传》里，司马迁指出："非独女以色媚，而士宦亦有之。"比如，籍孺就是刘邦的男宠，他不但跟刘邦同起同睡，而且权势熏天，"公卿皆因关说"[5]。刘邦很可能有不止一个男宠。

1　司马迁：《史记》卷56《陈丞相世家》，第2053页。"幸"这个字用得非常微妙，因为它通常被用来描绘君主和他的男宠或者女宠的亲密关系。皇帝召幸某人是皇帝跟某人发生性关系的婉称。

2　清代学者程馀庆用"一见倾心"来描述刘邦对陈平的感情，似乎陈平一上来就深深打动了刘邦的心。而"一见倾心"也常被用来描写爱情。见程馀庆：《史记集说》，西安：三秦出版社，2011年，第769页。

3　程馀庆：《史记集说》，第770页。

4　Bret Hinsch, *Passions of the Cut Sleeve: The Male Homosexual Tradition in China*, Berkeley: University of California Press, 1990, pp. 35-36.

5　司马迁：《史记》卷125《佞幸列传》，第3191页。

《樊哙列传》记录了另一个刘邦和男宠的故事。刘邦有一次自称病重，一连十几天关闭宫门，不见外臣。最后樊哙忍不住了，他破门而入，只见刘邦"独枕一宦者卧"。樊哙痛哭流涕向他进谏，最后刘邦才"笑而起"[1]。鉴于西汉的皇帝多有男宠，刘邦这个双性恋者当然也会为陈平、张苍这两个美男子心动神摇了。当然，他们俩的身份比较特殊。他们表面上都是大臣，但也不排除跟刘邦私下有暧昧的关系。

司马迁在本章的记载里又透露出一个信息：陈平有很多次单独的、跟刘邦私下里见面的机会。例如，当有人控告韩信谋反时，刘邦先跟诸将商议，然后再征求陈平的意见。而他在跟陈平讨论这件事的时候，是在一种私下、秘密的场合，诸将都不在场[2]。另外，司马迁提到陈平经常给刘邦出奇计，但是他又强调了两次，说这些奇计都是暗箱操作，世上没有别人知道[3]。这也是陈平人生的独特之处：他跟刘邦定下的计策，只有他们两个人知道。这也说明他们在定计的时候，是在一个秘密的、单独相处的场所。陈平喜欢让自己的计划保密，一切都在暗中进行。

刘邦的后世子孙里，有好几个皇帝嬖爱男宠到了疯狂的地步。汉武帝时候的栾大，跟陈平一样，也是"为人长美"[4]。汉武帝让他挂六将军印，并把自己心爱的女儿嫁给他，赐金万斤。当然，跟陈平一样，他们跟皇帝的风流韵事也只能在暗中进行，不宜张扬，要不然就会大大失了他们的身份。司马迁也只能在《史记》的字里行间稍做暗示。汉成帝时的董贤，"为人美丽自喜"，二十二岁时就被封为侯，位列三公。跟陈平一样，是皇帝的"参乘"。汉哀帝爱他到了极点，甚至想把自己的皇位也让给他！刘氏子孙的种种疯狂行为，很有可能就是出自刘邦的遗传。

1　司马迁：《史记》卷95《樊郦滕灌列传》，第2659页。
2　司马迁：《史记》卷56《陈丞相世家》，第2056页。
3　司马迁：《史记》卷56《陈丞相世家》，第2057页，第2058页。
4　司马迁：《史记》卷12《孝武本纪》，第462页。

　　根据本章的记载，陈平有两次用他的"奇计"救了刘邦的性命，而这两个奇计的一个共同点：陈平把美色当作了一种有效的"武器"。第一个奇计是陈平帮助刘邦逃出荥阳之围。陈平让两千个妇女从荥阳东门冲出去，"楚因击之"，自己则跟着刘邦从西门趁乱突围[1]。这个奇计说穿了并不怎么奇妙，却非常下流。陈平让妇女先冲出去就是以美色诱敌。楚兵与其说是跟这些妇女搏斗，不如说趁此机会对她们性侵犯。因为这个他们分了心，所以给了刘邦一个机会逃跑。这个事件充分说明了陈平为了达到目的可以不择手段，没有任何道德底线。为了自己逃跑，不惜牺牲两千妇女的生命。在这一点上，刘邦跟陈平是心有灵犀一点通。他有一次为了自己逃命竟然残忍地把自己的亲生儿女扔下了马车。

　　陈平第二次救刘邦是帮他从白登之围中逃生。有关刘邦究竟是如何在白登之战中突围的，一直是一个千古之谜。虽然学者专家们争论不休，可是迄今并无定论，而且将来可能永无定论。最关键的有两点，一是司马迁对白登之战的描写本就扑朔迷离，让人捉摸不透。而且他在不同章节里对此战的描写有自相矛盾的地方。更关键的一点是，司马迁自己已经说了，是陈平定下的计策，而这个计策本身是一个天大的秘密，"世莫得闻"[2]。所以后人只能根据现有的记录对当时的情况做一些合理的推测。

　　目前，大多数学者对以下几点并无多大异议：1）陈平的奇计发挥了很大的作用。他也因立下大功而在此后被封为曲逆侯。2）刘邦派陈平做使者去求阏氏，阏氏不知如何被说动了，因此她建议单于放过刘邦。3）陈平的计划有见不得人之处，甚至会给整个汉王朝带来奇耻大辱，所以必须保密。

　　关于陈平计划的具体内容，很多学者以为他是用了"美人计"。陈平带了一张美人图，告诉阏氏刘邦将把这个美女献给单于以求和。阏氏因为害怕一旦单于接受了这个汉家美女，自己将会失宠，所以她就劝自己的丈夫解围。这个说法有一

1　司马迁：《史记》卷56《陈丞相世家》，第2056页。
2　司马迁：《史记》卷56《陈丞相世家》，第2057页。

个很大的弱点：大家都知道，刘邦此后确实是把汉家的公主送给了单于做妻室，而且在此后相当长的一段时间里，汉朝都用和亲政策来勉强维持与匈奴的和平友好关系。这又有什么奇耻大辱而需要守口如瓶的呢？

笔者个人以为，陈平确实是用了"美人计"。但是他用了"美男计"，而非"美女计"。理由如下：

（一）陈平是个美男子，而且之前他有利用美色达到目的的习惯。

（二）陈平选择不跟单于谈判，而找上了单于的老婆，因为他觉得自己的"美男计"对女人更管用。

（三）因为这项计划牵涉到陈平跟阏氏的暧昧关系，所以必须绝对保密。即使在刘邦突围之后，这个计划仍需要保密。否则就一定会惹怒单于，而重启战端。所以司马迁在《史记》中郑重宣告："其计秘，世莫得闻。"

五、金钱

上文已经提到，陈平在其早年生活中就已表现出贪财的倾向。为了财富，他娶了一个有克夫命的女人。他加入刘邦军中不久，就变成了收受贿赂的贪官。当刘邦质问他时，陈平承认了他的不法行为，但他辩称"不受金无以为资"[1]，也就是说："如果我不接受贿赂，就无法养活自己。"对此，韩兆琦引用了乾隆皇帝的评论："此实不可为训，臣节尚廉，古今通义，而在行军御众时所关尤重。彼后胜相齐、郭开用赵，非皆'受金'者乎？厥后汉高论相以平'智有余而难独任'，或亦早见于此矣。"[2]乾隆把陈平与后胜、郭开之类贪官同列，是很有道理的。可叹的是，他自己也任用了一个大贪官。他最信任的人和珅，跟陈平一样也是一个美男子，而且是中国历史上最为臭名昭著的巨贪。

陈平曾利用美色作为一种"武器"救助刘邦。对他来说，金钱也可以被用作

1　司马迁：《史记》卷56《陈丞相世家》，第2054页。

2　韩兆琦：《史记笺证》，第3543页。

"武器"。当刘邦问他怎么才能击败项羽时，陈平提出了他的策略："大王诚能出捐数万斤金，行反间，间其君臣，以疑其心，项王为人意忌信谗，必内相诛。汉因举兵而攻之，破楚必矣。"[1]刘邦给了他四万斤黄金。有了这笔资金，陈平在项羽军中实行反间计，最终除掉了项羽手下最得力的谋士范增。

需要指出的是，行使反间计并不是陈平的独特发明。战国时期，秦国就经常使用反间计去除敌国的能臣干将。而要行使反间计，最主要的就靠金钱。例如，在长平之战前，秦王派人"行千金于赵为反间"[2]，目的在于让赵王罢免名将廉颇。结果赵王中计，派赵括代替廉颇，最终导致了赵军溃败。《战国策》记录了一篇顿弱和秦王（也就是后来的秦始皇）的对话。顿弱要求秦王"资臣万金而游"[3]，目的在于离间山东六国的君臣关系。秦王一开始不愿意给钱，因为价格太高了。顿弱指出，如果秦王采纳了他的计划，他将得到整个天下，也就是说这笔买卖他肯定是赚大了，秦王最后被他的说辞打动，才给了他万金。

相比之下，陈平的策略虽说不是什么新鲜事，但是他开出的价格却高得惊人。可以说陈平是借此机会狠狠敲了刘邦一笔竹杠。虽然刘邦为人慷慨大度，经常厚赏部下，但是四万斤黄金确实是一笔巨款。据《项羽本纪》，刘邦悬赏购买项羽的人头，也只不过区区千金[4]。很难想象陈平采取的行动，包括派遣间谍到项羽军中活动，以及玩弄用粗茶淡饭招待项羽使节的鬼把戏，要花费四万斤黄金。陈平很可能侵吞了大部分黄金。据本章记载，刘邦在给了陈平黄金以后，"恣所为，不问其出入"[5]。这句话意味深长，显示出刘邦对陈平的贪婪心知肚明，因此默许他只要能完成任务，这笔钱他可以爱怎么花就怎么花。

陈平在其晚年继续把金钱当作有力的武器。据《陆贾列传》记载，吕太后执

1　司马迁：《史记》卷56《陈丞相世家》，第2055页。
2　司马迁：《史记》卷73《白起王翦列传》，第2334页。
3　范祥雍：《战国策笺证》，上海：古籍出版社，2006年，第396页。
4　司马迁：《史记》卷7《项羽本纪》，第336页。
5　司马迁：《史记》卷56《陈丞相世家》，第2055页。

政期间，陈平对日益增长的吕氏权力深感忧虑，但又想不出一个好办法。陆贾建议他跟绛侯周勃结成联盟以遏制吕氏。陈平采纳了这个建议，他采取的还是金元攻势，"以五百金为绛侯寿"[1]。另外，他还给了陆贾"钱五百万"，让他与别的大臣结交，以组成联盟，为将来的权力斗争作准备。值得注意的是，司马迁把这件事记录在《陆贾列传》里，但在陈平的本传里却只字未提。司马迁做这样的安排，估计是这件事显示了陆贾的明智。相对而言，陈平显得既被动又无能。陈平素以足智多谋著称，他本该自己设计出一个"奇计"。也许，这次轮到从自己的兜里掏钱，陈平有点舍不得。陈平对金钱的热爱遮蔽了他的视野，以至于他不得不倚仗别人的提醒。

六、权势

如前所述，汉代开国大封功臣时，陈平并不在榜首。有许多人在他的前面，有的被封为王，有的人得到了比他大得多的封邑。然而，陈平的权势一直在不断增长，以至于到他去世的时候，他是大臣中首屈一指的人物。陈平是如何做到这一点的呢？

有两个主要原因。第一个原因是：陈平在不断地为刘邦立功。如果我们把陈平跟汉初三杰比较，就可以看到，张良、韩信、萧何等人立下的大功，大多发生在刘邦做皇帝之前，也就是在楚汉相争的时候，而陈平的功劳，很多是在汉代开国之后立下的。这有点像是长途赛跑，陈平一开始落在后面，但是在后程发力，超过了跑在前面的人。

据本章记载，陈平在刘邦击败项羽之后做的第一件事，就是"以护军中尉从定燕王臧荼"[2]。司马迁把这句话直接写在刘邦"卒灭楚"之后。乍一看，好像句子的衔接有问题，但司马迁可能是给了我们一个信号：灭楚之后，陈平的人生揭

1　司马迁：《史记》卷97《郦生陆贾列传》，第2701页。
2　司马迁：《史记》卷56《陈丞相世家》，第2056页。

开了一个新篇章。在此之前，陈平为刘邦出谋划策打败项羽；而在此之后，陈平开始为刘邦铲除那些反叛的诸侯王。这是本章第二部分的主题，而司马迁试图强调这一主题，指出灭楚之后，陈平马上参与了平定燕王的战斗，而燕王就是第一个起来反叛的诸侯王。

在下一段，司马迁详细叙述了陈平如何为刘邦定下"伪游云梦"的计策，去抓捕被指控反叛的楚王韩信。韩兆琦引用了多位后世学者的观点，对陈平的这一行为提出了严厉谴责。胡广认为，逮捕韩信这个本无心叛乱的诸侯王，导致了此后一系列诸侯王的真正叛乱；史珥批评陈平用"无赖之行"为自己挣得了封爵；郭嵩焘痛斥陈平用自己的狡计帮助刘邦"诛戮功臣"；程敏政声称陈平诱导刘邦成为"无恩之主"，"不义之甚"[1]。

笔者以为，陈平将自己的计谋"出卖"给刘邦，不仅是为了封侯，也为了他自己的生存。换句话说，陈平之所以帮助刘邦除掉韩信，是因为他不想遭受跟韩信一样的下场。陈平深深理解韩信的哀叹："狡兔死，良狗亨；高鸟尽，良弓藏；敌国破，谋臣亡。"[2]陈平意识到自己作为一个"谋臣"也有灭亡的危险。为了自己不被"烹"，他必须向刘邦证明自己仍然是一只"良狗"。所以，在第一批"狡兔"（项羽等人）死后，他得帮助刘邦抓捕第二批"狡兔"（那些"反叛"的诸侯王，不管他们是不是真的反叛）。

据本章记载，此后陈平"以护军中尉从攻陈豨及黥布。凡六出奇计，辄益邑，凡六益封"[3]。依靠帮助刘邦镇压诸侯王，陈平立了六次大功，封邑也增大了六次。从某种意义上说，陈平是靠踩着高祖功臣的尸体而步步高升的。

陈平的权势长盛不衰的第二个主要原因是他善于见风使舵，根据情势的变化而不失时机地变节。这有点像俗话中所说的"有奶就是娘"，谁能让他得利他就跟谁，不在乎"忠臣不事二主"之类的传统道德观念。在陈平刚加入刘邦军中时，

1　韩兆琦：《史记笺证》，第3549页，注78。
2　司马迁：《史记》卷92《淮阴侯列传》，第2627页。
3　司马迁：《史记》卷56《陈丞相世家》，第2058页。

周勃等人说他是"反覆乱臣"[1]。这一点跟战国时代的苏秦很相似，苏秦被人称作"卖国反覆之臣也，将作乱"[2]。战国时代的游士们，有很多重权势而不重道德。例如，有一次苏秦对燕王说，传统的道德之士，像孝义的曾生、廉洁的伯夷、守信的尾生，是不能用来在战场上打败对手的。在《战国策》里，苏代表达了类似的观点，他认为仁义可以作为个人道德完善的途径，但不能用作国家的制胜之道。[3]

当周勃等人指控陈平贪污、盗嫂，是一个"反复乱臣"时，把陈平推荐给刘邦的魏无知就用苏秦、苏代的逻辑为陈平辩解："今有尾生、孝己之行而无益处于胜负之数，陛下何暇用之乎？"[4]这就是说：有道德的人不能帮你打胜仗，你要他们有什么用呢？我把陈平推荐给你，是因为他能帮你打天下，道德上有一些污点又有什么关系？这段话的反道德意味如此强烈，以至于刘辰翁惊呼："此语亦今人所不敢道。"[5]

所以对于苏秦、陈平等人来说，权势比道德更重要。而为了得到权势，就首先得认清权势的发源地，找到并依附于一个有权势的人，以求分享其权势。如果他发现另一个人有更大的权势，他会毫不犹豫地变节，转而加入另一方。也就是说，他不会忠于任何主人，他只忠于权势。

这样一种"反覆"的行为在陈平的人生中发生过许多次。在他的职业生涯早期，他先是加入魏咎的队伍，不久离开魏咎去投奔项羽，接着又离开项羽去投靠刘邦。在他的晚年，当刘邦死后，他基本上放弃了对刘氏的忠心，转而去投靠吕后（下文还要再讲），而在吕后死后，他又放弃了吕氏而重新回到刘氏阵营。正是仗着他惊人的见风使舵的本领，陈平能在人生的航程中度过重重险滩，在仕途上

1　司马迁：《史记》卷56《陈丞相世家》，第2054页。

2　司马迁：《史记》卷69《苏秦列传》，第2264页。

3　范祥雍，《战国策笺证》，第1698页。

4　司马迁：《史记》卷56《陈丞相世家》，第2054页。

5　凌稚隆：《史记评林》卷56《陈丞相世家》，第3页。

一帆风顺。

当刘邦将要去世的时候，陈平生平第一次决定违背他的命令，体现了他的"反覆"本质。刘邦听说樊哙反叛，就命令陈平到樊哙军中将其斩首。然而，陈平决定不听刘邦的，他没杀死樊哙，而是把他捉住，关进囚车，载回长安[1]。正如杨维桢指出，陈平之所以不斩樊哙，并不是因为他觉得樊哙无罪，而是因为他敏锐地认识到，吕后即将把持朝政，而樊哙正是吕后的妹夫[2]。所以，杀死樊哙可能导致他自身的灭亡。为了保住自己的权力，陈平的人生揭开了一个新的篇章：从此之后他将竭尽全力去讨好吕后。

吕后当政的时候，要封诸吕为王。当时右丞相王陵秉持刘邦的遗命，对此坚决反对。而陈平却拥护吕后。这是他第二次违抗刘邦的命令。结果，陈平代替王陵做了右丞相。陈平在权力的台阶上又登高了一步。

吕后死后，陈平认识到吕氏即将失势，马上联合周勃等人铲除吕氏，迎立文帝。陈平在诛诸吕、立文帝这件事上立下了大功，加上他又会逢迎，所以文帝当政不久之后就成为唯一的丞相，登上权力的顶峰。

七、陈平性格的黑暗面

起先，陈平在向刘邦建议用反间计击败项羽时，曾经这样评价刘邦及其属下："今大王慢而少礼，士廉节者不来；然大王能饶人以爵邑，士之顽钝嗜利无耻者亦多归汉。"[3]王维桢指出，陈平这个接受贿赂的贪官，自己就是个顽钝嗜利无耻之徒[4]。所以，陈平的这段话可以算是不打自招，承认了自己是一个什么样的货色。更令人吃惊的是：陈平的这番言语将刘邦的追随者比作一群无赖。面对这样严厉的批评，刘邦丝毫没有动怒，反而给了陈平四万斤黄金，让他去行使反间

1　司马迁：《史记》卷56《陈丞相世家》，第2059页。
2　凌稚隆：《史记评林》卷56《陈丞相世家》，第8页。
3　司马迁：《史记》卷56《陈丞相世家》，第2055页。
4　凌稚隆：《史记评林》卷56《陈丞相世家》，第4页。

计。或许，刘邦之所以看重陈平，是因为他们是同一类人，刘邦自己在很多场合也表现得像一个无赖。正如鲍鹏山所指出的那样：陈平"如同刘邦一样无情无义，没心没肝"[1]。

刘邦最终将陈平封为曲逆侯。"索隐"对曲逆这个地名做了一个注解："章帝丑其名，改云蒲阴也。"[2]曲逆这个名字确实比较难听，或许刘邦下意识地觉得，这个名字正好可以用来形容陈平的性格，所以将他封于此地。曲可以解作不正直，或者曲意逢迎，逆就是逆伦或者逆理。刘邦在临终时，吕后问他将来谁可以为相，刘邦对陈平下了这样一句断语："陈平智有余，然难以独任。"[3]刘邦虽然看重陈平的聪明才智，但也知道陈平没有道德底线，不靠谱。正因如此，刘邦才不愿意让陈平独自一人担当丞相这一重要职位。

有意思的是，司马迁把王陵的传记作为本篇的"附传"。王陵为人正直，坚守道德底线，也因此丢了他的官职。王母对刘邦忠心耿耿，最后在被项羽俘虏后宁死不屈，自杀身亡。王陵、王母正好与陈平、刘邦形成鲜明对比。陈平行事无耻，却始终官运亨通。刘邦的父亲也曾被项羽俘虏，但最终刘邦救了他的性命。通过这些比较，司马迁可能想表达他个人的愤慨：像王陵、王母这样正直的人遭遇不幸；像刘邦、陈平这样没心没肝的人却得到了幸福。

本章也收录了郦食其的短传，因为他和陈平有一个共同点：他们都受到了主人的宠幸。刘邦"愈益幸平"，而郦食其则"幸于吕太后"[4]。

陈平曾经对自己做过如此的评价："我多阴谋，是道家之所禁。吾世即废，亦已矣，终不能复起，以吾多阴祸也。"[5]这段话有点像是陈平的认罪书，他承认自己是一个阴谋家，违反了道家的戒律，而且由于他自身作的孽，他可以预见到他

1　鲍鹏山：《陈平：黑暗的囊》，《国学》2012年第2期，第38页。

2　司马迁：《史记》卷56《陈丞相世家》，第2058页。

3　司马迁：《史记》卷8《高祖本纪》，第392页。

4　司马迁：《史记》卷56《陈丞相世家》，第2060页。

5　司马迁：《史记》卷56《陈丞相世家》，第2062页。

的后代子孙必将受到报应，而失去封国。

值得注意的是，在这段陈平的自白之后，司马迁用他的"太史公曰"对陈平这个人做了他的最后评判，一开头就说陈平年轻时"本好黄帝、老子之术"[1]。司马迁很可能借此隐含了对陈平的批判，陈平这个喜好道家学术的人却违反了道家的戒律，可以说是明知故犯。为了满足他对金钱、美色、权势的欲望，陈平将他年轻时所学的东西丢弃得一干二净。司马迁再次提起了陈平年轻时的高远志向，在他分割祭肉时，他曾经向往将来能公平治理天下。可是陈平当官以后，就拼命贪污，谁给他钱多，他就给谁好处。此时，年轻时的美好理想早已被置诸脑后。

司马迁最后感叹道，陈平"岂不善始善终哉"。虽然陈平一生当得上"善始善终"这四个字，可是他的"阴祸"最终导致了后代的衰亡[2]。跟陈平一样，他的曾孙陈何也纵情声色，最终因"略人妻"而被诛，陈氏从此失去了封国。武帝时代，陈平的另一位后裔陈掌想效仿其祖陈平的老办法，通过美色来谋取权力。他跟卫皇后的姐姐私通，企图以此恢复失去的封国。但最终他还是失败了。

---

1   司马迁：《史记》卷56《陈丞相世家》，第2062页。

2   李惠仪教授指出，司马迁对陈平下的"善始善终"这个评语，实际上隐含了对陈平这个随波逐流的机会主义者的批判。陈平虽然自身能"善始善终"，可是在本章结尾司马迁却让陈平自己预言他后代的衰亡。所以司马迁对陈平是貌似赞颂，实则反讽。Wai-Yee Li, "The Idea of Authority in the *Shih chi*," *Harvard Journal of Asiatic Studies*, Vol. 54, No. 2（December 1994），p. 390.

小说、典故与诗歌

——从元好问"曲学虚荒小说欺"谈起

罗 宁

四川成都人。西南交通大学人文学院教授。研究领域为汉魏至唐宋时期的文学与文献。2011年11月至2012年12月在威斯康辛大学麦迪逊分校访问，2017年2月至8月在浙江大学高研院访问，2019年7月至2020年8月在大阪大学访问。

元好问《论诗三十首》第二十三首云："曲学虚荒小说欺，俳谐怒骂岂诗宜？今人合笑古人拙，除却雅言都不知。"《论诗三十首》是元好问的名作，也是中国古代文论的重要作品，但是学界对于"曲学虚荒小说欺"一句鲜有注释和解说，偶有涉及者，其理解也是模糊或错误的。实际上，此句涉及诗歌用事（用典）和取材的问题，是元好问针对宋人作诗使用来自小说和曲学的典故这一现象和风气作出的批评。今人对此句的误解或漠视，反映出人们对于古代诗歌使用小说典故的事实和现象认识不足，所以草撰此文，以期引起小说、诗歌以及文论研究者的注意。

一、"曲学虚荒小说欺"的理解

"曲学虚荒小说欺"一句，前人鲜少解释。晚清施国祁注元好问诗，于此仅注"俳谐""怒骂"二词[1]，郭绍虞注也仅涉及"俳谐怒骂"[2]，都对曲学和小说之

---

[1] 施国祁：《元遗山诗集笺注》卷11，北京：人民文学出版社，1989年，第531页。

[2] 郭绍虞、王文生：《中国历代文论选》第2册，上海古籍出版社，1979年，第450页；郭绍虞：《元好问论诗三十首小笺》，北京：人民文学出版社，1978年，第75页。

语不作解释。钱锺书论及此诗时说，"此绝亦必为东坡发。'俳谐怒骂'即东坡之'嘻笑怒骂皆成文章'"，但对曲学和小说则避而不谈[1]。顾易生等人认为，此诗"批评宋人'曲学虚荒'，不得古学之正途，'俳谐怒骂'的诗风也与古人的'雅言'不合"[2]，没有谈到小说，而且什么是曲学，什么是古学之正途，也未作解释。正面讨论此句的，如李正民说："'曲学'指偏颇狭隘的言论；'小说'指浅薄琐屑的言论，与'曲学'含意类似，总之是与风雅正体的宏论相悖的伪体异端邪说。"[3]李建崑说："前半两句谓：正如乡曲之学，虚诞不实；小家珍说，往往欺人。以俳谐的态度、怒骂的口吻作诗，难道适宜？……进一步指出当代不辨古雅，步趋俚俗之失。"[4]均未能直探其义。近年出版的狄宝心《元好问诗编年校注》注释说：

> 曲学：指说唱文学，如诸宫调之类。小说：《汉书·艺文志》："小说家者流，盖出于稗官。街谈巷语、道听途说者之所造也。"宋朱弁《风月堂诗话》："（参寥）与客评诗，客曰：世间故实小说，有可以入诗者，有不可以入诗者，惟东坡全不拣择，入手便用。如街谈巷说鄙俚之言，一经坡手，似神仙点瓦砾为黄金。"句用互文言虚假荒诞的虚构文学不宜入诗。另解"曲学"为邪僻之学，与"小说"皆相对正学而言，亦通。[5]

此引朱弁书的记载（见后），已触及正确的理解，但后面的解说却失之眉睫。狄宝心认为"曲学虚荒"和"小说欺"两句是互文，这是对的，但说它的意思是"虚假荒诞的虚构文学不宜入诗"，则又不得要领。"说唱文学"的解释更是错误。至于

1　钱锺书：《谈艺录》，北京：中华书局，1984年，第151—152页。
2　王运熙、顾易生主编：《中国文学批评通史·宋金元卷》，上海古籍出版社，1995年，第886页。
3　李正民：《元遗山〈论诗三十首〉异解补证》，《山西大学学报》1993年第4期，第64—66页。
4　李建崑：《元好问及其论诗三十首》，《"国立"中兴大学文史学报》第23期，1993年，第43—61页。
5　狄宝心：《元好问诗编年校注》，北京：中华书局，2011年，第66页。

最后的"另解"，与李正民、李建崑等一样，仅将曲学、小说理解为某种学问学说，也是不准确的。元好问此处并不是要谈诗的风格体制是否古雅，诗学思想是否邪僻或雅正，实际上他谈的是苏黄等宋诗人用典和取材问题，是对他们大量使用来自曲学和小说的僻典这种做法的批评。过去学者未能从诗歌用典取材的角度去理解此句诗，故而始终抓不到其核心意义所在。

下面解释"曲学"一词，它在古代主要有三个含义：一是乡曲之学，强调其非正统、非主流和浅薄的一面；二是邪曲之学，强调其异端邪说的一面；三是歪曲经义之学，强调其曲学阿世的一面。三者含义相通，而第一项意义是其根本。下面看几个唐宋文献的例子。

1. 《通典》记唐代吏部选人试判，"始取州县案牍疑议，试其断割，而观其能否"，后来"选人猥多，案牍浅近，不足为难，乃采经籍古义，假设甲乙，令其判断。既而来者益众，而通经正籍又不足以为问，乃征僻书、曲学、隐伏之义问之，惟惧人之能知也"[1]。这是说当时吏部判考试出题的范围，由现实的案件到常见的经籍，再到僻书、曲学。很显然，这里的曲学就是与"通经正籍"（通行的、正统的经籍）不同的学问和知识。

2. 宋嘉祐五年（1060）青年苏轼上丞相富弼书，文中有一段称颂富弼学问广博："五帝三代之事，百家之书，莫不尽读，礼乐刑政之大小，兵农财赋之盛衰，四海之内，地理之远近，山川之险易，物土之所宜，莫不尽知，……至于曲学小数，茫昧惝恍而不可知者，皆猎其华而咀其英，泛其流而涉其源，虽自谓当世之辩，不能傲之以其所不知，则是明公无复有所畏惮于天下之博学也。"[2]小数指小技[3]，曲学小数指那些非正统的、偏门冷僻的知识、学问和技艺，也可包括阴阳卜筮、天星地志之类（见后），这些都是富弼之博学所包举的。

1　杜佑：《通典》卷15，北京：中华书局，1988年，第361—362页。

2　苏轼：《上富丞相书》，《苏轼文集》卷48，北京：中华书局，1986年，第1376页。

3　《孟子·告子上》："今夫奕之为数，小数也。不专心致志，则不得也。"赵岐注："数，技也。"见赵岐注，孙奭疏：《孟子注疏》，北京：北京大学出版社，2000年，第361页下。

3. 北宋元祐初颜复为太常博士，议论礼制，建言"考正祀典，凡干谶纬曲学、污条陋制、道流醮谢、术家厌胜之法，一切芟去。俾大小群祀尽合圣人之经，为后世法"[1]，欲在祭祀之礼中去除那些涉及"谶纬曲学""污条陋制"等方面的内容或事物。与上例相比，这里的"曲学"更带贬义色彩。

4. 南宋初陈渊代人上书皇帝，献"兵说十篇并书一通"，其文说："臣生长东南，以儒为业。间尝学兵，自太公、司马、孙吴之书，击刺行阵、坐作进退之法，与夫历代谋臣猛将、奇正相生、虚实相形、合散无常、变化莫测、战胜攻取、谨守豫备之术，以至阴阳卜筮、天星地志、占谢厌禳、异端曲学之说，凡支离而不合交路而难通者，实无所不观，亦无所不知。"[2]这里的"异端曲学之说"，可以看作是对"阴阳卜筮、天星地志、占谢厌禳"这类知识的综括。这与苏轼《上富丞相书》用法相近。

5. 文同作张温墓志铭（约在治平元年，1064），叙张温"少喜儒术，经传百家、曲学小说，无不尽读"[3]。在这段表述中，经传百家和曲学小说分别代表了正统主流的经籍和冷僻偏门的书籍。

通过上面用例我们可以知道，曲学主要指驳杂冷僻、非正统的知识和学说，包括佛道之说、地理方俗、医巫方技、阴阳卜筮等。

至于小说，这里要强调的是，元好问所说的小说主要指传统的记录见闻的文言小说[4]，并非金元时期出现的诸宫调或平话之类的通俗文学。小说原本的意义（广义），是指那些不合经义的言说和记载[5]。如东晋李轨注释扬雄《法言》时说"小说不合大雅"，"学小说不能成大儒"[6]，北宋宋咸注《法言》说"舍五经皆小

1　脱脱等撰：《宋史》卷347《颜复传》，北京：中华书局，1985年，第11009页。

2　陈渊：《默堂集》卷16《上皇帝（代院粹孟）》，《景印文渊阁四库全书》第1139册，第427页上。

3　文同：《丹渊集》卷38《梓州处士张公墓志》，《景印文渊阁四库全书》第1096册，第779页下。

4　参见罗宁：《记录见闻：中国文言小说写作的原则与方法》，《文艺理论研究》2018年第5期，第118—131页。

5　参见罗宁：《中国古代的两种小说概念》，《社会科学研究》2003年2期，第145—150页。

6　司马光集注：《宋本扬子法言》，北京：国家图书馆出版社，2017年，第99页，186页。

说也"[1]，北宋吴祕注《法言》说"不闻诡辞，何以表经旨之约；不见小说，何以明圣道之卓"[2]。一直到晚明，《醒世恒言》的序还说"六经国史而外，凡著述皆小说也"。而在中国传统思想和学术中，小说又是一个独立而重要的文类，以其记载见闻杂说、奇闻轶事以及零碎的知识学问等，与今人所说的小说有极大的不同，而与曲学的范畴有相近、相通的一面，因此在文同作的墓志铭和元好问诗中二者就是相连而言的。《后汉书·桓谭传》记桓谭上书有这样的话："陛下宜垂明听，发圣意，屏群小之曲说，述《五经》之正义，略雷同之俗语，详通人之雅谋。"群小之曲说，差不多就是宋人说的曲学和小说。曲学的含义侧重在驳杂的知识和异端的学说，而元好问诗句里的小说，也侧重在其所记故事和知识为经史所不言，所谓不经之说也。他对曲学、小说的并举和批评，正是由于两个概念本身都具有鄙陋和虚诞的意义。

　　曲学、小说二词的原始意义相近且具有贬义，但在具体使用中的意义须视上下文而论。在政敌和激烈批评者笔下，它们的贬义色彩自然比较明显。如舒亶在乌台诗案中指责苏轼"远引襄（衰）汉梁、窦专朝之士，杂取小说燕蝠争晨昏之语，旁属大臣，而缘以指斥乘舆，盖可谓大不恭矣"，又说苏轼"以苟得之虚名，无用之曲学，官为省郎，职在文馆"[3]。这里的曲学既指其学术思想，也指其驳杂的知识（尤其是来自小说杂书的）。此外，《直斋书录解题》云韩驹"坐苏氏乡党曲学罢"[4]，《东都事略》云"言事者论（何）㮚宗苏氏，谓轼为乡党曲学"[5]，这些地方的"曲学"正透出某些人对苏轼杂学的不满。较为中性地使用二词的，如

1　司马光：《宋本扬子法言》，第181页。

2　司马光：《宋本扬子法言》，第101页。

3　朋九万：《东坡乌台诗案·监察御史里行舒亶札子》，《丛书集成初编》本，第2页。按"杂取小说燕蝠争晨昏之语"，指苏轼《径山道中次韵答周长官兼赠苏寺丞》的"奈何效燕蝠，屡欲争晨暝"之语，其故事乃是苏舜举转述的"闻人说一小话"，见苏轼撰，王文诰辑注：《苏轼诗集》，北京：中华书局，1982年，第498页。

4　陈振孙：《直斋书录解题》，上海古籍出版社，2015年，第528页。

5　王称：《东都事略》卷180《何㮚传》，济南：齐鲁书社，2000年，第925页。

明人王穉登为《虞初志》作序："稗虞象胥之书，虽偏门曲学，诡僻怪诞，而读者顾有味其言，往往忘倦。"一方面指出这些"稗虞"（小说）和"象胥"（地理博物）之书为"偏门曲学，诡僻怪诞"，一方面又肯定其能领读者忘倦的趣味。一般来说，曲学比小说一词的贬义色彩更重一些，外延更大一些。小说可以狭义地指小说书籍和文类，而曲学不仅可以包含小说，还可以指佛道之说、山经地志、医巫方术、阴阳卜筮等等。

以上解释了曲学与小说的意思，而元好问在诗中提到它们，并不是谈一个学术思想或著述类型的话题，而是诗歌从曲学小说中取材用典的话题。我们知道，诗歌用典有着悠久的历史，而到了宋代，诗人们推陈出新、踵事增华，在用典艺术上达到了顶峰。莫砺锋论苏轼用典有广博、精确、深密三个"突出优点"，并以"博典"一语名苏诗用典之广博[1]。周裕锴老师认为，宋人诗学中有关用事的论述围绕四个方面展开，第一项就是"宋人用事推崇广博富赡"[2]，而苏轼用典"已扩展到稗官小说"[3]，黄庭坚"还广罗稗官小说语、禅语、梵语入诗"[4]。苏黄之后，在诗歌写作和用典时大量从小说和曲学中取材，成为宋人的普遍现象，正如章太炎《国故论衡·辨诗》所说："迄于宋世，小说、杂传、禅家、方技之言，莫不征引。"[5] 小说曲学之书也成为提供典故和诗材的宝库。关于小说后面再作详论，这里先对元好问所说的曲学的具体所指作一些分析，我怀疑这里的曲学主要是指佛道二家，或者说，元好问写这两个字时可能想到的、暗指的是佛道之说，包括佛经道典、僧传仙传、灯录语录、感应传、灵验记等。

苏黄诗歌常取材佛书，用其典故，蕴含佛理。周裕锴提到黄庭坚用俗语、梵

1　莫砺锋：《苏诗札记》，《唐宋诗歌论集》，南京：凤凰出版社，2007年，第316页。
2　周裕锴：《宋代诗学通论》，上海古籍出版社，2007年，第516页。
3　周裕锴：《宋代诗学通论》，第518页。
4　周裕锴：《江西诗派风格论》，《文学遗产》1987年第2期，第76页。
5　章太炎：《国故论衡》，上海古籍出版社，2003年，第90页。章太炎是从反对用典的角度来说的，"诗与议奏异状，无取数典之言"，"本情性限辞语，则诗盛，远情性惠杂书，则诗衰"，反对用杂书（小说、杂传、禅家、方技）。顺便说，后来胡适《文学改良刍议》提出不用典，亦是受晚清诗学的影响。

语入诗的情况说："选用搜求生僻的典故或成语，造成新异的效果，这种手法最能体现黄诗新奇和博雅的特色。"[1]苏黄诗风的影响及于北方[2]，金朝诗人也常用佛道书中的典故。如李纯甫《杂诗六首》其四云："泥牛耕海底，玉犬吠云边。"上句用《景德传灯录》"两个泥牛斗入海，直至如今无消息"之语，后用《述异记》事。一为佛书禅籍，一为小说，正是金人用曲学小说的例子。李纯甫"南渡后，文字多杂禅语葛藤"[3]，赵秉文"晚年游戏西域禅"[4]，对元好问有重要影响的两位文坛领袖皆是如此，元好问当时所面对的是什么样的诗风即可以想见了。然而，元好问本人是不太喜欢佛道的，他为赵秉文作墓志铭云："公究观佛老之说而皆极其指归，尝著论，以为害于世者，其教耳。又其徒乐从公游，公亦尝为之作文章，若碑志诗颂甚多，晚年录生平诗文，凡涉于二家者不在也。"[5]为李纯甫作传云："于书无所不窥，而于《庄周》《列御寇》《左氏》《战国策》为尤长，文亦略能似之。三十岁后徧观佛书，能悉其精微。既而取道学书读之，著一书，合三家为一。"[6]他特意提及赵秉文晚年编集不收涉及二家之作，说李纯甫以佛道合于儒，淡化其佛教徒的身份，背后隐藏着对二人涉猎佛道（包括取材用典）的微词。因

1　周裕锴：《语言的张力：中国古代文学的语言学批评论集》，北京：中国社会科学出版社，第304—305页。苏黄诗与佛禅关系的研究，可以参看左志南：《近佛与化雅：北宋中后期文人学佛与诗歌流变研究》，北京：中国社会科学出版社，2017年。

2　元好问：《赵闲闲书拟和韦苏州》云："百年以来，诗人多学坡、谷。"见狄宝心：《元好问文编年校注》，北京：中华书局，2012年，第1376页。元人徐明善《送黄景章序》云："中州士大夫文章翰墨，颇宗苏、黄。"见徐明善：《芳谷集》卷上，《景印文渊阁四库全书》第1202册，第554页下。关于苏轼对金代文学之影响，可参见曾枣庄：《"苏学行于北"——论苏轼对金代文学的影响》，《阴山学刊》2000年第4期，第10—15页。

3　刘祁：《归潜志》卷10，北京：中华书局，1983年，第119页。刘祁此则又记其父刘从益之语："之纯（李纯甫）晚年文字半为葛藤，古来苏黄诸公亦语禅，岂至如此？"这里的葛藤是禅语佛说的贬义性表达。此则后面还提到李纯甫殁后，人将版刻其集，赵秉文"涂剟其伤教数语"（有损儒家之语）。可见对于李纯甫诗文中的佛禅，不满的人是很多的。

4　郝经：《陵川集》卷10《闲闲画像》，《景印文渊阁四库全书》第1192册，第105页下。

5　狄宝心：《元好问文编年校注》，第271—272页。

6　元好问：《中州集》丁集卷4《屏山李先生纯甫》，北京：中华书局，1959年，第219页。胡传志《元好问〈论诗三十首〉的现实指向》（《文史知识》1999年7期）认为第23首是针对李纯甫等人而发，分析了李诗的"俳谐怒骂"以及诗风怪异的一面，有一定的道理。但胡文未解释曲学和小说。

此，元好问以曲学称佛道二家之说，在论诗时反对用其典故，批判这一风气的引领者苏轼，是很有可能的。此外，由元好问使用"虚荒"一词，也可窥探其"曲学"之意。元好问在《紫微观记》写到五代杜光庭在蜀时，"以周灵王太子晋为王建鼻祖，乃踵开元故事，追崇玉晨君，以配'混元上德'之号，置阶品，立范仪，号称'神仙官府'，虚荒诞幻，莫可致诘。"[1]他还在《扁鹊庙记》称扁鹊异事"虚荒诞幻"[2]，在《游承天镇悬泉》中说介山妒女祠"诞幻虚荒"[3]，各处"虚荒"都指道教或神怪之事，这也许可以作为元好问诗中的"曲学"乃指佛道之旁证。

　　下面谈宋人的小说阅读和使用小说典故的问题，以及古人对此的看法。由于本文题目和行文方便的原因，下文主要以小说为中心，曲学的情况不再多谈。

二、宋代博学风尚下的小说阅读

　　要深入地理解元好问诗中的曲学小说及其批评的意义所在，就必须知道宋金时期的人们对于知识学问的追求，以及诗歌和诗学的流行风尚。简单说来，宋人在知识学问方面追求博学，在诗歌写作时追求新异，并直接表现在所使用的典故和词藻（词汇用语）的新异之上。这种新异的表达，则有赖于从众多书籍中挖掘、发现新材料，人们熟知的"资书以为诗"，便是对宋诗取材和用典的总结。周裕锴分析过宋诗人的博极群书，认为宋人看重读书的意义在四个方面，其中第四即为"积累诗材"[4]。读书的目的之一是为储备诗材，这一点宋人常常说到，如《唐子西文录》云："凡作诗，平居须收拾诗材以备用。退之作《范阳卢殷墓志》云，'于书无所不读，然止用以资为诗'是也。"[5]《苍梧杂志》记苏轼对钱济明

1　狄宝心：《元好问文编年校注》，第362页。
2　狄宝心：《元好问文编年校注》，第1304页。"虚荒诞幻"来自杜牧《李贺集序》："鲸呿鳌掷，牛鬼蛇神，不足为其虚荒诞幻也。"陆希声《北户录序》云："近日著小说者多矣，大率皆鬼神变怪、荒唐诞妄之事。"
3　狄宝心：《元好问诗编年校注》，第1388—1389页。元好问父亲元德明《仙鸡诗》也有"神仙世有宁虚荒，惜哉诡激不可量"之语，见元好问：《中州集》癸集卷10，第534页。
4　周裕锴：《宋代诗学通论》，第149页。
5　强行父：《唐子西文录》，《历代诗话》，北京：中华书局，1981年，第447页。

说:"凡读书可为诗材者,但置一册录之,亦诗家一助。"[1]元好问记其父读书十法,第八条云:"八曰诗材。诗家可用,或事或语,别作一类字记之。"[2]宋人读书广博,常留意诗材之储备,写诗有"博典"之风,这种在知识学问和诗歌写作中的博学风尚,便涵盖到对小说的阅读和取材。

中国古代有着悠久的博学致知的传统,西汉大儒扬雄就说过:"圣人之于天下,耻一物之不知。"[3]南北朝时期的人们面对纷繁众多的知识和书籍,明确地主张博物洽闻,博学不再是圣人的特异禀赋,而是学者的必备素养。王僧孺《太常敬子任府君传》说"耻一物之不知,惜寸阴之徒靡"[4],《南史·陶弘景传》记他"读书万余卷,一事不知,以为深耻",都表现出博学的追求和野心。从陆澄、王摛、沈约、刘峻等人著名的征事、隶事的故事中,还可以看到他们在博学上所达到的惊人程度。齐梁的博学风气与诗歌史上的第一次大量用事,在时间上重合,并不是偶然的。黄侃说:"爰至齐梁而后,声律对偶之文大兴,用事采言,尤关能事。其甚者,捃拾细事,争述僻典,以一事不知为耻,以字有来历为高。"[5]进入唐代,刘知几从史学家的角度指出:"又曰'一物不知,君子所耻'。是则时无远近,事无巨细,必籍多闻以成博识。"[6]中晚唐博学风气再盛,其代表人物段成式撰小说《酉阳杂俎》,内容丰富奇异,仅从门目名称即可见其所涉知识门类十分广泛。前集卷八《黥》篇末条云:"成式以'君子耻一物而不知',陶贞白每云'一事不知,以为深耻'。况相定黥布当王,淫著红花欲落,刑之墨属,布在典册乎?偶录所记,寄同志,愁者一展眉头也。"[7]此条实为该篇之结语,也表现出段成式

1　何汶:《竹庄诗话》卷1引,北京:中华书局,1984年,第7页。

2　元好问:《先东岩读书十法》,见孔凡礼辑元好问《诗文自警》,孔凡礼:《元好问资料汇编》,北京:学苑出版社,2008年,第459页。

3　《法言·君子》,司马光:《宋本扬子法言》,第302页。

4　欧阳询:《艺文类聚》卷49《太常》引,上海古籍出版社,1999年,第879页。

5　黄侃:《文心雕龙札记》,上海古籍出版社,2000年,第188页。

6　浦起龙:《史通通释》,上海古籍出版社,1979年,第496页。

7　段成式撰:《酉阳杂俎校笺》,许逸民注,北京:中华书局,2015年,第654页。

与他的"同志"们的博学意识。李德裕则是另一位代表，其博物广知之事在小说中记载颇多，韦绚曾说他"博物好奇，尤善语古今异事"[1]，并记其言谈为《戎幕闲谈》。学者对此已有论述，不更赘述[2]。

宋人借着印刷术的发达，获得书籍较前代方便，因此读书追求广博更成为一种风尚。王宇根分析过黄庭坚与北宋晚期诗学中的阅读与写作[3]，其实不只是黄庭坚这样典型的士大夫和优秀诗人，即便是地位低下甚至僻居乡曲的读书人，也有着强烈的博学广知的热情。如郑樵"本山林之人"，却"欲读古人之书，欲通百家之学，欲讨六艺之文而为羽翼"[4]，志意坚定，终于完成《通志》二百卷之巨著。又如叶廷珪，官位不显，却勤于读书问学，其《香录》自序云："余于泉州职事，实兼舶司，因蕃商之至，询究本末，录之以广异闻，亦君子耻一物不知之意。"[5]将自己访问获得的香料知识记录下来，也是一种博学精神的体现。叶廷珪的类书《海录碎事》更能代表其博学追求，他自序中说，"始予为儿童时，知嗜书。……盖四十余年，见书益多，未尝一日手释卷帙。食以饴口，怠以为枕，虽老而不衰。每闻士大夫家有异书无不借，借无不读，读无不终篇而后止。"[6]其读书之嗜好，可见一斑。所说的异书，即可说是曲学小说。南宋林駉，不过是一位地方上的儒士，为书坊编纂科举类书，而《八闽通志》记他"博极群书，虽山经地志、稗官小说、老释之书，无所不览"[7]，同样是无书不读。

"耻一物之不知"的传统话题，到宋人这里也有了更多更具体的表达。南宋许德夫名其斋为"耻斋"，即取其义，魏了翁作《耻斋记》便谈到："耻一物之不知，惧格物之未至也。今虞初稗官之说，旁行、敷落之教，凡将、急就之文，一有

---

1 韦绚：《戎幕闲谈》序，陶敏：《全唐五代笔记》，西安：三秦出版社，2012年，第926页。

2 沈扬、钟振振：《李德裕泉诗的博物学考察》，《中华文化论坛》2021年第1期，第128—159页。

3 王宇根：《万卷：黄庭坚和北宋晚期诗学中的阅读与写作》，北京：三联书店，2015年。

4 郑樵：《夹漈遗稿》卷2《献皇帝书》，《景印文渊阁四库全书》第1141册，第514页下。

5 周嘉胄：《香乘》卷28《香文汇》引，北京：九州出版社，2014年，第555页。

6 叶廷珪：《海录碎事》序，北京：中华书局，2008年。

7 黄仲昭：《八闽通志》卷72《福宁州·儒林·林駉》，《四库全书存目丛书》史部178册，第587页上。

不习，则知耻之。"[1] "旁行敷落之教"指佛教和道教[2]，和小说一样都是读书人应该了解的。小说自汉晋以来直至唐宋，数量众多，内容丰富，自然成为宋人读书和获取广博知识的重要来源。因此我们在宋代文献中常常看到，当称许和夸赞某人之博览群书时，往往会提及小说。欧阳修说余靖，"自少博学强记，至于历代史记、杂家小说、阴阳律历，外暨浮屠、老子之书，无所不通"[3]；赵汸评刘敞，"其典故之博，则上而秦汉以来帝王之制作，古文奇字之音训，下而山经地志、阴阳医卜、稗官小说之书，莫不淹贯"[4]；李彦弼说刘弇，"裒书万卷，悉经目，自稟安世语记，下至虞初小说、稗官之书，历吐牙颊间"[5]；卫宗武说林丹嵒，"盖其于经子传记，历代诗文，以至九流百家，稗官野史，靡不诵阅"[6]。前引文同说张温"经传百家、曲学小说，无不尽读"，也是如此。

宋人在自叙读书广博时，往往也列举出小说。如王安石自述，"某自百家诸子之书，至于《难经》、《素问》、《本草》、诸小说，无所不读"[7]；郑侠自述，"三氏之外，百家传记，历代史载，至于医方小说，见必取读"[8]；刘弇自述，"知读古圣贤书，盖自六经已还，九流百氏、职方归藏、稗官小说、牛医马经、黄老卜筮之所传，与夫客卿、乌有、九歌、九辩、骚些之文章，盖无所不窥"[9]；张淏自述，"嗜书之癖，根着胶固，与日加益。每获一异书，则津津喜见眉宇，意世间所谓乐

1　魏了翁：《鹤山集》卷50《耻斋记》，《景印文渊阁四库全书》第1172册，第564页上。
2　王应麟《困学纪闻》卷20："鹤山云：旁行敷落之教。旁行，见《汉·西域传》。敷落，见《度人经》。"王应麟：《困学纪闻》，上海古籍出版社，2008年，第2182页。
3　欧阳修：《赠刑部尚书余襄公神道碑铭》，《欧阳修全集》，北京：中华书局，2000年，第366页。
4　赵汸：《东山存稿》卷2《对问江右六君子策》，《景印文渊阁四库全书》第1221册，第190页下。
5　李彦弼：《刘伟明墓志铭》，刘弇：《龙云集》附录，《豫章丛书》集部三，南昌：江西教育出版社，2004年，第377页。
6　卫宗武：《秋声集》卷5《林丹嵒吟编序》，《景印文渊阁四库全书》第1187册，第705页上。
7　王安石：《王安石文集》卷73《答曾子固书》，刘成国点校：《王安石文集》第4册，北京：中华书局，2021年，第1280—1281页。
8　郑侠：《西塘集》卷2《大庆居士集》，《景印文渊阁四库全书》第1117册，第377页下。
9　刘弇：《龙云集》卷18《上提刑邹度支书》，见《豫章丛书》集部三，第228页。刘弇《上陆农师书》还说自王安石、陆佃以来，学者"自山经地志、牛医马式、齐谐急就、浑天周髀，与夫稗官之说，翰林子墨之文章，无不略具"，见刘弇：《龙云集》卷15，《豫章丛书》集部三，第194页。

事，无以易此。虽阴阳方伎、种植医卜之法，辎轩稗官、黄老浮图之书，可以娱闲暇而资见闻者，悉读而不厌。"[1] 宋人这种风气自然也传入北方，元好问为李通写墓碑，便说"至于星历占卜、释部道流、稗官杂家，无不臻妙"[2]。这种泛览经史百家以致小说曲学的风尚，甚至引来一些学者的批评，如黄裳说："余谓学士大夫，或驰骛于名山入传注，涉猎百家之小说，以博为功，以辨为能，终日牵援，自以为至乐，然其于德性也略。"[3] 认为当时的学士大夫以博学为能，而忽略尊德性。这恰好从反面说明，当时涉猎小说、以博为功已经成为一种风尚。事实上理学家也不反对博学，朱熹在注释《大学》"致知在格物"便说："致，推极也；知，犹识也。推极吾之知识，欲其所知无不尽也。"[4] 格物致知在这里和博学广知相互打通了。

关于宋人读小说，钱惟演的一段话比较出名："平生惟好读书，坐则读经史，卧则读小说，上厕则阅小辞，盖未尝顷刻释卷也。"[5] 记录见闻的小说，以其记录趣闻逸事、奇闻异说、人情物理、知识训诫，而赢得了古人喜爱。在古代的书籍类别中，小说书籍数量最多，内容也最为丰富。胡应麟曾经谈到小说兴盛之原因：

　　　　子之为类，略有十家，昔人所取凡九，而其一小说弗与焉。然古今著述，小说家特盛；而古今书籍，小说家独传，何以故哉？怪力乱神，俗流喜道，而亦博物所珍也；玄虚、广莫，好事偏攻，而亦洽闻所昵也。谈虎者矜夸以示剧，而雕龙者闲掇之以为奇，辨鼠者证据以成名，而扪虱（者）类资之以送日。至于大雅君子，心知其妄而口竞传之，旦斥其非而暮引用之，犹

1　张淏：《云谷杂记》跋，《全宋笔记》第七编第一册，郑州：大象出版社，2016年，第80页。
2　元好问：《寄庵先生墓碑》，狄宝心：《元好问文编年校注》，第673—674页。
3　黄裳：《演山集》卷16《文轩记》，《景印文渊阁四库全书》第1120册，第119页上。
4　朱熹：《四书章句集注》，北京：中华书局，1983年，第4页。
5　欧阳修：《归田录》卷2，北京：中华书局，1981年，第24页。

之淫声丽色，恶之而弗能弗好也。夫好者弥多，传者弥众，传者日众，则作者日繁，夫何怪焉？[1]

古代小说的写作，本来就有记事实、探物理、辨疑惑以及广见闻的目的和功能，如果要博学广知，自然离不开小说。下面这个例子即可以反映宋人由小说中获取冷僻的知识和学问。《野客丛书》卷二十三《古人博识》：

《幽明录》曰：楚文王猎，有人献鹰得异物，时有博物君子曰：此鹏雏也。文王厚赏之。《异类传》曰：汉武帝时，西域献黑鹰，得鹏雏，众莫识，惟东方朔识之。二说不同。《尚书故实》谓孝武时尝有献异鸟者，时人莫识，东方朔曰：此毕鸾也。问何以知之？曰：见《山海经》。《洽闻记》曰：后汉时，有鸟头长五尺，鸡首燕颔，备五色而多青。光武问百官，咸以为凤。蔡衡独曰：多青者，鸾也。上善其对。《晋说》曰：时人有得鸟，毛长三丈，以示张华。华惨然曰：此海凫毛也，出则天下乱。《外国异事》曰：汉宣帝时，击磻石于上郡，陷石室中，得一人，裸而被发，反缚械一手足。以问群臣，莫能对。刘向独曰：此贰负之臣也。昔贰负杀窫窳，帝乃梏于疏属之山。帝问所出，曰：见《山海经》。上大惊。于是群臣多奇《山海经》。光武时，有得豹文之鼠，问群臣莫知。惟窦攸曰：此鼩鼠也。诏问所出。曰：见《尔雅》。验之果然。诏公卿子弟就攸学《尔雅》。古人博识如此等众，往往得之于《山海经》《尔雅》。独蔡谟读《尔雅》不精，误食蝘蜓，取后世讥，为劝学者之诮。[2]

1　胡应麟：《少室山房笔丛》卷29《九流绪论》下，上海书店出版社，2001年，第282页。"者"字据文渊阁《四库全书》本补。

2　王楙：《野客丛书》，北京：中华书局，1987年，第268页。此条有错讹之处，如《晋说》当作《晋书》（非今本），其事见《太平御览》卷620、卷919引《晋书》。辨鼩鼠事，《尔雅·释兽》"豹文鼩鼠"郭璞注，为汉武帝时终军事；《文选》卷38任昉《为萧扬州荐士表》李善注引《三辅决录》，为光武帝时窦攸事。

此条文字意在说明古人之博识，所引书籍《幽明录》《异类传》《尚书故实》《洽闻记》等，大多为小说，最后一段提到蔡谟读《尔雅》不熟、误食蟛蜞的故事，也出于小说《世说新语》的记载。而且，《野客丛书》这样一部今人习惯称为笔记的书，宋人也多称作小说。如果我们说，小说是古人博学广知的重要载体和来源，是毫不为过的。

三、 宋人用小说作诗与注诗

宋人于书无所不读，也喜欢将各种书里的故事、词句、知识等转移运用到诗歌之中，这使得诗歌富于书卷气息，也显示出作者学养之渊深。在这里面，来自小说（以及传记等杂书）的典故、词藻，扮演着极为重要的角色。诗歌使用小说典故的历史可以追溯到六朝，庾信是第一个大量使用小说典故的诗人，取材的书籍有《西京杂记》《博物志》《世说新语》《王子年拾遗记》《搜神记》等。唐代的李白、杜甫、李商隐、陆龟蒙等人，也很喜欢使用小说典故[1]，无论在数量还是技巧上都达到了一个新高度。到了北宋，人们在诗歌写作中求新求异，也要求在典故和词藻方面有不同于前代的新事、新词，而小说恰能提供这样的"诗材"。魏了翁评价王安石说："公博极群书，盖自经子史以及于百家急就之文，旁行敷落之教，稗官虞初之说，莫不牢笼搜揽，消释贯融。故其为文，使人习其读而不知其所由来，殆诗家所谓秘密藏者。"[2]可见宋人博极群书，涉猎小说，便有为诗家取材用典的目的。从西昆诗人到欧阳修、梅尧臣、王安石等人，宋人在使用小说典故方

1　唐代诗人用小说典故的研究，目前尚比较薄弱。余恕诚、吴怀东《唐诗与其他文体之关系》（北京：中华书局，2012年）谈到中晚唐小说影响于诗歌的具体体现，余恕诚《论小说对李商隐诗歌创作的影响》（《文学遗产》2009年第3期）和我指导的硕士论文王悦《李商隐、杜牧诗歌中的小说传记典故研究》（西南交通大学，2019年），对李商隐使用小说典故有所探讨。

2　魏了翁：《鹤山集》卷51《临川诗注序》，《景印文渊阁四库全书》第1172册，第583页上。又见李壁：《王荆文公诗笺注》引魏序，上海古籍出版社，2010年。"经子史以及于百家"，《王荆文公诗笺注》引作"经子百史以及于凡将"。

面已经有不少创新[1]，而苏轼、黄庭坚更将此道推到了顶峰，小说中的故事、词句被大量"发现"和"启用"，这些典故词藻构成了宋诗的丰富内容，同时也影响到宋诗的风貌。在苏黄那里，大量使用小说曲学的典故成为诗学自觉和诗歌特色，这是丰富诗歌的内容和表现力的重要手段，也是宋诗在技巧性方面登上诗学巅峰的重要阶梯。我在《〈世说新语〉在宋代的经典化——以诗歌用典为中心》一文中[2]，曾探讨苏黄和戴复古等人使用《世说新语》的情况，下面补充谈谈苏黄使用小说典故的情况。

苏轼使用小说典故可以说有充分的自觉，他在一些诗歌中加上自注，以免人们发生阅读的困难，而这些加注的典故大部分就来自小说。比较有名的一首是《游罗浮山一首示儿子过》：

......道华亦尝啖一枣，（唐永乐道士侯道华，窃食邓天师药，仙去。永乐有无核枣，人不可得，道华独得之。予在岐下，亦尝得食一枚。）契虚正欲仇三彭。（唐僧契虚，遇人导游稚川仙府。真人问曰："汝绝三彭之仇乎？"契虚不能答。）铁桥石柱连空横，（山有铁桥石柱，人罕至者。）杖藜欲趁飞猱轻。云溪夜逢痯虎伏，（山有哑虎巡山。）斗坛画出铜龙狞。（冲虚观后有朱真人朝斗坛，近于坛上获铜龙六、铜鱼一。）小儿少年有奇志，中宵起坐存黄庭。近者戏作凌云赋，笔势仿佛离骚经。负书从我盍归去，群仙正草新宫铭。汝应奴隶蔡少霞，我亦季孟山玄卿。（唐有梦书《新宫铭》者，云紫阳真人山玄卿撰，其略曰："良常西麓，原泽东泄，新宫宏宏，崇轩轞轞。"又有蔡少霞

1　张邦基说："世谓子瞻诗多用小说中事，而介甫诗则无有也。予谓介甫诗时为之用，比子瞻差少耳。"并举了《酬王贤良松》等四首诗的句子用小说事的例子。见张邦基：《墨庄漫录》卷5，北京：中华书局，2002年，第156页。

2　见周裕锴主编：《新国学》第16卷，成都：四川大学出版社，2018年，第66—96页；又收入陈尚君主编：《水流花开——经典形塑与文本阐释国际学术研讨会论文集》，上海：中西书局，2019年，第283—312页。

者，梦人遣书碑，略曰："公昔乘鱼车，今履瑞云，躅空仰涂，绮辂轮囷。"
其末题云，五云书阁吏蔡少霞书。）还须略报老同叔，赢粮万里寻初平。（子
由一字同叔。）[1]

括弧中文字为苏轼自注。"道华亦尝啖一枣"句下叙侯道华成仙事，"契虚正欲仇
三彭"句下叙契虚游仙府事，均见《宣室志》。山玄卿撰《新宫铭》事，见《集异
记》，书写者为蔡少霞。梦人遣书碑为陈幼霞事，见《逸史》[2]。上述四事即出自
三部唐代小说。顺便说，苏轼在这里将蔡少霞、陈幼霞两件事搞混了。洪迈专门
辩驳过这一点，他引"汝应奴隶蔡少霞，我亦季孟山玄卿"句及自注后说："按唐
小说薛用弱《集异记》，载蔡少霞梦人召去，令书碑，题云《苍龙溪新宫铭》，紫
阳真人山玄卿撰。其词三十八句，不闻有五云阁吏之说。鱼车、瑞云之语，乃《逸
史》所载陈幼霞事，云苍龙溪主欧阳某撰。盖坡公误以幼霞为少霞耳。"[3]洪迈还
少说了一点，"五云书阁吏"是《逸史》中的话——张及甫、陈幼霞同梦至一处，
有道士令二人书碑，题"苍龙溪主欧阳某撰太皇真诀"，后题"五云书阁吏陈幼
霞、张及甫"。洪迈的辨析，也能说明宋人读诗时颇留意于诗中的小说典故。

　　苏轼诗用小说事，又如《金门寺中见李西台与二钱唱和四绝句戏用其韵跋
之》其二云："生平贺老惯乘舟，骑马风前怕打头。欲问君王乞符竹，但忧无蟹有

1　苏轼撰，王文诰辑注：《苏轼诗集》，第2069—2070页。《新宫铭》自注中"其略曰"、"略曰"两段
　　文字，王文诰本缺，据成化本《东坡集》后集卷4、《容斋随笔》卷13《东坡罗浮诗》补。顺便说，
　　王文诰认为这两段文字以及前面侯道华、契虚的注文，均非苏轼自注，而是"后人割取本集杂记
　　以实之者"，"盖公时欲作罗浮诗，乃随意集此各事作诗材耳。储材既备，诗辄随手而成，故诗中
　　所使事，不出此也"。孔凡礼补充说，王文诰所说的"记"，即《东坡先生全集》卷71的《书刘梦
　　得诗记罗浮半夜见日事》。此说不确。苏轼自注有文本可靠的成化本及《容斋随笔》为证，更明显
　　的是《书刘梦得诗记罗浮半夜见日事》并非一篇完整文章，应是后人钞节苏轼自注（不全）而成。
　　参见罗宁：《东坡书事文考论——兼谈东坡集中收入小说文字的问题》，载《中国苏轼研究》第六
　　辑，北京：学苑出版社，2016年。
2　以上四事均见《太平广记》引。苏轼可能是从《太平广记》读到这些故事的。
3　洪迈：《容斋随笔》卷13《东坡罗浮诗》，上海古籍出版社，1978年，第171—172页。

监州",自注:"皆世所传钱氏故事。"[1] 遇打头风是钱俶的故事,"但忧无蟹有监州"是钱昆故事,见小说《归田录》记载,略谓州通判常与知州争权,故州郡之守往往与通判不和,余杭人钱昆嗜蟹,尝求补外郡,人问其所欲何州,昆曰:"但得有螃蟹无通判处则可矣。"[2] 这则小说故事的运用,张谦宜称"炼得如此妙,其才可想"[3],如果没有欧阳修所记,苏轼又岂能炼出此句?又苏轼《书焦山纶长老壁》云:"譬如长鬣人,不以长为苦。一旦或人问,每睡安所措。归来被上下,一夜着无处。展转遂达晨,意欲尽镊去。"更是直接在诗中讲述小说故事。赵次公评:"此篇先生用小说一段事裁以为诗,而意最高妙。"[4] 可见自小说取材用典,实为苏诗增色不少。

苏轼还有意使用本朝故事,带动了后人作诗用本朝事的风气。《赵成伯家有丽人,仆忝乡人,不肯开樽,徒吟春雪美句,次韵一笑》:

> 绣帘朱户未曾开,谁见梅花落镜台。试问高吟三十韵,(世言,检验死秀才衣带上,有雪诗三十韵。)何如低唱两三杯。(世传陶谷学士买得党太尉家故伎,遇雪,陶取雪水烹团茶,谓伎曰:"党家应不识此?"伎曰:"彼粗人,安有此景,但能于销金煖帐下浅斟低唱,吃羊羔儿酒。"陶默然愧其言。)莫言衰鬓聊相映,须得纤腰与共回。知道文君隔青琐,梁园赋客肯言才。(聊答来句,义取妇人而已,罪过,罪过。)[5]

1　苏轼撰,王文诰辑注:《苏轼诗集》,第1512页。施注引《五代史补》:"吴越王初入朝,上赐以宝马,马出禁门,骄行却退。王谓左右曰:岂遇打头风耶?"但今陶岳《五代史补》、王禹偁《五代史阙文》、尹洙《五代春秋》等均无此事,亦未检得其出处,疑是伪注伪事。

2　欧阳修:《归田录》卷2,第31页。

3　转引自张志烈、马德富、周裕锴:《苏轼全集校注》,石家庄:河北教育出版社,2010年,第5册第3151页。

4　苏轼撰,王文诰辑注:《苏轼诗集》,第552页。

5　苏轼撰,王文诰辑注:《苏轼诗集》,第2526—2527页。

此诗为戏答赵成伯之诗，"试问高吟三十韵"用当时俗说，意指作雪诗，"何如低唱两三杯"，则用陶谷事。考此事未见于苏轼之前的小说记载，大约是他所知的一则名人逸事。吴垧《五总志》也记载此事[1]，但其书时间已在南宋初，说不定也是从此诗注中的故事辗转得来的。苏轼颇喜在诗序和诗注中讲一些地方掌故、故老传说，如《陌上花三首》叙言吴越王与妃书云"陌上花开，可缓缓归矣"，《芙蓉城》叙提及王子高芙蓉城故事，诗则敷衍其事，《送乔仝寄贺君六首》叙言唐末五代人靖长官、贺水部事等。这些故事若单独记下，正如陶谷事一样，都可以看作小说。这里再举《游净居寺》叙：

> 净居寺，在光山县南四十里大苏山之南、小苏山之北。寺僧居仁为余言：齐天保中，僧惠思过此，见父老，问其姓，曰苏氏，又得二山名。乃叹曰：吾师告我，遇三苏则住。遂留结菴。而父老竟无有，盖山神也。其后僧智顗见思于此山而得法焉，则世所谓思大和尚智者大师是也。唐神龙中，道岸禅师始建寺于其地，广明庚子之乱，寺废于兵火，至乾兴中乃复，而赐名曰梵天云。[2]

像这样的文字，与《东坡志林》的某些片段并无不同。

苏诗多用小说这一点自宋以来的学者即已道出。朱弁《风月堂诗话》卷上云：

> 参寥在诗僧中独无蔬笋气，又善议论，尝与客评诗。客曰："世间故实小说，有可以入诗者，有不可以入诗者。惟东坡全不拣择，入手便用，如街谈巷说，鄙俚之言，一经坡手，似神仙点瓦砾为黄金，自有妙处。"参寥曰：

1　吴垧：《五总志》，《全宋笔记》第五编第一册，郑州：大象出版社，2012年，第23页。辛弃疾《满江红（和范先之雪）》："待羔儿酒罢又烹茶，扬州鹤。"应是受苏诗影响而用此事。
2　苏轼撰，王文诰辑注：《苏轼诗集》，第1024—1025页。

"老坡牙颊间别有一副炉鞴，他人岂可学邪？"座客无不以为然。[1]

"客"不知是谁，但参寥、朱弁以及"座客"显然都同意苏轼用"故实小说"入诗的说法，只是参寥更强调其熔铸之功而已。清人叶燮说："苏诗包罗万象，鄙谚小说，无不可用。譬之铜铁铅锡，一经其陶铸，皆成精金。"[2]王士禛说："子瞻贯析百家，及山经海志，释家道流，冥搜集异诸书，纵笔驱遣，无不如意。"[3]释家道流和冥搜集异大致就是曲学和小说。

古代注家在注释苏诗时，也注意到其诗中用小说事。旧题王十朋《百家注东坡先生诗》序云："训注之学，古今所难，自非集众人之长，殆未易得其全体。况东坡先生之英才绝识，卓冠一世。平生斟酌经传，贯穿子史，下至小说杂记，佛经道书，古诗方言，莫不毕究。"[4]清人邵长蘅《施注苏诗·例言》云："诗家援据该博，使事奥衍，少陵之后，仅见东坡。盖其学富而才大，自经史四库，旁及山经地志、释典道藏、方言小说，以至嬉笑怒骂，里媪灶妇之常谈，一入诗中，遂成典故。"[5]宋人赵夔在注释苏诗的自序中，一开头就说"东坡先生读书数千万卷"，而他为了读懂和注释苏诗，一直在读书问学，"仆年志于学，逮今三十年，一句一字，推究来历，必欲见其用事之处。经史子传，僻书小说，图经碑刻，古今诗集，本朝故事，无所不览。又于道释二藏经文亦尝遍观抄节，及询访耆旧老成间"[6]。很明显赵夔在面对苏诗时，最关注的是博学的苏轼的"用事之处"，欲探求其诗中典故，而这些典故有很多就是来自僻书小说的。

---

1 朱弁：《风月堂诗话》，北京：中华书局，1988年，第106页。

2 叶燮：《原诗》外篇上，见《清诗话》，上海古籍出版社，1999年，第596—597页。

3 王士禛《蚕尾文集》卷1《韩白苏陆四家诗选序》，《王士禛全集》第3册，济南：齐鲁书社，2007年，第1796页。

4 苏轼撰，王文诰辑注：《苏轼诗集》，第2833页。

5 苏轼著，冯应榴辑注：《苏轼诗集合注》，黄任轲、朱怀春校点，上海古籍出版社，2001年，第2717页。

6 赵夔序见苏轼撰，王文诰辑注：《苏轼诗集》，第2832页。

　　黄庭坚对于诗歌写作也主张多读书，他在为毕宪父诗集作序时，高度评价其诗涉及（用典）广博，而欲读懂其诗，也必须博极群书："贯穿六艺百家，下至安成、虞初之记，射匦候岁、种鱼相蚕之篇，鼻嚏耳鸣之占，劾召鬼物之书，无不口讲指画，使疑者冰开，虚心者满怀，而未尝不叹也。今观公诗，如闻答问之声，如见待问之来，按其笔语，皆有所从来，不虚道，非博极群书者，不能读之昭然。"[1]黄庭坚称赞毕宪父于学无所不通，哪怕是"安成、虞初之记"等小说以及农艺占卜之书，都能通晓，因此，他的诗必然用语有来处，读者如果不能像他那样博极群书，又如何能读懂他的诗呢？黄庭坚对毕宪父的称许，正是他本人的诗学追求。刘克庄下面一段话常被今人引用："豫章（黄庭坚）稍后出，荟萃百家句律之长，究极历代体制之变，搜猎奇书、穿穴异闻，作为古律，自成一家，虽只字半句不轻出，遂为本朝诗家宗祖。"[2]"只字半句不轻出"是说其造语用词的来源，即黄庭坚称毕宪父的"其笔语皆有所从来"，而奇书异闻也就是小说曲学。作诗者如此，注诗者体会尤深。任渊注释黄庭坚、陈师道诗便说："二家之诗，一字一句，有历古人六七作者。盖其学该通乎儒释老庄之奥，下至于医卜百家之说，莫不尽摘其英华，以发之于诗。"许尹也认为黄、陈二人之诗，"用事深密，杂以儒佛，虞初稗官之说，隽永鸿宝之书，牢笼渔猎，取诸左右"[3]，均注意到其诗用小说事。周裕锴老师说："为了解开诗歌的秘密，注释者有必要与作者一样'博极群书'，经历类似于'以才学为诗'的创作过程。"[4]可以说，宋代诗歌对注诗者和读诗者都提出了博学的要求。无论博极群书，还是诗歌用典取材，或是注释和理解诗歌，都有赖于小说和曲学的高度参与。

　　苏黄之后，作诗用小说成为一种普遍的诗学观念。绍兴十九年（1149）傅自

1　黄庭坚：《毕宪父诗集序》，《黄庭坚全集》，北京：中华书局，2021年，第356页。《汉书·艺文志》小说家有《待诏臣安成未央术》《虞初周说》，即文中所说"安成、虞初之记"。

2　刘克庄：《江西诗派小序·山谷》，《历代诗话续编》，北京：中华书局，1983年，第478页。

3　任渊、许尹语见《黄陈诗集注序》，见任渊、史容、史季温：《山谷诗集注》，北京：中华书局，2003年。

4　周裕锴：《中国古代阐释学研究》，上海人民出版社，2003年，第249页。

得为叶廷珪《海录碎事》作序，引述一"前辈"语云："凡天下之书，虽山经地志、花谱药录、小说细碎，当无所不观；古今之诗，虽岩栖谷隐、漏篇缺句，当无所不讲。谓诗为当博者之论又如此。"[1]对于小说等天下之书不只是无所不观，也可以说是无所不用，因此作诗者当博学，读诗者也当博学。傅自得序还称叶廷珪亲手抄录"十余万事"，"大抵皆诗才（材）也"，正道出诗歌与典故材料的关系。而要寻找新颖的诗材，小说是最好的来源。南宋吴潜《九十用喜雪韵四首》其三云："旋添酒兴嫌工正，旁索诗材喜稗官。"一语道出小说作为诗材、典故的功用。顺便提到，正是由于宋人喜好从小说中寻找典故，有好事者干脆就杜撰伪造"伪典小说"，编造故事、代名等以供诗人采撷[2]。与此同时，也有注释杜诗、苏诗的好事者编造典故和词句，用"伪注"来附会原诗句。邵长蘅评杜诗注之弊云："古今注杜诗者亡虑数百家，其蔽大约有二：好博者谓杜诗用字必有依据，捃摭子传稗史，务为泛滥，至无可援证，则伪撰故事以实之，其蔽也窒塞而难通。"[3]或泛取子书、传记、小说为注，或伪撰故事为注，这便是宋人注杜、注苏的做法。伪典、伪注均与小说关系密切，这正反映当时人在作诗和注诗时对小说的重视和依赖。

四、 古人对小说与典故关系的认识

由于宋人普遍地以小说入诗，以致他们在谈论一部小说时，也会留意它提供典故、词藻的功能。如宋人作《述异记》后序云："诚可以助缘情之绮靡，为摛翰

1　叶廷珪：《海录碎事》，傅自得序，北京：中华书局，2022年，第3页。

2　关于伪典小说，参见笔者的系列论文：《制异名新说、应文房之用——论伪典小说的性质与成因》，《社会科学研究》2008年2期；《〈龙城录〉是伪典小说》，《文学与文化》2011年1期；《〈开元天宝遗事〉是伪典小说》，《文学研究》第1卷2期，南京大学出版社，2015年；《〈云仙散录〉是伪典小说》，《古典文学知识》2018年第6期。

3　邵长蘅：《邵子湘全集·青门簏稿》卷7，《四库全书存目丛书》集部247册，第744页上。张远也说："除经史词赋外，凡诸子百家，稗官野乘，覆瓿片纸，罔不旁搜弘览。而少陵固已收拾无余，始信古人所云无一字无来处，非虚语也。"张远：《杜诗会粹》自叙，《四库全书存目丛书》集部第6册，第272页下。

之华苑者矣。"[1] 晁公武说《述异记》"将以资后来属文之用，亦博物之意"[2]，陈振孙注意到伪典小说《清异录》"每事皆制为异名新说"[3]，有提供典故和代名的用意。宋人常论苏黄等人用小说中事，而到了元代，诗法诗格书籍在论及用事时便正式提到小说。陈绎曾《文说》有"用事法"一篇，分九种，最后一种为"泛用"，"于正题中乃用稗官小说、谚语戏谈、异端鄙事为证。非大笔力不敢用。"[4] 所谓泛用，应是取材广博之意，用稗官小说和异端鄙事正是有大笔力的表现。此后元人徐骏的《诗文轨范》和明初曾鼎的《文式》，均将《文说》整段收入，包括"用事法"及"泛用"一篇[5]。晚明以后，学者们早已将小说典故视为当然，在谈小说时也常说起用作材料和辞藻的话来，类似下面这样的表达很多：

> 不但挥麈者资其谈锋，而操觚者亦掇为菁藻。（姚汝绍《焦氏类林序》）[6]
>
> 俾后之捉麈者得以窥炙辄悬河之奥，而摛藻者亦得以穷游鱼翰鸟之趣。（林茂桂《南北朝新语·自序》）[7]
>
> 文人锐志钻研，无非经传子史；学士驰情渔猎，多属《世说》、稗官。（张潮《虞初新志》凡例十则之一）[8]

姚汝绍认为《焦氏类林》的功用之一就是令写作者"掇为菁藻"，林茂桂用《南北史》编成《南北朝新语》，其目的之一也是"摛藻者亦得以游鱼翰鸟之

1　转引自郭姣：《任昉〈述异记〉研究》，西南交通大学硕士论文，2022年，第97页。

2　晁公武撰，孙猛校证：《郡斋读书志校证》，上海古籍出版社，1990年，第546页。

3　陈振孙：《直斋书录解题》，第340页。

4　陈绎曾：《文说》，王水照主编：《历代文话》，上海：复旦大学出版社，2007年，第2册第1344页。

5　徐骏：《诗文轨范》，《四库全书存目丛书》集部第416册，济南：齐鲁书社，1997年，第140页；曾鼎：《文式》卷上，王水照主编：《历代文话》，第1543—1544页。

6　焦竑：《焦氏类林》，《丛书集成初编》本，第1页。

7　林茂桂：《南北朝新语》，天津古籍出版社，2007年，第7页。

8　张潮：《虞初新志》，北京：文学古籍刊行社，1954年。

趣"。王士禛更引"昔人"之语云:"《楚辞》《世说》,诗中佳料,为其风藻神韵,去风雅未遥,学者由此意而通之,摇荡性情,晖丽万有,皆是物也。"[1]小说可为诗歌提供典故,这在宋元以后已成为共识。

不只文人谈小说时会出现典故和词藻的话题,严肃的学者也会从典故和词藻的角度去看待小说,这里举《四库全书总目》对小说的评语便可见一斑:

> 其中所述虽多为小说家言,而摭采繁富,取材不竭。……杜甫诗用事谨严,亦多采其语,词人沿用数百年,久成故实。[2](《西京杂记》)
>
> 不但文人词藻,转相采摭已也。(《神异经》)
>
> 足见其词条丰蔚,有助文章。(《海内十洲记》)
>
> 后代文人词赋,引用尤多,盖以字句妍华,足供采摭。[3](《汉武洞冥记》)
>
> 然历代词人,取材不竭。亦刘勰所谓"事丰奇伟,辞富膏腴,无益经典,而有助文章"者欤?[4](《拾遗记》)
>
> 将以资后来属文之用,亦《博物志》之意。(《述异记》)
>
> 后人颇引为词藻之用。……则宋代名流,即已用为故实。[5](《清异录》)

《四库全书总目》在《南史识小录》《北史识小录》提要中,有一段专论南北朝史书云:"盖自沈约《宋书》以下,大抵竞标藻采,务摭异闻,词每涉乎俪裁,事或

1　王士禛:《蚕尾续文集》卷3《丙申诗旧序》,《王士禛全集》第3册,第2026页。
2　永瑢等:《四库全书总目》,北京:中华书局,1965年,第1182页下。清颜敏《重刻西京杂记序》也说:"尤为学士之所崇,以资舌华,以饱贫腹,以供渔猎,以助著述。"见《(雍正)陕西通志》卷93《艺文》。
3　以上三则见永瑢等:《四库全书总目》,第1206页上,第1206页中,第1207页上。
4　永瑢等:《四库全书总目》,第1207页中。按,刘勰语见《文心雕龙·正纬》。
5　以上二则见永瑢等:《四库全书总目》,第1215页中。

取诸小说。延寿因仍旧习，未尽涮除，宜为论者之所惜。然揆以史体，固曰稍乖，至于赋手取材，诗人隶事，则樵苏渔猎，捃拾靡穷。"[1]说沈约以来的六朝史书多好异闻和辞采，而李延寿纂《南北史》沿袭当时风气，杂取小说，稍乖史体，但是后来诗人用事往往由此取材。这段话背后的思想，正是小说可为诗人取材之意。四库馆臣在这段话后还做了个有趣的比喻："此譬如楠瘤为病，而制枕者反贵其文理也。"楠树长了瘤子，本来是树木生病，但作木枕的人反而看重其特别的纹理。这样一讲，小说和诗歌的关系就更清楚了。《铁琴铜剑楼藏书目录》著录《云仙杂记》一书，说"足供文人渔猎之资"[2]，这部伪典小说提供典故词藻的用意比较明显，故而引起了注意。概而言之，清人不仅在谈论诗歌用事时常常引出小说的话题，在谈论小说时又常常提到其提供典故和词藻的功能。

不唯如此，清代学者在区别小说类属、辨识小说作品时，还以典故作为一个区分标准，《四库全书总目》在区分小说和杂史时说："纪录杂事之书，小说与杂史最易相淆。诸家著录，亦往往牵混。今以述朝政军国者入杂史，其参以里巷闲谈、词章细故者则均隶此门。《世说新语》古俱著录于小说，其明例矣。"[3]所谓"词章细故"，就是指可以入（或者已入）词章的零碎故事（典故）。张之洞在编《书目答问》时，对收入的小说也采用了相似的标准："唐以前举词章家所常用者，宋以后举考据家所常用而雅核可信者。"[4]所谓"词章家所常用者"，就是文人在诗文中常用其典故。可见在清人心目中，为词章家提供材料和典故，已成为判断小说属性和价值的重要标准之一。

钱锺书《谈艺录》举过一些人误信和误用《三国演义》《水浒传》《西游记》故事的例子，以及前人对此的批评，他总结说："唐宋人已以文言小说入诗及骈文，而不以入古文，尺牍、题跋等小品则可通融。晚明白话小说大行，与文言小说不

1　永瑢等：《四库全书总目》，第578页中。
2　瞿镛：《铁琴铜剑楼藏书目录》，上海古籍出版社，2000年，第446页。
3　永瑢等：《四库全书总目》，第1204页下。
4　张之洞：《书目答问》，上海古籍出版社，1983年，第244页。

特入诗而且入古文……康熙以后，文律渐严，诗可用文言小说而不可用白话小说，古文则并不得用文言小说。……余童时闻父师之教亦尔。未著明文，或成坠绪，拈出以补记载之阙。"[1]这一段讲得非常好。小说入诗赋、骈文有着悠久的历史，自宋至清的诗人一直在使用六朝和唐宋文言小说中的典故[2]。钱锺书这里谈到自己幼年学诗的经历颇有价值，父师皆以此为教，可见小说入诗是当时的常态[3]。不过，由于晚明以后通俗（白话）小说的盛行，一些学者严于诗法诗体，不只是通俗小说入诗是一个禁忌，对于文言小说入诗也有反对和批评的声音。如晚明邓云霄说："读书正如交朋，用事正如请客。读古来名贤之书，用古来共见之事，便如满堂佳客皆海内名流，为有目者共羡，主人亦觉生色。若读稗官小说，用僻事，使怪字，何异伧父投刺、田夫登筵？姓名不数于人间，秽杂几同于粪溺，人将骇避，或驱而逐之耳。"[4]即反对用小说中僻事怪字。

　　清代学者在诗学上的相关讨论趋于深入。如赵翼说："梅村熟于《两汉》《三国》及《晋书》《南北史》，故所用皆典雅，不比后人猎取稗官丛说，以炫新奇者也。"[5]称赞吴伟业用事均出正史而典雅，批评那些用稗官小说以炫新奇的人。但有意思的是，赵翼讲到苏轼用小说典故时态度则有所不同。他引苏轼《白鹤观新居将成》的"佐卿恐是归来鹤，次律宁非过去僧"和《游罗浮和子过》的"汝当奴隶蔡少霞，我亦季孟山玄卿"，一一指出其典故来源，最后说："皆唐人小说也。想坡公遭迁谪后，意绪无聊，借此等稗官脞说遣闷，不觉阑入用之，而不知已为

1　钱锺书：《谈艺录》，第559页。钱锺书《容安馆札记》中搜集了更多的材料，见 https://mp. weixin.qq.com/s/DLnhvdAdYOBJ6EJ1B9REbA。

2　就明清诗人用典情况而言，用唐前多，用宋及以后少。方南堂《方南堂先生辍锻录》云："用事选料，当取诸唐以前，唐以后故典，万不可入诗，尤忌以宋元人诗作典故用。"见《清诗话续编》，上海：上海古籍出版社，1983年，第1942页。

3　马强才认为古代诗学家强调正统，故而要求尽量不用稗官野史、释道经藏中的故事（见马强才：《中国古代诗歌用事观念研究》，北京：中国社会科学出版社，2014年，第156页）。这种观点过于看重古人对用小说、释道典故批评的声音（只是晚明后才兴起的），而忽略了宋元时人的赞许，也没有注意到古人对此问题在理论批评时与实际写作中的差异，如元好问、赵翼表现出来的那样。

4　邓云霄：《冷邸小言》，《四库全书存目丛书》集部417册，第395页上。

5　赵翼：《瓯北诗话》卷9，《清诗话续编》，第1286页。

后人开一方便法门矣。"[1] 这里的评论就比较中性。"为后人开一方便法门"的说法很好，苏轼的做法确实具有强大的示范性。不过，苏轼用小说入诗并非迁谪之后，这里就不多说了。此外赵翼还称赞"坡公熟于《庄》《列》诸子及汉魏晋唐诸史，故随所遇，辄有典故以供其援引，此非临时检书者所能办也"[2]，指出其"博典"之特色，只是举例时遗漏或回避了小说之书。实际上，赵翼本人就没少用小说中事，清末朱庭珍说："赵翼诗比子才（袁枚）虽典较多，七律时工对偶，但诙谐戏谑，俚俗鄙恶，尤无所不至。街谈巷议、土音方言，以及稗官小说、传奇演剧、童谣俗谚、秧歌苗曲之类，无不入诗，公然作典故成句用，此亦诗中蟊贼，无丑不备矣。"[3] 而对于"其宗派囿于宋人"的厉鹗，朱庭珍也批评他"好用说部丛书中琐屑生僻典故，尤好使宋以后事"[4]。朱庭珍明确反对用小说中事、小说中语：

> 诗不可入词曲尖巧轻倩语，不可入经书板重古奥语，不可入子史僻涩语，不可入稗官鄙俚语，不可入道学理语，不可入游戏趣语，并一切禅语丹经修炼语，一切杀风景语，及烂熟典故与寻常应付公家言，皆在所忌，须扫而空之，所谓"陈言务去"也。……此外讲考据者以考据为诗，工词曲者以词曲为诗，好新颖者以冷典僻字、别名琐语入诗，好游戏者以稗官小说、方言俚谚入诗。凌夷至今，风雅扫地。[5]

他所说的稗官小说，可能兼通俗小说和文言小说而言。

1　赵翼：《瓯北诗话》卷5，《清诗话续编》，第1216页。按，赵翼说房次律悟前身为智永禅师事出《龙城录》，应为《明皇杂录》之误。苏轼《破琴诗》叙曾称"旧说"而叙其事（苏轼《观宋复古画叙》同），见苏轼撰，王文诰辑注：《苏轼诗集》，第1768页。

2　赵翼：《瓯北诗话》卷5，《清诗话续编》，第1198页。

3　朱庭珍：《筱园诗话》卷2，《清诗话续编》，第2366—2367页。

4　朱庭珍：《筱园诗话》卷2，《清诗话续编》，第2367页。

5　朱庭珍：《筱园诗话》卷4，《清诗话续编》，第2407页。

追溯起来，元好问大约是对小说曲学入诗明确提出批判的第一人，而这与他对宋诗（包括用典）的批判也是一致的。仅以《论诗三十首》而论，第22首即针对苏黄而发："奇外无奇更出奇，一波才动万波随。只知诗到苏黄尽，沧海横流却是谁？"点明了苏黄作诗力求新奇的特点，而风气一旦打开，后学将越走越远。第26首"苏门若有忠臣在，肯放坡诗百态新"，则说苏门弟子不应学其各种新奇与变化[1]。赵翼评二句曰："此言似是而实非也。'新'岂易言，意未经人说过则新，书未经人用过则新。诗家之能新，正以此耳。若反以新为嫌，是必拾人牙后，人云亦云；否则抱柱守株，不敢逾限一步，是尚得成家哉？尚得成大家哉？"[2]颇中其弊。宋诗之新变，即是对唐诗的革命或革新，"新"的一个重要原因就是"书未经人用过"，所以苏轼等人才大量使用前人未曾注意的曲学小说，从中选取典故、词语，以达到文字一新的面貌和气象。元好问从退化论来看待诗歌演变之历史，他在《东坡诗雅引》中说，苏诗"有不能近古之恨"[3]，就是以古为高，而以苏黄为变态，这显现出与张戒、严羽等人相同的诗学观念和认知模式。张戒说："诗以用事为博，始于颜光禄而极于杜子美；以押韵为工，始于韩退之而极于苏黄。……苏黄用事押韵之工，至矣尽矣，然究其实，乃诗人中一害，使后生只知用事押韵

1　惠洪《见蔡儒效》"欣然诵新诗，句法杂今古。……森严开武库，百态出俄顷"与元好问的"百态新"相近，都是指取材用事广博，故呈现各种新奇之状。第26首前两句"金入洪炉不厌频，精真那计受纤尘"，我以为也是谈取材用事的问题，和第28首的"精纯全失义山真"近似，他认为苏黄及其后学不能熔铸材料、化用典故，使之不着痕迹。元好问《杜诗学引》讲到理想的用典是杜甫那样，"学至于无学"，"着盐水中"，具体来说，就是"如三江五湖，合而为海，浩浩瀚瀚，无有涯涘"（取材广博但能使之融汇），"及读之熟、求之深、含咀之久，则九经、百氏，古人之精华所以膏润其笔端者，犹可仿佛其余韵也"（细读之则能辨别其来源丰富），"夫金屑、丹砂、芝术、参、桂，识者例能指名之，至于合而为剂，其君臣佐使之互用，甘苦酸碱之相入，有不可复以金屑、丹砂、芝术、参、桂而名之者矣"（各种药合剂后，不复辨其各自之功效——比喻各种典故、词藻在诗中的作用），"故谓杜诗为无一字无来处亦可也，谓不从古人中来亦可也"。见狄宝心：《元好问文编年校注》，第91页。

2　赵翼：《瓯北诗话》卷5，《清诗话续编》，第1202页。

3　狄宝心：《元好问文编年校注》，第180页。按，顾易生认为："元好问始终悬了一个'近古'的标准来品评苏黄，品评宋诗，因此批评便多于肯定，甚至全然指责了。"见王运熙、顾易生主编：《中国文学批评通史·宋金元卷》，第886页。

之为诗，而不知咏物之为工，言志之为本也。风雅自此扫地矣。"[1] 批评苏黄那样的"用事押韵"模式。严羽则说："近代诸公乃作奇特解会，遂以文字为诗，以才学为诗，以议论为诗。夫岂不工？终非古人之诗也。盖于一唱三叹之音，有所歉焉。且其作多务使事，不问兴致，用字必有来历，押韵必有出处，读之反覆终篇，不知着到何在。其末流甚者，叫噪怒张，殊乖忠厚之风，殆以骂詈为诗。"[2] "以文字为诗"前人多误解为以散文句法作诗，其实是指使事、用字、押韵这些事物[3]，而张、严二人认为它们有损于风雅，以此作诗"终非古人之诗"。元好问《诗文自警》引周德卿言："文章以意为主，以辞为役，主强而役弱，则无令不从。今人往往骄其所役，至跋扈难制，甚者反役其主，虽极辞语之工，岂文之正也哉！"[4] 这里的"辞"和"辞语"，就是严羽说的"文字"。文、辞再工（工在这里主要指有出处来源，使用巧妙），也不是文之正途。曲学小说是宋人使事用字的重要来源，甚至可以说是将使事之工发挥到极致的必要条件，因此，反对使事用字的矛头，最终被元好问直接对准到曲学小说上来。

再看元好问的第23首："曲学虚荒小说欺，俳谐怒骂岂诗宜？今人合笑古人拙，除却雅言都不知。"便是针对宋诗（苏诗）的两个表现而言，一是从曲学小说用事取材的做法，一是俳谐和怒骂的内容风格。很明显，这与严羽批评宋人的"多务使事"和"以骂詈为诗"正相应合，只是具体到用曲学小说事，增加了"俳谐"。过去学者注释"俳谐怒骂岂诗宜"时常引严羽的"以骂詈为诗"，却未注意到"曲学虚荒小说欺"是针对用典而言，与"多务使事"也是正相对应的。"曲学虚荒小说欺"的"欺"字，在这里含有两层意义，一是欺诡，一是欺侮、欺骗。欺

1　张戒：《岁寒堂诗话》卷上，《历代诗话续编》，第452页。

2　严羽撰：《沧浪诗话校释》，郭绍虞注，北京：人民文学出版社，1961年，第26页。"用字必有来历"也是关于典故词藻的，用字就是用词、用语的意思。"押韵必有出处"，如次古人诗韵，用尖叉诗韵等。

3　参见周裕锴：《〈沧浪诗话〉的隐喻系统和诗学旨趣新论》，《文学遗产》2010年2期，第28—37页。

4　孔凡礼：《元好问资料汇编》，第459页。

诡义近于虚荒、虚诞，是对曲学和小说的性质的揭示，欺侮指其难懂的效果。近人连横（1878—1936）批评樊增祥"好作小品之题，多用稗官之说，自矜淹博，以惊愚盲"[1]，所说的"惊"便与元好问的"欺"有几分相近。元好问此句的意思是，曲学和小说的故事（典故）本来虚诞荒唐，生僻琐屑，用于诗中则令人难解，而且似有欺人之意。至于元好问所说的"古人"，以时代而论是指魏晋之前，那时用典本就很少，更谈不上用曲学小说，也可指有古雅之风的诗人。元好问接着说，今人应该嘲笑古人笨拙，因为他们作诗只会用"雅言"，不会用来自曲学小说的典故词藻，也没有俳谐怒骂的内容。由于古代诗人普遍推崇诗骚风雅和汉魏古诗，元好问以此为逻辑前提，通过归谬法完成了"苏黄用曲学小说是错误的"这样一个论证，以反话收结全诗。

　　然而在苏黄之后，以小说入诗已成普遍现象，甚至一些典故和词藻已经凝固沉淀而进入诗歌的传统，一概排斥使用来自小说曲学的典故和词藻，实际上已经是不可能的了。就像明人王世懋论"今人作诗必入故事"时说的："杜子美出而百家稗官都作雅音，马浡牛溲，咸成郁致，于是诗之变极矣。子美之后，而欲令人毁靓妆、张空拳，以当市肆万人之观，必不能也。"[2]这虽然是由杜甫用典及于百家稗官而说的，但更符合苏黄以后诗歌常用小说典故的情况。就连元好问本人也不能避免用小说，光是《论诗三十首》就有不少，如第9首"陆文犹恨冗于潘"，元好问自注"陆芜而潘净，语见《世说》"；第11首"暗中摸索总非真"，暗中摸索之语来自唐代小说《隋唐嘉话》；第14首"华歆一掷金随重"，事出《世说新语》；第15首"何曾憔悴饭山前"，饭颗山事出唐代小说《本事诗》。南宋沈作喆云："黄鲁直离《庄子》《世说》一步不得。"[3]黄庭坚著名的《和答钱穆父咏猩猩毛笔》就是如此，杨万里说："初学诗者，须学古人好语，或两字，或三字。如山谷《猩猩毛笔》：'平生几两屐，身后五车书。''平生'二字，《论语》；'身后'二字，晋张翰云'使我有身后名'；'几两屐'，阮孚语；'五车书'，庄子言惠施。此两句乃四处合来。"[1] 张翰、阮孚语出《世说新语》（亦见《晋书》），五车书出《庄子》。如果说黄庭坚作诗在用典取材上离不开《庄子》（可说是道家曲学）和《世说新语》（小说），那么我们更有理由说，苏黄及其以后的诗人"离曲学小说一步不得"，而对于元好问发出的"曲学虚荒小说欺"的感慨，也应有更为全面的认识。

1　杨万里：《诚斋诗话》，《历代诗话续编》，第140页。

经世求实与自娱自赏

——论清前期江西地区《左传》评点的两种风貌

安　敏

女，1976年10月生，湖北武汉人。2008年获中国古典文献学博士学位，2012—2013年赴美国威斯康辛大学麦迪逊分校访学。现就职于华中师范大学文学院，主要研究方向为先秦两汉文学、文献。

清前期为《左传》评点的全盛期[1]，亦是《左传》评点跳出经学窠臼、文学评点特色最为鲜明的时期。目前可见此期专门针对《左传》进行评点的著作有二十多部。这些评点分布于浙江、江苏、安徽、江西、京师等地，它们浸润于地域文化氛围，呈现出一定的区域特色。就此期江西地区的《左传》评点来说，魏禧的《左传经世钞》和盛谟的《于埜左氏录》特色鲜明、影响颇大，表现出十分浓重的经世求实和自娱自赏风貌。这两种风貌看似对立矛盾，实则有不少共通之处。它们既是政治和评点学发展的时代风潮的产物，亦有地域文化精神的融入，还有强烈的个性特点的促发，有某种不可复制性，使得此期江西地区的《左传》评点夺人眼球。

相对来说，魏禧是清初著名的散文家，以他为代表的富有江西特色的"宁都三魏""易堂九子""三山学派"声名大、流播远，他本人为《清史稿》《清史列传》等所著录，有过被清廷征诏博学鸿儒的经历。《左传》对他而言，是可以谋求

1　参见李卫军：《〈左传〉评点研究》，北京：中国社会科学出版社，2014年，第25页。

解决现实问题的治世宝典。盛谟虽在江西武宁一带颇具影响，诗文创作亦丰，且以"武宁三盛"名世，但不见史传著录，只是在孙殿起的《贩书偶记》和武宁县志中有所涉及。《左传》在他目中，只是出自史家之手的文学"奇书"。传承了江西地域文化精神的二人在不同路径之下为世人贡献了精彩的《左传》解读！

魏禧本人对《左传经世钞》的认可度很高，将其视为自己的代表作，曾戏说"吾有三男，《左传经世》为长男；《日录》为中男；《集》为三男"[1]，甚至自认为《左传经世钞》"谬许为二千余年所仅有。此书非数百金不克登板"[2]。《于楚左氏录》一书颇受珍视，曾获三次刻印，"书成，钞者殆遍，一时纸为之贵"，"好购者无间远近焉"[3]。

一、两种风貌的全方位呈现

首先，从评点目的上说，二书目标定位非常明确。《左传经世钞》的产生是建立在魏禧对《左传》"史书经世"性质的认识和长期读《左》心得基础之上的。魏禧一生喜读、喜论《左传》，曾明确总结了自己对《左传》的研读经历："少好《左氏》，及遭变乱，放废山中者二十年，时时取而读之，若于古人经世大用，《左氏》隐而未发之旨，薄有所会，随笔评注，以示门人。"[4] 他亦明确表达了作《左传经世钞》的心态："读书所以明理也，明理所以适用也，故读书不足经世，则虽外极博综，内析秋毫，与未尝读书同。经世之务，莫备于史。禧尝以为，《尚书》史之大祖，《左传》史之大宗，古今治天下之理，尽于《书》，而古今御天下之变，备于《左传》……尝观后世贤者，当国家之任，执大事，决大疑，定大变，学术勋业烂然天壤。然寻其端绪，求其要领，则《左传》已先具之。盖世之变也，

1　参见彭士望：《耻躬堂诗文钞》卷9，第28页。《四库禁毁书丛刊》影印清咸丰二年刻本，集部第52　册，北京：北京出版社，1997年，第171页。

2　魏禧著，胡守仁等校点：《魏叔子文集》卷5《答汪舟次书》，北京：中华书局，2003年，第250页。

3　盛谟：《于楚左氏录》卷下《原跋》，课花别馆藏本，清同治五年（1866）重刊，第1页。

4　魏禧著，胡守仁等校点：《魏叔子文集》卷8《左传经世叙》，第368页。

弑夺、蒸报、倾危、侵伐之事，至春秋已极。"[1]参定者彭家屏更是将此书提到能解儒士危难大疑、是非成败的高度，他说："士大夫平日尚论古人不能远稽近考，核其成败是非之由，以求其设心措置之委曲，一旦当大疑任大事，危难震撼之交乘，张皇廻惑，莫展一筹，儒术之迂疏，世遂以群相诟病，岂非不善读书之过哉？此宁都魏叔子氏《左传经世》之编所为作也。"[2]

《于埜左氏录》的撰成则颇有些骋才使气、自我欣赏的意思。盛谟自言为文有自娱的考虑，他说："谟少喜文辞，稍识门户，每下笔不欲近人，又慵于仕进，深居风雨益搜罗古人，尽意绸缪私所有以自娱。"[3]他对《左传》评点，也呈现出这样的特色。盛谟曾自己说明该书的写作情况："于埜所批左氏盖幼时手抄一秩，因就其书录之。合内外传，止百余首。文虽不多，然于批郤导窾，颇费苦心，姑存以予同志，使知一二云。"[4]正如盛谟所言，该书篇幅不大，完成于他十九岁时。这正是年轻气盛、初生牛犊不怕虎的年岁，再加上考取了县学生员，前程一片光明，更让他多了些自信与意气风发。所以，他在《读意》中颇不谦虚地批判："诸选家评《左传》，类多褒贬前人是非，自矜才辨，喇喇不休，腐烂语不唯无益，并令左氏精气光怪，湮没于故纸堆中，煞是千古大恨。"[5]《于埜左氏录》于是成为了他推翻之前《左传》评点"陈见陋识"，树立自己的"洞见妙悟"的载体，亦是他向同行展示才学、交流讨论的个性之作。

　　第二，从评点内容上说，《左传经世钞》不仅在《左传》篇章的选择上有所偏向，而且还在评点中侧重从治世之道的角度入手。一方面，魏禧挑选了他认为蕴含了经世之略的史事进行分析，如隐公四年的石碏大义灭亲、桓公二年的华父督

1　魏禧著，胡守仁等校点：《魏叔子文集》卷8《左传经世叙》，第367页。

2　魏禧撰，彭家屏参订：《左传经世钞》，《左传经世钞叙》，第2页。《续修四库全书》影印清乾隆刻本，第120册经部春秋类，上海：上海古籍出版社，2002年，第286页。

3　盛谟著，胡思敬辑：《豫章丛书·宇云巢集》，《上李应熙书》，据民国间豫章丛书编刻局刊本复印，1985年9月杭州古籍书店南昌古籍书店合印，第4页。

4　盛谟：《于埜左氏录》卷上《读意》，第6页。

5　盛谟：《于埜左氏录》卷上《读意》，第4页。

弑宋殇公、庄公十一年的宋闵公因宋国大水而自罪、僖公三十三年的晋襄公赏胥臣、襄公十三年的范宣子让德等，以便阐发治世之见。另一方面以这些史事为载体，魏禧从为君之道、为臣之道、用人之道、权术之谋、兵法之用等方面全面构建他理想的治国体系。[1] 单以兵法兵谋为例，据魏禧自言："凡兵有可见有不可见，可见曰法，不可见曰谋。法而弗谋，犹搏虎以挺刃而不设阱也；谋而弗法，犹察脉观色而亡方剂也。左氏之兵，为谋三十有二……"[2] 在《左传经世钞》中以隐公十一年的郑伯伐许、桓公五年的繻葛之战、庄公四年楚伐随、僖公二十二年宋楚鸿之战、宣公十二年晋楚邲之战、僖公三十二年秦晋殽之战等为例，魏禧论及的战法有潜、覆、合、瑕、备等，论及的兵谋有出其不意、兵贵密速、善用奇兵、一鼓作气等。如此大刀阔斧地谈兵，就是出于经世的需要，因为在魏禧看来明亡的重要原因就在于军事上的弱势。易代之际的读书人少有能真刀实枪地表现抗争的，因此兵法、兵谋内涵丰富的《左传》就成了关注和讨论的对象。尽管只是停留于纸上谈兵的阶段，却颇得遗民青睐，成为他们寄托愤激与希望心绪的出口。

《于埜左氏录》的五十四篇评点则专注于寻找为前人所忽略的《左传》行文之奇、文章之妙，完全不涉经世之理。就文章标题而论，盛谟反对用俗本之自选题目，认为它们不仅失去作传本意，亦难以领悟《左传》写作之精妙。他举例说："如'穆叔重拜鹿鸣''子产坏馆垣'之类，竟将传意露尽，令读者不必观文。即此数字，已失《左传》微妙，学人细观此书便见。"[3] 盛谟此论不仅颇得《左传》微言大义之真谛，而且与传统文学审美重含蓄忌直白的观念是相契合的。再看《王崩》一篇中盛谟将个性激情的品赏与文章的巧妙结构安排相结合的评语：

1　关于《左传经世钞》丰富的经世思想，可参看：林静静：《魏禧〈左传经世钞〉研究》，硕士学位论文，开封：河南大学文学院，2017年。姜毅雄：《魏禧的〈左传〉学研究》，硕士学位论文，兰州：西北师范大学文学院，2021年。

2　魏禧著，胡守仁等校点：《魏叔子文集》卷2《兵谋》，第117页。

3　盛谟：《于埜左氏录》卷上《附书》，第7页。

　　风韵悠然。唐云质无益也，虽无有质，又焉用质三句都在前面，读到此
处，遍若都在此句言外，跃跃欲出。笔墨奇妙，一至于此。

　　盛于埜曰：由中六句，已写尽矣。妙在故作一折，陡然转入，令我眼
忙；又咏叹一结，渺然无涯，令我神游。若非左氏笔墨，岂能运使至此？○
于欲绝处，忽开生面；于放流处，忽泊涯岸。文人熟读，汩汩乎来矣，何必
梦吞五色云哉？[1]

　　针对隐公三年的郑庄公和周平王之间的纠葛，盛谟引用唐锡周的观点，析出"质
无益也""虽无有质""又焉用质"三句，认为它们恰是"昭无信"之伏笔，可见作
者文思之奇。又调动自身所有感官，沉浸于作品中，以眼忙、神游称赞该文的魅
力，感叹从结构上说，无论是转折还是咏叹，此篇都显得别开生面。类似这样个
性化的探秘解读在《于埜左氏录》中比比皆是。

　　第三，从评点方式上说，《左传经世钞》围绕经世致用之旨，展开了理性论辩
式的阐发。《季友诛叔牙》一篇就是非常典型的代表。庄公三十二年，鲁庄公在病
危情况下急召叔牙和季友，讨论继承人的问题。叔牙和季友意见不一，前者推荐
庆父，后者主张子般。季友先行出击，以君命赐毒酒诛杀了叔牙。立足这段史
实，魏禧和门人任安世、赖韦、涂尚堉、吴正名展开了激烈的争论，围绕的核心
问题是如何看待和评价季友的行为。魏禧肯定季友当机立断、有识人之先见，且
他诛叔牙而不及庆父等举动足见仁厚，诛杀之举只是保护自己的举措，他还对叔
牙的为人和季友起初对庆父的态度提出疑问；而门人们与魏禧针锋相对，轮番上
阵反驳魏禧的观点，认为季友狡诈残忍、假仁假义，庆父诛杀子般和闵公都不及
季友说明魏禧分析的危险论不存在。[2]虽然此篇并未最后对季友、叔牙等人下定
论，但是以此为切入点，在层层深入的论辩中让读者更为理性全面地思考复杂的

────────────

1　盛谟：《于埜左氏录》卷上《王崩》，"昭忠信也"夹批及尾评，第5页。
2　原文参见魏禧撰，彭家屏参订，《左传经世钞》卷3，第42—46页。《续修四库全书》影印清乾隆刻
　　本，第120册经部春秋类，第352—354页。

社会问题，比方说如何才称得上是合格的社稷之臣、在危急时刻如何处理仁义与权变的关系等等。

《于埜左氏录》则是以揭秘千载不解之谜为目标作感性沉浸式的品赏。相较于《左传经世钞》的深刻和沉重，《于埜左氏录》表现出的是空灵和游离于世。试看昭公十二年《楚子伐徐》一篇的尾评：

> 余尝与卧鲁雪夜坐溪畔，见白云出，青云又出，黄云绿云复出，或起或伏，或转或接，或离或合，或变或化，异甚。少顷，溪动云开，忽然月出，四山如画，乃悟此文点诗之妙，竟夜不寐。[1]

与友人雪夜游赏本就是令人惬意松快的个人化生活。盛谟在这样闲适的氛围中逢见云卷云舒、若即若离、变化徜徉、别开洞天的风景，由此点燃了萦绕在心头的对《左传》妙文机巧长期思考的导火索，顿时成就感、满足感扑面而来，兴奋、熨帖、狂喜让他沉浸其中，忘记了周遭。

总体而言，若从经世思想说，不少《左传》评点中均有呈现，如储欣的《左传评》、刘继庄的《左传快评》、卢元昌的《左传分国纂略》等。但"魏禧是第一个用《左传》传达经世之旨的人"[2]，且执着坚守，经世求实的风貌尤其彰显。若以感悟沉浸式评点来说，金圣叹《左传释》、孙琮《山晓阁左传选》亦有出现，但都不若盛谟来得这般强烈投入，自娱自赏的特质格外突出。

二、两种风貌背后的时代风潮

（一）故国情思与实学思潮

明清易代之际，江西地区对清军的反抗是比较激烈的。一方面，抗争展现了

---

1 盛谟：《于埜左氏录》卷下《楚子伐许》尾批，第36页。
2 罗军凤：《清代春秋左传学研究》，北京：人民出版社，2010年，第335页。

江西儿女的忠义气节。在赣州保卫战中，军民"抗志励节，有勇好斗，轻生敢死"[1]，被赞为"赣州之守与死者，皆三百年以来国家之元气也"[2]。另一方面，战乱使得江西地区遭受重创：河山破碎、田地荒芜、人民流徙、经济凋敝。战火纷飞的背景下，生活于宁都的魏禧悲痛于国破民丧，却无力改变时局。他选择了另外一种抗争方式——同家族成员一起避难翠微山中，对清王朝始终抱持着不接受的态度，所交往的对象亦为遗民。在清廷以博学鸿儒征诏时固辞不受，托病拒绝。尽管如此坚守，魏禧在内心深处仍然为"苟活于世"而心怀愧疚之情，在为殉国诸生许王家所作的传文中，他说："甲申国变，吴门诸生许玉重饿死于学宫。二许不知同宗族与否。何许氏之多奇男子也？禧亦故诸生，方偷活浮沉于时，视二许能不愧死入地哉？"[3]正因为怀着这份浓浓的故国之思，魏禧无论是授徒、读史还是作文，均呈现出深深的济世情怀，在《左传经世钞》等著作中寄托自己的救世思想。

　　除了故国之思的萦绕不去，同属遗民的顾炎武所倡实学思想可以说击中了魏禧的神经。顾炎武年长魏禧十多岁，有感于明清易代的现实，倡导经世致用思想，明确提出为文必须有益于天下。在《日知录》中，他说："文之不可绝于天地间者，曰明道也，纪政事也，察民隐也，乐道人之善也。若此者，有益于天下，有益于将来，多一篇，多一篇之益矣。若夫怪力乱神之事，无稽之言，剿袭之说，谀佞之文，若此者，有损于己，无益于人，多一篇，多一篇之损矣。"[4]顾炎武以实用、有用为旨归，通过文来正人心、救国家的观念在清初蔚然成风，成为遗民共同体的集体追求和情感认同。魏禧当然也不例外。他在《上郭天门老师书》中

1　朱宸修，林有席纂：《赣州府志》卷2《地理志·风土》，台湾成文出版社影印乾隆四十七年刊本，1989年，第320页。

2　黄宗羲：《黄宗羲全集》第2册，杭州：浙江古籍出版社，2012年，第158页。

3　魏禧著，胡守仁等校点：《魏叔子文集》卷17《许秀才传》，第874页。

4　顾炎武著，黄汝诚集释：《日知录集释》卷19，栾保群、吕宗力校点，上海：上海古籍出版社，2014年，第425页。

说："文之至者，当如稻粱可以食天下之饥，布帛可以衣天下之寒，下为来学所禀承，上为兴王所取法，则一立言之间，而德与功已具。"[1] 运用最浅显的比喻，将文章之作落脚到衣食天下、兴王承学的功用之上。这样的文学观念在魏禧的文章创作中不断申发。他在《宗子发文集序》中说："事理不足关系天下国家之故，则虽有奇文与《左》、《史》、韩、欧阳并立无二，亦可无作。"[2] 在《答蔡生书》中说："是故言不关于世道，识不越于庸众，则虽有奇文，可以无作"，[3] 在《甘健斋轴园稿叙》中说"窃谓今天下之志于道者，既心体而躬行之，必达当世之务以适于用，必工于文章使其言可法而可传"。[4] 这种思想亦鲜明地贯彻到《左传经世钞》中。

事实上，魏禧所处的地域其时并非只有实学思潮的影响，还有另一种被认为是救世的思潮被推崇，即通过复兴理学思想，达到正人心救世界的目标。程山学派的代表人物谢文洊就是如此。他原本致力于阳明心学的探究，但在四十岁于新城神童峰传播心学的过程中，被名为王圣端的听者质疑辩难。王圣端服膺程朱理学、抨击心学，经过数日的论辩，成功说服了谢文洊。自此后，谢文洊改变了治学方向，开始研读和传播程朱理学，试图以对儒学的复归来救世。尽管在康熙四年举行的有25人参与的程山会讲中，谢文洊和宋之盛极力宣扬"正人心而经世"的程朱理学思想，但魏禧之辈受时代风习影响，将其视作迂阔难行，选择更坚定地将经世实学之风贯彻下去。这当然就让我们看到了经世精神表现突出的《左传经世钞》。

（二）《左传》文学评点的兴盛

与魏禧生活于易代之际的赣南相对，盛谟生活于江西北部的武宁。此时清代社会已经趋于稳定，清初的实学风潮离开了遗民团体的热切响应而式微。对于魏

1　魏禧著，胡守仁等校点：《魏叔子文集》卷6《上郭天门老师书》，第266—267页。

2　魏禧著，胡守仁等校点：《魏叔子文集》卷8《宗子发文集序》，第412页。

3　魏禧著，胡守仁等校点：《魏叔子文集》卷6《答蔡生书》，第265页。

4　魏禧著，胡守仁等校点：《魏叔子文集》卷8《甘健斋轴园稿叙》，第434页。

禧的文学成就，盛谟推崇有加，他曾说："归有光稍稍振起，其后魏禧有志于复古，而王猷定、汪琬、侯方域、毛甡、邵长蘅诸子并起，然皆不如魏。"[1] 但可以看出，盛谟更为关注的并非魏禧认为的为文之基——经世思想，而是其为文之风——复古之气。这与此时清廷大力推行的"稽古右文、崇儒兴学"文化政策是一致的。盛谟爱好古文，喜研读经史，这一点与魏禧可说是意脉相连。但是，他似乎有意"屏蔽"了魏禧贯穿在创作和评点中的经世思想，作《于埜左氏录》解《左传》，最大限度地挖掘其文学深意。这样的选择，与此期《左传》文学评点的兴盛风潮有很大的关联。

《左传经世钞》虽以经世思想为指归，但也有意识关注《左传》的文学特色，所以《四库全书总目提要》言："《春秋左传》本以释经，自真德秀选入《文章正宗》，亦遂相沿而论文。近时宁都魏禧、桐城方苞于文法推阐尤详。文渊以二家所论尚有未尽，乃自以己意评点之。"[2] 这里，说明了几点信息，一是《左传》的文学评点自《文章正宗》之后沿袭下来，二是魏禧的评点中有详细的文法解析，三是李文渊等人不断扩展《左传》文学评点的声势。值得注意的是，《左传经世钞·凡例》与《四库全书总目提要》的立场不同，尚论事不尚论文，甚至将"文"视作"余绪"，言："是编专主论事，原取其有关于世务。旧抄本中，尚有一二涉于选《左》余绪者，兹概从删削，俾知经世之大猷，不得视为古文之糟粕。"[3] 但是这种试图将经与文截然对立的做法并未阻挡清前期《左传》文法评点的日益兴盛，[4] 毛升与老师姜炳璋申《春秋》之义的习《左》路径不一可为佐证。《刻读左补义例言》记载了他坚持评文的做法："详义略文，是书之旨，恐学者专以文求而义为之

1　盛谟著，胡思敬辑：《豫章丛书·字云巢集》卷2《半谷文集序》，第11页。

2　永瑢、纪昀主编，周仁等整理：《四库全书总目提要》卷31，海口：海南出版社，1999年，第175页。

3　魏禧撰，彭家屏参订：《左传经世钞》，《凡例》，第1页。《续修四库全书》影印清乾隆刻本，第120册经部春秋类，第288页。

4　关于清前期《左传》文学评点的兴盛，可参看拙文：《经与文的碰撞——论清前期〈左传〉专书评点的"离经义化"》，第三部分《左传》评点学发展大势为"'离经义化'评点之生成土壤"，《华中学术》第36辑，武汉：华中师范大学出版社，2021年，第272—274页。

掩也。（升）谓：'使绝不言文，无以厌读《左》者之心，请用评文之语，细书其端，如选家例，何如？'先生曰：'吾老矣，而有志，而其为之。'"[1]在《左传》文学评点日渐兴盛的时代风潮之中，《左传》的文法评点既有走向理论化和系统化的趋势，也出现了将文学审美体悟发展到极致的《于埜左氏录》。

三、 两种风貌背后的地域因素

（一） 讲论之风与友朋之谊

《左传经世钞》的论说特色与江西地区的讲论之风有着重要关联。由唐到清，此地书院不仅数量多，而且影响大。九江的白鹿洞书院、吉安的白鹭洲书院、上饶的鹅湖书院、南昌的豫章书院、鹰潭的象山书院等都是名扬全国的讲学与思想交锋的场所，培养了一批批优秀学子。及至清初，讲论之风仍然是江西地区重要的文化特质。

以魏禧为首的"易堂九子"聚居于翠微山时，兴办了三座学堂：一是翠微峰易堂，二是三巘峰的三巘学馆，三是在翠微峰山麓的龙溪河畔水庄所办学馆。三座学馆存续数十年，授徒讲学、论争辨疑，吸引了众多学生前来。魏禧对学业相当敬畏，认为没有扎实的学业基础是无法为人之师的。以他为代表的"易堂九子"严于律己，在学问上互相砥砺，论学往往直言己见，相互指摘，追求真义。他们"德业相勖，无儿女态。然气谊所结，自有一段贯金石、射日月、齐生死、诚一专精不可磨灭之处"[2]。正因为以这般精诚的态度对待学问、对待教育，他们培养出了深得真传的梁份，又培养出走上《左传》不同解读路径的王源等学生。

如果说"易堂九子"之间不留情面的论争得益于他们之间复杂而稳定的亲缘关系，如兄弟、儿女亲家等，尚不具有广泛性，那么，同程山学派的论争证明了这是魏禧们持续保持的良好品性和学术氛围。康熙四年（1655）四月，宋之盛在

1　姜炳璋：《读左补义》，《刻读作补义例言》，第2页。《续修四库全书》影印清乾隆三十八年刻本，第122册经部春秋类，第117页。

2　魏禧著，胡守仁等校点：《魏叔子文集》卷5《复六松书》，第259页。

僧石与的陪同下，至程山与谢文洊相见，颇为投机。随后，宋之盛盛情邀约魏禧到程山会讲。[1]魏禧提出会讲三事："一讲学，今所已行是也；一论古，将史鉴中大事或可疑者，举相质问，设身古人之地，辨其得失之故；一议今，或己身有难处事，举以质人，求其是而行之，或见闻他人难处事，为之代求其是。"[2]"举相质问""举以质人"正是魏禧事先定下的会讲基调，所论内容亦是谈古论今，颇具实用精神。

如此风气对《左传经世钞》的影响主要体现在两个方面：一是直接促成了《左传经世钞》的成书。魏禧随手评注《左传》，亦在讲学中时时与学子、友朋讨论《左传》，《左传经世钞》不仅为他教授门人子弟的教材，亦为他与门人子弟、友朋故交交流的成果。《魏兴士文集》明确指出了魏禧以《左传经世钞》教授弟子任安世、赖韦、吴正名的事实，《左传经世钞》中所引门人子弟、友朋故交的评语亦为明证。二是通过论争，魏禧更加坚定了自己的经世主张。梁启超在《清初学海波澜余录》中记叙了这样的情况："时江西有谢秋水（文洊），辟程山学舍集同志讲程朱学，病易堂诸人'言用而遗体'，贻书冰叔争之。冰叔复书道：'今之君子，不患无明体者，而最少适用。学道人当练于世务，否则试之以事则手足错乱，询之以古，则耳目茫昧。忠信谨守之意多，而狭隘朴牵之病作，非所以广圣贤学也。'"[3]同时，魏禧亦以广博之胸怀广泛吸收了对手对《左传》的精彩解读。如《秦伯三用孟明》篇中，魏禧引谢文洊的解读进行概括总结，"人之才诚有始愚终智者，然其人要为有本领有骨力，但轻浮之气未除，必经历挫折而后力沉气静，始可以就大事。"[4]

---

1 关于程山会讲的详细过程和辩论内容可参见胡迎建：《论清初江西三山学派》，《地方文化研究》，2013年第1期，第56—65页。

2 魏禧：《魏叔子文集外篇》卷7，第16—17页。《四库禁毁书丛刊》影印清易堂刻宁都三魏全集本，集部第1408册，第477页。

3 梁启超：《中国近三百年学术史》，上海：上海三联书店，2006年，第156页。

4 魏禧撰，彭家屏参订：《左传经世钞》卷7，第11页。《续修四库全书》影印清乾隆刻本，第120册经部春秋类，第417页。

　　《于埜左氏录》的成书与特色形成亦与讲论之风和朋友之谊有关。在武宁地区，盛谟不仅与颇有才学的弟弟盛镜、盛乐共同成长、互相切磋，以读书为乐，还有幸结交了一批志同道合的同学和朋友。朋友徐耕天曾回忆与盛谟一起读书的时光，"予往从盛夫子游，与于埜年并少，夫子督之严。暑夜月出，夫子执鹅扇坐廊下小榻，与诸生讲学论文，娓娓千万言。少顷，或径入，或垂头睡。唯于埜侍立至鸡鸣月落不倦，以此资性异人。又好学，锐于进取。"[1] 在《记戊辰月下语》中，盛谟也发出了对朋友的激赏，并庆幸自己受益匪浅、感叹岁月流逝：

　　　　六月望夜，饮阑，月上，彳于柏间，与诸子论友朋甚畅，有可记者。曰："徐子耕天，如冒雪出塞，勃勃有奇气；吴子卧鲁，如扬帆渡江，慨然以慷；叔子如抚琴，窈然而退；季子如立海门，豪迈炊举；余子燕庵，如游圆花卉留人；王子纳夫，如崖泉峭逸；李子屯庵，如空谷流水，泠然深思；赵子山南，如秋夜对月；蒋子黄发，如林下受清风；杨子铎仲，如严霜老松，精神肃然。诸君子皆吾师资，与之近，每阴受益。数十年间，水云流散，十失其五，追忆旧欢，惘惘如梦，殆不可复。噫！人生及此，为何如也？"时侍月者：张生任、杨生光斗、张生滨。[2]

字里行间能感受到盛谟对朋友的敬佩豪情、细腻深情。文中提到的徐耕天、吴卧鲁都为《于埜左氏录》作序，吴卧鲁、余仁石等人的评点亦被盛谟多次引用并肯定。如：

　　　　吴卧鲁晚游郊外，见两溪夹流，疑无归注。徐行不半里而两水合聚一川，忽悟及臣不任受怨四句文字从两边夹出，随处触发，尽是左文，真可谓

1　盛谟：《于埜左氏录·徐序》，第2页。
2　盛谟著，胡思敬辑：《豫章丛书·字云巢集》卷6《记戊辰月下语》，第14页。

善读左文者。[1]

可见他们有着相似的品读方式。武宁地域这样的释读《左传》"唱和"，使得《于埜左氏录》扩展了评点内容、强化了评点方式、叠加了评点影响。

（二）气节之立与山水之评

江西历代有气节的名士颇多，有不堪折腰、自免去职的陶渊明，有刚直进谏、两次罢相的王安石，有丹心永照、慷慨赴死的文天祥，有洁身自好、愤而弃官的汤显祖等，他们的共同特征就是胸怀大志、爱国恤民、不屈不挠、气节不衰。这些可说是江西士子成长的精神滋养和行为模范。此外，魏氏家族的精神气节也直接造就了魏禧的忠义情结。宁都魏氏家族源流可追溯到南宋[2]，在宁都地区颇有影响。魏禧自述"吾家世忠厚，征君积德力善，为乡里望人"[3]。魏禧的父亲魏兆凤博学多识、忠孝节义、乐善好施，对魏禧要求严格。魏禧曾在文中回忆过父亲的教导："夜梦卧床上，先夫子呼之起，为指数禧过失六七条，皆人伦间事，深中病痛；至于服用亦摘其侈，色温言厉，逾于往日。"[4]在地域和家族文化的共同涵养之下，魏禧形成了"重然诺，义之所在，则奋不顾身。喜诱进后学，与人和以恕，人故乐亲之"[5]的性格特征，影响于他的评点和创作。

《左传经世钞》议古论今、正气凛然。对于治国大道、忠义之举，魏禧不遗余力地赞赏：《邾文公迁绎》篇中，邾文公在占卜结果对百姓有利而对国君不利的情况下毅然迁都。对此，魏禧盛赞"达识明论，千古可师"[6]。《臧孙知宋之兴》篇

1　盛谟：《于埜左氏录》卷下《楚子送知䓨》，第9页尾批。

2　关于宁都魏氏家族源流发展参见肖烽：《宁都三魏古文研究》，硕士学位论文，南宁：广西大学，2007年，第10—11页。

3　魏禧著，胡守仁等校点：《魏叔子文集》卷6《寄儿子世偘书》，第297页。

4　魏禧著，胡守仁等校点：《魏叔子文集》卷7《与杨御李进也》，第342页。

5　陆勇强：《魏禧年谱》，《谱略》，济南：齐鲁书社，2014年，第7页。

6　魏禧撰，彭家屏参订：《左传经世钞》卷7，第24页。《续修四库全书》影印清乾隆刻本，第120册经部春秋类，第424页。

中，宋国发大水，宋闵公自责是自己对上天不诚所致，臧文仲从中看出了宋国兴盛的迹象，魏禧评道"兴国在罪己，为君在恤民，千古本计，人君当坐置一通"[1]。在《石碏大义灭亲》篇中，魏禧亦对石碏的忠义谋略十分推崇，他说："石碏预谏于前，灭亲于后。愚以朝陈请觐而分诛吁、厚于濮于陈，其忠其智其略，冠绝千古，晓然易见。"[2]在魏禧的创作中，亦对坚贞爱国、坚守气节的人物多所赞颂，如《宋烈母传书后》《朱参军家传》《许秀才传》等。

除了地域文化精神的浸润，地域自然风土对《左传经世钞》和《于埜左氏录》亦有助力。刘献廷在《广阳杂记》中记载："江西风土与江南迥异。江南山水树木，虽美丽而富贵闺阁气，与吾辈性格不相浃洽。江西则皆森秀竦插，有超然迏举之致。吾谓目中所见山水，当以此为第一。他日纵不能卜居，亦当流寓一二载，以洗涤尘秽，开拓其心胸，死无恨矣。"[3]刘氏明确表达了对江西奇绝超然山水之风的喜爱。身处其中的魏禧自带山水之气，所评凌厉慨然，如针对庄公年间所发生的士蒍杀富子、杀游氏，后晋侯尽杀群公子之事，魏禧对天道进行了大胆的质疑，表现了对世事不公的愤慨："群公子杀富子、游氏，卒自歼于聚，可谓天道。献公残毒，祸几亡国灭宗，报稍轻矣。若士蒍老贼，逢君造此大恶，宜身死嗣绝不足偿罪，而子孙贤明富贵百年不衰，何以为天道解也？人犹有憾，余每于此叹息。"[4]

正如孔尚任所说："盖山川风土者，诗人性情之根柢也。得其云霞则灵，得其泉脉则秀，得其冈陵则厚，得其林莽烟火则健。凡人不为诗则已，若为之，必有一得焉。"[5]同样的山水，不同的人物、不同的取舍会有不同的表现。如果说魏禧

1　魏禧撰，彭家屏参订：《左传经世钞》卷3，第19页。《续修四库全书》影印清乾隆刻本，第120册经部春秋类，第340页。

2　魏禧撰，彭家屏参订：《左传经世钞》卷1，第11页。《续修四库全书》影印清乾隆刻本，第120册经部春秋类，第305页。

3　刘献廷撰，汪北平等点校：《广阳杂记》卷4，北京：中华书局，1997年，第188页。

4　魏禧撰，彭家屏参订：《左传经世钞》卷3，第34—35页。《续修四库全书》影印清乾隆刻本，第120册经部春秋类，第348页。

5　孔尚任：《孔尚任诗文集》卷6《古铁斋诗序》，北京：中华书局，1962年，第475页。

从江西山水吸收的是凌厉之气，那么盛谟从江西山水吸收的就是奇绝高远之气。如果说江西山水从外在成就了《左传经世钞》的雄奇之色，那么江西山水从内在直接参与了《于埜左氏录》的文章之评。盛谟读书讲学之地在武宁的剑谷，该处云雾缭绕、变化多样，深得盛谟喜爱，他不仅将居处命名为"字云巢"，亦以此命名其诗文集，还在《于埜左氏录》中多次以云之变化阐发读《左》之心得。如下面两则：

> 山水家写象者死，写意者生。然写意之妙，未易名状。古云淡若远山，愈淡愈远，此化境也。如此文之微妙，无以形之，几回把笔欲写仍住，还令读者自领何如。[1]

> 于埜尝与仁石、卧鲁雨后观月，中天黛云掩映，素月微露其妙，少顷又藏云里，潜身缓步，渐蒸云气忽白，俄而云散月大出矣。适读此文，乃悟左氏逗日字出命字之妙。[2]

由上可见，江西山水之妙直接进入了《于埜左氏录》的评点系统之中，且充当不可或缺的角色，盛谟以对山水的感悟贯通对《左传》的文学品赏，将不可名状的行文之妙展现出来。

四、两种风貌的个性表达

（一）策士之思

魏禧的创作和评点特色是相通的。从创作上说，《清史列传·文苑·侯方域传》记："方域健于文，与宁都魏禧，长洲汪琬，并以古文擅名。禧策士之文，琬

1　盛谟：《于埜左氏录》卷下《宋人献玉》，第18页尾批。
2　盛谟：《于埜左氏录》卷下《楚子舍解扬》，第5页尾批。

儒者之文，而方域则才人之文。"[1] "策士之文"的特点是为魏禧倡导的经世思想统摄的。魏禧也很清楚自己的行文特点，他说："吾好穷古今治乱得失，长议论，吾文集颇工论策。"[2] 这种策士之思有两个维度，第一个维度是积理而练识，即不断积累道理，综合考虑、辨别讨论，提炼出独特的见识。在他看来，独特的见识是以博学沉思为基础的，不是一时的才气支持。所以在评论侯方域文章虽才情满溢但少有当于古立言之义时，他就表达了自己的认识："吾闻朝宗高气雄辨，凌厉一世人，独与王谷深相引重。朝宗之人与文则甚相似，予每读朝宗文，如当劲敌，惊心动色，目睛不及瞬。其后细求之，疑其本领浅薄，少有当于古立言之义。又是非多，爱憎失情实，而才气奔逸，时有往而不返之处。"[3] 正因为在积理练识的背后仍然是以经世为宗旨，所以我们时常能从魏禧的文中看到他只能空谈理识的无奈。且看《与涂宜振》中所写，"昨读东坡《晁错论》，更以意成一篇。书生纸上经济，正如小儿画地作饼，亦自知其不可食，聊取快意。"[4] 为文体现的 "策士之思" 亦是《左传经世钞》的个性特色。魏禧在评点《左传》时反复借助历史史实发表政见，如针对桓公八年中随侯听从于受宠的少师导致大败的史实，魏禧论道："国家不利，有小人如此，岂必速杞败绩然后为祸哉？"[5] 又如针对庄公八年，公子纠和公子小白争位一事，魏禧评曰："莒虽小而近，鲁虽大而远，近齐则事机皆得知之，此小白所以先入也。"[6] 通过比较鲍叔牙和管夷吾的不同选择，魏禧说明了把握事机的重要性。尽管是画饼经世，但这些点评也让《左传经世钞》在求实求治精神上展现得淋漓尽致。

1　王钟翰点校：《清史列传》卷70《侯方域传》，北京：中华书局，1987年，第5721页。

2　魏禧著，胡守仁等校点：《魏叔子文集》卷6《与诸子世杰论文书》，第283页。

3　魏禧著，胡守仁等校点：《魏叔子文集》卷8《任王谷文集序》，第399页。

4　魏禧著，胡守仁等校点：《魏叔子文集》卷7《与涂宜振》，第337页。

5　魏禧撰，彭家屏参订：《左传经世钞》卷2，第15页《续修四库全书》影印清乾隆刻本，第120册经部春秋类，第323页。

6　魏禧撰，彭家屏参订：《左传经世钞》卷3，第11页。《续修四库全书》影印清乾隆刻本，第120册经部春秋类，第336页。

第二个维度是雄辩之风、凌厉之气。在忠于理义的基础上，魏禧为文与评文皆有纵横家之态。温伯芳评价魏禧所作《宋论上》言："笔势若饥鹰之搏兔，论似奇险，究竟不出人心口间，然谁敢形之于笔，而又能如此猛鸷迅悍耶！"[1]在《左传经世钞》中，魏禧针对繻葛之战进行评点，连用反诘句式贯通气势、增强感情、斥责郑武公的行径，原文如下：

> 方东迁以来，齐晋未盛，郑为最强，数冯陵小国，而取周禾麦、射王中肩，首倡不臣之逆。且武公寄挐邻君通其夫人以取其国，淫险孰甚焉？宜其子孙之受祸无已也。岂独地界南北为中原所必争哉？且夫恃强凌人，以奸谋济险恶，犯天道之忌者，其子孙未有不衰弱削亡者也。[2]

值得思考的是，不同于战国策士的针锋相对、决绝难返，接受儒家教育的魏禧的为文和评点显然更具有包容性。他对自己气质激切是有所反思的，并有意识地调整自己的心态。[3]所以《左传经世钞》的评点虽有纵横之气，但也因为理性之思收敛了戾气。试看以下评点：

> 《公羊》以为君子大居正，宋之祸宣公为之。不知殇公之弑酿于好战，以失民心，成于怒华督而不诛。督因悦孔父妻而杀孔父，因杀孔父而弑殇公，因弑殇公而召冯于郑，则弑殇公非冯，本谋明矣，而何以此罪宣公哉？[4]

1　魏禧著，胡守仁等校点：《魏叔子文集》卷2《宋论上》，第66页。

2　魏禧撰，彭家屏参订：《左传经世钞》卷2，第8页。《续修四库全书》影印清乾隆刻本，第120册经部春秋类，第319页。

3　参见江梅玲、王利民：《论魏禧古文"悍"的风格特征》，《江西社会科学》2021年第12期，第三部分，第97页。

4　魏禧撰，彭家屏参订：《左传经世钞》卷1，第7页。《续修四库全书》影印清乾隆刻本，第120册经部春秋类，第303页。

针对宋国之祸，评语表现出的不是怒骂指责、咄咄逼人，而是层层推进还原了宋国祸乱的来龙去脉，客观分析认为宋国祸乱不应归咎于宣公让贤之举。

（二）文士之悟

与魏禧文及评体现的策士之思相较，盛谟在《于埜左氏录》中则将文学之悟做到极致。他不仅选择文学性强的篇目进行点评，而且只关注《左传》的文学特性。他有明确的评点方针，即："左传当全读，然不可不细读。于埜此书为文人先开奥窦。后有读者，各出心思，穷所未至，使于埜得见，为大幸也。望之。"[1] 也就是说以细读展现自己穷尽《左传》文学深意的个人体悟。在《于埜左氏录》中盛谟用多种评点表达样式传达文士之悟。

其一，誓不甘休的自我较真式：这种方式极能体现盛谟的真性情，也颇有些苦吟文人的体验。如《介之推隐而死》（僖公二十四年）尾批曰：

> 盛于埜曰：左氏篇首下不言二字，推曰一段已将不言之神吞吐而出，又从母口放开一步，以求之知之句反击不言，及转到言身之文也，四句忽然写出不言正面，令我想左氏不言二字之妙，十日不眠。左氏下此二字时固谓后人无复有知此二字者，于埜偏要寻出此二字，令左氏闷煞。[2]

此段评点显示盛谟为了寻得具有文意勾连作用的"不言"二字之妙，连续十日不眠不休地感悟思索，最终有所心得，这股执拗颇有些和《左传》作者一争高下的劲头，体现了文士特有的感性风趣。

其二，点到为止的启发式：这种方式如金针穿线，引导读者进入品读的境界又不将所有妙处完全展开，而是鼓励读者充分调动各种感官自己去慢慢体悟！丰富细腻的感悟力是文士必备的条件，盛谟由己推人，认为很多妙处是只可意会不

1　盛谟：《于埜左氏录》卷上《附书》，第8页。
2　盛谟：《于埜左氏录》卷上《介子推隐而死》，第37页尾批。

可言传的，希望有更多的读者通过自身的体悟进入《左传》的妙境，方能与作者进行交流。如《介之推隐而死》（僖公二十四年）"介之推不言禄"的夹注"读者晓左氏用此不言二字否"[1]，又如《重耳入秦》（僖公二十三年）"以戈逐子犯"的夹批："一面写杀蚕妾，一面写醉遣戈逐，却一面目送佐天子三字矣。左氏神来，于垫亦神来，以神遇神，其得也，岂能言乎读者，自会乎！"[2]均是抛出引线，引导读者去探秘。

其三，极富特色的自我创造式：这种方式是最能体现盛谟创造性的地方。盛谟的评点创造不仅体现在音乐式的评点方法上，还体现在评点术语上。如《叔孙豹如晋》（襄公四年）篇中使用了"悬花鼓""生花胎""一鼓催花""二鼓催花""三鼓绽花""四鼓吐花""五鼓春花怒开"的夹评术语和"花性娇妍，一鼓即开，有何情味，至五鼓而乃怒开，何其纡曲逶迤动人……"的尾评，这些评点术语极有可能来源于盛谟所处武宁地区的打鼓歌的启发[3]，非常形象生动地达到了解析传文精巧结构设置的效果。

清前期的魏禧和盛谟都是江西地域培养的优秀学子。他们浸润在时代大潮与江西地域文化的氛围中，在或求实或浪漫，或有所节制的激切或有所痴迷的旷达的个性作用之下，终成《左传经世钞》与《于垫左氏录》这样的特色之作。无论是经世求实还是自娱自赏，均表现出宽广的心胸和卓越的才情。二人曾都意识到闭户自封的害处，有意识地离家游历，开阔见识，交往天下奇士。他们以各自的家族、交游为核心，通过《左传》评点与诗文创作，将自己的文学观念传播开去，引导文学向着经世求实之旨、求真求新之风的方向发展！

1　盛谟：《于垫左氏录》卷上《介子推隐而死》，第36页 "介子推不言禄"夹评。

2　盛谟：《于垫左氏录》卷上《重耳入秦》，第33页"以戈逐子犯"夹评。

3　关于打鼓歌对盛谟评点的启发，可参考拙作《以我读意——〈于垫左氏录〉的精神气质探析》，《首届海峡两岸〈左传〉学高端论坛论文集》，合肥：黄山书社，2020年，第93—105页。

美国威斯康辛大学图书馆藏《本科文学史》初识

倪晋波

男，1979年生于安徽桐城，2007年毕业于复旦大学中文系，获文学博士学位。现任扬州大学文学院副教授、古典文学教研室主任。2013年赴美国威斯康辛大学麦迪逊分校访学，导师为倪豪士教授。《本科文学史》一书是作者在美访学期间，于该校纪念图书馆偶然查得，曾与倪豪士教授就其作者、版本等问题进行讨论；本文初稿系在倪豪士教授鼓励之下草就，谨此致谢！

十九世纪末二十世纪初是中国文学史著述的发轫期，目前所见的早期中国文学史有窦警凡的《历朝文学史》[1]、黄人的《中国文学史》[2]、林传甲的《中国文学史》[3]、

---

[1] 相关述论可参周兴陆：《窦警凡〈历朝文学史〉——国人自著的第一部中国文学史》，《古典文学知识》2003年第6期，第77—86页。

[2] 相关述论可参黄霖：《中国文学史学史上的里程碑——略论黄人的〈中国文学史〉》，《复旦学报（社会科学版）》1990年第6期，第78—84页。

[3] 相关述论可参陈国球：《文学史的名与实：林传甲〈中国文学史〉考论》，《江海学刊》2005年第4期，第170—175页；《"错体"文学史——林传甲的"京师大学堂国文讲义"》，《文学史书写形态与文化政治》，北京：北京大学出版社，2004年，第45—66页。

来裕恂的《中国文学史稿》[1]，以及张德瀛的《文学史》等[2]，这几部文学史著篇帙长短不一，但皆是因应新学制下各级学堂相关科目的教学需要而编撰。数年前，笔者赴美国威斯康辛大学麦迪逊分校（University of Wisconsin-Madison）东亚研究中心访学，在倪豪士先生指导下进行相关研习。期间，在该校的纪念图书馆（Memorial Library）发现一册《本科文学史》。翻检陈玉堂先生编著的《中国文学史书目提要》、吉平平先生等编著的《中国文学史著版本概览》、董乃斌先生等编著的《中国文学史学史》、陈飞先生主编的《中国文学专史书目提要》及黄文吉先生编订的《台湾出版中国文学史书目提要（1949—1994）》所附《中国文学史总书目（1880—1994）》等，均未见著录该书。从现有的资料判断，《本科文学史》是一部编撰于1907年至1912年之间的高等学堂教材，其是否为一部新见的中国早期文学史著？笔者识见有限，未敢遽断，故就其相关情况略作介绍，以就教于博雅之士。

一、《本科文学史》的称名与编撰时间

　　威斯康辛大学图书馆所藏《本科文学史》为铅印线装本，四周双边，单鱼尾，白口；版心以鱼尾为界，上部依次有"本科文学""文学史"字样，下部有"高等学堂"字样（图1-1），书根有"全文学史"四字；全书无句读；半叶13行37字，共82叶，全书计约78000字。值得注意的是，该书正文多处有注，但不是传统的双行小字夹注，而是圆括号单行夹注，字号与正文同大，这与林传甲等人所著文学史的注释体例都不一样。笔者发现该书时，系蓝皮布面函装，函套较新，应

1　相关述论可参陈平原：《折戟沉沙铁未销——关于来裕恂撰〈中国文学史〉》，《天津社会科学》2008年第2期，第111—115页。

2　闵定庆：《张德瀛著〈文学史〉：一部值得关注的早期中国文学史》，《中山大学学报》2006年第4期，第32—37、124页。又，陈玉堂先生《中国文学史书目提要》收录了许指严（国英）的《中国文学史讲义》，并据严芙孙所作的《许指严》一文称，该书是许氏任商务印书馆编辑时所编，估计其出版时间在清末，然原书待访。陈玉堂：《中国文学史书目提要》，合肥：黄山书社，1986年，第4—5页。

是后加；但书册纸质发黄，局部焦脆，纸拈外露，封底有虫蛀留下的线形蛀洞，显见年代颇远。该册文学史正文前有一长篇文字，叙述历代文章流变，当乃其序，只是不标其目而空悬首行，但此一空行有毛笔顶格手书"中国文学史"五字，与全书字体及标目体制皆不相契，显系后增。不过，即使五字所来有自，亦不当为该书之名。因为该书版心署"本科文学""文学史"字样，且封底衬纸印有"本科文学史"字样，故名之曰《本科文学史》似较为胜。遗憾的是，《本科文学史》书签页、书名页俱阙，亦未见牌记，故作者、出版时地等均无从知悉，然其序言俱在，正文完整，可据之推测其编撰年代。

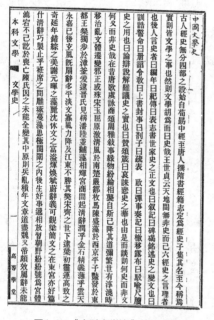

图1-1　《本科文学史》首页书影

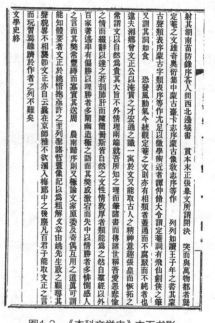

图1-2　《本科文学史》末页书影

　　《本科文学史》的述史范围，起于"皇古及神农皇帝之文学"，讫于"乾嘉以后诸家之文"，且书末有"文学史终"字样（图1-2），可见该书原本即为1册。一如前述黄、林、章等人所著之文学史，《本科文学史》亦称"清朝"为"我朝""皇朝"或"国朝"。其序有云："我朝桐城之祖"；"皇朝古文，乾嘉后始有'桐城'

'阳湖'之目，实则同出一源"[1]；其正文《国朝诸家之文学》又云："国朝各种学问皆臻极轨焉"[2]。此其一。其二，书中凡涉"玄"字，多改称"元"字，或缺其末笔；凡书"弘"者，皆改为"宏"。凡此种种，符契清代著述避讳的通例。其三，全书正文凡言"国朝""皇朝"，皆前空一格；凡言清代"世祖""章皇帝"（顺治）、"圣祖"（康熙）、"世宗"（雍正）、"高宗"（乾隆）、"宣宗"（道光）等，亦前空一格。其四，全书列叙历代文学，以清朝为尊。其序云：

> 国朝则无艺不工，无体不备，如入五都之市百货骈填，如游昆阆之墟众宝森列，实有目不暇给者。讵非中国数千年文明之极轨乎？[3]

又，该书正文《国朝诸家之文学》篇云：

> 皇朝兴于满洲，自世祖定鼎京师，作育人才，首隆学校；圣祖稽古右文，勉士子躬行实践，明末虚浮之弊为之一祛；世宗继继承承，推译圣祖圣谕颁行天下，培养风俗，治化炳然；高宗以来，造就士类，其道亦广，制作经纶之业，直可以超轶唐宋。而康熙、乾隆两朝敕撰钦定之书，巨帙煌煌，莫不钻仰。是以二百余年间，文学之风，臻于极盛，大炉陶冶，磅礴群伦，信未有若斯之完备者也。[4]

胪列历代文学流变而以清代为"我朝"，综述清代文学成就而推其为历代之最，尊清思想毋庸置疑。综合以上四者，可证《本科文学史》必撰于1912年清亡之前。

1　佚名：《本科文学史》，美国威斯康辛大学麦迪逊分校纪念图书馆藏清末铅印本，印刷时间不详，第2a页。
2　佚名：《本科文学史》，第76b页。
3　佚名：《本科文学史》，第2a页。
4　佚名：《本科文学史》，第76b页。原书"世祖"等词之前的空格，引用时皆不予保留。下同。

至如该书更具体的撰写时间，根据相关内容和版心所印"高等学堂"字样可约略
推知。

《本科文学史》的编撰者在《国朝诸家之文学》中谈到咸丰、同治年间的"译
学家"之文时，提到了严复和林纾，并引林氏勉励后学之言："恣肆于西学，以彼
新理，助我行文，则异日学界中，定更有光明之一日。"[1]这句话出自林译《洪罕
女郎传·跋语》。该译本前有林氏作于光绪三十一年（1905）十一月十五日的序
言，内称："前十年译《茶花女遗事》，去年译《迦茵小传》，今年译《洪罕女郎
传》。"[2]由此可知，《洪罕女郎传》译于1905年，《本科文学史》称引其《跋语》，
必作于是年之后。

1902年清廷在拟定的"壬寅学制"中提出，"应照大学豫科例"设置"高等学
堂"。[3]所谓"应照大学豫科例"，是指比照《钦定京师大学堂章程》所定的大学
院、大学专门分科、大学预备科三级分类的末级而行。虽然"壬寅学制"最终未
能实施，但已明确高等学堂相当于大学预科。1904年1月，清政府又颁行"癸卯学
制"，其中的《奏定高等学堂章程》提出在各省城设置高等学堂，作为普通中学堂
与分科大学之间的一级，目的是"令普通中学堂毕业愿求深造者入焉；以教大学
预备科为宗旨，以各学皆有专长为成效。每日功课六点钟，三年毕业"[4]。准此，
各省纷纷举办高等学堂，或新设，或将原有省立大学堂易名转设。据《第一次中
国教育年鉴》的统计，清末高等学堂的设置时间集中在光绪三十三年（1907）、三
十四年（1908）和宣统元年（1909），每年置立数分别是13、19和24所，学生数计
逾万人[5]。《奏定高等学堂章程》同时规定，高等学堂的课程中设"中国文学"

1　佚名：《本科文学史》，第79a页。

2　哈葛德（Henry Rider Haggard）：《洪罕女郎传·序》，林纾、魏易译，《说部丛书初集》第三十五
　　编，上海：上海商务印书馆，1913年，第1—2页。

3　璩鑫圭、唐良炎编：《中国近代教育史资料汇编·学制演变》，上海：上海教育出版社，2007年，第
　　265页。

4　璩鑫圭、唐良炎编：《中国近代教育史资料汇编·学制演变》，第337页。

5　潘懋元、刘海峰编：《中国近代教育史资料汇编·高等教育》，上海：上海教育出版社，2007年，第
　　99页。

科，第一、二学年"练习各体文字"，第三学年则"兼考究历代文章名家流别"[1]。所谓"历代文章名家流别"意指何者，《奏定高等学堂章程》并未说明，但是，《奏定大学堂章程》第三节"文学科大学·中国文学门"指定的主课中有"历代文章流别"，并括注云："日本有《中国文学史》，可仿其意自行编纂讲授。"[2]换言之，在主事者看来，所谓"历代文章流别"就是"文学史"。高等学堂既是分科大学的预科，相关课程的设置亦必比照后者而模范之。所以，文学史课程应该是高等学堂三年级时开设的科目。《本科文学史》版心印"本科文学""文学史"字样，说明其乃高等学堂"文学"门类中"文学史"一科的教材，其编撰应该是高等学堂创设的时间之后，即1907年以后。

《本科文学史》序末云："前预科既略辨析其派别，并详论其体格；今复柝而言之，穷究夫时代兴衰之迹，以为论世之助。则文学史一篇，讵仅为率尔操觚者耶！"[3]高等学堂既为大学预备科，又何以有"预科""本科"之别？"癸卯学制"在高等学堂之外，还拟设高等实业学堂。其《奏定高等农工商实业学堂章程》规定，高等农学堂、商业学堂的学科均分为预科与本科两个层次。其中，高等农学堂的本科分为农学、森林学、兽医学、土木工学，其学制是"预科一年毕业，农学四年毕业，森林学、兽医学、土木工学三年毕业"[4]。高等商业学堂不细分学科，学制统一为"预科一年毕业，本科三年毕业"。另外，同时颁行的《奏定中等农工商实业学堂章程》规定，中等农业学堂、工业学堂、商业学堂、商船学堂四者也分为本科与预科[5]。从学习科目看，高等实业学堂本科的科目均是在预科基础上增加专门性或更高阶的课程。如，高等商业学堂预科科目共十门，本科则增为十

1　璩鑫圭、唐良炎编：《中国近代教育史资料汇编·学制演变》，第339—344页。

2　璩鑫圭、唐良炎编：《中国近代教育史资料汇编·学制演变》，第365页。

3　"预科既略辨析其派别并"十个字系毛笔后补之文，表明补缺者或许见过据以对照的别册《本科文学史》，惜其详不可知。

4　璩鑫圭、唐良炎编：《中国近代教育史资料汇编·学制演变》，第465—466页。

5　璩鑫圭、唐良炎编：《中国近代教育史资料汇编·学制演变》，第457—463页。

八门，除继续学习"商业道德""外国语""体操"等科目外，改预科的"作文""算学"为"商业文""商业算术"，改"法学通论"一门为"民法""商法""交涉法"三门，并增加"商品学""理财学"等专门性科目[1]。可见，高等实业学堂的本科与预科的区隔体现于学习科目的数量多寡与程度难易，这两点又是由"分年学级"决定的，就是说，二者之别与学年有关。1912年10月民国政府颁布《大学令》，其第九条规定："大学预科生修业期满、试验及格，授以毕业证书，升入本科。"[2]此中的本科与预科之别是基于学历而言的，与"癸卯学制"不同。那么，《本科文学史》中的"高等学堂"是否为前述"高等实业学堂"的简称呢？答案是否定的。因为高等农学堂的学习科目中，预科虽有"中国文学"，但本科无此科目[3]；高等商业学堂更是预、本两科皆无。另外，《奏定高等农工商实业学堂章程》与《奏定高等学堂章程》同时颁行，其名各有所指，前者似不宜简称为后者。细察《奏定高等学堂章程》"学科程度章"的相关要求，高等学堂第一、二学年"练习各体文字"，其意所指就是《本科文学史》序言所谓"既略辨析其派别，并详论其体格"，即了解文学流派，学习各类文体；而第三学年则"兼考究历代文章名家流别"，其意所指就是序言所谓"穷究夫时代兴衰之迹"，即学习文学史。如此看来，高等学堂的"预科""本科"之分，可能是借鉴当时中、高等实业学堂的一种习称，分别指谓其第一、二学年及第三学年。《本科文学史》序末所谓"前预科既略辨析其派别，并详论其体格"，表明该高等学堂第一、二学年已学习"各体文字"，且很可能编撰有相关讲义；而第三学年则在其基础上，以"史"为纲、以"时代兴衰之迹"为背景，再作引申讨论，为此所编的讲义即《本科文学史》。

综上可知，《本科文学史》是一部编撰于1907至1912年间的供某高等学堂三年级学生之用的文学史教材。至于此一高等学堂究竟为何，暂无法确考。

1　璩鑫圭、唐良炎编：《中国近代教育史资料汇编·学制演变》，第471页。
2　王文杰：《民国初期大学制度研究（1912—1927）》，上海：复旦大学出版社，2017年，第175页。
3　璩鑫圭、唐良炎编：《中国近代教育史资料汇编·学制演变》，第466页。

二、《本科文学史》的编撰体例与内容倾向

　　林传甲《中国文学史》（以下简称"林史"）的编撰和标目基本遵循了《奏定大学堂章程》"文学科大学·中国文学门"中"研究文学之要义"的规制，以纪事本末体和通鉴纲目体分篇析章，卷帙浩繁。黄人《中国文学史》（以下简称"黄史"）则以文学理论和文体分类为先导，经由"总论""略论""文学之种类"而"分论"上世至近世之文学，编次亦赡。相较之下，《本科文学史》部类简明，全书不拟篇、章、节之名及序号，仅以低正文两格之例，以"某某之文学"或"某某之文"标目，共54个部分（表1）；其中唯有"国朝诸家之文学"下，再以顶格之例分出经学家、小学家、历史家、理学家、骈体家、诗赋家、词曲家、译学家诸细目，余皆不分。此种简明扼要的编撰方式或许与其面向的讲授对象有关。

表1　美国威斯康辛大学图书馆藏《本科文学史》篇目表

时代	《本科文学史》标目（数字、按语为笔者所加）
先秦 两汉	1. 皇古及神农皇帝之文学　2. 唐虞夏商之文学　3. 成周最盛之文学　4. 孔门弟子之文学　5. 春秋战国诸子之文学　6. 周秦之间诸子之学　7. 周秦间传记之文学　8. 周秦间楚辞之文学　9. 秦代之文学　10. 两汉之文学　11. 两汉之经学　12. 两汉之史学　13. 两汉词章诗赋之学　14. 两汉诸子传记之文学
魏晋 南北朝	15. 魏代父子及"建安七子"之文学　16. 三国蜀吴之文学　17. 两晋之文学　18. 两晋诸子传记之文学　19. 南北朝之文学　20. 南北朝诗文总集之学
隋唐 五代	21. 隋代之文学　22. 隋代切韵之学　23. 唐代之文学　24. 唐三宗及武后. 徐贤妃之文　25. 魏征、张蕴古之文　26. 王、杨、卢、骆之文　27. 陈子昂及燕、许二公之文　28. 张九龄、颜真卿之文　29. 李邕、元结、独孤及之文　30. 李华、萧颖士之文　31. 陆贽、权德舆李德裕之文　32. 韩愈、柳宗元之文　33. 皇甫提（按：当作"湜"）、李（按：原书脱"翱"字）之文　34. 孙樵之文　35. 樊宗师、刘蜕之文　36. 刘（按：原书脱"蕡"字）、杜牧之文　37. 唐代工诗而复工文者之文　38. 五代文学之雕敝
宋	39. 宋初之文格　40. 宋儒之理学及其文学　41. 宋时江西派之文　42. 眉山"三苏"之文　43. 南宋诸家之文字（按："字"字疑衍）　44. 两宋四六之文
金元	45. 金、元两代之文学　46. 赵争文、王若虚、元好问之文　47. 姚燧、吴澄、虞集、欧阳元、危素之文　48. 元代诸家之文
明清	49. 有明一代文学之变迁　50. 宋濂、归有光之文　51. 国朝诸家之文学　52. 国初诸老之文　53. 方苞、刘大（按：原书脱"櫆"字）、姚鼐之文　54. 乾嘉以后诸家之文

　　《本科文学史》的两种标目方式，实际上各有所指。第一种所谓"某某之文

学"者，多以朝代领起，纵论一代文章之变迁。以朝代为时间单位，描述当世的文学事实，构成"当代文学史"；累积历世的"当代文学史"，则成"整体文学史"，《本科文学史》书根刻印的"全文学史"，或即此意。在该书中，"当代文学史"体现于正文诸篇，"整体文学史"主要见诸序言。序文洋洋洒洒1700余字，纵论中国文学大势，上溯"唐歌虞咏，商颂周雅"的皇古三代，下及"无艺不工，无体不备"的有清一代，终则"统而言之：汉精经术，宋研性理，六朝骈俪，李唐诗赋，元工词曲，明优制艺，各代皆自为风气，各擅专长"[1]，俨然一篇简明版中国古代文学史。较之林史因拘泥于章程而导致的薄弱的"历时"意味[2]，《本科文学史》的"史"的特质甚为明显。这种借鉴传统编年史的文学史编撰体例一般被称之为"时序体"[3]，也是早期中国文学史的通例。《本科文学史》的编撰者在讨论文学迁变时，特别注意学风与世运的影响，这是刘勰"时运交易，质文代变"思想的延伸。如，《两汉之文学》开篇谓："一代学风之盛衰消长，皆由一代之帝王师相率之风行草偃，理固然也。"[4]继而由高祖轻儒而文学不振发端，以西汉惠、文、景、武、成及东汉明、章、顺、灵、献诸帝为脉络，以董卓（192年卒）乱京而祚终文衰为收束，缕析汉代国运兴衰及其学术与文学嬗递之大势。又，《本科文学史》序言论宋代文学云：

　　诗文至樊南、西昆，已开杀人涂术矣。宋之倡复古则欧阳修，实一代之宗匠焉，"三苏"、曾、王继之，古文由是大盛。老泉之雄劲纯乎《国策》，东坡之超旷颇类庄周，子由之宕漾则取法六一，曾文深厚实得力于刘向，半山刚气酷肖乎其人。其他杨亿、汪藻以俪体为应制之用，同甫、务观以感时多

1　佚名：《本科文学史》，第2a页。
2　陈国球：《文学史书写形态与文化政治》，第56页。
3　黄霖：《近代文学批评史》，上海：上海古籍出版社，1993年，第754页。
4　佚名：《本科文学史》，第16a页。

激烈之作，亦文运之应世而变者也。[1]

杨亿（974—1020）等人所处的宋初社会，安定清和、经济发展，悠游酬唱之风渐起，平淡鄙俗的白体已不契世相，雕润巧丽的"西昆体"遂应运而生；王安石时代的北宋积贫积弱、危机四伏，陆游（1125—1210）成长于内忧外患不断的偏安南宋，二人的文风因此呈现出沉郁激昂的特点。《本科文学史》以此论"文运之应世而变"，显然是具有说服力的。

第二种所谓"某某之文"者，多以具体作家领起，专述其文章风格及与之相关的生平事历，并评骘其优劣。如《陈子昂及燕、许二公之文》，既标举陈子昂（659—700）的文风"简朴高劲，力追古作"，又批评其文"有贻大节之羞者"，且"究未脱陈隋之旧习"。本篇的后半段，作者还评论了李峤（645—714）、韩休（673—740）等人的文章，并自述原因谓："李峤诸人与子昂同时者，韩休诸人与燕、许同时者，因并掇录其言而附此篇末。"[2]此一体例实际上也是镜鉴自传统史著，即正史中的纪传体，一般被称为"传记体"[3]。林、黄二氏的文学史亦用此体。可见，《本科文学史》的编撰体例兼具时序、传记二体，具有了早期文学史的共性。

但是，无论是论一代之文学还是述一人之文，《本科文学史》皆以文章为中心，罕言诗歌，词、戏曲与小说则几乎无涉。《唐代工诗而复工文者之文》开篇云"唐代诗家分初、盛、中、晚，轨辙各殊"[4]，但此一笔意乃为下文论"工诗而复工文者"张本：

李太白诗以飘逸胜，杜少陵诗以沉着胜。太白《与韩荆州书》及《上李

1　佚名：《本科文学史》，第1b页。
2　佚名：《本科文学史》，第52a—52b页。
3　黄霖：《近代文学批评史》，第754页。
4　佚名：《本科文学史》，第61a页。

长史书》气盖宇宙，别有嶔崎历落之态；至其《送蔡十还家云梦序》《送孟赞府兄还都序》《送烟子元演隐仙城山序》，则如返风乘虚，餐烟太蒙，似非从人间来者。少陵《三大礼赋》，古服劲装，不同时尚，陈子龙谓其辞气壮伟，非唐初余子所能及；其《奉谢口敕方三司推问状》，可见一生大节，合祭房太尉文观之，肝胆照人，信乎笃于情而足以励俗者也。[1]

自来论李、杜者，多称其诗，而《本科文学史》独颂其文，此一叙写策略与清末文学史讲义的编撰理念有关。《奏定大学堂章程》对中国文学史讲义的编写，有一个指导性原则：

> 周秦至今文章名家之文集浩如烟海，古来最著名者大约一百余家，有专集者览其专集，无专集者取诸总集。为教员者，就此名家百余人，每家标举其文之专长以及其人有关文章之事实，编成讲义，为学生说之，则文章之流别利病已足了然。其如何用力之处，听之学者可也。……博学而知文章源流者，必能工诗赋，听学者自为之，学堂勿庸课习。[2]

以古来百余位文章名家为脉线述论文章流别利病，这是章程为文学史划定的编撰框架，林史即准此而行。高等学堂既为大学堂的预备科，而《奏定高等学堂章程》对文学史及其编撰方式又没有明示，那么以《奏定大学堂章程》为绳墨编撰讲义也就不奇怪了。《本科文学史》所论"文章名家"与林史高度重合，其正论、附录之人数，合计恰近大学堂章程所言的"一百余家"。另外，《本科文学史》有《周秦间楚辞之文学》一节，以《离骚》为经，以辞赋为论，又有《两汉词章诗赋之学》一节，实际讨论的是两汉自贾谊以降的政论文和辞赋，两节皆未以诗入

1　佚名：《本科文学史》，第61a页。
2　璩鑫圭、唐良炎编：《中国近代教育史资料汇编·学制演变》，第365页。

论。林史第九篇第十五节《屈子离骚经文体之奇奥》，亦称《离骚》为经，且以"楚辞为诸子中有韵之文"[1]，不以为诗。事实上，从体例与内容看，《本科文学史》比林史更纯粹。后者奉大学堂章程为讲义，视文学史为词章之学，其书以文字、音韵、训诂的变迁为一书开篇，以《三百篇》兼备后世古体近体之说继之，以骈文散文的古今分合兴废为收束。《本科文学史》诸目中，除《隋代切韵之学》一节外，几乎不涉文字、音韵、训诂等传统小学内容，"词"罕"章"丰，而其"章"又以古文为主。就此而言，《本科文学史》实际上是一部以纵论中国历代古文变迁、缕析各朝古文名家的文章史。

《本科文学史》对历代文学的论述有明显的不平衡性和倾向性。"崇清"之外，"重唐"最是显豁。全书54目，唐代文学史独有15目，不仅标目最多，而且篇幅最长：计约14000字，占该书总字数的18％；相形之下，明代文学史仅占2目，仅约2400字。这与作者对唐、明两代古文的认知有关。作者在序言中综述历代文章变迁，认为"至于李唐，斯文复盛"[2]，视唐代为古文复兴的管钥；又在《唐代之文学》一节中引用欧阳修的"唐文三变说"，称韩、柳等人的古文"排逐百家，法度森严，抵牾晋、魏，上轧汉、周，唐之文完然为一王法"[3]。反观其论明代文学，则多指摘之语：

> 有明二百余年之中，国初诸贤文贵和畅，踵其辙者多承平雅颂之音，逮余波所及，日趋于肤浅。……其积习至隆、万以后，又纯以机法为贵，性灵未协，情怠手阑，遂不免如辛毗之寒木矣。物穷则必变。前、后"七子"遂起而振之，学富才博，有不可一世之气概，特其石（引按："石"疑"识"之讹）太高、气太锐，至其末流之失，则转以为涂泽为工，渐成伪体。"公安三

1　林传甲著：〈中国文学史〉，陈平原辑：《早期北大文学史讲义三种》，北京：北京大学出版社，2005年，第142页。

2　佚名：《本科文学史》，第1b页。

3　佚名：《本科文学史》，第49a页。

袁"乃承其弊而诋斥之，不留余地，孰知其小慧破律，弊且甚于"七子"也。[1]

这段文字用词命意，颇类《四库总目》之《袁中郎集提要》，显然是继四库馆臣之言而发[2]，体现了清代正统文士对明代文学的不满。对于唐代之前的文学，《本科文学史》展现了以古为尊的倾向。《唐虞夏商之文学》谓"二典训辞浑穆，实为后世史纪载之至文"[3]；《成周最盛之文学》亦谓"周文郁郁称盛"[4]。值得注意的是，如同张德瀛《文学史》（以下简称"张史"），《本科文学史》对于辽、金、元时代也给予了较多关注，对其文学成就的评价也颇高。《金元两代之文学》实论于辽、金、元三朝之文。首论辽代文学，云："世宗后文学兴而庠序日盛，凡朝廷典册、邻封书命，皆粲然有可观。"[5]又引《金史·文艺传序》谓："金以武开基，无异于辽，而一代制作，能自树立唐、宋之间，有非辽世所及者。"[6]对于元代，作者一方面慨叹铁木真（1162—1227）等经略亚、欧而造就"版图式廓，亘古所无"的宏业，另一方面颂扬其"兴朝济济，英才因而日盛"[7]的局面，甚至突破体例，对元代的小说、戏曲多方揄扬。其序谓：

1　佚名：《本科文学史》，第74b—75a页。
2　《四库全书总目》卷179《袁中郎集提要》谓："其诗文所谓'公安派'也，盖明自'三杨'倡台阁之体，递相摹仿，日就庸肤。李梦阳、何景明起而变之，李攀龙、王世贞继而和之。前、后'七子'，遂以仿汉摹唐，转移一代之风气，迨其末流，渐成伪体，涂泽字句，钩棘篇章，万喙一音，陈因生厌。于是'公安三袁'又乘其弊而排抵之。……其诗文变板重为轻巧，变粉饰为本色，致天下耳目于一新，又复靡然而从之。然'七子'犹根于学问，'三袁'则惟恃聪明；学'七子'者不过赝古，学'三袁'者乃至矜其小慧，破律而坏度，名为救'七子'之弊，而弊又甚焉。观于是集，亦足见文体迁流之故矣。"参永瑢等撰：《四库全书总目》卷179《集部三二·别集类存目六》，北京：中华书局，1965年，第1618页。
3　佚名：《本科文学史》，第1b页。
4　佚名：《本科文学史》，第4a页。
5　佚名：《本科文学史》，第70a页。
6　佚名：《本科文学史》，第70a页。
7　佚名：《本科文学史》，第70b页。

元接"北山四先生"之传，程朱之学遂播。文则虞、柳、黄、吴，皆其著者也，其他小说、词曲，尤称盛焉。小说以施耐庵之《水浒传》最能动人；词曲则分南、北二种，各别土气。南曲之《琵琶记》，高则诚之所著也；北曲之《西厢记》，王实甫所作也。北曲劲切雅丽，南曲清峭柔远，其元代之特色乎？[1]

辽、金、元作为异族，其文学向为中国正统论者所忽，而清亦以异族身份入主中原，态度已然有异。《本科文学史》既以清为尊，自不能轻慢辽、金、元。总之，就撰述内容和评价而言，《本科文学史》体现了隆周重唐、倡金扬元、弱明崇清的倾向。

高等学堂及其它诸种学堂是因应清末社会危机的产物，其目的借鉴西学而变法图强。因此，此一时期的学堂教材几乎都具有西化特征，其表现之一就是文本用语的"中西融合"，《本科文学史》亦不例外。上文所述其改易传统典籍千余年来的注释方式即是佐证之一。又，《皇古及神农黄帝之文学》谓：

经传所载皇古之事，其艰难缔造，多为后世科学所权舆者。如上古结绳而治伏羲《易》之以画卦，此发明理数之祖也；……神农鞭草尝药……此为发明医药之祖也；……《神农本草》实为植物学之祖，……又，黄帝《素问》《灵枢》创生理卫生之祖。[2]

又，《成周最盛之文学》曰：

《周算髀经》为后世天文志、律历志之体，其卷首载周公、商高问答之

1　佚名：《本科文学史》，第1b—2a页。

2　佚名：《本科文学史》，第2b—3a页。

辞，其言勾股测量也简括精深，为今日西人言弧三角之祖；其言天地形体，详实明远，为今日西人言冰洋热带之祖。[1]

以西方科学概念嫁接中国经典，此类"融合"难免牵丝攀藤之嫌。不过，《本科文学史》同时也展示了基于理性思考的内省。《国朝诸家之文学》中"历史家"一段，对于中西历史家之不同，作者谓："其他熟于宋代轶事者有厉大鸿，熟于辽金元轶事者有钱辛楣。然皆国族与家族主义者，与今日西史注重民族主义本自不同。"[2]国族主义、家族主义与民族主义皆系西学概念，作者不仅将用其概括中国历史家的述史倾向，更将其与西史的相关范畴进行比较，凸显"拿来主义"之外的深度思考，而此一思考与该书的撰述目的有关。

三、《本科文学史》的文学观念与致用追求

《本科文学史》虽然展现了较强的"史"的意识，但是其对"文学"的理解依然蔽于传统藩篱。其序言开篇谓：

> 古人经、史无分。四部之设，始自荀勖《中经》。至唐人撰《隋书·经籍志》，定为经、史、子、集，其名至今称焉，实则文学之事也。然则，文学胡为而曰史哉？王世贞云："天地间无非史而已。六经，史之言理者也；后人言史者曰编年，曰纪传，曰表、志、书、世家，史之正文也；曰叙记，曰碑、碣、铭、述，史之变文也；曰训、诰、誓、命，曰册、诏、令、教，曰上书、封事，曰札子，曰疏、表、启，曰弹事、奏记，曰檄、移、露布，曰驳、喻、尺牍，史之用也；曰论、辨、说、解、难、议，史之实也；曰赞、颂、箴，曰

1　佚名：《本科文学史》，第4a页。
2　佚名：《本科文学史》，第77b页。

哀、诔、悲，史之华也。"由是而谈，则何史而非文、何文而非史哉？[1]

"四部皆文学"，这是作者首先标举的文学观念。此一观点或许与"六经皆文"相关。根据吴夏平先生的研究，"六经皆文"的概念最早由明人唐桂芳在《白云集原序》中提出，嗣后倡言之者有明人王立道（1510—1547）、清人袁枚（1716—1798）等；但作为一种观念，"六经皆文"早在中唐就已形成，柳宗元（773—819）《杨评事文集后序》等对此即有阐述；而汉代扬雄（前53—18）"五经含文"、王充（27—97?）"遵经为文"、六朝刘勰（465—532?）"宗经""征圣"、颜之推（531—597?）"文章者源出五经"诸说，则是其渊薮[2]。韩愈（768—824）《进学解》云："《周诰》《殷盘》，佶屈聱牙；《春秋》谨严，《左氏》浮夸，《易》奇而法，《诗》正而葩；下逮《庄》《骚》，太史所录，子云相如，同工异曲。"[3]从文风角度指出经、史、子、集的文学因素，可视作"四部皆文学"论的先声。不过，《本科文学史》对此并未展开论述，而借由王世贞（1526—1590）《艺苑卮言》引出"无史不文"的观念。王氏谓"《六经》，史之言理者也"，已然蕴含了"六经皆史"的理念，但其讨论的重心是史与文的关系。细察其言，其所谓的"文"，如纪传、叙记、训、表、尺牍、论、诔之类，皆是文体，并非文学，而以文体和文章为主干描述历代文学的迁延，正是《本科文学史》作者的基本叙史策略，只是因为"前预科既略辨析其派别，并详论其体格"，所以在《本科文学史》中较少考镜文体源流，而详论文章风格，但是观念与实践的一致性并不能掩盖其"泛文学观"的本质。黄人认为文学"属美之一部分"，同时，"远乎真者，其文学必颇"，"反乎善者，其文学亦亵"，因此，"自广义观之，则实为代表文明之要具，达审美之

1　佚名：《本科文学史》，第1a页。此段所引"王世贞云"出自氏著《艺苑卮言》卷1，除循例节引外，相关语辞与传本《艺苑卮言》原文略有小异。详参王世贞著、罗仲鼎校注：《艺苑卮言校注》，济南：齐鲁书社，1992年，第32—33页。
2　吴夏平：《试论中唐"六经皆文"观念的生成》，《文学遗产》2016年第6期，第56—67页。
3　韩愈：《韩昌黎文集校注》，马其昶校注，马茂元整理，上海：上海古籍出版社，1986年，第46页。

目的，而并以达求诚明善之目的者也"[1]。也就是说，文学以"美"为鹄的，并涵摄"真"与"善"。这一观点将审美置于文学的核心位置，具有突出的现代性品格。在这个意义上，《本科文学史》与林史、张史一样，均显示了保守主义立场。《本科文学史》的汉代部分，总论之外，其余四节分别是："两汉之经学""两汉之史学""两汉词章诗赋之学""两汉诸子传记之文学"，经、史、集、子四部俱在，且皆统摄于总论部分"两汉之文学"中。林史杂糅诸端的述写方式令"文学"气息消泯于经、史、子、集的鼎镬中，暧昧难寻。研究者指出，张史不仅认同"文本于经"的古老传统，而且明确宣示其书所录，"肇自上古，迄于皇朝，以集为主，而经、史、诸子亦备甄采"[2]，这与《本科文学史》"四部皆文学"的主张一致。

对"四部皆文学"或者"文本于经"的坚守，实际上因应于"文学治化论"。《奏定大学堂章程》"研究文学之要义"指出："古以治化为文，今以词章为文；关于世运之升降"，意在提醒文学史编写者注意分辨治化之文与词章之文的区隔，并隐有纠正"今以词章为文"的偏失之意。林史于二者并行不废，但其在理念上其更重视治化之文。是书第十二篇《汉魏文体》题下自注："为史以时代为次。详经世之文，而略于词赋"[3]，此一策略源自二者的有用、无用之分。"研究文学之要义"称"秦以前文皆有用，汉以后文半有用半无用"，林传甲在此基础上梳理先秦两汉之文指出，汉以后"治化、词章遂判而为二"。换言之，秦以前之文为有用的治化之文，而汉以后之文则变为半有用、半无用的治化、词章二文，故其对汉、魏以后之文的处理即秉持这一原则。《本科文学史》对"要义"的呼应虽然不似林史直接，但亦见冥合。《成周最盛之文学》谓：

　　　　"六艺"者，治化之文。太史公曰："《礼》以节人，《乐》以发和，《书》

1　黄人：《中国文学史》，杨旭辉点校，苏州：苏州大学出版社，2015年，第2页。

2　闵定庆：《张德瀛著〈文学史〉：一部值得关注的早期中国文学史》，《中山大学学报（社会科学版）》2006年第4期，第35页。

3　林传甲：《中国文学史》，陈平原辑：《早期北大文学史讲义三种》，第171页。

以道事,《诗》以达意,《易》以神化,《春秋》以义。"其微言奥旨足以立人道之正,以著善恶之归。故曰:"六艺于治一也。"[1]

此处的"六艺"即"六经",作为日月经天的先秦经典,《本科文学史》将其视作"治化之文",并将其"有用性"归结为立人道之正、著善恶之归,凸显了对传统政教文学观的信奉与接续。上文已述,该书独厚唐代文学,察其所采的作家、作品,颇见贤妃、直臣的谏疏文,如《唐三宗及武后徐贤妃之文》《魏徵张蕴古之文》。其论徐贤妃(唐太宗妃徐惠,627—650)《谏太宗息兵罢役疏》曰:"贤妃以一宫妾苦口危言,勗之以药石,姜石脱簪、班姬辞辇尤不足以口其美也。上官昭容虽工文字,以妃较之,瞠乎后矣。"[2]又论魏徵(580—643)《谏太宗十思疏》曰:"约而言之,实则古圣贤居安思危之旨,匡衡《六戒》无以过之。归震川谓征此文大异于汉,可见一代之风气。故其体格虽殊,而讽谕之情则一若。"[3]再论张蕴古(631年卒)《大宝箴》、谢偃(599—643)《惟皇诫德赋》曰:"其规戒之旨颇与征相类焉。"[4]此类谏疏文固有其文学、历史等价值,《本科文学史》却无视其本体性特质,而着意于其讽谕之旨,且特以"贤妃""圣贤"等称呼其人,显见作者心中深镌着一幅君明臣良、后妃赞辅的理想治化图。但是,如若因此就认为作者是一个不晓世分淳浇的腐儒,那也是不公平的。《本科文学史》序言明确指出:"世有淳浇,时移治乱,文体迁变,邪正或殊。"[5]作者亦在具体叙写中坚持了此一主张。究其根本,治化系于时势之变,只有将文章置于升降之世运和嬗变之学风的维度中进行考察,才能凸显其亘古不易的垂训载道本质,并领会其移风易俗或拨乱反正的价值。此即作者在序末所申明的《本科文学史》的编撰目的:"穷究

1　佚名:《本科文学史》,第4a页。
2　佚名:《本科文学史》,第50a页。按:此处的"石"当为"后"之讹。
3　佚名:《本科文学史》,第50b页。
4　佚名:《本科文学史》,第50b页。
5　佚名:《本科文学史》,第1a页。

夫时代兴衰之迹，以为论世之助。"[1]

郑振铎曾经批评说："最早的几部中国文学史简直不能说是'文学史'，只是经、史、子、集的概论而已。而同时，他们又根据了传统的观念——这个观念最显著的表现在《四库全书总目提要》里——将纯文学的范围缩小到只剩下'诗'与'散文'两大类，而于'诗'之中，还撇开了'曲'——他们称之为'词余'，甚至撇开了'词'不谈，以为这是小道；有时，甚至于散文中还撇开了非'正统'的骈文等东西不谈；于是文学史中所讲述的纯文学，便往往只剩下五七言诗、古乐府以及'古文'。"[2]早期的中国文学史在编撰体例、文学观念、选文定篇等方面确乎呈现出粗粝混沌的风貌，郑氏的指摘并非虚辞。《本科文学史》称"四部皆文学"，甚至连"诗"也很少评骘，遑论词、曲与小说。然而，从"传统"内部摭拾陈言入于翰墨，或者移用固有观念合乎新编，这既是早期文学史编纂者披荆斩棘的必由之径，更是因应时变的振衰之途。

以治化之文为镜鉴，突出文学史"论世之助"的功能，此一经世致用的思想是早期中国文学史著的共同追求之一，譬如林史即主张"切于人事"而"明体致用"。经世致用务在返虚就实，要在因时而用。身处内外交困的晚清，来恂裕大声疾呼保存国粹，并认为文学是其不二选择。来恂裕《中国文学史稿·绪言》谓："欲焕我国华，保我国粹，是在文学。盖文学者，国民特性之所在，而一国之政教风俗，胥视之为盛衰消〔长〕者〔也〕。"[3]《本科文学史》与之声气相通。《国朝诸家之文学》有"译学家"一节，略述咸丰、同治以来的西学译介情况，并论及两位声名远播的西学翻译者严复、林纾及其译文风格。在引用林纾敦诲后学之言"恣肆于西学，以彼新理，助我行文"后，作者也表达了自己的期待："信如所

1　佚名：《本科文学史》，第2a页。
2　郑振铎：《插图本中国文学史·绪论》，北京：人民文学出版社，1982年，第7页。
3　来恂裕：《中国文学史稿·绪言》，长沙：岳麓书社，2008年，第3页。按：原文"长""也"二字空缺，据上下文增改。

言，十余年后译才辈出，四部之外又当增一部矣。"[1]增西学为传统经、史、子、集四部之外的第五部，这一极具想象力的学术建构与其说是主动创想，毋宁说是基于时变的被动会通。作者解释道："以上所述，仅及大略，将以观其会通焉耳。自学科日明，能取万国之所有者，补其不足，是以欧化主义与国粹主义相济而相成。而有志之士尤不肯以数千年相传之旧籍视如土苴，独能于千钧一发之时以保全为己任，前哲未渗，可师可法。幸斯文之未坠，亟振起衰而无使凌迟以至灭亡。诸君子所宜共勉也。"[2]在亡国灭种的深重危机面前，文学究竟何能？作者的药方是以"西学"会通"中体"。以今视之，改良主义只是历史的悲剧性挣扎，但站在当时的立场，以西学济成国粹之文，又何尝不是"论世之助"的理想模式呢？新式学堂的创设，本意即在师夷长技以振衰起敝、开智启蒙以救亡图存，而作为最具文化精神和民族特质的"中国文学"科目，自不能须臾背离此一目标。无怪乎黄人动情地呼吁："保存文学，实无异保存一切国粹，而文学史之能动人爱国保种之感情，亦无异于国史焉！"[3]《本科文学史》撰成于清末，以清为尊，编著者对国运衰危之迹，自然不能大胆、清晰地剖析，所以在"译学家"一节借题发挥，勉励后学，其根本追求，正与黄氏的宣示相类。

总之，美国威斯康辛大学图书馆见藏的《本科文学史》编撰时正值早期中国文学史写作的肇创时期，其文本性质、文学观念与致用追求也与目前可见的早期文学史著非常相似，值得进一步探赜考论。

1　佚名：《本科文学史》，第79a页。

2　佚名：《本科文学史》，第79a—79b页。

3　黄人：《中国文学史》，第4页。

论晚明文人俞琬纶的词曲

蔡亚平　梁致远

蔡亚平，文学博士，暨南大学文学院副教授。
2013—2014年在美国威斯康辛大学麦迪逊分校
访学，导师为倪豪士教授。
梁致远，暨南大学文学院博士研究生。

俞琬纶（1576—1618），字君宣，长洲（今属江苏苏州）人，明万历四十一年进士，官任西安县令。他于诗、文、词、曲皆有创作，有《自娱集》存世。今人往往通过他为冯梦龙《打枣竿》所作《小引》而知其名。《打枣竿》即《挂枝儿》前身，俞琬纶这篇小引收入其《自娱集》，也是《挂枝儿》的唯一序文。[1]俞琬纶"风流文采，掩映一时"[2]，为长洲名士之一，与冯梦龙、陈元素、文震孟、张凤翼、潘之恒等名士皆有往来。在他们的圈子中，俞琬纶在文学创作方面成就颇高，其作品可令人"歌之舞之，心折魂摇，不能自禁"[3]。

目前学界对俞琬纶文学创作的研究比较有限，最集中对其进行探讨的，是尹恭弘所著《小品高潮与晚明文化——晚明小品七十三家评述》，作者在书中为俞琬纶单列一章，认为他的小品"大胆、细腻地抒发感情"[4]。另有龚霞在其论文《崇祯本〈金瓶梅〉回前诗词来源补考》中指出，俞琬纶的一首小令被编入崇祯本

1　周玉波：《〈挂枝儿〉〈山歌〉札记》，《古典文学知识》2020年第1期，第144—150页。
2　赵宏恩等：《乾隆江南通志》，见《中国地方志集成·省志辑·江南》第6册，南京：凤凰出版社，2011年，第228页。
3　文震孟：《小叙》，见俞琬纶：《自娱集》卷首，明万历四十六年张金庸刻本，第1b—2a页。
4　尹恭弘：《小品高潮与晚明文化——晚明小品七十三家评述》，北京：华文出版社，2001年，第300—305页。

《金瓶梅》[1]。除此之外，尚无对其文学创作进行细致研究的论著。俞琬纶生活的时代正值晚明世风转变、个性解放的时期，而其又堪称典型的"晚明文人"，对于这样一位风流名士，学界未予以足够关注，甚为可憾。因此笔者拟从俞琬纶的词曲入手，探讨其文学创作和生活状态。

一、俞琬纶的生平与交游

（一）生平

俞琬纶是长洲名士俞华麓之子，其父俞华麓生性不羁，狎妓娈童，以官为戏，对俞琬纶影响巨大。他曾有这样一件逸事：

> 俞后中考功，法闻参语云："稍有晋人风度，全无汉官威仪。"乃愠曰："全无汉官威仪，已似我矣！晋人风度，岂止稍有？是非真知我者。"大夫狂态，可想一斑。[2]

此事在陈梦雷《古今图书集成》中被误记为俞琬纶本人之事，父子习性相似可见一斑。冯梦龙在《古今谭概》中曾将父子二人"好外"的事迹并列，并称俞琬纶关于娈童的"高论"，"语本大夫家教来"[3]。稍晚的同乡名士尤侗也说俞琬纶放诞风流乃"家风固尔"[4]。这种"风流"性格贯穿俞琬纶一生中的大部分时间。

俞琬纶三十八岁中进士之前，一直在老家长洲附近活动。在漫长的岁月里，他和普通读书人一样结伴读书，准备考试。[5]年纪愈大，俞琬纶也曾对多次应举愈

1 龚霞：《崇祯本〈金瓶梅〉回前诗词来源补考》，《明清小说研究》2013年第1期，第71页。

2 冯梦龙：《情史》，长沙：岳麓书社，1986年，第173页。

3 冯梦龙：《古今谭概》，福州：海峡文艺出版社，1985年，第209页。

4 尤侗：《题俞君宣遗迹》，《西堂杂组》卷5，清康熙丙午金闾周君卿刻本，三集，第15b页。

5 俞琬纶：《陈古白南园日践序》，《自娱集》卷7《序》，明万历四十六年张金庸刻本，第1a、1b页。本文所引俞琬纶作品均出自《自娱集》，中国国家图书馆藏明万历四十六年张金庸刻本。

感厌倦，写下"客屡心愈淡，高功一饭炊"（《自娱集》卷一，五言古诗十二）的诗句。回顾往昔，甚至会感觉自己"为举业牢囚屈曲"（《自娱集》卷九，引五）。同时，这段时间也是俞琬纶狎妓娈童、纵情声色的时期，他留下了大量词曲作品。

中举授官后，以官为戏的"家学"对俞琬纶发生作用。冯梦龙曾记曰：

> 俞君宣性懒，选得衢州之西安。友人规之曰："清慎君所有余，第在冲要地，不可不勤。"俞曰："何以知冲要也？"曰："是四轮之地，不然，何以谓之衢州？"俞曰："是偏安之邑，不然何以谓之西安？"友人无以难。[1]

俞琬纶生平喜好书法，生性不羁却"临池郑重"[2]，笔风"出入晋唐"[3]，书法"挺秀"，"人尤宝爱"[4]。其书法作品与《自娱集》一样流传至今。赴任后，他发挥书法专长，免费为百姓题字，"许百姓以素扇、花笺随投文而入，放衙挥洒，命堂吏累累抱之出，一切薄书束弗问，几以官为戏矣"[5]。同为"名士"的方应祥对其评价云："俞君宣作令，直以佛致信生人，即佛之法将无用之，况世之法耶？此君在，百姓其慈悲之。"[6]可见，俞琬纶的种种"异政"在其圈子中颇受好评。不幸的是，俞琬纶"一官未终"死于任上[7]，可谓英年早逝。张撝之等主编《中国历代人名大辞典》袭陈梦雷《古今图书集成》之讹，认为俞琬纶"以有名士风为过失，被劾罢官"[8]，误。

1　冯梦龙：《古今谭概》，第773页。
2　尤侗：《题俞君宣遗迹》，《西堂杂组》卷5，清康熙丙午金闾周君卿刻本，三集，第15b页。
3　顾沅辑，孔继尧绘图：《吴郡名贤图传赞》卷12，清道光七年长洲顾氏刻本，第15b页。
4　赵宏恩等：《乾隆江南通志》，《中国地方志集成省志辑·江南》，南京：凤凰出版社，2011年，第6册，第228页。
5　尤侗：《题俞君宣遗迹》，《西堂杂组》卷5，清康熙丙午金闾周君卿刻本，三集，第16a页。
6　方应祥：《与闻子将》，《青来阁二集》卷7，明天启四年易道暹刻本，第39a页。
7　缪昌期：《与沈褒中》，《从野堂存稿》卷5，台北：艺文印书馆景印清本，1964年，第18a页。
8　张撝之，沈起炜：《中国历代人名大辞典》，上海：上海古籍出版社，1990年，第1755页。

俞琬纶去世后，友人文震孟收集了他《自娱集》遗稿，编订付梓。俞琬纶身后留有"老母、寡妻、弱子"，其同年缪昌期曾帮他的家人向地方官求助。[1]俞家显然度过了这次危机，并一直延续到清代。其后人还于康熙年间重刊了《自娱集》。

（二）交游

既然俞琬纶赴任后并未弃官归家而是逝于任上，那么他与长洲名士们直接来往的时间当在其三十八岁中举之前。观其《自娱集》，可以发现俞琬纶结识的文人极多，但与他有诗词酬赠者未必是最亲密的朋友。比如与他一同读书三年的陈元素，就是一位不工诗词的书画家，二人有大量亲密的书信来往，却无唱和诗词传世。同时，俞琬纶的诗词题赠很多时候比较偶然，不少题赠对象只在文集中出现了一次。总体来看，与俞琬纶来往最密者有陈元素、文震孟、张献翼和潘之恒四人。

陈元素，字古白，生卒不详，约生活于明万历至崇祯年间。上海博物馆藏有他与盛茂烨合作的《兰石图卷》，落款为崇祯四年（1631），可知此时陈古白仍在世。他与俞琬纶一样长于书法，亦有作品传世，是当时长洲一带的书画名家。陈元素是俞琬纶的少时同学，一生至交。《自娱集》中不见为陈元素所作的祭文，推测陈应较俞琬纶长寿。

文震孟，字文起，生于万历二年（1574），系文徵明曾孙。文震孟博通经史，但科场蹭蹬，天启二年（1622）才中举授官。文官至礼部左侍郎，直东阁大学士，曾弹劾魏忠贤，后遭温体仁排挤，落职回家，于崇祯九年（1636）病逝，南明时追谥文肃。俞琬纶与文震孟交情甚笃，俞琬纶死后，即由文震孟收集整理他的遗稿，依照他生前的计划纂为《自娱集》，并为之作序。

张献翼，字幼于，生于嘉靖十三年（1534），万历三十二年（1604）被刺身亡，系著名曲家张凤翼之弟。张献翼生性不羁，为一代"狂士"之一。他少年时被

视为"国士"，但始终蹭蹬科场，巨大的心理落差令其在中年落于狂诞，多有异举[1]。俞琬纶与张献翼是忘年交，二人"性相近"，且张献翼的曲水草堂是俞琬纶、潘之恒、冯梦龙等人群聚狎妓的重要场所。张献翼遇刺身亡后，俞琬纶极为悲痛，为他作有祭文[2]。

潘之恒，字景升，生于嘉靖三十五年（1536），卒于天启元年（1621）。潘之恒是著名曲家，精于戏曲评论，还拥有私人戏班，深谙戏曲表演及唱歌活动。他也是曲水草堂的常客，令张献翼、俞琬纶不能忘怀的歌女侯小双就是他介绍来的。

以上四人中，陈元素、文震孟与俞琬纶几乎没有诗词唱和，却有大量书信往来，他们也是其他人眼中俞琬纶最亲密的朋友。从存世文献来看，陈元素、文震孟从未参与过俞琬纶的声色活动，张献翼和潘之恒则是俞琬纶声色场上相熟的友人。除这四人以外，与俞琬纶有交情而名垂后世的就是冯梦龙了。他们二人在文学上来往密切，俞琬纶曾为冯梦龙《打枣竿》作《小引》，冯梦龙亦将俞琬纶的小令编入《太霞新奏》，还留下了二人合作的曲子。龚霞更认为正是冯梦龙将俞琬纶的曲写入崇祯本《金瓶梅》。单从俞琬纶的词曲来看，与张献翼、潘之恒、冯梦龙的交游对他的创造影响较大，这三人均为著名词曲作家，俞琬纶常与他们一同参加唱歌活动，不免受其影响。

二、 俞琬纶词曲的文献情况与内容思想

明代中后期，文坛上出现了所谓"词曲合流"的现象。词、曲两种文体不但在审美趣味和创作方法上向对方靠拢，就连古典文学中极其重要的文字形式本身也在向对方接近，以至于有些使用相同词牌/曲牌的作品竟难以辨明体裁。这对

1　宋石男、张献翼：《狂颓于万历年间——兼论明中叶以降士人任诞习气》，《贵州社会科学》2013年第1期，页131—134。
2　俞琬纶：《祭张幼于先生》，《自娱集》卷9《祭文》，明万历四十六年张金庸刻本，第1a、1b页。

词、曲两种文体而言都是一种新的发展[1]。在各类别集中，词曲混杂的情况十分多见，这为今天的词曲文献整理造成了巨大困难[2]，却也反映了当时文学通俗化的倾向。俞琬纶的词曲不仅同处于《自娱集》所附《诗余》之中，在思想内容和艺术特色上也非常接近。基于这一状况，本文将俞琬纶的词、曲合并论之。

在俞琬纶的时代，有一种"新文体"为当时的词曲创作带来了冲击，这种文体正是其友人冯梦龙致力收集的民歌。民歌的审美范式及创作方法对词曲创作产生了巨大影响，吟风弄月的文人亦开始模仿民歌，创作出一系列拟民歌和俗曲。俞琬纶正是这一潮流中的典型作者。因此，本文亦将俞琬纶的俗曲纳入词曲作品中进行考察。

（一）文献情况

俞琬纶共有词九首，小令八题二十五首，套数五套，俗曲一题十八首存世，这些作品主要保存在《自娱集》所附《诗余》中。《自娱集》是俞琬纶传世的唯一文集，《中国古籍善本书目》著录为万历四十六年张金庸刻本。本文所据版本为中国国家图书馆藏本，万历四十六年（1618）刊，9行18字，白口，四周单边，二册十卷。《诗余》附在第十卷之后的末尾，共一卷，先词后曲，其中小令、套曲杂列。《诗余》之书不见于俞琬纶自己的论述中，俞曾为其文集作《自引》曰：

> 故予亦尝以"自娱"名此稿。想月即是为月，想酒即以为酒，想歌舞，想山水即以为歌舞，为山水。[3]

歌舞山水，大概不能少了作为"诗余"的词曲。而今天所见文献中，《诗余》于《自娱集》外别立一卷，恐非俞氏原意。

1　胡元翎：《对"曲化"和"明词衰敝"因果链的重新思考》，《中国韵文学刊》2007年第1期，第27—32页。

2　谢伯阳编：《全明散曲》，济南：齐鲁书社，1994年，第6页。

3　俞琬纶：《自娱集》卷8《引》，明万历四十六年张金庸刻本，第6a页。

《诗余》中有词八首，其中《赠韩香》一词《全明词》失收。王兆鹏、胡晓燕指出，《古今词统》卷十三和《听秋声馆词话》卷八录有其咏妆镜的《桂枝香》一首，《全明词》失收[1]。经笔者核查，崇祯本《古今词统》中仅有《古镜词》一首，并无《桂枝香》词。《秋声馆词话》中确收有其《妆镜·桂枝香》词，内容与《诗余》所收《为顾文英作古镜词》高度相似，但有不少字词不同，宜将其记为独立作品。这样看来，俞琬纶传世词作共计九首。

《诗余》中有小令八题二十五首，其中单题单曲作品五首。在《怀人四曲》后，有《燕女有掬琵琶者喜为是歌，乞新声数调。余时大醉，应弦疾书成十八韵》（以下简称《十八韵》），题下有俗曲共十九首，《全明散曲》不收。套数五套，共五十三曲。其中《陈家暎桃十三曲》第四曲被写入崇祯本《金瓶梅》第二十三回，改题为《梧桐树》，这套曲子也可见于《词林逸响》与《古今奏雅》，题为《赠女郎》，但依据《诗余》中曲子的原序，可知此套曲乃代人抒情，改题为"赠女郎"或有不妥。《记得文无》（《孟珠十二调》之《步步娇》）、《绿鬖朱唇》二曲被冯梦龙收入《太霞新奏》，并附上冯与另一位友人沈子平的改写。[2] 由于《诗余》的存在，俞琬纶被任中敏列入"有专集，或诗文词后附集"的明代散曲作家中[3]。

（二）词曲内容与思想

词、曲既然被视为"诗余""小道"，其内容、思想往往与诗、文相区别。对俞琬纶而言也是如此。他的词曲主要有恋爱和妓情两大主题，几乎泰半与他狎妓娈童的生活相关，与此无关的作品反而较为零散、不成体系。写恋爱与妓情显非诗、文等"正统文学"的主流，这些题材在"诗余"中尽情展现，颇合情理。其中一些作品的创作又与当时流行的唱歌活动联系紧密。词曲是相对私密的文体，这种私密性决定了它与创作者的私生活难解难分。下面笔者结合俞琬纶的生活对这

1　王兆鹏、胡晓燕：《〈全明词〉漏收1000首补目》，《上海大学学报（社会科学版）》2006年第1期，第5—11页。

2　冯梦龙编纂：《太霞新奏》，福州：海峡文艺出版社，1985年，第580页。

3　任中敏：《散曲研究》，南京：凤凰出版社，2007年，第31页。

两大主题进行考察。

妓情，即妓女或关于妓女的生活、情感，是俞琬纶词曲中常见的内容。晚明文人狎妓之风盛行，在创作中表现妓情也是常态[1]。狎妓往往又与娈童并举，我们不妨先拿俞琬纶传承"家学"而来的"外癖"做个引子：俞琬纶"好外"，《自娱集》中姓名确切的娈童有黄必显、小徐二人，套曲《四朝元》即为娈童而作的曲子。在序言中，俞琬纶表达他对小徐的欣赏：

> 黄必显伟然男子矣，然弱年奇丽，非人间所有。后来之秀，复得小徐。予尝言："得一小二天下可废郎童，得一小徐天下可废女子。"或谓过赞小二，不知压下小二更无足述。益令小徐擅场矣。此曲盖为小徐作也。[2]

在尾声中，俞琬纶又道"愿为君影相依倚，岂忍把风情月思，到莺老花残又付谁"。结合曲中内容，可知这套曲乃为小徐"写真"，以免将来小徐像今日的黄必显一样"伟然男子矣"时，无从追忆其往昔娇丽之态。

俞琬纶的这种怜惜态度能施之于郎童，亦可施之于妓女，他也为序文中提到的妓女小二作了《小二四调》以为"写真"。在《小二四调》序中，他谈到"西子良美，不遇鸱夷，老于若耶，未必若此彰着。即西子不然，下此如容歌满舞，风调可观，不得乐天，岂至誉于今？"因此要为小二作曲，记录她"年当桃李"时的美姿，令其显于后世。末尾一首曲虽写离愁，却仍着眼于小徐"现在"的风貌，不愿虚构她老去的愁苦。

其实，妓女的生活充满了不稳定因素，他们中的有些人甚至还未到老去时就离开了俞琬纶的生活，最典型的例子莫过于侯小双。侯小双最初活动于张献翼的曲水草堂，与潘之恒、俞琬纶等人狎戏。据徐芃考证，侯小双是潘之恒买来的家

1 　滕新才：《明朝中后期狎妓之风与文学创作》，《西南师范大学学报（人文社会科学版）》2003年第5期，第159—164页。

2 　俞琬纶：《自娱集》卷末《诗余》，明万历四十六年张金庸刻本，第8a、8b页。

妓，她在潘之恒的家班中扮演了重要角色[1]。在张献翼遇刺前一年，潘之恒因"家变"将小双卖给一位江西人，从此她离开了曲水草堂。"嗣后幼于及难，景升远旅，胡姬黄土，陆姬空门。曲水赤波，草堂白地"，曲水草堂散伙后，俞琬纶感于诸姬生死尚可知，唯独小双杳无音讯，故作《侯小双十调》来纪念她。《侯小双十调》曲曲哀婉动人：

> 俺这里时闻唤起语关关。他那里日听催归晓梦残。醒时如醉坐如眠。白云风送应难转。带我心情去不还。[2]
>
> 我心随你遍天涯。你再我心中不暂离。痴心到处惹相思。怕眼前提起双名字，摘下并蕊花剩一枝。[3]

侯小双在曲水草堂的圈子里算是名人，张献翼亦为她创作过《灯夕同陆姬过胡姬并怀侯双》等诗词。而俞琬纶一连写了十首曲子来寄托对她的思念，颇可见其深情。

俞琬纶的词曲中既有以妓情为主题的，也有专门题赠给妓女的。他最有名的词作《为顾文英作古镜词》即为一例，这首词也是《诗余》的第一首词。词前小序曰"文英善书，以碧丝作小行楷，绣之盛镜囊，以遗所欢"，其词曰：

> 张郎一去，君且代郎看，双蛾解理。赠别踟蹰，不忍把君分碎。问容颜、君独知憔悴。受多磨，与君无异。广寒三五，嫦娥愁向，却元自己。
>
> 晴空里，似丹青点缀。个中小小，洞天深处。背地沉迷，形影都无据。怜君

1　Peng Xu, "Courtesan vs. Literatus: Gendered Soundscapes and Aesthetics in Late-Ming Singing Culture," *T'oung-Pao*, 2014（10），pp. 404–459.

2　俞琬纶：《自娱集》卷末《诗余》，第21a 页。

3　俞琬纶：《自娱集》卷末《诗余》，第22a—22b 页。

自为分明累，贮尽了、汉宫人泪。架罢妆残，瞥然收却，远山横翠。[1]

这首词作于顾文英未嫁之时。词的后序记载此后有人以二千金将顾文英娶去，"未几而英死。一夕梦英相对如常，犹谢予此词曰'殊悔有"架罢妆残"二语，遂为卿谶。'英曰'比亦窃疑之，爱其佳，不请易耳'"（《自娱集》诗余，二），可以感受到，俞琬纶对顾文英的早逝无法释怀。此词本身虽不涉妓情，但创作背景和后序应仍与俞琬纶和妓女的密切往来相关。

俞琬纶将为妓女创作的曲子写成代言体的爱情曲，言辞间往往不涉妓女的身份，实际上将它们写成了描绘恋情的作品，这是其词曲中妓情与恋爱相重合的地方。《孟珠十二调》和《小翩十九调》就是这样的作品。《孟珠十二调》无序，但《自娱集》中录有《感孟珠二首》（《自娱集》卷二，五言律诗一、二），观其诗句可知孟珠亦是与俞琬纶相交的妓女之一。《十二调》十二支曲，除了第二首《步步娇》，皆模拟女子口吻，书写恋而不得的苦情。《十九调》序言提及俞琬纶和小翩来往的经历，俞结识小翩时年纪尚轻，后来"读书摄山"，被迫与小翩分离。但他对小翩始终难以忘怀，"曾把禅机销此病"，却"破除才尽又重生"。这十九调也是俞琬纶套曲中最长的一套，从初见小翩"温驯性子鹅黄颊"开始，写到与之腼腆相交，再到两人被迫分离。套曲中有一半曲子都在描摹分离的场景，凄切动人。

《诗余》中也有不涉妓女的爱情题材作品，如同样以相遇、相爱、分离安排各曲的《陈家暎桃十三曲》、专写怀人之思的《怀人四曲》等曲。《诗余》中紧接《怀人四曲》的《燕女有搊琵琶者喜为是歌，乞新声数调。余时大醉，应弦疾书成十八韵》亦是模拟相思之情的作品，只是相较《怀人四曲》，《十八韵》全是民歌式的大胆直白叙述，不作含蓄描写。这类作品所叙并非俞琬纶本人的感情经历，而是"道听途说"的爱情故事，如《陈家暎桃十三曲》写的是其友"陈君"的恋爱

1　俞琬纶：《自娱集》卷末《诗余》，第1a—1b页。

故事,《怀人四曲》则是友人为怀人而死的女子作曲四首后,向俞琬纶索要的唱和之作。

妓情与恋爱之外,俞琬纶还有不少题材各异的词曲创作。如《江行纪春》《鹊桥仙·咏月》写自然风光,《贺新郎·赠倪驯之再娶》写世情,《闺怨二首》写女子闺怨,《四君醉我惜无一共醉人牵我襟袂竟踏雨夜归且日谢之》写归隐之思。由于妓情、恋爱主题的散曲动辄十数韵,这些其他题材的作品在《诗余》中所占比例就显得颇小了。据此,我们可以认为俞琬纶词曲创作题材内容多样,但最主要还是妓情、恋爱两种。

有趣的是,俞琬纶虽为"风流才子",写妓情、恋爱却不带游戏态度。晚明常被认是个性解放的时代,个性解放意味着对传统社会秩序的冲撞,但这并不代表对人的基本价值的否定。相反,它带来了对人类个体本质的发现与重视。在晚明时期,"情"被拔到一个很高的位置,社会上弥漫着重情之风。俞琬纶也是这种风气中的一员:"我辈岂不及情者!"俞琬纶是一名重情之人,在与他相熟的妓女出嫁之际,他甚至还会为其做嫁衣[1]。于他而言,文学创作正可以成为宣泄激烈情感的途径,前述《小翾十九调》即为一例。俞琬纶对小翾爱意难忘,参禅亦不能止,乃至一连创作十九首曲子。其中有:

【好姐姐】无端柯头斗叶。伴悄悄疏到彻。沉沉墨墨。度过了无限劫。禅灯灭。蒲团坐遣尘心绝。忽见他泣向神前先诉说。[2]

【减字忆多娇】诉我心意劣。把情爱割。身外功名直恁切。忍使一线柔肠做了钢炼铁。[3]

【减字鬭黑麻】我听说罢忙把旃檀碎蹋。听说罢再把楞严扯裂。比似他

---

1   俞琬纶:《为幼玉作嫁衣并书此送之》,《自娱集》卷6《七言绝句》,第5b—6b页。
2   俞琬纶:《自娱集》卷末《诗余》,第16b页。
3   俞琬纶:《自娱集》卷末《诗余》,第17a页。

情款款意怯怯。软玉温香也。认作如蛇似蝎。[1]

曲作真切地表现了他"曾把禅机销此病，破除才尽又重生"的过程：曾试图忘却昔日爱人，却又在梦幻中看到她向神明诉苦，谴责他"心意劣，把情爱割"，登时把参禅工夫丢了。黄卫总（Martin W. Huang）曾指出，借宗教"抑情"是明末文人转移自身欲望的普遍做法[2]。俞琬纶则用自身经历证明，情之所钟，往往不能自已，借佛抑情的做法并不总是有效。其钟情之态令人动容。

在词曲创作中，俞琬纶不但发挥"诗余"之"别趣"，写下许多大胆赞美爱情的篇章，有些作品还渗透着对妓女命运的关注。如《傅灵修五调》乃是为妓女秋英所做的曲，因秋英"交不滥与，情亦寡合。日以风尘为恨，欲得一才致人，毕其终身"（《自娱集》诗余，十一），俞琬纶对她非常尊重，为其作曲，语不涉秽，而是突出其"架上图书素为友""字学颜欧常带柳"（《自娱集》诗余，十一）的风雅特点。俞对秋英读书识字、试图改变命运的做法极为欣赏，甚至说"亲伊久，才见得粉污膏臭"（《自娱集》诗余，十一）。在为妓女小二创作的《小二四调》中，他也为小二代言，写道"蜻蜓自由。住狂风蜻蜓自由。新莺喜偶。放归巢新莺喜偶。枉支颐看尽了闲云度去墙头"（《自娱集》诗余，十九），自己虽钟爱小二，却希望她有正经归宿，在情深意切的表达中也反映出对妓女这一弱势群体的尊重。

总而言之，俞琬纶的词曲内容多样，并以妓情、恋爱题材为主；思想上歌颂爱情，同情妓女，表现出风行于晚明时期的重情思想。

三、俞琬纶词曲的艺术特色

俞琬纶的词曲内容丰富，在艺术上亦有一定特色。其词《为顾文英作古镜

1　俞琬纶：《自娱集》卷末《诗余》，第17a页。

2　黄卫总：《中华帝国晚期的欲望与小说叙述》，张蕴爽译，南京：江苏人民出版社，2010年，第15页。

词》，曲《陈家暎桃十三曲》《怀人四曲》等，都是成就较高的作品。尤其在曲的创作中，他能模拟情思，以叙事为抒情，化散曲为传奇，以十数韵篇幅，即能勾勒出一个相对完整的爱情故事。试看《陈家暎桃十三曲》：

【南吕香遍满】灯前今夜。把十年簿儿还再揭。往事如冰心倍热。非关缘分赊。非干他意劣。几番暗自嗟。都是我轻摈舍。

【前腔】剪兰熏麝。眉梢眼梢常带斜。满腹温存口禁喈。酒杯斟满些。衣篝罩暖些。一时意转切。引起我前冤业。

【梧桐树】一歌清唱阕。两度浓云合。分付从今。再休把衾儿迭。戏伸小指和他说。暎水桃枝。可肯秋兰纕佩结。他垂头腼腆无回答。欲吐还吞。只把身躯扭捏。

【前腔】心中难自泻。暗里深深谢。未必娘行。恁地能贤哲。衷肠怎好和君说。说不愿丫头，愿做官人的侍妾。他坚牢望我情真切。岂想风波。果应了他心料者。

【浣溪沙】我意坚。他意决。正花开猛雨摧折。平阳水涌湘江阔。白地云封蜀道绝。临到别。手捧着衫儿理衣褶。恨中情毕竟难说。

【前腔】心火烧。假做铁。把恩情顿碎成屑。刚刀一线真难割。薄片风中飘去雪。他双泣血。骂道好甜言骗人法。把袖儿揞伊嘴脸羞杀。

【刘泼帽】音绝。我倩诿沟中叶。他低头传语悲咽。道从今罢了休闲聒。承赐玦。已抹了鸳鸯牒。

【前腔】没法。怎得红线能飞脱。我堂堂男子汉柔怯。不能自作黄衫客。那时节。管甚么闲唇舌。

【秋夜月】情苦意渴。返回那娇歌夜。似垂死啼鹃余音彻。灯油既尽余光烨。我道似久热。却谁知快灭。

【前腔】不久死别。你死了翻安贴。四曲无知情都撇。我身未死难收煞。既是永诀。留一边怎活。

【东瓯令】孱弱态。清俊颊。装不尽当初恩爱车。只那风吹不乱垂肩发。直恁的丝丝洁。至今丝丝把我心肠结。肠断了意难绝。

【前腔】今生事。往世业。可是前世根由今暂。合还是根由未了来生接。又补却今生缺。生前尤自轻离别。还说甚后生劫。

【金莲子】魂梦越。十年心事归鸂鶒。空自向。枕头边闷咽。怎能把泪窝中。一珠儿弹去滴泉穴。

【尾声】他心心只望同欢悦。因此声声唱个拜星月。谁想月证星媒俱浪说。[1]

曲中描述，在一个欢歌宴舞的夜晚，陈君回忆起当年和暎桃的恋爱。"一歌清唱阕。两度浓云合"，眼前的歌舞衔接了过去的场景，时间从现在转向往昔。这一曲【梧桐树】正是从"我"陈君的视角，描绘"我"搭讪暎桃的场景。下一曲则转为暎桃的视角，见"我"情真意切，她"不愿丫头，愿做官人的侍妾"。紧接着【前腔】一曲跳出二人视角，以第三人称叙述"心火烧。假做铁。把恩情顿碎成屑"。接下来，让"我"痛陈身在局中，无法做黄衫客的痛苦，没料到这段情那么快就走到了尽头。【前腔】【东瓯令】又将时间转回今天，由"我"讲述分离不久后暎桃去世，阴阳两隔。之后的曲子是"我"对这段爱情的眷恋与反思。在时间上，首先由现在的饮酒谈话引起回忆，然后转入过往，再回到今天，围绕反思、哀悼情人，连接成"故事"的结构。在"过去"的时间中不用陈述，而是运用散曲泼辣直接的抒情方式，让恋爱双方自行道出由相恋到分离的故事。作者模拟当事人的心情，将爱情写得荡气回肠。再用四曲回到"现在"，在对这段刻骨铭心的恋爱的追忆中，"十年心事归鸂鶒"，"我"始终不能释怀。破不开的情网，似乎哀怨将要一直延续下去。到了【尾声】，作为作者的"我"突然出来评价，"他心心只

1　俞琬纶：《自娱集》卷末《诗余》，第22b—25b 页。

望同欢悦。因此声声唱个拜星月。谁想月证星媒俱浪说。"总结这一段苦情。结构精巧，令人叹为观止。

除了精制的大套，俞琬纶在拟民歌的创作上也有一定特色，特别表现在他能抓住民歌的"俗"与"趣"。《十八韵》中有不少得真民歌神韵的曲子。如其五：

> 琵琶换却相思调呀。暂遣冤家。暂遣冤家。鹦鹉无端叫起他。眼都花。指都麻。丢去琵琶。丢去琵琶。[1]

曲作以琵琶女为戏，虽以相思为主题，内容上却不忘调侃她琵琶久弹而眼花手麻，趣味横生。这种为眼前人而作的曲子正体现了民歌的实时性，是民歌的别趣之一。《十八韵》中亦不乏泼辣之曲，如其二：

> 开窗盼着他来到呀。盼到明朝。盼到明朝。眼角磨酸心火烧。要开交。便开交。锁着窗了。锁着窗了。[2]

用民歌的语言描绘女子透过窗户"看街"的场景。对于道学家来说，这是一种危险的消遣，而对于觅爱的女子，这几乎是必行的工课。在诗词中，它也是一种相当浪漫的行为[3]。有趣的是，女子看街看得急不可待，最后却又"锁着窗了"，将怀春女子的心情描绘得惟妙惟肖，极具生活气息。将浪漫行为嵌套于日常生活之中，正符合民歌崇"俗"的审美趣味。

总之，结构新颖、精巧的套曲，颇具俗趣的拟民歌，是俞琬纶词曲创作中艺术特色较为突出的部分。这既是对当时以俗为尚的文学潮流的呼应，也展现了俞

1　俞琬纶：《自娱集》卷末《诗余》，第27b页。
2　俞琬纶：《自娱集》卷末《诗余》，第27a页。
3　夏薇：《危险的消遣："看街"——明清小说中女性的日常生活》，《明清小说研究》2019年第3期，第56—77页。

琬纶独到的文心。

四、 总结

生活在晚明的俞琬纶受其父影响，养成了狎妓娈童的习惯，又与张献翼、潘之恒等同样"风流"的人物出入青楼妓馆，与各种各样的妓女来往。这在他内容多样的词曲创作中都有所反映，其词曲正以妓情、恋爱为主要题材。俞琬纶尽管生性风流，却并非薄情之人，而是在生活和文学创作中都体现出重情的一面。这使他对妓女的生活和命运产生了一定关注，这也是他词曲的主要思想倾向。在艺术上，俞琬纶的不少套曲有着精巧新颖的结构，融抒情和叙事于一炉，具有一定创新性。而他的拟民歌又颇具民歌应有的俗与趣，其艺术价值不容忽视。

在万历时期的文化潮流中，俞琬纶可谓典型人物，他深受晚明重情风气的影响，纵情声色却又重情重义。在文学创作上，他的词、曲相互交融，创作出大量与自己生活密切相关的妓情、恋爱题材作品，呈现出晚明特有的时代风貌。俞琬纶的生活方式和文学创作方式在他的许多友人身上也都能见到，可以说是时代风气使然。今天的我们当以更开放的心态看待"疏狂""狂颓"的晚明世风，以及这种世风影响下的文人和他们的文学创作。

清代书院课艺综论

鲁小俊

武汉大学文学院教授，2015年度美国威斯康辛大学麦迪逊分校访问学者。主要研究明清文学、书院文学、科举文学，著有《中国文学编年史·清前中期卷》《〈三国演义〉的现代误读》《清代书院课艺总集叙录》等。

基金项目：国家社科基金重大项目"中国历代书院文学活动编年史"（21&ZD253）、国家社科基金冷门绝学研究专项"清代书院课艺整理与研究"（19VJX095）。

清代是书院史上最为繁荣的时期。据邓洪波教授统计，清代书院共计5836所，是唐至明代书院总和的1.96倍[1]。清初书院承明代之余绪，以讲学为主。至雍正、乾隆年间，考课逐渐盛行；嘉庆、道光以后，考课成为书院最主要的事业，而讲学几近废弛。考课的试卷即为课艺。关于清代书院课艺，学界关注不多，有一些零星的研究[2]。本文拟对课艺的写作、编刊、传播、内容等问题作综合论述。

一、书院考课的情形

书院考课的情形，各家不尽相同，但又有相近之处。兹引钟毓龙《说杭州》

1　邓洪波：《中国书院史（增订版）》，武汉：武汉大学出版社，2012年，第450页。
2　参见刘艳伟、邓洪波：《三十年来书院文献的整理与研究》，《高校图书馆工作》2018年第5期，第67—72页。

中的记载，以见晚清杭州书院考课之一斑：

> 每年自二月至十一月为考试之期。月考二次，初二日朔课，由抚、藩、臬、运四署轮流命题。仍为二文一诗，限一日一夜缴卷。十六日日望课，由山长命题，两日缴卷。二月二日之朔课，名曰甄别。盖各书院皆有一定之名额，而应考者多，必须有所淘汰。此次获取者，此一年中，每月皆有卷分到，可以期期应考。若不取，则须待来年矣。故此一日中，三书院（指敷文、崇文、紫阳书院——引者注）中应考者为甚多，东城讲舍次之。若诂经精舍，则所考者非八股试帖，而为经义史学词赋，应者寥寥矣。

> 其次甄别考试，亦仿院试之法，聚考生于学院之中而考之。午膳时，各给以点心票一纸。限以鸡鸣到场，日暮缴卷。然考者固觉其苦，主办者亦嫌其麻烦而多费，遂改为散卷。自散卷之法行，各人就其家中构思。文笔敏捷者，再倩人代抄。则一人尽一日一夜之长，可以作成十数卷。幸而多取，则可出卖与不取而无卷之人，亦生财之道也。缴卷在门斗处。分题目、分卷者亦门斗也。考试等第高者曰超等，次曰特等，再次曰一等。超等所得之膏火多，前十名尤多，特等次之，一等则无膏火矣。朔课由官厅主考者，于超等前十名别有给赠，名曰加奖，其数远较膏火为多。官厅有时为省事起见，并两月之朔课于一次，名曰夹课，则其加奖之数尤为可观。寒士生涯，于此诚不无小补也。故秀才入学后，所以竞争于文字而使之日进者，惟在于此[1]。

以上记载，还可参以当事人之叙述。来裕恂（1873—1962），萧山人，著有《汉文典》《中国文学史》《匏园诗集》等，曾任浙江省文史馆馆员。他早年肄业崇文、紫阳书院和诂经精舍。《匏园诗集》卷四《丧中遇月课，徒步至杭，领卷回

1　钟毓龙编著，钟肇恒增补：《说杭州》，王国平主编：《西湖文献集成》第11册，杭州：杭州出版社，2004年，第385页。

家，竭一日之力，成三艺。翌晨渡江缴卷，复归家，因咏之》，作于光绪十八年（1892）。其时乃父新亡，诗即咏丧中赶考之情形：

> 居丧底事涉江边，寒士生涯诚可怜。只为省垣逢月课，藉资膏火挈云笺。伤心医少回春药，太息家无续命田。如此奔波衣食计，那禁血泪泣涟涟。
>
> 月落星沈霜满篷，布帆穿破大江风。几行草木含愁态，万斛波涛诉苦衷。旅客频惊衣楚楚，棘人怕看雾濛濛。烟消日出吴峦见，上岸匆匆到院中。
>
> 课卷携来不自安，思量题目易和难。途中即事文思搆，渡口粗将篇局完。待到归家摇笔底，便行伏案写毫端。迩来只读士丧礼，勉强分心弄弱翰。
>
> 三更灯火豆光沈，制艺完成八韵吟。收拾简觚须费手，勘磨文字岂安心。晓风残月晨熹恨，白露苍葭旧路寻。为问渡头人涉否，隔江红日现遥岑[1]。

再如汪诒年（1866—1941），是汪康年（1860—1911）的胞弟。长期协助汪康年主持和经营《时务报》《中外日报》，后在商务印书馆任职。所编《汪穰卿先生年谱》曾忆及当年参加杭城书院考课之事：

> 杭城敷文、崇文、紫阳三书院，例于朔望试士子，朔课一日，望课二日。先生（指汪康年——引者注）与诒年，或作二卷，或作三四卷不等，随作随写，彻夜不辍。遇诂经精舍考课日，别二人合作一卷，先生任经解，诒年任词赋。时或遇题目不多，期限稍宽，则二人各作一卷，均由洛年（汪洛

---

1   来裕恂：《匏园诗集》卷4，天津：天津古籍出版社，1996年，第65—66页。

年，康年、诒年胞弟——引者注）为之誊写，亦彻夜不辍。比事毕，即各挟卷趋赴收卷处交纳，虽遇雨亦如是。洎交卷归，天甫黎明，晓风吹人，腹中觉饥，则就道旁豆腐担啜腐浆一盂，以解饥寒，盖数年如一日云[1]。

又如林骏（1862—1909），温州人，以坐馆为业，兼应温州中东书院、肄经堂和瑞安玉尺书院的考课。《林骏日记》中有不少关于考课的记载，其中尤其引人注意的，是"挑灯""爇烛""三鼓""四鼓""鸡鸣""天曙"等词，出现的频率很高。如"至三更始脱稿"，"迨就枕时，已鸡声唱曙矣"，"至三鼓始脱稿。嫌未惬意，复加点窜，迨就枕已鸡鸣矣"，"灯下倦眠"，"挑灯达旦，不遑伏枕矣"，"宵，挑灯足成之。残月斜榱，村鸡唱晓，始就枕"，"构思至三漏下，始成半篇。精神疲倦，伏枕高眠"，"因限期迫促，批衣遽起。即时伸纸磨墨，危坐构思，至天曙始成半篇"，"亥刻，续作赋四段，至五鼓脱稿"，"至四鼓始寝"，"至四鼓始脱稿"，"困倦殆甚，夜漏频催，只成半篇就寝，村鸡唱晓矣"，"至天曙，成二艺"等等[2]。不仅熬夜写作，白日里也常常分秒必争。光绪二十五年（1899）八月廿四日，林骏家在城隍庙设建普利道场，林骏随家人乘舟至庙拈香。"以府课肄经堂限期太促，袖携笔砚，坐斋宫改窜昨夕所作赋，并作试帖诗。"[3]人生苦短，课卷苦多。勤于应课，甚至疲于应课，是很多士子的共同经历。

呕心沥血日夜应课，除了意在训练举业或学术，最直接的动机就是获取膏火奖赏。王锡彤（1865—1938），卫辉人，是著名的实业家。少时曾在修武盐肆账房习业，每月工资铜钱千枚。后应卫辉淇泉书院月课，"每月辄获奖钱数千。持归供母，大自夸诧，以为较修武盐肆小伙之月钱为多"。后又考取开封大梁书院，"月

---

1 汪诒年：《汪穰卿先生年谱》，《北京图书馆藏珍本年谱丛刊》第177册，北京：北京图书馆出版社，1999年，第613页。

2 林骏：《林骏日记》，沈洪保整理，北京：中华书局，2018年，第2—6、9、11、70、74、212、213、377、384、546页。

3 林骏：《林骏日记》，第186页。

支膏火银一两五钱，足为饮食之需。每月再得奖金，仍可寄家为养"。再后来以坐馆为业，仍应淇泉书院月课。坐馆"每年修脯可得铜钱三十余千"，月课"又月得钱数千"，加上作为廪生，为"应考童生签字作保，亦薄有收入"，总算下来，"穷秀才每年所获，计及百千而歉，亦未尝不可苟活"[1]。

柳诒徵（1880—1956），镇江人，是著名的历史学家、图书馆学家。他在《记早年事》一文中讲到："士之雄于文者，可不授馆，专以应书院月试为生，月可得数十千。"他自己每月参加扬州、镇江的官师课凡七次，"师课膏火少，官课较优，常镇道、两淮运司主之者尤优，额定膏火外，前十名皆有花红银一、二、三两不等。试或不利，卷仅文数百文"，"均计之，年亦得百数十千，视馆谷为优，第升黜不恒，不能视为固定收入也"[2]。藉膏火为生，以膏火养家，这是寒士治生的一个重要途径。

二、课艺写作的时空优势

书院生徒考课的试卷通称课艺，也叫课作、课卷。咸丰二年（1852）进士范鸣龢，曾经比较过书院课艺与房稿、墨卷的区别：

> 窃尝以为，房稿之文，虽多名作，而或不能尽中有司之绳度；乡会诸墨，固亦不无佳构，而苦于锁院之拘制、时日之迫促，故作者阅者皆不得以尽其长。若夫书院课试，其时甚宽，其境甚暇，作者阅者并得以穷极其心思才力之所至而无遗憾；且主讲者既当代老宿，其应试者又皆通都大邑魁奇宏达之彦；而所刊者则又益撷菁英、取其最上者，而登之于篇。故吴兰陔氏所谓"声情极合时趋，思力迥超流俗"，未有如书院课艺者也。顾乡会墨之出，

1　王锡彤：《抑斋自述七种·浮生梦影》，《北京图书馆藏珍本年谱丛刊》第189册，北京：北京图书馆出版社，1999年，第83、93—94、97页。

2　柳诒徵：《记早年事》，文明国编：《柳诒徵自述》，合肥：安徽文艺出版社，2013年，第39—40页。

不胫而走海内；课艺则限于方隅，天下之士，往往不能遍睹，余尝惜焉。[1]

据此说来，书院课艺较之于房稿、墨卷，因为写作时间宽裕、环境宽松，又有名师指点，更能激发作者的创作才力，也更容易符合有司的持择标准。

所谓"其时甚宽"，指的是比起科举正场，书院考课的时限要宽裕一些。有的在院扃试，如杭州敷文书院，"每课一四书文、一试帖，或一论，或一疏。辰刻散卷，申刻交卷，不准给烛"[2]。申甫（1706—1778）诗句："登堂坐阶静尘虑，清风习习生轻缣。"[3]余元遴（1724—1778）诗句："纷携笔砚到岩隈，杂沓筵多傍座开。"[4]彭蕴章（1792—1862）诗句："挥毫四座静不喧，庭院日长昼闭门。"[5]这些诗写的都是在书院内的考课。

也有的可以在院外完成，是为散卷。前述来裕恂、汪诒年、林骏等例，即是这种情况。散卷有当日交卷的，如商衍鎏（1875—1963）回忆说："我每月必向各书院应考，到课期晨兴往书院看题目，回家写作，傍晚到书院交卷。"[6]也有的用时很长，如江苏东台的吉城（1867—1928），参加光绪十五年（1889）上海求志书院的秋季课。十一月初三日，从友人处获知题目，随即开始查书，准备答题；初九日，见到初三日《申报》上登载的求志书院秋季课全题，凡经学、史学、掌故、算学、词章、舆地六类，共有二十余题；至二十八日，吉城全力以赴，完成其中大部分题目（算学题未答），"通共二十五页，交聚盛局寄去"。[7]吉城十一月份的大

1　撷云脤山馆主人编：《各省课艺汇海》，清光绪八年撷云脤山馆刻本，范鸣穌序。

2　王同：《杭州三书院纪略》，王国平主编，《西湖文献集成》第20册，杭州：杭州出版社，2004年，第430页。

3　申甫：《笏山诗集》卷7《夏日课书院诸生口占示之》，《清代诗文集汇编》第307册，上海：上海古籍出版社，2010年，第45页。

4　余元遴：《染学斋诗集》卷9《偕诸生赴紫阳书院会课偶赋》，《清代诗文集汇编》第353册，第687页。

5　彭蕴章：《松风阁诗钞》卷8《金台书院课士作》，《清代诗文集汇编》第577册，第424页。

6　商衍鎏：《清代科举考试述录及有关著作》，天津：百花文艺出版社，2003年，第423页。

7　吉城：《吉城日记》，吉家林整理，柳向春审订，南京：凤凰出版社，2018年，第89—93页。

部分时间，都用在了答题上。一般来说，这种学术性的考课，需要大量查阅数据，较之于八股文和试帖诗的考课，耗时要长很多。

所谓"其境甚暇"，院外散卷的自不必说，其空间范围远超出书院；在院完成的，往往还得力于书院景观的"江山之助"。杭州考课八股文的书院有三所，敷文处南山之巅，崇文居西湖之湄，紫阳则在城中。浙江巡抚梅启照（1825—1893），曾阐述过三书院因风光不同而导致的文风差异：

> 敷文居于山，崇文俯于湖，紫阳虽处阛阓，而特近山，有城市山林之致。故肄业于敷文者，其文多深秀峻拔，坚实浑成，刊浮华而标真谛，如山石之嶙峋，一空依傍；山容之厚重，不作肤词；山气之静穆，不为轻剽者。崇文临烟波之浩渺，览花柳之绚闹，故其文华美典则，如锦之成，如采之缋。紫阳得一邱一壑之胜，山泉云脚，时注于庭，故文辄悠然意远，得抑扬宛转之神。[1]

若论外部的自然风光，紫阳当比不上敷文和崇文，毕竟身处阛阓。不过，紫阳院内的景观倒也别有韵致。书院建于康熙年间，在吴山之麓，旧名紫阳别墅。时人述其院景云："枕山面江，中有层楼。楼旁有池，池有泉水，清涟可爱。后有花厅，红绿参差，掩映阶砌。再折而北，又有石门天成。石径迂折，古木森阴，花香鸟语。饶山木之趣，而无城市之嚣。"[2] 院中有螺泉、笔架峰、看潮台等十景（或曰十二景、十六景），诗人词客到此多有题咏。王同（1839—1903）辑《杭州三书院纪略》，收录过若干首。他又曾将院中景观与八股文写作相联系：

> 城市而山林，肄业者诵读之暇，可以游息眺览，以发挥其性灵。而其景

1　周学濬鉴定：《敷文书院课艺二集》，清光绪五年刻本，梅启照序。

2　张泰交：《康熙四十三年紫阳别墅碑记》，王国平主编，《西湖文献集成》第20册，第461页。

之最胜者，曰螺泉，涓洁涟漪，可以状文思之泉涌也；曰春草池，微波潆洄，可以畅文机之生趣也；曰垂钓矶、笔架峰，奇石林立，可以状文气之突兀也。拾级而上，登其巅，观澜之楼渺矣，而其址自在。每当潮来，东望匹练浩瀚，如闻其声，可以状文势之涛翻而波谲也。平视万松岭，隔城烟如束带，群山蜿蜒，岚翠扑眉宇；俯视西湖，镜奁乍启，六桥烟柳，奔赴舄下，则又合湖山之美而兼有之矣。[1]

前人论八股文，也有以自然为喻的，但多从宏观的山水着眼。如清初俞长城谓："戚价人藩，峭刻陡立，瞿塘之峡也；李石台来泰，雄浑浩荡，积石之门也；至于唐采臣德亮，突兀无端，万斛并涌，是其钱江之潮乎？"[2]王同则以微观的视角，描述了别一种"江山之助"：近观泉水涟漪、池波潆洄、奇石林立，远眺潮涨潮落，士子的文思、文机、文气、文势，皆可从中获得启发。唐白居易《白苹洲五亭记》云："大凡地有胜境，得人而后发；人有心匠，得物而后开。境心相遇，固有时耶？"[3]书院之文可以是"境心相遇"的产物，科举正场之文则几无这个可能。

三、课艺总集的编刊

现今存世的课艺文献，其形式有三种：一是课艺原件。多散见于各地公私藏所，如上海图书馆藏有东城讲舍丁梦松课卷、鸳湖书院钟梁课卷、金台书院吴大澄课卷，福州台湾会馆藏有赵锦华兴安书院课卷。二是课艺别集。如王元稺《致用书院文集》《致用书院文集续存》，为其肄业福州致用书院时所作。这两者存世数量都较少。

第三是课艺总集，这是存世课艺的主要形式。其名称多为"书院名+课艺"式，如《尊经书院课艺》《紫阳书院课艺》；亦有称"文集"或"集"者，如《致用

1　王同鉴定：《紫阳书院课艺九集》，清光绪二十年刻本，王同序。
2　梁章钜：《制义丛话·试律丛话》，陈居渊校点，上海：上海书店出版社，2001年，第138页。
3　白居易：《白居易全集》卷71，丁如明、聂世美校点，上海：上海古籍出版社，1999年，第984页。

书院文集》《学海堂集》；此外又有少数称"课集""会艺""文稿""试牍""课士录"的，如《研经书院课集》《培原书院会艺》《广雅书院文稿》《岳麓试牍》《滇南课士录》；还有个别称"日记"的，如《莲池书院肄业日记》。现今存世的课艺总集有200余种，以刊本为主，另有少量稿本、抄本。时间最早者，是嘉庆六年（1801）阮元手订的《诂经精舍文集》。

书院编刊课艺，往往"随课随选，随付手民"[1]，"随排随印"[2]，故而课艺总集多具有连续出版物的性质。今所见著名书院的总集，亦多为数编乃至十数编，如广州《学海堂集》四集、成都《尊经书院课艺》三集、昆明《经正书院课艺》四集、杭州《诂经精舍文集》八集、苏州《紫阳书院课艺》十七编。

课艺总集的刊期，短则一季一刊。如《上海求志书院课艺》，皆按季刊行。不过常见的则是一年一刊或数年一刊。如苏州《紫阳书院课艺》十七编，刊于同治十一年（1872）至光绪十八年（1892），以一年一刊为主，间有三年一刊。江阴《南菁讲舍文集》初集至三集，分别刊于光绪十五年（1889）、二十年（1894）、二十七年（1901）。

有些课艺总集，前后各编之间时间跨度很大。广州《学海堂集》初集至四集，分别刊于道光五年（1825）、十八年（1838）、咸丰九年（1859）、光绪十二年（1886）。嘉定《当湖书院课艺》同治七年（1868）刊，《二编》光绪十三年（1887）刊，《三编》光绪二十二年（1896）刊。

并非所有生徒的课艺都能够收入总集。考课普及，稿源自然相当充足。各家书院所存课艺，往往"卷帙山积，插架连屋"[3]，"戢戢如束笋"[4]。编选者"择尤甄录"，故而由于"集隘，不能多载，遗珠之惜，诚所难免"[5]。至于用稿率，有

---

1 朱泰修选编：《蔚文书院课艺》，清同治八年序刊本，朱泰修序。
2 华世芳、缪荃孙选编：《龙城书院课艺》，清光绪二十七年刊本，凡例。
3 蒋德馨选编：《正谊书院课选二集》，清光绪八年刊本，蒋德馨序。
4 俞樾选编：《诂经精舍五集》，清光绪九年刊本，俞樾序。
5 华世芳、缪荃孙选编：《龙城书院课艺》，凡例。

些总集的序言已经明言。杭州《敬修堂词赋课钞》胡敬序："积时既久，散佚颇多，姑即所存，汰其繁芜，抉其瑕类，十取一二，合前刻成十有六卷。"[1] 广州《羊城课艺》陈其锟序："乃裒历岁所积，课艺盈千，删繁汰冗，得百十首付梓，以诏来兹。"[2] 江宁《钟山书院课艺初选》孙镪鸣序："尽发府署所存前列卷二千余篇，博观约取，又得二百八十余篇，为《续选》。"[3] 可知这些总集的用稿率在10%—20%。

还有些总集，结合序言和选录情况，也可知其用稿率。《黄州课士录》（黄州经古书院）周锡恩序："自庚寅（1890）夏迄辛卯（1891）春，诸生课作，千有余篇。兹择其尤雅，刊若干卷。"[4] 是集所收203篇，则用稿率约为20%。香山《丰山书院课艺》黄绍昌序："计岁中阅时艺一千九百余首，经说、史论、骈散文、诗赋八百余首。明府谓宜择其尤雅者，刻为课艺。乃选时艺若干首，呈明府裁定，付之剞劂，而古学别为一编。"[5] 上海图书馆藏是集皆时艺，凡二卷66篇。序中所云古学一编，未见。推算起来，时艺的用稿率尚不足3.5%。

又有少数总集，可知其作者入选的概率。江宁《尊经书院课艺》薛时雨序："院中士肄业者二百人有奇。""起乙丑（1865）二月，迄己巳（1869）十二月，积一百余课，存文若干首。"[6] 是集南京图书馆藏本仅一册，国家图书馆藏本六册，系全本。据全本，凡制艺161篇，作者38人。二百多人中，仅收录38人的课艺，亦可见入选总集之不易。

生徒所作课艺，入选课艺总集时，一般是全文刊登。也有特殊情况。有的总集在刊登全文之后，附录其他作者所作相关段落。如香山《丰山书院课艺》，陈金垣文后，附录杨彤英所作提比；梁煦南文后，附录唐景端所作起讲。抄本苏州

1　胡敬选编：《敬修堂词赋课钞》，清道光二十二年刊本，胡敬序。

2　陈其锟选编：《羊城课艺》，清咸丰元年刊本，陈其锟序。

3　李联琇选编：《钟山书院课艺初选》，清光绪四年刊本，孙镪鸣序。

4　周锡恩选编：《黄州课士录》，清光绪十七年刊本，周锡恩序。

5　黄绍昌选编：《丰山书院课艺》，清光绪十四年刊本，黄绍昌序。

6　薛时雨选编：《尊经书院课艺》，清同治九年刊本，薛时雨序。

《紫阳书院课艺》（凡十四册十五编，三四编合为一册）也是如此。如第一编收录巢序铺等人制艺全文37篇，有评点；又收录汪宗泰等17人所作"起比""后比""后四比"等段落，无评点[1]。这有些类似于今日学术刊物的"论点摘编"。

总集所收课艺，往往附录评点。入选者皆是优秀作品，故而评点几乎都是表扬性的。课艺原件中能够见到的批评性意见，如"情文相生，稍欠锤炼。排律误作五言"[2]，"寓意规讽，未始不佳。惟极力作态，而笔力不足以副之耳"，"后幅尚不直致结，未有余韵，前路未清"[3]，"诗有佳句，惜失拈"[4]，"起比有费解语，中段尤无文理"[5]等等，在总集中则极少见到。

有些课艺总集的牌记部分标有定价。如常熟《游文书院课艺》："板存苏州长春巷西口传文斋刻字店，每部纸张印工大钱壹佰贰拾文。"[6]扬州《广陵书院课艺》："每部实洋杭连贰角二分，竹纸壹角八分。"[7]江宁《奎光书院赋钞》："此赋原选十七年（1891），止价贰佰文；又增选至十九年（1893）春，止定价每部三百文。"[8]

又有的课艺总集刊登广告。江宁《惜阴书院东斋课艺》和《钟山书院课艺初选》的广告相同：

      金陵书院课艺九种，其板永存江宁省城三山大街大功坊秦状元巷中李光明家，印订发售，价目列左：

        钟山初选　四本制钱贰百文

          续　　　八本制钱柒百文

1　《紫阳书院课艺》，抄本，南京图书馆藏。

2　东城讲舍丁梦松课艺，上海图书馆藏。

3　金台书院吴大澂课艺，上海图书馆藏。

4　剡溪书院宋炬课艺，首都图书馆藏。

5　兴安书院赵锦华课艺，福州台湾会馆藏。

6　李芝绶选编：《游文书院课艺》，清同治十三年刊本，扉页。

7　范凌选编：《广陵书院课艺》，清光绪六年刊本，卷首。

8　秦际唐选编：《奎光书院赋钞》，清光绪十九年刊本，扉页。

惜阴东斋　八本制钱柒百文

　　　西　八本制钱柒百文

尊经四刻　八本制钱柒百文

　　　二　两本制钱壹百四十文

　　　初　六本制钱三百六十文

　　　三　四本制钱贰百四十文

　　　　　两本制钱□□□□□[1]

江宁《尊经书院课艺七刻》和《奎光书院赋钞》的广告也相同：

江南城聚宝门三山街大功坊郭家巷内秦状元巷中李光明庄，自梓童蒙各种读本，拣选重料纸张装订，又分铺状元境、状元境口、状元阁发售，实价有单。[2]

与今日的"学报"和"集刊"相比，清代书院课艺总集的刊期、发表周期都偏长，课艺题目不是作者自拟，用稿标准多与科举考试相关；但从连续出版物这一本质属性来看，书院课艺总集实开今日学报和集刊的先河。可以说，课艺总集是清代的书院"学报"和"集刊"。

四、课艺总集的传播和接受

根据编选层次，可将课艺总集分为初选本和二次选本。所谓初选本，指集内诗文系初次汇编成册者。这是今存课艺总集的主要形态。二次选本，则是从初选本中再选佳作、汇为一编者。这类选本数量不多，今存十余种，如《各省课艺汇

1　孙锵鸣选编：《惜阴书院东斋课艺》，清光绪四年刊本，广告页；《钟山书院课艺初选》，广告页。

2　卢鉴选编：《尊经书院课艺七刻》，清光绪十五年序刊本，广告页；《奎光书院赋钞》，广告页。

海》（撷云腴山馆主人编，光绪八年刊）、《五大书院课艺》（光绪二十二年明达学社刊）、《最新两浙课士录》（浙报馆选，光绪二十六年刊）、《云间四书院新艺汇编》（姚肇瀛编，光绪二十八年刊）、《苏省三书院课艺菁华》（竹虚室主编，光绪二十八年刊）、《各省校士史论精华》（姚润编，光绪二十八年刊）、《选录金陵惜阴书院、浙江敬修堂论议序解考辨等艺》（抄本，上海图书馆藏）。如果说初选本类似于今之"学报"和"集刊"，二次选本则接近于今之"学报文摘"或"复印资料"。

阅读某家书院的课艺，可能有紧迫的目标。清末状元张謇（1853—1926），海门人。同治十三年（1874）二月二十八日，他准备投考江宁钟山书院，"起，写投考印结"，"购《钟山课艺》"。数日后的三月初二日，"五更起，偕陈丈课钟山书院"[1]。张謇购买钟山书院的课艺，目标很明确，就是观摩该书院课艺，以利考取这家书院。

但更多的课艺阅读，与投考哪家书院并无直接关系。吉城、林骏等人的日记表明，课艺也进入了士子的日常阅读。师友间互相借阅书籍，其中就有课艺。例如《吉城日记》光绪十三年（1887）七月初十日："从虎兄处借来《尊经书院五刻》六本。"次年六月三十日："过虎臣，假来《金台书院课艺》二本。"[2]《林骏日记》光绪二十七年（1901）六月廿五日："向轩兄借来《尊经课艺》四册。"[3]综观日记，吉城记录他阅读过的总集有《尊经书院五刻》《尊经书院课艺六刻》《金台书院课艺》《紫阳书院课艺》《格致书院课艺》《南菁书院文集》，其中吉城只参加过上海格致书院的考课，他没有投考过江宁尊经、苏州紫阳、顺天金台、江阴南菁书院。林骏阅读过的有《尊经课艺三刻》《尊经课艺四刻》《金台书院课艺》《惜阴书院西斋课艺》《惜阴书院东斋课艺》《云间小课》《格致书院课艺》，他也没有参加过江宁尊经和惜阴、顺天金台、松江云间、上海格致、杭州诂经等书院的

1　张謇：《张謇日记》，李明勋、尤世玮主编，上海：上海辞书出版社，2017年，第17—18页。
2　吉城：《吉城日记》，第5、39页。
3　林骏：《林骏日记》，第233页。

考课。大体而言，他们阅读的课艺多出自著名书院。既有八股文、试帖诗的总集，如尊经书院诸刻、《紫阳书院课艺》；也有经史词章、新学西学的总集，如《南菁书院文集》《格致书院课艺》。著名书院课艺的示范价值，于这些书目可见一斑。

　　阅读课艺与所考书院，虽未必有直接的对应关系，但在课艺类型上往往有相通之处。例如吉城，读尊经、紫阳、金台书院的课艺，当是为参加西溪书院考课所做的功课，因为西溪书院和尊经、紫阳、金台一样，主要考的是八股文和试帖诗。尊经等书院久负盛名，取法乎上而得其中，读其课艺，当有益于考西溪书院。而吉城的日记中，未见记载阅读过求志书院课艺[1]。不过这不重要，因为求志书院举行的是学术型考课，查阅原典比参考范文更有价值。

　　日记中有关阅读情况的记录，有时比较笼统，如吉城"阅紫阳文"[2]，林骏"往馆阅《尊经课艺三刻》"[3]；有时会具体到所阅文体，如林骏"挑灯阅金台书院四书文"，"挑灯读惜阴书院西斋课赋"，"阅尊经书院四书文"，"宵，阅惜阴书院东斋杂作"[4]；或者记下阅读数量，如吉城"览《尊经书院五刻》三本"，"阅紫阳书院文十余首"，"阅《格致书院课艺》三卷"[5]；偶尔还会记下某一篇文章，如林骏"阅《云间小课》中《拟修广寒宫上梁文》"[6]。

　　至于阅读感受，《吉城日记》中略有涉及。光绪十八年（1892）三月三十日记："紫阳书院文以二秦为最。"[7]按紫阳书院各集课艺中，秦毓麒（1847—?）、绶章（1849—1925）、夔扬（1856—?）三兄弟之文多有入选，"二秦"当指其中两人。二十年（1894）六月十二记："《尊经书院课艺》中有谢绪曾文，笔气颇大，

1　上海求志书院早在光绪二年（1876）即有课艺刊行。
2　吉城：《吉城日记》，第37页。
3　林骏：《林骏日记》，第260页。
4　林骏：《林骏日记》，第13、51、96、116页。
5　吉城：《吉城日记》，第5、35、109页。
6　林骏：《林骏日记》，第265页。
7　吉城：《吉城日记》，第204页。

在姚燧、卢挚之上。"[1] 按谢绪曾，字功甫，江宁人。同治四年（1865）恩贡。《尊经书院课艺》以及《三刻》《四刻》皆收其文。十一月二十三："阅《南菁文集》，孙同康固是作者。"[2] 孙同康（1866—1935），即孙雄，是《道咸同光四朝诗史》的编者。《南菁讲舍文集》收其文五篇。二十八年（1902）六月二十一记："见《南菁二集》，其文多不如初刻。"[3] 初刻即《南菁讲舍文集》，1889年刊；《南菁二集》刊于1894年。较之《二集》黄以周序所云"续之初集，文辞并美，诚复如班固所称，老眼犹明，吾已从君鱼受道矣"[4]，吉城提供了另一种观感。

所阅课艺作者当中，吉城最为服膺的是陈光宇。光绪十八、十九两年（1892—1893）多次提及："阅《尊经六刻》文，陈光宇真是健者。""燃烛抄陈光宇时文八首。""抄读陈光宇时文二首。""读陈光宇时文。""录陈光宇《'老者安之'合下节》题文。""录陈光宇《'原思为之宰'二节》文。""读陈光宇时文。""抄读陈光宇文一首。"[5] 按陈光宇（1859—?），字御三，号玉珊，江宁人。光绪十六年（1890）进士。与夏曾佑（1863—1924）同负盛名，又同有枪替之谤。未及中寿而卒。据梁溪坐观老人《清代野记》，同治、光绪间，刘汝霖、陈光宇、周钺"皆江宁枪手之卓卓者，所代中不知凡几。陈入翰林后，竟因此永不准考差"[6]。《尊经六刻》即《尊经书院六集课艺》，收其文十四篇。此外《尊经书院课艺四刻》收其文四篇，《五刻》十五篇，《七刻》七篇，《续选尊经课艺》十篇。单以入选数量而言，陈光宇也是最突出的作者之一。吉城对陈光宇的阅读感受，与尊经诸集选编者的眼光，大体上是一致的。

吉城读过《南菁书院文集》，光绪二十六年（1900）起又受南菁院长丁立钧之

1　吉城：《吉城日记》，第312页。

2　吉城：《吉城日记》，第327页。

3　吉城：《吉城日记》，第582页。

4　黄以周鉴定：《南菁文钞二集》，清光绪二十年刻本，黄以周序。

5　吉城：《吉城日记》，第203、209、210、213、215、220、259页。

6　梁溪坐观老人：《清代野记》，王淑敏点校，太原：山西古籍出版社，1996年，第115页。

聘，遥领阅卷之任。他因此曾发现江南乡试有人抄袭南菁之文。二十八年（1902）十月初四日："看江浙两闱艺。江南副榜唐乃钊，其《元初用兵平西域》一篇，径录南菁书院张葆元《汉通西域得失论》。据闱批：'本拟魁选，以首二艺多习见语，抑副。'不知其第四艺剿袭更甚也。"[1] 发现书院课艺被乡试闱艺抄袭，可算是课艺阅读的特别发现。

五、 课艺总集中的知识世界

清代书院课艺总集的内容，大致包括八股试帖、经史词章、时务西学三类，其中后两类总集近百种，对于了解清代后期书院的知识世界，具有较为直观的意义。这些总集，既有主要考课八股文的书院（简称时文书院）的小课集，如上虞《经正书院小课》、松江《云间小课》、苏州《正谊书院小课》、扬州《梅花书院小课》；也有博习经史词章的书院（简称古学书院）的专集，和研习近代科学文化知识的书院（简称新学书院）的专集，如宁波《辨志文会课艺》、江宁《惜阴书院课艺》、武昌《经心书院集》、黄州《黄州课士录》、福州《致用书院文集》、昆明《经正书院课艺集》等；还有少数总集，将时文、古学、新学汇为一编，如富阳《春江书院课艺》。

综观经史词章、时务西学类的课艺题目，可以发现不同书院的知识重点多有区别。有的偏重经学，如杭州《诂经精舍八集》十二卷，前九卷皆是经解训诂之作。题如《圣人有以见天下之赜解》《"夔曰"以下十二字两篇重见说》《西旅献獒解》《〈六月〉〈出车〉为襄王时诗说》《士之弓合三而成规解》《舜歌南风解》《古者上卿下卿上士下士解》《延州来季子解》《"吾未尝无诲焉"鲁读"诲"为"悔"说》《接淅解》。后三卷为赋、杂文和诗，题如《伊尹鸣殷周公鸣周赋》《大登高小登高赋》《中西学术源流考》《登葛岭放歌》《蜂蝶问答》。这与诂经精舍"专试经

1　吉城：《吉城日记》，第594页。

解与碑版、考证诸作，即诗赋录取亦不多"[1]，"课士首重经解，兼及策论、诗赋、杂文"[2]的传统是一脉相承的。

有的偏重词赋，如江宁《惜阴书舍课艺》三卷，以词章之学为主：卷一赋，题如《拟杨炯〈浑天赋〉》《为政犹沐赋（以"虽有弃发，必为之爱"为韵）》《百官饯贺知章归镜湖赋（以"天子赐诗，百官饯送"为韵）》；卷二诗，包括乐府、五言古、七言古、五言律、七言律、七言绝、试律，题如《拟谢元晖〈鼓吹曲〉》《拟曹子建〈赠丁仪〉》《拟东坡〈自金山放船至焦山〉》《颜鲁公放生池怀古》《西瓜灯（七排十二韵限青韵）》；卷三骚、七、诏、策、启、书、序、颂、论、铭，题如《拟淮南王〈招隐士〉》《七劝（论学）》《拟梁简文帝〈与萧临川书〉》《杨嗣昌论》。这与惜阴书院掌教的个人趣味关系很大，历来"主斯席者，率偏重词赋"[3]。

也有的具有综合性，如富阳《春江书院课艺》，题有四类：四书文、五经文、杂文、算学。其中杂文居大半，既有《〈大学〉有"曾子曰"，〈中庸〉有"仲尼曰"，〈论语〉有"孔子曰"，与全书体例迥别，其义安在》《汉魏六朝三唐之诗皆本于〈三百篇〉，其间有词意相合者，试详证之》《历代帝王建都之地形势得失论》《历代和戎得失岁币多寡论》《诸葛亮治蜀、王猛治秦论》《自铁木真为蒙古大汗，至忽必烈灭宋，七十年间，拓地之广，为历代所未有。试详考之，并系以论》等传统经史词章题，也有《论专制共和政治之得失》《近人译西书，有平等、平权、自由之说，试申其义》《西人称地球吸月，月吸潮汐，其说然否》《拿坡仑似廿四史中何人》《滑铁卢之役为欧洲战祸之结局论》《英入印度，主客之势，众寡之数，万不相敌，竟辖其全境，果遵何术以致此》《英日联盟于东亚损益何如》等时务西学题。作为今存刊刻时间最晚（1904年）的书院课艺总集，《春江书院课艺》

1　罗文俊手订：《诂经精舍续集》，清道光二十二年刊、同治十二年重刊本，胡敬序。

2　俞樾编次：《诂经精舍三集》，清同治六年刻本，马新贻序。

3　褚成博鉴定：《惜阴书院课艺》，清光绪二十七年刻本，褚成博序。

可谓是世纪之交书院知识世界的典型反映。

很多书院都有阅读指南。以史部为例，主流倾向是优先读纪传体，尤重前四史。如福州鳌峰书院规约："史则《史记》、两《汉书》、《三国志》必当熟看，庶得唐人三史立科之意。其余历代各史，视材质功力有余及之可也。"[1]广州万木草堂规定，读史"先以四史，如有余日，则以《晋书》《南北史》《隋书》继之"[2]。与之相应，在课艺总集的史学题中，前四史考得最多。以《汉书》题为例：广州《学海堂三集》有《读〈汉书〉拟〈西涯乐府〉二十首》，宁波《浙东课士录》有《〈汉书·古今人表〉不著今人说》《〈汉书·外戚传〉书后》，上海《求志书院课艺（丁丑夏季）》有《〈汉书·艺文志〉分兵家为四种，推其例于舆地家当有几种》，苏州《正谊书院课选二集》有《问〈汉书〉颜注得失》，南昌《经训书院文集》有《书〈汉书·儒林传〉后》，江阴《南菁文钞三集》有《班固〈西域传赞〉诋汉通西域之失，其言得失若何》等等。

与此同时，前四史之外的史学题也不少。如杭州《诂经精舍文集》有《南宋中兴四将论》，宁波《辨志文会课艺初集》有《问汉唐宋各有分科取士之法，孰为最善》，太仓《娄东书院小课》有《南宋张魏公论》，上海《求志书院课艺（丙子秋季）》有《〈五代史〉不立韩通传是第二等文字说》，江阴《南菁文钞二集》有《读〈金史·交聘表〉》，江阴《南菁文钞三集》有《宋太祖纳女真贡马论》，扬州《安定书院小课二集》有《近人作书多宗北魏，考之〈魏书〉，当日以书名者凡几家，今有石刻流传否》，武昌《经心书院续集》有《〈元史·儒学传〉论》《明季东林复社论》，成都《尊经书院课艺三集》有《宋童贯约金攻辽、史嵩之约元攻金论》，常州《龙城书院课艺》有《明初设立粮长论》《日本称中国曰支那，其义若何，始见何书，试道其详》，《最新两浙课士录》有《姚宋优劣论》《罗马乱时甚于五代论》，《五大书院课艺》有《〈唐书〉〈宋史〉大食传补注》《历代商政与欧洲

1　陈寿祺：《左海文集》卷10，清刻本，第61页下。
2　康有为：《长兴学记》，陈汉才校注，广州：广东高等教育出版社，1991年，第61页。

各国同异考》,《苏省三书院课艺菁华》有《苻坚拿破仑第一优劣论》《国朝黄梨洲、顾亭林、王船山三先生论》等等。可知书院士子的实际阅读,往往超出了最低限度的推荐书目,而接近于理想的阅读要求。

考课题目的知识呈现,还有一个突出的现象,即特别注重乡邦文献。本来,吟咏地方风物,就是部分书院日常生活的一部分。如苏州的书院,写《新修沧浪亭落成诗》(《正谊书院小课》);广州的书院,写《咏岭南茶》(《学海堂二集》);芜湖的书院,写《于湖棹歌》(《中江书院课艺》);武昌的书院,写《夏日游琴台记》(《经心书院续集》);南昌的书院,写《鄱阳湖十六韵》(《经训书院课艺三集》)。但吟咏风物远远不够,书院还鼓励士子留意乡邦文献,因此课艺总集中有很多这样的题目:《颜鲁公治湖州政绩考》(湖州《安定书院课艺》),《和方孚若〈南海百咏〉》(广州《学海堂集》),《关中形势考》《拟唐人〈登慈恩寺塔〉》(西安《关中书院课艺》),《沅郡各矿表》(沅州《沅水校经堂课集》),《问福建茶市利弊》(福州《致用书院文集(光绪戊子)》),《黄州险要论》《湖北水利策》(黄州《黄州课士录》),《拟四川艺文志》(成都《尊经书院初集》),《姑苏论诗绝句》(苏州《正谊书院课选》),《读吴梅村诗》(江宁《金陵奎光书院课艺》)等等。对于士子而言,乡邦文献具有特殊的亲近感,是最能引起共鸣的;赓续一地文化命脉的使命感,亦由此得以培植和提升。

概而言之,清代尤其是中后期,以书院膏火养家,是寒士治生的重要途径之一。较之于科场写作,书院课艺写作"其时甚宽,其境甚暇"。从连续出版物这一本质属性来看,书院课艺总集实开今日学报和集刊的先河。课艺虽非经典文献,但也进入了士子的日常阅读。课艺的内容大致包括八股试帖、经史词章、时务西学三类,其中后两类对于了解清代后期书院的知识世界,具有较为直观的意义。

翟理斯《中国文学史》中的陶诗版本及学术渊源

吕辛福

1980年生，山东莱芜人，文学博士，在山东大学文学院先后取得学士、硕士、博士学位，现为青岛科技大学中文系副教授。2017年9月至2018年9月在美国威斯康辛大学麦迪逊分校做访问学者，导师为倪豪士教授。出版专著《英语世界陶渊明接受史研究（1870—1970）》。

一、引言

1901年，剑桥大学汉学教授翟理斯（Herbert A. Giles）出版《中国文学史》（*A History of Chinese Literature*），这是西方学界公认的英语世界第一本中国文学史著作，国内学者对此也颇为认同，郑振铎指出这是"《中国文学史》中的一部最初的著作"[1]，该书首次向西方读者展示了中国文学自先秦到清代的基本面貌，奠定了此后中国文学史按朝代顺序评述作家作品的撰写体例，影响深远。然书末所附参考书目（Bibliographical Note）比较简略和笼统，虽有人名、书名索引，但版本信息未详，为厘清翟理斯与国内学者的学术联系带来较大困难。

在《中国文学史》中，翟理斯引用了不少来自他先前出版的《古文选珍》

---

1 按，郑振铎《评 Giles 的中国文学史》最早刊发在1922年9月21日《文学旬报》第五十期头版，署名"西谛"，后收于郑振铎：《中国文学论集》（下），上海：开明书店，1934年，第389—395页，在该文末尾郑振铎又提到，"中文的《中国文学史》到现在也还没有一部完备的"；另，复旦大学戴燕撰文指出，郑振铎的这篇文章"大概算是中文世界关于翟理斯《中国文学史》的第一篇真正的学术书评"，详见戴燕：《在世界背景下书写中国文学史——从翟理斯到王国维、胡适》，《书城》2018年第3期，第10页。

（*Gems of Chinese Literature*, 1884）和《古今诗选》（*Chinese Poetry in English Verse*, 1898）中的汉诗英译作品，但两书只附人名索引，没有翻译底本信息，同样无法界定这些作品的出处。作为英语世界翻译介绍陶渊明作品的第一人，虽然翟理斯的陶渊明接受成就早为国内学者所关注，但据笔者所见，并未有人注意到翟理斯的陶诗底本及其陶学渊源问题[1]。翟理斯《中国文学史》除了引用到上述两书中的《归去来兮辞》（*Home Again*）、《桃花源记》（*The Peach-Blossom Fountain*）、《拟古九首（其五）》（*A Recluse*）等作品以外，他还新译了一首未见于《古文选珍》和《古今诗选》的陶诗，选译了史书"陶潜传"中的部分内容，译介了两位中国学者的论陶观点，在此基础上，他进一步阐发了对陶诗美学特征的基本看法。笔者结合对这些材料的考辨分析，可以厘清翟理斯翻译陶诗的底本及其学术渊源，这对于了解中国古典诗歌的早期海外传播和海外影响，都有重要的文献价值和研究意义。

二、 翟理斯翻译陶诗所用底本的考定

　　翟理斯在《古文选珍》和《古今诗选》中选译的陶潜诗文是《归去来兮辞》《桃花源记》《拟古九首（其四）》《拟古九首（其五）》《读〈山海经〉十三首（其五）》，这五篇作品皆未指明所用陶集版本，在《中国文学史》中新译的一首陶诗是《拟古九首（其一）》，同样没有说明出处，那么针对翟理斯的译文，如何判断翟理斯翻译陶集的底本呢？笔者的策略是细读英语译本，然后与几部常见陶集版本的原文进行比对，根据中英文内容的相符程度，来确定其所用底本，实践证明这一策略是可行的，因为翟理斯的翻译原则是"直译"（word-for-word

---

1　按，可参看田晋芳：《中外现代陶渊明接受之研究》，博士学位论文，上海：复旦大学中国语言文学系，2010年；靳成诚：《陶渊明作品英译研究》，硕士学位论文，北京：北京大学中国语言文学系，2011年；吴伏生：《英语世界的陶渊明研究》，北京：学苑出版社，2013年。

translation）[1]，而不同版本的陶集中又存在明显异文。

目前所见陶集比较重要的善本主要有：南宋刻递修本《陶渊明集》十卷本，这是现存最早的《陶渊明集》版本，今藏国家图书馆（善本书号：08368）[2]；南宋绍熙三年曾集刻本《陶渊明诗》一卷、《陶渊明杂文》一卷；宋汤汉注《陶靖节先生诗》四卷本[3]；元李公焕注《笺注陶渊明集》十卷本；清陶澍注《靖节先生集》[4]。笔者辨析的主要依据就是上述递修本、曾集本、汤汉本、李公焕本、陶澍本这五个版本，另外参考苏写本《陶渊明集》和凌濛初辑评本《陶靖节集》（八卷本，哈佛燕京图书馆藏），并校以《陶诗集评》《陶诗汇注》《陶诗汇评》，同时借鉴今人逯钦立校注《陶渊明集》、龚斌《陶渊明集校笺》和袁行霈《陶渊明集笺注》等人的相关研究成果。

鉴于翟理斯对《拟古九首》的偏爱，笔者主要对比汉语《拟古九首》中的第一、第四、第五首分别在递修本、曾集本、汤汉本、李公焕本、陶澍本中的异文情况。《拟古》其一在递修本、曾集本中有五处位置相同的异文；在汤汉本、李公焕本中未标异文；在陶澍本中标记两处异文。《拟古九首》其四和其五这两首诗出现的异文数量较少，第四首在各本中只提到有一处异文，即"平原独茫茫"一句中的"独"字，在曾集本中小字校曰"一作转"，但各本正文中皆书作"平原独茫茫"，翟理斯英译为"Or boundless prairie mocks the eyes"[5]，从中也看不出"独"与"转"有何差异，所以这条异文的区分意义不大。第五首只在汤汉本和陶澍本标注"辛勤无此比"一句中有异文"辛苦"，但二者差异微小，英译后的文本区分意义不明显；另外几处异文在汉语中属于义同形异，转译为英语后语意无

1　按，在1923年版的《古今诗选》前言中，翟理斯对自己的翻译原则以及如何在直译后的英文中呈现出一定的诗歌韵律特征，有较为详细的说明，可以参看：Herbert A. Giles, "Preface," in *Gems of Chinese Literature*, Shanghai: Kelly & Walsh, 1923.

2　按，笔者所用版本为陶渊明：《宋本陶渊明集二种》，北京：国家图书馆出版社，2019年。

3　见陶渊明：《宋本陶渊明集二种》。

4　见陶潜著，陶澍注：《陶靖节集》，上海：商务印书馆，1933年。

5　Herbert A. Giles, *Chinese Poetry in English Verse*, Shanghai: Kelly & Walsh, 1898, p. 34.

差，没有区分度。

相比第四首和第五首而言，《拟古九首》第一首中异文数量最多，且有一处区分极为明显的异文只出现在了陶澍本中，即"未言心先醉，不在接杯酒"，这里的"未言心先醉"在其他各本中都作"未言心相醉"，包括苏写本和凌濛初辑评本。此处异文中的"先"字与"相"字语意截然不同，这处异文确实是"关系到正误"[1]，译为英语后的语意差别更大，如果翻译"先"字，那么英语中的主语对应为单数，如果采用的是"相"，那么主语对应是复数。在翟理斯的译文中，他把这句诗译为"Ere words be spoke, the heart is drunk"[2]，其中的 the heart 是单数词，他翻译的原文显然是"心先醉"。由此我们可以判定翟理斯翻译陶诗所用陶集底本应为陶澍本，袁行霈先生认为"陶澍注本搜集资料最完备，注释最详尽，是一部集大成的著作"[3]，选择一部权威的陶诗整理本作为底本，是学术翻译能够成功的关键，翟理斯当然很清楚这一点。

针对上述文本考辨分析，或许有人会问，此处异文只出现在陶澍的陶集整理本中，有没有可能是陶澍误写？笔者认为这并不可能，因为"未言心先醉"的用法并非孤例。这处异文虽不见于其他诸本陶集，但散见于部分陶诗选本中，早在南宋洪迈的《容斋三笔》卷三"东坡和陶诗"中，他引用陶潜的这首诗中就书作"未言心先醉，不在接杯酒"（《四部丛刊》本）；清代王士禛在《古诗选》卷六所选录的陶潜《拟古》诗也采用此异文（《四部备要》本），这说明洪迈、陶澍、王士禛所见陶集版本应有不同于宋代的递修本和汤注本者，异文"先"字应该另有所本[4]，并非陶澍误写。再从校注整理的角度看，作为严谨的学者，陶澍整理陶集时必定能注意到历史上不同版本中的异文，清代以前的陶集本中，皆书作"未言

---

1 袁行霈：《陶渊明研究》，北京：北京大学出版社，1997年，第207页。

2 Herbert A. Giles, *A History of Chinese Literature*, London: William Heinemann, 1901, p. 131.

3 袁行霈：《陶渊明研究》，第204页。

4 按，据袁行霈考证，最早的递修本保存异文最多，有七百四十处，而递修本"它除了底本之外至少还参校了四种本子"，见袁行霈：《陶渊明研究》，第205页。

心相醉"，但吴瞻泰在《陶诗汇评》中，书作"未言心先醉"并校曰"一作相"，陶澍整理本又大量征引借鉴吴瞻泰的笺释成果，所以不排除陶澍继承此异文的可能，笔者下文另有分析。

此外，笔者发现王瑶先生注解的《陶渊明集》亦采用的是"未言心先醉"。王瑶没有说明依据，但他在"前言"中提到，对于陶诗有众多异文的情况，他的做法是"参照各本异文，择其文义妥善者从之，概不多注异文和再解释理由"[1]，这说明王瑶认为采用"先"字，这样于文义较为"妥善"，他在文中进一步释曰"'心先醉'，心醉，倾倒之至"[2]。王瑶的这一判断与台湾学者王叔岷不谋而合，王叔岷认为此处用作"先"字，"于义较胜"[3]。不过在逯钦立、龚斌、袁行霈各自整理的陶集中[4]，此处皆书作"未言心相醉"，逯钦立、袁行霈不言此处存在异文"先"，而是都沿用曾集本指出"醉，一作解"[5]；龚斌虽在校注中指出此处存在异文"先"，但在正文和笺释中却舍"先"而用"相"，其依据是众本皆作"相"，唯独陶澍本作"先"，于是"据各本改"[6]，笔者认为这一理由似难成立。综合上述众家意见，尤其是借鉴王瑶和王叔岷的观点，笔者认为此处应该书作"未言心先醉，不在接杯酒"，方重、汪榕培的翻译都是采用这一版本[7]，"未言心先醉"的说法于理较通，翟理斯的选择无疑是精当的，有利于在英语目的语中准确传达陶诗旨意。

当然，针对翟理斯的英文翻译还有另一种疑问，即翟理斯笔下的英文"the heart is drunk"为何一定要理解为是"心先醉"而不是"心相醉"？要释此疑问，

---

1 王瑶：《陶渊明集》，北京：人民文学出版社，1956年，第13页。

2 王瑶：《陶渊明集》，第72页。

3 王叔岷：《陶渊明诗笺证稿》，北京：中华书局，2007年，第374页。

4 按，这是当前学界使用最多的三本陶集校注整理本。

5 分别见于逯钦立校注：《陶渊明集》，北京：中华书局，1979年，第109页；袁行霈：《陶渊明集笺注》，北京：中华书局，2003年，第315页。

6 陶潜著，龚斌校笺：《陶渊明集校笺》，上海：上海古籍出版社，1996年，第272页。

7 参看：方重：《陶渊明诗文选译》，上海：上海外语教育出版社，1984年，第146页；汪榕培英译，熊治祁今译：《陶渊明集》，长沙：湖南人民出版社，2003年，第152页。

需要借助《拟古九首》其一的另外三个英译本进行研判。在翟理斯之后，1947年白英（Robert Payne）《白驹集》、1953年张葆瑚与辛克莱（Lily Pao-hu Chang and Marjorie Sinclair）的《陶潜诗集》和1970年海陶玮（Hightower）的《陶潜诗集》中都翻译了陶潜的这首诗，这三处英译中没有一处采用单数主语，都是复数主语，这就能为理解到底是"心先醉"还是"心相醉"提供进一步的佐证。

《白驹集》中是"our hearts were overcome"[1]，张辛本中为"our hearts were drunk"[2]，海陶玮译为"their two hearts are drunk"[3]，这里的复数主语直译为是"两颗心"，体现的正是"心相醉"，因为只有"相"字能体现出"相互、彼此"的意思，符合这里英文复数词的内涵界定。1953年张葆瑚在"前言"中提到她们使用的陶集版本是李公焕笺注的《四部丛刊》本，这是陶诗英译过程中首次明确提到的陶集底本，该底本正文中的内容是"未言心相醉"；1970年海陶玮出版《陶潜诗集》，书中单列"版本与参考（Editions and References）"一节[4]，详细介绍了自己的翻译底本和参考资料并比较了几个版本的优劣，可看出西方汉学家在陶诗学术翻译方面已达到新的高度，他大力推崇丁福保的《陶渊明诗笺注》，认为这是陶诗翻译中"最方便的底本（This is the most convenient text of the poems.）"[5]，而《陶渊明诗笺注》中也是使用"未言心相醉"[6]。所以从英译后的文本句法角度看，上述三家对"未言心相醉"的翻译与翟理斯所译文本具有明显不同，所据底本也是不一样的。

陶澍本定稿于道光十一年（1831）十月，初次刊刻是在陶澍去世后的第二年

1　Robert Payne, *The White Pony: An Anthology of Chinese Poetry from the Earliest Times to the Present Day*, New York: John Day Company, 1947, p. 139.

2　Lily Pao-hu Chang and Marjorie Sinclair, *The Poems of T'ao Ch'ien*, Honolulu: University of Hawaii Press, 1953, p. 77.

3　Jams Robert Hightower, *The Poetry of T'ao Ch'ien*, Oxford: Clarendon Press, 1970, p. 169.

4　Jams Robert Hightower, *The Poetry of T'ao Ch'ien*, pp. 7—10.

5　Jams Robert Hightower, *The Poetry of T'ao Ch'ien*, p. 8.

6　陶渊明著，丁福保笺注：《陶渊明诗笺注》，郭潇、施心源整理，上海：华东师范大学出版社，2017年，第121页。

即道光二十年（1840），后于光绪九年（1883）又刊刻附图本，陶澍本"其体例、校勘、释义、考论和对陶诗内容、艺术特色的揭示等皆笃实精到，成为后来陶集整理和陶渊明研究方面的基础性学术读本"[1]。结合刊刻时间以及该书的成就和影响而言，翟理斯依据陶澍整理的《靖节先生集》作为翻译的底本，无疑是具备各方面的便利条件的。此外，我们还可以从翟理斯1898年完成的《中国人名字典》（*A Chinese biographical dictionary*）中发现另一旁证，翟理斯在书中解释了"陶渊明"词条之后，紧接着解释的另外一个人名就是"陶澍"[2]，他对陶澍的生平经历以及著述情况介之甚详，由此看出他对陶澍的陶学研究成果并不陌生，以陶澍注本作为陶诗的翻译底本也是顺理成章之事。

在基本确定了翟理斯所用陶集翻译底本后，依据同样的分析策略，我们也对翟理斯《中国文学史》中引用的陶潜史传内容进行了考辨分析，我们的结论是，翟理斯引用的陶潜传记材料来自李延寿的《南史》。

今日所见陶潜的生平传记资料散见于《宋书》《晋书》《南史》以及《莲社高贤传》、颜延之《陶徵士诔》和萧统《陶渊明传》，这些资料一般被视为真实的历史文献，是后代文人构建陶渊明接受印象的基础，笔者翻译的美国汉学家田菱（Wendy Swartz）的论文《重写隐士：早期史传中的陶渊明形象建构》对此有详细的文本梳理与对比分析[3]，可以参看。

在这些传记材料中，《南史》中记载的一则陶渊明轶事令人印象颇为深刻，这就是在萧统《陶渊明传》提到渊明与其妻志同道合的基础上，进一步增加了一处颇富画面感的情节——"其妻翟氏，志趣亦同，能安苦节，夫耕于前，妻锄于后"[4]，成语"耕前锄后"即源于此，这个情节只出现在李延寿的《南史》中，其

1　李剑锋：《陶渊明接受通史》，济南：齐鲁书社，2020年，第965页。

2　Herbert A. Giles, *A Chinese biographical dictionary*, New York: Paragon Book Gallery, 1898, p. 718.

3　参见田菱撰，吕辛福译：《重写隐士：早期史传中的陶渊明形象建构》，《学衡》第二辑（北京：北京联合出版有限公司，2021年），第186—207页。

4　李延寿：《南史》，北京：中华书局，1975年，第1859页。

实有点类似小说家言[1]，与《南史》成书时间相近的《晋书》没有关于陶渊明与其妻子志趣相同方面的任何描述。至于其他有关南朝的史书是否有所提及，史料所限，今日已无从查考，但至少在清汤球辑《九家旧晋书辑本》以及清代仍能见到的《建康实录》中并没有发现有关渊明这方面的内容[2]。

巧合的是，我们在翟理斯书中所引用的陶潜传记中也发现了这个内容，他说 "In the latter pursuit he was seconded by his wife, who worked in the back garden while he worked in the front"[3]，直译过来的意思是，"在后来的追求中，他得到了妻子的支持，妻子在后院耕种，而他在前院劳作"。可见翟理斯对陶渊明夫妻二人关系的描述与李延寿笔下的情节几无二致，由此可以判定，翟理斯依据李延寿《南史》中的陶渊明传记构建了陶渊明在英语世界的初步形象，翟理斯所处时代能够见到的唐前晋朝史书也不外乎上述几种。

三、 翟理斯所引论陶观点的学术渊源

翟理斯在《中国文学史》中评价陶诗特点时引用了两位中国学者的观点，遗憾的是他都没有指出中国学者的具体姓名和相应出处，笔者考证后发现其中一位学者是元代陈绎曾，翟理斯文中引用的正是陈绎曾《诗谱》中对陶渊明的评价，学界目前还没有注意到这一点。

陈绎曾对陶渊明的评价曾被方东树在《昭昧詹言》中间接引用过，即"读陶公诗，专取其真：事真景真，情真理真，不烦绳削而自合"[4]，但翟理斯引用的却

1　参考李少雍：《〈南史〉〈北史〉与小说》，《文学遗产》2021年第4期，第57—67页。

2　按，此处根据匿名审稿专家的建议进行修改，并咨询了对《建康实录》陶渊明佚文有深入研究的贺伟博士，在此表示谢意。

3　Herbert A. Giles, *A History of Chinese Literature*, London: William Heinemann, 1901, p. 129.

4　方东树著，汪绍楹校点：《昭昧詹言》卷四，北京：人民文学出版社，1961年，第98页。按，《陶渊明研究资料汇编》中所收方东树《昭昧詹言》此条论陶文字，存在句读失误之处，即"读陶公诗，专取其真事、真景、真理，真不烦绳削而自合"，见北京大学中文系教师同学、北京师范大学中文系教师同学编：《陶渊明研究资料汇编》，北京：中华书局，1962年，第224页。

是陈绎曾《诗谱》中的完整内容，而不是方东树的节选。我们下面结合源语、目的语中的有关文本，分析其中的接受渊源。陈绎曾《诗谱》中评价陶潜的原文如下：

> 陶渊明，心存忠义，心处闲逸，情真景真，事真意真，几于《十九首》矣，但气差缓耳[1]。至其工夫精密，天然无斧凿痕迹，又有出于《十九首》之表者。盛唐诸家风韵皆出此。[2]

翟理斯的译文为：

> His heart was fixed upon loyalty and duty, while his body was content with leisure and repose. His emotions were real, his scenery was real, his facts were real, and his thoughts were real. His workmanship was so exceedingly fine as to appear natural; his adze and chisel (*labor limae*) left no traces behind.[3]

经过对比分析就会发现，上述两段文字的中英文内容几无二致，只是原文中有关《十九首》的部分文字没有译出，翟理斯在译文中对原文"心存忠义，心处闲逸，情真景真，事真意真"与"工夫精密，天然无斧凿痕迹"的翻译都是相当准确，几乎能一字不差地对应起来，四处"真"的翻译尤为传神，译自《诗谱》确定无疑。上文我们通过分析基本确定了翟理斯翻译陶诗所用底本为陶澍本，可陈绎曾的这段评论并不在陶澍本中，那么翟理斯是从哪里得来的呢？陈绎曾的这段话出自《诗谱》，近代以来《诗谱》因为丁福保《历代诗话续编》的收录而广为人

---

1 按，《骚坛秘语》中"耳"作"可"。见周履靖编次：《骚坛秘语》，上海：商务印书馆，1936年，第46页。
2 丁福保辑：《历代诗话续编》，北京：中华书局，1983年，第630页。
3 Herbert A. Giles, *A History of Chinese Literature*, p. 131.

知，但从时间上讲，翟理斯不可能从丁福保辑《历代诗话续编》中使用《诗谱》这个材料，《历代诗话续编》初版于1916年，《中国文学史》1901 年出版时《历代诗话续编》还未面世，那他有没有可能不通过间接渠道、直接接触到陈绎曾的《诗谱》呢？

我们来看《诗谱》本身的流传。 从笔者文献梳理情况看，陈绎曾《诗谱》较早以《诗谱》名义刻本流行 1，是出现在《文章欧冶》中。 据杜泽逊先生考证，《文章欧冶》为明初刻本，刻者为明宁献王朱权，"是书为元陈绎曾撰，专论科举时文作法，原名《文筌》，此则改名《文章欧冶》重刻" 2。 后来明代人周履靖又把陈绎曾《诗谱》杂入了自己所编的《骚坛秘语》（收于《夷门广牍》），见于该书"卷中·体第十五"，但书中没有提《诗谱》之名。《骚坛秘语》所收《诗谱》内容要比丁福保辑本多出唐代以后的诗人点评，杜泽逊先生提到山东省图书馆藏《文章欧冶》中有"诗谱"二十则，在数量上与《骚坛秘语》版本较为接近 3。 但《文章欧冶》与《骚坛秘语》在明清时期流传不广，影响不大，且其中都没有专门收录陶诗的历代评注。 理论上讲，翟理斯通过这两种文献接触到《诗谱》的可能性很小，在当时也不见有陈绎曾《诗谱》单行本刊刻于世，笔者仔细检索《中国文学史》所附书名索引，并没有发现有这两本书。

所以我们需要考虑间接渠道接触《诗谱》的可能性，这个渠道就是陶诗的汇注集评体系。 清中后期是陶渊明接受史上的又一高峰，出现了大量陶集刊本以及陶诗评注本，"仅是坊间印行的《陶渊明集》就有三四十种"，"有关陶渊明的著作

1　按，最早名为《诗小谱》，陈绎曾、石栢二人合撰，见张健《元代诗法校考》一书中对《诗谱》著者及版本的分析：张健：《元代诗法校考》，北京：北京大学出版社，2001 年，第 341—343 页。另参考赵树功、陈元锋：《〈诗谱〉本名、作者及其与〈骚坛秘语〉关系考辨——兼论丁福保〈历代诗话续编〉所收〈诗谱〉之弊》，《文献》2011 年第 2 期，第 158—163 页。

2　杜泽逊：《明宁献王朱权刻本〈文章欧冶〉及其他》，《文献》2006 年第 3 期，第 184 页。

3　按，邱美琼在论文中提到丁福保所辑录《诗谱》出自《说乳》，内容没有"二十目"。 参见邱美琼：《〈诗谱〉的版本源流及〈历代诗话续编〉本的文本问题》，《船山学刊》2011 年第 3 期，第 110—112 页。

多达百种以上"[1]。从翟理斯所处的十九世纪末二十世纪初的时间点来看，他能接触到的陶集评注本至少应该有《陶诗集注》[2]《陶诗汇注》[3]《陶诗汇评》[4] 这三种，这三种陶诗集评著作各有特色，颇受好评，刊刻之后对后来的陶集整理和陶诗笺注产生重要影响，而就在吴瞻泰的《陶诗汇注》和温汝能的《陶诗汇评》中，我们发现了陈绎曾的论陶文字。

吴瞻泰《陶诗汇注》开陶诗集注之先，郭绍虞称为是"较可观之本"[5]，在《陶集考辨》中对其优劣评价较为全面客观，笔者不再赘述。笔者这里需要强调的是，在《陶诗汇注》中，吴瞻泰附录了南朝以来的历代论陶"诗话"，一些并非出自诗话的只言片语也予以收录。他按时间顺序从萧统、钟嵘一直梳理到明代的黄文焕，搜罗全备，出处清楚，笔者统计有 61 家近百条评论（去掉重复部分），吴氏只引不评，力在呈现接受全貌，这是陶渊明接受史上的一个创举。在这些诗话材料中，元代陈绎曾的这段论陶文字有完整呈现，如图 1 所示。

相比吴瞻泰的《陶诗汇注》，温汝能《陶诗汇评》只在序言中明确提到了陈绎曾的《诗谱》[6]，未提其人名，所引内容为"《诗谱》谓其情意几于'十九首'，惟气差缓"（见温汝能《陶诗汇评序》），且只此一句，并非全引，此外在正文中便未再出现任何与《诗谱》有关的内容，由此看来，翟理斯通过《陶诗汇评》接触到陈绎曾论陶观点的可能性不大。

1　高建新：《温汝能及其〈陶诗汇评〉》，《九江学院学报（社会科学版）》2011 年第 3 期，第 5 页。

2　按，本文用康熙三十三年刻本，前有康熙甲戌詹夔锡自序，哈佛大学哈佛燕京图书馆藏。

3　按，本文用吴瞻泰辑，康熙四十四年刻本，北京大学图书馆藏。

4　笔者所用温汝能《陶诗汇评》为 1925 年扫叶山房石印本，另可参台北新文丰出版公司 1980 年版《陶诗汇评》（收入温谦山纂订《零玉碎金集刊》）。按，对此三种陶诗汇注集评本优劣的评价亦可参看郭绍虞：《陶集考辨》，《燕京学报》1936 年第 20 期，第 25—84 页。

5　郭绍虞：《陶集考辨》，第 78 页。

6　按，许莉君：《温汝能〈陶诗汇评〉研究》，硕士学位论文，上海：华东师范大学中国语言文学系，2015 年，附有温汝能引用人名作品统计表（第 16 页），但漏失陈绎曾《诗谱》。另，在黄世锦《试论温汝能〈陶诗汇评〉》第 158 页中，统计出温汝能引用诸家评论有 50 家 461 条，同样漏失《诗谱》中的这条内容，见黄世锦：《试论温汝能〈陶诗汇评〉》，《东华汉学》2012 年第 15 期，第 131—176 页。

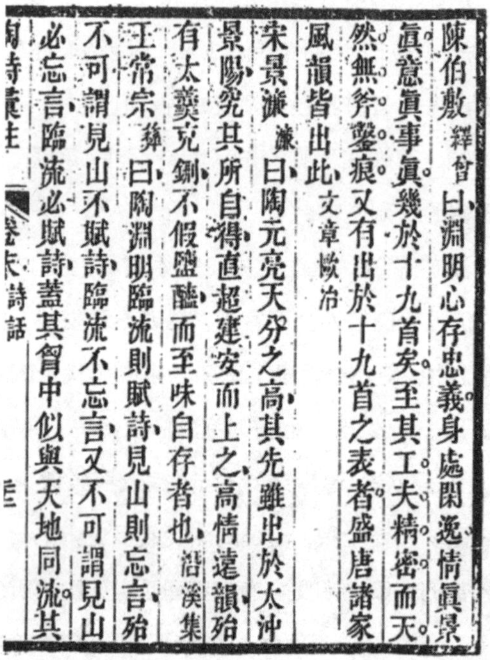

陳伯敷繹曾曰淵明心存忠義身處閑逸情眞景
眞意眞事眞幾於十九首矣至其工夫精密而天
然無斧鑿痕又有出於十九首之表者盛唐諸家
風韻皆出此文章歐冶
宋景濂濂曰陶元亮天分之高其先雖出於太沖
景陽究其所自得直超建安而上之高情遠韻殆
有太羹充鉶不假鹽醯而至味自存者也潛溪集
王常宗彝曰陶淵明臨流則賦詩見山則忘言殆
不可謂見山不賦詩臨流不忘言又不可謂見山
必忘言臨流必賦詩蓋其胸中似與天地同流其
陶詩彙注 卷末詩話 三

图 1 吴瞻泰《陶诗汇注》(《丛书集成续编》本)卷末“诗话”所引陈绎曾语

细心读者会发现，吴瞻泰《陶诗汇注》所引陈绎曾的这段文字，注明出自《文章欧冶》，这就与笔者上文梳理的直接流传线索相一致；另外，这段文字与《骚坛秘语》本和《历代诗话续编》本相比有一字之差，即《陶诗汇注》中的“心存忠义，身处闲逸”在《骚坛秘语》和《历代诗话续编》中是“心存忠义，心处闲逸”(图 2)。结合句法与文义分析，笔者认为此处用“身”字较佳，“心存忠义，身处闲逸”也更符合渊明实际，那么在翟理斯笔下是如何翻译的呢？我们看到翟理斯的译文是“His heart was fixed upon loyalty and duty, while his body was content with leisure and repose”，很显然，译文中的“his heart”与“his body”对应的正是“心”与“身”，由此可见，翟理斯的翻译依据正是吴瞻泰《陶诗汇注》，通过《陶诗汇注》，翟理斯间接接触到了历代学者对陶诗和陶潜的评论，并最终接受了陈绎曾的论陶观点。

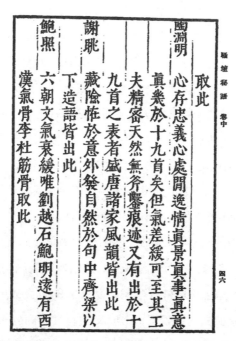

图2 《骚坛秘语》(《丛书集成初编》本)中所收《诗谱》论陶文本

值得注意的是，本文第二部分提到的异文"未言心先醉"，也出现在了吴瞻泰和温汝能的著作中（按，詹夔锡的《陶诗集注》仍用"未言心相醉"），而陶澍整理的陶集晚出，其中就有不少内容借鉴了吴著。 仍以《拟古九首》其一举例来讲，陶澍在"拟古"题目下的小字注中首先引用的就是吴瞻泰的注解，并标出是"吴注"，此外对正文"初与君别时"中的"君"字的分析，又采用了吴瞻泰的笺释意见，也注明"吴注"，这显示出了较为清晰的师承接受关系，所以不排除陶澍对"未言心先醉"的校注就是来自吴瞻泰。 如此看来，翟理斯与陈绎曾、吴瞻泰、陶澍之间的学术联系就更为紧密了，揭示这一学术脉络，我们可以对清末学术与海外汉学之间的渊源关系有更进一步的清晰认知。

四、余论

通过上述分析，首先需要明确的是，翟理斯对陶渊明的接受，不只是体现为翻译陶渊明的诗文作品，也有对中国学者陶渊明研究成果的接受。 中国学者对陶渊明诗文的看法在某种程度上会左右汉学家对陶渊明的认识，要对翻译史上的现象有准确理解，同时也需要有对学术史的全面认识。 从翟理斯的翻译实践来看，他既看重翻译底本，同时又看重学术评价，这是一种较为典型的学术翻译实践，中国学者的理论观点通过《中国文学史》的间接方式进入了西方汉学家的视野，在目的语中获得了二次传播，影响了一代又一代的西方读者。 这种做法不仅体现在陶渊明的英译传播中，也在其他作品的传播中同样存在，这是汉诗英译整体上进入新阶段的重要特征。 清晰的源语底本梳理界定和目的语接受渊源分析，有利于深化对英语目的语中的文本内涵和翻译特色的认识。

其次，翟理斯对陶诗的解读采取了不同于中国学者的新视角，这在客观上能够丰富我们对陶诗的理解，成为我们解读陶诗和理解陶渊明的重要补充。 古典文学接受史的研究不能忽略域外汉学家和翻译家的研究成果，尤其是在近代以来中西学术交流逐渐加强的背景下，古典文学研究的海外视角更应得到重视。从翟理斯的陶诗翻译以及他在《中国文学史》中对陶渊明的评价来看，翟理斯几乎都是以"实录"的眼光来看待陶渊明的诗文作品，他认为陶诗是陶渊明现实生活的忠实纪录，陶诗具有典型的叙事性，这一解读思路迥异于同时期国内学者的主流看法，在西方英语世界也基本奠定了陶诗重叙事的接受传统，他之所以引用了中国学者陈绎曾的观点，其实也是为他本人对陶诗的看法提供进一步佐证。

照此思路，翟理斯把《桃花源记》看作是一篇反映陶潜真实生活的个人传记，而绝不仅仅是一篇寓言故事，他不惜违背直译原则对译文进行了创新性改写，增加了渊明在"神"的帮助下重回诗人青年时代的离奇情节[1]。 类似做法影响了法国汉学家谢阁兰（Victor Segalen, 1878—1919），他 1915 年出版了散文集

1　Herbert A. Giles, *A History of Chinese Literature*, p. 131.

《出征》[1]，其中第二十章就属于依据写实原则对陶渊明《桃花源记》故事的重写[2]。 此外，翟理斯的观点在二十世纪七八十年代余宝琳（Pauline Yu）的著作中也有回响，余宝琳就认为《桃花源记》的附诗提供了这位隐逸农民诗人日常生活的更多细节[3]。 二十一世纪初，在梅维恒（Victor H. Mair）主编的《哥伦比亚中国文学史》中，高德耀（Robert Joe Cutter）仍把陶潜视为"自传诗人"，认为"他的许多诗都与自己生活中发生的事件（无论大小）密切相关"[4]，后来孙康宜（Kang-i Sun Chang）与宇文所安（Stephen Owen）主编的《剑桥中国文学史》也表达了类似观点[5]。 可见英语世界的西方学者对陶诗和陶渊明的看法具有历史继承性，翟理斯在陶诗翻译及观点传承方面的奠基性价值亦由此彰显。

1　按，在周皓、李英垣，《渔人、桃源与记——比较研究视阈下的〈桃花源记〉》，《中国比较文学》2018 年第 4 期，第 155—163 页文章中，作者认为谢阁兰《出征》于 1929 年出版，该时间有误。

2　秦海鹰：《重写神话——谢阁兰与〈桃花源记〉》，《法国研究》1996 年第 2 期，第 40—51 页。

3　Pauline Yu, *The Poetry of Wang Wei*, Bloomington: Indiana University Press, 1980, p. 61.

4　高德耀：《公元前 200 至公元 600 年的诗歌》，梅维恒主编：《哥伦比亚中国文学史》，马小悟、张治、刘文楠译，北京：新星出版社，2016 年，第 289 页。 按，英文版 2001 年出版。

5　孙康宜、宇文所安主编：《剑桥中国文学史（上卷）》，刘倩等译，北京：三联书店，2013 年，第254 页。

苏绰"六条诏书"治官思想的历史经脉与因变

孙　宝

曲阜师范大学孔子文化研究院教授，文学博士、博士后，博士生导师，曲阜师范大学儒家文学艺术研究中心主任，主要研究方向魏晋南北朝经学、官制与文学。

本人于 2017 年 9 月至 2018 年 9 月，得到国家留学基金委公派访学资助，至威斯康辛大学麦迪逊分校倪豪士教授处访学一年。深得教益，服膺难忘！

西魏大统年间，宇文泰为了实现富国强民的军政目标，着力提升州郡治理的水平，而推行以地方刺史、郡守、县令为主要目标的官制、财政、法制、农事、政教等全方位的改革，苏绰六条诏书应运而生。苏绰六条诏书以治官为核心，构建了官德（"先治心"）、官格（"正身"）、官化（"敦教化"）、官选（"擢贤良"）、官术（"恤狱讼""尽地利""均赋役"）的治官思想体系。学界一般采取分头溯源的方式，将六条诏书的六项内容分别置于先秦两汉尤其董仲舒的思想论断中索隐相应的源头，以论证西魏、北周政治改革的宗儒复古属性[1]。然而，这种方式并不利于从政治文书层面对苏绰六条诏书进行形制起源及整体性政治意涵

1　按，有关苏绰以儒家思想体系为主的政治伦理、经济伦理、法制伦理和个体伦理等思想特征，可参见孔毅：《苏绰伦理思想论纲》，殷宪主编：《北朝史研究》，北京：商务印书馆，2004 年，第 327—339 页。

的探定。 王叔岷指出："考证陈言故实，当留意直接来源，或间接来源。 同一陈言故实，见于数书，其最相合者为直接来源。 某书虽晚出，而为直接来源，当以晚出之书为主，早出之书为辅。"[1]宇文泰于大统元年（535）命有司撰《二十四条新制》之际，即"斟酌今古，参考变通"，取"可以益国利民便时适治者"为之[2]。 以此可推知，苏绰《六条诏书》亦当不拘于某一朝定式或单一文献来源。

南北朝各政权为了加强地方治理，不仅在汉晋六条诏书的基础上因地、因时制宜的增改相关内容，"六条"也成为文林指称刺史履行监察及政务之职的代称或转语。 对于苏绰六条诏书而言，其直接源头并未远及秦汉，而是晋武帝郡国六条诏书[3]。 同时，苏绰直接承袭荀悦、荀勖、傅玄等人的政治思想框架，只是某些表述才间接溯源至董仲舒、王充等人的伦理政治观。 苏绰六条诏书具有鲜明的"秦中"或"关西"特色，其糅合十六国至北魏以来关中地区的政教传统，也充分吸纳北魏有关治边、治国等政治议题的诏奏决议，从而使六条诏书的内容、架构更为充实，也更具针对性与可行性。 以下试从四方面予以考述。

一、 苏绰六条诏书与泰始六条诏书的形制及内容关联

六条诏书作为政治文书的一种形制，当始于汉武帝"刺史六条问事"[4]。"六

1　王叔岷：《刘子集证·自序》，北京：中华书局，2007 年，第 18 页。

2　令狐德棻等：《周书》卷 2《文帝下》，北京：中华书局，1971 年，第 21 页。

3　有关两者的前后承继关系，谷川道雄《西魏"六条诏书"中的士大夫伦理》、渡边一郎《天空の玉座——中国古代帝国の朝政と仪礼》已有论述；魏斌《五条诏书小史》（魏斌：《五条诏书小史》，武汉大学中国三至九世纪研究所编：《魏晋南北朝隋唐史料》第 26 辑，武汉：武汉大学文科学报编辑部，2010 年，第 1—21 页）在此基础上，又对苏绰六条诏书与晋武帝五条诏书的具体条目进行对比，尤其认为六条诏书第一条"治心"之"清心"，体现了西晋儒学大族"尚清"的政治理念。 兹在前述诸家基础上，拟就苏绰六条诏书的思想渊源进行梳理、归纳。

4　汉武帝元封五年初置部刺史，"掌奉诏条察州"，即按照诏书内容逐条审查州的落实情况。 其实施形式为："刺史班宣，周行郡国，省察治状，黜陟能否，断治冤狱，以六条问事，非条所问，即不省。"据《汉官·典职仪》载，诏书的六项问政内容，分别针对强宗豪右广占田宅、恃强凌弱，郡守徇私枉法、搜刮百姓，郡守酷罚滥赏、妖言惑众，郡守任人唯亲、选拔不公，郡守子弟仗势骄宠、请托授受，郡守结党豪强、侵扰里正县令行权。 见班固撰，颜师古注：《汉书》卷 19《百官公卿表上》，北京：中华书局，1962 年，第 741—742 页。

条问事"作为定制推广后，汉代官员往往简称之为"六条""诏条"或"条职"。
经历汉成、哀二帝、莽新以来州牧反复罢置，至汉灵帝中平五年（188），为应对
变乱日增的时局，朝廷最终确立以清明重臣出任牧伯的制度，从而使秦汉地方
郡、县二级行政体制逐步过渡为州、郡、县三级行政体制[1]。 曹魏时期，夏侯玄
一度提出"宜省郡守，但任刺史；刺史职存则监察不废，郡吏万数，还亲农业，以
省烦费"的主张[2]，但州、郡、县的行政定制已无可回转。 刺史除保留监察职权
而依"六条"逐条监察州郡外，还全面统管州郡军政事务，基本上已由监察官转
变为政区官[3]。 因此，汉武帝侧重监察而非综合治理的"六条问事"已不敷时
用，迫使晋武帝于立朝之初重新出台"六条诏书"以确立州郡、王国长官治理地
方的职责范围。 王隐《晋书》载："武帝泰始四年颁六条诏书于郡国：一曰正身，
二曰亲民，三曰恤孤，四曰敦本息华，五曰去人事，六曰正本。"[4]另外，《隋书·
经籍志》著录《晋刺史六条制》一卷，可能即晋武帝六条诏书的实施细则。 不管

1　王谨：《王莽与州刺史改州牧》，《山西师大学报（社会科学版）》2002年第1期，第70—75页。

2　陈寿：《三国志》卷9《夏侯玄传》，北京：中华书局，1982年，第297页。

3　学者指出：三国时期，中央政府视其领兵轻重而任州级政区长官以刺史或州牧
为常。 魏、蜀以称刺史为常，较大军事权力者领州时称州牧；孙吴则视州的地位和州长官军事权力大小而授刺史或州
牧。 见魏俊杰：《两汉至隋唐州牧的演变》，《唐都学刊》2018年第1期，第86—94页。

4　虞世南编：《北堂书钞》，卷103"艺文部·诏三十九"引，孔广陶校，北京：中国书店，1989
年，第392页下。 按，孔广陶校说："陈俞本作'五条'，'亲民'作'勤百姓'，'恤孤'作'抚
孤寡'。《御览》五百九十三引王隐《晋书》亦作'抚孤寡'，'亲民'作'勤民'，无第六条。 盖
泰始四年诏书诸书皆言'五条'，独《旧钞》引作'六条'。 然'六曰正本'句，亦不可读，当有
讹脱。 或引者皆因讹脱而删之。"（同前，第392页下）另案，《晋书》作"十二月，班五条诏书于
郡国：一曰正身，二曰勤百姓，三曰抚孤寡，四曰敦本息末，五曰去人事"云云（房玄龄：《晋
书》卷3《武帝纪》，北京：中华书局，1974年，第58页），正是"诸书皆言'五条'"的最具代
表者。 魏斌依据《晋书·武帝纪》与2003年郴州苏仙桥出土的西晋简牍，认为五条诏书最初是
尚书台受计完成后宣读发遣，并由上计吏携回的郡国守相戒敕。 它以汉代上计吏戒敕条目为基础
重新制作而成，自西晋后两百年间可能一直作为上计吏戒敕被沿袭使用。 五条诏书是苏绰操作六
条诏书的蓝本，后者将选官、狱讼、赋役单列为条目，使其思想逻辑更为严密，并摆脱了五条诏书
只是戒敕郡国守相的局限。（参见魏斌：《五条诏书小史》，《魏晋南北朝隋唐史资料》第26辑，第
1—21页）。 兹认为，孔广陶所言唐修《晋书》作"五条诏书"是因第六条讹脱而删除所致，亦
应得到重视。 苏绰六条诏书的对象为州郡长官，而非仅针对郡国上计吏的戒敕。 其符合汉武帝
以来"刺史六条问事"的惯例，其源头似应为汉晋"六条诏书"而非"五条诏书"。

怎么说，晋武帝的"六条诏书"相对于汉武帝"六条问事"，已经发生了重大的历史性转折。它跳出了刺史巡行郡国"非条所问，即不省"的监察层面，而广泛涉及文教、民政、农务、吏治、法政等施政范围。苏绰六条诏书"先治心""敦教化""尽地利""擢贤良""恤狱讼""均赋役"等基本架构乃至具体表述明显与之趋同，正说明两者之间存在继承关系。

一定程度上，这种继承关系由元魏宗晋的政权文化传统所决定。拓跋珪建魏之始，就命清河大族崔玄伯在"制官爵，撰朝仪，协音乐，定律令，申科禁"等方面"总而裁之，以为永式"，自应包括"朝廷文诰，四方书檄"的撰制格式[1]。上述"永式"，少不了汲取汉晋典制。经过太和十四年（490）八月至十五年（491）正月的广泛廷议，北魏确立了魏承晋统、魏为水德的运祚行次，并从文武官制、朝章故事、礼法仪轨等多方面借鉴晋制[2]。西魏作为北魏政权的自然延伸，基本照搬了太和以来以晋为法的政治模式，尤其西魏、北周律令中就吸纳了以《周官》为据的西晋《诸侯律》的内容[3]。因此，苏绰仿效晋武帝而撰制六条诏书，亦是元魏宗晋的政权模式的延续。另外，十六国、北魏以来在关陇地区推行汉晋郡县制，而减少设置军镇、护军、领民酋长等特殊政区的举措，以充分调动地方世家大族及广大汉民的贡赋输役的积极性[4]。这些行之有效的关陇治理经验自然会为苏绰六条诏书提供充分的政治灵感，进而演化为具体的施政条例与教化举措。

不过，泰始六条诏书也有其思想渊源。早在曹魏时期，司马懿就认可夏侯玄的官制改革主张："审官择人，除重官，改服制，皆大善。礼乡闾本行，朝廷考

1　魏收：《魏书》卷24《崔玄伯传》，北京：中华书局，1974年，第621、623页。
2　康乐：《从西郊到南郊——国家祭典与北魏政治》，台北：稻乡出版社，1995年，第195页。
3　沈家本：《历代刑法考》卷9《律令三·大统式》《律令三·周律》，邓经元、骈宇骞点校，北京：中华书局，1985年，第917—919页。
4　年发松：《十六国北朝政区演变的背景、特征及趋势略论——以特殊政区为中心》，《华中师范大学学报（人文社会科学版）》2017年第5期，第129—136页。

事，大指如所示。"[1] 司马炎即位后，亦遵从祖训而施政。 史载："泰始受禅，改物君临，……申敕守宰之司，屡发忧矜之诏，辞旨恳切，诲谕殷勤，欲使直道正身，抑末敦本。"[2] 泰始三年（267），司马炎下郡国六条诏。 其中"正身""亲民""敦本息华"，大致可与司马懿所言"礼乡闾本行""审官择人"相对应；司马炎"去人事"，则与司马懿"除重官"相对应。 司马炎的"正本"，实指以厘定刑法为王治之本。 其曾于同年正月下诏说："兢兢祇畏，惧无以康济宇内，思与天下式明王度，正本清源。"[3] 所谓"式明王度"，即宣扬先王法度。 同样从泰始三年开始，司马炎命杜预、张斐、贾充、荀勖等人撰定《刑名》《法例》等晋律二十篇，其中《诸侯律》依据《周官》而编订，进而赋予后者"典午以前，固已尊为圣经，而西晋以后复更为国法"的地位[4]。 故而司马炎的"正本"，大致与司马懿所谓"改服制"相对。 当然，总体来看，晋武帝以"正身""亲民""正本"等人伦命题作为州郡治理的先决目标，背后运用了《礼记·大学》"修身""亲民"等伦理政治的逻辑。 这不仅反映了司马氏与儒家大族共建政权的儒家化特质，也体现了儒家大族将儒家政治理念升格为治国方略的政权影响力。

在西晋儒家大族中，颍川荀氏与司马氏政权关系尤为密切。 如荀霬与司马懿之女南阳公主结姻，其子荀恺、荀恺、荀悝均为西晋外戚重臣；荀颛在平定西蜀后，主定五等爵制，与羊祜、任恺、庾峻、应贞、孔颢等人修《晋礼》。 其历任司徒、侍中、太尉、行太子太傅，于泰始中正定《正德》《大豫》等雅乐。 荀勖于晋初历任中书监、加侍中、秘书监，于泰始三年参与撰定律令，以专典诏命之功得以封子一人为亭侯。 因中书监负责诏书起草，再结合荀勖于太康初"省吏不如省

1　陈寿：《三国志》卷9《夏侯玄传》，第298页。

2　房玄龄：《晋书》卷90《良吏传序》，第2327页。

3　房玄龄：《晋书》卷3《武帝纪》，第55页。

4　此为陈寅恪语。 陈氏又称："司马氏之帝业，乃由当时之儒家大族拥戴而成，故西晋篡魏亦可谓之东汉人儒家大族之后兴。 典午开国之重要设施，如复五等之爵，罢州郡之兵，以及帝王躬行三年之丧礼等，皆与儒家有关。"见陈寅恪：《崔浩与寇谦之》，《金明馆丛稿初编》，北京：生活·读书·新知三联书店，2001年，第145页。

官，省官不如省事，省事不如清心"的奏言[1]，这与泰始三年诏以"正身"为首务且强调"去人事"相一致。故而，泰始三年诏极可能出自荀勖之手。至于由"正身"以至制法、安民的政治思路，则可能导源于荀悦《申鉴》的儒家礼法思想体系。后者指出："政之大经，法教而已。……惟先喆王之政，一曰承天，二曰正身，三曰任贤，四曰恤民，五曰明制，六曰立业。承天惟允，正身惟常，任贤惟固，恤民惟勤，明制惟典，立业惟敦，是谓政体也。"[2] 荀悦认为上古圣王的"政体"由"承天""正身""任贤""恤民""明制""立业"等六项内容构建而成，分别涉及祭天礼敬、持正修身、任贤与能、勤政恤民、宣明法制、敦劝百业等方面。这样看来，其与泰始三年诏书所提出的"正身""亲民""恤孤""敦本息华""去人事""正本"等各项主张几乎是一一对应的关系。与此同时，苏绰六条诏书中"先治心""擢贤良""恤狱讼"等表述，与荀悦"正身""任贤""恤民"以及荀勖"清心""省官"等主张也高度吻合。故而可以断言，荀勖在荀悦的基础上发展了颍川荀氏本族的儒家治国理念，并利用其中书监起草诏书的身份，使之落实为西晋地方治理的施政纲领，进而又成为苏绰六条诏书的思想源头。

荀勖以"清心"而非"正心"作为"省事""省官"之本，流露出其可能深受老子治国观念的影响。老子提出"以正治国，以奇用兵，以无事取天下"说，该说以"清静以为天下正"为基础提出"修身"观，亦即"修之身，其德乃真；修之家，其德有余；修之乡，其德乃长；修之于国，其德乃丰；修之于天下，其德乃普。故以身观身，以家观家，以乡观乡，以国观国，以天下观天下"。同时，老子也以"我无为，人自化；我好静，人自正；我无事，人自富；我无欲，人自朴"来阐明"好静"对"人自正"的先决关系，实际上已将"清心"（即"清静"）设定为"修身"（即"人自正"）、"修之于天下"的前提。迄至西汉严遵，又吸纳刑

1　房玄龄：《晋书》卷39《荀勖传》，第1154—1155页。
2　荀悦：《申鉴注校补》卷1《政体》，黄省曾注，孙启治校补，北京：中华书局，2012年，第5—8页。

名法家的赏罚、名实观与《礼记·大学》格物、致知、诚意、正心、修身、齐
家、治国、明明德（平天下）的逻辑框架，将上述《老子》的表述发展成独具道
家意味的治国理政的思想体系。 其云："王道人事，一柔一刚，一文一武，中正
为经。……明王圣主，损欲以虚心，虚心以平神，平神以知道，得道以正心，正
心以正身，正身以正家，正家以正法，正法以正名，正名以正国。 正国纲纪，分
明察理，元元本本，牵左连右，参伍前后，物如其所。 正名以覆实，审实以督
名。 一名一实，平和周密，方圆曲直，不得相失。 赏罚施行，不赢不缩，名之与
实，若月若日。 一名正而国家昌，一名奇而国家役。"[1]荀悦卒于建安十四年
（209），玄风尚未兴起；荀勖则亲历正始风气，自然在承继荀悦儒法思想框架之
外，又暗通老子、严遵之学，从而以"清心"置换"正心"，体现出兼取儒、法、
玄的混融特点。

　　上述观念对苏绰"先治心"说有一定影响。 苏绰将"清心"作为"治心"的
手段说："治民之要，在清心而已。 夫所谓清心者，非不贪货财之谓也，乃欲使
心气清和，志意端静。 心和志静，则邪僻之虑，无因而作。 邪僻不作，则凡所思
念，无不皆得至公之理。 率至公之理以临其民，则彼下民孰不从化。 是以称治
民之本，先在治心。"[2]显然，苏绰借用荀勖"清心"说，进一步解释"清心"不
只是祛除贪念，而是从"心气""志意"的精神层面禁绝一切私欲邪念，直至获取
"至公之理"。"至公之理"即公正无私的极致，其以实现家国政治体系下的公忠
义利为着眼点，显然不是老子推崇的"无为""好静""无事""得道"的道家境
界。 苏绰以"志意端静"获致"至公之理"的过程，也颇似《礼记·大学》的
"正心诚意"。 这说明尽管苏绰汲取了荀勖的相关措辞，但并未受《老子》及严
遵的影响，反而与荀悦的论说体系更为接近。

1　严遵：《老子指归》卷4《以正治国》，王德有点校，北京：中华书局，1994年，第60—61页。
2　令狐德棻等：《周书》卷23《苏绰传》，第383页。

二、 苏绰对荀悦、董仲舒伦理政治体系的承袭及发展

荀悦的"承天""正身"说实则由董仲舒的伦理政治观而来。 在荀悦看来，法为"阴符"，教为"阳化"，两者构成政治体系的基石。 所谓"承天"，即顺应天道中阴阳二义而实行法教。 有关"承天"说，董仲舒指出："《春秋》之文，求王道之端，得之于正。 ……其意曰，上承天之所为，而下以正其所为，正王道之端云尔。 然则王者欲有所为，宜求其端于天。 天道之大者在阴阳。 阳为德，阴为刑；刑主杀而德主生。 ……王者承天意以从事，故任德教而不任刑。 刑者不可任以治世，犹阴之不可任以成岁也。 为政而任刑，不顺于天，故先王莫之肯为也。"[1] 如所周知，刑、德作为治国理政的主要方式一直为儒、法两家所重视。《尚书·吕刑》《论语·为政》《周礼·天官·太宰》《商君书·说民》《韩非子·二柄》导之于前，马王堆《刑德》帛书、汉代纬书宣扬于后[2]，都为汉代刑、德思想的蓬勃发展奠定了基础。 董仲舒主要依托《春秋公羊传》，确立王道持正的基本政治原则。 继而又认为王道须上承天道、天意以实施，才能沿着正确的方向发端。王道以德、刑为手段，德为阳性，居主导地位；刑为阴性，起辅助作用。 若"承天意以从事"，则须"任德教而不任刑"。 上述德主、刑辅以及承天以正王道的观点，正为荀悦所言"教阳""法阴"以及"承天惟允"所承袭。

至于荀悦所谓"正身"，是以"五德"（仁、义、礼、信、智）约束"六节"（好、恶、喜、怒、哀、乐）。 在董仲舒这里，"五德"则为"王者所当修饬"的"仁、谊、礼、知、信，五常之道"[3]。 另外，董仲舒还详细阐发"正身"的必要性及步骤。 他认为，与"身"有关的名称均与天相关。 天之阴、阳对应身之贪仁与情性，情性如同阴阳相对而生。 为了教化性情，须"循三纲五纪，通八端之理，忠信而博爱，敦厚而好礼，乃可谓善"[4]。 这就建构了身本于天、性阳情

1　班固撰，颜师古注：《汉书》卷56《董仲舒传》，第2501—2502页。

2　任蜜林：《纬书的思想世界》，北京：中国社会科学出版社，2022年，第202页。

3　班固撰，颜师古注：《汉书》卷56《董仲舒传》，页2505。

4　苏舆：《春秋繁露义证》卷10《深察名号》，钟哲点校，北京：中华书局，1992年，第296—304页。

阴、性仁情贪、化性归善的情性教化体系，而"三纲五纪"则是情性复归善端的核心手段。"三纲"即君臣、父子、夫妇之道，"五纪"即董仲舒所言"五常"。荀悦强调"正身惟常"，正是此义。

不过，在《申鉴》中荀悦并未对"正身"展开论述，这与董仲舒已详述"正心"关乎"正四方"的伦理政治逻辑有关。董仲舒说："为人君者，正心以正朝廷，正朝廷以正百官，正百官以正万民，正万民以正四方。四方正，远近莫敢不壹于正，而亡有邪气奸其间者。"[1]可见，董仲舒贯彻由君主至臣庶的自上而下的政治逻辑，认为君主只有"正心"，才能对朝廷、百官、万民、四方起到示范作用，继而产生"远近莫敢不壹于正"的整体效应。既然董仲舒已详述在前，荀悦自然不须再加赘述。就荀悦"惟先喆王之政，一曰承天，二曰正身，三曰任贤，四曰恤民，五曰明制，六曰立业"的论断来看[2]，"承天""正身"等六项的实施主体均为"哲王"，亦是沿袭了董仲舒以上率下的政治逻辑。荀悦还进一步强调君主"承天""正身"对于"正俗"的引领效应说："君子所以动天地、应神明、正万物而成王治者，必本乎真实而已。故在上者审则仪道以定好恶，善恶要于功罪，毁誉效于准验。听言责事，举名察实，无或诈伪以荡众心。故事无不覈，物无不切，善无不显，恶无不彰，俗无奸怪，民无淫风，百姓上下睹利害之存乎己也。故肃恭其心，慎修其行。内不忒惑，外无异望。有罪恶者无徼幸，无罪恶者不忧惧。请谒无所听，财赂无所用，则民志平矣，是谓正俗。"[3]其中"君子所以动天地、应神明、正万物"，即是"承天""正身"的扩展论述。至于确定准则、审查善恶、循名责实、去诈正俗，则是君主"应神明、正万物"的主要职责。在君主主导下，百姓践行"恭心""修行""志平"等自我教化的历程，最终才会达到"正俗"的治化效果。显然，荀悦在君主"承天""正身"的框架下，着眼"王治"的政治目标，将"成王治"分为君主"正身"在上与百姓"恭心"在下的两个

1　班固撰，颜师古注：《汉书》卷56《董仲舒传》，第2502—2503页。

2　荀悦：《申鉴注校补》卷1《政体》，第8页。

3　荀悦：《申鉴注校补》卷1《政体》，第15页。

层面，无疑深化了董仲舒"正身"论的理论层次。

可以说，虽然董仲舒最早建立了以情阴性阳、承天正身的政治教化体系，荀悦、荀勖却是将这种体系转化为晋武帝六条诏书所体现的国家意志的关键人物。苏绰六条诏书的具体表述既然以晋武帝六条诏书为模板，故而荀悦《申鉴》就顺理成章地成为苏绰政治教化思想的源头，而董仲舒《举贤良对策》《天人三策》及《春秋繁露》中的相关思想则是其间接源头。与此同时，苏绰对于董仲舒学说的继承也多有经荀悦立足汉末乱世而加以变创、改造的细微痕迹，难免有些让人产生民国仿康熙所仿明成化官窑的感受。苏绰六条诏书这种表面因循董仲舒而实则承袭荀悦、晋制的特点，主要表现在以下三个方面：

（一）立足"情恶性善"说，崇尚晋律"原心"原则

苏绰致力于将"情阴性阳"说发展为"情恶性善"说，以晋律"五听"原则代替"原心"原则。如苏绰六条诏书的"恤狱讼"条说："人受阴阳之气以生，有情有性。性则为善，情则为恶。善恶既分，而赏罚随焉。赏罚得中，则恶止而善劝；赏罚不中，则民无所措手足。民无所措手足，则怨叛之心生。是以先王重之，特加戒慎。夫戒慎者，欲使治狱之官，精心悉意，推究事源。先之以五听，参之以证验，妙睹情状，穷鉴隐伏，使奸无所容，罪人必得。然后随事加刑，轻重皆当，赦过矜愚，得情勿喜。又能消息情理，斟酌礼律，无不曲尽人心，远明大教，使获罪者如归。此则善之上也。"[1]性善情恶论以董仲舒为最早[2]，在此基础上董仲舒又以阴阳比附刑德，"通过自然阴阳变化得出了人事中先德后刑、大德小刑、经德权刑、实德虚刑等诸多偏重仁德教化而辅助以刑罚制裁的原则"，并

1　令狐德棻等：《周书》卷 23《苏绰传》，第 388—389 页。

2　《论衡·本性篇》说："董仲舒览孙、孟之书，作《情性》之说曰：'天之大经，一阴一阳；人之大经，一情一性。性生于阳，情生于阴。阴气鄙，阳气仁。曰性善者，是见其阳也；谓恶者，是见其阴者也。'"（见黄晖：《论衡校释》卷 3《本性篇》，北京：中华书局，1990 年，第 139—140 页。）王充排比世硕、公孙尼子"人性有善有恶"，孟子"性善"，告子"性无分善恶"，荀子"性恶"，陆贾"人以礼义为性"，刘向"性内情外"，扬雄"人性善恶混"等诸家之说，以董仲舒作为情阴性阳、情鄙性仁的创立者。

"通过'原心定罪'的《春秋》精神以司法来实现"[1]。苏绰以性善情恶论作为刑罚、赏劝制度建立的机制动因，明显受到董仲舒的影响。鉴于董仲舒强调法制对于欲念的钳制与规范作用，主张"质朴之谓性，性非教化不成；人欲之谓情，情非度制不节"[2]，这正是苏绰糅合性善情恶、明德慎罚的双重观念，并在人伦教化与刑律法制之间建立关联的思想本源。

只是董仲舒并不娴于刑罚律令，其伦理政治体系受先秦儒家刑德观念的影响，具有重教轻刑的倾向[3]。对于苏绰而言，先秦儒法刑德观念广泛见载于儒法典籍之中，却只是一些散碎的常识。反而《申鉴·政体》的刑德思想更成体系，也便于吸纳和移置。当然，不能否认荀悦深受董仲舒法刑思想的影响。其十分推崇后者的"原心定罪"说，认为："惟慎庶狱以昭人情，天地之大德曰生。……惟稽五赦以绥民中，一曰原心，二曰明德，三曰劝功，四曰褒化，五曰权计。"[4]所谓"原心"，即审判不仅依据犯罪客观事实，也注重探究罪犯作案的动机。然而，只有"原心"还不够，荀悦又主张结合"明德""劝功""褒化""权计"等因素对罪犯进行赦免，丰富了董仲舒"原心定罪"的诉讼裁决的路径。

苏绰在董仲舒、荀悦的基础上有所发展。其以《周礼·秋官·小司寇》"以五声听狱讼，求民情，一曰辞听，二曰色听，三曰气听，四曰耳听，五曰目听"的"五听"原则为据要求审慎处理诉讼案件，且须结合礼法、律令的多重考量，以崇明德教为根本旨归。苏绰推崇《周礼》的"五听"断案，已然与董仲舒依据

1　许抗生、聂保平、聂清：《中国儒学史·两汉卷》，北京：北京大学出版社，2011年，第139—140页。

2　班固撰，颜师古注：《汉书》卷56《董仲舒传》，第2515页。

3　董仲舒说："凡以教化不立而万民不正也。……教化立而奸邪皆止者，其堤防完也；教化废而奸邪并出，刑罚不能胜者，其堤防坏也。古之王者明于此，是故南面而治天下，莫不以教化为大务。立大学以教于国，设庠序以化于邑，渐民以仁，摩民以谊，节民以礼，故其刑罚甚轻而禁不犯者，教化行而习俗美也。"（班固撰，颜师古注：《汉书》卷56《董仲舒传》，第2503—2504页）可见，董仲舒强调"任德教而不任刑"，突出教化的作用，并要求通过严密的教育体系的建立以实现化行俗美的效果。

4　荀悦：《申鉴注校补》卷1《政体》，第30—33页。

《春秋》的"原心定罪"有了较大差别，这实则受到荀勖、张斐依据《周礼》《周官》新订晋律的影响。张斐《上注律表》说："夫刑者，司理之官；理者，求情之机；情者，心神之使。心感则情动于中，而形于言，畅于四支，发于事业。是故奸人心愧而面赤，内怖而色夺。论罪者务本其心，审其情，精其事，近取诸身，远取诸物，然后乃可以正刑。"[1]所谓"本其心，审其情，精其事"，即是综合运用"五听"方法断案的体现。这种观念也成为晋代以降断案的常法，如刘隗建兴中上书"古之为狱必察五听，三槐九棘以求民情"云云[2]，即为其证。这样看来，苏绰立足晋律，又吸纳荀悦、董仲舒的情性观、刑德论、原心说，从而形成了刑德兼用、原心审情、五听定罪的法政思想。

（二）突显守牧、令长"治心""治身"的教化主体性

苏绰着眼州郡县邑的地方治理，将董仲舒、荀悦"承天""正心""正身"说中暗含由天命、君主、朝廷、百官而至万民、四方的教化结构简化为君主、守牧令长、百姓的三级结构，并强化守牧、令长"治心""治身"对教化下行的中转角色以及实施教化的主体作用。苏绰"先治心"说分为"治民之礼，先当治心"与"其次又在治身"两大步骤，正是董仲舒、荀悦"正心""正身"说的发展。在"治心"环节，苏绰同样贯彻董仲舒、荀悦以君率民的论证理路，认为关键在于君主以身作则，"凡人君之身者，乃百姓之表，一国之的也。表不正，不可求直影；的不明，不可责射中。今君身不能自治，而望治百姓，是犹曲表而求直影也；君行不能自修，而欲百姓修行者，是犹无的而责射中也"。其要求君主"躬行仁义，躬行孝悌，躬行忠信，躬行礼让，躬行廉平，躬行俭约，然后继之以无倦，加之以明察"，从而达到"不待家教日见而自兴行"达到效果[3]。苏绰以射箭与标靶的关系为喻，意在运用鲜卑习见的军事活动增强说服力，这又是其能近取譬、通权达变的体现。

1　房玄龄：《晋书》卷 30《刑法志》，第 930 页。

2　房玄龄：《晋书》卷 69《刘隗传》，第 1836 页。

3　令狐德棻等：《周书》卷 23《苏绰传》，第 383 页。

　　除了董仲舒、荀悦外，其他魏晋儒家的思想也可能为苏绰所掇取。 如徐干《中论·修本》说："人心莫不有理道，……用乎己者谓之务本，……君子之理也，先务其本，故德建而怨寡"[1]。 这里笼统的提到了以"治民心"为"务本"的施政思路，与荀悦的政治伦理观亦有共通之处。 傅玄《傅子·义信》认为，"信"是以君臣、父子、夫妇为主体的人伦活动的基础和纽带，且分为三个实践层次：其一，"王者之信"，即"象天则地，履信思顺，以壹天下"；其二，"诸侯之信"，即"据法持正，行以不贰"；其三，"君子之信"，即"言出乎口，结乎心，守以不移，以立其身"。 他认为，王者、诸侯、君子以身作则、履行诚信，就能起到"讲信修义，而人道定"的奠基作用，继而发挥出"上秉常以化下，下服常而应上"的政教效能，并分别以臣忠、子孝、妇顺的形式体现。 对于民众而言，则会遵循"信"衍化出的成文或不成文的法制、规约、俗习，"（先王）示之以款诚，而民莫欺其上；申之以礼教，而民笃于义"[2]，从而形成以"义"为核心的民间思想道德体系。 这对苏绰倡导君主"躬行仁义，躬行孝悌，躬行忠信"等道德规范而兴行教化的思想也不乏启示之用。 当然，《傅子·义信》中还征引《老子》"信不足，焉有不信"以论证"信"的必要性，充分体现了西晋援玄入儒的士林习气，苏绰则较少此种影响。

　　苏绰六条诏书的主要对象为州牧、郡守、令长等基层官员，故强调君主以上率下的引领作用的同时，亦要求基层官员发挥以上率下的作用以推进教化进程。 这与董仲舒重视牧守、县令的作用有相近之处。 董仲舒认为："今之郡守、县令，民之师帅，所使承流而宣化也；故师帅不贤，则主德不宣，恩泽不流。 今吏既亡教训于下，或不承用主上之法，暴虐百姓，与奸为市，贫穷孤弱，冤苦失职，甚不称陛下之意。"[3]董仲舒看重郡守、县令"承流而宣化"的作用，主张加强吏

1　徐干撰，孙启治解诂：《中论解诂》卷3《修本》，北京：中华书局，2014 年，第 42 页。
2　严可均校辑：《全上古三代秦汉三国六朝文》，《全晋文》卷47《傅子·义信》，北京：中华书局，1958 年，第 1730 页上。
3　班固撰，颜师古注：《汉书》卷56《董仲舒传》，第 2512 页。

治。 苏绰亦接受这种观念，提出地方教化的途径为："凡诸牧守令长，宜洗心革意，上承朝旨，下宣教化矣。 夫化者，贵能扇之以淳风，浸之以太和，被之以道德，示之以朴素。 使百姓亹亹，中迁于善，邪伪之心，嗜欲之性，潜以消化，而不知其所以然，此之谓化也。 然后教之以孝悌，使民慈爱；教之以仁顺，使民和睦；教之以礼义，使民敬让。 慈爱则不遗其亲，和睦则无怨于人，敬让则不竞于物。 三者既备，则王道成矣。 此之谓教也。 先王之所以移风易俗，还淳反素，垂拱而治天下以至太平者，莫不由此。 此之谓要道也。"[1]不难看出，苏绰所谓"上承朝旨，下宣教化"，即是董仲舒所言"承流而宣化"。 虽然苏绰与董仲舒均认可牧守、令长在君主与百姓之间扮演了上承下达的过渡角色，但在基层民众治理的具体手段方面，董仲舒更强调建立以太学为核心的教育体制以发挥作用。 其云："养士之大者，莫大（乎）太学；太学者，贤士之所关也，教化之本原也。 今以一郡一国之众，对亡应书者，是王道往往而绝也。 臣愿陛下兴太学，置明师，以养天下之士，数考问以尽其材，则英俊宜可得矣。"[2]可见，董仲舒主张通过设置太学、选任明师以推进教化，从而将育才、求贤、地方教化密切联系在一起。 对苏绰来说，其明显更加看重牧守、令长自身的作用。 他认为后者在履行教化百姓职责时，应贯彻君主"先当治心""其次又在治身"的原则，在完成身心治化之后，再遵循先感化、再教训的过程，以实现教化目标：首先，树立"淳风""道德""朴素"的楷式，使百姓去绝"邪伪""嗜欲"，而归于善端，这是感化的步骤；在此基础上，再灌输"孝悌""仁顺""礼义"原则，使百姓具备"慈爱""和睦""敬让"的质量，这三者集中代表了"王道"实施的成果，也是"移风易俗，还淳反素"而天下治平的关键。 因此，苏绰更突出郡守、县令等基层官员履行教化职责的主观能动性，并将"王道"进行"慈爱""和睦""敬让"等道德、伦理层面的标准化，而不像董仲舒从君主制度设计的层面强调太学的教育手段。

1　令狐德棻等：《周书》卷23《苏绰传》，第384页。
2　班固撰，颜师古注：《汉书》卷56《董仲舒传》，第2512页。

（三）崇尚"上无教化，惟刑罚是用"

苏绰六条诏书明确刑德施用对应不同的政治前提，如"敦教化"条说："天地之性，唯人为贵。明其有中和之心，仁恕之行，异于木石，不同禽兽，故贵之耳。然性无常守，随化而迁。化于敦朴者，则质直；化于浇伪者，则浮薄。浮薄者，则衰弊之风；质直者，则淳和之俗。衰弊则祸乱交兴，淳和则天下自治。治乱兴亡，无不皆由所化也。"[1]"人为贵"的思想本出自《孝经·圣治章》孔子之语。董仲舒曾进行详细论证说："孔子曰：'天地之性人为贵。'明于天性，知自贵于物；知自贵于物，然后知仁谊；知仁谊，然后重礼节；重礼节，然后安处善；安处善，然后乐循理；乐循理，然后谓之君子。"[2]董仲舒认为人之所以为万物贵，在于其具备仁谊、礼节、处善、循理等伦理德性。正因如此，董仲舒倡导运用《论语·为政》"导之以政，齐之以刑，民免而无耻"的思想，认为应运用政刑结合、惩酷去浮、选贤任能等手段，发掘并弘扬百姓内在的人伦德性，通过杜绝"百官皆饰虚辞而不顾实，外有事君之礼，内有背上之心，造伪饰诈，趣利无耻；又好用憯酷之吏，赋敛亡度，竭民财力，百姓散亡，不得从耕织之业，群盗并起"的现象[3]，最终达到移风易俗、宣化促治的目的。另外，"淳和"是阴阳和顺、性气调和的表现。《刘子·和性》说："金性刚而锡质柔，刚柔均平则为善矣。……使之调和，则为美也。人之含性，有似于兹，刚者伤于严猛，柔者失于软懦，缓者悔于后机，急者败于懁促。……故能刚柔兼善，而性气淳和也。……故阴阳调，天地和也；刚柔均，人之和也。阴阳不和，则水旱失节；刚柔不均，则强懦乖政。水旱失节，则岁败；强弱乖政，则身亡。是以智者宽而慄，严而温，柔而毅，猛而仁。刚而济其柔，柔抑其强，强弱相参，缓急相弼。以斯善性，未闻迕物而有悔吝者也。"[4]可见，"淳和"是"缮性"的结果，亦是阴

---

1 令狐德棻等：《周书》卷 23《苏绰传》，第 383 页。
2 班固撰，颜师古注：《汉书》卷 56《董仲舒传》，第 2516 页。
3 班固撰，颜师古注：《汉书》卷 56《董仲舒传》，第 2510—2511 页。
4 王叔岷：《刘子集证》卷 8《和性》，第 170—172 页。

阳调理、和合的方法；它既是个体自修之道，也是社群改良风俗之术。

苏绰以“中和之心，仁恕之行”作为人区别于木石、禽兽的标志，正是沿循了董仲舒的说法。同时，苏绰认为“性无常守”，受外在教化环境影响而改变，也是董仲舒所论“质朴之谓性，性非教化不成；人欲之谓情，情非度制不节”的体现[1]。不过，苏绰在德刑施用比例方面，无疑有着更多现实针对性的考虑。其推崇“敦朴”“质直”的本性，并以之为“淳和”风俗与“天下自治”之本，而“浇伪”“浮薄”则为“衰弊”“祸乱”的本源。苏绰与董仲舒所处的时代环境迥异，其对于“敦朴”“浮伪”关乎治乱兴亡的理解植根于西魏战乱频仍的局势，实则与荀悦所处的汉末环境相近。荀悦基于汉末兵连祸结、君权旁落的政治现实，在《申鉴·政体》中分析君主统治面临的“四患”（伪、私、放、奢）与“九风”（治、衰、弱、乖、乱、荒、叛、危、亡）等棘难问题，提出以“六则”（中、和、正、公、诚、通）进行赝化的方案。荀悦并不拘泥于董仲舒所提倡的教化目标、教育手段，而强调刑礼兼用，这是时势变化带来政治理论认知调整的必然结果。荀悦认为君子以“情用”，小人以“刑用”，“中人之伦”则“刑礼兼焉”。面对教化荒废的事实，又主张君主“必有武备，以戒不虞，以遏寇虐。安居则寄之内政，有事则用之军旅”。其将君主的“章化”与“秉威”进行了实用化的结合，并将君主明赏慎罚作为“秉威”与“治国”的重要手段[2]，显然已跳出了董仲舒所鼓吹的“任德教而不任刑”的政教模式。苏绰六条诏书“敦教化”的思想，也有这样的特点。其充分考虑到西魏的现实处境，对刑德教化的关系采取较为务实的看法。其云：“世道雕丧，已数百年。大乱滋甚，且二十岁。民不见德，唯兵革是闻；上无教化，惟刑罚是用。而中兴始尔，大难未平，加之以师旅，因之以饥馑，凡百草创，率多权宜。致使礼让弗兴，风俗未改。比年稍登稔，徭赋差轻，衣食不切，则教化可修矣。”[3]可以说，苏绰倡导的“上无教化，惟刑罚是用”，

1　班固撰，颜师古注：《汉书》卷56《董仲舒传》，第2515页。

2　荀悦：《申鉴注校补》卷1《政体》，第19页。

3　令狐德棻等：《周书》卷23《苏绰传》，第384页。

即是荀悦"有事则用之军旅"思想的体现。 后者偏于德辅刑主的实用观，无疑更加适合西魏的军事、政治实际。

　　当然，除了吸纳董仲舒、荀悦、荀勖的思想体系，傅玄的"正心""平赋役""举贤""官人""授职""法刑""治体"等观念也可能对苏绰施加了影响。 尤其《傅子·正心》说："立德之本，莫尚乎正心。 心正而后身正，身正而后左右正。左右正而后朝廷正，朝廷正而后国家正，国家正而后天下正。 故天下不正，修之国家；国家不正，修之朝廷；朝廷不正，修之左右；左右不正，修之身；身不正，修之心。"上述论断基本出自《礼记·大学》的论述模式，而未受到玄风的侵染。不过，其直接去掉"诚意""致知""格物"三个阶段，而把"正心"作为"正天下"的最后归宿，从而将儒家知识论与修养论还原为政治哲学[1]。 这对苏绰"先治心""其次在治身"的逻辑展开具有启迪意义。 同时，《傅子》还强调君主通过"正身"而以上率下的教化意义说："治人之谓治，正己之谓正，人不能自治，故设法以一之。 身不正，虽有明法，即民或不从，故必正己以先之也。 然则明法者，所以齐众也。 正己者，所以率人也。 夫法设而民从之者，得所欲也。"[2]这与苏绰所说"凡人君之身者，乃百姓之表，一国之的也。 表不正，不可求直影……君行不能自修，而欲百姓修行者，是犹无的而责射中也。 故为人君者，必心如清水，形如白玉"云云[3]，颇可相通。 至于《傅子》所言"人之性如水焉……先王知中流之易扰乱，故随而教之，谓其偏好者，故立一定之法"[4]，又与苏绰以"清水"喻"人君"之"心"相似。 上述均为《傅子》可能影响苏绰的表现。

三、 苏绰六条诏书与关西地域风教传统的关联

　　晋武帝六条诏书对东晋、南朝的州郡治理产生深远影响。 北魏承袭晋制，苏

1　李中华：《中国儒学史·魏晋南北朝卷》，北京：北京大学出版社，2011年，第88—89页。
2　严可均校辑：《全上古三代秦汉三国六朝文》，《全晋文》卷48《傅子》，第1736页上。
3　令狐德棻等：《周书》卷23《苏绰传》，第383页。
4　严可均校辑：《全上古三代秦汉三国六朝文》，《全晋文》卷49《傅子》，第1737页下—1738页上。

绰自然对两晋以六条诏书治理地方的模式并不陌生。 此外，苏绰出自京兆武功，关中地区独特的地理风教与政治文化传统对其军政改革也具有较深影响。 早在北魏延昌中，孙绍就上书要求加强长安、邺城、穰城、上党的军事防务，以防范"北边镇戍之人"[1]。 六镇起义爆发后，中央加大力度派遣官员出任诸多军事重镇的行台长官，继而衍生出包括关西行台在内的雍州西道、并州北道、晋汾西北道、河北（冀、相、定）、荆州南道、豫州东南道、徐兖东道等八个较固定的行台区[2]。 关西行台以长安为驻地，是北魏统辖关中、陇右至河西走廊的重要抓手。宇文泰出任贺拔岳关西大行台左丞之际，曾分析长安、秦州、夏州、灵州、泾州、岐州以及河西纥豆陵伊利统辖区、鲜卑费也头部落等"关西"重镇的军力分布，提出"移军近陇，扼其要害，……西辑氐羌，北抚沙塞，还军长安，匡辅魏室"的战略规划[3]，足见长安控御西北、拱卫关洛的锁钥地位。 魏孝武帝入关后，宇文泰先后出任关西大行台、丞相，长安政权形成了以魏帝、元魏王室主导的中央朝廷与宇文泰主导的大丞相府、大行台两个权力中心。 为了实现国家权力一元化，宇文泰通过行周礼、建六官，使其所依赖的武川镇豪帅势力得以进入中央官僚体系，从而达到排挤魏室、架空魏帝的目的[4]。 因此，宇文泰麾下"军士多是关西之人"的人事基础就决定了其军政权力架构的"关西"特色[5]，辅助军政权力运作的行政文书及教化体系同样带有鲜明的"关西"地域特征。 苏绰的政改举措就深受其影响，大致体现在以下四方面：

其一，秦汉时期关辅地区形成的政教文化传统。《礼记·檀弓上》载子夏晚年为魏文侯师，"退而老于西河之上"，教授生徒。 郑玄解释说："西河，龙门至华

1　魏收：《魏书》卷78《孙绍传》，第1724页。
2　张小稳：《魏晋南北朝时期行台性质的演变——兼论地方行台制度的渊源》，《人文杂志》2008年第3期，第144—150页。
3　令狐德棻等：《周书》卷1《文帝上》，第4页。
4　薛海波：《六官与西魏北周政治新论——以武川镇豪帅在中央官僚体系地位变化为中心》，《史林》2016年第4期，第57—71页。
5　令狐德棻等：《周书》卷1《文帝上》，第6页。

阴之地。"这种观点基本为汉唐通识，通过《史记·仲尼弟子列传》三家注即可看出。　自秦汉以来，关辅地区的政治文化即以崇尚权谋法制、耕战结合为重要内容。　这与出自子夏一派的李悝、商鞅、李斯、韩非等兵、法人物的推毂密不可分。　如贾思勰《齐民要术序》说："殷周之盛，《诗》、《书》所述，要在安民，富而教之。《管子》曰：'一农不耕，民有饥者；一女不织，民有寒者。''仓廪实，知礼节；衣食足，知荣辱。'……故李悝为魏文侯作尽地力之教，国以富强；秦孝公用商君急耕战之赏，倾夺邻国而雄诸侯。"[1] 很显然，苏绰"尽地利"思想可溯源至李悝的"尽地利之教"。　同时，苏绰在表述"尽地利"思想时，亦以《管子·牧民篇》作为重农的依据。　与贾思勰农事史叙述框架相类似却更早的例子为《汉书·食货志》[2]。　后者详述"李悝为魏文侯作尽地力之教……国以富强"的内容，集中体现了治安、赋役、户籍制度对于国家治理的基础性作用，尤其户籍制度的建立便于当局推行教化，宣扬以忠孝为核心的社会伦理观念，从而实现对民众在政治身份、经济地位、社会角色、文化认同等各方面的全方位控制[3]。　应该说这才是苏绰所言"尽地利""均赋役"之所本，亦是其协助宇文泰"革易时政，务弘强国富民之道"的施政蓝本[4]。　不止如此，苏绰也从子夏那里直接汲取法政思想资源。　子夏强调变古适今、察势用权，并提倡"慎罚"。　如《尚书大传·康诰》引子夏曰："昔者三王慜然欲错刑遂罚，平心而应之，和然后行之。　……此之谓慎罚。"[5] 这也似是苏绰"恤狱讼"中慎罚思想的源头之一。

　　其二，自东汉至西晋，以长安为核心的关西区域形成了特色鲜明的政教文化

1　贾思勰著，缪启愉校释：《齐民要术校释（第二版）》，北京：中国农业出版社，1998 年，第 1 页。

2　史载："李悝为魏文侯作尽地力之教，以为地方百里，提封九万顷，除山泽邑居参分去一，为田六百万亩，治田勤谨则亩益三升，不勤则损亦如之。　……故大孰则上籴三而舍一，中孰则籴二，下孰则籴一，使民适足，贾平则止。　……行之魏国，国以富强。"班固撰，颜师古注：《汉书》卷 24 上《食货志上》，第 1124—1125 页。

3　鲁西奇：《"下县的皇权"——中国古代乡里制度及其实质》，《北京大学学报（哲学社会科学版）》2019 年第 4 期，第 74—86 页。

4　令狐德棻等：《周书》卷 23《苏绰传》，第 382 页。

5　李昉：《太平御览》卷 635《刑法部一·叙刑上》，北京：中华书局，1960 年，第 2845 页下。

传统，大致包含世传《尚书》《左传》的经业传统，以及以军谋政术为标志的功业传统。　就经业传统而言，弘农杨氏堪为显例。　杨宝、杨震、杨秉、杨赐世传欧阳《尚书》学，杨震更有"关西孔子"之誉[1]。　杨震、杨秉、杨赐等人还注重以《尚书》论政，对魏晋迄至西魏关中地区《尚书》学代有衍传具有深远影响。　虽然弘农杨氏中杨彪、杨修一支在建安时期遭受重创，但曹魏关中地区的经业氛围依然得以维持。　降至西晋，则涌现出以京兆杜陵人杜预、长安人挚虞为代表的经学巨擘。　杜预撰《左传集解》《盟会图》《春秋长历》，"备成一家之学"；参与修订《晋律》，其门生续咸不但经由杜预传《春秋》《郑氏易》，又传杜预律学，"明达刑书"[2]，促进了关中律学的传播；杜预还有一定的诗赋传世，诗歌甚至被《诗品》列入下品，大致以"文义质直"为特色[3]。　上述对于苏绰标举《尚书》"大诰"体改革公文，以及倡导德刑兼用、文风尚质多有垂范价值。　此外，挚虞针对"汉末丧乱，谱传多亡失，虽其子孙不能言其先祖"的情况撰《族姓昭穆》十卷[4]，又注解《三辅决录》，对关中安土重迁、睦宗收族等乡土意识的形成提供了文本依据。　就功业传统而言，两晋时期随着战乱日增，世儒名族出现文武分趋之势。　如杜预之孙杜乂与殷浩并才名冠世却不为庾翼所重，后者说："此辈宜束之高阁，俟天下太平，然后议其任耳。"[5]乱世之中自然以弘济时难为用人导向，弘农杨氏、王氏均不例外。　这为反观京兆武功苏氏自曹魏至西魏的门风演变提供了最直接的参照。

　　其三，十六国期间以关辅为中心的区域政权政治、文教业绩的历史遗存。　长安在十六国期间先后成为前赵、前秦、后秦的都城，主要由其地理、政治、军事、

1　范晔撰，李贤注：《后汉书》卷54《杨震传》，第1759页。　有关杨氏家学在汉末的传承，参见孙宝：《儒学嬗变与魏晋文风建构》，北京：人民文学出版社，2014年，第27—28页。

2　房玄龄：《晋书》卷91《儒林·续咸传》，第2355页。

3　房玄龄：《晋书》卷34《杜预传》，第1032页。　亦可参见孙宝：《杜预的儒家文艺观及其实践与影响》，《陕西教育学院学报》2008年第1期，第51—55页。

4　房玄龄：《晋书》卷51《挚虞传》，第1425页。

5　房玄龄：《晋书》卷73《庾翼传》，第1931页。

文化等综合价值所决定。从魏晋至北魏的王统脉系来看，北魏学、政两界接受“五德终始”的迭代观念，不乏主张将十六国政权行次与北魏相承接者。在此观念影响下，秦、赵、燕政权文教政治的历史功绩也得到肯定。实际上，在苻健、苻坚、姚兴等前、后秦政权的经营下，关西地区的政务、文教传统得到了较好的传承与发展[1]。尽管刘芳曾批评“晋氏失政，中原纷荡。刘石以一时奸雄，跋扈魏赵；苻姚以部帅强豪，趑趄关辅。于是礼坏乐隳，废而莫理”[2]，却无法否认上述事实。在十六国期间，苻秦大力完善法规、轻徭薄赋、崇儒兴学、旌孝敬老、劝课农桑、恢复士籍。如苻坚通过亲临太学策问学生经义擢选官员，并禁《老》《庄》、图谶之学，以杜绝浮华矫伪之风；王猛辅政之际，强调“宰宁国以礼，治乱邦以法”，通过“拔幽滞，显贤才，外修兵革，内崇儒学，劝课农桑，教以廉耻；无罪而不刑，无才而不任”，一度达到“兵强国富，垂及升平”的盛况[3]。上述政治、文教改革亦是苏绰六条诏书的主要内容，两者的相似性绝非偶然。另外，苻坚曾至太学以“中国以学养性，而人寿考”为题试问涉翼犍[4]。所谓“以学养性”，大致是对董仲舒“质朴之谓性，性非教化不成”[5]，或葛洪“修学务早，及其精专，习与性成，不异自然”等论断的概括[6]。可知，苻坚、王猛政教改革的指导思想仍以汉儒思想体系为主。姚兴统治时期，擢升上陈时事的京兆杜瑾、冯翊吉默、始平周宝等人以及姜龛、淳于岐、郭高等硕儒。后者集聚于在长安，以经学授徒达万人之众。关中诸生往洛阳向胡辩求学，姚兴命关尉一律放行，“学者咸劝，儒风盛焉”。京兆韦高向慕阮籍任诞不羁，不守母丧之礼，给事黄门侍郎古成诜怒称：“吾当私刃斩之，以崇风教！”[7]应该说，姚秦以来关中

1 陈燕：《十六国时期氐族和鲜卑族教育政策对比研究》，《中国边疆史地研究》2001 年第 2 期，第 37—42＋116 页。
2 魏收：《魏书》卷 109《乐志》，第 2832—2833 页。
3 房玄龄：《晋书》卷 114《苻坚载记下》，第 2930、2932 页。
4 房玄龄：《晋书》卷 113《苻坚载记上》，第 2899 页。
5 班固撰，颜师古注：《汉书》卷 56《董仲舒传》，第 2515 页。
6 杨明照：《抱朴子外篇校笺》（上册），卷 3《勖学》，北京：中华书局，1991 年，第 132 页。
7 房玄龄：《晋书》卷 117《姚兴载记上》，第 2979 页。

崇儒抑玄的传统氛围对苏绰当有潜在影响。

其四，北魏以来，关陇地区保留的子夏学派遗风以及该地任职官员治边施政的传统。 如前军将军、行夏州事封轨，"务德慎言，修身之本；奸回逸佞，世之巨害"，撰《务德》《慎言》《远佞》《防奸》四戒，又"好立条教，所在有绩"[1]。 这与《韩非子·外储说右上》引子夏所言"善持势者，蚤绝奸之萌"[2]，颇为一致。同时，封轨"善自修洁，仪容甚伟"，自称"君子整其衣冠，尊其瞻视，何必蓬头垢面，然后为贤。"[3]考虑到封轨入仕在太和之前，当时战事频繁、重武轻文，一般来说儒者均无暇亦无力顾及仪容修饰，汉晋以来动荡时期大多如此。 同时，鉴于"蓬头垢面"接近西晋名士裴楷"粗头乱服"之义，其作为名士玄风的典型装扮，正是封轨据以崇儒反玄的口实。 其实，封轨看似反常的举动恰恰符合子夏一派的特点。 荀子评价"子夏氏之贱儒"说："正其衣冠，齐其颜色，嗛然而终日不言。"[4]可知封轨"整其衣冠""务德慎言"当本于此。[5] 封轨长子封伟伯克绍箕裘，擅文而明经。 其弱冠除太学博士，曾撰《封氏本录》六卷、《明堂图说》六卷，并参与朝廷议礼事宜，深得儒林称誉，亦应属于"整其衣冠，尊其瞻视"的尊礼一派。 正光末，封伟伯出为尚书仆射萧宝夤的关西行台郎。 萧宝夤叛乱之际，封伟伯与南平王元冏联合关中豪右韦子粲等谋划平叛，这从侧面说明封氏与关中豪族交往密切。 以杨椿、杨播、杨津为代表的华阴杨氏多主政华州本邦，虽不再以经学传家，却兄弟睦族而居，以忠、慎家仪垂范关中。 如杨椿曾作家诫说："太和初，吾兄弟三人并居内职……十余年中，不尝言一人罪过。 ……宜深慎言语，不可轻论人恶也。 ……一旦位登侍中、尚书，四历九卿，十为刺史、光禄大夫、仪同、开府、司徒、太保，津今复为司空者，正由忠贞，小心谨慎，口不

---

1 魏收：《魏书》卷32《封轨传》，第766页。

2 韩非：《韩非子新校注》卷13《外储说右上》，陈奇猷校注，上海：上海古籍出版社，2000年，第767页。

3 魏收：《魏书》卷32《封轨传》，第764页。

4 王先谦撰，沈啸寰、王星贤点校：《荀子集解》卷3《非十二子篇》，北京：中华书局，1988年，第105页。

5 魏收：《魏书》卷32《封轨传》，第764页。

尝论人过，无贵无贱，待之以礼。"[1]其"深慎言语"与子夏一派一致，"无贵无贱，待之以礼"亦与之相合[2]，当然也与杨震要求杨氏子弟为"清白吏子孙"以及杨秉不惑酒、色、财的淳白审慎官风有关[3]。

四、 苏绰六条诏书与东、西魏的体制建构及竞争

苏绰在大统十年（544）发布六条诏书之前，历任西魏著作佐郎、大行台左丞，参典机密，并"制文案程式，朱出墨入，及计帐、户籍之法"[4]；同时，著作佐郎掌管文籍典藏，撰制仪注、国史，苏绰出于履行史职的需要，自然须钩稽、征采前朝史料、诏书、名籍等档案。 魏孝武帝入关之际，事出仓促，扈从官员携带大量宫廷档案随行的可能性不大。 加之魏末长安屡经战祸，"朝章礼度，湮坠咸尽"[5]，苏绰自然处于文献难征的境况。 因此，苏绰六条诏书可能借鉴长安作为雍州及关西大行台治所存档的朝廷文书，更不用说通过研读汉晋史料、子书而确立六条诏书的基本框架了。 与此同时，由于苏绰以大行台度支尚书、领著作、兼司农卿，其中度支尚书主管赋税、财政，著作省典章文籍、国史，司农卿则主管农事，三项职务决定了六条诏书主要指向财政（"均赋役"）、文教（"先治心""次在治身"）、农事（"尽地利"）等方面。 另外，六条诏书主要针对州郡地方治理而发，如何打破门阀选士的壁垒而促使地方豪族进入中央政权体系，使寒微秀士补充州郡官员队伍（"擢贤良"），如何协调刑德矛盾而提升地方官吏法治水平与施政效果（"恤狱讼"），更是该诏书的重要内容。 如前所述，六条诏书直

1　魏收：《魏书》卷 58《杨椿传》，第 1290 页。

2　《大戴礼记·卫将军文子》载："学以深，厉以断，送迎必敬，上友下交，银手如断，是卜商之行也。"见黄怀信等撰：《大戴礼记汇校集注》卷 6《卫将军文子》，西安：三秦出版社，2005 年，第693—694 页。

3　范晔撰，李贤注：《后汉书》卷 54《杨震传杨秉附传》，第 1760、1775 页。

4　令狐德棻等：《周书》卷 23《苏绰传》，第 382 页。 按，周一良考定六条诏书颁布于大统十年（544），时为苏绰被任命为大行台度支尚书，领著作兼司农卿之际。 见周一良：《周书札记·六条诏书》，《魏晋南北朝史札记》，北京：中华书局，1985 年，第 421—422 页。

5　令狐德棻等：《周书》卷 24《卢辩传》，第 404 页。

接采用了晋武帝六条诏书的文书形制，其内容也借鉴了后者州郡治理的诸多表述。苏绰在设计"先治心""次在治身"的文教路径之际，也大量借用了董仲舒、荀悦、荀勖、傅玄等人的伦理政治论断，"恤狱讼"中甚至还袭用了杜预、张斐《晋律》的一些观念。除此之外，苏绰也注重结合西魏的政治军事现实，其所提出的六条诏书大量汲取北魏政治学者的相关思想，某种意义上正是承转、变造北魏长期以来国家治理和政治实践的体现。

苏绰六条诏书出台的直接动因在于内忧外迫的军政时局。自魏孝武帝入关而西魏、东魏分立，长安与邺都政权如同北魏政治传统孕育下的并蒂双莲，既开展军事层面的硬性对抗，又继承了北魏以来如何破除门阀壁垒以广开贤路、去除冗官而提升效率、战后重建乡里社会宗法秩序、兼顾耕战而劝农增收、刑德并用以维护礼法体制等共通性政治难题，这些都使两国在国家治理层面各逞谋略而开展"软性"竞争。自大统七年西魏连遭灾荒，东魏却统治得法，国力日盛[1]。高欢、高澄、高洋、高演均以扫平关陇为志向，尤其高演"自居台省，留心政术……轻徭薄赋，勤恤人隐。内无私宠，外收人物"，旨在"于时国富兵强，将雪神武遗恨，意在顿驾平阳，为进取之策"[2]。两大政权面临诸多相似的政治难题，其吏事制度效能竞争不仅是完善政权机能的必要要求，也是保持政权对外扩张竞争力的必然要求。这些政治难题主要集中在人事、财政、刑狱等方面。比如，六条诏书"减官员"的议题，正是西晋以来州、郡、县三级行政单位日益滥置而导致冗官冗费的反映[3]。北魏前期除了沿用汉晋州郡县三级行政区划以外，还实行

1　司马光编著，胡三省音注：《资治通鉴》卷158《梁纪·大同七年》，北京：中华书局，1956年，第4909—4910页。

2　李百药：《北齐书》卷6《孝昭帝纪》，北京：中华书局，1972年，第85页。

3　早在曹魏时期夏侯玄就针对地方州牧、刺史、太守多头治理而要求省置郡守，仅保留州刺史（牧）与县令、长二级，确保州牧、刺史检察权与县令、长行政权的顺畅运行，从而提升地方治理效能。太康初，荀勖则以刘秀裁撤部分县官国邑吏员作为"省官"之例，以曹魏太和、正始年间减少吏员、合并郡县作为"省吏"之例，在西晋现有州、郡、县三级区划制度基础上提出并省部分郡县的方案；至于中央官制层面，则要求将九寺并入尚书省、兰台由御史府转由三公掌管。其整体上遵循萧何、曹参以黄老无为作为"清心之本"的原则，提出"省吏不如省官，省官不如省事，省事不如清心"的治国原则。（房玄龄：《晋书》卷39《荀勖传》，第1154—1155页）上述均可视为北朝吏治哲学及吏改方案的重要源头。

部落制的自治性政区、部落兵驻屯区、领民酋长式政区、军镇、护军统辖下的特别行政区、军事防戍区等制度。 这一时期的吏治问题主要集中在胡族汉化及官德养成方面，冗官现象并不突出[1]。 随着魏孝文帝改革，上述非郡县制的特殊政区全面郡县化，魏末还衍生出地方行台这样的高层政区[2]。 尤其六镇起义以来，中央为争取地方豪族的拥护，采取以地方官奖酬豪族输纳、军功的模式，致使州郡县的数量激增，刺史、太守、都督及其属僚的数目自然也应势上涨[3]。 史载："魏自孝昌已后，天下多难，刺史太守皆为当部都督，虽无兵事，皆立佐僚，所在颇为烦扰。"[4]就是对这一政治困局的集中概括。

与此同时，中央官的滥授情况也日趋严重。 自魏孝文帝至孝明帝时期，包括左右光禄大夫、金紫光禄大夫以及光禄大夫在内的大夫之职一般都是与比本官低一阶或低二阶之官相结合。 至宣武、孝明时期，则逐步授予更低下的官职。 尔朱荣、高欢、宇文泰等人为了笼络部将，更是除了授予后者将军号，还授予"光禄大夫"。 随着魏末"将军号贬值"，致使本官与"光禄大夫"的品阶相差甚大[5]。 永熙二年（533）五月，下诏："大夫之职，位秩贵显；员外之官，亦为匪贱。 而下及胥吏，带领非一，高卑浑杂，有损彝章。 自今已后，京官乐为称事小职者，直加散号将军，愿罢卑官者听为大夫及员外之职，不宜仍前散实参领。 其

---

1 如拓跋珪天兴三年十二月下诏认为"道义，治之本；名爵，治之末"，并以铨选失序致使周末秦汉世代变乱相续的为例，提倡忠义、廉耻、退让等官德，以杜绝"舍德崇侈，能否混杂，贤愚相乱，庶官失序，任非其人"等情况，并强化"官无常名，而任有定分"的职责要求，以及强调"夫此职司，在人主之所任耳，用之则重，舍之则轻"的君主决定性作用。（见魏收：《魏书》卷2《太祖纪》，第37—38页）这种以华夏官德为吏治前提、君主为任官先导的观念，实在于以华制夷，促使胡族官员在汉晋人伦政治框架下实现行政化、职能化、官僚化的转变。 当然，其以官德为先的思想，也不失为苏绰以"先治心"主张的源头之一。

2 牟发松：《十六国北朝政区演变的背景、特征及趋势略论——以特殊政区为中心》，第129—136页。

3 张小稳：《魏晋南北朝地方官等级管理制度研究》，北京：九州出版社，2010年，第30—31页。

4 李百药：《北齐书》卷18《高隆之传》，第236页。

5 窪添庆文著：《魏晋南北朝官僚制研究》，赵立新等译，上海：复旦大学出版社，2017年，第119页。

中旨特加者，不在此例。"[1] 这是针对尔朱世隆任尚书令期间，"欲收军人之意，加泛除授，皆以将军而兼散职，督将兵吏无虚号者。自此五等大夫，遂致猥滥，又无员限，天下贱之"的情况而出台的举措[2]。"散号将军"多加授于"称事小职"[3]，也进一步加剧了文武官职的滥授。为了杜绝高级阶官与低级职事官兼领的情况，元修提出京官加散号将军、武官径转大夫及员外之职的方法，实则以散号将军用作标志官员等级的位阶，这体现了门阀政治区分清浊、华庶的基本要求，也是减少冗官、寄禄官而降低冗费的一种途径。不过，高欢主政期间为了获取朝野支持，于太昌元年（532）六月下诏内外百官普遍泛阶六级："在京百僚加中兴四级，义师将士并加军泛六级，在邺百官三级，河北同义之州两级，河桥建义者加五级，关西二级。"[4] 可见，"关西"官员亦在晋级之列。这就使北魏后期的措施难有效果，散官不仅普授、滥授，还与将军号成"双授"，从而致使散官迅速虚衔化，演变成普遍拥有且不断升迁的"阶"。至西魏、北周，则发展为开府仪同三司、仪同三司、诸大夫以及由东西省散官变化而出的 34 种散官[5]，这也充分说明苏绰"减官员"主张面临的严峻形势。

早在元叉主政期间，已针对鲜卑军人、"代来寒人"仕进艰难的问题，采取了一定举措加以安抚[6]。神龟二年（519）二月，因羽林、虎贲军暴动而致死张彝、张始均父子。针对"武人至多，官员至少，不可周溥。设令十人共一官，犹无官可授，况一人望一官"的情况，胡灵太后不得不取消文武身份界限，"令武官得依资入选"。崔亮创立停年格，"不问士之贤愚，专以停解日月为断，虽复官须此

1　魏收：《魏书》卷 11《出帝纪》，页 287—288。按，"大夫"为文散官，"员外"则为正额以外郎官，可参宫崎市定撰，韩升、刘建英译：《九品官人法研究：科举前史》，北京：中华书局，2008 年，第 249—252 页；窪添庆文著，赵立新等译：《魏晋南北朝官僚制研究》，第 123—124 页。

2　魏收：《魏书》卷 75《尔朱世隆传》，第 1669 页。

3　魏收：《魏书》卷 11《废出三帝纪》，第 288 页。

4　魏收：《魏书》卷 11《废出三帝纪》，第 284 页。

5　阎步克：《南北朝的散官发展与清浊异同》，《北京大学学报（哲学社会科学版）》2000 年第 2 期，第 70—79 页。

6　李延寿：《北史》卷 50《山伟传》，北京：中华书局，1974 年，第 1834—1835 页。

人，停日后者终于不得；庸才下品，年月久者灼然先用"[1]，这样就使武人得以勋劳参与仕选。尔朱荣、尔朱世隆当政期间，大量拔擢其部曲将帅进入京官迁转体系，不仅改变其作为"代迁之人"的仕进问题，亦荫及子弟，使之不用再置于"进仕路难"的境地，从而造成"赠终叨滥，庸人贱品，动至大官，为识者所不贵"的恶果。对东魏而言，直至武定中高澄"始革其失"[2]，西魏自然亦需要进行相关整治。

应对上述吏制挑战，西魏与东魏采取的策略并不相同。东魏虽取缔停年格，却基本继承了北魏的贵族制度，选士任官还是以门第出身为重；西魏则回归北魏立国精神，通过模拟《周官》建制，以不分清浊、厉行考课替代缺乏政治活力与效能的门阀制度[3]。正如杜佑所说："初霸府时，苏绰为六条诏书，其四曰'擢贤良'。绰深思本始，惩魏、齐之失，罢门资之制。其所察举，颇加精慎。"[4]苏绰"擢贤良"的本意亦在破除"魏、齐"门阀制、停年格的流弊，强调吸纳乡党评议以考察、擢选人才，且加大任职考课的力度以进贤退庸，这与东魏、北齐取缔停年格而重回门资论士的老路不同。至于在具体的施政方面，两者也有诸多差异。如明刑惩贪方面，苏绰主张"恤刑狱"，虽旨在杜绝地方长官在刑讼过程中苛酷滥罚，亦含有宽假官员刑罪的用意。宇文泰在与高欢多次交锋的过程中，不少山东将领入关归顺，同时其麾下"军士多是关西之人"[5]。因此，在如何统摄亲故勋旧、地方豪族以及投诚将士的问题上，宇文泰并未采取急骤严厉的法制手段对其进行控御。与之相对，高澄主政期间，以崔暹担任御史中丞，以宋游道担任尚书左丞，希冀二人能够纠正北魏正光以后政刑弛纵、贪贿横行的弊政，其中也包括高欢重用乡旧勋贵而加剧的窳敝政风。崔暹弹劾尚书令司马子如、太师、咸阳王

1　李延寿：《北史》卷44《崔亮传》，第1633、1632页。

2　魏收：《魏书》卷74《尔朱荣传》，第1649页。

3　参宫崎市定撰：《九品官人法研究：科举前史》，韩升、刘建英译，第301—302页。

4　杜佑撰：《通典》卷14《选举志二》，北京：中华书局，1988年，第341页。

5　令狐德棻等：《周书》卷1《文帝上》，第6页。

元坦及并州刺史可朱浑道元等贪赃罪行，宋游道亦进一步追查、稽核元坦、太保孙腾、司徒高隆之、司空侯景、录尚书元弼、司马子如等，奏驳尚书违失数百条，鞭斥省中豪吏王儒等人，与尚书省设立门禁，并确立省中官员早晚登记制度。上述诸人多被削职免官，高欢不仅劝慰崔暹说："中尉尽心为国，不避豪强……今荣华富贵，直是中尉自取，高欢父子，无以相报。"并趁机告诫百官说："咸阳王、司马令并是吾对门布衣之旧，尊贵亲昵，无过二人，同时获罪，吾不能救，诸君其慎之。"[1] 高洋即位后，司马子如、高隆之等勋旧得势，趁机排挤崔暹，要求"宜宽政网，去苛察法官，黜崔暹，则得远近人意"[2]，这实则为巩固鲜卑特权而限制汉人执法的力度，同时也说明东魏至北齐前紧后松的吏治特点。

奖功擢贤方面，苏绰提出"今之选举者，当不限资荫，唯在得人"[3]，正是沿袭元恪"依劳行赏，不论清浊……九流之内，人咸君子，虽文武号殊，佐治一也"的立场[4]。这说明西魏并未采取根本措施限制文武官员滥授的情况，"不限资荫"意味着为关西寒族士人、部落酋帅、地方豪族进入官员铨选系统扫平了身份障碍。同时，苏绰提出"先治心""次治身""敦教化"等系列主张，以强化地方豪族的人伦道德体系建设。如前所说，关辅地区以弘农杨氏家风称著，所谓："（杨）播家世纯厚，并敦义让，昆季相事，有如父子。……自（杨）昱已下，率多学尚，时人莫不钦羡焉。一家之内，男女百口，缌服同爨，庭无间言，魏世以来，唯有卢渊兄弟及播昆季，当世莫逮焉。"[5] 不过，永安三年（530）十一月杨侃受其内弟李晞参与合谋诛杀尔朱荣事件的牵连，于普泰元年七月被关西大行台尔朱天光杀害，杨氏其他成员亦遭到血洗。尽管如此，弘农杨氏"公卿牧守，荣赫累朝，所谓门生故吏遍于天下。而言色恂恂，出于诚至，恭德慎行，为世师

1　李百药：《北齐书》卷30《崔暹传》，第404页。

2　李百药：《北齐书》卷30《崔暹传》，第405—406页。

3　令狐德棻等：《周书》卷23《苏绰传》，第386页。

4　魏收：《魏书》卷88《良吏·明亮传》，第1904页。

5　魏收：《魏书》卷58《杨椿传》，第1302页。

范"[1]。 在关西悠久的政教传统以及弘农杨氏奠定的良好族风乡习的基础上，苏绰倡导"躬行仁义，躬行孝悌，躬行忠信，躬行礼让，躬行廉平，躬行俭约"的八条规约[2]，多少都离不开杨氏家风的霑溉。 从施政效果来看，苏绰推行"敦教化"对地方豪族、贵戚勋旧更具有"软性"的制约，与东魏、北齐持之不恒且偏于苛酷的吏治模式相比，无疑更为持久、稳固。

减少冗官方面，苏绰主张采取减少吏员的方式实现"省官"[3]，而东魏则大致沿用荀勖所提出的并省州郡的方式，代表性事件为高洋于武定七年（549）十一月下诏并省三州、一百五十三郡、五百八十九县、二镇二十六戍，取消兼任刺史者的食干待遇。 高洋的举措比西魏力度更大，效果更为明显，自然确保了一定阶段内的战略优势。 然而，这种优势至高纬时期发生逆转。 史载："初，文宣时，周人常惧齐兵之西度，恒以冬月，守河椎冰。 及帝（即齐后主高纬）即位，朝政渐紊，齐人椎冰，惧周兵之逼。（斛律）光忧曰：'国家常有吞关、陇之志，今日至此，而唯玩声色！'"[4]上述集中反映了长安与邺都军力消长的情况，究其因，则在于北齐连番爆发"诛诸元"事件，清洗世族高门，大兴鲜卑化、胡戎化的举措，而破坏了胡汉二元政治体制。 东魏、北齐的崇儒兴教的力度有限，"鲜卑共轻中华朝士"的政治氛围浓厚[5]，故而以严刑峻法整肃官场难以标本兼治。 西魏、北周却遵照西晋至北魏以来宗周建制的政治传统，并发展出六官制度，赋予了宇文氏政权全新的政治品格和体制活力。 苏绰六条诏书的伦理政治框架就承袭了不少北魏诏制的内容，继而推广成为西魏的治国良策。

其实，在推出六条诏书之前，宇文泰已经进行了一系列政改举措，为前者向西魏全境推广做好了铺垫。 如大统五年（539）五月，免妓乐杂役之徒，皆从编

---

1   魏收：《魏书》卷 58《杨椿传》，第 1304 页。
2   令狐德棻等：《周书》卷 23《苏绰传》，第 383 页。
3   令狐德棻等：《周书》卷 23《苏绰传》，第 387—388 页。
4   李延寿：《北史》卷 54《斛律光传》，第 1968 页。
5   李百药：《北齐书》卷 21《高昂传》，第 295 页。

户；十月，"于阳武门外县鼓，置纸笔，以求得失"[1]。 同年，宇文泰于行台置学，"取丞郎、府佐德行明敏者充学生，悉令旦治公务，晚就讲习"[2]。 又任命由北齐前来降顺的洛州刺史寇俊为秘书监，"始选置令史，抄集经籍，四部群书，稍得周备"。 寇俊早在永安二年梁州刺史任上，即"令郡县立庠序，劝其耕桑，敦以礼让，数年之中，风俗顿革"[3]。 因此，寇俊加强文教建设与宇文泰选拔行政人员进行政务培训，具有高度的一致性。 大统六年初，宇文泰命左仆射周惠达、吏部郎中北海唐瑾损益旧章，朝仪礼制渐趋完备，也代表西魏的政体运行趋于顺畅。 大统七年（541）正月，诏公卿已下每月上封事三条，刺史郡守上献谠言；七月，元宝炬以宇文泰前后所上二十四条及十二条新制，"方为中兴永式，乃命尚书苏绰更损益之，总为五卷，班于天下。 于是搜简贤才，以为牧守令长，皆依新制而遣焉。 数年之间，百姓便之"[4]。 与此同时，苏绰率先提出"减官员，置二长，并置屯田以资军国"的主张，继而于同年九月形成更加系统的六条诏书，宇文泰"甚重之，尝置诸坐右，又令百司习诵之，其牧守令长非通六条及计帐，不得居官"[5]，即是从适用范围和官员群体方面将治理州郡之法升格为朝野治官总则，并将其提升为治国方略。 又同年十一月，宇文泰奏行十二条制，"恐百官不勉于职事，又下令申明之"[6]，由尚书颁布实施；十二月，元宝炬手诏《宗诫》十条以赐诸王。《宗诫》十条与十二条制配合实施，体现由百官至皇族宗室各司职事的全面规范与制约。 值得一提的是，高欢亦于此年三月巡行冀、定二州，核查河北户口；同年十月，以太保孙腾、司徒高隆之为括户大使，分行诸州，搜检六十余万无户籍人口，侨居者均勒令还回本属籍贯，以此使傜赋有依、税源

1　李延寿：《北史》卷5《魏本纪》，第177页。

2　司马光编著，胡三省音注：《资治通鉴》卷158《梁纪十四·大同五年》，第4902页。

3　令狐德棻等：《周书》卷37《寇俊传》，第659、658页。

4　令狐德棻等：《周书》卷2《文帝下》，第28页。

5　司马光编著，胡三省音注：《资治通鉴》卷158《梁纪十四·大同七年》，第4908页。

6　令狐德棻等：《周书》卷2《文帝下》，第27页。

增进，大大改善了东魏的财政状况。 不难看出，这正是宇文泰"方欲革易时政，务弘强国富民之道"的直接动因，自然也促成了苏绰"得尽其智能，赞成其事。减官员，置二长，并置屯田以资军国。 又为六条诏书，奏施行之"的地方改革[1]。

五、结语

"六条"肇自汉武规范刺史监察地方，至晋武帝时变为州郡治理的指导性法规。 苏绰六条诏书从文书形制及内容框架上直接承袭了晋武帝泰始六条诏书，从理义来源、思想框架来看，深受荀悦、荀勖、傅玄的影响；诏书中某些儒法思想的根源，则远达董仲舒或先秦诸家论述。 同时，苏绰兼取子夏、李悝的法政、尽地利之说，承继十六国至北魏时期积淀的关中政教传统，既为宇文泰富国强民的目标设定了具体而易行的施政纲要，也通过"清心""正身""敦教化""擢贤良"等论断，确立了西魏乃至北周以儒家政治伦理思想在官员政治文化、政权统治思想体系中的主导地位，这与东魏、北齐士林层面玄儒并参而皇室层面贵胡戎、贱华风的混杂思想体系迥然有别。 不仅如此，苏绰在儒法结合的基础上构建了官德、官格、官化、官选、官术等多层次的治官思想认知及实践体系。 虽然其主要应用于州郡地方官员，却被宇文泰作为百官奉行的准绳，继而为中央官制层面建立以《周官》为蓝本的六官体系奠定了深厚的制度与舆情的基础。 北周文教基础相对薄弱，进行最基本的行政改革与政务规范，充分体现了正本清源的目的，也能较大的节省行政成本。 是以《史通·杂说中》说："寻宇文初习华风，事由苏绰。"[2]而周一良认为宇文泰大统七年十二条制为六条诏书的细则，而十二条制、六条诏书与大统元年二十四条制均为六的倍数，体现了宇文氏以《周礼》建邦六

1　令狐德棻等：《周书》卷 23《苏绰传》，第 382 页。
2　刘知几著：《史通笺注》卷 17《〈周书〉一条》，张振珮笺注，贵阳：贵州人民出版社，1985 年，第 610 页。

典、六官为基数的思维。 至于大统十二年改三十六曹为十二部、六柱国十二大将军、二十四开府、周武帝天子六军，均为其制度化应用[1]。 诚如二家之说，苏绰及其六条诏书的治官思想体系对于西魏、北周宗经建制的奠基之功正在于此。

---

1 周一良：《周书札记·六条诏书》，第 421—422 页。

《保傅》的生成、流传与编纂
——兼论中国早期文本的生成特征

余建平

江西上饶人，北京大学中文系文学博士。现任教于上海师范大学。2017 年 9 月至 2018 年 9 月在美国威斯康辛大学麦迪逊分校随倪豪士先生访学。目前主要研究出土文献与中国早期文本文化，在《文学遗产》《国学研究》等刊物发表论文数篇。

本文曾公开发表在《北京社会科学》2022 年第 1 期，部分内容有修改。

《保傅》是一篇与君主教育有关的文献，在贾谊《新书》《大戴礼记》有记载，且在河北定县八角廊中山怀王刘修墓和南昌海昏侯刘贺墓中均有发现，可见是汉代流传极为广泛的一篇文献。《保傅》最早来源于贾谊的《新书》，后《大戴礼记·保傅》在《新书·保傅》的基础上，融入了《新书》的《傅职》《胎教》《容经》等篇章，对此已有学者作过较多的论述[1]。

有学者依据《大戴礼记》避汉宣帝刘询讳[2]，认为此书在汉元帝建昭二年（前 37）至汉成帝阳朔二年（前 23）之间编撰而成，此时戴德为信都王太傅，《大戴礼

---

1 参见马晓玲：《〈大戴礼记〉为西汉戴德所编新证——以先秦西汉出土文献为参照》，《国学学刊》2017 年第 1 期，第 66—90 页；夏德靠：《论贾谊〈新书〉的生成、编纂及流传》，《中华文化论坛》2019 年第 2 期，第 68—81 页。

2 如《史记·五帝本纪》"幼而徇齐"，《大戴礼记·五帝德》作"幼而慧齐"。

记》为其担任太傅期间所编的教材[1]，此说较为可信。 海昏侯刘贺于汉宣帝神爵三年（前62）九月去世[2]，由此可见，海昏侯墓出土的《保傅》在《大戴礼记》成书之前便已编成，处于从《新书·保傅》到《大戴礼记·保傅》的过渡阶段，这就为我们探究《保傅》的生成、流传及编纂过程打开了一个极好的窗口。

一、 贾谊《新书·保傅》的生成

历来多有将《新书》视为伪书者，经余嘉锡先生等人的考证，此书为贾谊所著已无疑义[3]。 关于《新书》的来源，余嘉锡先生将其分为三个部分：其一，《事势》诸篇，"皆为文帝陈政事"[4]；其二，《连语》诸篇，"则不尽以告君，盖有与门人讲学之语。 故《先醒》篇云'怀王问于贾君'，而《劝学》篇首冠以'谓门人学者'五字"[5]；其三，《杂事》诸篇，"则平日所称述诵说者"[6]。 依余嘉锡先生之意，《事势》三十一篇，为贾谊给汉文帝的奏疏，而《连语》和《杂事》的来源较为复杂，有些为贾谊的章奏，有些则是其平日讲学之语，有些则为其所称引的文献资料。《保傅》属于《连语》的第二篇。

因《保傅》与太子、诸侯王的教育有关，学者多认为此篇作于贾谊担任梁怀王太傅期间[7]。 这并不准确，《保傅》应是贾谊上呈汉文帝众多章奏中的一篇，余嘉锡先生仅言《连语》诸篇"不尽以告君"，并没有完全否定其为贾谊的章奏。有诸多证据可证《保傅》实为贾谊的章奏：

其一，《新书·保傅》有"天下之命，县于太子；太子之善，在于蚤谕教与选

1　马晓玲：《〈大戴礼记〉为西汉戴德所编新证——以先秦西汉出土文献为参照》，第87页。

2　海昏侯墓中出土的《海昏侯国除诏书》对刘贺去世日期有详细记载，参见杨博：《〈海昏侯国除诏书〉初探》，朱凤瀚主编：《海昏简牍初论》，北京：北京大学出版社，2020年，第311页。

3　参见余嘉锡：《四库提要辨证》，昆明：云南人民出版社，2004年，第459—464页。

4　参见余嘉锡：《四库提要辨证》，第465页。

5　参见余嘉锡：《四库提要辨证》，第467页。

6　参见余嘉锡：《四库提要辨证》，第467页。

7　夏德靠：《论贾谊〈新书〉的生成、编纂及流传》，第80页；韩巍：《海昏竹书〈保傅〉初探》，朱凤瀚主编：《海昏简牍初论》，北京：北京大学出版社，2020年，第124页。

左右""臣故曰:'选左右,蚤谕教最急'"[1]等句,如果这一文本的接受者为梁怀王,那"天下之命,县于太子"这类话显然极为不合适,梁怀王及其太子不可能承担"天下之命",这类话语的接受者只可能是皇帝,更何况贾谊还有"臣故曰"这类"称臣"之语[2];其二,班固《汉书·贾谊传》将《保傅》采入《陈政事疏》,可见在班固看来,它就是贾谊呈给汉文帝诸多章奏的一篇;其三,《保傅》最末曰:"此时务也。""时务"在《汉书》常见,如《汉书·梅福传》:"质之先圣而不缪,施之当世合时务。"[3]《汉书·昭帝纪》班固赞言:"光知时务之要,轻繇薄赋,与民休息。"[4]"时务"便是"当世要务"之意,这与《事势》中《大都》的结语"可痛苦者,此病是也"[5],《等齐》末语"可谓长大息者此也"[6]的语气极为相似。《大都》《等齐》等篇均为贾谊给汉文帝所上之章奏,可见《保傅》也应是章奏。

综此,《新书·保傅》实为贾谊上呈汉文帝的章奏。据《汉书·贾谊传》,贾谊在文帝政坛初期相当活跃,"谊年二十余,最为少。每诏令议下,诸老先生未能言,谊尽为之对,人人各如其意所出。诸生于是以为能。文帝说之,超迁,岁中至太中大夫"[7]。贾谊在这段时间给文帝上呈了多篇章奏,涉及"改正朔,易服色制度,定官名,兴礼乐"[8]等诸多事务,它们大部分被保存在《新书》的《事势》诸篇之中,且有一部分被班固采录,而成《陈政事疏》《谏铸钱疏》《论积贮

1　阎振益、钟夏:《新书校注》,北京:中华书局,2000 年,卷 5,第 186 页。
2　"称臣"在汉初不仅限于皇帝,对诸侯王等人也可使用,文景之后,对诸侯王等人称臣的风气渐衰,"臣"演变为只能对皇帝使用的文字符号。参见顾炎武著,黄汝成集释,秦克诚点校:《日知录集释》卷 25,长沙:岳麓书社,1994 年,第 866 页。所以这点并不是明确的证据,即贾谊也可能对梁怀王称臣。
3　班固:《汉书》卷 67《杨胡朱梅云传》,北京:中华书局,1962 年,第 2920 页。
4　班固:《汉书》卷 7《昭帝纪》,第 233 页。
5　阎振益、钟夏:《新书校注》卷 1,第 43 页。
6　阎振益、钟夏:《新书校注》卷 1,第 48 页。
7　班固:《汉书》卷 48《贾谊传》,第 2221 页。
8　班固:《汉书》卷 48《贾谊传》,第 2222 页。

疏》等篇[1]。

那么，贾谊为什么要给汉文帝上奏《保傅》呢？ 这与汉初对秦亡的反思有关。 汉高祖刘邦曾对陆贾说："试为我著秦所以失天下，吾所以得之者何，及古成败之国。""陆生乃粗述存亡之征，凡著十二篇。 每奏一篇，高帝未尝不称善，左右呼万岁，号其书曰《新语》"。[2] 反思秦亡的风气在汉文帝朝尤盛，众多官员以秦亡的教训告诫文帝，如张释之曰："且秦以任刀笔之吏，争以亟疾苛察相高，其敝徒文具，亡恻隐之实。 以故不闻其过，陵夷至于二世，天下土崩。"[3]《汉书·贾山传》曰："孝文时，（贾山）言治乱之道，借秦为谕，名曰《至言》。"[4] 最著名的当然首推贾谊的《过秦论》，该文对秦亡的原因作了深刻的剖析，最后归结为"仁义不施，而攻守之势异也"[5]。

《保傅》也是贾谊在反思秦亡的风气下所作，但该篇视角与《过秦论》等不同，是从秦的太子教育着手，论述秦二世即亡的原因。《保傅》篇首曰："殷为天子三十余世，而周受之；周为天子三十余世，而秦受之；秦为天子，二世而亡。 人性非甚相远也，何殷周之君有道之长，而秦无道之暴也，其故可知也。"[6] 由殷周的长久保国和秦二世即亡的鲜明对比，引出对如何实现国家长治久安的思考。 贾谊认为，要想实现国家的长治久安，便须及早对太子施行教育，"夫教得而左右正，则太子正矣，太子正而天下定矣"[7]，这是全篇的主旨。

贾谊的建议是否被执行，因史料所限，我们无法确知，但贾谊的章奏很可能引起了汉文帝对太子教育问题的关注。 据《汉书·晁错传》，晁错"受《尚书》

1　参见拙作《贾谊奏议的文本形态与文献意义——兼论〈新书〉〈汉书·贾谊传〉和〈贾谊集〉的材料来源》，《文学遗产》2018 年第 3 期，第 27—36 页。

2　司马迁：《史记》卷 97《郦生陆贾列传》，北京：中华书局，1982 年，第 2699 页。

3　班固：《汉书》卷 50《张冯汲郑传》，第 2308 页。

4　班固：《汉书》卷 51《贾邹枚路传》，第 2327 页。

5　司马迁：《史记》卷 6《秦始皇本纪》，第 282 页。

6　阎振益、钟夏：《新书校注》卷 5，第 183 页。

7　阎振益、钟夏：《新书校注》卷 5，第 186 页。

伏生所，还，因上书称说。 诏以为太子舍人，门大夫，迁博士"[1]。 其后便给汉文帝上书，请以"书说"教育太子，认为"皇太子所读书多矣，而未深知术数者，不问书说也。 夫多诵而不知其说，所谓劳苦而不为功"，"窃愿陛下幸择圣人之术可用今世者，以赐皇太子，因时使太子陈明于前"。[2] 所谓"书说"，是他从伏生处所学的《尚书》传说。 晁错认为"皇太子所读书多矣"，但"多诵而不知其说"，即只知道诵读经典，但不明白经典之义。 从晁错的只言片语可知，在晁错上书之前，皇太子已接受过经典教育，这可能是贾谊《保傅》被文帝采纳后而施行的。 后贾谊因遭到周勃、灌婴等人的谗毁，先后担任长沙王和梁怀王太傅，汉文帝之所以令其担任诸侯王太傅，与他曾上奏《保傅》应有一定关系。

二、从《新书·保傅》到海昏简《保傅》

《保傅》在汉武帝前的传习情况，因史料所限，目前并不清楚。 据《汉书·昭帝纪》，昭帝始元五年（前 82）六月颁布诏书：

> 朕以眇身获保宗庙，战战栗栗，夙兴夜寐，修古帝王之事，通《保傅传》《孝经》《论语》《尚书》，未云有明。 其令三辅、太常举贤良各二人，郡国文学高第各一人。 赐中二千石以下至吏民爵各有差。[3]

汉昭帝其时只有十二岁，便通《保傅传》，并将之放在《孝经》《论语》《尚书》之前，可见他对此篇的重视。 由此可知，至少汉武帝后期，贾谊的《保傅》已初步

1　班固：《汉书》卷 49《爰盎晁错传》，第 2277 页。

2　班固：《汉书》卷 49《爰盎晁错传》，第 2277 页。

3　班固：《汉书·昭帝纪》，关于"通《保傅传》《孝经》《论语》《尚书》"这句话该如何断句，颜师古、王先谦、李慈铭、吴恂等人有不同说法，可参见张沛林：《西汉经典的"传""受"与"通""明"——汉昭帝始元五年六月诏书疑义辨正》，《史志学刊》2019 年第 2 期，第 26—29 页。 本文以张沛林的断句为准。

经典化，被列为皇子必须熟读的经典之一。

　　韩巍先生认为，《保傅》在武帝后期至昭宣时期突然受到重视，或许与"巫蛊之祸"后，武帝对诸侯王教育和监督的重视有关，一些儒生学者，包括诸侯王师傅在内，从当时流传的《贾谊书》中选取与皇子教育相关的材料而编成了《保傅》篇[1]。这种说法有一定道理，但忽视了另外一个背景。汉代景、武之际，诸侯王发生各种违法乱行之事，其中以景帝十三子及其子孙为甚，《史记·五宗世家》曰：

　　　　江都易王非……好气力，治宫观，招四方豪杰，骄奢甚。……易王死未葬，（其子）建有所说易王宠美人淖姬，夜使人迎与奸服舍中……而又信巫祝，使人祷祠妄言。建又尽与其姊弟奸。[2]

司马迁曰："高祖时诸侯皆赋，得自除内史以下，汉独为置丞相，黄金印。诸侯自除御史、廷尉正、博士，拟于天子。自吴楚反后，五宗王世，汉为置二千石，去'丞相'曰'相'，银印。诸侯独得食租税，夺之权。其后诸侯贫者或乘牛车也。"[3]吴楚七国之乱后，汉景帝采取了一系列措施，以抑制诸侯王的权力，如降诸侯王"丞相"为"相"，剥夺诸侯王自置"御史"等官员的权力，但效果并不显著，如赵王彭祖便想方设法陷害王国相和二千石[4]。诸侯王通奸乱法之事，更是经常发生。江都王建与其父美人淖姬通奸，赵王丹与其女及同产姊通奸，常山王太子勃"私奸，饮酒，博戏，击筑，与女子载驰，环城过市"[5]。诸侯王的种种乱行，必然引发皇帝对诸侯王教育问题的重视。

1　韩巍：《海昏竹书〈保傅〉初探》，第 134 页。
2　司马迁：《史记》卷 59《五宗世家》，第 2096 页。
3　司马迁：《史记》卷 59《五宗世家》，第 2104 页。
4　司马迁：《史记》卷 59《五宗世家》，第 2098 页。
5　司马迁：《史记》卷 59《五宗世家》，第 2103 页。

《保傅》因与太子教育有关，可能在景、武之际便已受到重视，其后因"巫蛊之祸"，更激发了汉武帝对太子及诸侯王教育问题的重视。因此，昭帝作为武帝的少子，年十二便能通《保傅传》。海昏侯墓出土了《保傅》A、B 两种文本[1]，河北定县八角廊中山怀王刘修的墓中也发现了《保傅传》[2]。海昏侯刘贺于宣帝神爵三年（前 59）九月乙巳去世[3]，刘修在宣帝五凤三年（前 55）去世[4]，可知《保傅》在武、昭、宣时期，已在皇太子和诸侯王之间广为流行。

海昏简《保傅》在汉宣帝神爵三年（前 59）前便已形成。据整理者介绍，从竹简形制、每简容字和文字书体，海昏简《保傅》可分为 A、B 两组[5]。我们先看 B 组：

表 1　海昏简《保傅》B 组与《大戴礼记》《新书》比勘表

《新书·保傅》	海昏简《保傅》B 组	《大戴礼记·保傅》
殷为天子三十余世而周受之，周为天子三十余世而秦受之，秦为天子二世而亡，人性非甚相远也。[6]	□□□□□殷周而始君为天子，累世相授；秦为天子，一世而亡。人性非甚相……（934Ⅶ区-2）[7]	殷为天子三十余世而周受之，周为天子三十余世而秦受之，秦为天子二世而亡，人性非甚相远也。[8]

《新书·保傅》与《大戴礼记》完全相同，海昏简《保傅》B 组则与《大戴礼记》《新书》和《汉书》均不同。"殷周而始君为天子，累世相授"是对《新书·保傅》"殷为天子三十余世而周受之，周为天子三十余世"的概述，传世各本为"秦为天子二世而亡"，海昏简作"一世而亡"，可见这是一个与《新书》《大戴礼记》均不同的文本。为什么会出现这种文本差异？这应与海昏简编者的改造有密切的关系。韩巍先生认为，B 组简文虽然残缺较甚，但其内容与《新书·保傅》重

1　韩巍：《海昏竹书〈保傅〉初探》，第 133 页。
2　何直刚、刘世枢：《定县 40 号汉墓出土竹简简介》，《文物》1981 年第 8 期，第 11—13 页。
3　杨博：《〈海昏侯国除诏书〉》，参见朱凤瀚主编：《海昏简牍初论》，北京：北京大学出版社，2020 年，第 311 页。
4　刘来成：《河北定县 40 号汉墓发掘简报》，《文物》1981 年第 8 期，第 1—10 页。
5　韩巍：《海昏竹书〈保傅〉初探》，第 121 页。
6　阎振益、钟夏：《新书校注》卷 5，第 183 页。
7　韩巍：《海昏竹书〈保傅〉初探》，第 121 页。
8　王聘珍：《大戴礼记解诂》卷 3，北京：中华书局，1983 年，第 49 页。

合，且没有超出《新书·保傅》之外的内容，可能代表了《保傅》较原始的文本形态[1]。 如果此说准确，那么海昏简《保傅》B 组应是依据《新书·保傅》而进行改编的一个文本。

　　海昏简《保傅》A 组与 B 组差异较大，它在《新书·保傅》的基础上，加入了属于《新书·傅职》的后半部分、《容经》及《胎教》的前半部分。《傅职》共分为两个部分：前者为教育太子的教材，包括《春秋》《礼》《诗》《乐》《语》《故志》《任术》《训典》八种；后者主要讲述天子的各种过失与"三公""三少"、太史的责任关系。《傅职》后半部分被采入海昏简《保傅》A 组，与其讲述保傅之职有关。《容经》的一部分内容也被融入海昏简《保傅》A 组，其内容为礼仪规范的教导。《胎教》的前半部分因讲胎教之道，也被海昏简《保傅》A 组采入。 由此，我们可以观察到从《新书·保傅》到海昏简《保傅》A 组的一个重要变化，即《保傅》在流传的过程中，不断融入贾谊的其他篇章，这些内容之所以会被采入，与它们主要论述君主或太子教育有关。

　　从《新书·保傅》到海昏简《保傅》A 组的另一个重要变化，是海昏简编者对《保傅》文本的改造，参见表 2：

表 2　海昏简《保傅》A 组与《大戴礼记》《新书》比勘表

《新书·保傅》	海昏简《保傅》A 组	《大戴礼记·保傅》
及太子少长，知好色，则入于学。	……天子少长，知非色，则入……（933-11Ⅰ区-65）	及太子少长，知妃色，则入于小学。
太子有过，史必书之。 史之义，不得书过则死。	天子有过，史必书之。 史之义（933-11Ⅰ区-46）	太子有过，史必书之。 史之义，不得不书过。
臣故曰："选左右，蚤谕教最急。"[2]	故曰："选左右，蚤谕教，万事要。"（933-11Ⅰ区-4）[3]	故曰："选左右，早谕教最急。"[4]

　　此表反映出海昏简《保傅》A 组一些重要的文本特点：首先，第一、第二条，

1　韩巍：《海昏竹书〈保傅〉初探》，第 133 页。
2　阎振益、钟夏：《新书校注》卷 5，第 184、184、186 页。
3　韩巍：《海昏竹书〈保傅〉初探》，第 123、124、127 页。
4　王聘珍：《大戴礼记解诂》卷 3，第 51、52、56 页。

海昏简《保傅》A 组均作"天子"，而《大戴礼记》《新书》《汉书》均作"太子"。韩巍先生认为海昏简作"天子"与文意更为相符，《大戴礼记》和《新书》可能是受《汉书》影响，而将"天子"改为"太子"[1]。 笔者的意见与之相反。 正如前文所说，《新书·保傅》实为贾谊给汉文帝的章奏，旨在劝谏文帝早日选择良傅教育太子，因此章奏自然应以"太子"为论述对象。 至于海昏简为什么将"太子"改为"天子"，应与海昏侯刘贺的特殊经历有关。 汉昭帝去世后，刘贺被迎至长安继任帝位，虽然只有短短二十七天，但刘贺身边的太傅等官员，很可能因为刘贺身份的变化而改编了《保傅》，以教育"天子"刘贺。

其次，表中第三条，海昏简《保傅》A 组和《大戴礼记》均作"故曰"，而《新书》作"臣故曰"，《汉书·贾谊传》同。 韩巍先生认为"故曰"为海昏简和《大戴礼记》引格言、俗谚的套语，《新书》《汉书》将之改为"臣故曰"[2]。 笔者的意见与之相反，因《保傅》为贾谊的章奏，"臣故曰"是贾谊向皇帝的"称臣"之语，而《大戴礼记》、海昏简《保傅》A 组为了淡化《保傅》为章奏这一背景，将之改为"故曰"。 关于这点，有《保傅》文本的内部证据，贾谊在前文其实已提到过"天下之命县于太子，太子之善在于蚤谕教与选左右"，因此后文自然就可以引出"臣故曰：'选左右，蚤谕教最急'"，"臣故曰"是贾谊对前文的回应。

最后，海昏简《保傅》"故曰"后的"选左右，蚤谕教，万事要"实是海昏简编者对贾谊话的改编。 将《新书·保傅》《大戴礼记·保傅》和海昏简《保傅》A 组作一对比，可看出明显的演变特征：《大戴礼记》将《新书》的"臣故曰"改为"故曰"，"故曰"后的内容保持不变，其后海昏简《保傅》A 组将"选左右，蚤谕教最急"改编为"选左右，蚤谕教，万事要"。 正如韩巍先生所言，海昏简所改形成三个三字短语，句式整齐，且押宵部，形成韵文[3]。 由此，我们可以作一推测：《大戴礼记·保傅》的一个早期抄本（此抄本要比海昏简《保傅》A 组更早）

1　韩巍：《海昏竹书〈保傅〉初探》，第 124 页。

2　韩巍：《海昏竹书〈保傅〉初探》，第 128 页。

3　韩巍：《海昏竹书〈保傅〉初探》，128 页。

将"臣故曰"改为"故曰",但其后所引内容保持不变,海昏简《保傅》A 组在《大戴礼记·保傅》的这个早期抄本基础上,将"选左右,蚤谕教最急"改为了韵语"选左右,蚤谕教,万事要"。

三、《新书》与《大戴礼记·保傅》《汉书·贾谊传》的文本关系

海昏简《保傅》A 组相比《大戴礼记·保傅》,缺少了《胎教》的后半部分内容[1],那么是否可以认为《大戴礼记·保傅》是在海昏简《保傅》A 组的基础上,增加《胎教》后半部分而形成的呢? 这一观点并不能成立。

首先,海昏简为出土简牍,残损较为严重,虽然目前并没有见到《胎教》的后半部分,但并不能确保没有;其次,与海昏侯墓时间相近的中山怀王刘修墓出土的《保傅传》,相比《大戴礼记·保傅》,多出了《连语》两节[2],这个文本要比《大戴礼记·保傅》复杂,但却在《大戴礼记》前撰成。 由此可见,在戴德编纂《大戴礼记》前,已有多种文本形态的《保傅》在流传,《大戴礼记·保傅》和海昏简《保傅》A 组并不是单线发展关系;最后,虽然《大戴礼记》要迟至元、成之际编成,但此书的多数篇章在此之前早已单篇流传,如《大戴礼记》的《武王践阼》篇,在上博战国简中有极为相近的文本[3]。 也就是说,戴德依据的是一个与海昏简《保傅》A 组并不一样的《保傅》抄本,从"臣故曰"后引文的改编看,这个抄本要比海昏简《保傅》A 组更早。

那么,《大戴礼记·保傅》是如何形成的呢? 它与《新书》有什么样的关系? 我们将两者进行对比,可发现它们的区别和联系:

其一,《大戴礼记·保傅》改造过《新书》文本,以使文本更为齐整和具有普适性,参见表 3:

1　韩巍:《海昏竹书〈保傅〉初探》,第 133 页。

2　何直刚、刘世枢:《定县 40 号汉墓出土竹简简介》,《文物》1981 年第 8 期,第 12 页。

3　马承源主编:《上海博物馆藏战国楚竹书(七)》,上海:上海古籍出版社,2008 年,第 149—165 页。

表3　《新书·傅职》与《大戴礼记·保傅》比勘表

《新书·傅职》	《大戴礼记·保傅》
天子处位不端，受业不敬，教诲讽诵《诗》《书》《礼》《乐》之不经不法不古，言语不序，音声不中律，将学趋让，进退即席不以礼，登降揖让无容，视瞻俯仰周旋无节，咳唾数顾趋行不得，色不比顺，隐琴肆瑟，凡此其属，太保之任也。古者燕召公职之。1	天子处位不端，受业不敬，言语不序，声音不中律，进退节度无礼，升降揖让无容，周旋俯仰视瞻无仪，安顾咳唾趋行不得，色不比顺，隐琴瑟，凡此其属，太保之任也。2

　　正如前文所言，《新书·保傅》实为贾谊的章奏，所以文中有"臣故曰"，但《大戴礼记·保傅》将之删为"故曰"，这是为了淡化了《保傅》原为章奏的背景，而将其改为更具普适性的文本。《新书·傅职》的"古者齐太公之职""古者鲁周公职之""古者燕召公职之""古者史佚职之"等句，均被《大戴礼记·保傅》删去，这显然是有意识地改造文本，以模糊此篇的具体背景。此外，《大戴礼记·保傅》将《新书》删削为更为齐整的文本，如"教诲讽诵《诗》《书》《礼》《乐》之不经不法不古"这一长句被删削掉，并且"将学趋让，进退即席不以礼"这句被改为"进退节度无礼"，与"升降揖让无容"形成六字的整齐句式。

　　其二，《大戴礼记·保傅》删削了《新书》的部分文本。如《新书·傅职》从"或称《春秋》"到"非贤者不能行"这一大段内容，为贾谊所引《楚语》及其所加案语。《大戴礼记·保傅》并没有这段内容。又，《新书·胎教》从"太卜曰：'命云某'"到"悬诸社稷门之左"这一大段文本，主要讲太子出生后所举行的"悬弧之礼"，《大戴礼记·保傅》将其删削。《新书·容经》在被采入《大戴礼记》后，更是被删削掉大部分内容。其他删削之例甚多，不再赘举。

　　其三，《大戴礼记·保傅》相比《新书》，文本讹误较多，参见表4：

表4　《新书·保傅》与《大戴礼记·保傅》比勘表

《新书·保傅》	《大戴礼记·保傅》
有司斋肃端冕，见之南郊，见于天也。	有司参夙兴端冕，见之南郊，见之天也。

1　阎振益、钟夏：《新书校注》卷5，第173页。
2　王聘珍：《大戴礼记解诂》卷3，第57页。

续　表

《新书·保傅》	《大戴礼记·保傅》
故咳嘠,三公三少固明孝仁礼义以道习之。	故孩提,三公三少固明孝仁礼义,以导习之也。
孔子曰:"<u>少成若天性</u>,习贯<u>如自然</u>。"	孔子曰:"<u>少成若性</u>,习贯<u>之为常</u>。"
此<u>五学</u>,既成于上 1	此<u>五义者</u>,既成于上 2

第一条,《新书·保傅》和《汉书·贾谊传》均作"斋肃",而《大戴礼记·保傅》作"参夙兴",前人已指出"参"为"齐"之形近讹字,"夙"为"肃"之同音假借,"兴"涉"夙"而误衍[3]。 第二条,《新书》作"咳",《大戴礼记》脱落"有识",致文义不通。 第三条,孔子之言,《大戴礼记》脱落"天",且将"如自然"改为"之为常",文句不通。 第四条,《新书》作"五学",与上文的"东学""南学""西学""北学"和"太学"相应,而《大戴礼记·保傅》讹为"五义"。 诸如此类的文本讹误甚多,不再赘述。

另外,《大戴礼记·保傅》中源于《新书·容经》的一段文本,插入源于《新书·胎教》的文本之间,明显割裂了《胎教》文本[4],"周后妃任成王于身,立而不跛,坐而不差,独处而不倨,虽怒而不詈,胎教之谓也"这段文本,很可能是《大戴礼记·保傅》在流传的过程中发生了错简和脱文。 总之,《大戴礼记·保傅》有较多讹误之处,可能与它被列为经典而被不断传抄有一定关系,早期文本传抄越多,造成的文本讹误有可能更多。

总之,《大戴礼记·保傅》为删削和整合《新书》的《保傅》《傅职》《胎教》《容经》等篇而成,两者文本有较多的差异:一是因《大戴礼记》编者的删削和改造,二是两者在传抄过程中而出现的讹误脱衍。

1　阎振益、钟夏:《新书校注》卷 5,第 183、183、184、184 页。

2　王聘珍:《大戴礼记解诂》卷 3,第 49、51、52 页。

3　黄怀信:《大戴礼记汇校集注》,西安:三秦出版社,2005 年,第 323—324 页。

4　韩巍先生认为,"周后妃任成王于身"这一小段文字,内容又属于"胎教",见于《新书·胎教》,与《新书》比较,《大戴礼记》这段文字明显是割裂开来的,显得非常突兀。 韩巍:《海昏竹书〈保傅〉初探》,第 132—133 页。

另外，还应对《新书·保傅》和《汉书·贾谊传》所存《陈政事疏》的文本关系作一梳理。《陈政事疏》为班固删削、整合多篇贾谊章奏而成[1]，其中有一段文字与《新书·保傅》极为相近，但也存在一些相异之处，两者相异之处见表5：

表5　《新书·保傅》与《汉书·贾谊传》比勘表

《新书·保傅》	《汉书·贾谊传》
殷为天子，三十余世，而周受之。　周为天子，三十余世，而秦受之。[2]	夏为天子，十有余世，而殷受之。　殷为天子，二十余世，而周受之。　周为天子，三十余世，而秦受之。[3]

《新书·保傅》仅举"殷""周"与"秦"作为对比，而《汉书》则列举了夏、商、周三代。　这点区别在全篇是一致的，如《新书》后又言"殷周之所以长久者，其辅翼太子有此具也"[4]，而《汉书》为"夫三代之所以长久者，以其辅翼太子有此具也"[5]。　这种文本差异的产生会不会是班固改动导致的呢？　这种可能性不大。　班固确实删削和整合过贾谊的章奏，但史官在史料的基础上添加"夏为天子"这一段文本则不太可能。　也就是说，班固所见其实是一个言"三代"的《保傅》文本。

由此，我们可以对《新书》《汉书·贾谊传》、海昏简《保傅》A、B组和《大戴礼记·保傅》之间的文本关系作一归纳。　从贾谊《新书·保傅》到《大戴礼记·保傅》，中间经历了极为复杂的生成和流传过程，它们之间并不是直线、单线演变的，而是多线、平行发展的，如图1所示（实线代表两者有直接关系，虚线表示可能有关系）：

1　参见拙作《贾谊奏议的文本形态与文献意义——兼论〈新书〉〈汉书·贾谊传〉和〈贾谊集〉的材料来源》，《文学遗产》2018年第3期，第25—36页。

2　阎振益、钟夏：《新书校注》，卷6，第183页。

3　班固：《汉书》卷48《贾谊传》，第2248页。

4　阎振益、钟夏：《新书校注》，卷5，第185页。

5　班固：《汉书》卷48《贾谊传》，第2251页。

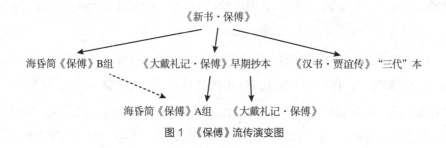

图 1　《保傅》流传演变图

四、海昏简《保傅》与《大戴礼记》的编纂

历代关于《大戴礼记》有较多的讨论：其一，将其视为伪书，如孔颖达《毛诗正义》曰："《大戴礼》遗逸之书，文多假托，不立学官，世无传者。"[1]宋人陈振孙《直斋书录解题》亦曰："此书殆后人好事者，采获诸书为之，故驳杂不经，绝非戴德本书也。"[2]其后疑古思潮兴起，诸多古书被判为伪书，《大戴礼记》亦在其列，如姚际恒曰："予前作《古文尚书通论》，其中辨《大戴记》非本书，乃后人之伪。"[3]其二，认为《大戴礼记》非戴德所作，如洪业《仪礼引得序》："《奔丧》《投壶》，皆《逸礼》也。大戴亦后仓弟子，奈何自破家法，收用《逸礼》？……大戴并未尝纂集后汉所流行之《大戴礼》。"[4]《礼记引得序》亦曰："窃疑二戴之后，郑玄之前，'今礼'之界限渐宽，家法之珍域渐泯，而记文之抄合渐多，不必为一手之所辑，不必为一时之所成。故经说之抵牾，不必正剔；文字之重叠，不曾剪芟。其至多而滥之《大戴礼》，以遍注三《礼》及礼纬之郑玄且不为之注，顾尚信其为大戴所传，则其于篇幅较小之四十九篇，遂亦误会其为小

1　顾颉刚：《古籍考辨丛刊》第一集《唐人辨伪集语》，北京：中华书局，1955 年，第 12 页。

2　陈振孙：《直斋书录解题》，《丛书集成初编》第 44 册，上海：商务印书馆，1937 年，第 43—44 页。

3　张心澂：《伪书通考》，上海：商务印书馆，1939 年，第 341—342 页。

4　洪业：《仪礼引得序》，《洪业论学集》，北京：中华书局，1981 年，第 41—50 页。

戴所传者耳。"[1]王文锦、钱玄等人继承此说，认为《大戴礼记》成于东汉礼学家之手[2]。

以上两种说法均经不起推敲，已有较多学者证实：《大戴礼记》非为伪书，且由西汉戴德所撰[3]：其一，《大戴礼记》的部分篇章有出土文献可以相互印证，如《大戴礼记·武王践阼》，与上博简《武王践阼》甲、乙篇极为相似，《大戴礼记》的《曾子立孝》《曾子事父母》等篇亦与上博简《内礼》有大段文字相合。1973 年河北定县八角廊发掘的中山怀王刘修墓出土的《哀公问五义》《保傅传》等篇，与《大戴礼记·哀公问五义》《保傅》文辞基本相同。海昏简《保傅》A、B 组的发现，为研究《大戴礼记》非为伪书又增添了一项重要的证据；其二，郑玄《六艺论》明言："戴德传《记》八十五篇，则《大戴礼》是也。"[4]《三国志·蜀志·秦宓传》裴松之注："刘向《七略》曰：孔子三见哀公，作《三朝记》七篇，今在《大戴礼》。"[5]"刘向"应为"刘歆"之误，可见刘歆、郑玄等人均见过《大戴礼记》，其为戴德所撰无疑。

《大戴礼记》为戴德担任信都王刘兴太傅时所编[6]，主要目的是教学。如选用《荀子》的《劝学》篇，劝勉信都王修身治学；以《武王践阼》讲述治国之道；以《文王官人》传授任贤选官之理。《礼察》也是贾谊给汉文帝的章奏，文中有"为人主计者"等句，在《汉书·贾谊传》所存《陈政事疏》中亦有类似的文本，戴德将其采入《大戴礼记》，与它被用于教育"人主"施行礼义教化有关，如《礼察》

1　洪业：《仪礼引得序》，《洪业论学集》，第 197—220 页。

2　参见王聘珍：《大戴礼记解诂》卷 1，第 6 页；钱玄：《三礼通论》，南京：南京师范大学出版社，1996 年，第 55 页。

3　参见黄怀信：《大戴礼记汇校集注·前言》，第 3—9 页；马晓玲：《〈大戴礼记〉为西汉戴德所编新证——以先秦西汉出土文献为参照》，《国学学刊》2017 年第 1 期，第 66—90 页。

4　阮元校刻：《礼记正义·序》，影印清嘉庆刊本，北京：中华书局，2009 年，第 2657 页。

5　陈寿：《三国志》卷 38《许糜孙简伊秦传》，北京：中华书局，1982 年，第 974 页。

6　甘良勇：《〈大戴礼记〉研究》，博士学位论文，杭州：浙江大学古典文学系，2012 年，第 27 页；马晓玲：《〈大戴礼记〉为西汉戴德所编新证——以先秦西汉出土文献为参照》，《国学学刊》2017 年第 1 期，第 87 页。

其中有"礼者禁于将然之前；而法者禁于已然之后"[1]"然则为人主师傅者，不可不日夜明此"[2]等句，这可能是戴德采用此篇的主要原因。《保傅》被采掇进《大戴礼记》，也与戴德的教学活动有关。《保傅》本就和君主教育有关，后更是在武帝及后期广泛用于皇太子和诸侯王的教育，并形成海昏简《保傅》A、B组，以及中山怀王刘修墓《保傅传》等多种文本形态。戴德在担任信都王太傅时将其采入《大戴礼记》，是自然而然之事。

《大戴礼记》编成后，为与戴圣的《礼记》区分，被称为"大戴学"。《汉书·儒林传》曰："（后）仓说《礼》数万言，……授沛闻人通汉子方、梁戴德延君、戴圣次君、沛庆普孝公……德号大戴，为信都太傅……大戴授琅邪徐良斿卿，为博士、州牧、郡守，家世传业……由是大戴有徐氏，小戴有桥、杨氏之学。"[3]《后汉书·儒林列传》亦曰："汉兴传《礼》十七篇。后瑕丘萧奋以授同郡后苍，苍授梁人戴德及德兄子圣、沛人庆普。于是德为《大戴礼》，圣为《小戴礼》，普为《庆氏礼》，三家皆立博士。"[4]可见《大戴礼记》在戴德弟子徐良斿时已立博士传授，成为官方认可的权威文本，并被广泛传习，而海昏简《保傅》A、B组，以及中山怀王刘修墓《保傅传》《汉书·贾谊传》所依据的"三代本"等，则被经典化的《大戴礼记·保傅》所淘汰，陆续消失在历史长河之中。

五、 由《保傅》看中国早期经典文本的生成特征

近些年，随着出土文献的持续发现和学术范式的转变，越来越多的学者开始关注早期文本的生成问题，诸如古书的单元、改写、流传、作者等问题，引发了

1　王聘珍：《大戴礼记解诂》卷2，第22页。

2　王聘珍：《大戴礼记解诂》卷2，第23页。

3　班固：《汉书》卷88《儒林传》，第3615页。

4　范晔：《后汉书》卷79下《儒林列传》，北京：中华书局，1965年，第2575页。

学者持续的研究和讨论[1]。《保傅》的生成、流传和编纂，无疑为我们提供了一个极好的样本，从中可看出中国早期文本生成的三点特征：

（一）早期文本的层累形成

顾颉刚先生最早以"层累说"研究中国古史，并将之用于古书的辨伪[2]，但他们以个别字词晚出而判定全书为伪的方式，有很大的弊端。 余嘉锡先生根据自身阅读古书的体会，撰成《古书通例》一书，并提出"古书单篇别行"等重要的概念[3]，即"篇"是中国早期文本流传的主要单位，而不是书。 徐建委先生进一步指出，中国早期文本的最小单元是"章"而不是"篇"[4]，这就将早期文本研究聚焦到"章"这个层次，富有启发意义。 上述学者的成果为我们进一步研究奠定了重要的基础，从章到篇，从篇到卷，从卷到书，中国早期多数文本均存在一个层累形成的过程。 所谓"层累形成"，是指中国早期文本大多不是一次性生成的，而是在漫长的时期内，后来的文本逐渐叠加、融合，甚至被改造进早期文本中，形成一种累积性的特征。

以往学者多关注"书"这一层面的层累形成过程。 以《左传》为例，王和先生指出，《左传》的核心文本为两部分：其一是春秋时期各国史官的记事笔记，其二为流行于战国前期的各种传闻传说，《左传》编撰者对这两类材料作了整合，以使其糅合在一起[5]。 除此之外，《左传》有大量后人附益的内容，如解经语、"君

1　徐建委：《〈说苑〉研究：以战国秦汉之间的文献累积与学术史为中心》，北京：北京大学出版社，2011 年；徐建委：《文本革命：刘向、〈汉书·艺文志〉与早期文本研究》，北京：中国社会科学出版社，2017 年；李锐：《同文与族本：新出简帛与古书形成研究》，上海：中西书局，2017年；刘跃进、程苏东主编：《早期文本的生成与传播》，北京：中华书局，2017 年；夏含夷著，周博群译：《重写中国古代文献》，上海：上海古籍出版社，2012 年。

2　参见顾颉刚：《古史辨自序》，北京：中华书局，2006 年；顾颉刚等编：《古史辨》（全七册），上海：上海古籍出版社，2012 年。

3　余嘉锡：《古书通例》，北京：中华书局，2007 年，第 265—269 页。

4　徐建委：《〈说苑〉研究：以战国秦汉之间的文献累积与学术史为中心》，北京：北京大学出版社，2011 年；徐建委：《文本革命：刘向、〈汉书·艺文志〉与早期文本研究》，北京：中国社会科学出版社，2017 年。

5　王和：《〈左传〉材料来源考》，《左传探源》，北京：社会科学文献出版社，2019 年，第 65 页。

子曰"、预言等，它们在《左传》流传的过程中，被不同知识背景的人逐渐地添加进《左传》中[1]。 无独有偶，徐建委先生依据苏州博物馆藏余昧剑铭文，判断《左传》中"季札观乐"故事实为后人所补述[2]。 总之，在众多学者的研究下，《左传》为层累形成应无疑义。

《保傅》的生成、流传和编纂过程，则为我们提供了一个"篇"层累形成的样本。《保傅》最早由贾谊撰作，但当它开始流传开来之后，这一文本已不归贾谊所控制，而是成为一种"公用"的文本。 在流传和抄写的过程中，《保傅》的篇幅逐渐地被扩充，先后加入了《新书》的《傅职》《胎教》《容经》《连语》等篇的部分内容。 我们无法确切探究该篇文本扩充的起点，以及由谁完成，也许是由当时传授《保傅》的太子或诸侯王太傅完成的，他们从贾谊著作中选取了与君主教育有关的内容，持续地叠加在《保傅》的早期文本上，并在其彻底定型之前，形成多种形态的《保傅》文本，这便是"篇"的层累形成。

除去《保傅》和《左传》外，《诗经》《尚书》《史记》《老子》《庄子》等大量的早期经典均存在层累形成的过程，有些文本较早就固定下来，如《诗经》《尚书》《春秋》三传，有些则要到西汉刘向校书时才定型，如《荀子》《庄子》等[3]，这与古书的经典化程度有密切的关系。 理解早期文本层累形成的特点，对于我们研究早期文本生成问题有较好的启发：首先，应将研究视角集中在"章"这一单位，章相对于篇，较少受到改动[4]；其次，应尽可能分析古书的文本层次，在此基础上探究各文本层次的史料来源，及其累积的特征；最后，应探究文本生成的历时性过程，及其背后的历史社会背景。

1　王和：《〈左传〉中后人附益的各种成分》，《左传探源》，第 10 页。
2　徐建委：《季札观乐问题辩证——兼论早期儒家对先秦知识的塑造》，《文学评论》2018 年第 5 期，第 157—163 页。
3　徐建委先生对刘向校书以及中国早期文本的定型等问题有细致的研究，参见徐建委：《文本革命：刘向、〈汉书·艺文志〉与早期文本研究》，第 6—16 页。
4　徐建委先生指出，章作为早期文本的基本单位，属于基本成型的部分，流传中的变化并不算大，参见徐建委：《文本革命：刘向、〈汉书·艺文志〉与早期文本研究》，第 24 页。

（二）早期文本的改造

在雕版印刷术出现之前，中国早期文本主要以手抄本的形式流传，这就造成不同的抄本之间存在大量的文本歧异现象。造成文本歧异的原因有多种，归纳起来有二：

一是客观因素造成的，如传抄过程中的讹误脱衍等问题，在抄本时代非常普遍。如前文所举《大戴礼记·保傅》相比《新书》存在较多的讹误和脱衍问题，《新书》在流传的过程中也有很多的讹误，这是抄本时代极易出现的问题。此外，部分文本还存在稿本和正本现象。如《史记·三王世家》褚少孙曰："盖闻孝武帝之时，同日而俱拜三子为王。……谨论次其真草诏书，编于左方，令览者自通其意而解说之。"[1]所谓"真草诏书"是指汉武帝"封三王策"的草稿，除此之外，《三王世家》还记载了"封三王策"的正本，两者有明显的区别[2]。汉人上书，一般也会先打草稿，草稿修改而成定稿，如《汉书·师丹传》："丹使吏书奏，吏私写其草。"[3]《汉书·朱云传》："云上书自讼，（陈）咸为定奏草。"[4]出土汉简也有较多例证，如《敦煌汉简》89B："正月戊辰移德草。"[5]这些稿本和正本如果分别流传，那便会造成文本的显著区别。

二是主观的改造。如《保傅》本为贾谊的章奏，海昏简《保傅》因其拥有者刘贺曾为天子的关系，将《新书·保傅》的"太子"改为"天子"，将"臣故曰"改为"故曰"，"臣故曰"后的内容也被改造成韵语。这种文本改造现象在早期文本的生成过程中并不鲜见，小到个别字词的改动，大到篇章的删削和整合，在没有完全的固定文本的手抄本时代，这是一个非常普遍的现象。

1　司马迁：《史记》卷60《三王世家》，第2114—2115页。
2　参见拙作《文本、文体与权力：武帝"封三王策"析论》，《唐都学刊》2021年第3期，第55—64页。
3　班固：《汉书》卷86《何武王嘉师丹传》，第3506—3507页。
4　班固：《汉书》卷67《杨胡朱梅云传》，第2914页。
5　参见李均明等编：《当代中国简帛学研究》（1949—2009），北京：中国社会科学出版社，2011年，第269—272页。

以《缁衣》为例，此篇在郭店简、上博简和《礼记》中均有，三者虽然内容大致相当，但在部分字句、篇章结构等方面存在较大差异。郜同麟先生比较了三者的文本异同，指出《礼记·缁衣》相较郭店简和上博简，有以下几个方面的重大变化：一是外在形式的改善，《礼记·缁衣》通过增减虚词，使句式更为整齐划一；二是儒家思想的增强，如郭店简和上博简均作"好美如好《缁衣》"，而《礼记》作"好贤如《缁衣》"，"美"被改为"贤"，是汉代经师"尚贤"思想的体现[1]。刘笑敢先生对《老子》的出土和传世本作了细致比对，指出《老子》在流传的过程中存在"改善型歧变"现象，即各个文本或版次的编校者受一些共同的理解和原则所支配，有逐步改善原本的意愿[2]。如此，《老子》文本在西汉及之前一直处于被改造的过程中。

除去文本在历史性流传中的改动外，当一个文本被整合进另一个文本时，它可能会经历更大程度的改造，最典型者是史书对史料的采录和改造。如《史记》采用了大量的先秦秦汉史料，《五帝本纪》对《尚书》的引用和改造，将佶屈聱牙的《尚书》改造为更容易理解的西汉言语；《晋世家》《楚世家》等春秋《世家》对《左传》文本的大量采用和改造，以体现春秋列侯的兴衰；《孔子世家》则整合了《论语》《左传》等文献，以塑造"至圣"的孔子形象。《汉书》对其所采摭的西汉文章也作了大量的删削和改造工作，尤其是对汉人的文书，诸如皇帝的制诏和臣民的章奏，有的仅删去格式套语，有的仅载文书的部分内容，有的将数篇文书整合为一篇，如贾山的《至言》和贾谊的《陈政事疏》等[3]。

（三）早期文本的经典化

经典化是中国早期文本生成过程的一个典型特征。所谓经典化，是指某一文

1　郜同麟：《试论早期儒家经典的文本歧变——简本〈缁衣〉与传世本〈礼记〉再对比》，《浙江社会科学》2010 年第 11 期，第 96—100 页。

2　刘笑敢：《老子古今：五种对勘与析评引论》，北京：中国社会科学出版社，2006 年，第 6、20 页。

3　参见拙作《两汉史书对章表奏议文本的删削和改造》，袁行霈主编《国学研究》第 43 卷，北京：北京大学出版社，2020 年，第 211—225 页。

本被广泛接受和传习，甚至经权力的认定而成为国家的权威经典；从文本的生成角度看，则主要表现为文本的定型，即文本的字句不再有大幅度的变动，文本的章节顺序和结构基本保持不变。 扬·阿斯曼这样描述经典形成的特征："卡农（经典）形成的关键步骤是关闭大门，所谓关闭大门就是在卡农与伪经、原始文献与注释性文献之间划一条具有决定性界限，被称为卡农的文本不能被补写和改写，这是它与传统流之间最具决定性的差别。"[1]中国早期经典的形成也大致经历了这样一个文本关闭的过程，《诗经》《尚书》《春秋》《周易》等经典在汉代被奉为"五经"后，其核心文本的字句和结构已不再有大幅度的变动。

经典化的另一个表现，是经典文本对其他各类抄本的淘汰。 以《保傅》为例，当它被戴德编纂进《大戴礼记》后，随《大戴礼记》的经典化，海昏简《保傅》A、B组，以及定县中山王刘修墓《保傅传》这些与《大戴礼记·保傅》有较大差异的抄本便被逐渐淘汰。 这种现象在中国早期文本的流传过程非常普遍，如《诗经》在汉代有众多传习者，有名者有齐、鲁、韩、毛四家，《毛诗》相比于其他三家，在西汉并没有被立于学官，影响自然不及其他三家，但随着郑玄为《毛诗》作笺，其他三家便先后亡佚。《论语》也经历了这样一个过程，据《汉书·艺文志》著录，《论语》齐、鲁、古三个系统，古《论语》共二十一篇，班固注曰："出孔子壁中，两《子张》。"[2]《齐论语》二十二篇，班固注曰："多《问王》《知道》。"[3]海昏侯墓中有出土。《鲁论语》二十篇，以张禹所传为代表。 张禹为汉成帝师傅，封侯拜相，地位极为崇高，他所传《论语》被称为"张侯《论》"，大行于世[4]，其他各家因此而渐至失传。《文子》也有这样一个经典化过程，李锐先生指出，当某一版本的《文子》被封为《通玄真经》，并有默希子为之作注之后，

1　扬·阿斯曼：《文化记忆：早期高级文化中的文字、会议和政治身份》，金寿福、黄晓晨译，北京：北京大学出版社，2015年，第92—93页。

2　班固：《汉书》卷30《艺文志》，第1716页。

3　班固：《汉书》卷30《艺文志》，第1716页。

4　班固：《汉书》卷30《艺文志》，第1717页。

其他的《文子》便逐渐消失、散佚了[1]。

理解早期文本的经典化特点，我们便会对今传经典文本保持更为清醒的认识，它们只是众多早期抄本的一种，其生成和定型是多种因素共同作用的结果。我们不仅要研究经典文本本身，还要研究文本的经典化现象，即某一抄本如何取代其他众多抄本，并成为经典的过程。

---

1 李锐：《同文与族本》，上海：中西书局，2017 年，第 120 页。

《史记》阅读的四个向度

张宗品

男，1979 年生，安徽霍邱人，陕西师范大学历史文化学院副教授，研究方向为古文献学。2017 年 8 月至 2018 年 8 月于美国威斯康辛大学麦迪逊分校访学。

典籍阅读涉及阅读史、书籍史、社会史以及接受美学等相关领域，而此前的相关研究，多是在长时段内运用社会学方法对书籍的"生产、发行、接受"作三棱镜式的观察，对具体典籍的阅读实践往往无暇顾及[1]。 近年来，不少学者尝试以西方书籍史的视角观照中国古代某一时段书籍的出版、印刷和传播，他们对具体典籍阅读分析的乏力同样令人感觉美中不足[2]。 接受美学的批评方法注重文本

---

[1] 有关国外书籍史研究，参见安占华：《法国书籍研究简介》，《世界史研究动态》1986 年第 1 期，第 30—33 页；孙卫国：《西方书籍研究漫谈》，《中国典籍与文化》2003 年第 3 期，第 92—96 页；王余光、许欢：《西方阅读史研究述评与中国阅读史研究的新进展》，《高校图书馆工作》2005 年第 2 期，第 1—6 转 82 页；新近的述评可以参见张仲民：《从书籍史到阅读史——关于晚清书籍史/阅读史研究的若干思考》，《史林》2007 年第 5 期，第 151—180 页；秦曼仪：《书籍史方法论的反省与实践——马尔坦和夏提埃对于书籍、阅读及书写文化史的研究》，《台大历史学报》第 41 期（2008 年 6 月），第 257—314 页；于文：《西方书籍史研究中的社会史转向》，《国外社会科学》2008 年第 4 期，第 9—17 页；洪庆明：《从社会史到文化史：十八世纪法国书籍与社会研究》，《历史研究》2011 年第 1 期，第 143—158 页；黄敏兰：《罗伯特·达恩顿的书籍史研究》，《史学理论研究》2012 年第 4 期，第 127—131 页。

[2] 参见 Lucille Chia, *Printing for Profit: The Commercial Publishers of Jianyang, Fujian（11th - 17th Centuries）*, Cambridge（MA）and London: Harvard University Asia Center, 2002; Cynthia J. Brokaw, "On the History of the Book in China," in Cynthia J. Brokaw and Kai-wing Chow, eds., *Printing and Book Culture in Late Imperial China*, Berkeley: University of California Press, 2005, pp. 3-54; 井上進：《書林の眺望：伝統中国の書物世界》，東京：平凡社，2006 年；井上進：《中国出版文化史：書物世界と知の風景》，名古屋：名古屋大学出版会，2002 年；周绍明：《书籍的社会史——中华帝国晚期的书籍与士人文化》，何朝晖译，北京：北京大学出版社，2009 年；等。

细读与接受、传播与影响的分析，但对于其他阅读方式则罕有涉及[1]。 故此，本文试图以具体典籍为中心，考察典籍的阅读方式与文本、社会、学术之间的互涉。

《史记》为我国正史之首，虽为一书而"兼有四部书性质"[2]，其流传时间悠久，读者众多，阅读层次纷繁，历史地位和文本面貌变化较为剧烈，无疑是考察阅读面向的理想个案。 检视两千年来的《史记》阅读史，我们发现大致有四个基本向度：一，指向作者，关注作者的写作意图及其当下指涉，我们称之为政治性阅读；二，指向社会，关注文本的现实应用价值，我们称之为应用性阅读；三，指向文本，关注典籍自身的文献特性，我们称之为文献性阅读；四，指向读者，满足读者自身了解知识，获得审美愉悦的超功利目的，我们称之为审美性阅读[3]。这四种阅读方式皆以文本为出发点，在具体的阅读过程中又互有交集。 阅读方式的选择虽与文献自身的性质有关，但更取决于阅读者自身的知识背景及其当下处境，不会超越其所属的"解释共同体"（interpretive community）。 这种阅读向度的分析模式能够在较长时段中对作者、读者、文本、社会进行立体观照，一定程度上也适用于其他典籍。

一、 政治性阅读

典籍阅读过程中，作者的写作意图及其当下指涉往往是读者首先关注的要素。 值得注意的是，这种政治性阅读对作者写作意图的判定不是出自文献语境的细密解读，而是源于读者自身的现实处境及当下需要。 就《史记》而言，后世多

1　H. R. 姚斯、R. C. 霍拉勃：《接受美学与接受理论》，沈阳：辽宁人民出版社，1987 年。

2　阮芝生：《〈史记〉的特质》，《天人古今》1994 年第 3 期，第 8—13 页。

3　本文有关典籍阅读向度的提法参考了 M. H. 艾布拉姆斯总结的"作品、艺术家、世界、欣赏者"四要素，并得到廖可斌先生的指正，谨此致谢。 参见 M. H. 艾布拉姆斯：《镜与灯：浪漫主义文论及批评传统》，郦稚牛、张照进、童庆生译，王宁校，北京：北京大学出版社，2004 年，第 4—6 页。

传言汉武帝阅《史记》而删削之，可为政治性阅读的一个注脚[1]。 文献中明确记载对《史记》进行政治性阅读的帝王是东汉明帝。《文选》卷四八"符命类"《典引篇》序称，永平十七年（74），汉明帝诏集贾逵、傅毅、杜矩、展隆、郗萌等至云龙门，特命小黄门赵宣持《史记·秦始皇帝本纪》，询问他们对篇中司马迁赞语的看法。 班固遂撰文予以回禀[2]。 班氏的奏文从历史事实出发，认真分析了当时秦国面临的形势，认为贾谊、司马迁对秦王子婴的批评没有道理，并赞扬其车裂赵高的壮举，"健其决，怜其志"，称"婴死生之义备矣"[3]。 但明帝未言班固所奏文论说的是非，只评论贾、马二人的"忠"与"贤"，讨论史家的政治立场。 他批评司马迁"著书成一家之言，扬名后世，至以身陷刑之故，反微文刺讥，贬损

1　《史记·太史公自序》卷尾《集解》云："骃案：卫宏《汉书旧仪注》曰'司马迁作《景帝本纪》，极言其短及武帝过，武帝怒而削去之。 后坐举李陵，陵降匈奴，故下迁蚕室。 有怨言，下狱死'。"见司马迁：《史记》卷130，北京：中华书局，1982年，第3321页。 关于此段文字所论之情实，今人郭沫若、刘际铨、袁传璋等并有论及，多所发明，认为符合情实。 参见郭沫若：《〈太史公行年考〉有问题》，《历史研究》1955年第6期，第125—128页；郭沫若：《关于司马迁之死》，《历史研究》1956年第4期，第26页；刘际铨：《司马迁生于建元六年辨》，《历史研究》1955年第6期，第129—132页；袁传璋：《太史公生平著作考论》第二章第四部分，合肥：安徽人民出版社，2005年，第160—180页。

2　文曰："永平十七年，臣与贾逵、傅毅、杜矩、展隆、郗萌等召诣云龙门。 小黄门赵宣持《秦始皇帝本纪》问臣等曰：'太史迁下赞语中，宁有非耶？'臣对：'此赞贾谊《过秦》篇云，向使子婴有庸主之才，仅得中佐，秦之社稷未宜绝也。 此言非是。'即召臣入，问：'本闻此论非耶？ 将见问意开寤耶？'臣具对素闻知状。 诏因曰：'司马迁著书成一家之言，扬名后世，至以身陷刑之故，反微文刺讥，贬损当世，非谊士也。 司马相如洿行无节，但有浮华之辞，不周于用，至于疾病而遗忠，主上求取其书，竟得颂述功德，言封禅事，忠臣效也。 至是贤迁远矣。'臣固常伏刻诵圣论，昭明好恶，不迷微细，缘事断谊，动有规矩，虽仲尼之因史见意，亦无以加。 臣固被学最旧，受恩浸深，诚思毕力竭情，昊天罔极！ 臣固顿首顿首。 伏惟相如《封禅》，靡而不典；扬雄《美新》，典而亡实。 然皆游扬后世，垂为旧式。 臣固才朽不及前人，盖咏《云门》者难为音，观隋和者难为珍。 不胜区区，窃作《典引》一篇，虽不足雍容明盛万分之一，犹启发愤满，觉悟童蒙，光扬大汉。 轶声前代，然后退入沟壑，死而不朽。 臣固愚戆，顿首顿首。 ……"班固：《典引序》，萧统：《文选》卷48"符命类"，上海：上海古籍出版社，1986年，第2158—2159页。 关于此文的相关释读可参见张宗品：《略论东汉史学之转向》，《中华文史论丛》2012年第1期，第181—204页。

3　班固的应答文字见于今本《史记·秦始皇本纪》文末所录附益文献。 司马迁：《史记》卷6，第290—293页。

当世，非谊士也"；而认为"司马相如涉行无节，但有浮华之辞，不周于用，至于疾病而遗忠，主上求取其书，竟得颂述功德，言封禅事，忠臣效也。 至是贤迁远矣"[1]。 明帝所论与班固奏文分明是两种完全不同的文本解读思路：封建帝王的政治性阅读与史臣的文献性阅读。 前者的典型特征是关注作者的写作意图及其政治影响，至于典籍撰述水平的优劣、是否真实准确等且置之不论。 后者则在历史和文献的脉络中讨论文本和事件自身，侧重于就事论事。

帝王的政治性阅读也影响了典籍及其作者的历史命运。 班固在《汉书》中，批评司马迁"其是非颇缪于圣人，论大道则先黄老而后六经；序游侠则退处士而进奸雄，述货殖则崇势利而羞贱贫"[2]。 西汉武帝以降，儒家思想作为官方意识形态而定于一尊，班固的这种批评实则从根本否定了其政治取向。 东汉中后期，学者多认为今本《史记》的十篇亡阙是因为武帝删削，《武帝本纪》尤非原貌[3]。《太史公自序》卷尾《集解》引卫宏《汉书旧仪注》云："司马迁作《景帝本纪》，极言其短及武帝过，武帝怒而削去之。 后坐举李陵，陵降匈奴，故下迁蚕室。有怨言，下狱死。"[4]虽然这种说法的可靠性尚有争议，[5]但卫宏所云即便不是西汉的历史事实，也必然是东汉前期政治性阅读的社会现实在学者心理上的一种投射。 明、章以后，《史记》阅读渐归沉寂，甚至终汉之世，《史记》仅有一二略

1　萧统：《文选》卷 48《典引序》，第 2158—2159 页。

2　班固撰，颜师古注：《汉书》卷 62《司马迁传》，北京：中华书局，1962 年，第 2737—2738 页。

3　《史记》亡篇的相关讨论见余嘉锡：《太史公书亡篇考》，《余嘉锡论学杂著》（上），北京：中华书局，2007 年，第 1—108 页。 赵生群：《〈史记〉编纂学导论》，南京：凤凰出版社，2006 年，第16—22 页。 易平：《张宴〈史记〉亡篇之说新检讨》，《台大历史学报》第 23 期（1999 年 6 月），第 61—92 页。 张大可：《史记研究》，北京：商务印书馆，2011 年，第 174—197 页（原载《兰州大学学报》1982 年第 3 期）。

4　司马迁：《史记》卷 130《太史公自序》，第 3321 页。

5　今人郭沫若、刘际铨、袁传璋等认为此说符合实情。 参见郭沫若：《〈太史公行年考〉有问题》；郭沫若：《关于司马迁之死》；刘际铨：《司马迁生于建元六年辨》；袁传璋：《太史公生平著作考论》，第 160—180 页。

注,《隋志》所载先唐旧注也只存三家[1],这种现象也应与当朝的褒贬密不可分[2]。

由于读者的特殊身份,政治性阅读也使得典籍以阅读为媒介反过来对政治及学术产生重大影响。 从东汉明帝一朝,国史修纂开始由史家的个人撰作改为群体修史,《东观汉记》即是第一部群臣共修的国史[3]。 由云龙门问对,我们不难推知修史制度改变的政治考量。 汉明帝对《史记》的政治性阅读不仅促使其取缔古史官制度,确立此后延续两千余年的官方修史的基本模式和指导思想,也进一步削弱了史家褒贬当世的独立的文化权力。

阅读方式的选择虽与文献自身的性质有关,更取决于读者自身的身份与处境。 时代不同,属于"解释的共同体"的读者对《史记》进行政治性阅读的姿态却没有改变。 东汉末年,王允诛灭董卓并欲杀蔡邕,即称:"昔武帝不杀司马迁,使作谤书,流于后世。"[4]魏文帝曹丕也认为"司马迁以受刑之故,内怀隐切,著《史记》非贬孝武,令人切齿"[5]。 在帝制时期,当权者对典籍的政治性阅读代不乏人,原因也如出一辙。 而这种探求作者写作意图的阅读方式,在一定程度上难免引发"诛心"之论,相关事例史不绝书。《史记》在两汉遭到删削禁传,在后世却传诵日广,备受推崇,一个重要原因是该书在后世不再是"当代史"。 在典籍传播史上,当时的禁书在不同的政治环境下却成为畅销书情况屡见不鲜。 政治性阅读所影响的不仅是典籍的命运,更是作者的命运,其损益的标准只在于是否符合当时统治集团的政治利益。 同时,读者对典籍的阅读评价也反映了其自身的政治立场。 政治性阅读有时关系到典籍的存亡,也是作者不得不考虑

1　司马贞:《史记索隐后序》,《史记》后附录,第9页:"始后汉延笃乃有《音义》一卷,又别有《章隐》五卷,不记作者何人,近代鲜有二家之本"。《隋书·经籍志》仅载刘宋裴骃注《史记》八十卷;刘宋徐野民《史记音义》十二卷;梁邹诞生《史记音》三卷,汉注无一存者。 见魏征、令狐德棻:《隋书》卷33《经籍二》,北京:中华书局,1973年,第953页。

2　白寿彝以为"正宗观念、垄断修史、推崇《汉书》,这种历史意识的强化,反映了政治统治上的要求"。 白寿彝主编:《中国史学史》,北京:北京师范大学出版社,2004年,第114页。

3　参看张宗品:《略论东汉史学之转向》,《中华文史论丛》2012年第1期,第181—204页。

4　范晔撰,李贤等注:《后汉书》卷60下《蔡邕传》,北京:中华书局,1965年,第2006页。

5　陈寿:《三国志》卷13《王肃传》,北京:中华书局,1982年,第418页。

的首要因素，并在历史上不断演绎着权力、学术与文本之间的互动。

二、 应用性阅读

一般而言，共时性的读者首先会探求作者的写作意图，而历时性读者则主要关注典籍的应用价值。 应用性阅读是一种从文本到社会的阅读方式，其主要特征是读者只从是否有用的立场来判定典籍的价值。 这是大多数读者的阅读取向，也是典籍得以传衍的一个重要原因。 从实用角度阅读文本可谓渊源有自，《周易》即称"君子以多识前言往行以蓄其德"（《易·大畜·象传》），《诗》也多重"诗教"和"殷鉴"，《尚书》则强调其能"疏通致远"[1]。 孔子也多从应用角度看待典籍，称："六艺于治一也。《礼》以节人，《乐》以发和，《书》以道事，《诗》以达意，《易》以神化，《春秋》以义。"[2]《太史公自序》中司马迁和壶遂的对话也充分说明了史书对于治道的价值："夫《春秋》，上明三王之道，下辨人事之纪，别嫌疑，明是非，定犹豫，善善恶恶，贤贤贱不肖，存亡国，继绝世，补敝起废，王道之大者也。"[3]此虽论《春秋》，也是太史公对修史原因的一种说明。

《史记》的应用性阅读在汉代即已开始，扬雄《法言·君子》即称："《淮南》说之用，不如《太史公》之用也。"[4]西汉帝王早期禁止臣下阅读《史记》，一方面固然是因其"是非颇谬于圣人"，多有对汉朝不利的言辞；另一方面也要防止他们读史为用。 汉成帝时，大将军王凤禁止东平思王刘宇求诸子及《太史公书》，云：

> 诸子书或反经术，非圣人，或明鬼神，信物怪；《太史公书》有战国从横

---

1 相关讨论参见白寿彝：《中国史学史》第 1 册第 5 章"历史知识的运用"，上海：上海人民出版社，2006 年，第 215—247 页。

2 司马迁：《史记》卷 126《滑稽列传》，第 3197 页。

3 司马迁：《史记》卷 130《太史公自序》，第 3297 页。

4 扬雄撰、汪荣宝义疏：《法言义疏》卷 18《君子》，陈仲夫点校，北京：中华书局，1987 年，第 507 页。

> 权谲之谋，汉兴之初谋臣奇策，天官灾异，地形阨塞：皆不宜在诸侯王。 不
> 可予。[1]

这段文字昭示了权臣防止他人对《史记》进行应用性阅读的基本考虑。 正因为如此，颁赐《史记》的个别篇目，也就成为一种特别的信任和恩宠。《后汉书·窦融列传》载窦融忠于光武，责让隗嚣，"（光武）帝深嘉美之，乃赐融以外属图及太史公《五宗》《外戚世家》《魏其侯列传》"[2]。《后汉书·循吏列传》亦称："（明帝）永平十二年，议修汴渠，乃引见景，问以理水形便。 景陈其利害，应对敏给，帝善之。 又以尝修浚仪，功业有成，乃赐景《山海经》《河渠书》《禹贡图》，及钱帛衣物。"[3]

汉代以降，权势阶层谈读史、论史的风气颇炽，他们阅读的着眼点多在于资政。[4] 曹丕即常与臣下谈论《史记》中事物，以观鉴时政[5]。 吴国孙权不仅自己熟稔《史》《汉》，也要求部下熟读。 最为后人熟知的例子是他教示吕蒙读书，其中已将读史致用的目的表述得非常清楚，《江表传》载：

> 初，权谓蒙及蒋钦曰："卿今并当涂掌事，宜学问以自开益。"蒙曰："在军中常苦多务，恐不容复读书。"权曰："孤岂欲卿治经为博士邪？ 但当令涉猎见往事耳。卿言多务孰若孤，孤少时历《诗》《书》《礼记》《左传》《国语》，惟不读《易》。至统事以来，省三史、诸家兵书，自以为大有所益。

1　班固撰，颜师古注：《汉书》卷80《宣元六王传》，第3324—3325页。
2　范晔撰，李贤等注：《后汉书》卷23《窦融列传》，第803页。
3　范晔撰，李贤等注：《后汉书》卷76《循吏列传》，第2465页。
4　魏文帝曹丕《典论》"自叙"称："余是以少诵《诗》《论》，及长而备历五经、四部，《史》《汉》、诸子百家之言，靡不毕览。"陈寿：《三国志·魏书·文帝纪》卷末裴注所引，第90页。
5　《史记·滑稽列传》卷尾《集解》记载曹丕问群臣"三不欺""与君德孰优"，这显然是针对《滑稽列传》褚先生续文中"三子之才能谁最贤哉？ 辩治者当能别之"一句而发。见司马迁：《史记》卷126《滑稽列传》，第3213—3214页。

如卿二人，意性朗悟，学必得之，宁当不为乎？ 宜急读《孙子》《六韬》《左传》《国语》及三史。 孔子言'终日不食，终夜不寝以思，无益，不如学也'。 光武当兵马之务，手不释卷。 孟德亦自谓老而好学。 卿何独不自勉勖邪？"[1]

蜀国孟光与秘书郎郤正论太子读书事，亦称"今天下未定，智意为先，智意虽有自然，然亦可力彊致也。 此储君读书，宁当效吾等竭力博识以待访问，如博士探策讲试以求爵位邪！ 当务其急者"[2]。 值得注意的是，孙权与孟光不仅强调要读史致用，还指出他们读书与博士读书旨趣的差异。

南北朝时期，北方少数民族政权的统治者也以读史资政。《魏书》卷二四《崔玄伯传》言北魏时期"太祖曾引玄伯讲《汉书》，至娄敬说汉祖欲以鲁元公主妻匈奴，善之，嗟叹者良久"[3]。《十六国春秋》载后赵王石勒："雅好文学，虽在军旅之中，尝令儒生读《春秋》《史》《汉》诸传而听之，每以其意，论古帝王善恶。 朝贤儒士，听者莫不归美焉。 尝使人读《汉书》，闻郦食其劝立六国后，大惊曰：'此法当失，何以得遂成天下？'至留侯谏，乃曰：'赖有此耳'。"[4] 他们听读史书的主要目的不是为了获"听故事"的审美愉悦，同样是为了"古为今用"，以史资治。

一个有趣的现象是，文献所载三国时期的史书读者中，军吏可能比士人还要多。 或以之推演战局，如吴国留赞曾为郡吏"好读兵书及三史，每览古良将战攻

1　陈寿：《三国志》卷 54《吴书》"吕蒙传"注引《江表传》，第 1274—1275 页。 有关《汉书》阅读的情况，可参见吉川忠夫：《六朝精神史研究》第四部分"颜师古以前的《汉书》学"，王启发译，南京：江苏人民出版社，2010 年，第 307—345 页。

2　光灵帝末为讲部吏，"博物识古，无书不览，尤锐意三史，长于汉家旧典"。 陈寿：《三国志·蜀书》卷 42《孟光传》，第 1023—1025 页。

3　魏收：《魏书》卷 24《崔玄伯传》，北京：中华书局，1974 年，第 621 页。

4　参见汤球：《十六国春秋辑补》卷 14"后赵"部分，王云五主编，《丛书集成初编》，上海：商务印书馆，1939 年，第 104—105 页。 另房玄龄等撰：《晋书》卷 105《载记第五·石勒下》，北京：中华书局，1974 年，第 2741 页，亦载此事，文字略有异同。

之势，辄对书独叹"[1]。 魏国大将夏侯渊也令爱子读《项羽传》及兵书[2]。 晋朝时，匈奴人刘渊不仅习读经书兵法，而且"《史》《汉》、诸子，无不综览"[3]。出于学习军事韬略的需要，有些不识字的将军甚至请人诵读《史》《汉》故事，如蜀国将军王平，"生长戎旅，手不能书，其所识不过十字，而口授作书，皆有意理。 使人读《史》、《汉》诸纪传，听之，备知其大义，往往论说不失其指"[4]。由于他们有着丰富的统治经验，对史书中的治道得失、方国策略自有深切感触，阅读时所产生的阅读体验也非那些纸上谈兵的文士所能比拟。 由此，唐宋以降，从敦煌地区到市井的勾栏瓦舍"讲史"都较为盛行则不难理解。 今天我们在敦煌烽燧出土的汉简中发现《史记》的相关文句[5]，也是兵将读史致用风习的一个见证。 魏晋以降，《史》《汉》所记已非"当代史"，政治性阅读自然转为以史为鉴的应用性阅读。 正如太史公所云："居今之世，志古之道，所以自镜也。 未必尽同。 帝王各殊礼而异务。 要以成功为统纪，岂可绲乎。 观所以得尊宠及所以废辱，亦当世得失之林也。"[6]唐太宗亦称"以古为镜，可以知兴替"[7]。 二十四史的阅读史也多以应用性视角为主，以兵书乃至商战的角度读历史典籍，也与古人的应用性阅读一脉相承[8]。 可以预见，今后的读者也将会在不同程度上结合各个时代的需要对经典进行新的应用性阅读。

---

1 陈寿：《三国志·吴书》卷64《孙峻传》裴注引，第1445页。

2 陈寿：《三国志·魏书》卷9《夏侯渊传》裴注引"世语"，第273页。

3 房玄龄等撰：《晋书》卷101《载记第一·刘元海传》，第2645页。

4 陈寿：《三国志》卷43《蜀书》"王平传"，第1050页。

5 汉简《史记》卷126《滑稽列传·淳于髡传》相关文字，参见罗振玉、王国维：《流沙坠简》三"简牍遗文"，上虞罗氏宸翰楼本，北京：中华书局，1993年，第2a页。 水泽利忠《史记会注考证校补》册八（东京：史记会注考证校补刊行会，1957年）图版206亦收之。 另有张凤影印《汉晋西陲木简汇编》，上海有正书局民国二十年（1931）影印本，第7页。

6 司马迁：《史记》卷18《高祖功臣侯者年表》，第878页。

7 刘昫等：《旧唐书》卷71《魏徵传》，北京：中华书局，1975年，第2561页；相近的文字，亦见于欧阳修、宋祁：《新唐书》卷97《魏徵传》，北京：中华书局，1975年，第3880页。

8 当然，在帝制时代无论从治国思想还是治国手段上，最典型的致用之作当属经书。 而"百无一用是书生"的俗语也主要是因为他们多无应用性阅读。

前揭孙权和孟光都指出应用性和文献性阅读的不同，而这两种阅读方式的结合则产生了各种"资治"之作。 如唐杜佑撰《通典》即为"征诸人事，将施有政"[1]。 宋代司马光的《资治通鉴》是作者有意识地将读史致用之风诉之著作的典范，其进《进书表》云："专取关国家盛衰，系生民休戚，善可为法，恶可为戒者，为编年一书。"[2] 除供帝王阅读的特殊文献外，应用性阅读重在读史致用，一般对文本精确性的要求并不太高。 如《史要》《正史削繁》《合史》等[3]，这些按年代国别或以类相从的典籍即能满足人们的需求，因而不需要再去阅读繁难的《史记》本文。 阅读目的不在于文本本身，而是要从历史事件中获得现实的借鉴，这是汉末以来已一直延续的一种读史风习[4]。 这一点，中外似乎颇为一致：在 16 世纪的欧洲，公众阅读也是"注意教训和寓意而不注重事实，注意一个情势的一般要点，而忽略特殊的细节"[5]。

三、文献性阅读

文献性阅读是一种从文本到文本的阅读，读者以各个时代的学者为主。 较为完整的文献性阅读一般要经历初步的字词音义，流传渐广之后的异文罗列与辨析，以及文句疏释、史实考辨等几个阶段。 文献性阅读既是阅读的初步任务，又

---

1 杜佑：《通典》序文，北京：中华书局，1984 年影印本，第 9 页。

2 司马光：《资治通鉴》，北京：中华书局，1956 年，第 9607 页。 司马光又有《考异》30 卷，则属于文献性阅读著作。

3 见诸《隋书·经籍志》的有："《史要》十卷，汉桂阳太守卫飒撰。（自注：约《史记》要言，以类相从。）《史记正传》九卷，张莹撰。《正史削繁》九十四卷，阮孝绪撰。"见魏徵、令狐德棻：《隋书》卷 33《经籍二》，第 961 页。《旧唐书》著录有："《史记正传》九卷，张莹撰。《史要》三十八卷，王延秀撰。《合史》二十卷。《史汉要集》二卷，王蔑撰。《史记要传》十卷，卫飒撰。《帝王略要》十二卷，环济撰。《秦记》十卷，裴景仁撰，杜惠明注。"见刘昫等：《旧唐书》卷 46《经籍上》，第 1993—1995 页。

4 刘家和认为典籍"致用"也应有一定的限度，即要符合历史事实，否则即为"滥用"。 相关讨论参见刘家和：《史学的求真与致用问题》，《史学、经学与思想》，北京：北京师范大学出版社，2005 年，第 18—19 页。

5 彼得·伯克（Peter Burke）：《知识社会史——从古腾堡到狄德罗》，贾士蘅译，台北：麦田出版社，2003 年，第 299 页。

会随着典籍的流传而不断发展、衍生，形成一种阐释史，其丰富程度主要取决于文本自身的经典性及其阐释空间。 学者不断考订文献，释读文本，进一步推动了文本经典化的过程。 反之，文本性阅读的多寡也从一定意义上验证了文献的经典程度。 这种阅读也以经学著作最为典型。

对《史记》最早进行文献性阅读的著作是东汉延笃的《史记音隐》[1]。 此后又有徐广《史记音义》、刘伯庄《史记音义》、邹诞生《史记音》、裴骃《史记集解》等[2]。 后汉班氏父子、陈元、张衡等都曾对该书的文献史实间有辨析[3]，较为集中的考辨则有三国时期谯周的《古史考》[4]。《史记》的文献性阅读早期以三家注为代表，即刘宋时期裴骃《史记集解》，唐司马贞《史记索隐》，张守节《史记正义》[5]。 此后还有不少《史记》文本进行考订的著作，如清代梁玉绳的《史记志疑》[6]，日本学者泷川资言的《史记会注考证》及水泽利忠的《史记会注考证校补》等，堪称三家注之后文献性阅读的高峰。 各个时代的《史记》相关研究成果极为丰富，乃至形成一种专门之学："史记学"[7]。

文献性阅读对文本面貌的改观在《史记》中也有较为典型的体现。 从西汉武帝时期杀青到晋宋之际的基本定型，《史记》文本主要经历了四个层累的过程：一

1　《史记索隐后序》云《史记》"古今为批注者绝鲜，音义亦稀，始后汉延笃乃有《音义》一卷"，见中华书局点校本《史记》之附录部分，第9页。

2　参见魏徵、令狐德棻：《隋书·经籍二》卷33，第953页；刘昫等：《旧唐书》卷46《经籍上》，第1987—1988页；欧阳修、宋祁：《新唐书》卷58《艺文二》，第1453、1456页。

3　《后汉书》卷40上《班彪传》中多陈述《太史公书》内容得失，第1325—1327页；《后汉书》卷36《范升传》载范升举"太史公违戾《五经》，谬孔子言，及《左氏春秋》不可录三十一事"，第1229、1231页；《后汉书》卷59《张衡传》也称其"条上司马迁、班固所叙与典籍不合者十余事"，第1940页。

4　《古史考》已佚，《史记》旧注有引，参见《三国志》卷42《蜀书·谯周传》，第1033页。

5　我们今天能见到的最早的三家注合刻本是南宋黄善夫本。 关于三家注及其版本的讨论，见张玉春：《〈史记〉版本研究》，北京：商务印书馆，2001年。

6　梁玉绳：《史记志疑》，北京：中华书局，1981年。

7　"史记学"的提法参见张新科：《史记学概论》，北京：商务印书馆，2003年，第3页。 有关《史记》研究成果的整理可参见张大可、安平秋、俞樟华主编：《史记研究集成》（十四卷），北京：华文出版社，2005年。

是西汉的文本残缺与宣元之际褚少孙的续补；二是成哀之际冯商续书；三是东汉以后读者将相关文献附于正文之后，以资比勘。 其中尤以卷六《秦始皇本纪》所附内容较多且层次复杂，不仅附入太史公舍弃的《过秦论》其他部分的文字（《过秦论》下篇和中篇），还有《秦记》和班固的奏疏。 四是抄读者的批语阑入正文。 这些复杂的文本问题都需要我们厘清文献层次，梳理出文本累积和衍生的相关历程[1]。 它们是阅读史的一个见证，部分内容已无法确认，也很难从正文中剥离出来。 如南宋淳熙三年张杅曾刊印过一种删去《史记》附益文献的简本，终因不被读者接受而逐渐消亡[2]。

虽然文献性阅读一般不关注作者的写作意图，但有时深入辨析典籍文意又不免要"知人论世"，了解作者的相关经历和时代背景[3]，在一定程度上进行"语境解读"（Contextualist Approach）。 历代典籍评论著作中，虽着手于典籍文献，但从政治性、应用性角度分析的比比而在。《史记》评点中也有不少出于政治考虑的批语，从资政的角度编纂典籍，也进一步推动了经世史学，如"三通"一类典章制度文献的兴盛。 应用性阅读成果也颇为可观，如出于医学方面《扁鹊仓公列传》、经济类《货殖列传》、地理类《河渠书》、天文类《天官书》等皆有很多专门

---

1 相关附益内容参见司马迁：《史记》卷 6《秦始皇本纪》，第 276—293 页。 此前康有为、崔适等从今古文经学的角度论述《史记》为刘歆补窜，甚至伪篇数十，不免疑古过当。 如康有为：《新学伪经考》之"史记经说足证伪经考"，北京：古籍出版社，1956 年，第 16—46 页；崔适著，张烈点校：《史记探源》，北京：中华书局，1986 年。 张大可统计《史记》补窜文字有四万六千多字，具体附益篇目及文字参见张大可《史记研究》（第 11 卷）之"《史记》残缺与补窜考辨"部分，北京：商务印书馆，2011 年，第 174—197 页（原载《兰州大学学报》1982 年第 3 期）。

2 参见国家图书馆藏南宋淳熙八年耿秉刻本《史记》跋文。 张宗品：《〈订正史记真本〉与〈史记〉真本问题》，《北京大学中国古文献研究中心集刊》第 13 辑，北京：北京大学出版社，2014 年，第 160—172 页。

3 如美国学者海登·怀特（Hayden White）的研究注重通过考察文本的形式和结构判别作者态度极其写作语境。 参见海登·怀特：《元史学：十九世纪欧洲的历史想象》，陈新译，彭刚校，南京：译林出版社，2004 年。

的注解文献[1]。

　　文献性阅读受众有限，一般大众多选择应用性阅读而非文献性阅读，因此很多优秀的文献性阅读著作不为人知。 以戏剧、影视、诗歌等群众"喜闻乐见"的通俗文本形式加以改编，才能扩大典籍的传播范围及其影响力。 反之，纯粹的文献性阅读的意义也很难超出文献本身，或者其他钻研文献的学者圈。 故经典阅读的畅销书一般不会是严格的文献性研究著作。

　　对于文献性阅读的局限性我们也要有充分的警觉。 兰克（1795—1886）宣称研究历史要"如其本来面目"（Wie es eigentlich gewessen）[2]，文献性阅读并非没有基于个人经历与学养的预判（prejudice, die Vorurteilung）[3]，很难做到完全的客观与正确。 此外，我国古代记载文献材料及载体较为单一，流传下来的典籍多是文献性阅读的产物，这令我们产生一种错觉，即文献性阅读占据绝对主流。 但文献性阅读不能取代其他的阅读方式，在一定意义上，文献性阅读才是非主流。如果今天的研究者只对典籍进行文献性阅读，对典籍的理解与阐释难免带有一定的狭隘性。

四、审美性阅读

　　审美性阅读是直接指向读者自身的阅读，属于一种非功利性的阅读，或者以

1　此类书数量繁多，仅医学类即有我国明代张骥《史记扁鹊仓公传补注》；日本江户时期安藤惟寅著、男正路补考《扁鹊传割解》；猪饲彦博《读扁鹊传割解》；池原云洞《扁鹊仓公传》；管井仓常《扁鹊传注》；村中村《扁鹊传解》《扁鹊传考》；中茎谦《扁鹊传正解附阴阳论》；石坂宗哲《扁鹊传解》；掘川清《影宋本扁鹊仓公传考异》；丹波元坚《影宋本扁鹊仓公传》；江济丹波门下《影宋本扁鹊仓公传》；掘川济《扁鹊传备考》；江户时期有丹波元坚等《扁鹊仓公传汇考》；海保元备《扁鹊仓公传续写》；明治时期有山田业广《扁鹊仓公传集解》，伊藤馨《扁鹊传问难》等。 参见杨海峰：《日本〈史记〉研究论稿》第三章第一节"《扁鹊仓公列传》研究"，北京：中华书局，2017 年，第 141—170 页。

2　伊格尔斯（Georg Iggers）认为此句翻译有误，当译作"本质上，事情如何发生"。 参见西蒙·冈恩：《历史学与文化理论》，韩炯译，北京：北京大学出版社，2012 年，第 6—7 页。

3　这种阐释学上的前判断，刘家和将之界定为思想上的"定见"，见《史学在中国传统学术中的地位》，收于刘家和：《史学、经学与思想》，北京：北京师范大学出版社，2005 年，第 79 页。

非功利性为主的阅读。所谓"知之者不如好之者，好之者不如乐之者"（《论语·雍也》）。对于审美性阅读而言，典籍阅读之乐在于吟咏文句，涵养性情，启益心智。读者阅读《史记》是希望了解相关的历史知识，满足自己的求知欲或者好奇心。讲求功利固然游离典籍自身，文献烦琐考证也不免背离作者的写作意图，抹杀典籍的审美愉悦性。

读者从审美性阅读的角度观照文本时，向内发现了文章之美[1]。西汉文章两司马，《史记》的审美特性毋庸置疑。历代皆以《史记》为"至文"，运思"圆而神"，在辞藻、结构及人物、事件描写等方面皆有难以企及之处[2]。东汉时期的学者已对司马迁的文笔大加赞誉，班固称西汉"文章则司马迁、相如"[3]。晋朝张辅也以为《史记》"逞辞流离""辞藻华靡"[4]。审美性阅读的"自觉"与时代相关。由于古文运动的兴起，唐宋以下著名的文章家无不盛赞《史记》。唐代韩愈对之含英咀华，吟咏沉潜，得其雄浑，柳宗元出入《史记》，得其"峻絜"[5]。三苏对《史记》的叙事方法，文章风格也多有钻研[6]。明代前后七子、王慎中、唐顺之、茅坤、归有光等皆对太史公之文礼敬有加，至清代尚有桐城文派振其余

1　袁著：《司马迁史记文学之研究》论及《史记》"情感""想象""描写"等几个方面文学特质，见《"国立中央大学"半月刊》1930 年 1 卷第 13 期，第 115—164 页。

2　《史记》文学性研究相关讨论参见张新科：《〈史记〉与中国文学》，北京：商务印书馆，2010 年。

3　班固撰，颜师古注：《汉书》卷 58《公孙弘卜式倪宽传》，第 2634 页。

4　房玄龄等撰：《晋书》卷 60《张辅传》，第 1640 页。

5　清人刘熙载云"太史公文，韩得其雄"，刘熙载：《艺概·文概》，上海：上海古籍出版社，1978 年，第 13 页。又韩愈《答刘正夫书》云"汉朝人莫不能文，独司马相如、太史公、刘向、扬雄之为最"；《进学解》称自己作文"上规姚姒，浑浑无涯；下逮庄骚、太史所录"。柳宗元《报袁君陈秀才避师名书》云"太史公甚峻絜，可以出入"，《答韦中立书》云"参之太史以著其絜"。相关讨论参见张新科：《〈史记〉文学经典的建构过程及其意义》，《文学遗产》2012 年第 5 期，第 144—156 页。另见张新科：《〈史记〉与中国文学》，北京：商务印书馆，2010 年。

6　如苏洵对太史公叙事"互见法"的抉发，苏辙《上枢密韩太尉书》对太史公文章风格与个人壮游天下的阅历关系等。

波。 他们不断学习《史记》写作技巧，采摭《史记》文辞以助文章[1]。 此外，尚有不少诗文词作品明用或暗用《史记》典故，可以说，《史记》文本已融合于唐宋以降的文学长河中。

《史记》的审美性阅读也激发了读者的形象体验和审美愉悦。 茅坤《刻汉书评林序》以为《史记》"惟其以风神胜，故其遒逸疏宕如餐霞，如啮雪，往往自眉睫之所及，而指次心思之所不及，令人读之，解颐不已"。 或谓"疏宕遒逸""令人读之，杳然神游于云幢羽衣之间"[2]。 屠隆称："其苍雅也如公孤大臣，庞眉华美，峨冠大带，鹄立殿庭之上，而非若山夫野老之翛然清枯也；其葩艳也如王公后妃，珠冠绣服，华轩翠羽，光彩射人，而非若妖姬艳倡之翩翩轻妙也。"[3]这些审美体验兴象瑰奇，令人神往，也是《史记》审美特性的重要体现。

审美阅读的另一特征是能够激发读者情感共鸣。 这种共鸣使得作者的精魂游走于不同的时间和地域，每一次共鸣的产生，都是作者精神的一次复活。 太史公希望《史记》能够"传之其人"的意义也正在于此。 明代茅坤即描述过自己对太史公的感慨悲歌产生共鸣时的情状，云："读游侠传即欲轻生，读屈原、贾谊传即欲流涕，读庄周、鲁仲连传即欲遗世，读李广传即欲力斗，读石建传即欲俯躬，读信陵、平原君传即欲好士。"[4]情感共鸣的产生在一定程度上参与塑造了民族性格。 后人对西汉雄风的认知很大程度上源于太史公如椽巨笔的描绘和对其中所流露的情感体验的认同。

审美性阅读在文献中的体现是《史记》评点之风大炽。《史记》审美性阅读文

1　《钦定四库全书总目》称欧阳修《新五代史》"叙述祖《史记》，故文章高简"。 永瑢等：《钦定四库全书》卷46，北京：中华书局，1963年，第411页。 参见张新科：《褒贬祖〈春秋〉，叙述祖〈史记〉——欧阳修〈新五代史〉传记风格探微》，《陕西师范大学学报》2012年第2期，第31—40页。

2　茅坤：《刻汉书评林序》，《汉书评林》卷首，明万历刊本。

3　屠隆：《由拳集》卷23，《四库全书存目丛书》集部第180册，济南：齐鲁书社，1997年，第674页。

4　茅坤：《与蔡白石太守论文书》，载《茅鹿门文集》卷1，天津：天津古籍出版社，1998年，第176页。

献的数量高峰无疑在明代，当时诸多评家都对该书推崇备至，如杨慎《史记题评》、唐顺之《荆川先生精选批点史记》、王慎中《史记评钞》、钟惺《钟敬伯评史记》、茅坤《史记钞》、归有光《归震川评点史记》等。 明代有归有光的五色套印评点本《史记》堪称精美，而凌稚隆《史记评林》汇集众评，可谓集其大成。降及清代，此风依然不衰，相关著作有李晚芳《史记管见》、吴见思《史记论文》、牛运震《史记评注》等，程馀庆《史记集说》辑录了清人主要的相关论著[1]。 这些评点之书的重点不在于考订文献，而在于对文本审美特征的分析，是审美愉悦的一种发抒和体现。 同时，审美性阅读也推动了《史记》向近似文类的扩展，我们在《水浒传》《三国演义》《红楼梦》等小说名著中也能见到《史记》构思的痕迹[2]。

审美性阅读的特点在于无功利性，如果过分强调典籍的文章之美并将之推展的一种极端，细分结构、特性、用词等并以之应付科举或者撰写论文，这无疑又落入应用性阅读的窠臼（只不过这种应用是从文本到文本的），只会削弱甚至抹杀阅读的审美特性。 应对科举考试的科段分析导向，无论是史学文本还是经学与文学文本，只能加强读者的应试手段而非审美感受。 那些以审美为旨趣的评点之作，也往往因为科举考试的需求而大量翻印。

不可否认，纯粹意义上的审美性阅读很难达到，有时甚至会出现对典籍了解越多，审美性越低的情形。 以典籍研究为职业的阅读者往往为典籍的审美性阅读而吸引，却又不得不以应用性阅读而终，从而在一定意义上也消解了典籍的审美特性。 无用之用或为大用。 如果一部典籍不能不是用来商战，不是用来治人，

1　程馀庆：《历代名家评注史记集说》，高益荣、赵光勇、张新科整理，西安：三秦出版社，2011 年。

2　相关论述参见戚蓼生《红楼梦序》，载《戚蓼生序本石头记》卷首，北京：人民文学出版社，1975年；冯镇峦《读聊斋杂说》，载蒲松龄撰，盛伟编：《蒲松龄全集》第 1 册，上海：学林出版社，1998年，第 919—927 页；何彤文《注聊斋志异序》，丁锡根《中国历代小说序跋集》，北京：人民文学出版社，1996 年，第 142—143 页；陈忱《水浒后传论略》，清绍裕堂刻本《水浒后传》卷首；张竹坡《批评第一奇书金瓶梅读法》第三四条，见皋鹤堂本《金瓶梅》卷首；毛宗岗《读三国志法》，见罗贯中著，毛纶、毛宗岗点评：《三国演义》序，中华书局，2009 年，第 8 页。

甚至不是用来"研究"，而读者依然愿意阅读，这种著作一定具有恒久的生命力。

五、结语

在讨论读者阅读方式的同时我们不应忽略，作者同时也是第一个读者[1]。 作者在经历这四种阅读方式的同时，也会根据自己的阅读体验不断修正文本内容。政治性的考量是写作过程中无法回避的要素，在一定意义上，它贯穿于整个写作（阅读）过程，那种看似无政治倾向性的写作本身就体现了其政治立场。 司马迁在写作过程中也非常注意写作意图的表达和隐藏，如他在《太史公自序》中对自己的写作意图反复申明，其与壶遂的对话欲言又止，隐而不发。 作者在尊重事实、秉笔直书的原则下并不回避自己的政治评判。 司马迁不仅在正文中以"太史公曰"的形式发表见解，在文本内容和结构安排上也多有体现[2]。 在应用性阅读方面，他对理想读者（the model reader）充满期待[3]，希望此书有用于世而"藏之名山，副在京师"，"传之其人通邑大都"[4]。 司马迁"䌷史记石室金匮之书"，对

1　秦曼仪：《书籍史方法论的反省与实践——马尔坦和夏提埃对于书籍、阅读及书写文化史的研究》，《台大历史学报》2008 年 6 月第 41 期，第 257—314 页。

2　如对项羽、吕后的评判及将之入于本纪的安排等。 即班氏父子批评的"其是非颇谬于圣人，论大道则先黄老而后六经；序游侠则退处士而进奸雄，述货殖则崇势利而羞贱贫"。 见班固撰，颜师古注：《汉书》卷 62《司马迁传》，第 2737—2738 页。

3　指那种按照文本要求和应该被阅读的方式去阅读文本的读者。 见李景源主编：《新中国哲学研究 50 年中国社会科学院哲学研究所五十周年学术文集》（上），北京：东方出版社，2005 年，第 347 页。 关于"作者"和"读者"理论的相关表述，另见 H. R. 姚斯、R. C. 霍拉勃著：《接受美学与接受理论》，周宁、金元浦译，沈阳：辽宁人民出版社，1987 年，第 442—445 页。

4　《报任安书》，载《汉书》卷 62，第 2732—2735 页；在《太史公自序》中也有类似的表述，见司马迁：《史记》卷 130，北京：中华书局，1982 年，第 3300 页。 相关讨论参见李长之：《司马迁之人格与风格》第三章"司马迁和孔子"，天津：天津人民出版社，2007 年，第 30—53 页；张大可：《司马迁的一家之言》、《司马迁一家言说》，载张大可《史记研究》，北京：商务印书馆，2011 年，第 476—516 页。 日人狩野直喜（1868—1947）在《司马迁的经学》中也认为《史记》"记录事实只是其表，其字里行间往往寓有作者对事实作出的伦理性判断，或者表达着对相关人物的爱憎之情"。 参见狩野直喜：《中国学文薮》，周先民译，北京：中华书局，2011 年，第 156—170 页。（原载《哲学研究》，1918 年 7 月。 后收入狩野直喜：《读书纂余》，弘文堂书房，1947 年初版，1980 年增补。）这种写作态度一方面获得了"其文值，其事核，不虚美，不隐恶"，"有良史之才"的赞誉，但另一方面也使之得到统治阶层及代表统治阶层利益的士人的批评。

文本进行文献梳理，字斟句酌，以期达到"厥协《六经》异传，整齐百家杂语"的审美追求。 因而在文献性和审美性方面，该书更令后人赞叹。

　　上文以《史记》为例探讨了典籍阅读的四种向度。 在具体阅读实践中四者并非截然分离，兼涉几种而以某一方面为主成为常态。 由于境遇不同，读者在不同时期也会从不同的方面进行阅读。 这几种读法对文本各有要求，也会分别留下的不同性质的阅读痕迹。 政治性阅读的读者位高权重，符合其政治利益的，会大加褒扬，从而便于文本的传播。 对不合其政治利益的文本则会产生破坏性的影响，其极致则为"焚书坑儒"。 文献性阅读者可能会推进文本本身的研究，使读者的阅读不会过多地背离作者和文本，但研究成果的过度积累则有可能会导致烦琐考证和过度阐释。 应用性阅读能够扩大文本的流播，加强其影响，但时常脱离文本自身。 有人爱其文辞，有人注重其鉴戒，有人关注文本，他们在各个时代做出与大环境有关的阐发，并从中不断找寻自我。 相关阅读史让我们更多地看到的不是《太史公书》本身，而是那些读者及其时代。

　　重新审视读者的阅读方式，对我们了解经典文本的变迁颇具启发。 政治性阅读改变了文本，读者也会根据应用性阅读的需要对文本重新编辑，从而产生了一系列的衍生文本。 部分读者或出于恢复"原本"的期待对之补缀，或出于对其他读者误读的恐惧而进行注释。 雕版印刷技术出现之后，读者也试图通过刊印的方式保存最接近"原本"的善本。 但是，各个时代的读者多会根据自己的判断发现不同的"原本"，"原本"的探求也一直难有定论。 不同的阅读诉求常会采用更符合自己需要的文本形式。 同时，应用性阅读而非文献性阅读占据主流，也是粗劣的文本得以大量流传的重要原因。

　　典籍的力量在于阅读。 在某种程度上，未经阅读的典籍没有意义，也不会发挥相应的作用。 阅读的四种向度只是一种阅读行为的观察视角，我们也可以通过其中一种阅读方式透视其他几种阅读要素。 作者出自不同目的撰写典籍，读者在不同的立场采取不同的视角和取径阅读典籍，从而获得不同的心理体验与审美愉悦。 读者在作品中更关注自己的阅读需求而未必是文本中作者想传达的写作意图。"物以类聚，人以群分"。 不同读者群面临不同的问题，产生不同的思考方式和阅读路径。 而不同的阅读维度也导致读者之间很难进行有效的沟通和交流，情感上也不易产生共鸣。 典籍本身恰似面多棱镜，读者投射进典籍的眼光很少在阅读中交融，反而折向读者自身。 对于一部作品来说，何种阅读是最有意义的，也不可一概而论。 就人文精神的构建而言，或许超越功利的审美性阅读更值得期许。

美国史学家柯文在《历史三调》中讨论了基于不同立场的观察者所观察到的历史事件，这对透视历史的"真相"颇有启发[1]。 在日常生活中，阅读视角的变化似乎也颇能体现读者群体的思维差异。 立场决定了视角，视角同时也体现了立场。 那些处于多种身份交织的读者，会采取何种立场与视角，值得反思[2]。 所谓读书，是心理体验，也是立场转换。 在一定意义上，历史事件甚至历史本身我们不妨以"泛文本"视之，典籍阅读同时也是一种对"过去"的阅读，阅读面向的探寻也能帮助我们构建历史解读的丰厚维度。

1　柯文：《历史三调：作为事件、经历、和神话的义和团》序言，杜继东译，南京：江苏人民出版社，2000年，第3页。
2　如苏轼"八面受敌"读书法，强调每一次阅读都从不同的方面去体会文意，这就需要读者不断转换阅读视角。 参见苏轼著，李之亮笺注：《苏轼文集编年笺注》卷60《尺牍一百二十三首·与王庠五首之五》，成都：巴蜀书社，2011年，第12页。

以小见大与三传比异：小邾国视域中的《左传》书法

侯承相

男，1991 年生，山东枣庄人。 南京大学古典文献学专业博士毕业，现为长沙理工大学文学与新闻传播学院讲师。 主要研究方向为唐宋文学。 2017—2019 年暑假，倪豪士教授应邀在南京大学文学院举办"《史记》英译工作坊"，在此期间与教授结识，并担任助理。

　　《左传》对"小邾国"的记载向来关注者不多[1]。 古人的考证也基本集中在其谱系与地理等方面，且间有疏漏，今日之考古发现能够补充前代学者之考证。 如顾栋高《春秋大事表》载小邾国之都城在今山东省滕县东六里[2]，再如《太平寰宇

---

[1]　2002 年，小邾国贵族墓地发现之前，学界对这一春秋小国罕有关注。 墓葬发掘后，学者多从考古学视角对墓地及出土青铜器开展研究，代表性成果有：李学勤：《小邾国墓及其青铜器研究》，《东岳论丛》2007 年第 2 期，第 1—4 页；李光雨、刘爱民：《枣庄东江小邾国贵族墓地发掘的意义及相关问题》，《东岳论丛》2007 年第 2 期，第 5—8 页；杨健：《小邾国金文及相关问题研究》，硕士学位论文，曲阜：曲阜师范大学历史文化学院，2019 年，第 1—81 页；贾一凡：《新见小邾国有铭青铜器探析》，《江汉考古》2020 年第 1 期，第 88—95、80 页；袁俊杰、贾一凡：《小邾国历史文化的考古学研究》，北京：科学出版社，2020 年，第 221—228 页。 小邾国的故都所在地枣庄市山亭区政协曾编有《小邾国文化》一书（枣庄市山亭区政协：《小邾国文化》，北京：中国文史出版社，2006 年），其第三编收有学术论文 15 篇，内容涉及小邾国墓地发掘情况、出土铜器与铭文、墓葬形制与礼俗、小邾国与邾国等。 以上研究大都注意到《左传》保存的小邾国史料，但都缺乏对传世文献的系统梳理、三传比异的视角，以及对小邾国之于《左传》书法的意义之探索，后者正是本文研究的重心。

[2]　顾栋高辑：《春秋大事表》，吴树平、李解民点校，北京：中华书局，1993 年，第 570 页。

记》"沂州承县"条载，小邾国当在今山东峄城镇西北一里[1]。 杨伯峻先生有案语云："两地相距百余里，未详孰是。"[2] 根据 2002 年考古发掘结果，小邾国都城在今山东省枣庄市山亭区东江村[3]。 其位置在顾栋高之说以东，而在《太平寰宇记》所载以西。

前人很少论及小邾国在《左传》中所扮演的角色。 本文从梳理《左传》中的小邾国入手，将小邾国的政治地位及其与周边国家的关系进行系统分析，在此基础上，试图将小邾国作为一个研究视野，通过《左传》对小邾国的书法来探究这种书法背后隐藏的《左传》对小国的态度与立场。

一、"史迹"：《左传》中的小邾国概况

小邾国，《左传》中又称郳国，国君曹姓，是从邾国分出的别支。 关于小邾的来历与始君有两种说法，一种来自《世本》，称"邾颜居邾，肥徙郳"，宋仲子注云："邾颜别封小子肥于郳，为小邾子。"[4] 这就是说邾国君主颜将自己的儿子肥封在郳地，也就是后来的小邾子。 第二种说法来自杜预撰写的《世族谱》："小邾，邾侠之后也。 夷父颜有功于周，其子友别封为附庸，居郳。 曾孙犁来，始见《春秋》，附从齐桓以尊周室，命为小邾子。 穆公之孙惠公以下，《春秋》后六世，而楚灭之。"[5] 这一说法对小邾国的始末交代较为详细，邾国的国君颜封自己的儿子友于郳地，这也就是后来的小邾子。 一般认为，肥和友是同一个人[6]。

到了小邾国始君曹肥（或曹友）曾孙曹犁来时，小邾国开始登上春秋的舞

1　《太平寰宇记》卷二十三"河南道沂州承县"目下有"郳城。 鲁庄公五年，'郳犂来来朝'，附属国也"，杨伯峻先生指出"当在今山东峄城镇西北一里"，未详何据。 见乐史撰：《太平寰宇记》，王文楚等点校，北京：中华书局，2007 年，第 485 页。

2　杨伯峻：《春秋左传注》（修订本），北京：中华书局，2009 年，第 166 页。

3　李学勤：《小邾国墓及其青铜器研究》，《东岳论丛》2007 年第 2 期，第 1—4 页。

4　宋衷注，秦嘉谟等辑：《世本八种·世本王谟辑本·居篇》，北京：中华书局，2008 年，第 34 页。

5　杨伯峻：《春秋左传注》（修订本），第 166 页。

6　孔颖达：《春秋左传正义》，阮元校刻：《十三经注疏》本，北京：中华书局，2009 年，第 3829 页。

台。 因此时小邾国尚未得到周王室的册封,因此在庄公五年经书"秋,郳犁来来朝",传书"五年秋,郳犁来来朝。 名,未王命也"[1]。 郳与小邾为一地二名,郳或为其国所在之地名,小邾区别于其父兄之国邾国。 换言之,郳是一个地理概念,小邾是一个政治概念。 一般认为,鲁国对自己的附庸国直称其国君之名是一种轻视的做法,但是章太炎先生却提出了另一种见解,那就是此时的郳犁来"僻陋小夷,初染华俗",因此"其人多有名无字。 仪父以有字而贵,犁来以无字而名,非例必称名也"[2]。 也就是说,鲁国史官不得不记录郳犁来之名,而非其字的原因是郳犁来此时无字。

三十六年后的鲁僖公七年,小邾国君再次朝鲁,此时已得周王室封号,故经云"夏,小邾子来朝"[3]。 孔颖达《正义》:"僖七年经书'小邾子来朝',知齐桓请王命命之。"[4]由此可知,小邾国君在齐桓公称霸后同时还依附于齐国,因此齐桓公向周王室请求册封小邾国君为子爵。 杨伯峻注曰:"小邾子即郳犁来。"[5]未知何据,然若果真如此,则小邾子郳犁来之寿命与任国君之时间皆甚长。 成为齐国的附庸很明显给小邾国带来了实际利益。 这种小国作为大国附庸,由大国为其向周王室请求册封的现象并不鲜见,甚至小邾国的母国——邾国也是这种情况。朱熹云:"小国之地不足五十里者,不能自达于天子,因大国以姓名通,谓之附庸,若春秋邾仪父之类是也。"[6]这就说明,小邾国的面积方圆肯定不足五十里,这对推断其势力范围能够提供一定佐证。

其后长达八十二年,小邾国消失在《左传》的叙事中。 直到鲁襄公二年,小邾国首次参与到了诸侯会盟中,其时盟主为晋国。 本年经传皆载"小邾",然却

1　杨伯峻:《春秋左传注》(修订本),第166页。
2　上海人民出版社编:《春秋左氏疑义问答》,上海:上海人民出版社,2014年,第332—333页。
3　杨伯峻:《春秋左传注》(修订本),第315页。
4　孔颖达:《春秋左传正义》,第3829页。
5　杨伯峻:《春秋左传注》(修订本),第315页。
6　朱熹:《四书章句集注》,北京:中华书局,1983年,第316页。

属于两次单独的叙事。传云："滕、薛、小邾之不至，皆齐故也。"[1] 其所解释之经文为"秋七月，仲孙蔑会晋荀罃、宋华元、卫孙林父、曹人、邾人于戚"[2]，并无"小邾"。至本年冬天，经云"冬，仲孙蔑会晋荀罃、齐崔杼、宋华元、卫孙林父、曹人、邾人、滕人、薛人、小邾人于戚，遂城虎牢"[3]，传曰："冬，复会于戚，齐崔武子及滕、薛、小邾之大夫皆会，知武子之言故也。遂城虎牢。"[4] 对比两次会盟的名单可以看出，小邾国与滕国、薛国都唯齐国马首是瞻，前一次齐国未会盟，故小邾亦不与。至齐国与盟，小邾等三国方至。从地理位置来看，小邾国、滕国、薛国今日大约分别对应山东省枣庄市之山亭区、滕州市与薛城区，由此亦可见三小国地理位置之比邻相近。孔颖达《正义》谓："三国，齐之属。"[5] 杨伯峻注："三小国近于齐，远于晋，故唯齐之命是听。"[6] 至此可以看出，小邾国在消失于《左传》叙事八十二年后，再次出现已经打上了齐国附属的烙印。

自此至鲁定公四年，六十五年间《左传》记载小邾国多达二十五次，其中还不包括经传皆书的重复情况。这说明，小邾国在春秋时期的活跃时段就是在鲁襄公二年（前571）至鲁定公四年（前506）之间。在这期间，小邾国的主要活动包括：

甲、参与诸侯会盟及征伐，多与齐国同进退。

乙、朝鲁。

丙、承担齐国附庸的义务，接收齐国俘虏。

丁、与诸侯一道城周、伐齐。

1　杨伯峻：《春秋左传注》（修订本），第923页。
2　杨伯峻：《春秋左传注》（修订本），第919页。
3　杨伯峻：《春秋左传注》（修订本），第919页。
4　杨伯峻：《春秋左传注》（修订本），第923页。
5　孔颖达：《春秋左传正义》，第4188页。
6　杨伯峻：《春秋左传注》（修订本），第923页。

值得注意的是，小邾国与齐国、鲁国之间的附庸关系并非一以贯之，而是随着时间和势力的变化而随时变化。

这一时期小邾国的国君为小邾穆公，鲁襄公七年经曰："小邾子来朝"[1]，传曰："小邾穆公来朝，亦始朝公也。"[2] 小邾穆公名魁，乃犁来之孙。 这表明小邾穆公在此时当政，且此前并未朝鲁。 距离小邾国上次朝鲁，时间已经过去了八十七年。

小邾穆公可称小邾国中兴之主，鲁昭公十七年朝鲁，鲁昭公赐宴，宴前赋诗，小邾穆公赋《菁菁者莪》，得到了鲁国君臣的赞赏。 然而此时，鲁国、齐国的势力都不足以让小邾国安心依附，因此寻求临近新兴大国宋国的庇护也就成为迫不得已的选择了。 在朝鲁后的第二年，小邾国与邾国、徐国一同会盟了宋国。另外，小邾国也与宋国为姻亲，小邾穆公之女嫁与宋国君，称宋元夫人，后生女又嫁与鲁国季平子。

小邾国与宋国的附庸关系仍然是松散的。 一方面，在宋国人眼里看来，小邾国和滕国、薛国一样，都是自己的仆役，另一方面，宋国可以随时因为各种过错而惩罚小邾国，鲁哀公四年，"宋人执小邾子"便是一种极端的表现。

《左传》记载的小邾国最后一次出场是鲁哀公十四年，"小邾射以句绎来奔"[3]，这说明小邾国此时已经陷入内乱的困境。 最终到了《春秋》后六世，小邾国为楚所灭。

二、 临界点：小邾国在《左传》书法中的意义

整体来看，小邾国在《左传》中的存在具有一定特殊性。 其既是小国，常为周围大国之附庸，但又有资格作为独立的诸侯国参与诸侯会盟，且在会盟时往往列于末席，这说明在《左传》作者看来，小邾国能够起到一个"临界线"的作用，

1　 杨伯峻：《春秋左传注》（修订本），第 949 页。

2　 杨伯峻：《春秋左传注》（修订本），第 951 页。

3　 杨伯峻：《春秋左传注》（修订本），第 1680 页。

地位或国力在小邾国之下者不列入诸侯会盟名单。 考察其政治地位以及与周围大国的关系能够更好地观照小邾国作为《左传》衡量尺度的价值。

（一）附庸国非固定某国之附庸

庄公五年经："秋，郳犁来来朝。"杨伯峻注曰："据《潜夫论·志氏姓》孔《疏》所引《世本》及杜预《世族谱》，郳为附庸国，其先世出于邾。"[1]附庸国所指只是一种政治地位，非特指某国之附庸。 然而附庸国又有名义上的附庸与实际的附庸两层区别。 附庸国是区别于独立国而存在的，得到周王室册封后，附庸国从理论上就可以升为独立国，这就是所谓名义上的附庸国与独立国。 另外，小国由于实力差距，为求自保，常附庸于某临近大国，此可谓实际之附庸，但是这种附庸关系是松散且多变的，随着大国和小国实力的升降，这种附庸关系会呈现或紧密或疏松，甚而转为他国附庸的情况。 根据《左传》记载，小邾国至少曾是齐国、鲁国的实际附庸国。

如朱熹所言"小国之地不足五十里者，不能自达于天子，因大国以姓名通，谓之附庸，若春秋邾仪父之类是也"[2]，这就说明小邾国的面积肯定在方圆五十里之内，同时在刚登上历史舞台时并未得到天子的册命。 然而值得注意的是，朱熹的说法并不能涵盖所有情况。 在小邾国通过齐桓公达于天子且得到子爵封号后，小邾国仍然经常成为周围大国的附庸。 这就是说，附庸国并非只是单纯的政治概念，其有着一定的现实意义。

小邾国在《左传》中的地位较为特殊。 从《春秋》和《左传》的记载情况来看，小邾国是毫无疑问的小国，其参与的诸侯会盟几乎全列名末位。 但是在小邾国地位之下同样有许多更小的国家。 这些国家如郯国，其本身几乎不能独立参与诸侯会盟，但是又会不时朝觐鲁国，此外还有南方的众多小国如黄国等，皆无独立参与会盟之权。

1　杨伯峻：《春秋左传注》（修订本），第166页。
2　朱熹：《四书章句集注》，北京：中华书局，1983年，第316页。

（二）齐国之附庸

作为齐国的附庸，小邾国既需要惟齐国马首是瞻，向齐国尽属国的义务，同时也会享受到齐国的庇护。

1. 齐国对小邾国的庇护

鲁僖公七年（前 653 年），小邾国再次登上春秋舞台，这是它的政治地位在齐国的庇护之下已经得到了很大的提升。《春秋》"夏，小邾子来朝"，无传。 杜预注："郳犁来始得王命而来朝也。"[1]孔颖达《正义》："僖七年经书'小邾子来朝'，知齐桓请王命命之。"[2]这就清楚地表明这时小邾国是在齐桓公的庇护下得到了周王室的册命。

2. 小邾国对齐国的义务

（1） 与齐国一道参与诸侯会盟

鲁襄公二年（前 571 年），诸侯会盟以威胁郑国，在这一年的秋天，诸侯第一次会盟，《春秋》载，"秋七月，仲孙蔑会晋荀罃、宋华元、卫孙林父、曹人、邾人于戚"[3]，《左传》释之曰："滕、薛、小邾之不至，皆齐故也。"[4]等到齐国与诸侯国达成一致参与会盟后，小邾国自然也加入了会盟的行列。 因此本年的冬天，诸侯再次会盟。《春秋》曰："冬，仲孙蔑会晋荀罃、齐崔杼、宋华元、卫孙林父、曹人、邾人、滕人、薛人、小邾人于戚，遂城虎牢。"[5]《左传》释之曰："冬，复会于戚。 齐崔武子，及滕、薛、小邾之大夫皆会，知武子之言故也。 遂城虎牢。"[6]

七年之后，襄公九年（前 564 年），小邾国又再次跟随齐国参与到了诸侯会盟中，而且这一次小邾国君小邾子亲自参加，同为齐国附属国的滕国、薛国也都是

1　孔颖达：《春秋左传正义》，第 3903 页。

2　孔颖达：《春秋左传正义》，第 3829 页。

3　杨伯峻：《春秋左传注》（修订本），第 919 页。

4　杨伯峻：《春秋左传注》（修订本），第 923 页。

5　杨伯峻：《春秋左传注》（修订本），第 919 页。

6　杨伯峻：《春秋左传注》（修订本），第 923 页。

国君与会，但是作为宗主国的齐国却仅仅派出了世子光作为代表。

襄公十年（前 563 年），小邾子一年之内两次跟随齐国世子光参与诸侯的会盟征伐，分别是会吴和伐郑。 按照《春秋》的书法，齐世子光书名在小邾子之后，但本年的第二次会盟伐郑，齐世子光的名字置于滕子、薛伯、杞伯、小邾子之前，原因是世子光"先至于师，为盟主所尊"。《左传》对此有更深入的解释："诸侯伐郑。 齐崔杼使大子光先至于师，故长于滕。"[1] 孔颖达《正义》云："大夫，宜宾之以上卿。 而今晋悼以一时之宜，令在滕侯上，故传从而释之。"[2] 将齐世子光置于滕子之前的书法不合礼制，这里《左传》特别指出原因就是为了强调这一点。 这一书法的变化同样能够看到滕、薛、杞、小邾四国的地位之卑微。

这里能够清晰地看到小邾国与齐国的关系是政治附庸或者是低级别的政治同盟，齐国在这样的同盟中占据着支配地位。

（2）为齐国提供便利

鲁襄公六年（前 567 年），齐国灭掉了临近小国莱国，为了惩罚莱君并防止其复国，齐国将莱国百姓迁到了郳地，将莱君迁到了小邾国。 由此可以看出，小邾国还有为齐国安置降俘的义务。

3. 在齐国与诸侯同盟之间的选择

虽然是齐国的附属国，而且跟随齐国参与诸侯会盟，但是当齐国与诸侯同盟——主要是当时的盟主晋国产生矛盾时，小邾国还是选择了抛弃齐国而靠近诸侯同盟。 鲁襄公十六年（前 557 年），诸侯同盟于溴梁，齐国大夫高厚因为赋诗不类而让主盟的晋国大夫荀偃产生了怀疑。 由此高厚因为害怕而逃盟，但是跟随齐国而来的小邾国大夫却并未同时逃跑，而是与诸侯同盟，甚至还发出了"同讨不庭"的誓言。

《左传》这一部分的叙述似乎能透露出更多的信息：

1　　杨伯峻：《春秋左传注》（修订本），第 979 页。
2　　孔颖达：《春秋左传正义》，第 4229 页。

晋侯与诸侯宴于温，使诸大夫舞，曰："歌诗必类。"齐高厚之诗不类。荀偃怒，且曰："诸侯有异志矣。"使诸大夫盟高厚，高厚逃归。 于是叔孙豹、晋荀偃、宋向戌、卫宁殖、郑公孙虿、小邾之大夫盟，曰："同讨不庭。"[1]

据本年经，这次诸侯之会的参与者有晋、鲁、宋、卫、郑、曹、莒、邾、薛、杞、小邾等 11 国，且均是国君与会，齐国非但国君未至，所派来之大夫高厚又中途逃归。 然而《左传》中所记载的盟誓者为各国大夫，更值得注意的是：

甲：各国大夫均书名，独小邾之大夫无名。

乙：曹、莒、邾、薛、杞等五国根本没有提到参与盟誓。

对于前者的解释可以看作是小邾国地位较晋、鲁、宋、卫、郑五国为卑，故不书大夫之名。 对于后者的解释，孔颖达《正义》谓"自曹以下，大夫不书，故传举小邾以包之"[2]，也就是说曹、莒、邾、薛、杞也都派大夫参与了盟誓，但是为了行文简洁，仅举出排名最末的小邾之大夫来包举六小国。 这种说法似乎能在襄公三十年的另一件事中得到印证。 鲁襄公三十年（前 543 年），《春秋》曰"晋人、齐人、宋人、卫人、郑人、曹人、莒人、邾人、滕人、薛人、杞人、小邾人会于澶渊，宋灾故"[3]，《左传》释之曰"为宋灾故，诸侯之大夫会，以谋归宋财。 冬十月，叔孙豹会晋赵武、齐公孙虿、宋向戌、卫北宫佗、郑罕虎及小邾之大夫会于澶渊，既而无归于宋，故不书其人"[4]。 同样是《春秋》书"曹人，莒人，邾人，滕人，薛人，杞人"，但《左传》却仅以排名最末的小邾之大夫包举七小国之

1　杨伯峻：《春秋左传注》（修订本），第 1027 页。
2　孔颖达：《春秋左传正义》，第 4261 页。
3　杨伯峻：《春秋左传注》（修订本），第 1169 页。
4　杨伯峻：《春秋左传注》（修订本），第 1179 页。

大夫。

在鲁襄公十六年之后，小邾国与同属于齐国附庸的滕国、薛国一起在诸侯同盟与宗主齐国之间做出了选择，那就是果断投向实力更为强劲的诸侯同盟，这样从形式上便摆脱了齐国附庸的地位。 鲁襄公十八年（前 555 年），以晋国为盟主的诸侯同盟讨伐襄公十六年逃会的齐国，小邾子与滕子、薛伯一道参加，《春秋》曰"冬十月，公会晋侯、宋公、卫侯、郑伯、曹伯、莒子、邾子、滕子、薛伯、杞伯、小邾子同围齐"[1]。

从此之后，小邾国与齐国断绝了关系，一举一动惟诸侯联盟亦即盟主晋国马首是瞻。 鲁襄公二十三年，齐国乘晋国内乱报复性地讨伐，小邾国不与。 鲁襄公二十四年、二十五年，诸侯联盟接连两次会盟于夷仪，目的是准备讨伐齐国，小邾国无一例外都参与进来了。

当齐国重新回到诸侯同盟之后，小邾国的两难选择便又重新得到统一了，跟随诸侯同盟就是跟随齐国，跟随齐国也就是跟随诸侯同盟。 在此之后，鲁襄公二十年（前 553 年）、鲁襄公二十二年（前 551 年），小邾国又与齐国一道参与了两次诸侯会盟。

综上，在小邾国参与的诸侯会盟中，多数是与齐国一同参加的，但是当齐国和诸侯同盟（以盟主晋国为核心）发生矛盾时，小邾国毫不犹豫地选择了站在诸侯同盟一边。 这并非单纯从"道义"出发做出的选择，更多是根据自身的生存需求而做出的实力权衡。 此外小邾国的政治选择由齐国倒向以晋国为首的诸侯联盟，从中也可以看出整个春秋时期政治形势的升降，亦即政治中心从东方齐国向西方晋国的转移。

（三）鲁国之附庸

小邾国最早登上《春秋》的舞台就是作为鲁国附庸出现的，《春秋》庄公五年（前 689 年）记载"秋，郳犁来来朝"，这是小邾国第一次走入《春秋》的视野，

1　杨伯峻：《春秋左传注》（修订本），第 1035 页。

也是小邾国首次登上春秋时代的大舞台。 因地缘相近, 小邾国与鲁国之间关系颇
为复杂, 既有附庸, 又有姻亲, 甚至战争, 这些都体现出春秋时期小国在大国夹
缝中求生存的策略。 需要注意的是, 小邾国与鲁国的关系变化并非二元的, 而是
多元的, 尤其是春秋首霸齐国的国力升降也会影响到小邾国与鲁国的外交政策。

　　第一, 作为鲁国的附庸, 小邾国需要承担朝觐宗主国的义务。 根据《左传》
记载, 从鲁庄公五年到鲁昭公十七年, 长达 164 年的时间里, 小邾国曾五次朝觐
鲁国, 分别是庄公五年秋、僖公七年夏、襄公七年、昭公三年秋、昭公十七年春。
这种朝觐活动是不定期的, 两次朝觐之间最短间隔是 14 年, 最长是 87 年。 其中
小邾穆公三十年间三次朝鲁, 且在昭公十七年的宴会上赋诗《菁菁者莪》, 取其
"既见君子, 乐且有仪" 来答谢鲁国季平子所赋《采叔》(今《诗》作《采菽》)之
诗意, 一举得到了鲁国君臣的赞许[1]。

　　第二, 小邾国与鲁国曾保持有姻亲关系。 昭公二十五年《左传》记载了鲁
国、宋国与小邾国的三方姻亲关系:

> 　　季公若之姊为小邾夫人, 生宋元夫人, 生子, 以妻季平子。 昭子如宋
> 聘, 且逆之。 公若从, 谓曹氏勿与, 鲁将逐之。 曹氏告公。 公告乐祁。 乐
> 祁曰:"与之。 如是, 鲁君必出。 政在季氏三世矣, 鲁君丧政四公矣。 无民
> 而能逞其志者, 未之有也, 国君是以镇抚其民。《诗》曰:'人之云亡, 心之忧
> 矣。'鲁君失民焉, 焉得逞其志? 靖以待命犹可, 动必忧。"[2]

季公若属于鲁国 "三桓" 之一季氏家族, 其父是曾为鲁国执政的季武子(? —前
535), 小邾夫人是季武子之女, 季公若之姊, 根据时间推断, 应是小邾穆公之夫
人。 所生之女嫁于宋元公(? —前 517), 亦即哀公二十三年之 "宋景曹"(? —

1　杨伯峻:《春秋左传注》(修订本), 第 1383—1384 页。
2　杨伯峻:《春秋左传注》(修订本), 第 1456—1457 页。

前 472），景为其谥，曹为其姓。 宋景曹与宋元公所生之女又嫁于季公若之侄季
平子（？ —前 505）。 这是一个涉及三个国家、三代人的通婚，特别是季平子所
娶的宋元夫人之女乃其表外甥女，属于异辈婚姻，是原始杂婚习俗的延续[1]。 因
此，这种三角的姻亲关系是小邾国与周围鲁、宋两个大国保持友好关系的方法
之一。

第三，小邾国与鲁国曾发生战争。《左传》最后一次记载小邾国便是与鲁国的
战争有关。 其文见哀公十四年，经云："小邾射以句绎来奔。"[2]《左传》为其详
细解说：

> 小邾射以句绎来奔，曰："使季路要我，吾无盟矣。"使子路，子路辞。
> 季康子使冉有谓之曰："千乘之国，不信其盟，而信子之言，子何辱焉？"对
> 曰："鲁有事于小邾，不敢问故，死其城下可也。 彼不臣，而济其言，是义之
> 也，由弗能。"[3]

杜注："射，小邾大夫。"[4]小邾与鲁开战，小邾大夫以其地来奔，不义。 据哀公
二年经："二年春王二月，季孙斯、叔孙州仇、仲孙何忌帅师伐邾，取漷东田及沂
西田。 癸巳，叔孙州仇、仲孙何忌及邾子盟于句绎。"[5]杨伯峻注，句绎在今山东
邹县东南峄山之东南，距今邹县治不足四十里，此时或已为邾所都。 然此地邻近
小邾，故其田有属小邾者。

综上所述，在与齐国关系疏远的时间里，小邾国参与诸侯会盟往往选择鲁国
作为自己的依附。 昭公二十七年，晋士鞅会诸侯之大夫，鲁晋不睦，故未遣大夫

1　吕文郁：《春秋战国文化史》，北京：新世界出版社，2018 年，第 232 页。
2　杨伯峻：《春秋左传注》（修订本），第 1680 页。
3　杨伯峻：《春秋左传注》（修订本），第 1682 页。
4　杨伯峻：《春秋左传注》（修订本），第 1680 页。
5　杨伯峻：《春秋左传注》（修订本），第 1610 页。

与会，小邾同样缺席。　与此形成对比的是，同为小国且在《左传》会盟中屡次列于小邾之前的滕国却遣大夫与会。

　　但是随着鲁国实力衰落，小邾不再朝鲁，而鲁国也无力继续承担保护小邾的角色，因此有了哀公四年"宋人执小邾子"之事。　此事见于经而不见于传，书于经者，小邾必曾求救于鲁也；不书于传者，鲁未救也。

　　（四）与宋国之关系：同盟与附庸

　　除了齐、鲁二国外，处于小邾国周围经常给小邾国带来压力的大国还有宋国。　昭公四年（前538年），当齐、晋等中原大国实力下滑时，南方的楚国开始兴起，楚灵王试图通过一次诸侯会盟来确定自己的霸主地位。　在齐、鲁皆未参与此次会盟的情况下，小邾国与滕国同时由国君亲自赴会。　本年经云："夏，楚子、蔡侯、陈侯、郑伯、许男、徐子、滕子、顿子、胡子、沈子、小邾子、宋世子佐淮夷会于申。"杜注云："楚灵王始合诸侯。"[1]这次的会盟可以看作是小邾国与宋国的一次共进退。　除了与宋国一同参与楚国召集的会盟外，小邾国还与宋国进行会盟。　昭公十九年（前523年）传云："邾人、郳人、徐人会宋公。　乙亥，同盟于虫。"[2]这说明，小邾国曾经与宋国是处于同等地位上的同盟国关系。

　　但是，随着宋国实力上升，小邾国又沦为了宋国的附庸。　鲁定公元年（前509年），《左传》载"宋仲几不受功，曰：'滕、薛、郳，吾役也'"[3]，说明在此时间点上，郳国属于宋国的附庸。　等到了哀公四年（前491年），"宋人执小邾子"[4]。　这说明小邾国所受到宋国的压力越来越大，甚至国君被捉。

　　值得注意的是，与宋国相关的小邾国，在《左传》中都是以"郳"的名义出现的，造成这种情况的原因或许是在宋国看来，小邾从来都不是一个政治独立、与自己平起平坐的国家，而是自己的仆役与附庸。《左传》书法正是为了体现宋国的

1　杨伯峻：《春秋左传注》（修订本），第1244页。
2　杨伯峻：《春秋左传注》（修订本），第1402页。
3　杨伯峻：《春秋左传注》（修订本），第1523页。
4　杨伯峻：《春秋左传注》（修订本），第1625页。

这一看法。

（五）诸侯会盟中的角色

自从僖公七年（前 653 年）小邾国通过齐桓公得到周王室的册封后，小邾国便有了名义上独立的政治地位，同时也能够作为独立国家参与诸侯会盟。 然而如上所述，这种"独立"只是相对的，小邾国参与诸侯的会盟多数情况下都要依附于自己的宗主国，或齐或鲁或宋，很难有真正的独立权。 然而另一方面，小邾国在诸侯会盟中的政治立场选择又有着十分精确的实力权衡，随着自己的宗主国齐国势力的衰落，其他大国势力兴起，小邾国也渐渐改变了在诸侯会盟中的方略。由原来的惟齐国马首是瞻而变为与实力更雄厚的霸主结盟，这是那个时期很多小国的生存法则。 这一点在鲁昭公四年的一次诸侯会盟中体现得淋漓尽致。

据《春秋》："夏，楚子、蔡侯、陈侯、郑伯、许男、徐子、滕子、顿子、胡子、沈子、小邾子、宋世子佐淮夷会于申。"杜预注曰："楚灵王始合诸侯。"从这次会盟的名单中可以清晰地看出事情正在起变化，传统的中原大国晋国、齐国、鲁国、宋国都没有参加，而原本与小邾国同等地位的中原小国曹国、邾国、薛国、杞国同样缺席。 楚王问子产诸侯们是否都能参与会盟，子产分析："不来者，其鲁、卫、曹、邾乎，曹畏宋，邾畏鲁，鲁、卫偪于齐而亲于晋，唯是不来，其余，君之所及也，谁敢不至？"[1]前盟主晋国托故不参与，鲁、卫两国因为亲近晋国也不参与，齐国因为国内有事不参加，曹国畏惧宋国，邾国畏惧鲁国，因此也不参与。 此外，宋国的代表太子佐后至。 果然，到了这一年的夏天，《左传》载"夏，诸侯如楚，鲁、卫、曹、邾不会。 曹、邾辞以难，公辞以时祭，卫侯辞以疾"[2]，子产做出了成功的预言。 在这一情况下，地理位置近于齐、鲁而远于楚的小邾国参与会盟，体现了一种相对自主的会盟态度。 然而本年秋天，会盟后的诸侯联盟在楚国的带领下攻打吴国并且俘杀了齐国的庆封，小邾国与滕国均未

1　杨伯峻：《春秋左传注》（修订本），第 1248 页。
2　杨伯峻：《春秋左传注》（修订本），第 1250 页。

参加。《春秋》载："秋七月，楚子、蔡侯、陈侯、许男、顿子、胡子、沈子、淮夷伐吴，执齐庆封，杀之，遂灭赖。"[1]与本年前一次《春秋》的记载相比，缺少的只有郑伯、徐子、滕子、小邾子、宋世子五家。《左传》解释了郑伯、宋世子的情况，"宋大子、郑伯先归，宋华费遂、郑大夫从"[2]，也就是说虽然郑伯与宋世子并未亲自参与伐吴，然而却各自派出了本国的代表参加。 徐子的情况在《春秋》中即已交代，"楚人执徐子"[3]。《左传》又作了进一步的解释，"徐子，吴出也，以为贰焉，故执诸申"[4]。 这也就是说，在夏天参加会盟的十三家势力中，到了秋天伐吴执庆封时只有滕子和小邾子两家没有交代原因。 如果大胆猜测一下的话，原因或许有：

> 甲：考虑到滕国、小邾国与齐国的关系，诸侯联盟不允许两家独立参加伐吴。
>
> 乙：滕国、小邾国自己考虑到与齐国的关系，没有参加这次征伐。

但是既然顿子、胡子、沈子也都参加了伐吴，那由于国力较弱而不参加的理由就无法成立了。 又定公四年传："若嘉好之事（杜注：'谓朝会'），君行师从，卿行旅从。"[5]这说明实力的原因并不能成立。 再考虑到之前与滕国、小邾国常常做出同样外交选择的薛国、杞国未曾与会，那么滕、小邾二国的齐国背景或许就成为不能参与伐吴的主要原因了。

概括一下小邾国在会盟时的策略：凡大会盟，必与；征伐之小会盟，尽量不与，保存实力故也。 滕、薛诸国同，此小国生存之计也。 唯一例外之定公四年

1　杨伯峻：《春秋左传注》（修订本），第1245页。
2　杨伯峻：《春秋左传注》（修订本），第1253页。
3　杨伯峻：《春秋左传注》（修订本），第1245页。
4　杨伯峻：《春秋左传注》（修订本），第1252页。
5　杨伯峻：《春秋左传注》（修订本），第1535页。

诸侯会伐楚国，小邾出兵，盖因此会为周王室之卿刘文公主持诸侯会盟征伐也。

三、小大之辩：《左传》中小邾国的书法原则

（一）微言大义："郳"与"小邾"不同称名的价值判断

《左传》中郳与小邾混称，称"郳"者有庄公五年（前 689 年）、庄公十五年（前 679 年）、襄公六年（前 567 年）、襄公九年（前 564 年）、昭公十九年（前 523 年）、定公元年（前 509 年）凡六次，称"小邾"者凡三十八次。虽然以孔颖达为代表的"郳即小邾也"的说法由来已久，但将《左传》中称"郳"的情况逐一分析，还原到其本初的场域中后，这种看似混乱的称法似乎也透露出一定的书法原则。

1. 政治名称与地理名称

"小邾"是得到周室册命后的官方称呼，是政治名称；"郳"是国都所在之地名，更多的是一个地理名称，或者是非正式称法。《左传》最早记载的两次小邾国均称"郳"，分别是庄公五年"郳犁来来朝"与庄公十五年"宋人、齐人、邾人伐郳"。这表明，在小邾国正式得到周王室册封之前，称"郳"是合乎规范的。这一点从《公羊传》中同样能够得到印证。庄公五年，《公羊传》曰：

> 【经】秋，倪黎来来朝。【传】倪者何？小邾娄也。小邾娄则曷为谓之倪？未能以其名通也。黎来者何？名也。其名何？微国也。[1]

从中可以看到，在《公羊传》作者看来，小邾娄与倪是有所区别的，而区别就在于小邾娄是"以其名通"之后才可以称的，也就是说，在"未能以其名通"之前，只能称呼原本的名字"倪"。这也反映了与小邾相比，郳的称谓具有非正式性。

---

[1] 徐彦：《春秋公羊传注疏》，阮元校刻：《十三经注疏》，北京：中华书局，2009 年，第 4835—4836 页。

2. 宋国与"郳"

在《左传》六次称"郳"不称"小邾"的事件里,三次都与宋国直接相关。庄公十五年,《传》云"诸侯为宋伐郳"[1];昭公十九年,《传》云"邾人、郳人、徐人会宋公"[2];定公元年,《传》云"宋仲几不受功,曰:'滕、薛、郳,吾役也'"[3]。 除了庄公十五年因小邾未得册封而不得不称"郳"外,昭公十九年与定公元年两次称"郳",体现的是宋国与小邾国的独特关系。 在宋人眼里,小邾从来就不是与自己平起平坐的独立王国地位,而是宋国的仆役,因此轻视小邾国,故而不称其小邾。 这一点从上文所引证的小邾国与宋国关系可以看出,特别是宋仲几把"郳"称为"吾役",轻蔑之意溢于词外。

3. 齐国与"郳"

如果说宋人称"郳"表示的是宋人对小邾国的轻视,那么在小邾子已得周室册命之后,襄公六年与襄公九年的两次《左传》称"郳"则更能体现出微言大义的书法要义,而这两次恰恰又与齐国紧密联系,从中亦能折射出对齐国的贬抑之意。

襄公六年,经云"十有二月,齐侯灭莱"[4],《传》云"迁莱于郳"。 杜预注"迁莱于郳国",孔颖达《正义》曰:"郳即小邾也。 ……小邾附属于齐,故灭莱国而迁其君于小邾,使之寄居以终身也。"[5]然而杨伯峻却指出迁莱郳地的并非孔颖达所说的莱君,而是莱地的百姓[6]。 关于这里的"郳"地在何处,尚有争论[7],但如按照杜注、孔疏及杨伯峻所认定的"郳即小邾",则从中似可看出《左传》一

1　杨伯峻:《春秋左传注》(修订本),第 200 页。

2　杨伯峻:《春秋左传注》(修订本),第 1402 页。

3　杨伯峻:《春秋左传注》(修订本),第 1523 页。

4　杨伯峻:《春秋左传注》(修订本),第 946 页。

5　孔颖达:《春秋左传正义》,第 4206 页。

6　杨伯峻:《春秋左传注》(修订本),第 948 页。

7　王献唐先生认为"迁莱于郳"之"郳"在胶东黄县归城,赵庆森先生认为在"位于临淄西南、淄水上游谷地的今淄川区淄河镇一带",倪祥平、路爱春认为是在小邾国境内今日之"滕县官桥镇之莱村"。 参见王献唐:《山东古国考》,济南:齐鲁书社,1983 年,第 170 页;赵庆森:《齐国"迁莱于郳"与卜辞兒地考》,《历史地理》第 34 辑,上海:上海人民出版社,2017 年,第 31—37 页;倪祥平、路爱春:《"迁莱于郳"考》,《枣庄学院学报》2009 年第 6 期,第 110—112 页。

字褒贬之法。 襄公时期，小邾国几乎是惟齐国马首是瞻，因此《左传》称“郳”而不称“小邾”本身是对小邾国的贬抑，同时也是对小邾国背后的齐国的一字之贬。 根据《公羊传》的记载，“十有二月，齐侯灭莱。 曷为不言莱君出奔？ 国灭，君死之，正也。”[1]因为《春秋》没有记载莱君出奔，所以《公羊传》作者认为莱君已为社稷而死。 这样的话，《左传》所云“迁莱于郳”只能是将莱民迁于郳。 需要指出的是，这里的“郳”同时也是一个地理概念，也就是说小邾国是在境内接收了莱国的臣民，这与倪祥平提出的滕县之“莱村”可以彼此印证。

襄公九年《左传》称“郳”或许能将这种“微言大义”看得更加清晰。 本年《经》云：“冬，公会晋侯、宋公、卫侯、曹伯、莒子、邾子、滕子、薛伯、杞伯、小邾子、齐世子光伐郑。 十有二月，己亥，同盟于戏。”[2]这是正式的书法，小邾子与滕子、薛子一道跟随齐国的代表世子光参与诸侯会盟和征伐的活动中，但是在《左传》里，小邾子变成了“郳人”。 其文曰：

> 冬十月，诸侯伐郑，庚午，季武子、齐崔杼、宋皇郧从荀罃、士匄门于鄟门，卫北宫括、曹人、邾人从荀偃、韩起门于师之梁，滕人、薛人从栾黡、士鲂门于北门，杞人、郳人从赵武、魏绛斩行栗。[3]

与经文对比可见，《左传》具体叙述的是诸侯伐郑的部署，因此国君并未亲自参加，所参与者皆为大国之大夫，如鲁国季武子，齐国崔杼，宋国皇郧、卫国北宫括，以及盟主国晋国的荀罃、士匄、荀偃、韩起、栾黡、士鲂、赵武、魏绛，除了这些明确称名的各国大夫之外，曹、邾、滕、薛、杞、小邾等六小国皆称“人”。

大夫与会不书名。 襄公十三年，中原诸侯会吴，《春秋》载“十有四年春王正月，季孙宿、叔老会晋士匄、齐人、宋人、卫人、郑公孙虿、曹人、莒人、邾

1　徐彦：《春秋公羊传注疏》，第5076页。

2　杨伯峻：《春秋左传注》（修订本），第961页。

3　杨伯峻：《春秋左传注》（修订本），第967页。

人、滕人、薛人、杞人、小邾人会吴于向"[1]。杜预注解释为何齐国、宋国、卫国作为大国也称"人"而不称大夫之名，"齐崔杼、宋华阅、卫北宫括在会惰慢不摄，故贬称'人'"[2]。那么从这一段叙述中可以看到，自曹国以下，莒、邾、滕、薛、杞、小邾等七国均是大夫参会却不书名。

然而在襄公九年的这次会盟中，唯独小邾国不书"小邾人"而书"郳人"。其他各小国并无别称，惟小邾有"郳"之别称，这里如果将"郳人"解释为"郳地之人（兵卒）"的话，似乎就能解释为何不称"小邾人"而称"郳人"了。当"小邾"和"郳"放在一起的时候，"小邾"指向都城，"郳"指向都城附近的区域，小邾之军队或许多来自"郳"地，因此《左传》称"郳人"以暗示小邾子带来会盟的军队并非一国的主力军，而是所谓的"杂牌军"。又或者，《左传》书"郳人"是暗示小邾国并无一支能够扈从国君会盟的主力部队，因此只能是从都城附近的区域临时集结一支部队。这种解释与"人"指各国大夫的说法也并不矛盾。只需要了解各国大夫所率领的军队都是国家的正规军，而小邾大夫所率领的乃是一支"杂牌军"，这就能够说明《左传》称"郳人"的原因了。从这一次经书"小邾"而传书"郳"的特例可以推断，小邾国在有资格参与诸侯会盟的各国中地位最低，实力最弱，因此《左传》使用"郳"这样一个并不正式的称呼来记录这支小国的军队。

与《左传》不同，《公羊传》称"小邾"皆为"小邾娄"，与此对应，其称"邾"亦为"邾娄"。对于这种区别，《经典释文》卷十一"娄"字释文曰：

> 力俱反，或如字。邾人呼邾声曰娄，故曰"邾娄"。《公羊传》与此记同，《左氏》《穀梁》但作"邾"。[3]

1　杨伯峻：《春秋左传注》（修订本），第1004页。
2　孔颖达：《春秋左传正义》，第4245页。
3　陆德明：《经典释文》，上海：上海古籍出版社，2013年，第659页。

其时邾人语音如何已全不可考，但今日小邾故地方言"邾""娄"之声已有较大区别[1]。

（二）小国书法：书"某人"非尽尤之也

小邾国虽然长期处于大国的附庸地位，但是由于小邾是得到周王室认可并册封的国家，因此在诸侯会盟时仍然与其宗主国同时列名。 但是另一方面，小国随时都要担心来自周边大国的侵扰。 鲁昭公十三年，传"邾人、莒人愬于晋曰：'鲁朝夕伐我，几亡矣'"[2]。 地位和国力均在小邾之上的邾、莒二国尚需时刻提防鲁国的侵扰，小邾国所面临的境况自然可想而知。 等到哀公四年，"宋人执小邾子"，这种随时可能被临近大国侵略的压力就跃然纸上了。

在众多小国家中，诸侯会盟时小邾国几乎处于最末之位，但是仍然列名于《春秋》，章太炎认为这是因为"班爵从周，不与诸侯之私相役属也"[3]。 也就是说，并非小邾国为大国附庸，参与会盟时便不书其名。 通过对小邾国的操作方式可以看到《左传》书小国时的义理。 简而言之，小国凡得到周王室之册封后，在诸侯会盟时便可以书于经文，但唯称"小邾子""小邾人"而不称名，因小国之大夫与会不书名。 另外，《左传》言小邾者，多见于经，盖忝列会盟之末席，传中不具载。 因此传言小邾者，当格外重视。

对于书"某人"之例，一般认为是作为谴责和批判。 如襄公三十年（前543 年）：

【经】晋人、齐人、宋人、卫人、郑人、曹人、莒人、邾人、滕人、薛人、杞人、小邾人会于澶渊，宋灾故。

【传】为宋灾故，诸侯之大夫会，以谋归宋财，冬十月，叔孙豹会晋赵

1　案：笔者即小邾都城故地——山东省枣庄市山亭区人，当地"邾""娄"发音已不甚相近。

2　杨伯峻：《春秋左传注》（修订本），第 1357 页。

3　上海人民出版社编：《春秋左氏疑义问答》，第 333 页。

武、齐公孙虿、宋向戌、卫北宫佗、郑罕虎及小邾之大夫会于澶渊。 既而无

归于宋,故不书其人。[1]

传又曰:"书曰'某人某人会于澶渊,宋灾故',尤之也。"尤之,罪之也。 这就
是说,书"某人某人"一般是此国之君臣在会盟时没能履行相应的义务,作为批
评而不书其名。 但是书"某人"非皆尤之也。 小国之大夫多书"某人",这是因
为小国实力弱小,其大夫会盟不能享受与大国之大夫同等之待遇,因而仅书"某
人"而不书大夫之姓名。

(三) 大国取向:包举还是特书?

在有小邾国参与的诸侯会盟中,无一例外小邾国均被列在了最后一位,但是
在这其中亦有不能一概而论者。 襄公十六年 (前 557 年):

> 【经】三月,公会晋侯、宋公、卫侯、郑伯、曹伯、莒子、邾子、薛伯、
> 杞伯、小邾子于溴梁。
>
> 【传】晋侯与诸侯宴于温,使诸大夫舞,曰:"歌诗必类。"齐高厚之诗
> 不类。 荀偃怒,且曰:"诸侯有异志矣。"使诸大夫盟高厚,高厚逃归。 于
> 是叔孙豹、晋荀偃、宋向戌、卫宁殖、郑公孙虿、小邾之大夫盟,曰:"同讨
> 不庭。"[2]

经言"曹伯、莒子、邾子、薛伯、杞伯"而传不举,在"郑公孙虿"之后列"小邾
之大夫",其义何在? 孔颖达《正义》云:"自曹以下,大夫不书,故传举小邾以
包之。"[3] 此为一解。 小邾向为齐国附庸,此时齐大夫逃盟,诸侯联盟视小邾之
态度为重。 如孔颖达《正义》所言:"齐为大国,高厚若此,知小国必当有从

---

1 杨伯峻:《春秋左传注》(修订本),第 1169、1179 页。
2 杨伯峻:《春秋左传注》(修订本),第 1025—1027 页。
3 孔颖达:《春秋左传正义》,第 4261 页。

者。"因此小邾此时的选择显得格外重要，或许经过了一定的利弊权衡之后，小邾之大夫选择了与诸侯联盟（尤其是盟主晋国）站在了一起，同时盟誓"同讨不庭"，宣告着与其宗主国齐国的决裂。这既是小邾国权衡利弊之后的选择，同时也反映了与小邾处于相同境地的小国家身不由己的状态。因此，这里《左传》的所谓"包举"其实也具有一定意义上"特书"的意思，将小邾国重点提出，从而说明齐国失道寡助，就连原本是附庸的小邾国也背离了齐国。小邾国的这一选择，在其后数年间能够看得更加清晰。襄公十八年（前 555 年）：

> 【经】冬十月，公会晋侯、宋公、卫侯、郑伯、曹伯、莒子、邾子、滕子、薛伯、杞伯、小邾子同围齐。[1]

小邾国正式参与到了讨伐齐国的诸侯联盟中，根据《左传》的记载，这次诸侯联盟对齐国的军事行动给齐国带来了极大的打击。这也标志着小邾国与齐国的完全决裂。襄公二十年（前 553 年）：

> 【经】夏六月庚申，公会晋侯、齐侯、宋公、卫侯、郑伯、曹伯、莒子、邾子、滕子、薛伯、杞伯、小邾子盟于澶渊。[2]

经过了小邾国自己的选择与努力，在这次澶渊之盟中再次与齐侯站在一起的时候，小邾国已经是战胜者同盟国中的一员了，而齐国却是战败者被迫结盟的姿态。从一定程度上来推测，小邾国这次会盟的地位应该是脱离了齐国的阴影，与齐国站在了政治上的同一高度上。

　　综上，小邾国因为具有齐国附庸的特殊地位，因而在诸侯联盟与齐国决裂

1　杨伯峻：《春秋左传注》（修订本），第 1035 页。
2　杨伯峻：《春秋左传注》（修订本），第 1052 页。

时，小邾国被单独书写在了《左传》中，同样地位且实力超过小邾国的曹、莒、郳、薛、杞等五国却没有被《左传》书写，这说明在《左传》作者看来，小邾国因为选择了与齐国决裂，坚定地站到诸侯联盟的阵营里，因此值得在《左传》中以"特书"的形式加以表彰。

四、 三传比异：《左传》《公羊》《穀梁》书"小邾"之不同

关于"小邾"的记载，三传在基本史实上保持了高度的一致。 但是仍然有些细节差异值得做具体深入的研究分析。

从整体来看，《左传》称"小邾"或"郳"，《公羊传》称"小邾娄""倪""儿"，《穀梁传》与《左传》同。《公羊传》称"小邾娄"的原因是邾人呼邾声曰娄。

三传较大的区别体现在《左传》记载而《公》《穀》两家失记，这种情况共有两处，昭公十九年与哀公十四年。 后一种情况较易解释，《公羊传》《穀梁传》均终于哀公十四年"西狩获麟"，"小邾射以句绎来奔"事《左传》置于"西狩获麟"后，因此《公》《穀》自然失记。 另一处则更加耐人寻味。

昭公十九年，《左传》记载"邾人、郳人、徐人会宋公。 乙亥，同盟于虫"，公、穀二传皆无此记载。 或许在公、穀二家看来，此事无关紧要，又无义理可以阐发，因此略而不记。 但是有时候不书本身就具备一定的意义，这种意义甚至比书还要重大。 从《左传》的记载可以看出，这一事件的参与者包括邾国、小邾国、徐国和宋国，其中宋国是核心。《春秋》的本国鲁国亦为参与，因此《春秋》不载。《左传》的作者认为这一事件由于某种原因值得记录，因此简略记载。 但是公、穀二家却无一字提及，个中缘由或许是二传作者将此事件完全忽略，那么就可以说明在二传作者看来，此次会盟的四国无关紧要。 这能够说明公、穀二家对小邾国以及这次小范围会盟的态度。

除了上面提到的两次《左传》书而《公》《穀》不书的例子，更多的三传差异体现在具体细节的差异上。

庄公五年，小邾国第一次出现在《春秋》中，其国君被书作"郳犁来"，《左传》的解读仅仅集中在为何称名，原因是"未王命也"。然而《公羊传》的解读却与此不同，其文曰：

> 秋，郳黎来来朝。郳者何？小邾娄也。小邾娄则曷为谓之郳？未能以其名通也。黎来者何？名也。其名何？微国也。[1]

首先，《公羊传》将《春秋》称"郳犁来"之名的原因解释为"微国也"，也就是说因为此时小邾国国力微弱，因此称名，这与《左传》的解读有所区别。其次，《公羊传》还解释了《春秋》不称"小邾娄"而称"郳"的原因，那就是"未能以其名通也"，从字面来看，这就是说小邾娄的名字此时还不是通行之名，深究一下，其原因自然也是小邾子尚未得到周王室的册封。《榖梁传》的表达更为简洁，"秋，郳黎来来朝。郳，国也。黎来，微国之君，未爵命者也"，但主要解读的是《春秋》称"郳犁来"的原因，一为国微，二为未爵命。相对来说，《公羊传》解读了邾娄与郳的区别，这一点较《左传》《榖梁传》更全面。

襄公六年，齐侯灭莱，迁莱于郳事。三传记载差异较大：

> 《左传》：【经】十有二月齐侯灭莱。【传】十一月丙辰而灭之，迁莱于郳。[2]
>
> 《公羊传》：十有二月，齐侯灭莱。曷为不言莱君出奔？国灭，君死之，正也。[3]
>
> 《榖梁传》：十有二月，齐侯灭莱。[4]

---

1 徐彦：《春秋公羊传注疏》，第 4835 页。
2 杨伯峻：《春秋左传注》（修订本），第 946—948 页。
3 徐彦：《春秋公羊传注疏》，第 5076 页。
4 杨士勋：《春秋榖梁传注疏》，阮元校刻：《十三经注疏》，北京：中华书局，2009 年，第 5269 页。

《左传》不书"迁莱于郳"究竟是迁莱君还是莱民，根据《公羊传》的记载就可以看出，莱君应该在国灭后死社稷，而齐侯所迁于郳者，必为莱国之民。《穀梁传》的记载更为简略。 这个例子能够说明，《公羊传》能够以义理的发挥来补充《左传》的史实。

昭公十年（前 532 年），经曰"九月，叔孙婼如晋。 葬晋平公"[1]，《公羊传》为"九月，叔孙舍如晋。 葬晋平公"[2]，《穀梁传》载"九月，叔孙婼如晋。葬晋平公"[3]。 但是《左传》却记载了这件事的细节：

> 戊子，晋平公卒。 郑伯如晋，及河，晋人辞之。 游吉遂如晋。 九月，叔孙婼、齐国弱、宋华定、卫北宫喜、郑罕虎、许人、曹人、莒人、邾人、薛人、杞人、小邾人如晋，葬平公也。[4]

《公羊传》《穀梁传》不书细节，其原因或许是在二传作者看来，《左传》所书细节并无可以阐发的义理，因此干脆不书。 这种相对简单而决绝的取舍，很能体现公、穀二传的侧重点在义理阐发。

除了上文所举的例子，三传关于"小邾国"记载的细节差异还有若干，但多数与此类似。 有关历史事件的细节，比如小邾朝鲁，《左传》往往载之甚详，而公、穀二家几乎不置一词。 对于义理的发挥，公、穀二传特别是《公羊传》往往能够体现出较《左传》更为深入的思考。

五、 结语

小邾国由邾国分支而来，始君为邾颜之子肥，至其曾孙犁来，小邾国登上春

1　杨伯峻：《春秋左传注》（修订本），第 1314 页。
2　徐彦：《春秋公羊传注疏》，第 5037 页。
3　杨士勋：《春秋穀梁传注疏》，第 5289 页。
4　杨伯峻：《春秋左传注》（修订本），第 1318 页。

秋舞台，后经齐桓公得到周王室册封，称为小邾子。 此时的小邾国与鲁国保持着较为密切的关系，两次朝鲁。 此后八十二年不见于《左传》，至鲁襄公二年，小邾子参与诸侯会盟，此时已经完全成为齐国的附庸。 这一时期小邾国国君是小邾穆公，名魁，为犁来之孙。 自鲁襄公二年至鲁定公四年，六十五年间是小邾国最为活跃的时期。 经常参与诸侯会盟及征伐，并且朝鲁、城周、伐齐。 鲁哀公四年，宋人执小邾子，此时小邾国的宗主国从齐国、鲁国变为了宋国。 鲁哀公十四年，小邾国与鲁国发生战争，小邾国大夫射以国土奔鲁，鲁国不受。 此为小邾国在《左传》最后之表演。

《左传》与《穀梁传》称"小邾"，《公羊传》称"小邾娄"，原因是小邾方言称邾为娄。 郳为小邾之别称，可以看作是小邾的另一个非正式称呼。 在得到周王室正式册封前，《左传》两次皆书"郳"。《左传》书"郳"凡六次，其书法并非如前人所说"郳即小邾"，而是每次都有着不同的"微言大义"。 小邾国的都城位置在今山东省枣庄市山亭区东江村，清人之考证不确。

小邾国曾分别是齐、鲁、宋三国附庸，但附庸国并非固定某国之附庸不能改变，而是一种政治地位。 作为附庸，小邾国与宗主国有着更为紧密的关系，主要体现在朝觐、姻亲、同盟及战争等。 但是作为周王室的册封国，小邾国在参与诸侯会盟时也具有相当的独立性。 甚至在宗主国与诸侯同盟决裂后，小邾国背离宗主国而加入诸侯同盟。 这体现的是包括小邾国在内的春秋时期小国家的生存策略。

《左传》对小邾国的书写并非简单的记录，其次数不多的书写及书写方式多数都有着深层义理。《左传》襄公十六年，不书曹、莒、邾、薛、杞五国，而在"郑公孙虿"之后列"小邾之大夫"，除了孔颖达所解释的"自曹以下，大夫不书，故传举小邾以包之"外，或许还有奖掖小邾国与齐国决裂加入诸侯同盟的因素在内。

《左传》与《公羊传》《穀梁传》在书写"小邾国"时存在一定差异性，这些差异性体现的是《左传》更重细节叙事，《公羊》《穀梁》更重义理发挥。 但是公、穀二家常常不书《左传》所载小邾国之内容，此类不书往往更能体现公、穀二家的态度，亦即对小邾国的忽视与批评。

附录：

倪豪士教授个人履历与著述目录

倪豪士（William H. Nienhauser, Jr.），1943 年出生，婚后育有两个子女和三个孙子。 他在美国印第安纳大学和德国波恩大学主修中国文学，并于 1973 年在柳无忌教授的指导下获得博士学位。 同年，倪豪士成为威斯康辛大学东亚语言文学系助理教授。 自 1995 年起，他担任该校霍尔斯-巴斯科姆中国文学荣誉教授（Halls-Bascom Professor Emeritus of Chinese Literature，2020 年荣休）。 他还曾在中国、日本、新加坡和德国任教并获得研究资助。 他的著作包括《印第安纳中国古典文学指南》（两册）、《史记》英译（九册）、《皮日休》、《柳宗元》（合著）、《唐代文人传记词典》等，此外还有 100 多篇论文和评论文章。 倪豪士是美国杂志《中国文学：论文、文章、评论》（*Chinese Literature: Essays, Articles, Reviews*）的创刊主编，并担任该杂志的联合主编直至 2013 年。 他曾获得美国学术团体协会、美国国家人文基金会、日本国际交流基金会、富布赖特计划、德国研究基金会、中美学术交流委员会、慕尼黑大学高级研究中心和德国洪堡基金会的资助。 2003年，他获德国洪堡基金会颁发的终身成就奖（Alexander-von-Humboldt Foundation Forschungspreis, Lifetime Research Prize）。

著述目录（编写于 2023 年 8 月 5 日）

专著

1973

Co-author. *Liu Tsung-yüan*. New York: Twayne.

1976

Editor. *Critical Essays on Chinese Literature*. Hong Kong: Chinese University of Hong Kong Press.

1979

P'i Jih-hsiu. Boston: Twayne.

1986

Editor and Compiler. *Indiana Companion to Traditional Chinese Literature*. Bloomington, Indiana: Indiana University Press; 2nd rev. edition, Taipei: Southern Materials, 1988.

1988

A Draft Bibliography of Western-language Works on T'ang Literature. Taipei: Center for Chinese Studies, National Central Library.

1994

Editor and Co-Translator. *The Grand Scribe's Records. Vol. 1: The Basic Annals of Pre-Han China* and *Vol. 7: The Memoirs of Pre-Han China*. Bloomington: Indiana University Press.

编选:《美国学者论唐代文学》,上海: 上海古籍出版社。

1995

《传记与小说: 唐代文学论文集》,台北: 南天书局。

1998

Editor and Compiler. *Indiana Companion to Traditional Chinese Literature, Vol. 2*. Bloomington, Indiana: Indiana University Press.

2000

Translator, *Chinese Literature, Ancient and Classical*, by André Lévy, Bloomington: Indiana University Press.

2002

Editor and Co-Translator. *The Grand Scribe's Records. Vol. 2: The Basic Annals of Han China*. Bloomington: Indiana University Press. Republished by Nanjing University Press, 2018.

2006

Editor and Co-Translator. *The Grand Scribe's Records. Vol. 5.1: The Hereditary Houses of Pre-Han China*, Part Ⅰ. Bloomington: Indiana University Press.

2007

《传记与小说：唐代文学比较论集》，北京：中华书局（据 1995 年台北南天书局版扩充和修订）。

2008

Editor and Co-Translator. *The Grand Scribe's Records. Vol. 8: The Memoirs of Han China. Part* Ⅱ. Bloomington: Indiana University Press.

2010

Editor and Co-translator. *The Grand Scribe's Records, Vol. 9: Memoirs of Han China* Ⅱ. Bloomington: Indiana University Press; republished by Nanjing University Press, 2019.

Editor and translator. *Tang Dynasty Tales, A Guided Reader*. Singapore: World Scientific Publishing Co.

2013

《2011 王梦鸥教授学术讲座演讲集》，台北：政治大学中文系。

2016

Editor and Co-translator. *The Grand Scribe's Records, Vol. 10: Memoirs of Han China* Ⅲ. Bloomington: Indiana University Press.

Editor and translator. *Tang Dynasty Tales, A Guided Reader*. Vol. 2. Singapore: World Scientific Publishing Co.

Translator. *The Emperor and His Annalist*. By Jean Levi. Madison: Famous Mountain Press.

2018

Editor and Co-Translator. *The Grand Scribe's Records. Vol. 1: The Basic Annals of Pre-Han China* and *Vol. 2: The Basic Annals of Han China*. Bloomington: Indiana University Press，Nanjing: Nanjing University Press. Volume 1 was revised and reedited.

2019

Editor and Co-Translator. *The Grand Scribe's Records. Vol. 11: The Memoirs of*

Han China Ⅳ. Bloomington: Indiana University Press, Nanjing: Nanjing University Press.

2021

Editor and Co-Translator. *The Grand Scribe's Records. Vol. 7: The Memoirs of Pre-Han China*. Bloomington: Indiana University Press. This is a completely revised volume with new translations and annotations, 805pp.

2022

Editor and compiler. *Biographical Dictionary of Tang Literati*. Bloomington: Indiana University Press.

Editor and Co-Translator. *The Grand Scribe's Records. Vol. 6: The Hereditary Houses of Han China*. Bloomington: Indiana University Press.

2023

邝颜陶译:《历史的长河: 倪豪士〈史记〉研究论集》, 北京: 北京大学出版社。

2024 & 2025

Final 3 volumes of *The Grand Scribe's Records* expected.

文章 (∗ 经过同行评议)

1976

" 'Twelve Poems Propagating the Music Bureau Ballad': Yüan Chieh's 元结 (719—772) *Hsi yüeh-fu shih-erh shou* 系乐府十二首," in *Critical Essays on Chinese Literature*, Hong Kong: Chinese University Press, pp. 135 - 146.

* "An Allegorical Reading of Han Yü's 'Mao Ying chuan' 毛颖传 (Biography of Fur Point)," *Oriens Extremus*, 23.2: 153 – 174.

1977

* "A Structural Reading of the *Chuan* in the *Wen-yüan ying-hua*," *Journal of Asian Studies*, 36.3: 443 – 456.

"The Imperial Presence in the Palace Poems of Wang Chien (ca. A.D. 768 – 833)," *Tamkang Review* (hereafter *TkR*), 8.1:111 – 122.

1978

* "Diction, Dictionaries, and the Translation of Classical Chinese Poetry," *T'oung Pao*, LXIV: 47 – 109.

* "Once Again, the Authorship of the *Hsi-ching tsa-chi* 西京杂记 (Miscellanies of the Western Capital)," *Journal of the American Oriental Society* (hereafter *JAOS*), 98: 219 – 236.

"Evolution from Monkey to Journey—A New Translation of *Hsi-yu chi*," *Journal of the Chinese Language Teachers Association* (hereafter *JCLTA*), 13.1: 68 – 71.

1979

"Recent Publications on Chinese Literature, Ⅱ: The People's Republic of China," *CLEAR* 1: 87 – 95.

1980

"Some Preliminary Remarks on Fiction, the Classical Tradition and Society in Late

9th-c. China," in *Critical Essays on Chinese Fiction*, C. P. Adkins, W. Yang, ed. Hong Kong: Chinese University Press, pp. 1 - 16.

* "From Tewksbury to Du Fu: Exercises Toward Introducing Graduate Students to the Study of Chinese Literature," *JCLTA*, 15.3: 101 - 16.

"Aspects of a Socio-Cultural Appraisal of Ming Short Fiction-the *Chien-teng hsin-hua* and Its Sequels as Example," *TkR*, 10: 555 - 74.

1981

"Liu Tsung-yüan: Recent Studies and Translations," *CLEAR*, 3: 251 - 61.

"Tied Up at Maple Bridge Once Again," *TkR*, 11: 421 - 9.

1982

* "Thrice-told Tales: Translating Japanese Translations of Chinese Poetry into English," *Translation Review*, 10: 27 - 33.

"The Literary Criticism of P'i Jih-hsiu," Graciela de la Lama, ed. *30th Intern. Congr. of Human Sci. in Asia and N. Africa-Proceedings*. Mexico: Cologio de Mexico, pp. 59 - 70.

1984

"The Development of Two *Yüeh-fu* Themes in the Eighth and Ninth Centuries-Implications for T'ang Literary History," *TkR*, 15: 97 - 132.

1985

《中国小说的起源》,《古典文学》第七集（下）, 页 919—941。

"The Role of Han Dynasty Texts in the Development of Chinese Fiction," *Asian*

Cultural Quarterly (hereafter *ACQ*), XII.4: 43 – 70.

1986

* "Chinese Prose," in *Indiana Companion to Traditional Chinese Literature*. Bloomington: Indiana University Press, pp. 93 – 120.

"Chinese Poetry, American Poetry, and Their Respective Readers," in *Ganz Allmählich*. R. Ptak and S. Englert. Heidelberg: Heidelberger Verlagsanstalt und Druckerei, pp. 166 – 80.

* "Floating Clouds and Dreams in Liu Tsung-yüan's Exile Writings," *JAOS*, 116: 169 – 81.

"You Had to Be There: A Call for an Uncommon Poetics," *ACQ*, XIV: 41 – 62.

"A Selected Bibliog. of Liu Tsung-yüan," *Shu-mu chi-k'an* 书目集刊, 20.1: 204 – 43.

1987

《〈南柯太守传〉、〈永州八记〉与唐传奇及古文运动的关系》,《中外文学》第 16 卷第 7 期, 页 4—13。

"A Draft Bibliography of Western-language Studies on T'ang Literature," *Newsletter on Research in Chinese Studies*, 6.2 (June 1987): 68 – 81, "Part II," 6.3:20 – 30.

* "A Reading of the Poetic Captions in an Illustrated Version of the *Sui Yang-ti yen-shih* 隋炀帝艳史, *Han-hsüeh yen-chiu* 汉学研究, 6.2: 17 – 35.

"A Note on Some Recent Research Aids in Trad. Chinese Literature, Part I: Lexica," "Part II: Concordances," *CLEAR*, 9 & 10 (1987 & 8): 93 – 114 & 153 – 65.

1988

"Among Dragons and Tigers: Li Guan (766 – 794) &. His Role in the Late 8ᵗʰC Lit. Scene," *Proceed. of the 2nd Intern. Sinological Conf., Section on Lit.* Taipei: Acad. Sinica, pp. 243 – 87.

"The Study of Chinese Lit. in the U.S., 1947 – 87," *Proceed. of the 40th Anniv. of Fulbright Co-operation between the ROC & the USA,* Taipei: Pacific Cultural Found., pp. 225 – 41.

"Chinese Studies in the 1980s," *ACQ,* XVI.3: 1 – 23.

《〈南柯太守传〉的语言、用典和外延意义》,《中外文学》第 17 卷第 6 期,页 54—79。

1989

《略论碑志文、史传文和传记:以欧阳詹为例》,收入第一届国际唐代学术会议论文集编辑委员会编:《第一届国际唐代学术会议论文集》,台北:学生书局,页 218—249。

《读范仲淹〈唐狄梁公碑〉》,收入台湾大学文学院编印:《纪念范仲淹一千年诞辰国际学术研讨会论文集》,台北:台湾大学文学院,页 411—444。

*(Co-author) "Chinese Literature," *Encyclopedia Brittanica* (15th ed.; Chicago: Brittanica), 16:231 – 7 &. 240.

"A UFO in Ancient China: A Comparative Study of the Pi-fang 毕方 (Fire Crane) and Its Western Analogues," *ACQ,* XVII: 67 – 79.

* "The Origins of Chinese Fiction," *Monumenta Serica,* 38 (1988 – 89): 191 – 219.

1990

* "Literature as Source for Traditional History: The Case of Ou-yang Chan,"

CLEAR, 12: 1 – 14.

1991

* "Han Yü, Liu Tsung-yüan and the Boundaries of Literati Piety," *Journal of Chinese Religions*, 19: 75 – 104.

* "A Reexamination of 'The Biographies of the Reasonable Officials' in the *Records of the Grand Historian*," *Early China*, 16: 209 – 33.

"A Review of Recent *Shih chi* 史记 Translations," *ACQ* , XIX.4: 35 – 9.

1992

"The End of T'ang Poetry Studies? Stephen Owen's Historicism and the State of the Field in the 1990s," *Chung-kuo wen-che yen-chiu te hui-ku yü chan-wang lun-wen chi* 中国文哲研究的回顾与展望论文集. Taipei: Academia Sinica, pp. 35 – 64.

《柳宗元的〈逐毕方文〉与西方类似物的比较研究》，收入傅璇琮主编:《中国唐代文学学会第五届年会暨唐代文学国际学术讨论会论文集》，桂林: 广西师范大学出版社，页 379—390。

* 《韩愈研究在美国》,《中国文哲研究通讯》第 2 卷第 2 期（1992 年），页 7—31。

1993

"The Reception of Han Yü in America, 1936 – 1992," *ACQ*, XXI.1: 18 – 48.

1994

"Po Chü-i Studies in English, 1916 – 1992," *ACQ*, XXII.3: 37 – 50.

* "Female Sexuality and Standards of Virtue in T'ang Narratives," in Eva Hung, ed., *Paradoxes of Traditional Chinese Literature*. Hong Kong: The Chinese University Press, pp. 1 - 20.

"Travels with Edouard-V. M. Alekseev's Account of the Chavannes' Mission of 1907 as a Biographical Source," *ACQ*, XXII.4: 81 - 95 .

1995

"The Study of the *Shih chi* 史记 (The Grand Scribe's Records) in the People's Republic of China," *Das andere China*. Wiesbaden: Harrassowitz, pp. 381 - 403.

* "The Implied Reader and Translation: The *Shih chi* as Example," in *Translating Chinese Literature*. Eugene Eoyang & Lin Yao-fu, eds. Bloomington: Indiana University Press, pp. 15 - 40.

"Historians of China," *CLEAR*, 17: 207 - 17.

"*Shih chi* tsai Hsi-yang" 史记在西洋, *T'ien-jen Ku-chin* 天人古今 (Sian), 5: 7 - 8.

"One-Hundred Years of Translations of the *Shih chi* 史记." In *Liang Han wen-hsüeh hsüeh-shu t'ao-lun wen-chi* 两汉文学学术讨论会集. Taipei: Hua-wen, pp. 1 - 55. 中文版:《一百年〈史记〉西洋翻译（1895—1995）》, 收入《司马迁与史记论集》(第三辑), 西安: 陕西人民出版社, 1996 年, 页 628—634。

《海外研究: 李白研究西文论著目录》, 郁贤皓主编:《李白大辞典》, 南宁: 广西教育出版社, 页 378—386。

1996

"A Century（1895 - 1995）of *Shih chi* 史记 Studies in the West," *ACQ*, 24.1: 1 - 51.

1997

"Amerika ni okeru Chūgoku koten shi no kenkyū-1962 kara 1996 nen made-dai
   ichibu" アメリカにおける中国古典詩の研究-1962から1996までー第一部,
   Chûgoku bungakuhô 55 (Oct. 1997): 152 - 76; 56 (Apr. 1998); rev. as "Stud-
   ies of Trad. Chin. Poetry in the U.S., 1962 - 96 (Part Ⅰ)," *ACQ*, XXV.4
   (Winter 1997): 27 - 65.

1998

* "Creativity and Storytelling in the *Ch'uan-ch'i*: Shen Ya-chih's T'ang Tales,"
   CLEAR 20: 31 - 70.

1999

"Amerika ni okeru Chūgoku koten shi no kenkyū-1962 kara 1996 nen made-
   dainibu" アメリカにおける中国古典詩の研究-1962から1996までー第二部,
   (Studies of Trad. Chin, Poetry in the U.S., 1962 - 96, Pt Ⅱ), *Chûgoku
   bungakuhô* 56/57 (Apr/Oct 2000): 164 - 81; rev. as "Studies of Trad. Chin.
   Poetry in U.S., 1962 - 96 (Pt Ⅱ)," *Chinese Culture*, 40.1 (Mar 1999):
   1 - 24.

* "Shen Ya-chih's Literary Reputation in the Ninth Century," *Lingnan xuebao*,
   1: 120 - 55.

"Futatsu no Tôdai denki" 二つの唐代伝奇, *Chû Tô Bungaku kaihô* 中唐文学会
   報: 2 - 10.

2000

"Chang Wen-hu and His Text of the *Shih chi* ," Wang Ch'eng-mien 王成勉, ed.,

Ming Ch'ing wen-hua hsin-lun 明清文化新论. Taipei: Wen-chin, pp. 275 - 309.

"Sima Qian (Ssu-ma Ch'ien), c. 145-c. 86 BC," in Olive Classe, ed. 2 Vols. *Ency-clopedia of Literary Translations into English*. Chicago: Fitzroy Dearborn Publishers, 2000, 2:1282 - 3.

2001

* "T'ang Tales," in Victor H. Mair, ed. *History of Chinese Literature*. New York: Columbia University Press: 579 - 94.

* "Early Biography," in Mair, ed. *History of Chinese Literature*. New York: Columbia University Press: 511 - 26.

2002

《在美国看近几年的〈史记〉研究》，收入王初庆编：《纪实与浪漫——〈史记〉国际研讨会论文》，台北：洪叶文化事业有限公司，页 1—22。

《〈史记〉的"上下文不连贯句子"和司马迁的编撰方法》，收入王初庆编：《纪实与浪漫——〈史记〉国际研讨会论文》，台北：洪叶文化事业有限公司，页 353—361。

《陶渊明与他的"拟古"组诗》，收入南开大学文学院中文系编：《魏晋南北朝文学与文化论文集》，天津：南开大学出版社，页 222—237。

* "A Reading of Li Bo's Biography in the *Old History of the Tang*," *Oriens Extremus* 43: 175 - 88.

"The Other Side of the Mountain: A New Translation of Chia Tao," (Review Article on *Selected Poems of Chia Tao*, by Mike O'Connor), *CLEAR* 24: 161 - 73.

2003

"On 'The Basic Annals of Gao Zu': Liu Bang and Biography in Sima Qian's Eyes," in *China, in seinen biographischen Dimensionen*. Christina Neder *et al.*, eds. Wiesbaden: Harrassowitz, 2003, pp. 47 – 55.

* "Tales of the Chancellor(s): The Grand Scribe's Unfinished Business," *CLEAR* 25: 99 – 117; also selected to appear in *Classical and Medieval Literature Criticism* (Gale Group, 2005).

《美国杜甫研究评述》，收入陈文华主编：《杜甫与唐宋诗学》，台北：里仁书局，页 1—21。

* 《再说〈旧唐书·李白列传〉》，《文学遗产》2003 年第 1 期，页 32—36。

* "A Note on a Textual Problem in the *Shih chi* and Some Speculations Concerning the Compilation of the Hereditary Houses," *T'oung Pao* 89: 39 – 58. 中文版：《一个〈史记〉文本问题的讨论和一些关于〈世家〉编写的推测》，收入伊沛霞、姚平编，陈致主编：《当代西方汉学研究集萃·上古史卷》，上海：上海古籍出版社，2012 年，页 433—449。

2004

《〈史记〉和〈汉书〉比较研究的状况（讲义）》，《司马迁与史记论集》（第六辑），西安：陕西人民出版社，页 162—165。

"Biography of Lu Qinli," *CLEAR* 26: 216 – 22.

2005

"Biography of Liu Dajie," *CLEAR* 27: 200 – 13.

《〈史记·晋世家〉三个问题初探》，收入陕西省司马迁研究会编，吕培成、徐卫民主编：《纪念司马迁诞辰 2150 周年暨国际学术讨论会论文集》，西安：陕西人民出版社，2005 年，页 35—44。 后又收入《司马迁与史记论集》（第七辑），西安：陕西人民出版社，2006 年，页 8—17。

2006

"A Note on Ren An: The Residence, the Hunt and the Textual History of the *Shiji*, " *Han-Zeit, Festscrift für Hans Stumpfeldt aus Anlass seines 65. Geburtstages*. Michael Friedrich, ed., Wiesbaden: Harrassowitz, pp. 275 - 82.

2007

"A Note on Édouard Chavannes´ Unpublished Translations of the *Shih chi* ," in *Zurück zur Freude. Studien zur chinesischen Literatur und Lebenswelt und ihrer Rezeption in Ost und West. Festschrift für Wolfgang Kubin*. Ed. by M. Hermann and C. Schwermann. Monumenta Serica Monograph Series 52. Sankt Augustin-Nettetal: Steyler Verlag, pp. 755 - 765.

∗ "Tetrasyllabic *Shi* Poetry: *The Book of Poetry*（*Shi jing*）," in *How to Read Chinese Poetry: A Guided Anthology*, Zong-qi Cai, ed. New York: Columbia University Press, pp. 13 - 35. 中文版：《四言诗：〈诗经〉》，收入蔡宗齐主编，鲁竹译：《如何阅读诗歌：作品导读》（北京：三联书店，2023 年），页 15—38。

∗ " For Want of a Hand: A Note on the 'Hereditary House of the Jin' and Sima Qian's ' *Chunqiu* ,'" *JAOS* 127.3: 229 - 48.

2008

∗ 《史公和和时势——论〈史记〉对武帝时政的委曲批评》，《北京大学学报（哲学社会科学版）》第 45 卷第 4 期，页 111—119。

* "A Third Look at 'Li Wa zhuan,'" *T'ang Studies* 25: 91 - 110.

2009

《重审〈李娃传〉》，《复旦大学文史研究院学术通讯》2009 年第 1 期（总第 9 期），页 18—20。

《再说〈李娃传〉两题》，《明道中文学报》第 2 期（2009 年），页 65—72。 后收入明道大学中国文学系主编：《唐宋散文研究论集》，台湾：万卷楼图书股份有限公司，2010 年，页 195—208。

2010

* "Chang'an on My Mind: A Reading of Lu Zhaolin's 'Chang' an, Thoughts on Antiquity," *Sungkyun Journal of East Asian Studies* , 10.1（April 2010）: 121 - 52.

《〈史记〉中的轶事初探：以希罗多德的〈历史〉为参照》，《北京大学中国古文献研究中心集刊》第九辑（2010 年），北京：北京大学出版社，页 304—311。

2011

* "Sima Qian and the *Shiji* ," *Oxford History of Historical Writing, Vol. I: Beginnings to AD* 600. Grant Hardy and Andrew Feldherr, eds. Oxford: Oxford University Press, pp. 463 - 484.

《再说〈李娃传〉两题》，收入复旦大学文史研究院、中华书局编辑部编：《思接千载：复旦文史讲堂》（第四辑），北京：中华书局，页 221—240。

2012

* "Qing Feng, Duke Xian of Wey and the *Shijing* in the Sixth Century B.C.;

Some Preliminary Remarks on the *Shi* in the *Zuo zhuan* ," *Oriens Extremus* 50: 75 - 98.

* "Traditional Prose." Online in *Oxford Bibliographies in Chinese Studies* . Ed. Tim Wright. New York: Oxford University Press.

"Kyoku no saigen—To Ho "Ko Kan" o yomu" 記憶の再現- 杜甫"江漢"を読 む, Asada Miyako 浅田雅子 and Hirata Shoji 平田昌司, translators, *Chūgoku bungaku hō* 中国文学報, 83: 111 - 127.

2013

* "Li Mu 李牧 in the *Shiji* : Some Comments on the Sima's Use of Sources and Their Arrangements of Traditions (*Liezhuan*)," *Newsletter for International China Studies* 国际汉学研究通讯, Peking University, 7 (2013): 3 - 16.

*《公元前六世纪的庆封、卫献公与〈诗经〉——〈左传〉引〈诗〉初探》,收入 陈致主编:《中国诗歌传统及文本研究》,北京:中华书局,页 1—19。

2014

"Sitting with Sima Qian: Recollections of Translating the *Shiji* (1988 - 2011)," in *Translation and Asian Studies* . Laurence K. P. Wong, John C. Y. Wang and Chan Sin-wai, eds. Newcastle upon Tyne: Cambridge Scholars Publishing, pp. 47 - 88.

《陶潜和〈列子〉——读〈连雨独饮〉》,《人文中国学报》第 20 期,页 165—195。

2015

"From Primer to Second-level Reader: David Hawkes and Du Fu, An Appreciation," *in Newsletter for International China Studies* 国际汉学研究通讯，Peking University, 11（2015）：37‐47；a slightly revised version also appeared in *Salutations; A Festscrift for Burton Watson* . Jesse Glass and Phillip F. Williams, eds. Tokyo: Ahadada/Ekleksographia, 2015, pp. 174‐96. 中文版: 蔡亚平译:《过去与现在: 对杜甫诗歌的个人解读》,《暨南学报（哲学社会科学版）》2014 年第 12 期, 页 1—8, 并刊载于中国人民大学复印报刊资料《中国古代、近代文学研究》2015 年第 5 期。

《翻译〈孔子世家〉后记》,《中国古典文学与东亚文明第一届中国古典文学高端论坛论文集》, 南京: 南京大学中国文学与东亚文明协同创新中心, 页 306—317。

《读〈诗经·北风〉略记》, 先秦文学与文献学术研讨会, 北京: 首都师范大学中国诗歌研究中心。 后收入赵敏俐主编:《先秦文学与文献研究》, 北京: 商务印书馆, 2019 年, 页 187—195。

2016

"Takigawa Kametarō and His Contributions to the Study of the *Shiji*," in *Views from Within, Views from Beyond: Approaches to the Shiji as an Early Work of Historiography* , Hans van Ess, Olga Lomova and. Dorthee Schaab-Hanke, eds. Wiesbaden: Harrassowitz, pp. 243‐262.

《一个〈史记〉文本问题的讨论和一些关于〈世家〉编写的推测》, 收入伊沛霞、姚平编, 陈致主编:《当代西方汉学研究集萃·上古史卷》, 上海: 上海古籍出版社, 页 433—444。

2017

《翻译〈孔子世家〉后记》,《文学论衡》总第 30 期, 2017 年 6 月, 页 1—13。

《"耕"意象在中国早期文献中的多重运用》,《汉字研究》第十九辑（2017 年），
　　页 1—18。

2020

"Beyond the *Sanzijing* ," forthcoming in a *Festscrift* for Professor Reinhard Em-
　　merich.

"Into the River of History: An Account of My Translation Work with the *Grand*
　　Scribe's Records （ *Shiji* ）," *Translation Horizons* 翻译界， 2020. 2:
　　111 - 123.

2022

"Han Historical Prose: Sima Qian and the *Grand Scribe's Records* （*Shiji*）, " in
　　How to Read Chinese Prose: A Guided Anthology, Zong-qi Cai ed. New York:
　　Columbia University Press, 2022, pp. 129 - 47.

"Qu Yuan and Company: A Note on Translating the *Chuci*," *CLEAR* 44 (2022):
　　245 - 58.

2023

"Preface" to Yantao Kuang's translation of my articles into Chinese. Forthcoming
　　2023.

"Travels with Victor," in *Victor Mair, A Celebration*. Amherst, New York:
　　Cambria Press, pp. 199 - 22.

"Sima Qian's *Shiji* : The *Grand Scribe's Records* " in Classic Texts in Context,
　　Bloomsbury History: Theory and Method (bloomsburghistorytheorymethod.
　　com).

"From Primer to Second-level Reader: David Hawkes and Du Fu, An Appreciation" in Chinese translation forthcoming in *Du Fu yanjiu xuekan* 杜甫研究学刊.

"Preface" to Lv Xinfu's book 《英语世界陶渊明接受史研究（1870—1970）》，北京: 人民出版社.

2024

"Sima Qian's *Shiji*（The Grand Scribe's Records）" *Routledge Handbook for Traditional Chinese Literature*, Victor Mair and Zhenjun Zhang, eds. forthcoming 2024.

书评

Brechts Chinesische Gedichte by Anthony Tatlow, *Brecht Heute/Brecht Today*, 3(1973), 278 – 81.

Ts'ao Yü by John Y. H. Hu, *Choice*, 10.2, p. 297.

The Han Rhapsody by David R. Knechtges, *JCLTA*, 13. 3（October 1977）, 261 – 2.

Mei Yao-ch'en and the Development of Early Sung Poetry by Jonathan Chaves, *JAOS*, 98 (1978), 633 – 6.

Yang Wan-li by J. D. Schmidt, *Literature East & West*, 19(1975), 242 – 5.

Pastourelles et magnanarelles: essai sur un theme littéraire chinois by J.-P. Diény, *JAOS*, 99(1979), 328.

Combined Supplements to Mathews and *Easy Readings in T'ang Literature* by Edward H. Schafer, *CLEAR*, 2.1 (January 1980), 159 – 60.

Kao Shih by Marie Chan, *JAOS*, 102(1982), 149 – 150.

Kuan Yün-shih by Richard John Lynn, *Journal of Oriental Studies*, 20(1982),

213 – 15.

Le Mu Tianzi Zhuan, traduction annotée, étude critique by Remi Mathieu, *CLEAR*, 4.2 (July 1982), 247 – 52.

The Columbia Book of Chinese Poetry from Early Times to the Thirteenth Century by Burton Watson, ed. and trans., *Journal of Developing Societies*, 2 (1986): 315 – 8.

The Tale of Li Wa by Glen Dudbridge, *JAOS*, 106.2 (April-June 1986): 400 – 2.

Der Zauber der Fuchsfee, Enstehung und Wandel eines "Femme-fatale"-Motivs in der chinesischen Literatur by Ylva Monschein, *CLEAR*, 11 (1989): 141 – 2.

State and Scholars in T'ang China by David McMullen, *Harvard Journal of Asiatic Studies*, 50 (1990), 402 – 6.

Li Ao (ca. 772 – ca. 841), ein chinesisches Gelehrtenleben by R. Emmerich, *T'oung Pao*, 75 (1989): 311 – 5.

Poetry and Personality: Reading, Exegesis, and Hermeneutics in Traditional China by Steven Van Zoeren, *Journal of Sung-Yuan Studies*, 22 (1990 – 2): 222 – 7.

Chinese Poems for Princes by Victor H. Mair, *Orientalistische Literaturzeitung*, 86.3 (1991): 322 – 4.

Geschichte der chinesischen Literatur by H. Schmidt-Glintzer, *Monumenta Serica*, 39 (1990 – 1991): 424 – 32.

The Late Ming Poet Ch'en Tzu-lung by Kang-i Sun Chang, *Orientalistische Literaturzeitung*, 87. 4/5(1992): 460 – 2.

Chinesische Dichtung, Geschichte, Struktur, Theorie by Günther Debon, *Zeitschrift der Deutschen Morgenländischen Gesellschaft*, 142 (1992): 428 – 31.

Das Antlitz Chinas by Wolfgang Bauer, *Monumenta Serica*, 41(1993): 352 – 359.

China im Jahre 1907, ein Reisetagebuch by V. M. Alekseev, *CLEAR*, 16(1994): 198 – 202.

From Historicity to Fictionality, The Chinese Poetics of Narrative by Sheldon Hsiao-peng Lu, *Orientalistische Literaturzeitung* 91 (1996): 89 – 90.

The Cloudy Mirror, Tension and Conflict in the Writings of Sima Qian by Stephen W. Durrant, *CLEAR* 18 (1996): 212 – 17.

Transcendence and Divine Passion: The Queen Mother of the West in Medieval China by Suzanne Cahill, *OLZ* 92 (1997): 617 – 18.

From Deluge to Discourse—Myth, History and the Generation of Chinese Fiction by Deborah Lynn Porter, *JAS* 56.3 (Aug. 1997): 776 – 79.

Chûgoku no jiden bungaku 中国の自伝文学 by Kawai Kôzô 川合康三, *CLEAR* 19 (1997): 181.

The End of the Chinese 'Middle Ages,' Essays in Mid-Tang Literary Culture by Stephen Owen, *Harvard Journal of Asiatic Studies*, 58 (1998): 287 – 310.

Religious Experience and Lay Society in T'ang China, A Reading of Tai Fu's Kuang-i chi by Glen Dudbridge, *T'oung Pao* LXXXV (1999): 181 – 89.

Worlds of Bronze and Bamboo, Sima Qian's Conquest of History by Grant Hardy, *CLEAR* 22 (2000): 155 – 68.

Les poèmes de Cao Cao by Jean-Pierre Diény, *T'oung Pao* 88 (2002): 182 – 90.

The Other Side of the Mountain: A New Translation of Chia Tao by Mike O'Connor, *CLEAR* 24 (2002: 161 – 73.

A Patterned Past: Form and Thought in Early Chinese Historiography by David Schaberg , *JAOS* 122.4 (2002): 846 – 9.

Asiatische Studien, Études Asiatiques. Vol. LVI.3 (2002). Textual Scholarship in

Chinese Studies—Papers from the Munich Conference 2000, *CLEAR* 25 (2003): 205 – 8.

Geschichte der Chinesischen Literatur (Vol. 1 – 4), ed. by Wolfgang Kubin, *CLEAR* 27 (2005): 176 – 82.

Li T'ai-po, Gesammelte Gedichte by Erwin Ritter von Zach, *CLEAR* 27 (2005): 182 – 4.

Tao Yuanming and Manuscript Culture, The Record of a Dusty Table by Xiaofei Tian, *CLEAR* 28 (Dec. 2006): 191 – 5.

Geschichte der Chinesischen Literatur (Vol. 7), ed. by Wolfgang Kubin, *CLEAR* 28 (Dec. 2006): 195 – 7.

Crafting a Collection, Cultural Contexts and Poetic Practice of the Huajian ji 花间集 (*Collection from Among the Flowers*) by Anna M. Shields, in *China Reviews International*, 14.1 (Spring 2007): 217 – 25.

Geschichte der Chinesischen Literatur (Vol. 7), ed. by Wolfgang Kubin, *CLEAR* 32 (Dec. 2010): 148 – 150.

The Cambridge History of Chinese Literature, ed. by Kang-i Sun Chang and Stephen Owen, *BSOAS* 74 (Feb. 2011): 157 – 9.

The Transport of Reading, Text and Understanding in the World of Tao Qian (*365 – 427*) by Robert Ashmore, *CLEAR* 33 (Dec. 2011): 164 – 8.

Record of an Ancient Mirror, An Interdisciplinary Reading by Chen Jue, *CLEAR* 34 (Dec. 2012): 162 – 4.

Dong Zhong shu, a 'Confucian' Heritage, and the Chunqiu fanlu by Michael Loewe, *CLEAR* 35 (Dec. 2013): 283 – 45.

Hanshu ditu ji 汉书地图集 by Xu Panqing 许盘清, *CLEAR* 39 (2017): 165 – 66.

A History of Chinese Classical Scholarship by David B. Honey. 3Vol., *CLEAR*

45（2023）：forthcoming.

Konfuzius Gespräche. Hans van Ess, translator. *CLEAR* 43（2023）：forthcoming.

Many short notices of books written for *CLEAR* over the years.

翻译（上述列明以外的部分）

40 poems & 7 biographies of classical Chinese poets, *Sunflower Splendor, An Anthology of Chinese Poetry*, Wu-chi Liu and Irving Yucheng Lo, eds. New York: Anchor/Doubleday, 1975.

"The Merchant's Wife," by Hsu Ti-shan, in *Modern Chinese Short Stories and Novellas, 1918 - 1948*, Joseph S. M. Lau, ed. New York: Columbia University Press, 1981, pp. 41 - 50.

4 traditional short stories in *Traditional Chinese Stories: Variations and Themes*, Joseph S. M. Lau and Y. W. Ma, eds. New York: Columbia, 1978.

"Biography of Li 'The Red,' " in *Supernatural and Fantastic Tales from China*, Karl S. Y. Kao, ed. Bloomington, Indiana: Indiana University Press, 1983, pp. 190 - 2.

7 Poems by Ts'ao Chen-chi（fl. 1678）+ P'eng Sun-yü（1631 - 1700）in *Waiting for the Unicorn: Poems of China's Last Dynasty*（*1644 - 1911*）, Irving Lo and William Schultz, ed. Bloomington: Indiana University Press, 1986: pp. 118, 120 - 1 + 135 - 8.

"Sent to the Taoist of Dragon Mountain, Hsü Fa-leng," by Liu Chang-ch'ing, "Furpoint" by Han Yü, and "An Account of the Governor of Southern Branch" by Li Kung-tso in *The Columbia Anthology of Traditional Chinese Literature*, Victor H. Mair, ed. New York: Columbia University Press, 1994: pp. 207, 747 - 50, and 861 - 71; also in *The Shorter Anthology of Traditional*

Chinese Literature edited by Mair and published by Columbia in 2000.

"Mid-River" （河间传） by Liu Tsung-yüan in *An Anthology Translations, Classical Chin/ Lit., Vol. I: From Antiquity to the T'ang Dynasty*. John Minton and Joseph S. M. Lau, eds. New York: Columbia University Press, 2000: pp.1072 – 6.

"The World Inside a Pillow" by Shen Jiji, "An Account of the Governor of Southern Branch" by Li Gongzuo, "Registering a Strange Dream" by Shen Yazhi, and "A Record of A Dream of Qin" by Shen Yazhi, in *An Anthology of Tang and Song Tales: Lu Xun's Tang Song chuanqi ji*, Zhenjun Zhang, ed. Singapore: World Scientific Press, 2020, pp. 43 – 52, 155 – 93, 340 – 45, and 346 – 59 respectively; all revised and annotated newly from Tang Tales volumes above.

其他

"Winter Dawn," an original poem in *Bloodroot*, University of Wisconsin literary magazine, December 1974, p. 22.

Necrology—Wolfgang Bauer, *CLEAR*, 19 (1997): 183 – 4.

"Orientalism and After," *Times Literary Supplement*, 14 June 2006:7.

"Geeks and Comics," *Times Literary Supplement*, 20 June 2008:6.

"Mao's Monotone," *Times Literary Supplement*, 16 July 2008:6.

"Jejune," *Times Literary Supplement*, 30 November 2012:6.

Necrology—Elling Eide, *CLEAR*, 34 (2012):203 – 4.

"A Story of Ruins," *Times Literary Supplement*, 26 July 2013:6.

"Chinese poets," *Times Literary Supplement*, 5 September 2018:6.

"Early Novels," *Times Literary Supplement*, 31 July 2020:6.

图书在版编目（CIP）数据

倪豪士教授八十华诞庆贺论文集 / 陈致，徐兴无主编. —南京：南京大学出版社，2023.8
ISBN 978-7-305-27096-3

Ⅰ.①倪… Ⅱ.①陈…②徐… Ⅲ.①倪豪士-汉学-文集 Ⅳ.①K207.8-53

中国国家版本馆 CIP 数据核字（2023）第 113682 号

出版发行　南京大学出版社
社　　址　南京市汉口路 22 号　　　　邮　编　210093
出 版 人　王文军

NIHAOSHI JIAOSHOU BASHI HUADAN QINGHE LUNWENJI
书　　名　**倪 豪 士 教 授 八 十 华 诞 庆 贺 论 文 集**
主　　编　陈　致　徐兴无
责任编辑　李晨远
特约编辑　常慧琳
封面设计　周伟伟

照　　排　南京紫藤制版印务中心
印　　刷　南京新世纪联盟印务有限公司
开　　本　718 mm×1000 mm　1/16　印张 33.25　插页 8　字数 466 千
版　　次　2023 年 8 月第 1 版　2023 年 8 月第 1 次印刷
ISBN　978-7-305-27096-3
定　　价　128.00 元

网　　址：http://www.njupco.com
官方微博：http://weibo.com/njupco
官方微信：njupress
销售咨询热线：(025)83594756